edition suhrkamp 2644

Wir leben in einer Welt der erwünschten Mobilität: Indische Informatiker programmieren im Silicon Valley; Frauen aus Osteuropa arbeiten hierzulande im Pflegesektor; Studenten verbringen Auslandssemester in aller Welt. Die Mobilität kennt aber auch eine Schattenseite: Menschen, die in den reichen Staaten des Westens ihr Glück suchen und denen permanent die Abschiebung droht. Doch was heißt das eigentlich, Abschiebung? Was passiert in einem Abschiebegefängnis? Und welchen Sinn ergibt überhaupt Abschiebepolitik?

Dieses Buch ist aus der Ausstellung »Blackbox Abschiebung« hervorgegangen, die in zwanzig deutschen Städten zu sehen war. Menschen, die abgeschoben wurden, haben dort ihre Erlebnisse erzählt und mit Digitalkameras ihr Leben in der alten, neuen Heimat aufgezeichnet. Miltiadis Oulios hat diese Geschichten aufgeschrieben und eine Theorie der Abschiebung entwickelt.

Miltiadis Oulios, geboren 1973, arbeitet als Autor, Reporter und Radiomoderator in Düsseldorf und Köln. Er befasst sich mit Themen der Einwanderungsgesellschaft und den dort stattfindenden Kämpfen um Anerkennung und Rechte.

Miltiadis Oulios
Blackbox Abschiebung

Geschichten und Bilder von Leuten,
die gerne geblieben wären

Suhrkamp

Das in diesem Buch vorgestellte Projekt »Blackbox Abschiebung« des Institute for Studies in Visual Culture e. V. und der RUHR.2010 – Kulturhauptstadt Europas, wurde gefördert vom Fonds Soziokultur.

isvc
Institute for Studies
in Visual Culture

Erste Auflage 2013
edition suhrkamp 2644
Originalausgabe
© Suhrkamp Verlag Berlin 2013
Satz: Hümmer GmbH, Waldbüttelbrunn
Druck: Druckhaus Nomos, Sinzheim
Umschlag gestaltet nach einem Konzept
von Willy Fleckhaus: Rolf Staudt
Printed in Germany
ISBN 978-3-518-12644-8

Inhalt

»Ich kann verstehen, dass die uns Abschiebung gegeben haben. Das haben die bestimmt gemacht, weil ich eine Woche nicht in die Schule gegangen bin. Da war ich im Krankenhaus. Ich hatte einen Unfall. Manchmal ist auch mein Bruder Ramon nicht in die Schule gegangen. Eine Woche. Der hatte die Hand gebrochen. Wir beide waren da krank. Da kann ich es verstehen, dass die uns abgeschoben haben. Aber ich mag das nicht.«

(Nadire Mujolli)

Vorwort

Wie erklären wir einem neunjährigen Mädchen, weshalb es abgeschoben wird? Nadire versucht ihre Abschiebung damit zu begründen, dass sie in der Schule gefehlt hat.[1] Aus ihrem Satz spricht nicht einfach kindliche Naivität. Unbewusst hält sie uns mit ihrer scheinbar absurden Begründung einen Spiegel vor. Man kann einer Neunjährigen nämlich ihre Abschiebung nicht erklären. Soll man ihr die Wahrheit sagen? »Hör mal, Nadire, die Wahrheit ist: Du bist ein Zigeunermädchen. Außerdem seid ihr arme Schlucker. Viele Leute mögen euch nicht. Deswegen stören sich die meisten auch nicht daran, wenn euch unsere Behörden rausschmeißen.« Kann man das einem Kind sagen? Nein, das kann man nicht.

Reden wir nicht um den heißen Brei herum. Wir wissen alle nur zu genau: Nadire hätte die besten Chancen, in Deutschland leben zu können, wenn ihre Eltern reich und hellhäutig wären, aber wir würden es nicht aussprechen. Es wäre nicht politisch korrekt. Außerdem würde es allem widersprechen, was wir unseren Kindern in der Schule über den Umgang mit anderen Menschen beibringen.

Stattdessen reden wir vom Aufenthaltsrecht, davon, dass ihrer Familie die Erlaubnis fehle, weiter in Deutschland zu leben. Vielleicht will Nadire gar nicht »zurück«, weil sie sich in Deutschland heimisch fühlt? Na, jedenfalls ist ihre Abschiebung rechtens. Mit dieser Begründung sind wir auf der sicheren Seite, niemand kann uns angreifen, unser Gewissen ist beruhigt, falls es je unruhig war. Erklärt haben wir damit noch gar nichts. Denn selbst wenn die Argumente juristisch wasserdicht sind, versteht kein Mädchen der Welt, weshalb es mit ihrer Familie abgeschoben wird, während ihre Schulfreundinnen – auch die mit ausländischen Namen – in Deutschland bleiben dürfen. Nadires Erklärung – »in der Schule gefehlt« – ist daher nicht weniger rational oder absurd wie unsere. Denn welchen Sinn hat es überhaupt, Menschen abzuschieben?

Wir leben in einer Welt der erwünschten Mobilität: Indische Informatiker programmieren im Silicon Valley, Frauen aus Osteuropa arbeiten hierzulande im Pflegesektor, Studenten verbringen Auslandssemester in aller Welt. Und doch müssen manche Menschen, die in den reichen Staaten des Westens ihr Glück oder einfach Schutz suchen, mit der ständigen Bedrohung der Abschiebung leben. Das ist die Schattenseite der Mobilität, über die man gewöhnlich nicht oder höchstens ungern spricht. Die Bundesregierung propagiert mittlerweile die »Integration« – dennoch schiebt sie weiterhin Menschen ab.

Dieses Buch will Licht in die »Blackbox Abschiebung« bringen. Es fragt nach den Ursprüngen sowie der Zukunft von Abschiebung. Wie stichhaltig sind unsere Begründungen dafür, dass Menschen unter Zwang fortgeschafft werden? Welchen Zweck haben Abschiebungen in einer globalisierten Weltgesellschaft? Woher nimmt sich der Staat das Recht, das Recht der Menschen zu beschneiden, sich frei zu bewegen und an einem Ort zu Hause zu sein? Was kostet Abschiebung? Wie gehen Migrantinnen und Migranten, die abgeschoben wurden oder werden sollen, mit dieser Erfahrung um? Welche Strategien des Widerstands gegen Abschiebungen haben sich entwickelt?

Auf den folgenden Seiten treten Menschen aus dem Schatten, die abgeschoben wurden. In ihren Geschichten geht es auch um das Leid, das sie erfahren haben. Sie handeln von Entwurzelung, Eingesperrtsein und Diskriminierung. Sie erzählen aber auch davon, wie die Menschen nach der Abschiebung versuchen, sich zurechtzufinden. Einige vermitteln, dass sie sich als Deutsche fühlen und wie unwirklich ihnen ihre Situation erscheint. Andere geben Einblicke in die Migrationsrealität am Anfang des 21. Jahrhunderts, die nicht zuletzt davon geprägt ist, dass Menschen die Migrationskontrollen unterlaufen, ihren Alltag am Aufenthaltsrecht vorbei organisieren, um sich ihr Recht auf Bewegungsfreiheit zu nehmen. Auch eine Theorie der Abschiebung muss von dieser Realität ausgehen. Sie kann nicht bei einer moralischen Entrüstung über die – für manche »unvermeidlichen« – Opfer der Ausländerpolitik stehen bleiben. Sie muss fragen, welchen Zwecken Abschiebungen in unserer Gesellschaft dienen. Sind sie überhaupt zweckmäßig? Vor allem: Was sagen sie über unsere Gesellschaft aus? Ich verfolge hierbei die Theorie-Ansätze der Autonomie der Migration und der Analyse des Neo-Rassismus als modernem Herrschaftsmechanismus. Der heutige Rassismus äußert sich nur selten biologistisch. Er ist ein Rassismus, der die westliche Kolonialherrschaft und den Nazi-Terror überlebt und sich verändert hat. Nach Étienne Balibar argumentiert dieser Rassismus vor allem über kulturelle und sozioökonomische Differenzen, um die Unterordnung sowie die Ungleichbehandlung der »Anderen« – und das sind meist die Einwanderer – zu begründen.[2]

Rassismus ist nicht als bloßes »Vorurteil« oder ausschließlich rechtsextreme Ideologie zu verstehen, sondern als soziales Macht-Kräfteverhältnis, das die Gesellschaft durchzieht, sich beständig verändert und unterschiedliche Ausdrucksformen besitzt bzw. Konjunkturen unterworfen ist. Ein Verhältnis, das einem Tauziehen gleicht, in dem es darum geht, wem welche Rechte zugestanden werden. »Konjunkturen des Rassismus bestimmen, organisieren und reorganisieren sich in Kämpfen«, beschreibt die Gesellschaftswissenschaftlerin Manuela Bojadžijev die Grundannahme einer relationalen Theorie des Rassismus, »das heißt in sozialen und politischen Auseinandersetzungen, die ihre Opponenten (die vielfältige sein können) erst in ihrer Identität und Formation hervorbringen, reproduzieren und transformieren«.[3] Bei Abschiebungen kulminiert dieser Konflikt in besonders drastischer Weise.

Denn Migrationsbewegungen lassen sich nicht wie mit einem Wasserhahn regulieren, den man nach Belieben auf- und wieder zudrehen kann. Sie finden trotz staatlicher Kontrollversuche statt. Weil Menschen, wie der Ökonom Yann Moulier-Boutang betont, »keine beliebig formbare Masse« sind, sei die »Materialität und der Widerstand derer, die regiert werden«, eine wichtige Komponente der Autonomie der Migration. Daher müsse man nicht nur nach den Kontrollen fragen, sondern auch danach, wie der Migrant oder die Migrantin mit einer möglichen Ausweisung umgeht und welche Politik das produziert.[4]

Bei der Entwicklung einer Theorie der Abschiebung besteht deshalb, die Gedanken des politischen Philosophen Sandro Mezzadra aufgreifend, die größte Herausforderung darin, einen »Sicherheitsabstand zu ästhetisierenden Apologien des Nomadismus« zu wahren, aber gleichzeitig die Realität von Abschiebungen mit Hilfe eines Verständnisses von Migration zu beschreiben, in dem Migration eine Form von »Demokratie als Bewegung« darstellt, die über die Grenzen der bestehenden demokratischen Institutionen hinausweist.[5] Ausgehend von den genannten Prämissen, werde ich das Phänomen »Abschiebung« aus verschiedenen Perspektiven beleuchten, mich ihm aus unterschiedlichen Richtungen nähern – ob es mir dabei gelungen ist, die oben aufgeworfenen Fragen zufriedenstellend zu beantworten, müssen die Leserinnen und Leser entscheiden.

Mir ist außerdem bewusst, dass die beim Thema Abschiebung verwendeten Begriffe nicht unpolitisch sind. Daher spreche ich zum Beispiel von »illegalisierter« statt von »illegaler« Migration, weil die Migration schon vor den Gesetzen existierte, die dann bestimmte Wanderungsbewegungen als illegal erscheinen lassen. Doch terminologische Vereinfachungen lassen sich nie ganz vermeiden. Schon die Rede von »den« Deutschen oder »den« Migranten ist so eine Vereinfachung. Ich habe versucht, dem entgegenzuwirken, indem ich zum Beispiel mal von Einwanderern, dann von Migranten und dann von Flüchtlingen spreche, obwohl klar ist, dass Menschen oft alles zugleich und noch viel mehr sind.

Auch die Menschen, die in diesem Buch präsentiert werden, kommen nicht einfach als Opfer widriger Umstände zu Wort, sondern eben als echte Menschen – mit Schwächen, Stärken und Strategien. Am Anfang dieses Buches stand nicht der Anspruch, widerspruchsfreie Individuen vorzustellen, sondern einen realitätsnahen Einblick in das System Abschiebung zu liefern und zu fragen, was das Ganze soll. Dazu gehört nicht nur die Abschiebung von

Jugendlichen, die in Deutschland geboren sind und sich deutsch fühlen. Dazu gehört auch, dass Deutsche aus den USA, die gar kein Deutsch mehr sprechen, abgeschoben werden, was vielen Menschen in Deutschland kaum bekannt ist. Zwar steht die Abschiebepolitik Deutschlands im Mittelpunkt, das Buch blickt aber ebenso auf die Praktiken anderer Staaten und nimmt internationale Aspekte von Abschiebepolitik ins Visier. Auch wenn mir klar ist, dass Vollständigkeit nicht erreicht werden kann, habe ich mich um einen umfassenden Einblick und die Entwicklung einer Theorie der Abschiebung bemüht.

Dass dieses Buch entstehen konnte, habe ich meinen Freunden und Kollegen Ralf Jesse und Mark Terkessidis zu verdanken. Die vorliegende Veröffentlichung ist nämlich Teil des gleichnamigen Projekts »Blackbox Abschiebung« von Ralf Jesse und dem Institute for Studies in Visual Culture e. V. (ISVC), das im Rahmen der »Kulturhauptstadt Europas: RUHR.2010« realisiert und vom Fonds Soziokultur gefördert wurde.

Nachdem Ralf Jesse bereits einen Dokumentarfilm über jugendliche Flüchtlinge in Deutschland – *Die Geduldeten* – gedreht hatte, begann er im Rahmen dieses Projekts Menschen zu porträtieren, deren Abschiebung bevorstand oder die schon abgeschoben worden waren. Sie haben mit Digitalkameras ihr Leben in der alten, neuen Heimat dokumentiert, und sie haben ihm ihre Geschichten erzählt. Die entstandenen Bilder und Interviews waren schließlich im Rahmen einer Ausstellung mit dem Titel *Blackbox Abschiebung* zuerst im Ruhrgebiet und dann in zahlreichen deutschen Städten zu sehen.* Das vorliegende Buch ist als Dokumentation, aber auch als Fortsetzung dieser Arbeit entstanden. Mark Terkessidis und dem ISVC als Träger gelang es, die finanzielle Förderung des Projekts sicherzustellen. Da wir seit vielen Jahren über die Themen (Anti-)Rassismus und Einwanderungsgesellschaft diskutiert und dazu gearbeitet hatten, beauftragten mich beide

---

* Im Internet sind Ausschnitte des Filmmaterials unter ⟨http://www.essen-fuer-das-ruhrgebiet.ruhr2010.de/melez/programm/blackbox-abschiebung.html⟩ zu sehen.

damit, ausgehend von dem vorhandenen Material eine Monografie zum Thema Abschiebung zu schreiben. Ich danke hiermit Ralf Jesse und Mark Terkessidis ganz besonders für ihr Vertrauen und ihren Ideenreichtum.

Wir danken den Geschwistern Nadire, Ramon, Nermina und Hamide Mujolli, den Brüdern Deniz und Enis Miftari, wir danken Omari Kasoiani, Bello Taofik, Yusuf K., Dzevad S., Faruk Firizi, Alexander Peacock, Jewgenij Stelmach, Nino Bogdanovic und Biniam Elias Abraha, dass sie die Entscheidung getroffen haben, ihre Fälle zu schildern sowie Fotos zu machen, die sie nach Deutschland geschickt haben. Vieles, was in ihren persönlichen Lebens- und Abschiebegeschichten beschrieben wird, findet sich in den theoretischen Abhandlungen wieder.

Ich danke zudem Heinrich Geiselberger vom Suhrkamp Verlag für das Engagement, das er dem Thema entgegengebracht hat. Insbesondere danke ich meinem Lektor Bernd Klöckener für seine Geduld und seine wertvollen Hinweise, die das Buch in dieser Form erst möglich gemacht haben. Mein Dank gilt auch den Mitarbeiterinnen und Mitarbeitern der Innenministerien von Bund und Ländern, des Bundesamts für Migration und Flüchtlinge, der Ausländerbehörden und der Regierungspräsidien, die meine Anfragen beantwortet haben, sowie der Leitung der Abschiebehaftanstalt Büren für die Kooperation und dem DOMid-Archiv in Köln für die Recherchemöglichkeiten.

Außerdem danke ich für die Inspiration ebenso wie für die praktische Hilfe Angelika Calmez, Lasha Kveseladze, Serhat Karakkayali, Vassilis Tsianos, Manuela Bojadžijev, Murat Güngör, dem Netzwerk »kanak attak«, zahlreichen Teilnehmerinnen und Teilnehmern der bundesweiten »Tagung gegen Abschiebehaft«, Zoe Niomanaki, Katja Garmash, meiner Schwester Aspasia und ihrer Familie, meinen Eltern Stavros und Eleftheria, die als Arbeiter vor über vierzig Jahren aus dem Norden Griechenlands nach Deutschland kamen, meiner Frau Kalliopi Gialama sowie meinem Söhnchen Silas, der hoffentlich in einer Welt leben wird, in der man über die Idee, Menschen abschieben zu wollen, nur noch den Kopf schüttelt.

Nadire Mujolli

»Meine Freundinnen waren Christina, Lena, Lisa, Anna-Lena und Cevriye.«

Ich heiße Nadire Mujolli. Ich bin neun Jahre alt, und ich komme aus Deutschland. Meine Hobbys sind: Inliner fahren, Roller, Seilchenspringen, Hula-Hoop-Reifen und Computer.

Das Dokument der Stadt Bielefeld ist in Graugrün gehalten. Eine Handbreit unter Nadires Passfoto steht ein Stempelabdruck: »ABGESCHOBEN«, in Blau und unterstrichen. Darunter: »Einreiseverbot befristet bis / unbefristet. BPOLI« für Bundespolizei »Flughafen Düsseldorf«.
Handschriftlich: »17 – 3 – 10« und eine unleserliche Unterschrift.

Wir waren alle am Schlafen. Dann hat so ein alter Opa an die Tür geklopft. Wir haben das Fenster aufgemacht, da haben die gesagt: »Machen Sie mal bitte die Tür auf.« Es war ein ganz großes Haus, und überall waren Polizisten. Wir haben die Tür aufgemacht, und dann haben die gefragt: »Ist Hamide Mujolli da?« Meine Mama hat gedacht, okay, die hat irgendwas in der Schule gemacht. Wir haben meine Schwester gerufen. Dann haben die gesagt: »Hallo, bist du Hamide Mujolli?« – »Ja.« Eine Sekunde später sind die sofort ins Haus reingegangen, das ganze Haus war voller Polizisten.
Die haben gesagt: »Ihr habt eine halbe Stunde Zeit zum Packen.« Meine kleine Schwester war krank an dem Tag. Meine Mama wollte sie zum Arzt bringen. Die dürfen doch gar nicht Abschiebung machen, wenn jemand krank ist. Das müssen die doch einen Tag später machen. Aber die haben einfach »egal« gesagt und einfach nur abgeschoben. Wir haben nichts mitgenommen, nur ein paar Sachen.
Wir sind in den Bus gegangen. Der war eigentlich voller Polizisten mit

Masken und Stöcken. Die sind erst mal in den Bus gegangen und haben geguckt: Gibt's da was? Dann haben die uns reingelassen. Dann sind wir zum Flughafen. Die haben extra mit dem Telefon angerufen: »Warten Sie, wir haben noch eine Familie, die Abschiebung hat.« Das Flugzeug hat gewartet, und wir sind reingegangen.

Nach dem Flug wussten wir gar nicht, wo wir hin müssen. Aber zum Glück war diese URA* da und hat uns geholfen. Dann ist mein Onkel gekommen, also der Cousin von meiner Mama, und wir haben gesagt, bring uns einfach zur Schwester von meiner Mama. Die haben uns dort hingebracht. An dem Tag hat es geregnet. Wir haben auf dem Teppich geschlafen. Meine kleine Schwester ist nur am Herz von meiner Mama geblieben. Nirgendwo anders. Sie hat nur geheult. Zum Glück hatten wir Geld von diesem Polizisten, den die uns gegeben haben vom Kreis Borken, da haben wir den Arzt gebracht. Dreimal am Tag. Das war schrecklich für uns. Ja – jetzt bleiben wir hier, ne?

Immer wenn ich an die Schule denke oder wenn ich die auf Fotos im Internet sehe, denk ich einfach, ich bin wieder in Deutschland. Ich hab mich daran gewöhnt, um sieben Uhr morgens aufzustehen, da bin ich auch heute wieder aufgestanden. Ich so: »Mama, steh auf, die Schule!« Die so: »Wir sind im Kosovo.« Ich so: »Ach ja, hab ich vergessen.« Weil, ich träum das immer, in der Schule zu sein. Ich vermiss auch meine Freunde, die vermiss ich ganz doll. Ich wollte meinen Schultornister mitnehmen, die haben gesagt, das braucht zu viel Platz. Das war dann irgendwie traurig.

Ich bin in Ahaus zur Schule gegangen. Da bin ich ja geboren. Das Schönste war, wenn die Schule angefangen hat. Das war am besten. Weil wir uns da alle getroffen haben. Dann ist die Lehrerin gekommen, da haben wir ein bisschen Spaß gemacht, gespielt, geredet, was so ein Kind macht. Meine Lieblingsfächer waren Sport, Kunst,

---

* Gemeint ist das »Rückkehrzentrum URA 2 – Die Brücke« in Prishtina, das von der Bundesregierung geförderte »Maßnahmen zur Integration, Betreuung und Unterstützung für kosovarische Rückkehrer und auch Einheimische« anbietet.

Deutsch und Mathe. Meine Freundinnen waren Christina, Lena, Lisa, Anna-Lena und Cevriye. Das war meine beste Freundin.

Meine Freundin ist auch abgeschoben, und sie hat gesagt: »Pass auf. Vielleicht musst du auch gehen.« An einem Tag hat sie das zu mir gesagt, und am nächsten Tag sind wir abgeschoben worden. »Ihr müsst gehen.« Was haben wir denn für Probleme gemacht? Nichts. Jeder war in der Schule, außer die Kleine, Lina. Klar, die ist noch klein. Das geht doch gar nicht.

Hier ist es nicht schön. Hier kann man nicht bleiben. Hier ist es schlecht, weil wir kein eigenes Haus haben. Meine Mama sagt, wir brauchen wirklich unser eigenes Haus. Das sag ich auch, dann wären wir froh. Das Schlechte hier ist, dass es Kinder gibt, die sind gestern mit Messern rausgegangen, mit Waffen. Kleine Kinder hatten so eine dicke Jacke, und die hatten hier Messer, Waffen, Patronen, alles Mögliche. Das war sehr schlecht für mich.

Ich will noch eine Chance in Deutschland. Das wäre ganz schön.

Abschiebung als Blackbox

»Ausreisezentrum« war eines der »Unwörter des Jahres« 2002. »Dieses Wort soll offenbar Vorstellungen von freiwilliger Auswanderung oder gar Urlaubsreisen wecken«, erklärte die Gesellschaft für deutsche Sprache. »Es verdeckt damit auf zynische Weise einen Sachverhalt, der den Behörden wohl immer noch peinlich ist.« In diesen offiziell »Ausreiseeinrichtungen« genannten Sammelunterkünften werden Menschen, deren Asylantrag abgelehnt wurde, dazu gedrängt, Deutschland zu verlassen.

Abschiebungen als Teil der Migrationspolitik passen nicht zum Selbstbild einer »weltoffenen Gesellschaft«. Das ist den staatlichen Akteuren durchaus bewusst, daher versuchen sie, den Komplex »Abschiebung« unsichtbar werden zu lassen. Abschiebung wird zur Blackbox. Die Öffentlichkeit soll möglichst keinen Blick hineinwerfen. Damit Abschiebung funktioniert, ist Intransparenz notwendig. Und diese muss immer wieder aufs Neue sichergestellt werden, denn der Widerstand gegen Abschiebungen besteht unter anderem darin, Licht in die Blackbox zu bringen.

Das Versteckspiel, die Dethematisierung von Abschiebung beginnt im Grunde mit der Terminologie. Das Aufenthaltsgesetz sortiert die Abgeschobenen in unterschiedliche Kategorien ein. Nebeneffekt: Die Zahlen in jedem Einzelposten der Statistik verringern sich dadurch. So teilte die Bundesregierung mit, im Jahr 2010 habe es 7558 Abschiebungen gegeben – faktisch wurden aber mehr als doppelt so viele Menschen aus Deutschland abgeschoben. Über die offiziellen Abschiebungen hinaus haben die deutschen Behörden nämlich 8416 »Zurückschiebungen« vollstreckt – am häufigsten nach China, in die Türkei und nach Russland.[1] Worin besteht der Unterschied?

Eine Abschiebung erfolgt normalerweise, wenn jemand seinen Aufenthaltstitel verloren hat: Die Aufenthaltserlaubnis wurde nicht verlängert, das Touristenvisum ist abgelaufen, der Asylantrag wurde abgelehnt und der Aufenthalt anschließend nur geduldet. Wer unerlaubt eingereist ist und noch nicht länger als sechs Monate in Deutschland lebt, wird »zurückgeschoben«. Im Gegensatz zur Abschiebung muss eine Zurückschiebung nicht vorher angekündigt werden. Die Ab- oder Zurückschiebung an sich läuft aber für die Menschen gleich ab – am selben Flughafenterminal, mit denselben Bundespolizisten und, wenn nötig, mit denselben Handschellen. Wiederum etwas anderes ist die Zurückweisung. Zusätzlich haben nämlich die Beamten der Bundespolizei im selben Jahr 3407 Reisenden an deutschen Flughäfen die Einreise verweigert. Und 152 Menschen wurden an der Seegrenze abgewiesen.

Viele dieser Menschen werden gar nicht in ihr Herkunftsland abgeschoben, sondern in einen anderen EU-Staat zwangsverschickt. Das seien »keine Abschiebungen, sondern Überstellungen« in die für die Durchführung eines Asylverfahrens zuständigen Länder, betont die Bundesregierung.[2] Nach diesem Verfahren wurden 2010 vor allem Georgier, Iraker und Russen, aber auch Kosovaren, Afghanen und Somalis abgeschoben, insgesamt 2847 Menschen, die meisten von ihnen nach Polen, Italien, Schweden, Frankreich oder Ungarn. Die Betroffenen hatten dort zum ersten Mal europäischen Boden betreten und damit das Recht auf einen Asylantrag in Deutschland verwirkt.

Dem Bundesinnenministerium unterstellt ist das Bundesamt für Migration und Flüchtlinge (BAMF). Wer dessen Internetauftritt besucht, wird von asiatisch, südländisch und nordisch aussehenden Personen freundlich angelächelt. »Den Menschen im Blick. Schützen. Integrieren«, steht dort in großen Lettern. »Abschieben« fehlt in der Aufzählung, obwohl Mitarbeiter des Bundesamtes »Rücküberstellungen« umsetzen und über Asylanträge entscheiden – und damit über die Frage, ob jemand abgeschoben werden soll. In der Außendarstellung des Bundesamtes wird der Aufgabenbereich »Abschiebung« aber ausgeblendet.

Stattdessen präsentiert das BAMF stolz seine Aktivitäten zur

»Rückkehrförderung«. Die sogenannte freiwillige Rückkehr gelte, wie es in einer Broschüre des BAMF heißt, »sowohl in der Politik als auch in der Fachöffentlichkeit in Deutschland« als die »humanere und kostengünstigere – und damit bevorzugte – Variante der Rückkehr von Ausländern, die zum Verlassen der Bundesrepublik verpflichtet sind«.[3] Zwischen 2004 und 2008 waren rund achtzig Prozent der »Rückkehrer«, die bei ihrer Ausreise mit Förderprogrammen unterstützt wurden, von Abschiebung bedroht.[4] Etwa die Hälfte lebte länger als fünf Jahre in Deutschland. Auf einen »freiwillig« Ausgereisten kamen dabei drei bis vier zwangsweise Abgeschobene. Diese Relation liefert einen Hinweis darauf, wie wichtig es den betroffenen Menschen war, in Deutschland bleiben zu können, statt einer »geförderten« Rückkehr zuzustimmen. Bei Migranten, die keine wirkliche Chance mehr auf eine Aufenthaltsperspektive besitzen, ist das Verhältnis nämlich umgekehrt. Zwei von drei Ausländern, die unanfechtbar ausgewiesen wurden, was gewöhnlich infolge wiederholter Straffälligkeit geschieht, ziehen es vor, auch ohne »Rückkehrförderung« selbst auszureisen, statt sich von den Behörden abschieben zu lassen.[5] Unabhängig vom Zusammenhang ist der von den Ausländerbehörden benutzte Begriff der »freiwilligen Ausreise« (Unwort des Jahres 2006) nichts anderes als eine sprachliche Verschleierung von Abschiebung.

Wie freiwillig die »geförderten« Ausreisen tatsächlich stattfinden, lässt sich einschätzen, indem man die Betroffenen befragt. Die Familie Miftari zum Beispiel lebte seit 1992 in Deutschland, zuletzt in Blomberg, einem kleinen Dorf in Ostwestfalen. Nach achtzehn Jahren wurde sie in den Kosovo abgeschoben – offiziell allerdings sind die Miftaris »freiwillig ausgereist«. Die Brüder Deniz und Enis Miftari erklären, aus ihrer Sicht könne von Freiwilligkeit keine Rede sein: »Wir haben unterschrieben, dass wir freiwillig ausreisen, weil wir keine andere Wahl hatten.« Die EU-Rückführungsrichtlinie spricht von »freiwilliger Erfüllung einer Rückkehrverpflichtung«.

Im Jahr 2009 sind auf diese Weise ca. 3000 Menschen aus Deutschland »zurückgekehrt«.

Die »unterstützte Rückkehr« steht in genuinem Zusammenhang mit der Abwehr von unerwünschter Einwanderung in die Bundesrepublik. Dazu gehörte in der Anfangsphase die »Rückkehrprämie«, mit der Bundesinnenminister Friedrich Zimmermann (CSU) Anfang der achtziger Jahre arbeitslos gewordene ausländische Arbeiter dazu bewegen wollte, Deutschland zu verlassen. Seit ihrem Beginn im Jahr 1979 sind im Rahmen der Rückkehrförderungsprogramme mehr als eine halbe Million Menschen ausgereist. Die meisten zwischen 1997 und 2000, als ca. 250.000 Bürgerkriegsflüchtlinge aus Bosnien und anderen Teilrepubliken des ehemaligen Jugoslawien Deutschland wieder verlassen mussten.

Wer unterschreibt, dass er freiwillig ausreist, auf seine Aufenthaltsrechte und Rechtsmittel verzichtet und nicht den Eindruck erweckt, dass er wiederkommen wird, dessen Reisekosten werden im Rahmen der »Repatriierungsprogramme« übernommen, und er kann Starthilfen zwischen 300 und 750 Euro pro Person erhalten. Zusätzlich sollen spezielle BAMF-Projekte – zum Beispiel »URA« (albanisch für »Brücke«) in Prishtina – Menschen, die in den Kosovo abgeschoben wurden, nachhaltigere Hilfe anbieten: in Form von Beratung und Zuschüssen bei der Wohnungssuche oder bei der Existenzgründung.

Für den Migrationsforscher Stephan Dünnwald besteht das Ziel solcher Programme in der »Errichtung einer Fassade«.[6] Bei seinen Recherchen vor Ort habe er festgestellt, dass das URA-Projekt schlecht geplant gewesen sei und den Abgeschobenen keine ernstzunehmende Hilfe habe bieten können. Selbst die Beratung habe kaum funktioniert. Einzelfälle, etwa die Eröffnung einer Konditorei, seien als beispielhafte Erfolgsgeschichten »herumgereicht« worden. »Das Projekt des BAMF, das vordergründig eine Erstunterstützung und psychologische Betreuung für Abgeschobene bietet, dient nicht zuletzt dazu, eventuell gerichtlich festgestellte Abschiebehindernisse einzuebnen«, so Dünnwald. Dies sei auch bei einem ähnlichen Projekt in Afghanistan der Fall gewesen, das ein »vom BAMF beurlaubter und an die IOM ausgeliehener Beamter« leitete. »Anschließend trat der Beamte bei Gerichten als Sachverständiger auf, und dem BAMF gelang es so, zumindest zwei Oberverwaltungsgerichte davon zu überzeugen, dass eine Abschiebung nach Afghanistan durch das Projekt in Kabul abgefedert werde und entsprechend unbedenklich sei.«[7]

Wenn die Zahl der geförderten »Rückkehrer« viel kleiner ist als die Zahl der gegen ihren Willen Abgeschobenen und sich die materielle Unterstützung oft als völlig unzureichend erweist, stellt sich die Frage nach dem Sinn solcher Programme. Er dürfte eher darin liegen, dass durch Rückkehrförderung das Image der Abschiebepolitik aufgebessert und durch die Einbindung von Nichtregierungsorganisationen (wie den Wohlfahrtsverbänden) eine höhere Akzeptanz für das Bemühen um eine effektivere Regierung der Migration erreicht werden soll.[8]

Zur Dethematisierung der Abschiebung gehört deshalb neben ihrer sprachlichen Umwidmung auch die Einbettung in den Menschenrechtsdiskurs. Durchgeführt wird die beschriebene »unterstützte Rückkehr« von der International Organization for Migration (IOM), einer zwischenstaatlichen Organisation, deren Aufgabe – anders als der Name suggeriert – auch darin besteht, Migration zu verhindern und Abschiebungen einen humanitären Anstrich zu verleihen. So rühmt sich die IOM damit, seit 1994 etwa 15.000 von Menschenhandel Betroffenen geholfen zu haben.[9]

Die Organisation verweist zum Beispiel auf ihr Engagement gegen Zwangsprostitution in Südosteuropa. Sie half aber nur Frauen, die bereit waren, zurückzukehren,[10] insbesondere Frauen, die festgenommen wurden und dann vor der Wahl standen, sich entweder von der Polizei abschieben zu lassen oder zu erklären, dass sie Opfer von »Trafficking« wurden, um dann ein Handgeld zu erhalten und von der IOM in ihr Herkunftsland gebracht zu werden. Für Kritiker dieser Praxis führt das dazu, dass einerseits die Opferzahlen hochgeschraubt und andererseits Frauen auf den Status eines Opfers reduziert werden.[11] Unterbelichtet bleibt, dass Migrantinnen, wenn auch aus Not, bewusst und kalkuliert diesen

Weg wählen. Denn für viele Frauen aus Osteuropa war es (und ist es zum Teil immer noch) schwierig, legal in die EU zu kommen, und ohne regulären Aufenthaltsstatus ist Sexarbeit, neben Pflege- und häuslicher Arbeit, oft die einzige Möglichkeit, Geld zu verdienen.

Damit sollen die Ausbeutungsverhältnisse in diesem Gewerbe keineswegs kleingeredet werden. Es stellt sich jedoch die Frage, ob die als »Rückkehr« verschleierte Abschiebung für die Frauen wirklich eine Hilfe ist. Stünde allein der Schutz der Betroffenen im Vordergrund, sollte man auf eine Abschiebung verzichten, wenn die Frauen bleiben möchten. In Deutschland wurde aber gegen fast alle Opfer von Menschenhandel ein Verfahren wegen Verstoß gegen das Ausländergesetz eingeleitet.[12] Nur in Ausnahmefällen wird Frauen, die bereit sind, vor Gericht als Zeugin auszusagen, ein humanitäres Bleiberecht gewährt.[13]

Durch den »Anti-Trafficking«-Diskurs wird nicht nur Abschiebung unsichtbar gemacht und zu einer humanitären Maßnahme verklärt. Kampagnen gegen Frauenhandel versäumen es, so Rutvica Andrijasevic vom Centre on Migration, Policy and Society (COMPAS) an der Universität von Oxford, »in Rechnung zu stellen, dass es ja gerade verschärfte Einwanderungskontrollen [sind], durch die Bedingungen geschaffen werden, die Menschenhandel und Ausbeutung befördern«.[14] Daher haben Abschiebungen weniger die Aufgabe, die Prostitution illegalisierter Migrantinnen zu verhindern – das können sie gar nicht. Vielmehr tragen sie entscheidend dazu bei, dass die Prostitution bis zu dem Punkt funktioniert, ab dem diese Migrantinnen sesshaft werden und Rechte einfordern könnten.

Auch der UN-Report zu »Trafficking« in Südosteuropa kommt nicht umhin festzustellen, dass »Frauen, die als Opfer klassifiziert werden, die ihnen angebotene Hilfe ausschlagen, weil sie nicht in ihr Herkunftsland zurück wollen«. Die Re-Integrationsprogramme böten oft keine nachhaltige Hilfe, und am Ende landeten die Frauen in derselben Situation, die dazu geführt hat, dass sie in den »Trafficking«-Kreislauf eingestiegen sind.[15] Gleichwohl kommt auch der UN-Report nur zu dem Schluss, dass die Programme Opfer-orientierter arbeiten und die Armut als Ursache bekämpfen müssten. Die Opfer-Rolle zu überwinden und als Allererstes sichere Migrationsmöglichkeiten einzufordern, steht hier wie auch bei der Arbeit der IOM nicht im Vordergrund.

Vielmehr hat die Organisation zwischen 1999 und 2010 im Rahmen der skizzierten »Rückkehrerprogramme« rund 1170 »Betroffenen von Menschenhandel«, die nach Deutschland gekommen waren, »die Rückkehr in ihre Heimatländer ermöglicht«[16] – also de facto die Abschiebung anstelle der Polizei abgewickelt. Die Diskrepanz ist den IOM-Mitarbeitern durchaus bewusst. Die deutsche Sektion in Berlin hat zum Beispiel mit dem Flüchtlingskommissar der Vereinten Nationen (UNHCR) und dem BAMF ein Projekt gestartet, das AsylerstentscheiderInnen sensibilisieren soll, zu erkennen, ob Frauen, die abgeschoben werden sollen, tatsächlich von Menschenhandel betroffen sind, und schließt sich Forderungen nach einem Bleiberecht an. Gleichzeitig weist sie aber auch darauf hin, dass es sich bei »Menschenhandel« um einen »Straftatbestand« handle, »der rechtliche Konsequenzen haben muss, sowohl für die Opfer als auch für die Täter«. Statt sich, im Interesse der Betroffenen, eindeutig gegen Abschiebungen zu stellen, heißt es: »Grundsätzlich müssen wir […] als zwischenstaatliche Organisation die Migrationspolitik in Deutschland zur Kenntnis nehmen, die bisher eher restriktiv war.«[17]

Der IOM gelingt es gleichwohl, sich in der Öffentlichkeit ausschließlich als Anwältin der Frauen zu präsentieren. 2010 und 2011 wurde in vielen Ländern der Welt ein TV-Dokumentarfilm über die Aktivitäten der IOM in Moldawien ausgestrahlt. Im Fokus steht die effektvoll in Szene gesetzte moldawische »Repatriierungsspezialistin« Stella Rotaru bei ihrer Arbeit mit Opfern der Zwangsprostitution. Die Verstrickung in Abschiebepraktiken und die Funktion der IOM im internationalen Migrationsregime wird mit keinem Wort erwähnt.[18]

Umgekehrt ist es umso schwieriger, über Abschiebungen im engeren Sinne zu berichten. Im Dezember 2008 stieß ich bei meinen

Recherchen zu in Deutschland aufgewachsenen Jugendlichen, deren Abschiebung beschlossen war, auf Anita (Name geändert), eine damals 19-Jährige, die in der Kölner Justizvollzugsanstalt Ossendorf saß. Der Kontakt kam durch die Rückkehrberaterin des örtlichen Diakonie-Büros zustande. Nachdem die junge Kosovarin sich bereiterklärt hatte, mit mir über die ihr bevorstehende Abschiebung zu sprechen, beantragte ich bei der Gefängnisdirektion einen Interviewtermin. Der Direktor verzögerte und blockierte ihn mehrere Wochen lang. Als der Tag näher rückte, an dem Anita Deutschland verlassen sollte, erwirkte ich mit Unterstützung des Deutschen Journalisten-Verbandes eine einstweilige Verfügung, um das Interview durchzusetzen. Am nächsten Morgen erreichte mich ein Fax mit der handschriftlichen Erklärung: »Hiermit möchte ich das Interview nicht machen.« Zwei Tage vor der Abschiebung zog Anita plötzlich ihr Einverständnis zurück. Ich suchte sie am nächsten Tag als ganz normaler Besucher ohne Mikrofon in der JVA auf, wo sie gestand, dass die Gefängnisangestellten Druck auf sie ausgeübt hatten, die Interviewzusage zurückzuziehen. Das sei »das Beste« für sie.

Der vermeintliche Schutz der Betroffenen wurde auch angeführt, um Interviews im Rahmen des Ausstellungsprojektes »Blackbox Abschiebung« zu verhindern. Die »Persönlichkeitsrechte des betroffenen Abschiebungsgefangenen« würden dem entgegenstehen, begründete ein Sprecher des baden-württembergischen Innenministeriums die Absage. Auch das nordrhein-westfälische Innenministerium erklärte, die Abschiebehäftlinge befänden sich in einer »besonderen Situation«, und das erfordere »zu deren Schutz einen restriktiven Umgang mit der Öffentlichkeit«. Der Sprecher der Hamburger Innenbehörde meinte gar am Telefon: »Es gibt keinen Rechtsanspruch auf O-Töne von Gefangenen. [...] Ich muss Ihnen das nicht begründen. [...] In Hamburg machen wir das nicht.« Allerdings ist die freie Meinungsäußerung durch Artikel 5 des Deutschen Grundgesetzes geschützt, und wenn ein Inhaftierter ein Interview geben will, spricht rechtlich nichts dagegen.

Staatliche Stellen haben jedoch wenig Interesse daran, dass Abschiebehäftlinge öffentlich zu Wort kommen. »Diese emotionsgeladenen Interviews könnten dazu führen, dass die Ausreiseunwilligkeit noch verstärkt wird und die Abschiebung scheitern könnte«, begründete die Hamburger Innenbehörde schließlich ihre Entscheidung, keine Interviews zuzulassen. Außerdem würden Ausländer, »die sich über Jahre hinweg oft mit allen Mitteln ihrer gesetzlichen Ausreiseverpflichtung widersetzt haben«, so das Innenministerium in Düsseldorf, ihre persönlichen Einzelschicksale nicht objektiv wiedergeben und »die Gelegenheit nutzen, um die Öffentlichkeit einseitig für ihre Belange einzunehmen«. Soll man also nur den Angaben der Behörden vertrauen, ohne die andere Seite, nämlich die der Betroffenen, anzuhören? Zumal die Ausländerbehörden kaum Informationen zu Abschiebungen herausgeben. Vor allem, wenn es darum geht, einen Einzelfall zu rekonstruieren, verweisen sie auf den Datenschutz. Gerade deshalb ist es wichtig, auch die Abgeschobenen selbst zu Wort kommen zu lassen.[19]

Das baden-württembergische Innenministerium wies im Laufe der Recherchen darauf hin, dass das Thema sogar auf einer Bund-Länder-Besprechung zum Thema »Rückführung« erörtert worden sei und alle Bundesländer sich gegen Interviews ausgesprochen hätten. Es ist dennoch gelungen, Interviews mit Abschiebehäftlingen zu führen. Die Justizvollzugsanstalt Offenbach zum Beispiel ließ sie zu. Auch der Leiter der Abschiebehaftanstalt in Büren war offen und kooperativ, wenn es darum ging, solche Interviews zu genehmigen.

Besonders an den Auseinandersetzungen um Demonstrationsverbote am Flughafen Frankfurt am Main wird schließlich deutlich, dass das Thema Abschiebung zwischen Verhinderung und Zulassen von Öffentlichkeit oszilliert. Die allermeisten Abschiebungen aus Deutschland erfolgen mit dem Flugzeug, dennoch bleiben sie weitgehend unsichtbar: Einem unbegleitet Abgeschobenen sehen die anderen Passagiere nicht an, dass er unfreiwillig fliegt, und selbst wenn Polizisten dabei sind, tragen diese keine Uniform, um möglichst nicht aufzufallen. Bei Sammelabschiebungen werden in Düsseldorf die Betroffenen zu einem Seiteneingang des Flughafens gefahren, wo, getrennt vom übrigen Passagierverkehr und für Besucher unzugänglich, Chartermaschinen für Sammelabschiebungen abgefertigt werden. Auch in Frankfurt werden die Menschen, die abgeschoben werden, in ein spezielles Terminal – einen geschlossenen Sicherheitsbereich – gebracht. Demonstrationen am Ort »Flughafen« tragen also entscheidend dazu bei, die weitgehend versteckt stattfindenden Abschiebungen sichtbar zu machen.

Wer am Frankfurter Flughafen Flugblätter verteilen wollte, brauchte jedoch die Genehmigung der Betreibergesellschaft Fraport AG. Julia Kümmel, eine Aktivistin der Initiative gegen Abschiebung, hielt sich nicht daran und bekam nach einer Protestaktion im März 2003 ein »Flughafenverbot« erteilt. Die Fraport AG drohte ihr, sie beim nächsten Mal wegen Hausfriedensbruch anzuzeigen. Die Aktivistin demonstrierte dennoch weiter am Flughafenschalter der Fluggesellschaft, die Abschiebungen durchführte, und klagte jahrelang gegen das Demonstrationsverbot.

Alle Zivilgerichte gaben der mehrheitlich dem Land Hessen und der Stadt Frankfurt gehörenden Flughafengesellschaft recht. Bis das Bundesverfassungsgericht im Frühjahr 2011 anders entschied: Der Wunsch, eine »›Wohlfühlatmosphäre‹ in einer reinen Welt des Konsums zu schaffen«, könne nicht als »legitimer Zweck zur Einschränkung der Meinungsfreiheit« betrachtet werden. Er rechtfertige also nicht das Verbot, auf dem Gelände des Flughafens gegen Abschiebungen zu protestieren. Denn die formal private Fraport AG gehört mehrheitlich dem Staat, und dieser müsse die Wahrnehmung der Grundrechte garantieren. Es sei ausgeschlossen, so die Richter, »bestimmte Meinungsäußerungen allein deshalb zu unterbinden, weil sie […] wegen kritischer Aussagen dem betreffenden Unternehmen gegenüber als geschäftsschädigend beurteilt werden«.[20]

Nun ist es keineswegs so, dass Abschiebegegner ohne dieses Urteil überhaupt nicht an Flughäfen hätten demonstrieren können. Inwieweit dies toleriert wird, hängt sicherlich auch davon ab, welche Strategie die örtlichen Akteure verfolgen und wie die politischen Kräfteverhältnisse sind. Im damals bereits wieder rot-grün regierten Nordrhein-Westfalen duldete die Polizei im Jahr 2011 mehrfach unangemeldete Protestaktionen am Düsseldorfer Flughafen. Mal durften autonome Abschiebegegner eine halbe Stunde lang demonstrieren und wurden dann hinausbugsiert. Ein andermal konnte eine Demonstration in Anwesenheit von grünen und linken Landtagsabgeordneten auch länger dauern. Im Verhindern von Öffentlichkeit kann der Rechtsstaat zum einen nicht so weit gehen, wie er vielleicht möchte. Zum anderen aber erlaubt es gerade das Zulassen von Protest und damit die Integration von »humanitären« Bedenken in den Abschiebungsdiskurs, Abschiebungen »demokratisch« erscheinen zu lassen und sie damit effektiver durchführen zu können, solange der Umfang des Protests kontrolliert werden kann. Die Blackbox Abschiebung bleibt deshalb ein umkämpfter Raum.

Dzevad S.

»Ich bezahl die mit meinen Steuergeldern dafür, dass die mich abschieben.«

Dzevad S. ist ein Kurde aus der Türkei. Als er zum ersten Mal nach Deutschland kam, war er acht Jahre alt. Er spricht mit schwäbischem Akzent. Im April 2011 sitzt der zu diesem Zeitpunkt 25-Jährige in Büren in der Abschiebehaft.

Mein Chef war sehr zufrieden mit mir. Er hat für mich gekämpft, eine sehr nette Person. Das ist eine Familienfirma, die Textil- und Klebeetiketten herstellt. Der hat auch dafür gesorgt, dass ich hierbleiben konnte, weil ich meine, ich hab mich auch integriert. Ich kann die deutsche Sprache gut – lesen, schreiben – und hab auch keine Strafanzeige. Man konnte mich nicht abschieben, weil mein Name in der Türkei nicht existierte.

Ich hab immer nur eine Duldung für drei Monate bekommen. Aber ich durfte trotzdem arbeiten. Damit wusste die Ausländerbehörde, wo ich bin. Das hab ich schon gemerkt. Mit einer Duldung darf man eigentlich gar nicht arbeiten. Aber die haben das schlauer gemacht. Die wollten wissen, wo ich zu finden bin, sonst hätten die mir keine Arbeitserlaubnis gegeben. Die haben mich drei Mal auf der Arbeitsstelle abgeholt, zum türkischen Konsulat und wieder zurückgebracht.

Mein Chef hat auch mehrere Anträge bei der Ausländerbehörde gestellt. Wenn ich eine Aufenthaltserlaubnis kriege, wäre er bereit, mich als Drucker in einer Privatschule in Stuttgart ausbilden zu lassen, erst zum Drucktechniker und dann zum Druckingenieur. Er hat für mich eine Schule in Stuttgart gefunden, die 230 Euro im Monat kostet, und er wollte das selber übernehmen. Aber die Ausländerbehörde hat das alles abgelehnt. »Nee, es gibt genug Arbeitslose in Deutschland.« Alles abgelehnt.

Mein Chef hat mir dann ein Angebot gemacht: »Wenn du gehen willst, dann geh in die Türkei, ich mach für dich dort eine Firma auf. Ich zahl dir alles, ich schick dir drei Maschinen runter. Du musst dir nur einen Platz besorgen.« Dann hab ich gesagt: »Erstens hab ich politische Probleme in der Türkei. Zweitens: Ich hab dort keinen Militärdienst geleistet. Es geht nicht.«

Ich hab vom deutschen Staat keinen Cent bekommen. Ich habe gearbeitet und meine Steuern gezahlt. Mein Bruttolohn war 1580 Euro. Und netto hab ich 970 Euro bekommen. Das heißt, ich hab dem Staat sogar noch Geld gegeben, damit diese Ausländerbehörde arbeiten kann. Ich hab die und deren Kinder ernährt, und dann werde ich so behandelt. Letztens hab ich in der Zeitung gelesen, was diese Maria Böhmer, die Beauftragte für Integration, gesagt hat. Da meinte sie, wir brauchen mehr Menschen, die sich integriert haben. Einer von denen bin ich, aber ich sitze hier in Abschiebehaft und werde abgeschoben.

Seit 1994 bin ich in Deutschland. Ende 1998 sollten meine Mutter, ich und meine drei Geschwister abgeschoben werden. Da sind wir freiwillig gegangen. Wir hatten einen Asylantrag gestellt. Mein Vater ist gestorben, als ich drei Jahre alt war, und ich war mit meiner Mutter und meinen Geschwistern nach Deutschland gekommen. Ich bin Kurde. Unser Asylantrag wurde nicht anerkannt. Wir sind einfach wieder illegal raus aus Deutschland, da gibt es viele Möglichkeiten.

2001 bin ich dann mit 15 alleine nach Stuttgart gekommen. Meine Mutter war in der Türkei. Einen Asylantrag konnte ich noch nicht stellen, weil ich noch minderjährig war. Deshalb musste mein Cousin mit einer Vollmacht meiner Mutter einen Vormundschaftsantrag stellen, damit ich nicht in ein Heim komme. Als ich achtzehn geworden bin, wurde ich nach einer Woche vor das Gericht in Karlsruhe geladen. Ich hab meine Gründe erzählt, warum ich wieder nach Deutschland geflüchtet bin, wegen der politischen Probleme, die ich in der Türkei hatte. Das hat lange gedauert, bis vom Gericht eine Antwort kam. Und in der Zeit hab ich keine Starthilfe bekommen, gar nichts. Mein Cousin hat für mich gesorgt, und ich hab dann selber eine Arbeit gefunden in der Druckerei. Wir haben Gewebeetiketten gemacht, Textilverzierungen für H & M und viele andere Marken. Ich war Drucker, ich hab eine Maschine bedient.

Nach meinem ersten Asylantrag 1994 bin ich ja von der zweiten bis zur sechsten Klasse hier in die Schule gegangen. Ich bin wieder nach Stuttgart gekommen, weil dort meine Verwandten waren. Ich hab die Arbeit in der Druckerei bekommen, ohne Ausbildung zu haben. Ich wollte für mich selber sorgen. Klar, ich hätte auch weiter zur Schule gehen können, aber ich hab bei meinem Cousin gewohnt, und ich kann mich ja nicht immer nur auf den verlassen, dass er mir Taschengeld gibt, und Schule kostet ja auch Geld. Also hab ich mir überlegt, ich muss mich selber ernähren und arbeiten gehen. So hab ich in der Druckerei angefangen.

Im Jahr 2005 sollte ich dann abgeschoben werden, aber mein Rechtsanwalt hat Widerspruch eingelegt. Ich musste zum Verwaltungsgericht nach Stuttgart, und da wurde mein Asylantrag abgelehnt. Trotzdem hab ich in der ganzen Zeit weiter gearbeitet.

2008 kam dann das Gesetz: Wenn du acht Jahre in Deutschland bist, gilt die Altfallregelung. Und da hat die Frau von der Ausländerbehörde von sich aus zu mir gesagt: »Herr S., es ist ein neues Gesetz da, und Sie haben das Recht, das in Anspruch zu nehmen, weil sie seit acht Jahren hier sind und arbeiten.« Ich hab einen unbefristeten Arbeitsvertrag, ich hab eine Wohnung, und ich hab keine Strafanzeige, gar nichts. Die Frau hat zu mir gesagt: »Bringen Sie die ganzen Unterlagen, wir überprüfen das. Wenn Sie es schaffen, dann bekommen Sie eine Aufenthaltserlaubnis.«

Als ich meine Unterlagen abgegeben habe, hat die Frau mir gesagt, ich soll nach einer Woche wiederkommen. Ich bin da hingegangen, und sie sagte: »Herr S., herzlichen Glückwunsch, Sie haben ein Jahr Aufenthalt bekommen.« Das hat mich auch gewundert. Ich hab gesagt: »Sie wollten mich abschieben, aber jetzt haben Sie mir Aufenthalt gegeben?« – »Ja, durch dieses Gesetz haben Sie das bekommen.« Okay. Ich so: »Können Sie mir das auch als Schreiben geben, damit ich das bei meiner Botschaft abgebe?« Da hat sie mir ein Schreiben gegeben für die Botschaft: Sobald ich einen Reisepass habe, muss ich den abgeben mit meinen Lohnabrechnungen und der Einwohnermeldebescheinigung, dann wird das alles wieder überprüft, und dann krieg ich zwei Jahre Aufenthalt.

Dann bin ich zu meinem Rechtsanwalt gegangen. Aber dem hätte ich lieber nicht vertraut. Ich hab ihm gesagt: »Ich habe Aufenthalt bekommen.« Der war schockiert. »Wie, das geht gar nicht, man will Sie doch abschieben. Und Sie kommen jetzt mit Aufenthalt?« Ich so: »Ja, ich hab einen Antrag gestellt, wegen diesem neuen Gesetz haben die mir eine Aufenthaltserlaubnis gegeben.« Der Rechtsanwalt hat vor meinen Augen den Chef der Ausländerbehörde angerufen. »Ja, wie kommt das, dass Sie ihm Aufenthalt geben, der soll doch abgeschoben werden?«

Zwei Tage später krieg ich einen Brief, ich soll zum Gespräch in die Ausländerbehörde. Ich bin hingegangen, und die meinten zu mir, sie hätten einen Fehler gemacht. Ich frage: »Wieso einen Fehler? Beim Aufenthalt werden doch keine Fehler gemacht. Warum nehmen Sie den wieder zurück?« – »Ja, das kommt daher, weil Sie keinen Reisepass haben.« – »Aber Sie wussten doch von Anfang an, dass ich keinen Reisepass habe. Und Sie haben selber zu mir gesagt, sobald die türkische Botschaft mir einen gibt, dann sollte ich vorbeikommen mit meinen Lohnabrechnungen und alles, und dann kriege ich eine Aufenthaltserlaubnis für zwei Jahre, wenn ich dann noch arbeite. Und jetzt kommen Sie mir mit so einer Ausrede.« – »Ja, tut uns leid.« Fertig, aus. Die haben mir wieder nur eine Verlängerung für drei Monate gegeben. Ich fühlte mich regelrecht ausgenutzt.

Ich hatte auch eine Freundin, mit der ich lange zusammen war, fast zwei Jahre. Da wollte ich sie heiraten, und der Rechtsanwalt sagte zu mir: »Nee, du kannst nicht heiraten.« – »Wieso? Es gibt Leute, die in letzter Minute heiraten. Ich verstehe mich mit diesem Mädchen gut, wir wollen jetzt heiraten.« – »Nee, wenn du heiratest, dann machst du aus einem Problem zwei Probleme.«* Das hab ich meinem jetzigen Rechtsanwalt gesagt, und der meinte nur: »Was hat der mit Ihnen gemacht? Der hat mit Ihnen gespielt.«

* Wegen des Verdachts auf Scheinehe.

Im Juli 2009 hatte ich dann genug davon. Ich hab jede Möglichkeit ausprobiert, aber es hat nicht geklappt. Da bin ich selber ausgereist. Ich hab einem Lkw-Fahrer Geld gegeben, 1500 Euro, und hab dem gesagt, bring mich in die Türkei. Der hat gesagt »okay«. Die Lkws, die aus Deutschland rausfahren, werden ja meistens nicht kontrolliert. Und dann bin ich in den Lkw gestiegen. An der Grenze hat der mich rausgelassen, und da hat mich ein Verwandter abgeholt. Ich war dann in Istanbul und hab mich umgeschaut, ob ich da was machen kann. Aber durch meine politischen Aktivitäten in der Türkei und auch hier in Deutschland ist das schwierig. Ich bin hier Mitglied in kurdischen Vereinen, und ich war politisch sehr aktiv. Der Verein wird immer von der Polizei und vom türkischen Auslandsgeheimdienst beobachtet. Mein Onkel in der Türkei hat mir erzählt, die haben ihn dreimal festgenommen und ihn nach mir und meinem Cousin gefragt. Wir haben in Stuttgart zusammen gearbeitet, aber der hat sich entschieden, in die Berge zu gehen. Der ist jetzt kurdischer Freiheitskämpfer. Ich hab dann in Stuttgart weitergearbeitet, und das wurde immer an die Türkei berichtet.

Das letzte Mal, wo die türkische Polizei meinen Onkel befragt hat, meinte der wieder: »Ich weiß nicht. Die sind in Europa.« – »Nee, das glauben wir nicht, die sind bei den kurdischen Freiheitskämpfern.« Er hat mir Bescheid gegeben. Daraufhin hab ich wieder einen Weg gesucht, nach Deutschland zu kommen. Nicht in ein anderes europäisches Land, sondern nach Deutschland. Weil ich zusammengerechnet seit 14 Jahren hier bin. Meine beiden Brüder sind auch hier. Meine Mutter lebt jetzt in Belgien, die hat dort ein Aufenthaltsrecht. Auch meine Brüder haben eine Aufenthaltserlaubnis und Arbeit.

Ich kann mir in der Türkei aus diesen politischen Gründen kein Leben aufbauen. Außerdem bin ich hier fast aufgewachsen. Deswegen bin ich wieder illegal nach Deutschland gekommen. Ich hab mir von einem Schlepper einen Reisepass beschafft, und dann sind wir wieder mit dem Flugzeug nach Deutschland geflogen.

Klar, ich will eigentlich legal kommen, aber da ich in der Türkei keinen Militärdienst gemacht hab und wegen den Problemen, die ich da ha-

be, kriege ich keinen legalen Ausweis. Da müssen Sie es illegal pro-
bieren, um da rauskommen zu können.

2010 bin ich eine Woche vor Silvester hier angekommen und hab
mich an meinen Bruder gewandt. Ich hab ihn gefragt, ob er mir helfen
kann. Dann hab ich meinen Rechtsanwalt wieder angerufen. Er sagte, es sind gerade Ferien, ich soll nach Neujahr wiederkommen, dann
stellen wir einen Asylfolgeantrag.

Am 3. Januar 2011 kamen am frühen Morgen vier, fünf Polizisten zu
meinem Bruder nach Hause. Die meinten zu mir: »Sie halten sich seit
drei Monaten illegal hier auf«. Ich so: »Nein, ich bin grade angekommen, da steht mein Koffer.« Den hatte ich nicht mal ausgepackt.
»Nee, ein Unbekannter hat uns angerufen, dass Sie sich seit drei Monaten illegal hier aufhalten.« – »Ja, dann bringen Sie mir mal diesen
Anrufer, der soll das bestätigen.« – »Das können wir nicht machen,
aus Sicherheitsgründen.« – »Na, also: Aussage gegen Aussage. Sie
können es mir nicht beweisen, ich kann es Ihnen nicht beweisen.
Durch eine anonyme Aussage kommen Sie auch nicht weit.« Aber
dann war ich in Recklinghausen vor Gericht, und das hat entschieden, dass ich hier in die JVA Büren komme – für die Abschiebung.

Der Asylfolgeantrag wurde vom Bundesamt abgelehnt. Und jetzt hat
mein Rechtsanwalt Widerspruch vor dem Verwaltungsgericht Gelsenkirchen eingelegt. Ich hab dem Richter gesagt, meine Familie
wird für mich bürgen. Meine ganze Familie ist hier. Onkel, Tanten,
Schwester, Bruder, die sind alle bereit, für mich zu bürgen, dass
ich bei denen zu Hause auf meine Antwort vom Verwaltungsgericht
warte. Und die würden mich auch selber zum Flughafen fahren, sobald mein Antrag abgelehnt wird. Da sagt der Richter: »Du würdest
trotzdem untertauchen.« – »Aber dann macht sich doch derjenige,
der für mich bürgt, strafbar.« Aber das sieht er nicht ein. Der Richter
ist immer nur auf eins konzentriert: »Der muss raus. Der kriegt keine
andere Chance.«

Der Herr von der Ausländerbehörde ist für mich auch so ein Rassist.
Ehrlich, so einen hab ich in Stuttgart gesehen, der sich gefreut hat,
dass ich abgeschoben werde. Als ob das eine Hochzeit wäre. Und

der Herr aus Recklinghausen, der sagt: »Nein, keine Chance, wir arbeiten gerade so schnell wie möglich daran, dass er weg ist.« Aber was mich noch richtig schockiert, dass der Richter immer gesagt hat: »Ich kann nichts machen, ich kann nichts ändern.« Sag mal, du bist doch Richter. Es gibt gute Richter und schlechte Richter, aber hier läuft vieles nicht gerecht.

Das Problem ist auch, dass die Ausländerbehörde einfach macht, was ihr in den Kram passt. In Stuttgart, wo ich den Asylantrag gestellt hab, wollte ich einmal meine Duldung verlängern. Da wurde ich einfach dort gepackt, die Frau hatte die Polizei angerufen, die haben mich in die Zelle gesteckt. Am nächsten Tag haben sie mich zum Konsulat gebracht, haben nichts gefunden und mich wieder freigelassen. Jetzt sagt der Richter, es besteht Fluchtgefahr. Aber in Stuttgart hat mich die Polizei doch jederzeit bekommen, wenn die wollte. Und ich hab auch noch selber mitgemacht. Ich bin zweimal selber zum Konsulat gegangen und wollte diese Ersatzpapiere besorgen, damit die mich abschieben können. Ich zum Richter: »Wenn Sie mir das nicht glauben, Sie können meinen Rechtsanwalt in Stuttgart anrufen, der kann ihnen zu diesen Terminen alles zufaxen. Dass ich dreimal abgeholt worden bin und zweimal selber hingegangen bin.« Der Richter sagt nur: »Ah, ich kann hier nichts ändern.«

Für mich ist das so: Es gibt gute und schlechte Leute. Aber die können das einfach nicht unterscheiden. Die schmeißen alles in einen Topf rein. Sobald ein Kurde oder ein Türke Mist baut, werden gleich alle mit reingezogen. Ah, die Türken, ah, die Kurden. Aber man sollte wirklich diesen Unterschied machen zwischen gut und schlecht. Ich hab keine Anzeige, keine einzige kleine Anzeige. Ich hab auch dem Richter gesagt: »Sie können das überprüfen.« Und der Ausländerbehörde hab ich mein Führungszeugnis vorgelegt.

Trotzdem sitz ich jetzt im Gefängnis. Für mich kommt das so rüber, als ob ich ein Mörder wäre. Ehrlich, das ist wirklich so. Ich sitze in einer kleinen Zelle und hab keine Freiheit. Wenn ich irgendwo hingeh, geh ich in Handschellen. Als ob ich ein Schwerverbrecher wäre. Ich bin dem türkischen Konsulat in Handschellen vorgeführt worden.

Ich wurde hinten im Polizeiauto angeschnallt. Und da waren drei Polizisten. Beim Anschnallen werden die Handschellen ein bisschen enger, und das tut weh. Auch wenn ich Schmerzen hatte, das hat dem Polizisten nicht wehgetan. Weißt du, was die im Auto gesagt haben? »Der Kollege hier, was hat der angestellt?« – »Ja, der wird abgeschoben. Morgen sitzt er in seinem Flieger, dann ist er weg. Dann sind wir den los.« Das ist für mich Rassismus. So was denkt man nicht. Was bin ich denn? Ich bin doch kein Mörder, dass du dich so über mich aufregst. Ich bin doch ein ganz normaler Mensch und wollte Asyl haben.

Hätte ich mich integriert, hätte ich mich an die Regeln gehalten, dann würde so was gar nicht vorkommen, heißt es. Aber es gibt viele Leute, die sich integriert haben und trotzdem abgeschoben werden. Was die reden und was die tun, das passt gar nicht zusammen. In der Zeitung steht, Angela Merkel hat gesagt: »Wir brauchen mehr Ausländer.« Ich lese das in der Zeitung. Maria Böhmer: »Wir brauchen mehr integrierte Ausländer.« Aber du hast doch voll viele Leute, die du momentan abschiebst, und die haben sich doch integriert. Für mich kommt das so rüber: Die Ausländerbehörde hat andere Gesetze, und die von der Politik haben andere Gesetze.

Dzevad S. war zum Zeitpunkt des Interviews drei Monate in Abschiebehaft. Wann er abgeschoben werden sollte, war nicht sicher, weil seine Identität noch nicht festgestellt worden war.

Die Abschiebung, das Leben und der Tod

Es spielt keine Rolle, ob David Mardyani siebzehn oder fünfundzwanzig Jahre alt war. David war so alt, wie er sich fühlte. Das ist doch unser Credo im freien Westen, oder? Ob mit siebzehn oder fünfundzwanzig – David war alt genug, um wie alle jungen Männer in Europa herumzureisen, die Welt zu entdecken, mit seinen Talenten Geld verdienen zu wollen und selbst zu entscheiden, wo er leben möchte. David war zu jung, um deshalb zu sterben.

»David war ein guter Goldschmied. Er konnte mit seinen Händen sehr filigran arbeiten«, beschreibt Yuri Mardyani seinen Sohn. Nach dessen Tod schickten die deutschen Behörden Davids Sachen seiner Familie in Tiflis. Zwischen seinen Kleidern fand Yuri ein Kreuz aus Gagat – ein schwarzer Edelstein. »Das hatte David selbst geschliffen.« Der ehemalige Beamte sagt, er habe selbst drei Jahre auf Zypern gearbeitet. »Viele Georgier sind ins Ausland gefahren, haben dort Geld verdient und sind zurückgekommen, alles kein Problem.« Jetzt, als Rentner, verdiene er sich auf dem Bau etwas dazu. »Es gibt materielle Probleme in Georgien, es gab für ihn keine Arbeit hier«, sagt Yuri, »deshalb ist David ins Ausland gegangen. Er hatte gehört, dass man als Goldschmied in der Schweiz gut verdienen kann.«

David fuhr zuerst nach Frankreich, wo er direkt ausgewiesen wurde. Dann blieb er einige Monate in der Schweiz, von wo aus er nach Polen abgeschoben wurde. »Eines Tages rief er an, dass er nach Deutschland ziehen will und dass er sich melden wird«, erzählte seine Mutter im georgischen Fernsehen.[1] Und ein Freund bestätigt: »Ich wollte auch nach Deutschland gehen, und David hat mir geschrieben, dass er mit mir nach Georgien zurückkehren würde.« Das waren die letzten Lebenszeichen, die seine Familie von dem jungen Mann erhalten hat. »David war sehr lebensfroh«, sagt sein Vater, »ein sehr geselliger, offenherziger Mensch, er hatte viele Freunde, alle haben ihn geliebt.« Neben Georgisch sprach er Russisch und ein bisschen Englisch. Als seine Freunde von seinem Tod erfuhren, seien alle schockiert gewesen.

Der junge Georgier armenischer Abstammung erhängte sich in deutscher Abschiebehaft. An einem zerrissenen Bettlaken, das er ans Fenstergitter geknüpft hat, sagen die Hamburger Behörden. David war in den Hungerstreik getreten und deshalb ins Hamburger Zentralkrankenhaus verlegt worden. »Als Begründung für seine Nahrungsverweigerung gab er an, nicht abgeschoben werden zu wollen«, heißt es in einem amtlichen Schreiben. Dennoch hätten ihn die Mitarbeiter »nicht als suizidgefährdet eingeschätzt«. Sämtliche Ermittlungsverfahren gegen die damaligen Hamburger Justiz- und Innensenatoren sowie die Anstaltsleitung und andere Beamte wurden eingestellt, weil sich keine zureichenden »tatsächlichen Anhaltspunkte« für eine fahrlässige Tötung durch Unterlassen ergeben hatten, so die Hamburger Staatsanwaltschaft.[2]

Am 7. Februar 2010 war David Mardyani mit einem weiteren Georgier bei einer Straßenkontrolle von der Polizei in Hamburg festgenommen worden. Er hatte keinen Ausweis dabei und besaß auch keinen legalen Aufenthaltstitel.[3] Nachdem sich herausstellte, dass er schon in der Schweiz und dann in Polen Asyl beantragt hatte, teilte ihm der Richter am 8. Februar mit, dass er nach Polen »zurückgeschoben« wird. Einen Tag später kam er in das Untersuchungsgefängnis Hahnöfersand am Elbufer. Er habe inhaftiert werden müssen, heißt es, um zu verhindern, dass er untertaucht. »Der Betroffene ist mittellos und ohne festen Inlandswohnsitz«, so der Richter, »mildere Mittel als die Anordnung der Abschiebungshaft erscheinen nicht geeignet, um die Ausreise und Abschiebung zu überwachen.«

Weil David Mardyani bis spätestens zum 22. März abgeschoben werden soll, macht man ihm im Gefängnis kein Arbeitsangebot. Als er am 17. Februar seinen Hungerstreik beginnt, werden »besondere Sicherungsmaßnahmen« angeordnet. Er kommt in eine Zelle ohne »gefährliche Gegenstände«, kann nicht mehr an Freizeitangeboten teilnehmen.[4] Ein Psychologe spricht mit ihm. Als er eine Woche später ins Zentralkrankenhaus verlegt wird, sind damit die Sicherungsmaßnahmen aufgehoben, er sitzt aber weiterhin 23 Stunden am Tag in einem Raum. Die Ausländerberaterin habe sich dort mit ihm jeden Werktag auf Russisch unterhalten, die Pflegekräfte und der Anstaltsarzt hätten regelmäßig nach ihm gesehen. Zwar wird er mit einem Monitor überwacht, aber wenn die Krankenschwestern die Medikamente ausgeben, sind sie in den Zimmern unterwegs, und es schaut niemand drauf. Am frühen Nachmittag des 7. März 2010 – nach einem Monat Abschiebehaft – begeht David Selbstmord.[5]

Könnte David noch leben? Weshalb hatte er Angst, nach Polen zurückgeschoben zu werden? Weshalb hat er angeblich kein einziges Mal einen Anwalt verlangt? Auch wenn sich das nicht mehr klären lässt, gibt es doch triftige Gründe anzunehmen, dass David Mardyani nicht hätte sterben müssen. Er habe, sagt der Hamburger Senat, mit zwei weiteren Georgiern, mit denen er nach Deutschland gekommen war, einen Asylantrag stellen wollen.[6] Während der Prüfung hätte er doch auch in Freiheit auf den Bescheid warten können. Wer aber einmal in Haft ist und dort einen Asylantrag stellt, bleibt auch in Haft. Eine Freilassung kommt dann nur noch bei einem positiven Bescheid in Betracht. Oft werde der Asylantrag von der Polizei aber absichtlich erst dann an das zuständige Bundesamt gefaxt, kritisiert der Hamburger Rechtsanwalt Heiko Habbe, wenn der Festgenommene bereits in Abschiebehaft sitzt.[7] Damit werden Fakten geschaffen.

Dabei ist es rechtlich sowohl bei der Zurückschiebung als auch bei der »Sicherungshaft« zur Durchsetzung der Ausreisepflicht wegen unerlaubter Einreise möglich, die Verhältnismäßigkeit und die humanitären Gründe im Einzelfall zu betrachten und auf diese Maßnahmen zu verzichten.[8] Wenn David selbst kein Geld mehr für ein Rückfahrticket besaß, hätte er seinen Vater bitten können, dieses von Georgien aus zu bezahlen, um glaubhaft zu machen, dass er sich der Ausreisepflicht nicht entziehen will. David hätte nicht im Abschiebegefängnis landen und damit nicht in eine verzweifelte Situation geraten müssen, die ein erhöhtes Suizidrisiko birgt und in der sich auch andere Menschen schon das Leben genommen haben. Stattdessen sollte er im Hauruck-Verfahren möglichst schnell ins Gefängnis und dann raus aus Deutschland. Dies ist ein übliches Verfahren, berichten Beteiligte, und es bestehe oft kaum ein Interesse, sich näher mit dem Betroffenen auseinanderzusetzen.[9]

Ein Richter kann aber auch anders entscheiden. Als David in Haft kam, kannte er seinen konkreten Abschiebetermin noch nicht. Im Fall eines Äthiopiers, der nach Norwegen zurückgeschoben werden sollte, urteilte das Amtsgericht Kronach im Juli 2011, man könne auch einem »unerlaubt aufhältigen Ausländer« nicht per se unterstellen, dass er sich seiner Abschiebung entziehen will, wenn er noch nicht mal den Tag weiß, an dem diese stattfinden soll. Gerade wenn der Betroffene einen Asylantrag stellt – und noch dazu in zwei Ländern –, zeige das ja, dass er sich um einen legalen Aufenthalt bemühe.[10] David hätte wie dieser Äthiopier nicht im Abschiebegefängnis landen müssen – dann würde er wahrscheinlich heute noch leben.

Man hätte David auch mit einer Ausreisefrist von mindestens sieben Tagen die Möglichkeit geben können, auszureisen – ohne Haft und Abschiebung.[11] Schließlich hatte er auch Polen von sich aus verlassen. Man hätte ihn an eine Beratungsstelle vermitteln können, die die Repatriierung von mittellosen Migranten ermöglicht. Oder er hätte eine Aufenthaltserlaubnis als Künstler beantragen können. Zwar hätte das die Ausreisepflicht nicht aufgehoben, aber diese Perspektive zu besitzen, wäre für die psychische Stabilität in seiner schwierigen Situation sicher wichtig gewesen. Hat ihn irgendjemand darüber informiert?

Nach Davids Tod gab es wütende Proteste von Abschiebegegnern in Hamburg. In der Presse ging es aber oft nur um die Information der Behörden, dass er auf der Polizeiwache einen falschen Nachnamen und ein jüngeres Alter angegeben hatte. Er war gar nicht siebzehn, sondern fünfundzwanzig Jahre alt, wie sich nach einem Datenabgleich mit Polen und der georgischen Botschaft in Berlin herausstellte. Nach Bekanntwerden seines Suizids wurde nun einerseits die Praxis der Inhaftierung minderjähriger Asylsuchender kritisiert. Der öffentliche Druck führte dazu, dass der Hamburger Innensenator ankündigte, in Zukunft darauf zu verzichten, Minderjährige einzusperren, wenn sie außer dem unerlaubten Aufenthalt keine weitere Straftat begangen haben.[12] Der Hamburger Flüchtlingsrat beklagte aber, »dass in der täglichen Praxis viele jugendliche Flüchtlinge ›für erwachsen erklärt werden‹: Die Ausländerbehörde würde bei vielen das jugendliche Alter anzweifeln, so dass sie leichter abgeschoben werden könnten.«[13]

Auf der anderen Seite rechtfertigten die staatlichen Behörden ebenso wie der Richter das harte Vorgehen mit Davids falschen Angaben zu seiner Identität.[14] David wurde als jemand hingestellt, der gelogen hatte und deshalb weniger Mitleid verdiene, ohne zu fragen, weshalb das gegenwärtige Asylsystem Menschen dazu bringt, falsche Angaben zu machen. Die Verengung der Diskussion auf die Frage seines Alters verhinderte damit eine grundsätzliche Auseinandersetzung mit dem Thema »Abschiebung«. Angesichts der Tatsache, dass ein junger Mensch im Zuge des Abschiebeverfahrens gestorben ist, ist es nämlich unwichtig, ob er minderjährig war oder nicht, ob er die Wahrheit gesagt hat oder nicht. Entscheidend ist: David hat sich umgebracht, und das hätte verhindert werden können.

David Mardyanis Schicksal ist in vielerlei Hinsicht symptomatisch für die Abschiebepolitik Deutschlands und der Europäischen Union. David war ein junger Mensch, der unter dem gegenwärtigen Migrationsregime keine Möglichkeit sah, seinen Traum zu verwirklichen, und wie viele vor ihm hoffte er, über einen Asylantrag an sein Ziel zu kommen. Er nahm sich das Recht, Europäer zu sein, und landete dafür im Gefängnis. Warum konnte er nicht einfach als Goldschmied in Hamburg arbeiten? »Wenn jemand ein Verbrecher ist, dann sollte man ihn abschieben«, sagt sein Vater, »aber wenn jemand doch nur kommt, um ehrlich sein Brot zu verdienen, und niemanden stört, dann sehe ich keinen Grund dazu.«

David war nicht der Einzige, der 2010 in deutscher Abschiebehaft gestorben ist. Weitere zwei Menschen haben sich dort im selben Jahr das Leben genommen. Solche Nachrichten werden meist schulterzuckend hingenommen und verschwinden rasch aus der Öffentlichkeit. Und diese Fälle machen deutlich, dass Menschen mit ganz unterschiedlichen Biografien durch eine drohende Abschiebung in den Selbstmord getrieben werden können.

Da ist Yeni P., eine Frau aus Indonesien, die in Hamburg als Prostituierte gearbeitet hatte. »Ihre Zeichnungen im Knast zeigten ganz klar, wie schlecht es ihr ging«, sagt Pastorin Fanny Dethloff, »aber dort hat das niemand erkannt, weil sie immer lächelte. Grade Frauen aus asiatischen Ländern lächeln aber auch dann, wenn es ihnen schlechtgeht. Das hätte man wissen müssen.«

Yeni P. befürchtete, nach ihrer Abschiebung stigmatisiert zu sein, nicht wieder Fuß fassen zu können, und sie hatte »Angst davor, in Indonesien im Gefängnis zu landen – das belegen ihre Abschiedsbriefe«.[15] Die 34-Jährige war 1996 zum ersten Mal nach Deutschland gekommen. Nach einer Scheidung wurde sie schon einmal ausgewiesen. Zwei spätere Ehen erkannten die deutschen Behörden nicht an. Wahrscheinlich war sie anfangs Opfer von Zwangsprostitution, hat sich aber später davon lösen können und unabhängig in einem Edelbordell gearbeitet. Sie besaß allerdings keinen legalen Aufenthaltstitel mehr. Den Hinweis bekam die Ausländerbehörde von ihrem Exmann. An ihrem Fall wird deutlich, wie die Beamten mit der Drohung »Abschiebung« den Druck aufrechterhalten, der Zuhältern in die Hände spielt, weil sie so ausländische Frauen in der Sexarbeit ausbeuten können. Am 23. Februar 2010 wurde Yeni P. wegen Verstoß gegen das Aufenthaltsgesetz festgenommen und inhaftiert, am 16. April erhängte sie sich in der Abschiebehaft.[16]

Anderthalb Monate später erhängt sich der 58-jährige Slawik C. im niedersächsischen Langenhagen am Kabel eines Wasserkochers. Die örtliche Presse berichtete darüber und zeichnete das Bild eines Mannes, der die landläufigen Vorstellungen von Integration übererfüllte und dennoch abgeschoben werden sollte.

Das Foto in der Lokalzeitung zeigt einen graumelierten Herrn, der freundlich lächelt. Bei Fußballspielen hielt er zur deutschen Nationalmannschaft, erzählt sein Sohn. Über dessen Gesellenbrief konnte sich sein Vater nicht mehr freuen. Der Aserbaidschaner, der angab, armenischer Herkunft zu sein, war mit seiner Familie nach Deutschland geflüchtet, nachdem sein ältester Sohn in der Armee hatte dienen müssen und auf mysteriöse Weise umgekommen war. Das war vor elf Jahren. Slawik C. engagierte sich seitdem in der Gemeinde, schreinerte ein Kreuz für die Kirche, war bei den Nachbarn beliebt und bekam von der SPD in Jesteburg eine Urkunde zur »Anerkennung für die Erstellung der besten Gartenanlage am Seeveufer«.[17] Doch während sein Sohn eine Niederlassungserlaubnis erhalten hatte, sollte der Vater abgeschoben werden. Diese Entscheidung der Behörden hatte einen weiteren Tod in deutscher Abschiebehaft zur Folge. Eine Haft, die noch dazu rechtswidrig war: Slawik C. hätte gar nicht inhaftiert werden dürfen, weil der Landkreis die hierzu nötige Zustimmung der Staatsanwaltschaft nicht eingeholt hatte, wie der Bundesgerichtshof schließlich nach einer Klage der Witwe klarstellte.[18]

Der Tod in deutschen Abschiebegefängnissen

Seit 1993 nahmen sich insgesamt 62 Menschen in deutschen Abschiebegefängnissen das Leben, berichtet die Dokumentationsstelle der Antirassistischen Initiative Berlin, die in minutiöser, ehrenamtlicher Kleinarbeit alle Fälle der aus ihrer Sicht »tödlichen Folgen« deutscher Flüchtlingspolitik recherchiert.[19] Europaweit sind alleine zwischen Januar 2009 und Juni 2010 im Zusammenhang mit Abschiebungen 38 Menschen gestorben – die meisten infolge von Suizid.[20]

Die staatlichen Stellen weisen darauf hin, dass Selbstmorde von Abschiebegefangenen lediglich einen äußerst geringen Teil aller Suizidfälle von Häftlingen in Deutschland ausmachen, in den Jahren 2000 bis 2006 *nur* 1,1 Prozent. Konkret handelt es sich um sieben von insgesamt 645 Menschen, die sich in deutschen Gefängnissen das Leben genommen haben. Allerdings hat eine viel größere Zahl versucht, sich umzubringen, und überlebt – auf jeden Selbstmord eines Abschiebehäftlings kommen neun Fälle, in denen ein Suizidversuch gescheitert ist, jemand sich selbst verletzt oder infolge eines Hungerstreiks gesundheitliche Schäden erlitten hat.[21]

Zwischen 2000 und 2010 gab es allein in Hamburg 25 Selbstmordversuche in der Abschiebehaft. Unter denen, die sich das Leben nehmen wollten, waren vier 16-jährige Jugendliche. Ein 34 Jahre alter Tunesier versuchte sogar zwei Mal, sich umzubringen, weil er wieder in die Diktatur zurück sollte, mit der die deutsche und andere europäische Regierungen kooperierten, um Abschiebungen durchführen zu können, und deren Sturz sie ein Jahr später plötzlich begrüßten. Selbst wenn ein Arzt attestiert hatte, dass sie selbstmordgefährdet waren, wurden Menschen abgeschoben.[22] In Baden-Württemberg zum Beispiel fügte sich ein 20-Jähriger aus Sierra Leone, ein ehemaliger Kindersoldat, »zum wiederholten Mal Schnittwunden zu, als er in Abschiebehaft genommen wurde und kam daraufhin in die Klinik der JVA. Er wurde einige Tage später dennoch abgeschoben.«[23]

Die Hamburger Behörden räumen nach einem qualitativen Vergleich ein, dass Abschiebehäftlinge häufiger versuchen, sich umzubringen, als normale Strafgefangene.[24] Das ist kein Zufall. Die ehemalige Gefängnisdirektorin Katharina Bennefeld-Kersten hat erforscht, was Inhaftierte zu Verzweiflungstaten und insbesondere in den Selbstmord treibt. Als Leiterin des Kriminologischen Dienstes in Niedersachsen untersuchte sie in einer erstmaligen Totalerhebung alle Suizide in deutschen Haftanstalten von 2000 bis 2008. Sie kam zu dem Ergebnis, dass sich mehr als die Hälfte der Betroffenen in den ersten drei Gefängnismonaten das Leben genommen haben. In den ersten beiden Wochen hat fast jeder Dritte Selbstmordgedanken. Die Gefangenen müssen gerade zu Haftbeginn »ohne gewohnte soziale Unterstützung kritische Ereignisse bewältigen«, neben der existenziellen Angst wurden

»in vielen Abschiedsbriefen als Kränkung erlebte Ereignisse formuliert« und »gerade in der ersten Zeit der Inhaftierung herrscht oft große Unsicherheit über den Fortgang des Verfahrens, über die Entwicklung der persönlichen Kontakte und die materielle Situation«.[25] Eingesperrt zu sein, kann Menschen in den Selbstmord treiben. Weltweit kommt es im Gefängnis häufiger zu Suiziden als in der Allgemeinbevölkerung, wobei ledige, junge und Haftunerfahrene Untersuchungsgefangene gerade in der ersten Haftzeit besonders gefährdet sind.[26]

Diese Faktoren treffen auf Abschiebehäftlinge in besonderem Maße zu. Meist handelt es sich dabei um junge Männer. Womöglich waren sie vorher noch nie im Gefängnis. Wenn sie noch nicht lange in Deutschland leben, ist es wahrscheinlich, dass sie einsamer sind als andere Häftlinge. Ihre Existenzangst und auch das Gefühl, dass ihnen Unrecht geschieht, sind größer als bei gewöhnlichen Strafgefangenen. Sie sitzen schließlich nicht in der Zelle, weil sie jemanden bestohlen oder getötet haben, sondern allein aufgrund ihres unerlaubten Aufenthalts. Zwar ist die Haftzeit meistens kurz, einige Monate, aber genau in dieser Zeit ist die Suizidgefahr am größten. Bedenkt man zudem, dass es überproportional häufig Vergewaltiger und Mörder sind, die im Gefängnis den Freitod als letzten Ausweg sehen, ist es umso tragischer, wenn die Haft Abschiebehäftlinge – also Menschen, die nicht wegen eines Verbrechens dort einsitzen – zu diesem Schritt treibt.

Darüber hinaus ist die Selbstmordrate auch unter Strafgefangenen ohne deutschen Pass höher als unter Nichtmigranten, die zu einer Haftstrafe verurteilt worden sind, und das steht ebenfalls in Zusammenhang mit Abschiebung. Viele von ihnen haben im Knast nämlich ein besonderes Problem: Wenn feststeht, dass sie nach der Haftentlassung abgeschoben werden, kommen sie »in der Regel für vollzugliche Behandlungsmaßnahmen (einschließlich Ausgang und Urlaub aus der Haft) nicht infrage«.[27] Bennefeld-Kersten führt das Beispiel eines 25-jährigen Türken an, der in Deutschland geboren wurde und unter anderem wegen Vergewaltigung im Gefängnis saß. Die Ausländerbehörde hatte angeordnet, dass er nach Verbüßung seiner Freiheitsstrafe von vier Jahren und drei Monaten abgeschoben werden sollte. Daher wurde sein Antrag auf eine Therapie abgelehnt. Der Mann bettelte in einem Brief an die Staatsanwaltschaft regelrecht darum, nachdem er schon zwei Mal erfolglos versucht hatte, sich umzubringen. Zwei Tage später erhängte er sich in seiner Zelle.

Wenn ein Abschiebehäftling sich das Leben nimmt oder es versucht, müssen die Behörden das registrieren. Bringt sich jemand, dem die Abschiebung bevorsteht, außerhalb der Gefängnismauern um, wird dieser Zusammenhang von keiner amtlichen Statistik erfasst. Die Antirassistische Initiative dokumentierte weitere 98 Fälle, bei denen sich Menschen seit den neunziger Jahren außerhalb der Haft »angesichts ihrer drohenden Abschiebung« selbst töteten oder »beim Versuch, vor der Abschiebung zu fliehen«, starben.[28]
Experten gehen davon aus, dass etwa zwanzig Prozent der Flüchtlinge, die in die Europäische Union einreisen, traumatisiert sind, aber nur wenige von ihnen eine Therapie erhalten. Der Stuttgarter Verein refugio bietet eine entsprechende Behandlung an. Immer wieder versichern Patienten, die dort betreut werden, »für den Fall, dass man sie in Abschiebehaft nähme, auf einen Suizid vorbereitet zu sein«. Einige gäben sogar an, »auf welche Weise sie sich umbringen werden«.[29]
Hinter den Menschen, die sich angesichts ihrer drohenden Abschiebung umgebracht haben, stehen unterschiedliche Geschichten. Gemeinsam ist ihnen der Zeitpunkt ihres Todes, der Anlass ihres Suizides: Ihre Abschiebung stand bevor, und dies erschien ihnen unerträglich. Es muss das Gefühl sein, weder vor noch zurück zu können. Einige von ihnen wurden im Herkunftsland gefoltert und fürchteten, nach der Abschiebung erneut gefoltert zu werden. So wie Yohannes Alemu, der 27-jährige Oppositionelle aus Äthiopien, der im Finanzministerium in Addis Abeba gearbeitet und sich als *whistleblower* Feinde im korrupten Regime gemacht hatte; dem man in Deutschland nicht glaubte, dass eine Rückkehr für ihn lebensgefährlich wäre; der sich in Nürnberg An-

fang Februar 1995 in die eiskalte Donau stürzte. Seine Leiche wurde einen Monat später gefunden. Nun wollten die bayerischen Behörden, die seine Abschiebung verfügt hatten, nicht einmal die Kosten für die Überführung seines Leichnams übernehmen.[30]

Oder Alabamou Mamah aus Togo, der schon den Abschiebeschutz in der Tasche hatte und es nicht fassen konnte, dass er ihn wieder verlor, weil der Bundesbeauftragte für Asylangelegenheiten routinemäßig dagegen geklagt hatte. 1996 hatten Augsburger Richter befunden, man könne abgelehnten Asylbewerbern zumuten, die politischen Aktivitäten in ihrem Heimatland zu unterlassen, um so die erneute politische Verfolgung zu vermeiden – als hätte man Stasi-Opfern geraten, in die DDR zurückzugehen und dort einfach den Mund zu halten, damit sie keine Probleme bekommen. Die Ausländerbehörde legte Mamah nahe, über den Landweg zu reisen, wenn es am Flughafen von Lomé für ihn zu gefährlich sei. Am 10. Mai 1999 – drei Tage, nachdem ihm sein Anwalt die endgültige Ablehnung seines Asylantrages mitgeteilt hatte – stürzte sich der 30-Jährige in den Main und ertrank. In seinem Abschiedsbrief schrieb er, seinem Richter in Regensburg solle »bewusst sein, dass die Welt niemandem gehört«.[31]

Hinzu kommen Suizidfälle, bei denen zur Verzweiflung eine psychische Erkrankung tritt, wie bei dem ukrainischen Schlosser Juri Palienko, der wegen schwerer Depressionen behandelt wurde, dennoch in Abschiebehaft kam und sich dort das Leben nahm.[32] Andere konnten den Lagerkoller in den Flüchtlingsunterkünften nicht mehr ertragen, die zur Abschreckung bewusst in Waldgebieten betrieben werden, kilometerweit vom nächsten Dorf entfernt, mit mangelnder Verkehrsanbindung, oft dreckig und überbelegt, isoliert und trostlos. Sie können schon Gesunde depressiv machen und Traumatisierte in den Selbstmord treiben. So wie den Singhalesen Selliah Jeyakularajah in der berüchtigten bayerischen Unterkunft Ochsenhof oder den Togoer Apedo Lossou-Gavo in Landshut.[33] Alles Schicksale, denen die Flüchtlingssozialarbeiterin Eva Wäldle und Heike Herzog vom Nürnberger Institut für Medien- und Projektarbeit (IMEDANA) nachgegangen sind.

Die Depressionen, die das Leben in solchen Einrichtungen hervorrufen kann, in Verbindung mit psychischer Labilität waren es wohl auch, die den 29-jährigen Iraner Mohammad Rahsepar im Januar 2012 dazu brachten, sich in einem Zimmer der Asylbewerberunterkunft in Würzburg, in der er mit über 440 Flüchtlingen untergebracht war, zu erhängen. Der Arzt, der diese Menschen medizinisch betreute, sagte, Rahsepars Selbstmordgefährdung sei seit Monaten bekannt gewesen, und es sei eine andere Unterbringung empfohlen worden, wovon die verantwortliche Regierung in Unterfranken nichts erfahren haben will.[34] Der Tod des Iraners, der in seiner Heimat als Polizist gearbeitet hatte, war der Auslöser für einen monatelang anhaltenden Protest vor allem iranischer Flüchtlinge, die gegen Abschiebungen und die Unterbringung in solchen Sammellagern demonstrierten.

Ein weiteres Selbstmordmotiv ist offenbar, dass mit der erzwungenen Rückkehr auch der Traum von einem besseren Leben zusammenbricht und die Betroffenen mit der Gewissheit der Abschiebung jegliche Zukunftsperspektive verlieren; die Erschöpfung, es immer wieder versucht zu haben, und am Ende nicht mehr zu können, müde zu sein. »Scheiß Ausländeramt«, schrieb der 26-jährige Marokkaner Nouredine el Amrani im Flüchtlingslager an die Wand, einige Wochen bevor er sich in der bayerischen JVA Kronach das Leben nahm. Er hatte immer wieder Jobs als Pizzabäcker aufgetan, um sich etwas dazuverdienen zu können, und immer wieder, meist vergeblich, eine Arbeitserlaubnis dafür beantragt. Wenn er seine Freundin besuchte, die in einer anderen Stadt lebte, riskierte er jedes Mal ein Bußgeld, da er der Residenzpflicht unterlag und den Zuständigkeitsbereich des Ausländeramtes offiziell nicht verlassen durfte. Er wollte ein normales Leben führen, auf keinen Fall nach Marokko zurückkehren. Als sein Asylantrag schließlich abgelehnt wurde, tauchte er unter. Er wurde an der deutsch-französischen Grenze festgenommen und kam in Abschiebehaft, wo er sich mit dem Hosengürtel erhängte.

Oder der junge Ghanaer Owusu Mensa, der seine Familie in der Region Ashanti glauben ließ, er habe es zu etwas gebracht, indem er ihnen schöne Fotos aus Deutschland schickte. Als er sich in Abschiebehaft wiederfand, wusste er, dass alles wie ein Kartenhaus zusammenbrechen würde. In der Münchener JVA Stadelheim erhängte er sich im Mai 1994 mit einem Handtuch am Fenstergitter seiner Zelle. »Abschiedszeilen wurden nicht gefunden«, heißt es im Polizeibericht, »das Motiv dürfte in der drohenden Abschiebung zu suchen sein.«[35] So wie bei Ivan Zamecznik, der mit seiner Familie vor dem Bürgerkrieg aus Kroatien geflohen war. Sie hatten es geschafft, aus dem Wohnheim in eine Privatwohnung umzuziehen. Ivan hatte einen Job bei einer Zeitarbeitsfirma bekommen, schob trotz Hüftschmerzen Überstunden, seine Tochter ging schon in die deutsche Grundschule. Im Februar 1997 erhängte er sich im Treppenhaus der Firma, in der er arbeitete, fünf Tage bevor die Frist zur »freiwilligen Ausreise« ablief. »Am Ende war er fertig«, sagte ein ehemaliger Kollege.[36]

Die Entwurzelung von der Heimat Deutschland und die zynische Vorgehensweise deutscher Behörden trieben schließlich auch den 23-jährigen Wadim in den Tod. Als er sechs war, floh seine Familie, die der russischen Minderheit in Lettland angehörte, nach Deutschland. Der Asylantrag wurde nicht anerkannt, es folgten Jahre der Duldung. Wadim wuchs in Hamburg auf und war dort zu Hause. Als er achtzehn ist, stürmen Polizisten die Wohnung, um die Familie abzuschieben. »Der Selbstmordversuch der Mutter verhindert die Abschiebung der ganzen Familie. Nur der 18-jährige Wadim wird sofort in Handschellen nach Lettland ausgeflogen. Mit nur zehn Euro in der Tasche. Ohne Ansprechperson, ohne Bleibe. Von seinem letzten Geld kauft er sich eine Telefonkarte, um zu Hause anzurufen – in Hamburg. ›Er hat die ganze Nacht nur geweint. Alles, was er wollte: Mama, holt mich hier raus. Wann holt ihr mich hier endlich raus?‹«[37] Als Russischstämmiger erhält er in Lettland keinen Pass. Bei seinen Versuchen, in einem anderen Land unterzukommen, wird er drei Mal nach Lettland abgeschoben. Schließlich schafft er es noch einmal, illegal nach Deutschland zu gelangen. Ohne Aufenthaltsperspektive, mit der Abschiebung im Nacken, stürzt er sich im Januar 2010 vor eine Hamburger S-Bahn.

Auch in Großbritannien haben sich immer wieder Menschen angesichts ihrer Abschiebung das Leben genommen, allein zwischen 1989 und 2006 waren es 57. »Das größte Risiko zur Selbstverletzung besteht, wenn ein Asylbewerber den Abschiebebescheid erhält«, erläutert Harmit Athwal vom Londoner Institute for Race Relations (IRR).[38] Einige von ihnen hatten die nötige psychiatrische Behandlung nicht erhalten, obwohl ihre Traumatisierung bekannt war, kritisiert das IRR. Weitere vier abgelehnte Asylbewerber starben durch Unfälle bei ihrer Flucht vor den Beamten, die ihre Abschiebung durchführen sollten.[39]

In Großbritannien werden, wie in Deutschland, Asylbewerber oft in entlegene Gegenden verfrachtet, wo es wenige Einwanderer und mehr offene Ressentiments gibt und wo weder Freunde noch Familie sie unterstützen können. Das führe, so Athwal, ebenso wie die beschleunigten Asylverfahren, in eine verzweifelte Lage, in denen sich Flüchtlinge selbst verletzen. Dies werde noch dadurch verstärkt, dass in Großbritannien Menschen, deren Asylantrag abgelehnt wurde, keine Sozialhilfe mehr erhalten und nur noch eingeschränkt Zugang zu medizinischer Versorgung haben.[40]

Europaweit ist es darüber hinaus immer wieder zu Fällen gekommen, bei denen Menschen während ihrer Abschiebung zu Tode gekommen sind. Und zwar durch Maßnahmen, die die Behörden ergriffen haben, um die Abschiebungen mit Gewalt durchzusetzen. Die 40-jährige Mutter Joy Gardner erstickte 1993, nachdem die mit der Abschiebung beauftragten Polizisten die Jamaikanerin in ihrer Wohnung gefesselt und geknebelt hatten.[41]

Auf dem Rücken gefesselte Hände, Fesseln an den Füßen, Polizisten, die zusätzlich den Kopf nach unten hebeln oder massiven Druck auf den Brustkorb der Betroffenen ausüben – solche und ähnliche Maßnahmen führten wiederholt zum Tod bei Abschiebungen. Bei dem 27-jährigen Nigerianer Samson Chukwu, der 2001 in einem Schweizer Abschiebelager starb, ebenso wie beim 31-jährigen Kameruner Christian Ecole Ebune ein Jahr zuvor im Abfertigungsbereich des Budapester Flughafens. Beide hatten versucht, vor den Beamten zu fliehen. Der 27-jährige Palästinenser Khaled Abuzarifeh hatte seine erste Abschiebung verhindern können, weil er protestierte und der Pilot sich daraufhin weigerte mitzuwirken. Beim zweiten Versuch hatten Schweizer Beamte ihn an einen Rollstuhl gefesselt und ihm zusätzlich Beruhigungsmittel verabreicht. Im Fahrstuhl am Flughafen musste Abuzarifeh sich übergeben und erstickte am Erbrochenen.

In Wien wurde 1999 der 25-jährige Nigerianer Marcus Omofuma geknebelt und am ganzen Körper gefesselt, als er abgeschoben wurde. Was die österreichischen Polizisten als anhaltenden Widerstand werteten, war sein Todeskampf. Der 54-jährige Argentinier Ricardo Barrientos sollte 2002 in Paris abgeschoben werden. Er wurde mit Handschellen auf dem Rücken in die letzte Reihe des Flugzeugs gesetzt. Als er sich wehrte, drückten die französischen Beamten seinen Kopf zwischen die Knie. Der Mann fiel in Ohnmacht und konnte nicht wiederbelebt werden. Offiziell lautete die Todesursache »Herzversagen«.

Dieselbe Diagnose wurde bei dem 23-jährigen Osamuyia Aikpitanhi gestellt, der 2007 auf einem Linienflug aus Spanien nach Nigeria abgeschoben werden sollte. Gefesselt und geknebelt, starb Aikpitanhi eine Stunde nach dem Abflug. Die spanische Polizeigewerkschaft SUP behauptete, er habe vermutlich versucht, sich umzubringen – ohne zu erklären, wie er das hätte anstellen können.[42] Semira Adamu hatte schon fünf Mal ihre Abschiebung aus Belgien verhindern können. Als sie im September 1998 zum sechsten Mal abgeschoben werden sollte, fing die 20-jährige Nigerianerin im Flugzeug an zu singen, um die Aufmerksamkeit auf sich zu ziehen. Die belgischen Polizisten drückten ihr minutenlang ein Kissen ins Gesicht, wodurch sie ins Koma fiel, aus dem sie nicht wieder erwachte. Erstickt ist auch der 33-jährige Tamile Arumugam Kanapathipillai, nachdem er von französischen Polizisten geknebelt worden war.

Im März 2010 starb schließlich erneut ein Mensch mit dunkler Hautfarbe während seiner Abschiebung am Flughafen in Zürich. Es handelte sich um einen 29-jährigen Nigerianer, dem zusätzlich zu Fesseln an Händen und Füssen ein »Kopfschutz« aufgesetzt worden war. »Die Opfer exzessiver Gewaltanwendung bei Flugabschiebungen sind überwiegend schwarzer Hautfarbe«, kommentierte die Nichtregierungsorganisation Pro Asyl, »die Frage nach dem strukturellen Rassismus des Behördenvorgehens stellt sich.«[43]

Nicht minder gewaltsam gingen deutsche Beamte bei den Abschiebungen des 30-jährigen Nigerianers Kola Bankole im August 1993 und des gleichaltrigen Sudanesen Aamir Ageeb im Mai 1999 vor. Beide erstickten aufgrund der Maßnahmen der Beamten. Bankole war bereits gefesselt aus Rheinland-Pfalz zum Frankfurter Flughafen gebracht worden. Es war der sechste Versuch, ihn abzuschieben, und auch dieses Mal wollte er um sein Recht auf Bewegungsfreiheit kämpfen. Immer wieder streckte und wehrte er sich, wiederholt drückten ihm die Polizisten Knebel in den Mund. Ein Arzt spritzte ihm Beruhigungsmittel. Bankole hatte zuvor schon Blut gespuckt, dann sackte er zusammen. Der Mediziner unternahm nicht einmal umgehend die nötigen Wiederbelebungsversuche.

Ageeb hatte schon im Polizeiwagen seinen Kopf gegen die Fensterscheibe geschlagen, im Flugzeug wehrte er sich, schrie um Hilfe und dass ihm die Luft abgeschnürt werde. Da war er seit über einer Stunde mit Plastikfesseln, Klettbändern und einem Seil gefesselt. Die deutschen Polizisten hatten ihm einen Motorradhelm auf den Kopf gesetzt. Sie mussten ihn regelrecht ins Flugzeug tragen. Schließlich drückten sie den Mann mit ihrem Körpergewicht nach unten und stauchten den behelmten Kopf zwischen seine Knie. Auch Aamir Ageeb erstickte im Flugzeug.

Die politischen Konsequenzen dieser Skandale erschöpften sich in kurzzeitigen Abschiebestopps sowie den Verboten, bei Abschiebungen bestimmte Methoden, zum Beispiel die Fixierung mit einem Motorradhelm, einzusetzen. In all diesen Fällen wurden die beteiligten Polizisten und Ärzte entweder freigesprochen oder lediglich zu Bewährungs- oder Geldstrafen verurteilt. Sie mussten also nicht ins Gefängnis, obwohl durch ihr Handeln ein Mensch umgekommen war. Das ist umso bemerkenswerter, als hier zur Durchsetzung eines Verwaltungsaktes – denn darum handelt es sich, formal gesehen, bei einer Abschiebung – von Beamten demokratischer Rechtsstaaten gegenüber Personen, die ohnehin schon Handschellen trugen und von denen also keine Gefahr ausging, in einem Maße Gewalt angewandt wurde, wie das selbst bei Straftätern nicht bekannt ist.

Die Todesfälle sind aber nur die Spitze des Eisbergs. Seit 1993 wurden in Deutschland 385 Flüchtlinge durch Zwangsmaßnahmen oder Misshandlungen während der Abschiebung verletzt. Zeugen berichteten, dass zum Beispiel ein Minderjähriger aus Kirgisien, der sich weigerte, ohne seinen achtzehn Jahre alten Bruder abgeschoben zu werden, von sechs Bundesgrenzschutzbeamten mit Fäusten geschlagen wurde. Nachdem Passagiere und der Pilot interveniert hatten, wurde die Abschiebung abgebrochen.[44]

Das »nackte« Leben

Wenn Menschen wie ein Paket verschnürt im Flugzeug angeliefert werden, wenn sie sich umbringen, um der Abschiebung zu entgehen, oder wenn ihnen zur Durchsetzung einer Abschiebung Gewalt angetan wird und sie dabei im Extremfall sterben, wird oft von Entmenschlichung gesprochen, die charakteristisch sei für den Abschiebeprozess und die in diesen Fällen am klarsten zum Vorschein trete. Zum Zwecke der Abschiebung werde der Fremde dämonisiert, so dass er schließlich ohne schlechtes Gewissen als Sache behandelt werden könne.[45]

Es spricht einiges dafür, dass es sich ganz anders verhält: Wenn Menschen im Zuge der Abschiebung wie eine Sache behandelt werden, dann nicht, weil sie nicht mehr als Mensch gesehen werden, sondern im Gegenteil, weil sie nur noch als *bloßer* Mensch behandelt werden, bar jeder weiteren Eigenschaften, die einem Bürger zukommen. Und genau dies ist heute unser Problem.

Der italienische Philosoph Giorgio Agamben hat insbesondere

im Zusammenhang mit der Flüchtlingspolitik den Begriff des »nackten Lebens« geprägt, das zutage tritt, wenn Menschen auf ihre biologische Existenz zurückgeworfen sind, reduziert auf ihre physische Anwesenheit als Körper, und – aller Rechte entkleidet, die ein qualifiziertes Leben erst ausmachen – nicht mehr als soziale, politische Wesen wahrgenommen werden.

Agamben weist darauf hin, dass das bloße menschliche Leben in der Antike keinen politischen Wert besaß und dass sich dies am Konzept des *homo sacer* – des Trägers des »heiligen Lebens« – nachverfolgen lässt, der nicht geopfert, wohl aber getötet werden durfte. Seit dem *Habeas Corpus Act* von 1679 und der Französischen Revolution sei dieses vormals politisch wertlose »nackte Leben« zur »fundamentalen Referenz«[46] der Politik geworden. Qualifizierte die bloße biologische Existenz einen Menschen während der Adels- und Königsherrschaften lediglich zu einem Untertan, der für vogelfrei erklärt werden konnte, genügte sie nun, um Rechte zu beanspruchen – und zwar in Form von Menschenrechten. Die Erklärung der Menschenrechte verlangt eben nicht das Vorzeigen von Titeln, sondern des bloßen menschlichen Körpers. Damit sei zugleich »die Eingliederung des Lebens in die neue politische Ordnung« des modernen Nationalstaates gesichert worden, ja, man könne sogar sagen, »dass die Produktion eines biologischen Körpers die ursprüngliche Leistung der souveränen Macht ist«.[47]

Die Bezugnahme auf das »nackte Leben« ist daher die »geheime Voraussetzung«[48] der Souveränität, die ihren Legitimitätsanspruch auf die Idee eines Rechts begründet, in dem Menschen- und Bürgerrechte aufeinander bezogen sind. Doch obwohl die Menschenrechte überhaupt erst als Voraussetzung für die Bürgerrechte Sinn ergaben, wurden sie »zunehmend von den Bürgerrechten […] abgetrennt und außerhalb des Kontextes der Bürgerschaft verwendet, mit dem angeblichen Zweck, ein nacktes Leben zu repräsentieren und zu schützen, das in wachsendem Maß an den Rändern der Nationalstaaten anfällt […]. Die Trennung zwischen Humanitärem und Politischem, die wir heute erleben, ist die extreme Phase der Entfernung zwischen den Menschenrechten und den Bürgerrechten.«[49] Was von der Migration beständig infrage gestellt wird, ist der Versuch, bestimmten Menschen innerhalb eines Territoriums, in dem Bürgerrechte – unter anderem Freizügigkeit – gelten, diese Bürgerrechte mithilfe der Idee der »Menschenrechte« vorzuenthalten. Wer keine Bürgerrechte besitzt, verfügt immerhin über »Menschenrechte«. Abgetrennt von den Bürgerrechten, sind Menschenrechte aber im Zweifel wenig wert.

Da Flüchtlinge und illegalisierte Einwanderer nur als »bloße Menschen« und nicht als Bürger betrachtet werden, stehen sie damit noch unter jenen Ausländern, die zum Beispiel gesicherte Aufenthaltsrechte besitzen und dieselben sozialen Bürgerrechte genießen wie Inländer, auch wenn ihnen die politischen Bürgerrechte fehlen. Die Flüchtlinge und Illegalisierten bringen für Agamben »auf der politischen Bühne für einen Augenblick jenes nackte Leben zum Vorschein«.[50] Sie bedrohen gerade deshalb die Konstruktion des Nationalstaats als Kollektiv von Staatsbürgern, weil mit den Flüchtlingen und Illegalisierten politisch im Inneren des Nationalstaats »ein immer größerer Teil der Menschheit nicht mehr [...] repräsentierbar ist«.[51]

Das bedeutet in Demokratien nicht, dass sie vollkommen rechtlos wären. Asylbewerber und Geduldete dürfen in Deutschland zum Beispiel meistens nicht arbeiten, erhalten aber Sozialhilfe – allerdings lange Zeit nur in reduzierter Höhe. Sie lag seit der Einführung des Asylbewerberleistungsgesetzes im Jahr 1993 etwa ein Drittel unter der regulären Leistung. Zur Unterkunft und einem Taschengeld kommen Sachleistungen und Gutscheine. 2004 etwa erhielt jeder Asylbewerber in Brandenburg (dem Bundesland, das damals am wenigsten für dieses Gesamtpaket ausgegeben hat) monatlich Leistungen im Wert von insgesamt gerade mal 358 Euro.[52]

Daran hat sich auch nach dem Urteil des Bundesverfassungsgerichts vom 18. Juli 2012 nichts Grundlegendes geändert. Die Richter stuften die verringerte Sozialhilfe für Flüchtlinge und damit die Annahme, bei diesen Personen sei das »menschenwürdige

Existenzminimum« niedriger anzusetzen als beim Rest der Bevölkerung, als verfassungswidrig ein und verfügten eine Erhöhung des Hilfesatzes. Dabei betonten sie zwar, dass »das Grundrecht auf Gewährleistung eines menschenwürdigen Existenzminimums [...] sowohl die physische Existenz des Menschen als auch die Sicherung der Möglichkeit zur Pflege zwischenmenschlicher Beziehungen und ein Mindestmaß an Teilhabe am gesellschaftlichen, kulturellen und politischen Leben« erfasst.[53] Die Trennung von *physischer* und *sozialer* wie *politischer* Existenz wurde damit aber zugleich aufrechterhalten. Die Trennlinie zwischen der vollen Teilhabe des *Bürgers* und einem Mindestmaß an Teilhabe, das dem bloßen *Menschen* zugestanden wird (was auch immer dieses »Mindestmaß« sein mag), wurde bestätigt und dient weiterhin zur Berechnung einer spezifischen Hilfeleistung.

Der Wertverlust, der eintritt, wenn sich ein Mensch nur auf seine Menschenrechte verlassen kann, lässt sich buchstäblich in Euro ausrechnen. Genug zum Überleben, nicht zum *vollwertigen Leben*.

Entscheidender ist aber der qualitative Unterschied. Agambens entlarvt den Begriff des »biologischen Körpers« als Erfindung und Konstruktion der souveränen Macht, die ihr die Gewalt über Leben und Tod verschafft. Im Begriff der Menschenrechte ist neben dem positiven Bezug auf den Menschen als Rechtsträger auch dieses negative Erbe – die Idee des Menschen als rechtloser bloßer Körper – enthalten. Mit dem Begriff der Menschenrechte konnten also nicht nur Vorstellungen von Humanität, des Schutzes der Schwachen oder der freien Entfaltung, sondern auch die Institution des Rechtlosen oder Entrechteten in der politischen Ordnung des modernen Nationalstaates gesichert werden.[54]

Für die Analyse der Abschiebepolitik und ihrer tödlichen Folgen ist das ein fruchtbarer Ansatz. Die Abschiebung eines Menschen ist nämlich der Schauplatz, auf dem der Kampf um nicht zugestandene Bürgerrechte in seiner zugespitztesten Form als Kampf um das Recht auf Bewegungsfreiheit und das »Recht auf einen Ort«[55] ausgetragen wird. Beim Akt der Abschiebung vollzieht sich im wahrsten Sinne des Wortes eine Reduktion des Menschen auf seinen Körper – den Mund, die Gelenke, die Vitalfunktionen –, der wie ein Transportgut befördert wird. Je heftiger der Abzuschiebende sich dieser Reduktion widersetzt, desto unbarmherziger muss ihm klargemacht werden, dass er nichts anderes zu sein hat als ein bloßer Mensch und dass er insbesondere keine Bürgerrechte besitzt, die es ihm erlauben würden, mitzubestimmen über die Angelegenheiten, die ihn betreffen. Bei einem solchen Kampf trifft die souveräne Gewalt mit voller Wucht auf dieses »nackte Leben«, das all der sozialen und politischen Schutzschichten beraubt ist, die es normalerweise umhüllen. Dies wird besonders anschaulich in dem Kurzspielfilm *Reise ohne Rückkehr*, in dem der Regisseur Güçlü Yaman das Schicksal des sudanesischen Flüchtlings Aamir Ageeb nachzeichnet.[56]

Der Schauspieler, der Ageeb darstellt, steht in der fensterlosen Durchsuchungszelle nackt vor den beiden Polizeibeamten. Dann liegt er geknebelt und gefesselt auf einer Pritsche. Im Flugzeug sitzt er zwischen zwei Polizisten in Zivil. Er schreit um Hilfe, bis ihm der Mund zugeklebt wird. Er windet und wehrt sich. Die Beamten haben ihm einen Motorradhelm aufgesetzt und drücken seinen Kopf zwischen seine Knie. Ageeb wird daran ersticken. Während ihn die Polizisten schwitzend mit ihrem Gewicht nach unten drücken, schaut in der benachbarten Sitzreihe ein Mädchen erschrocken zu, bevor ihm die Mutter ihre Hand vor die Augen hält.

»Das ist die Stärke und zugleich der innerste Widerspruch der modernen Demokratie: Sie schafft das heilige Leben nicht ab, sondern zersplittert es, verstreut es in jedem einzelnen Körper, um es zum Einsatz in den politischen Konflikten zu machen. [...] Derjenige, der sich später als Träger der Menschenrechte und mit einem merkwürdigen Oxymoron als das neue souveräne Subjekt (*subiectus superaneus*, das was zugleich unten und am höchsten ist) präsentieren wird, kann sich als solches nur dadurch konstituieren, daß er die souveräne Ausnahme wiederholt und in sich selbst *corpus*, das nackte Leben, isoliert«, postuliert Agamben.[57]

Nirgends wird dies so deutlich sichtbar wie im Moment der Abschiebung und des Kampfes, den die Betroffen mit den letzten Mitteln dagegen führen, eines Kampfes, der nur noch ein körperlicher Kampf sein kann. Nur durch den Einsatz seines »nackten Lebens« kann der Mensch, der abgeschoben wird, doch noch zum Bürger werden. Hätte Amir Ageeb keinen Widerstand geleistet, dann hätte er die passive Rolle, die Reduktion auf das »nackte Leben«, akzeptiert. Stattdessen hat er bei aller Verzweiflung in höchstem Maße politisch gehandelt. Er hat bis zum letzten Moment sein nicht zugestandenes Bürgerrecht, selbst zu bestimmen, wo er leben möchte, eingefordert und damit politische Prozesse ausgelöst. Sein Tod wurde zum Skandal, zum Ausgangspunkt öffentlicher Kampagnen und zum Anlass, die Durchführung gewaltsamer Flugabschiebungen zu überdenken.

Der Suizid in Abschiebehaft, der Widerstand bis zum Tod im Abschiebeflieger, die Selbstverletzung vor den Augen der Beamten – all dies lässt sich auch als der letztmögliche Versuch lesen, jene »Trennung zwischen Humanitärem und Politischem«[58] zu überwinden. In dem Moment, wo ein Mensch im Zuge einer Abschiebung auf die nackte Existenz reduziert wird, auf seinen Körper, wird der Einsatz dieses Körpers zur einzigen Waffe und der Wille, sie einzusetzen, zur einzigen Stärke, die ihm im Kampf um die eigene tragische Autonomie verbleibt. Die Reduktion kann ins Subversive gewendet und gleichsam überaffirmativ eingesetzt werden: Wer versucht, sich umzubringen, entzieht der Macht die prätendierte Kontrolle über das »nackte Leben« und schafft es, durch die Tat politisch zu sprechen, wo seine Worte nicht mehr gehört werden.

Oft dienen Selbstverletzungen oder Suizidversuche freilich »nur« dem Ziel, gegen die gegenwärtige Situation zu protestieren oder aus der Situation der Abschiebehaft herauszukommen, so die Einschätzung der Dokumentationsstelle der Antirassistischen Initiative Berlin. Der eigene Tod ist nicht wirklich beabsichtigt. Kati Heft von der Berliner Initiative gegen Abschiebehaft berichtet von Selbstverletzungen niedriger Intensität in der Abschiebehaftanstalt Köpenick: »Das fängt damit an, dass die Leute Shampoo schlucken, und wenn klar ist, dass es ›nur‹ Shampoo war, heißt es oft, ›das war ja nicht lebensgefährlich‹. Ich sage, das sollte man nicht herunterspielen. Auch das ist eine Form des Widerstands.«

Seit 1993 verletzten sich in Deutschland mehr als 900 Menschen »aus Angst vor der Abschiebung oder aus Protest gegen die drohende Abschiebung [...] oder versuchten sich umzubringen und überlebten zum Teil schwer verletzt«.[59] Insbesondere wenn dies an symbolischen Orten und in Räumen der staatlichen Abschiebebehörden stattfindet, ist der politische Charakter offensichtlich. Hier werden die ausführenden Institutionen einer Macht, welche die betreffenden Menschen auf ihr »nacktes Leben« reduziert hat, unmittelbar mit den konkreten Konsequenzen einer solchen Reduzierung konfrontiert.

Im Februar 2008 übergoss sich ein 39-jähriger Iraner im Büro eines niedersächsischen Ausländeramts mit Brennspiritus und drohte, sich anzuzünden. Zuvor war er mit seinem Sachbearbeiter wegen seines Asylantrags in Streit geraten. Er zündete sich tatsächlich an, konnte aber trotz Verbrennungen gerettet werden. Als Gefangener in der Abschiebehaftanstalt Büren kämpfte der 30-jährige Kurde Dogan Güven im März 2005 mit einem Hungerstreik gegen seine Abschiebung. Tatsächlich wurde diese gestoppt, weil er seine politische Verfolgung belegen konnte. Er wurde freigelassen und kam sofort ins Krankenhaus.[60] Das sind zwei Beispiele von vielen, nicht nur aus Deutschland. Im April 2011 setzte sich ein 36-jähriger Iraner, nachdem sein Asylantrag abgelehnt worden war, vor dem niederländischen Nationaldenkmal in Amsterdam öffentlich in Brand.[61]

Gerade die Selbstverbrennungen von Menschen, die damit gegen ihre drohende Abschiebung protestieren, erlauben es aufgrund ihres öffentlichen und zugleich dramatischen Charakters nicht nur, den Status des politischen Subjektes mit wirklich allen Mitteln – auch dem Einsatz des eigenen »nackten« Lebens unter Inkaufnahme von Schock und Schmerz – zu reklamieren, sondern damit überhaupt erst eine öffentliche und damit auch *politische* Identität zu begründen. Der Fall des etwa 50-jährigen russischen Asylbewerbers, der sich an einem Bahnhof in der Schweiz aus Protest gegen seine drohende Abschiebung selbst anzündete und mit schweren Verbrennungen überlebte, liefert hierfür ein Beispiel. »Herr Haritonov scheint aus dem Feuer als neuer Mensch hervorgegangen zu sein«, beschreibt die Bremer Kulturwissenschaftlerin Antje Krueger seine »Freude«, mit der er Zeitungsartikel zu seiner Geschichte präsentierte, die Selbstverbrennung schilderte und sich für ein Filmprojekt zur Verfügung stellte. »Es wirkt so, als hätte er zum ersten Mal in seinem Leben eine Identität gefunden. Nicht die Wechsel der Namen, sondern die tatsächliche Zerstörung der alten Identität des unsicheren, ängstlichen Mannes und das Überleben der Flammen hat dazu geführt, dass Herr Haritonov als ›der Mann des Feuers‹, als prominenter ›Selbstverbrenner‹ wiedergeboren werden konnte.«[62]

»Einen Menschen kann man eigentlich gar nicht abschieben«, sagt ein Mädchen in einem Bericht des Radiosenders Funkhaus Europa, in dem Kinder deutsche Verwaltungsbegriffe erklären sollten. »Wenn man einen Menschen schiebt, dann kippt er doch um.« Ein Mensch ist eben kein Paket, selbst in der entrechteten Existenzform des bloßen Menschseins nicht. Der Anthropologe Nicholas de Genova hat darauf hingewiesen, dass gerade das »menschliche Leben in seiner offensichtlichsten ›biologischen‹ Form und im sozial undifferenzierten oder unqualifizierten (tierischen) Sinn untrennbar verbunden ist mit der ungehinderten Möglichkeit, sich zu bewegen, die eine notwendige Voraussetzung für den freien und zielgerichteten Einsatz seiner kreativen und produktiven Kräfte ist«.[63] Ohne Bewegungsfreiheit ist es nicht möglich, ein gesellschaftliches Leben zu führen, und das heißt konkret, unsere vorgefundenen Lebensumstände zu verändern. Abschiebung ist somit die »konzentrierte Form der Leugnung dieser Freiheit«.[64] Um die Widerständigkeit der Beherrschten adäquat zu analysieren, muss man daher den Blickwinkel der Macht verlassen. Nur so ist es möglich zu erkennen, dass ihre Handlungen nicht bloß eine Reaktion auf die Macht sind, sondern dass sie umgekehrt den Entscheidungen des Souveräns oft vorausgehen. Die Produktion von »nacktem Leben« im Zuge der Abschiebepolitik ist nämlich nicht nur Ausdruck von souveräner Macht. Sie ist auch eine Reaktion auf die angesprochene Fähigkeit des »bloßen« Menschen zur Freiheit, zur Mobilität. Die Institutionalisierung eines Status der Rechtlosigkeit innerhalb der modernen Demokratie stellt den Versuch dar, dieser Fähigkeit Herr zu werden, und demonstriert im Zuge dieses Unterfangens zugleich die Grenzen der souveränen Macht.

Die Abschiebelager, wie sie zum Beispiel auf der italienischen Insel Lampedusa existieren, sind daher nicht nur ein Symbol der Rechtlosigkeit, sondern zugleich eines der Ohnmacht des Staates in der Asylpolitik, betont die Migrationsforscherin Rutvica Andrijasevic. Angesichts der Tatsache, dass nur zehn Prozent der in Italien lebenden Einwanderer ohne Papiere über die Seegrenzen gekommen sind, könne zum Beispiel keine Rede davon sein, dass die Abschiebungen von Bootsflüchtlingen die staatliche Souveränität wiederherstellen. Was der Staat vielmehr um jeden Preis – auch unter Inkaufnahme von Menschenrechtsverletzungen – erreichen wolle, sei der *Eindruck*, dass ihm dies gelingt. Dabei werde er durch die Migration immer wieder gezwungen, sich etwas Neues einfallen zu lassen und an die Grenzen des Erlaubten zu gehen. Das gelte auch für die Kooperation mit Libyen.

Italien schob 2004 erstmals mehr als tausend Menschen, meist Ägypter, von Lampedusa aus in libysche Lager ab. Die Widerrechtlichkeit dieses Verfahrens wurde kritisiert. Zugleich offenbare es aber auch, so Andrijasevic, dass sich die südliche EU-Grenze in einen löchrigen, länderübergreifenden Raum verwandle, der in der Praxis sowohl italienisches wie libysches Territorium umfassen muss, damit Abschiebungen überhaupt noch durchgeführt werden können. Die Illegalisierten zwingen die Staaten also, Politik zu produzieren, und sie setzen die unbequeme Frage des Zugangs zu Rechten in der Europäischen Union auf die politische Tagesordnung. Das Ziel der EU-Staaten sei es deshalb nicht, ernsthaft die illegale Migration zu verhindern, sondern den Zugang zu Rechten zu erschweren.[65]

Bedenkt man, dass etwa siebzig Prozent der in Italien und Spanien aufgegriffenen Personen ohne Aufenthaltsberechtigung sogenannte *visa-overstayers* (also Migranten, die nach Ablauf ihres Aufenthaltspapiers im Land bleiben) und keine Bootsflüchtlinge sind, entpuppt sich das »militarisierte Grenzregime« der Europäischen Union als »Laboratorium der Entrechtung«:[66] Weil sich die unerwünschte Migration nicht umfassend kontrollieren lässt, wenn man die erwünschte Migration erlaubt, und weil die relative Autonomie der Migration eine solche Unterscheidung ohnehin zum Verschwinden bringt, versucht der Staat mit aller Macht, die aus jener relativen Autonomie sich ergebenden faktischen Rechte zu beschneiden.

Michael Willenbücher betont, dass im deregulierten Dienstleistungskapitalismus der Gegenwart, in dem illegalisierte Einwanderer gerade wegen ihrer besonderen Ausbeutbarkeit (die zugleich ihren »Standortvorteil« darstellt) gefragt seien, nicht die Abschottung, sondern die Entrechtung der »eigentlich relevante und zentrale Effekt« des Grenzregimes ist.[67] Die Grenzen müssen flexibel sein, schon infolge der Flexibilität der Migration. »Auch wenn die Maschinerie der Grenze eine Illusion der Kontrolle erzeugt, kommt sie letztlich immer zu spät.«[68] Auch wenn Menschen wegen ihrer illegalen Migration eingesperrt werden, lasse sich »das Recht auf Rechte, das die Anteilslosen einfordern«,[69] nur schwer in den Container namens Nationalstaat einsperren. Illegale Migration sei daher nicht nur Flucht vor Armut oder politischer Verfolgung, sondern auch Widerstand gegen das Vorenthalten von Rechten. Im »Überschreiten der Grenzen und der darin zum Ausdruck kommenden tausendfachen täglichen Praxis der Infragestellung ihrer Legitimität artikuliert sich der Kampf um Rechte, die es noch nicht gibt, die sich die Migration aber schon längst genommen hat«.[70]

Die Grenzen der »Menschlichkeit«

Die Gewalt, die im Zusammenhang mit Abschiebungen zum Einsatz kommt, sowie der Widerstand, der im Fall der extremsten Verzweiflung den eigenen Körper, das Leben zur Disposition stellt, gründen in eben diesem Kampf um Rechte. Es geht nicht *nur* um den Schutz vor Verfolgung oder das Recht auf einen gesicherten Aufenthalt. Es geht um die umstrittene Frage, wer zur Bevölkerung gehören soll, und es geht um die Ausweitung des Begriffs der Bürgerrechte. Genau dafür tritt jemand ein, der seine Gesundheit aufs Spiel setzt, um nicht abgeschoben zu werden. Nur ein Bürger kann nicht mehr abgeschoben werden und muss nicht begründen, weshalb er an einem Ort bleiben will. Der Begriff der Menschlichkeit erlaubt diesen Zugang nicht, kann ihm sogar ihm Weg stehen. Nicht nur, weil er das politische Anliegen entpolitisiert und auf eine rein humanitäre Dimension zurechtstutzt, sondern eben auch weil er unterschlägt, dass die »Heiligkeit« des menschlichen Lebens, dessen Schutz in der Anrufung der Menschenrechte angemahnt wird, als solche eine Erfindung der Herrschenden und damit ein Zeichen der Unterwerfung ist.[71]

Es ist daher sinnlos, allein auf den Faktor Mitgefühl zu setzen. Die deutsche und andere europäische Regierungen nehmen das Elend, das sie produzieren, durchaus zur Kenntnis. Doch es ist nicht zu erwarten, dass Politiker angesichts dieses Leids grundsätzlich auf das Instrument der Abschiebungen verzichten. Betroffenheit reicht nicht aus, um einen Politikwechsel herbeizuführen.

Die aktuelle Situation ist bezeichnend. An der politischen Spitze des größten EU-Mitgliedsstaates steht mit Angela Merkel eine Frau, die selbst in einer Diktatur gelebt hat und in einem Land aufgewachsen ist, das bereit war, zur Sicherung seiner Grenze über Leichen zu gehen. Obwohl Angela Merkel heute der Maueropfer der DDR gedenkt, ist sie zugleich die mächtigste Frau eines Europa und einer Bundesrepublik, die zur Durchsetzung von Abschiebungen mit Diktaturen zusammenarbeiten und mit ihrer Politik beständig Tote an Europas Grenzen produzieren.

Seit den neunziger Jahren sind Hunderte Flüchtlinge bei dem Versuch, Deutschland zu erreichen, gestorben oder haben sich verletzt. Die meisten davon an der Grenze zu Polen und Tschechien. Zahlreiche Menschen kamen bei der Ergreifung durch den Bundesgrenzschutz zu Schaden, oft durch Bisse von Diensthunden.[72] Die Berliner Dokumentationsstelle schätzt, dass die Zahl der tatsächlich umgekommenen und verletzten Flüchtlinge wesentlich höher liegt als offiziell bekannt, da die Bundesregierung nur die Fälle auf der deutschen Seite der Grenze erfasst. »Eine Ukrainerin erzählte uns zum Beispiel Ende der neunziger Jahre, dass in der einen Woche, in der sie in einem Dorf auf polnischer Seite auf eine Führung durch die Neiße warten musste, zwei tote Personen angeschwemmt wurden«, berichtet eine Mitarbeiterin der Antirassistischen Initiative Berlin.

Selbstverständlich lässt sich nicht immer feststellen, ob die Ertrunkenen an den Grenzflüssen wirklich Flüchtlinge sind. Aber die Berliner Dokumentationsstelle geht davon aus, dass es sich immer dann um Flüchtlinge handelte, »wenn ein Leichnam gefunden wird, bei dem die Identität nicht nachgewiesen werden kann, oder wenn es heißt: ›südländisches Aussehen‹, ›Asiate‹ oder Ähnliches«. Wenn Deutsche, Polen oder Tschechen beim Angeln oder Baden ertrinken, würden sie »mit hoher Wahrscheinlichkeit vermisst und dann auch irgendwann identifiziert«. Dort, wo das nicht erfolgte, sei davon auszugehen, dass es sich um tote Migranten handelte, die ihr Leben aufs Spiel setzten, weil sie anders ihr Ziel nicht erreichen konnten, und deren Tod daher eine mittelbare Folge der offiziellen Flüchtlingspolitik sei.

Auch auf dem Weg nach Großbritannien sind immer wieder Menschen umgekommen, die versuchten, unerlaubt das Land zu erreichen. Am dramatischsten war der Tod von 58 Männern und Frauen aus China, die 2001 im Laderaum eines Kühllasters nach England geschmuggelt werden sollten. Sie starben, nachdem die Lüftungsöffnungen auf dem Lastwagen geschlossen wurden, während er bei Zeebrügge auf die Fähre geladen wurde.[73] Dass Menschen ihr Leben aufs Spiel setzen müssen, um migrieren zu können, und dass der Staat das Leben von Menschen aufs Spiel setzt, um sie abzuschieben, sind zwei Seiten derselben Medaille.

Zwar ist es bei regulären Abschiebungen selten und zuletzt gar nicht mehr zu Todesfällen gekommen. Dasselbe gilt heute für die irregulären Einreiseversuche an der deutsch-polnischen Grenze, nachdem die früheren Kontrollen weggefallen sind. Dafür steigt die Zahl der Opfer an den sogenannten europäischen Außengrenzen. Während in Deutschland der Tod von Aamir Ageeb dazu führte, dass an mehreren Flughäfen unabhängige Abschiebebeobachter tätig sind, ist an eine solche kritische Beobachtung der Aktivitäten der Europäischen Agentur für die operative Zusammenarbeit an den Außengrenzen (FRONTEX) gar nicht zu denken.[74]

Die Abschiebungen von Menschen aus Deutschland sind aber nur Teil einer weiter gefassten Politik, die schon im Mittelmeer und auf afrikanischem Festland versucht, Menschen an der Migration zu hindern. Im Auftrag der EU schieben zum Beispiel marokkanische Polizisten Migranten aus südlicher gelegenen afrikanischen Ländern ab – oft ohne Erfolg: Sie kommen wieder. Den »Grenz«-Patrouillen der FRONTEX-Boote ist es erst im Zusammenhang mit Rücknahmeabkommen, etwa zwischen Spanien und Senegal sowie Mauretanien, zunehmend gelungen, Migranten, die in Booten die Überfahrt versuchen, an die afrikanische Küste zurückzudrängen. Nachdem 2009 auch Libyen konsequenter in diese Strategie eingebunden werden konnte, führte das dazu, dass sich die meisten Bootsflüchtlinge auf die Überfahrt von der Türkei nach Griechenland verlegten.[75]

Wegen verstärkter FRONTEX-Patrouillen in der Ägäis nahmen 2010 schließlich die Übertritte an der verminten griechisch-türkischen Landgrenze zu. Dort wurden in diesem Jahr 14.000 Migranten verhaftet und achtunddreißig tot aufgefunden – leblos aus dem Fluss Evros gefischt und anonym begraben.[76] Wer auf den Friedhof von Mytilini auf der griechischen Insel Lesbos geht, findet im äußersten Winkel ebenfalls Gräber von Ertrunkenen, mit Holztafeln, auf denen lediglich die vermutete Nationalität steht:

»Nr. 5 – Afghane«. Auf der spanischen Seite der Straße von Gibraltar zählten Mitarbeiter der Hilfsorganisation Algeciras Acoge sechzig Leichen in einem Jahr. Sie nennen die Küste dort das »größte Massengrab der Welt«.[77] Schätzungen zufolge sind im Mittelmeer zwischen 1997 und 2007 bis zu 10.000 Menschen bei dem Versuch ertrunken, Europa zu erreichen.[78]

In den Vereinigten Staaten starben ebenfalls immer mehr Menschen beim Grenzübertritt, nachdem die Regierung Clinton mit dem Bau eines südlichen Grenzzauns begonnen hatte. Kamen 1994 noch dreißig Menschen in der Wüste an der mexikanisch-amerikanischen Grenze ums Leben, so verzehnfachte sich die Zahl der Toten innerhalb eines Jahrzehnts.[79] Doch weder in Nordamerika noch in Europa konnte die Verschärfung der Grenzkontrollen die irreguläre Einwanderung verhindern. Von Marokko nach Spanien etwa kommen die wenigsten Migranten mit einem Flüchtlingsboot. Sie reisen zum Beispiel mit einem legalen Touristenvisum ein oder per Fähre im Kofferraum eines Autos versteckt. Es gibt sogar Menschen, die schwimmend an die spanische Küste gelangen. Für diejenigen aber, denen keine andere Möglichkeit bleibt, wird die Überfahrt mit dem Flüchtlingsboot immer gefährlicher. Je länger die Route wird, die genommen werden muss, desto größer das Risiko zu kentern. Je mehr FRONTEX-Boote tagsüber Kontrollfahrten unternehmen, desto häufiger versuchen Flüchtlinge, nachts überzusetzen, was die Navigation erschwert und ebenfalls dazu führt, dass diese Menschen häufiger ertrinken. Die Entscheidung, die Strafen für Fluchthelfer beziehungsweise Schleuser drastisch zu erhöhen, hatte wiederum zur Folge, dass diese nicht mehr mit ins Boot steigen, was die Überfahrt für die See-unerfahrenen Migranten noch einmal gefährlicher macht.[80]

Im Februar 2011 lehnte Angela Merkel die Aufnahme tunesischer Flüchtlinge ab.[81] Gegen ihre Beteuerung, sie wolle nach der demokratischen Revolution in Tunesien helfen, den Menschen in ihrer Heimat eine Perspektive zu geben, ist langfristig gesehen nichts einzuwenden. Die Kontrollen, die die Überfahrt gefährlich machen, sollten aber aufrechterhalten werden. An dieser Haltung änderte sich auch nach Ausbruch des Bürgerkriegs in Libyen nichts. Es war abzusehen, dass weitere Flüchtlinge sterben würden, was auch die deutsche Regierung damit faktisch in Kauf nahm.

Anfang Mai 2011 verdursteten auf einem Flüchtlingsboot mehr als sechzig Männer, Frauen und Kinder, die versucht hatten, nach Lampedusa überzusetzen. Überlebende erhoben Vorwürfe, dass sie von Booten der europäischen Küstenwache und einem Flugzeugträger der NATO gesichtet und im Stich gelassen wurden.[82] Anfang Juni kenterte ein weiteres Flüchtlingsschiff mit mehr als 800 Passagieren an Bord. Weniger als 600 konnten gerettet werden. Nach Angaben des Flüchtlingswerks der Vereinten Nationen wurden 150 Leichen an die tunesische Küste geschwemmt. Zu diesem Zeitpunkt waren bereits mehr als 1500 Menschen, die im Zuge der politischen Unruhen zu fliehen versuchten, im Mittelmeer ertrunken.[83]

Die Frage, welchen Wert das »nackte Leben« von Flüchtlingen hat, stellte sich in den vergangenen Jahren immer wieder im Mittelmeer. 2004 wurde die Besatzung der Cap Anamur – des Rettungsschiffs der gleichnamigen Hilfsorganisation – wegen Beihilfe zur illegalen Einreise angeklagt, weil sie siebenunddreißig in Seenot geratene Flüchtlinge gerettet hatte. Erst nach einem fünfjährigen Prozess erging der Freispruch. Wegen desselben Vorwurfs wurden mehrere tunesische Fischer vor Gericht gestellt, nachdem sie im August 2007 ein Flüchtlingsboot in aufgewühlter See gesichtet hatten, auf dem vierundvierzig Menschen, darunter schwangere Frauen und Kinder, saßen. Zwei von ihnen waren schon über Bord gegangen. Die Fischer brachten die Flüchtlinge nicht nach Tunesien zurück, wie es ein italienischer Militärarzt verlangt hatte, sondern nach Lampedusa. Daher wurden sie wegen Widerstands gegen die Staatsgewalt verurteilt. Durch den Prozess sind sie mittlerweile arbeitslos geworden, ihre Boote wurden konfisziert, berichtet die Internationale Liga für Menschenrechte.[84]

Auch wenn der letzte Schritt ausbleibt und die Rettung des bloßen

Lebens vor Gericht höher bewertet wird als die Pflicht zur Verhinderung der Einreise, ist der demokratische Rechtsstaat bereit, bis an die Grenzen des eigenen Selbstverständnisses zu gehen, um die Fiktion aufrechtzuerhalten, er könne die Migrationsbewegungen kontrollieren. Das wird insbesondere bei Abschiebungen in Diktaturen deutlich. Die Bundesregierung hat zum Beispiel intensiv mit dem syrischen Regime über ein Rücknahmeabkommen verhandelt, das schließlich 2009 in Kraft trat. Es sollte die Abschiebung von 6000 Syrern ermöglichen, die zum großen Teil seit mehr als sechs Jahren in Deutschland leben, sowie von etwa 2400 staatenlosen Asylbewerbern. Vor allem Kurden flüchten aus Syrien, weil sie dort diskriminiert werden und man ihnen im großen Stil die Staatsangehörigkeit entzieht. Das Auswärtige Amt wusste sehr wohl, dass in Syrien gefoltert wird, dass Oppositionelle willkürlich verhaftet werden, dass insbesondere viele Kurden in Syrien rechtlos gestellt sind und dass man jeden, der ins Land zurückgeschickt wird, bei der Ankunft in Damaskus verhört.

Dennoch wurden im Jahr 2009 tatsächlich dreiundsiebzig Personen nach Syrien abgeschoben. Darunter waren fünfzig Personen, die infolge des Abkommens zusätzlich abgeschoben werden konnten. Im Grunde ist das eine äußerst geringe Zahl. Sie steht in keinem Verhältnis zu dem immensen Aufwand, der in jahrelangen Verhandlungen mit einem Diktator betrieben wurde, um abgelehnte syrische Asylbewerber nach Damaskus schicken zu können.[85] Zum einen würde es bei diesem Tempo geschätzte anderthalb Jahrhunderte dauern, alle Abschiebungen wie vorgesehen durchzuführen. Zum anderen war es angesichts der politischen Verhältnisse in Syrien nicht unwahrscheinlich, dass es zu massiven Menschenrechtsverletzungen und in der Folge zu einem Abschiebestopp kommen würde, der möglicherweise erst nach Jahren wieder aufgehoben werden könnte. Nach dieser Zeit wären die syrischen Flüchtlingsfamilien dann jedoch tiefer in Deutschland verwurzelt, was ihre Abschiebung noch fragwürdiger erscheinen ließe.

Man könnte nun vermuten, es seien nur Menschen betroffen gewesen, bei denen die deutschen Behörden die Gefahr einer Verfolgung ausschließen konnten, aber selbst das ist nicht der Fall. Der Kurde Khaled Kenjo etwa wurde nach seiner Abschiebung aus Deutschland vom syrischen Sicherheitsdienst im Herbst 2009 wochenlang festgehalten. Er flüchtete danach erneut über die Türkei. Der UNHCR erkannte ihn als Flüchtling an, und schließlich wurde er wieder in Deutschland aufgenommen.

Die Bundesregierung bekräftigte, dass sie den Präsidenten Bashar al-Assad auf die Menschenrechtsverletzungen ansprechen und ihn auffordern werde, die internationalen Menschenrechtsabkommen zu unterzeichnen. Nachdem es im Zuge des Arabischen Frühlings auch in Syrien zu Massenprotesten kam, die mit Gewalt niedergeschlagen wurden, war das alles Makulatur. Bis Ende Mai 2011 hatten Assads Soldaten mehr als 1100 Demonstranten erschossen, die zunächst demokratische Reformen und dann den Sturz des Regimes gefordert hatten. Bereits Ende April hatte das Bundesinnenministerium den Ländern empfohlen, »vorläufig – bis zur Klärung der Verhältnisse in Syrien – tatsächlich keine Abschiebungen vorzunehmen«. Auch das Bundesamt werde vorerst keine Asylentscheidungen von Antragstellern aus Syrien treffen. Kurz darauf beschloss der bayerische Landtag als erstes Parlament einen entsprechenden Abschiebestopp.[86]

Der Verzicht auf Abschiebungen aus humanitären Gründen ist in der Regel aber immer nur befristet. Ein Beispiel sind die zwangsweisen Rückführungen von Roma und Angehörigen anderer Minderheiten in den Kosovo. Grundlage ist ein Abkommen, das der deutsche Innenminister im April 2010 mit der kosovarischen Regierung abgeschlossen hat und das im September desselben Jahres in Kraft trat. Damit war der bis dahin geltende Abschiebestopp aufgehoben, und Deutschland konnte seit Jahren geduldete Flüchtlinge loswerden.

Nach ihrer Aufnahme im Zuge der Kriege im ehemaligen Jugoslawien hatte Deutschland die Kettenduldung etabliert: Der Aufenthalt wurde immer nur provisorisch verlängert, solange die Sicherheitslage im Herkunftsland keine Rückkehr erlaubte. Einige der betroffenen Familien lebten fast zwei Jahrzehnte in Deutschland, ohne eine sichere Aufenthaltsperspektive. »In keinem anderen europäischen Land sind Leute, die mehr als fünf, sechs Jahre vor Ort leben, weiterhin in einem so unsicheren Rechtsstatus«, betont Verena Knaus, Senior Analyst der European Stability Initiative.

Zum Zeitpunkt der Übereinkunft erkannte nur ein Drittel der UN-Mitgliedsstaaten den Kosovo als unabhängigen Staat an. Indem sie sich verpflichteten, Abgeschobene zurückzunehmen, konnten sich die kosovarischen Politiker nun als Regierung eines souveränen Staates präsentieren. Betroffen waren mehr als 14.000 ausreisepflichtige Kosovaren, darunter 9800 Roma.[87] Gerade für Roma und Ashkali bzw. »Ägypter« ist es besonders belastend, in den Kosovo zurückzukehren, waren es doch albanische Extremisten der Befreiungsarmee des Kosovo (UÇK), die im Zuge des Kosovokrieges Tausende von ihnen unter den Augen der NATO-Truppen verfolgten, ihre Häuser brandschatzten und sie zur Flucht zwangen. Kosovos Premierminister Hashim Thaçi ist Mitbegründer der UÇK und war als deren Kommandant an den Kämpfen im Kosovo beteiligt. Amnesty International sowie der Menschenrechtskommissar des Europarats berichten, dass Roma und andere Minderheiten im Kosovo auch noch ein Jahrzehnt nach dem Krieg diskriminiert und aus der Gesellschaft ausgeschlossen werden.

Insbesondere das Kindeswohl werde bei den Abschiebungen missachtet, erklärt Verena Knaus: Etwa die Hälfte der abgeschobenen Personen seien minderjährig. Diese Kinder und Jugendlichen seien häufig in Deutschland geboren und aufgewachsen und fühlten sich von allen Behörden im Stich gelassen. Eine stichprobenartige Überprüfung ergab, dass von sechsundsechzig Schulpflichtigen im Kosovo nur siebzehn weiterhin die Schule besuchten. Entweder fehlten die Albanischkenntnisse oder es konnten aufgrund der Abschiebung keine Geburtsurkunden oder Schulzeugnisse aus Deutschland mitgenommen werden, die für eine Registrierung und einen Schulbesuch im Kosovo nötig wären.

»Für die Roma ist die Situation am schlimmsten«, bestätigt Sami Kurteshi, Ombudsmann für Menschenrechte des kosovarischen Parlaments. Ihre Häuser seien zerstört, sie fänden keine Arbeit, und die Armut sei vorprogrammiert. Die Bundesregierung sieht das anders. Die von ihr zugesagte Berücksichtigung humanitärer Grundsätze erschöpfte sich in der Praxis darin, dass die Bundesregierung versprach, die Rückführungen »schrittweise« und unter Berücksichtigung der »Aufnahmekapazitäten« im Kosovo zu planen und außerdem »Wiederaufbauprojekte« zu fördern.[88]

Zwar erhalten einige abgeschobene Roma und Ashkali tatsächlich Unterstützung, etwa von kirchlichen Trägern aus Deutschland, die ihnen finanziell beim Wiederaufbau ihres Hauses oder der Ausbildung ihrer Kinder helfen. Aber viele von ihnen leben in heruntergekommenen Siedlungen, Wohnungen mit Schimmel, löcherigen Dächern und ohne Heizung. Manche landeten, so Kurteshi, in Camps, die schon seit zehn Jahren existieren, umgebauten Lagerhallen, in denen sie unter Bedingungen vegetieren müssen, »die überhaupt nichts mit menschlichem Leben zu tun haben«. Dass dies kaum beachtet werde, liegt Kurteshis Ansicht nach daran, dass die Roma und andere Minderheiten keine Lobby besitzen und keinen Staat, der ihnen den Rücken stärkt. Seine Berichte würden ignoriert, mit den Abgeschobenen werde ein »dreckiges Spiel« gespielt.

Nachdem in Nordrhein-Westfalen eine rot-grüne Koalition die Regierung übernommen hatte, nutzte das Land seinen Spielraum und erließ im Dezember 2010 einen Abschiebestopp für den Winter, damit die Abgeschobenen nicht in bitterer Kälte im Kosovo ankommen mussten. Nach fünf Monaten war es Frühling, und alles ging von vorne los. Am 12. April 2011 landete zum Beispiel eine Maschine mit dreiundvierzig abgeschobenen Kosovaren in Prishtina – darunter Mütter und Väter, die von ihren Partnern in Deutschland getrennt worden waren, mit ihren Kindern.[89] Von Dezember 2009 bis August 2011 fanden sieben solcher Sammelabschiebungen in den Kosovo aus Deutschland statt, sechs davon mit der Fluggesellschaft Air Berlin.[90] Selbst die zweistelligen Minusgrade, die europaweit für Kältetote sorgten, konnten die Behörden nicht davon abhalten, im Februar 2012 eine weitere Sammelabschiebung in den Kosovo durchzuführen.

Aber auch wer nicht bloß eine Duldung besitzt, sondern reguläres politisches Asyl erhalten hat oder als Flüchtling aus einem akuten Krisen- und Kriegsgebiet anerkannt wurde, ist nicht dauerhaft vor Abschiebung geschützt. Beispiel Irak: Die Bilder von Anschlägen und Toten aus diesem Land sind uns seit Jahren aus den Nachrichten vertraut. Nach dem jüngsten Irakkrieg und dem Sturz Saddam Husseins begann das Bundesamt für Migration und Flüchtlinge, die Anerkennung bei Irakern massenhaft zu widerrufen. Mit dem Ende der Diktatur sei die politische Verfolgung – der Asylgrund – weggefallen, und generell erlaube die Sicherheitslage im Nordirak eine Rückkehr dorthin, hieß es. Auch die britische Regierung verfolgte diesen Kurs. Bis zum Herbst 2007 hatten mehr als 8000 Iraker in Deutschland ihren anerkannten Status verloren.[91] Zwar beendete die Innenministerkonferenz nach Protesten diese Praxis, und nur sehr wenige Menschen wurden dann tatsächlich in den Irak abgeschoben. Aber die Aberkennung des Asylstatus bedeutet für die Betroffenen einen Verlust an »Planungs- und Rechtssicherheit, die für ein normales Leben notwendig ist«, so der Migrationsrechtsexperte Daniel Naujoks. Sie werden dadurch zu Geduldeten mit »erschwertem Zugang zum Arbeitsmarkt, eingeschränkten sozialen Rechten und dem Damoklesschwert der jederzeitigen Abschiebung«.[92]

Kritiker und Betroffene werfen den Behörden vor, dass das staatliche Handeln in den beschriebenen Fällen »unmenschlich« sei. Der Aspekt der Menschlichkeit wird aber offiziell nicht ausgeklammert, er findet sich sogar im Gesetz wieder: Die Abschiebung ist in Deutschland verboten, wenn die »konkrete Gefahr« besteht, dass jemand gefoltert wird, dass ihn die Todesstrafe erwartet oder dass sein Leib und Leben »erheblich« bedroht sind. Ein beträchtlicher Teil der abgelehnten Asylbewerber kann wegen dieses »subsidiären Schutzes« in Deutschland bleiben. Im Herbst 2010 waren das mehr als 25.000 Menschen.[93] Allerdings funktioniert dieser Schutz wie ein Relais, wie ein Schalter, der durch Unterbrechung des Kreislaufs lediglich die vorübergehende Aussetzung einer Abschiebung erlaubt. Seine Funktion besteht darin, die Abschiebemaschine am Laufen zu halten, Abschiebungen grundsätzlich zu ermöglichen, indem darauf verwiesen wird, dass im Extremfall, wenn es *zu* hart wird, auf sie verzichtet werden kann. Der »humanitäre« Aspekt ist von vornherein in den Abschiebungsdiskurs integriert. Er verleiht ihm eine Legitimität, die wichtig ist, um die Institution der Abschiebung aufrechtzuerhalten.

Dementsprechend erlaubt der Rückgriff auf das Dispositiv des Mitleids nur die mühsame Befreiung im Einzelfall. Ronald Vogt, der seit Jahren ehrenamtlich im Rahmen einer Flüchtlingssolidaritätsgruppe Abschiebegefangene in der JVA Langenhagen bei Hannover aufsucht, berichtet von einem exemplarischen Fall. Gemeinsam mit einer iranischen Dolmetscherin besuchte Vogt in Langenhagen einen Mann, der in den Iran abgeschoben werden sollte und ihm seine Folterspuren zeigte. Sie konfrontierten die Behörden mit ihren Informationen. Der Iraner konnte schließlich aus dem Gefängnis geholt werden und wurde als »nicht reisefähig« eingestuft.

Um Abschiebungen in den Iran durchzusetzen, scheuten deutsche Ausländerbehörden und Gerichte im Jahr 2000 nicht einmal davor zurück, iranische Frauen zu zwingen, gegen ihren Willen Kopftücher aufzusetzen. So erging es etwa Roya Mosayebi und Nosrat Haji Soltani. Sie waren vor der Unterdrückung geflohen, der insbesondere Frauen im Iran ausgesetzt sind, und weigerten sich auch in Deutschland, Kopftücher zu tragen. Da die deutschen Behörden sie ohne Pass nicht abschieben konnten, das islamistische Regime in Teheran aber nur Pässe mit Fotos anerkennt, auf denen Frauen verschleiert sind, wurde die 28-jährige Roya Mosayebi unter Gewaltanwendung in ein Nürnberger Polizeirevier gebracht und fixiert. Ihr wurde gegen ihren Willen ein Kopftuch umgebunden, und so wurde sie fotografiert. In Bremen bearbeitete die Ausländerbehörde das Foto einer iranischen Asylbewerberin am

Computer so, dass sie darauf mit Schleier zu sehen war. Nosrat Soltani zog gegen ihre Zwangsverschleierung bis zum Bundesverfassungsgericht. Zu einer Entscheidung kam es dann nicht, weil sie mit ihrer Tochter in die USA weiterreiste.[94]

Deutschland hat Tausende Iraner aufgenommen. Nach der Niederschlagung der auch als »Grüne Revolution« bezeichneten Proteste nach den Präsidentschaftswahlen im Juni 2009 wurden sogar achtzehn Männer und elf Frauen, die in die Türkei entkommen waren, von Deutschland als Flüchtlinge anerkannt, noch bevor sie hier eingereist waren. Dennoch schicken deutsche Behörden weiterhin Menschen in das von einem Mullah-Regime beherrschte Land zurück. 2009 wurden achtzig Menschen mit dem Flugzeug in den Iran abgeschoben und neunundsechzig Iranerinnen und Iraner an der Einreise gehindert oder zurückgeschoben.[95] Dabei ist bezeichnend, dass selbst iranischen Homosexuellen gegenüber die Option der Abschiebung offengehalten werden soll, obwohl bekannt ist, dass Schwulen und Lesben dort die Todesstrafe droht. Einerseits seien diese Strafen laut Bundesregierung als Verfolgungsgrund anzusehen, andererseits entschied das Bundesverwaltungsgericht, dass Homosexualität nur dann »asylrelevant« sei, wenn nicht bloß mit besonders strengen, »sondern offensichtlich unerträglich harten« Strafen zu rechnen sei. Auch müsse bei der Entscheidung berücksichtigt werden, ob Schwule und Lesben aus dem Iran geflohen sind, weil sie bereits wegen ihrer sexuellen Identität verfolgt wurden. Denn »bei unverfolgt ausgereisten Asylsuchenden kommt es auf die Prognose des zukünftigen Verhaltens an. [!] Ist eine entsprechende homosexuelle Betätigung zu erwarten, die den iranischen Behörden mit der erforderlichen Wahrscheinlichkeit bekannt werden wird, erfolgt eine Anerkennung als Asylberechtigter oder Flüchtling. Ist nach dieser Prognose eine Verfolgung nicht beachtlich wahrscheinlich, erfolgt keine Asyl- oder Flüchtlingsanerkennung. In diesen Fällen ist auch kein subsidiärer Schutz zu gewähren, da kein ernsthafter Schaden droht.«[96]

Dieses Lavieren wäre auch Andre Aragoli fast zum Verhängnis geworden. Der armenisch-stämmige Iraner hatte in Hessen vergeblich wegen seiner Homosexualität Asyl beantragt und wurde zur »freiwilligen« Ausreise aufgefordert, was er ablehnte. Mit seinem Lebenspartner Sevastos Sampsounis, einem griechischen Gastronomen und Literaten aus Frankfurt, wollte er auf dem Standesamt eine Lebenspartnerschaft eintragen lassen, um darüber doch noch ein Aufenthaltsrecht zu erhalten. Kurz vor dem Termin erfuhr er, dass seine Abschiebung bevorstand. Auf dem Standesamt weigerte sich die Beamtin de facto, die Partnerschaft eintragen zu lassen, und schließlich tauchten dort Polizisten auf, um Andre zu verhaften. Im Sommer 2005 kam er tatsächlich in Abschiebehaft.[97] Das Paar gab aber nicht auf, ging an die Öffentlichkeit und erreichte schließlich, dass ihm doch noch ein humanitärer Aufenthalt zugesprochen wurde. »Das wäre auch vorher möglich gewesen«, erinnert sich Sampsounis, der den Beamten der zuständigen Ausländerbehörde Schwulenfeindlichkeit unterstellt, »entscheidend aber waren am Ende die Öffentlichkeit und der Kampf um Andres Aufenthalt«.

Die Überwindung der Perspektive des »Leids«

Auch wenn das Leid bei Abschiebungen am Anfang dieses Buches steht, steht es nicht im Mittelpunkt. Im Mittelpunkt steht der Kampf um Rechte, weil Abschiebungen nur so verstanden und auch überwunden werden können. Das Leid wird in diesen Kämpfen um das Recht auf Mobilität und das Recht auf einen Ort produziert. Der Rekurs auf das Leid reicht aber nicht, um diese Rechte zu begründen. Die Extremfälle sind ein Teil der Realität der Abschiebung. Aber die Geschichten, die von Widerstand sprechen, die davon erzählen, wie die staatlichen Kontroll- und Abschiebeversuche unterlaufen werden, sind ebenso ein Teil dieser Realität.

Ein anderer und sicher der weit größere Teil sind die Geschichten einer prekären Normalität, des Kampfs um ein normales Alltagsleben nach einer Abschiebung, den die Betroffenen führen. In diesem Buch werden sie geschildert. Die Geschichte der Familie Mujolli etwa, die versucht, nolens volens im Kosovo wieder Fuß zu fassen. Oder die Geschichte von Faruk Firizi, der begonnen hat, sein zerstörtes Haus wieder instandzusetzen. Der zur Ablenkung Fischen geht, und dem es wichtig war, die Schönheit der Natur mit dem Fotoapparat festzuhalten und Bilder davon nach Deutschland zu schicken. Aber auch die Geschichten von denen, die ausweichen, Haken schlagen, illegal weiterreisen, sich nicht abschieben lassen oder nach der Abschiebung wiederkommen wie Omar, Taofik oder Yusuf.

Der autonome Slogan »Abschiebung ist Folter, Abschiebung ist Mord« ist daher verfehlt. Nicht, weil er etwas Falsches ausdrückt, sondern weil er *zu wenig* zur Sprache bringt. Und vor allem, weil er den Diskurs des Rassismus wiederholt, ohne einen Begriff von Bürgerrechten, die über das Bestehende hinausweisen, zur Sprache zu bringen. Wenn Rassismus das Verfahren ist, durch das Menschen zu Fremden gemacht werden, um ihre untergeordnete Stellung, Diskriminierung und Entrechtung mit ihrem »Fremdsein« begründen zu können, dann ist es Teil des Rassismus, den so Beherrschten allein die Rolle des Opfers zuzuweisen. Der Rassismus kann nur überwunden werden, indem auch diese Rolle zurückgewiesen und überwunden wird.

Schließlich ist es ja üblich, auch staatlicherseits Flüchtlinge und Migranten als bloße Opfer – etwa von »Menschenhändlern« oder »Schmugglern« – darzustellen, um Abschiebungen zu rechtfertigen. Mithin wird Abschiebepolitik damit begründet, dass man die Migranten vor dem Leid und dem Elend schützen müsse, das ihnen auf ihrer Flucht widerfährt. Ein Beispiel liefert der Dokumentarfilm *Fluchtziel Europa*, der 2007 entstanden ist und unter anderem in 3sat ausgestrahlt wurde.[98] Gleich zu Anfang macht der Off-Kommentar stutzig, in dem die Sprecherin erklärt, die Filmemacher seien unabhängig. Wer den Film jedoch zu Ende schaut, entdeckt im Abspann, dass er vom österreichischen Innenministerium gefördert wurde. Das Kamerateam konnte sogar Abschiebeszenen am Flughafen filmen, was normalerweise undenkbar ist. Mein Antrag bei der Bundespolizeiinspektion in Düsseldorf, als bloßer Beobachter – ohne Kamera – bei einer Abschiebung dabei sein zu dürfen, wurde mit der Begründung abgelehnt, dass sich Abschiebungen im Hochsicherheitsbereich abspielen.

Der Film zeigt unter anderem das Sterben im Mittelmeer und Interviews mit Abschiebegefangenen in Wien. Seine Botschaft ist klar: Bleibt zu Hause und erspart euch das Leid, das euch droht, wenn ihr nach Europa zu kommen versucht. Schließlich ist zu sehen, wie den Menschen in Afrika die Filmausschnitte, in denen die Leichen im Mittelmeer zu sehen sind, vorgeführt werden, mit dem Zweck, sie von der Migration abzuhalten. Das Elend wird also im Sinne jener Politik instrumentalisiert, die dieses Elend produziert. In diesem Duktus plädierte auch der ehemalige deutsche Innenminister Otto Schily dafür, Flüchtlingslager gleich in Nordafrika einzurichten, um den Menschen die gefährliche Überfahrt zu ersparen. Der ehemalige libysche Diktator Muammar al-Gaddafi avancierte so vom Terroristenförderer, mit dem niemand etwas zu tun haben wollte, zum hofierten Türsteher der EU.

Tom Holert und Mark Terkessidis haben dargelegt, dass der sogenannte Sturm von verzweifelten afrikanischen Migranten auf den Grenzzaun der spanischen Exklaven Ceuta und Melilla und dessen brutale und blutige Niederschlagung im Jahr 2005 Teil einer Inszenierung war, die dazu dienen sollte, eine schärfere Grenzpolitik zu rechtfertigen.[99] Wobei die Migranten, die den Zaun trotz der zu erwartenden Gewalt zu »stürmen« versuchten, darauf spekulierten, auf spanischem Boden festgenommen und dann freigelassen zu werden, um als Illegale arbeiten zu können – als solche werden sie nämlich gebraucht.

Die Fokussierung auf das Leid verdeckt die Dynamiken der Migration: Dass das Recht auf Migration entsteht, indem Migrantinnen und Migranten es sich aneignen, bleibt dann ebenso im Dunkeln wie die Tatsache, dass die flexibilisierte Wirtschaft mit einem Zustrom illegalisierter Arbeitskräfte kalkuliert. Dabei wollen gerade diejenigen, die für Abschiebungen eintreten, davon nicht reden. Im Nachhall der Ereignisse in Ceuta und Melilla erschien im September 2006 in der *Neuen Zürcher Zeitung* ein Leitartikel mit dem Titel »Europäische Mühen mit Migranten«. Die Bilder afrikanischer Bootsmigranten, die erneut die europäische Öffentlichkeit erreichten, nahm der Autor zum Anlass, die Liberalen als Optimisten zu kritisieren. Sie sähen in den Migranten die Lösung für Europas Problem der Überalterung. Dies sei realitätsfremd. Es gebe kein weltweites Recht auf Migration und schon gar kein allgemeines Recht auf Niederlassungsfreiheit, brachte er den Kern der konservativen Argumentation auf den Punkt.[100] Eine Argumentation, die geflissentlich ignoriert, dass das Recht auf Migration eben nicht ex nihilo behauptet oder abgestritten werden kann. Es lässt sich weder aus Überlegungen von Expertenrunden etwa zur demografischen Entwicklung herleiten, noch lässt es sich mit dem Hinweis darauf leugnen, dass es bisher noch keine Gesetze gibt, in denen es festgeschrieben ist. Der entscheidende Punkt ist, dass dieses Recht durch die Praxis der Migration erschaffen wird – als Realität und als politischer Begriff, der legitimerweise *ins Recht gesetzt* werden will.

Die negativen Auswirkungen einer Politik, die davon ausgeht, dass es kein Recht auf Migration gibt, stellte der US-Soziologe Mike Davis im Oktober desselben Jahres in einem ausführlichen Beitrag der Wochenzeitung *Die Zeit* dar. Unter dem Titel »Die große Mauer des Kapitals« zeichnete Davis nach, wie der Mauerfall 1989 zum Symbol des Sieges des Kapitalismus wurde und paradoxerweise der Kapitalismus seitdem immer mehr Mauern und Grenzzäune errichtet habe, den Tod jener in Kauf nehmend, die diese überschreiten wollen. Es sei das Ziel der Privilegierten, sich die Nicht-Privilegierten vom Hals zu halten – an den Grenzen der Europäischen Union oder der Vereinigten Staaten von Amerika ebenso wie in Australien, Saudi-Arabien oder an der Grenze zwischen Indien und Bangladesch. Davis' Ausblick war pessimistisch: Während die Opferzahlen stiegen, gebe es keine Gegentendenzen zu dieser Entwicklung.[101]

Gewöhnlich geht man davon aus, dass die zitierten Positionen die einander entgegengesetzten Seiten des Feldes markieren, auf dem eine öffentliche Diskussion um die politischen Implikationen der Migrationsbewegungen stattzufinden habe. Tatsächlich jedoch liegen sie näher beieinander, als es zunächst scheint. Beide haben etwas gemeinsam: Sie übersehen, dass Einwanderer nicht nur Objekte sind, sondern handelnde Menschen, und dass deshalb eine relative Autonomie der Migration existiert. Migranten sind in der Lage, sich sowohl über staatliche Planspiele und Kontrollvorstellungen als auch über den Ohnmachtsmythos hinwegzusetzen.

Es ist eben *nicht* zynisch, darauf hinzuweisen, dass viel mehr Menschen illegal über die Grenzen gelangen, als bei dem Versuch ums Leben kommen, sie zu überwinden.[102] Das Recht auf Migration lässt sich weder durch den Hinweis darauf wegdekretieren, dass es innerhalb der nationalstaatlichen politischen Ordnung keinen Platz hat, noch ließe es sich einfach theoretisch postulieren. Vielmehr entsteht es durch die Praxis derjenigen, die es sich nehmen. Es entsteht, weil Menschen es sich nicht einfach gefallen lassen, dass man ihnen sagt: »Uns steht Bewegungsfreiheit zu – euch nicht!«

Was allerdings noch fehlt, ist eine gesellschaftliche, politische und institutionelle Anerkennung dieses Rechts. Sein praktisches Vorhandensein wirft die Frage nach der Legitimität von Abschiebungen auf. Nachhaltig verhindert werden können diese jedoch erst, wenn es gelingt, das Recht auf Migration auch in entsprechenden Gesetzen zu verankern. Das setzt aber voraus, dass es öffentlich und offen eingefordert wird – es reicht nicht, lediglich die humanitären Folgen von Abschiebungen zu beklagen, ohne explizit deren Voraussetzungen zu thematisieren.

Um die Folgen der Ab- und Zurückschiebungspolitik zu skandalisieren, wird stattdessen immer noch etwa die EU-Grenzpolitik in verkürzter Weise mit dem Mauerbau der DDR verglichen. Es ist davon die Rede, dass hier »Europas neuer ›Eiserner Vorhang‹« hochgezogen werde.[103] Dieser Vergleich ist vor allem deshalb schief, weil es eben nicht das Ziel der EU-Grenzpolitik ist, niemanden durchzulassen. Ein bestimmter Satz an illegalisierten Arbeitskräften mit weniger Rechten ist gefragt.[104] Die Migrationsforscher Efthimia Panagiotidis und Vassilis Tsianos haben während ihrer Recherchen in den Flüchtlingslagern an der griechisch-türkischen Grenze herausgefunden, dass diese auch »als eine Art Eintrittsticket zur Weiterwanderung«[105] funktionieren. Während die einen dort heimlich und widerrechtlich abgeschoben werden, wird bei anderen die illegale Weiterreise hingenommen. Die Lager dienen eher der »Entschleunigung«[106] und dem Versuch, die stattfindende irreguläre Migration zu kontrollieren. Und sie werden offensichtlich von vielen als Station auf ihrem Wanderungsweg einkalkuliert.

Die Reporter Maria Rigoutsou und Jannis Skouras erkundeten im Frühjahr 2011 die Situation am griechisch-türkischen Grenzfluss Evros. Sie beobachteten, dass die Festnahme und die Internierung in desolaten Auffanglagern offensichtlich von Seiten der Migranten eingeplant ist. »Die Bahnschranke auf Nea Vissa ist für viele Einwanderer das erste Ziel auf griechischem Boden. Nach einem kräftezehrenden Nachtmarsch über die Grenze warten hier ganze Familien auf ihr Rendezvous mit der griechischen Grenzpolizei: ›Die Einwanderer kommen nach Griechenland und *wollen* verhaftet werden. Noch vor einem Jahr haben wir sie gejagt – nun jagen sie uns‹, erzählt der griechische Grenzschützer Dimitris, der seinen wahren Namen nicht nennen möchte. Sind die Flüchtlinge nämlich einmal in Griechenland gelandet, bleiben sie in der Regel im Land.«[107] Abgeschoben werden können sie dann oft nicht mehr, denn sie haben keine Pässe dabei, geben an, aus Kriegs- oder Krisengebieten zu kommen, und die Türkei nimmt sie nicht zurück.

Der Vergleich mit der DDR- beziehungsweise der ehemaligen Ostblock-Grenze ist daher in einer anderen Weise angebracht. Nicht aus dem Blickwinkel der Wachtürme und der Grenzer, sondern aus dem Blickwinkel derjenigen, die die Grenze überqueren oder es versuchen. »Für ein offenes Land mit freien Menschen«, stand auf den Transparenten der DDR-Bürger, die in Leipzig 1989 den Mauerfall herbeidemonstrierten. So, wie sich damals die Ostdeutschen nicht diktieren lassen wollten, wohin sie gehen können und wo sie zu leben haben, nehmen sich die Menschen auch heute ihr Recht auf Bewegungsfreiheit. Und so wie die DDR-Flüchtlinge, die illegal durch Tunnel gekrochen und über Zäune geklettert sind, lassen sie sich Tricks einfallen, um Grenzen um und in Europa zu überwinden. In diesem Sinne könnten sie die Vorhut einer neuen Ordnung sein, in der eine neue Form von grenzüberschreitender Bewegungsfreiheit garantiert wird, so wie die Reise- und Niederlassungsfreiheit in der erweiterten EU, die heute zur Normalität gehört und ihren Anfang sowohl in den Freiheits- als auch in den Migrationsbewegungen der Menschen aus Osteuropa genommen hat. Eine Freiheit, die vor zwanzig Jahren noch unvorstellbar schien und heute Alltag ist.

Michael Hardt und Toni Negri haben in ihren Analysen der kapitalistischen Globalisierung darauf hingewiesen, dass wir am Ende des 20. Jahrhunderts sowohl die Flucht aus der staatskommunistischen wie aus der kapitalistischen Disziplin erlebt haben und dass das »neue Disziplinar-Regime sowohl die Tendenz zu einem Weltarbeitsmarkt konstruiert als auch die Möglichkeit zu seiner Antithese«.[108] Selbst wenn Menschen oft gezwungenermaßen auswandern, um woanders zu arbeiten, und ohne Papiere oft schlechtere Bedingungen als die Einheimischen akzeptieren müssen, bezahlt das Kapital für die Mobilität, die es den Menschen abverlangt, einen Preis. Denn mit ihr entsteht auch »ein erhöhtes Verlangen nach Freiheit«.[109]

Dieses Verlangen nach Freiheit ist zentral – nicht die Frage, ob ein Mensch nun »Wirtschaftsflüchtling«, politisch Verfolgter, Tourist oder illegalisierter Arbeiter, ob er »nützlich« ist oder nicht, ob er mehr oder ob er weniger gelitten hat.

Mohammed Faramarzi war sechsundzwanzig Jahre jung, als er über den Irak und die Türkei nach Griechenland kam. Der Student hatte sich im Iran für die Demokratische Partei und gegen die Mullah-Diktatur engagiert und musste schließlich vor der Polizei fliehen. Mit einem gefälschten Pass wollte er weiter nach

Norwegen, doch am Düsseldorfer Flughafen wurde er festgenommen und zur Aufnahmestelle im Städtchen Lebach in Rheinland-Pfalz gebracht. Von dort setzte er sich ab und tauchte zunächst bei seiner Schwester unter, die in Darmstadt lebte. Er brach nochmals auf, kam bis Dänemark, wurde von dort zunächst zurück nach Deutschland geschickt, wo er im Abschiebegefängnis Rendsburg landete, und dann nach Athen abgeschoben.

In der griechischen Hauptstadt lebt Faramarzi mehr als ein Jahr lang auf der Straße. Er beklagt Misshandlungen durch die Polizei. »In Griechenland gibt es kein Asyl«, sagt er. »Die geben dir einen Asylbewerberausweis und fertig. Weg!«[110] Der junge Mann kommt wieder nach Deutschland, diesmal mit dem Zug. Erneut landet er im Abschiebegefängnis, erneut soll er nach Griechenland zurück. »Ich habe überlegt und überlegt: Ich muss wieder in Griechenland auf der Straße leben. Dann habe ich eine schlimme Entscheidung getroffen: Ich bringe mich um. Entweder Tod oder Deutschland. Nicht Griechenland. Ich habe versucht, mit der Rasierklinge meine Pulsadern aufzuschneiden. Ich habe auch eine Rasierklinge in die Tasche gesteckt, falls die mich im Krankenhaus wieder verarzten.«[111]

Faramarzi wird in eine psychiatrische Klinik eingewiesen. Als er zurück ins Abschiebegefängnis soll, schneidet er sich noch einmal die Pulsadern auf. Er kommt ins Krankenhaus, weigert sich zu essen, wird zwangsernährt und soll abermals abgeschoben werden. Und wieder schneidet er sich die Pulsadern auf. Die deutschen Behörden schieben ihn tatsächlich in diesem Zustand nach Athen ab. Eine griechische Ärztin kümmert sich in Zusammenarbeit mit einem Pfarrer in Lebach um ihn. Sie können erreichen, dass das Bundesinnenministerium ihn nach Deutschland reisen lässt. Mohammed stellt einen Asylfolgeantrag.

Warum musste sich Mohammed Faramarzi drei Mal die Pulsadern aufschneiden, bevor er endlich in Deutschland bleiben durfte? Abschiebungen verursachen menschliches Leid. Aus welchem Grund wird dieses Leid in Kauf genommen? Es ist nicht die Ignoranz gegenüber seinem Schicksal. Es ist der Umstand, dass in seiner Hartnäckigkeit der Anspruch aufscheint, nicht nur Gnade zu verlangen, sondern Rechte, Freiheit, Autonomie. Durch ein solches Verlangen bringt er die herrschende Ordnung dazu, ihre Maske fallen zu lassen. Eine Ordnung, die sich zwar Menschenrechte auf die Fahnen schreibt, diese selbst aber nicht zu respektieren bereit ist, wenn daraus weitreichendere Rechte folgen könnten. Doch erst der nicht zugestandene Anspruch auf das Recht auf Bewegungsfreiheit (auch in Form von Flucht und Migration), auf Freizügigkeit und das Verlangen sowie die Hartnäckigkeit, mit der Menschen wie Mohammed Faramarzi diesen Anspruch verfolgen, bringen die herrschende Ordnung dazu, sich zu den Prinzipien zu bekennen, die sie sonst häufig nur vorschützt.

Faruk Firizi

»Die Politiker sollten sich schämen, wenn die das Wort Integration in den Mund nehmen.«

Faruk Firizi, seit siebzehn Jahren in Deutschland, am 24. August 2010 abgeschoben in den Kosovo. Zuvor im Abschiebegefängnis Offenbach.

Ich sag meinen Kindern nicht, dass ich im Knast bin. Ich bin doch kein Verbrecher. Ich hab einen Sohn, der ist achtzehn, und zwei Töchter, die sind fünfzehn und vierzehn. Meine Frau arbeitet, die Töchter gehen zur Schule, mein Sohn ist in der Ausbildung. Der macht Maler und Lackierer. Die eine Tochter will auf die medizinische Fachschule, und die Kleine weiß noch nicht.

Wir telefonieren täglich. Sie fragen mich: »Wo bist du denn, Papa?« Ich will ihnen nicht sagen, dass ich in Abschiebehaft sitze. Ich will nicht, dass meine Kinder den Eindruck haben: »Papa ist im Knast«. In den Knast gehen nur Verbrecher. Aber ich bin kein Verbrecher. Weswegen bin ich hier? Wegen illegalem Aufenthalt. Meine Kinder sind hier zur Schule gegangen. Die haben zuerst Deutsch gelernt. Die können kaum Albanisch. Die könnten dort vielleicht in die Schule gehen, aber wie soll das funktionieren? Die sind hier aufgewachsen, vom Kindergarten an.

Aber das Schlimmste ist, dass die Kinder jetzt in der Pubertät sind, alle drei. Das ist die schwierigste Zeit. Die Zeit, wo Kinder einen Vater brauchen, wo sie die Eltern brauchen. Aber die Mutter arbeitet, und die Kinder sind in der Schule, also sehen sie die Mutter nur abends. Und der Vater ist auch nicht da: Der Vater sitzt im Knast. Sie sind jetzt in einer kritischen Phase, wo sie Fehler machen können – wer soll ihnen da Rat geben? Dafür sollte die Ausländerbehörde bestraft werden. Ich bin nicht der Einzige in Deutschland. Es gibt viele Familien,

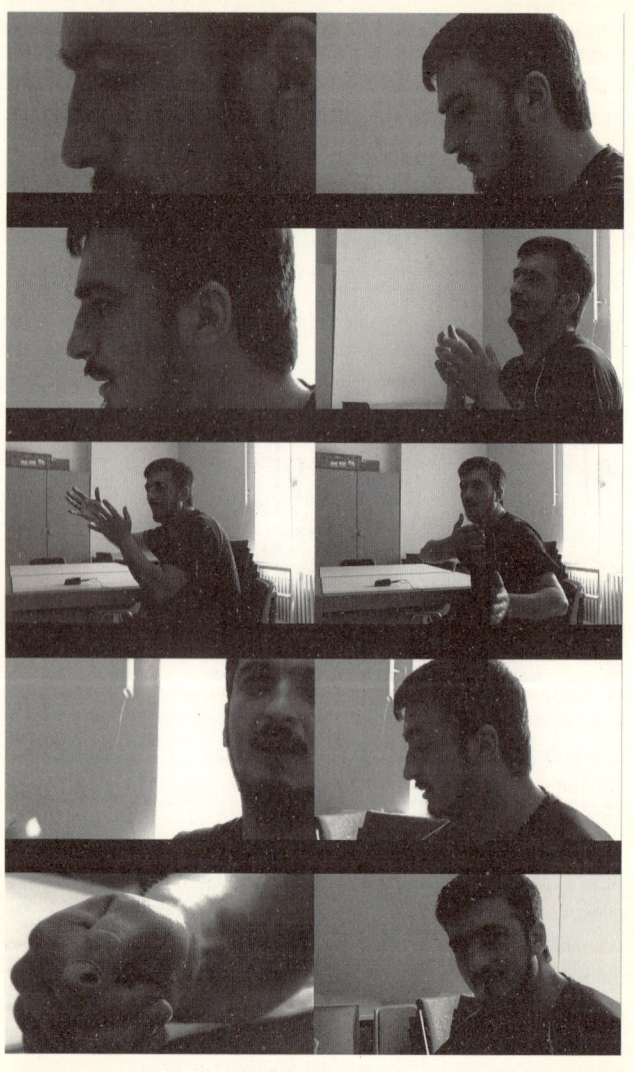

denen es so geht. Meine Frau arbeitet im Krankenhaus, Medizinische Hochschule Hannover. Sie kämpft auch um den Aufenthalt. Wenn sie morgen die Arbeit verliert, was denken Sie? Dann kriegt sie sofort nur zwei Monate Verlängerung, nicht zwei Jahre. Irgendwann kriegt sie zwei Tage, um Deutschland zu verlassen.

Wenn sie nicht wollen, dass die Leute bleiben, dann sollen sie sie rausschmeißen. Aber gleich am Anfang. Nicht fünfzehn, zwanzig Jahre hier aufhalten lassen und dann abschieben. Das, finde ich, ist ein Verbrechen, was die Behörden machen mit den Familien. Ein Verbrechen ist das.

Die Sache mit der Ausländerbehörde ist, dass die mich verarscht haben. Ja, ich fühle mich verarscht. Weil ich jung hier nach Deutschland gekommen bin, mit ganzen Zähnen. Jetzt geh ich runter mit gebrochenen Knochen. Und ein paar Zähne fehlen auch. Und ich lasse drei Kinder hier zurück. Was mich auch ärgert: Ich habe auf meine Kosten gelebt, nicht auf Staatskosten. Ich fühle mich ausgenutzt, nichts anderes. Weil, es ist nicht dasselbe: Du kommst hierher mit dreiundzwanzig Jahren und gehst mit vierzig raus. Es ist nicht dasselbe.

Wenn ich gewusst hätte, dass so was passiert, wär ich schon längst, nach ein, zwei Jahren vielleicht, aus Deutschland zurückgegangen. Aber ich hatte das Gefühl, dass der Krieg nie aufhört, unten.

Ich komme aus Peja, das ist die zweitgrößte Stadt im Kosovo. Ich bin Albaner. Im Kosovo habe ich nach der Berufsschule im Familienbetrieb meines Vaters gearbeitet. Nach vier Jahren habe ich meine Meisterprüfung gemacht und meine eigene Firma gegründet. Dafür habe ich aus Deutschland Maschinen importiert, aus München, von der bekanntesten Firma für große, hydraulische Maschinen. Das waren Maschinen, um Blechsachen zu produzieren, Dachrinnen zum Beispiel, Fensterrahmen und so. Da hab ich eine Produktion gehabt. Durch den Krieg habe ich alles verloren. Innerhalb von fünf Minuten haben die alles niedergebrannt. Die Serben, also: die Tschetniks. Das war ganz schlimm. Zuerst hab ich meine Familie weggeschickt – nach Sarajevo. Die sind ein Jahr dageblieben, und ich hab versucht, mehr oder weniger etwas zu retten. Aber da war nichts mehr zu retten. Dann bin ich nach Deutschland gegangen.

Ich war früher schon ein paar Mal hier. Insgesamt hab ich siebzehn Jahre in Deutschland gelebt, inklusive der inoffiziellen. Das erste Mal bin ich mit meinem Vater gekommen. Der hat mal hier gearbeitet, bei Mannesmann. Er ist zurückgegangen, in den siebziger Jahren, und hat einen Betrieb gegründet. Ich hatte einen guten Eindruck. Die Deutschen waren pünktlich und fleißig. Ich hab die Möglichkeit gehabt, nach Amerika zu gehen, aber ich bin extra nach Deutschland gekommen, weil ich weiß, was es für Leute sind. Ich hab meine Familie aus Sarajevo geholt. Dort habe ich Verwandte, und die haben uns wirklich geholfen. Für die Ausreise mussten wir dem Schleuser 20.000 D-Mark zahlen, für mich, meine Frau und die drei Kinder. Das war 1998.

Wir haben in Hannover Asyl beantragt. Dann wurde ich weggeschickt zu einem Asylheim. Nach drei Monaten hab ich eine Arbeitserlaubnis gekriegt und habe angefangen zu arbeiten. Wie jeder Mitbürger. Ich habe auch Steuern bezahlt. Wie jeder Mitbürger. Jahrelang habe ich das gemacht. Bis mir mein »Pass« für den Aufenthalt – so ein blauer Pass war das, vorne mit »Bundesrepublik Deutschland« drauf – von der Ausländerbehörde abgenommen wurde, mit der Begründung, dass die aus dem Verkehr gezogen werden. Dann hatte ich drei oder vier Jahre so eine Fiktionsbescheinigung. Die wurde alle drei Monate verlängert. Und mein Arbeitgeber hat das mitgemacht, weil ich ein fleißiger Mitarbeiter war.

Ich bin selber zu einer Firma gegangen, da konnte ich noch kein Deutsch. Nur ein paar Worte, die schlimmen Worte, kannte ich, aber das war nicht viel. Ich habe Arbeit gesucht und auch gefunden. Das war in Halle, Sachsen-Anhalt. Und nach einem Monat hat der Chef gesagt, du kriegst eine Festanstellung. Ich hab 1800 Mark verdient im Monat. Aber das hat mir nicht gereicht. Deswegen bin ich nach Hannover gekommen, da haben meine Schwiegereltern gewohnt. Ich bin zu einer Dachdeckerfirma gegangen und hab gesagt: »Wie sieht's aus? Ich brauche Arbeit.«

Der Chef hat mit mir ein Gespräch geführt. Er war überzeugt und hat mich eingestellt. Ich bin dahin gezogen und hab sieben Jahre lang als Dachdeckermeister gearbeitet. Vorher war ich Vorarbeiter, da war ich Polier. Klar, ich hab gut verdient, aber ich hab auch ausgegeben. Ich hab drei Kinder, das kostet. Aber zum Leben war die Grundlage da. Ich bin zufrieden. Bis auf die Ausländerbehörde Hannover.

Nach sieben Jahren hatte ich einen schweren Arbeitsunfall. Wir wollten ein Dach eindecken, und dem Kollegen sind Dachziegel runtergerutscht. Davon hab ich ein paar abbekommen – auf den Kopf, den Rücken, die Hände. Ich war fast vier Monate im Krankenhaus. Sechs Monate war ich insgesamt krankgeschrieben. Danach hab ich die Arbeit verloren: Wir Dachdecker, wir müssen einen Test machen, alle zwei Jahre, das ist Gesetz. Und wenn du den nicht bestehst, dann kriegst du keinen Job. Der Arbeitgeber, also mein Chef, hat mir deswegen gekündigt, und dann ging es bergab. Die finanzielle Krise war da, der Kredit war da, die Kosten waren da, und dann kam es zur Scheidung. Ist auch normal. Aber dann hab ich es Gott sei Dank wieder geschafft.

Als es mir gesundheitlich besserging, hab ich wieder Arbeit gefunden. Wieder hab ich jahrelang gearbeitet, ohne Unterbrechung. Gleichzeitig hab ich mich mit meiner Frau vertragen. Mit den Kindern hab ich auch keine Probleme gehabt. Gott sei Dank ist alles gut gelaufen. Aber die »Pässe« wurden eingezogen. Jeden Monat hab ich drei Monate Verlängerung gekriegt. Mein Arbeitgeber hat das eingesehen, dass ich immer wieder zur Ausländerbehörde musste. Wenn ich einen Tag in drei Monaten gefehlt hab, das haben wir hinbekommen. Aber dann hat die Ausländerbehörde meine Papiere nur noch alle zwei Monate verlängert. Das hat der Chef – wirklich ein lieber Kerl – alles mitgemacht. Irgendwann hat die Ausländerbehörde angefangen, mir nur zwei Tage Aufenthalt zu geben. Wie will der mich einstellen, wenn ich alle zwei Tage fehle auf der Arbeit? Das ging nicht mehr.

Irgendwann haben die mir einen Brief gegeben: In zwei Tagen sollst du Deutschland verlassen. Wofür? Hallo? Die Politiker, die sollen sich schämen, wenn die das Wort »Integration« in den Mund nehmen.

Egal, wie die heißen, Angela Merkel oder Guido Westerwelle. Die sollen sich schämen. Wenn ich runter gehe, schaffe ich es auch. Weil ich arbeite. Hier in Deutschland sind meine Finger auch schwarz geworden. Und die Hände hab ich mir hier gebrochen. Ein paar Narben nehme ich mit. Ich habe drei gesunde Kinder hiergelassen, jetzt nehme ich von Deutschland ein paar Narben mit.

In die Abschiebehaft bin ich nach einer Routinekontrolle gekommen. Die Polizei hat mich nach dem Ausweis gefragt. Ich hab meinen deutschen Führerschein gezeigt, die Sozialversicherungskarte, hab ich alles da gehabt, Lohnsteuerkarte, Handwerkskammer und Arbeitserlaubnis, unbefristet. Die sagen: »Sie sind festgenommen wegen illegalem Aufenthalt in Deutschland. Kostet 200 Euro.« Hab ich gleich bezahlt. Und ich dachte, jetzt lassen sie mich wieder laufen. Naja, 200 Euro – was soll's? Aber die fesseln mir die Hände und schicken mich zum Richter. Der Richter gibt mir sechs Monate. Wofür? Hier im Abschiebegefängnis warte ich jeden Tag. Es passiert nichts. Außer wenn der Beamte kommt – Tür auf, Tür zu –, bist du hier zweiundzwanzig Stunden eingesperrt. Ganz schön langweilig. Ich bin zum Sozialarbeiter gegangen und wollte arbeiten, weil mir langweilig ist. Ich putze mein Zimmer zehnmal pro Tag. Ich muss was tun. Ich habe sogar angeboten, ohne Geld zu arbeiten – funktioniert nicht. Die Beamten sind ab und zu auch arrogant bis zum Gehtnichtmehr. Aber nicht alle, Gott sei Dank.

Die nehmen mir sechs Monate meiner Freizeit, sechs Monate von meinem Leben, sperren mich ein, obwohl ich nichts getan hab. Zwei Monate sind's schon. Aber auf dem Papier steht: drei Monate, und es kann noch drei Monate verlängert werden. Es gibt viele hier, die sechs Monate abgesessen haben. Wofür sechs Monate? Dann sollen sie mich abschieben. Sollen sie mich rauslassen, ich bezahl meine Fahrkarte selber und geh weg. Wofür halten die mich im Knast? 1998 war ich zum letzten Mal im Kosovo. Ich weiß nicht, wie es dort ist, ich bin nie wieder dahin zurückgegangen. Wollte ich auch nicht. Ich hab hart gearbeitet und was auf die Beine gestellt, und dann war das in fünf Minuten weg … keine Ahnung. Also, erst mal muss ich bei meinem Vater anklopfen. Und dann suche ich sofort Arbeit, am nächsten Tag. Ohne Arbeit geht's nicht.

Aber in einem Jahr komm ich wieder hierher zurück. Wenn meine Kinder hier bleiben, dann komm ich zurück. Ich hab keine Kinder zu verschenken. Entweder komm ich zurück, oder ich hol die Kinder runter. Eins von beiden passiert. Und wenn es unten gut läuft, dann nehme ich die Kinder mit. Die lass ich nicht hier in Deutschland. Für die Kinder habe ich gesorgt. Ich hab sie in die Welt gesetzt, nicht Deutschland.

Ich möchte wieder einen Betrieb auf die Beine stellen. Das wäre mein Wunsch. Und den an meinen Sohn übergeben. Er ist einverstanden. Der Wille ist da. Und sich die Hände schmutzig machen, will er auch. Ich hoffe, dass es besser läuft in Deutschland, nicht bergab, wirtschaftlich und alles. Aber wenn es so weiterläuft wie zuletzt, dann kommt ihr Deutschen vielleicht irgendwann zu uns in den Kosovo. Dann arbeitet vielleicht meine Tochter oder mein Sohn in der Ausländerbehörde. (Lacht.) Und dann geht's euch wie mir.

Abschiebung – ein Paradoxon

Der Flughafen Frankfurt am Main. Zum Terminal 2 führt ein kühl anmutender Gang. Der Fußboden ist grau, die Wände sind kahl. Nichts erinnert an das quirlige Treiben des alltäglichen Airport-Betriebs. Keine Geschäfte mit bunten Auslagen, keine Umarmungen zum Abschied, auch kein erschöpftes Lächeln der Passagiere, die gerade ausgestiegen sind. An diesem Tag hockt eine etwa 40-jährige Philippinerin im Wartezimmer der »Rückführungsstelle«. Dort hängen keine Bilder, denn die könnte jemand, der abgeschoben werden soll, von der Wand reißen, um sich zu wehren oder sich selbst zu verletzen. Die Frau sitzt ruhig da und wartet. Drei Kinder hat sie zurückgelassen, als sie sich entschloss, auszuwandern, um ihnen eine höhere Schulbildung zu ermöglichen. Denn die ist in Manila kostspielig, und weil ihr Mann sie verlassen hatte, konnte sie das Schulgeld nicht mehr aufbringen.

Zuerst nahm sie ein Schlepper nach Peking mit. Über einen chinesischen Arbeitsvermittler fand sie eine schwedische Familie, die eine Nanny suchte. Die Schweden haben 500 Dollar bezahlt, die der Chinese als Provision verlangte. Bei der Familie arbeitete sie zwei Jahre lang, passte auf die Kinder auf, kümmerte sich um den Haushalt. Als der Mann nach Deutschland versetzt wurde, hat die schwedische Familie sie mitgenommen, mit einem Touristenvisum.

Dann stand die nächste Versetzung an, und die Familie zog nach Thailand. Diesmal konnte die philippinische Nanny nicht mitreisen, ihr fehlten die dazu nötigen Papiere. So blieb sie in Deutschland – ohne Aufenthaltserlaubnis. Sie hat dennoch einen Job gefunden und einen alten deutschen Mann gepflegt. Bis sie selbst krank wurde: Der Arzt fand einen Tumor in ihrer Brust. Die Familie des Deutschen, den sie gepflegt hat, kümmerte sich um sie und bezahlte die Operation. Dafür ist sie sehr dankbar, sagt sie.

Eines Tages wurde sie von der Polizei auf der Straße angehalten. Ausweiskontrolle. Sie konnte keine gültigen Papiere vorweisen, landete im Abschiebegefängnis und wurde schließlich ins Flugzeug gesetzt.[1] Vielleicht in dasselbe Flugzeug, das kurz zuvor aus Singapur oder Peking angekommen ist und aus dem Touristen, Geschäftsleute, Studierende, Besucher und die nächsten potenziellen Illegalisierten ausgestiegen sind.

Abschiebung in einer Welt der totalen Mobilität

Jahr für Jahr starten oder landen mehr als fünfzig Millionen Passagiere am Frankfurter Flughafen. Genau an demselben Ort müssen jährlich etwa 14.000 Menschen gegen ihren Willen in ein Flugzeug steigen.[2] Was soll das? Welchen Sinn haben Abschiebungen in einer Welt der totalen Mobilität?[3] Einer Welt, deren globalisierte Wirtschaft immer mehr Bewegung produziert. Und in der das Reisen so einfach und so günstig ist wie noch nie in der Geschichte der Menschheit.

Seit 1980 hat sich der Flugverkehr am größten Flughafen Deutschlands verdreifacht. Neunzig Prozent der Flüge sind Auslandsverbindungen. Als nach dem jüngsten Finanz- und Wirtschaftscrash das Passagieraufkommen insgesamt leicht zurückging, stieg die Zahl der Reisenden von und nach China, Indien, Zentralafrika und dem Nahen Osten trotz der Krise weiter an.[4] Auf der Straße sieht es nicht anders aus – der Verkehr nimmt zu. Warum bestrafen wir Menschen in einer mobilen Welt für ihre Mobilität? Warum bestrafen wir sie, wenn sie über den Tellerrand schauen wollen und die Versprechungen des globalisierten Arbeitsmarktes beim Wort nehmen? Die durchtrainierten Polizisten, die Migranten manchmal in Handschellen zum Abschiebeterminal führen, wirken auf den ersten Blick wie Spielverderber. Auf den zweiten Blick aber gleichen sie Schauspielern, die stoisch ihre Rolle in einem Stück absurden Theaters spielen.

»Die Zugehörigkeit zu der ›einen Welt‹ findet darin ihren Ausdruck, dass der Anspruch auf soziale Mobilität ein universeller geworden ist«,[5] konstatierten die Globalisierungsforscher Elmar Altvater und Birgit Mahnkopf kurz vor der Jahrtausendwende. Und diese Universalität ist mit den realen Möglichkeiten der Kommunikation, der Verkehrsmittel und dem damit korrespondierenden Wunsch verknüpft, im globalen Dorf den Ort zu wechseln. Mit einer Abschiebung bekämpft der Staat die Mobilität einer Person. Doch können Abschiebungen Bewegung verhindern? Selbstverständlich nicht. Also etwas bescheidener: Kann Abschiebung ein effektives Mittel der Migrationspolitik sein? Was bringen Abschiebungen überhaupt? Es geht hier nicht um die banale Feststellung, dass mit ihnen geltendes Recht durchgesetzt wird und dass ein Rechtsstaat dies tun müsse, um als solcher bestehen zu können. In einem demokratischen Rechtsstaat ist die Durchsetzung des Rechts kein Selbstzweck. Sie dient der Erreichung von Zielen, die gesellschaftlich gewünscht sind.

Das Bundesinnenministerium erklärte 2011, dass Abschiebungen ein »notwendiges Sanktionsinstrument« seien, »um einen Missbrauch des Aufenthaltsrechts zu Lasten der Gesellschaft bekämpfen und verhindern zu können«.[6] Dabei sei natürlich jeder Einzelfall zu prüfen, aber Sinn und Zweck des Ganzen sei es, die Zuwanderung so zu steuern und zu begrenzen, dass die »Aufnahme- und Integrationsfähigkeit« Deutschlands ebenso berücksichtigt werde wie die »wirtschaftlichen und arbeitsmarktpolitischen Interessen« und die »humanitären Verpflichtungen« der Bundesrepublik. Das oben beschriebene Beispiel der Philippinerin dürfte aber illustrieren, dass keineswegs eindeutig ist, wann ein »Missbrauch des Aufenthaltsrechts zu Lasten der Gesellschaft« geht oder wessen Interessen dabei verletzt werden. Auch Frauen wie sie sind integraler Bestandteil der deutschen Gesellschaft, doch mit der Abschiebung werden ihre Interessen verletzt. Ihre Arbeit hat den Deutschen wiederum keineswegs geschadet – im Gegenteil. Zudem verdeutlicht ihre Biografie, dass wir längst in einer Weltgesellschaft leben, in der die Mobilität der Privilegierten mit der illegalisierten Mobilität der Nichtprivilegierten verwoben ist.

Auch die Frage, was überhaupt die Gesellschaft ist und woran sich deren »Aufnahmefähigkeit« bemisst, ist nicht leicht zu beantworten. Vor gar nicht allzu langer Zeit galt noch die Vorstellung, dass Deutschland ein Land sei, in dem vor allem Deutsche leben. In den politischen Diskussionen um das Thema Einwanderung ging es bis in die neunziger Jahre hinein um »die Verteidigung des Nationalstaates auf ethnischer Basis«.[7] Unermüdlich wurde darüber diskutiert, ob dieser Staat ein Einwanderungsland sei.

Noch Ende der siebziger Jahre war die Bund-Länder-Kommission der Ansicht, Deutschland könne allenfalls ein »Aufenthaltsland« für Ausländer sein, und diese sollten früher oder später wieder gehen. Nachhaltig änderte sich das erst ab dem Jahr 2000, als von der rot-grünen Bundesregierung die Zuwanderungskommission ins Leben gerufen und mit der Neuregelung des Staatsangehörigkeitsgesetzes die Tatsache anerkannt wurde, dass Deutschland ein Einwanderungsland ist.[8] Bis dahin verfolgte die offizielle Politik dezidiert das Ziel, jede Form von Einwanderung, die die Zusammensetzung der Gesellschaft in Deutschland dauerhaft verändern würde, zu verhindern.

Der SPD-Bundeskanzler Willy Brandt argwöhnte im Jahr 1973, dass die »Aufnahmefähigkeit unserer Gesellschaft erschöpft« sei[9] – damals lebten 3,9 Millionen Ausländer in der Bundesrepublik. Heute leben dreimal so viele Einwanderer in Deutschland, wenn man Eingebürgerte und Spätaussiedler mitzählt, ohne dass das Land im Chaos versunken wäre – Letzteres wäre eher der Fall, wenn die Migrantinnen und Migranten *nicht* hier leben würden.

Nach seinem Wahlsieg versprach der CDU-Bundeskanzler Helmut Kohl 1982 noch allen Ernstes, weiteren Zuzug zu verhindern, denn Deutschland sei »kein Einwanderungsland«.[10] Der spätere bayerische Ministerpräsident Edmund Stoiber (CSU) warnte Ende der achtziger Jahre, in Deutschland dürfe sich keine »multinationale Gesellschaft« entwickeln.[11] Und Kohl malte 1992 angesichts steigender Asylbewerberzahlen sogar den Staatsnotstand an die Wand, der angeblich drohe, falls die SPD der Einschränkung des Asylrechts im Grundgesetz, die darauf abzielte, mehr Ausländer abschieben zu können, nicht zustimmen würde.[12]

In den neunziger Jahren prägten »Das Boot ist voll«-Parolen den politischen und medialen Diskurs. Die rassistische Gewalt nahm massiv zu. Doch weder der Anwerbestopp 1973 noch die Rückkehrprämie für ausländische Arbeiter 1983 und die wachsende Zahl von Sammelunterkünften für Asylbewerber, die deren Abschiebung erleichtern sollten, oder die Asylrechtsänderung 1993, in deren Folge die Zahl der Abschiebungen rasant anstieg, konnten etwas dagegen ausrichten, dass kontinuierlich Menschen eingewandert sind.

Die Zahl der Migranten ist nicht nur in Deutschland, sondern weltweit gestiegen – von 155 Millionen im Jahr 1990 auf 190 Millionen im Jahr 2005. Und Deutschland rückte in der Liste der Haupteinwanderungsländer von Platz sechs auf Platz drei vor, gleich hinter die Vereinigten Staaten und Russland.[13] Von 1991 bis 2009 kamen etwa 17,2 Millionen Menschen nach Deutschland, und etwa 13,1 Millionen haben das Land (wieder) verlassen. Das heißt, in diesen knapp zwanzig Jahren sind 4,1 Millionen Migranten mehr nach Deutschland gezogen als abgewandert sind, und davon waren 2,8 Millionen Ausländer.[14] Zusätzlich zu den fünfeinhalb Millionen Ausländern, die vorher schon in der Bundesrepublik lebten.

Bei einer Fahrt mit der U-Bahn, bei Spaziergängen durch die Fußgängerzonen oder einem Blick in die Schulklassen deutscher Großstädte bestätigt sich häufig, dass »im Hinblick auf die Herkunft [...] die Bewohner deutscher Abstammung heute lediglich eine Gruppe unter vielen anderen [sind] und längst nicht mehr die Norm«.[15] Das ist mittlerweile so normal, und es funktioniert auf eine so alltägliche Art und Weise, dass wir es kaum noch bemerken. Und zwar trotz Konflikten, die zum Leben gehören, und trotz latenter Ressentiments. Selbst wenn manch alteingesessener Einwanderer auf neue Zuwanderer ablehnend reagiert und selbst wenn laut Umfragen etwa die Hälfte der Deutschen findet, es lebten zu viele Ausländer im Land[16] – es wird sich daran nichts ändern. Und gerade die Menschen in den Metropolen, in denen die meisten Migranten leben, haben weniger Probleme damit. Die Fremdenfeindlichkeit ist bekanntlich bei älteren Menschen und in den Gegenden Ostdeutschlands am größten, in denen kaum Migranten wohnen und die noch dazu von Abwanderung geprägt sind.[17]

Aus gesamtgesellschaftlicher Perspektive drängt sich immer mehr der Eindruck auf, dass der Wille, die Option der Abschiebung aufrechtzuerhalten, einem nutzlosen, infantil anmutenden Affekt entspringt. Sinnvoll ist vielmehr die Anpassung der Institutionen an die Erfordernisse einer Einwanderungsgesellschaft (was Mark Terkessidis als ein Projekt der »Interkultur« beschrieben hat), zumal die Unterscheidung von Aus- und Inländern ohnehin immer bedeutungsloser wird. Die Philosophin Seyla Benhabib weist zu Recht darauf hin, dass die »Trennung zwischen Staatsbürgern und Ausländern, Bürgern und Migranten soziologisch inadäquat« ist, denn in der Realität seien die Grenzen »weitaus fließender, da viele Bürger Nachkommen von Migranten sind oder im Ausland geboren wurden«.[18]

Im Rückblick konnten Abschiebungen jedenfalls nicht verhindern, dass Deutschland zu einem Einwanderungsland mit einer ethnisch vielfältigeren Gesellschaft wurde. Mit den Menschen und ihren Nachkommen, die im Zuge der Asylmigration etwa aus Ländern Afrikas oder des Nahen Ostens nach Deutschland gekommen sind, gehören heute auch *sichtbare* Minderheiten, *people of colour*, zum gesellschaftlichen Alltag. Es ist daher wichtig, festzustellen, dass die Zahl der Abschiebungen seit 1990 viel niedriger ist als zum Beispiel die Zahl der gestellten Asylanträge. Und es gehört zum spezifischen deutschen Rechtsverständnis, dass trotz der öffentlichen Klage über den hohen Prozentsatz abgelehnter Anträge in vielen dieser Fälle de facto eine (Halb-)Legalisierung stattfand, dieser Begriff aber in der Öffentlichkeit nur selten benutzt wird.[19]

Viele abgelehnte Asylbewerber können nicht abgeschoben werden, sie kommen aber auch nicht von selbst ihrer Ausreiseverpflichtung nach. Sie erhalten eine »Duldung«, die sie manchmal alle sechs, manchmal alle drei Monate und manchmal sogar wöchentlich oder täglich bei der Ausländerbehörde erneuern müssen und mit der sie im Normalfall nicht arbeiten dürfen. Die »Duldung« ist nichts anderes als ein bürokratisches Feigenblatt des deutschen Staates, der öffentlich nur schwer zugeben kann, dass er zur Durchsetzung des Aufenthaltsrechts in Hunderttausenden Fällen nicht in der Lage ist und dass sich Menschen ihr Recht auf Bewegungsfreiheit nehmen. Also erhalten diese Menschen ein Papier – es muss ja alles seine Ordnung haben –, das ihren eigentlich nicht legalen Aufenthalt bis zur, vorübergehend ausgesetzten, Abschiebung (oder der häufig erst nach Jahren doch noch erteilten Aufenthaltserlaubnis) offiziell anerkennt.

Mit dem Zuwanderungsgesetz 2005 sollte die Fortschreibung von Duldungen befristet werden, weil auch viele Politiker eingesehen haben, dass es unsinnig ist, Leuten, die eine Ausbildung absolvieren, einen Uni-Abschluss besitzen oder einen festen Job haben, das Aufenthaltsrecht vorzuenthalten. Hinzu kommen sogenannte Altfallregelungen, die Wolfgang Schäuble (CDU) als Innenminister erstmals schon 1991 einführte. Die jüngste Altfallregelung betraf Geduldete, die zum 1. Juli 2007 mindestens acht Jahre – bei Familien sechs Jahre – in Deutschland lebten. Wenn sie integriert waren, sollten sie eine Aufenthaltserlaubnis erhalten.[20]

Viele bekamen die Erlaubnis auf Probe, zum Beispiel um nachweisen zu können, dass ihr Job dauerhaft ist. Der Stichtag zum Jahresende 2009 erwies sich als Problem, weil viele der betroffenen Einwanderer nicht alle Voraussetzungen erfüllen konnten, was wiederum dazu führte, dass die Innenminister der Länder die Regelung um zwei Jahre verlängerten.[21] Schließlich folgte im Frühjahr 2011 eine Gesetzesänderung, derzufolge ein erfolgreicher Schulbesuch von geduldeten Jugendlichen ebenfalls zu einer Aufenthaltserlaubnis für sie selbst und ihre Eltern führen sollte.[22]

Auch wenn in den öffentlichen Debatten dabei Argumente der

Nützlichkeit und der Humanität angeführt werden – die Regelungen sind ein Ausdruck der relativen Autonomie der Migration. Zwar bezahlen die Migranten ihren Aufenthalt mit jahrelanger Entrechtung, aber Fakt ist, dass viele dadurch ihr Recht auf Einwanderung am Ende durchsetzen können.

Abschiebebefürworter ärgern sich, dass nicht so viele Menschen abgeschoben werden, wie sie es sich wünschen. Die Experten der im niedersächsischen Innenministerium angesiedelten Arbeitsgruppe »Rückführung« etwa beklagten die mangelnde Unterstützung durch die Landes- und Bundespolitik. Auch Bürgermeister oder Landräte gäben immer wieder dem Druck von »Lobbygruppen« nach und brächen Abschiebungen »in letzter Minute« ab. Zudem sei das Personal in den Ausländerbehörden überlastet.[23] In die Medien wurde die Zahl von 930 Abschiebungen im Jahr 2010 lanciert. Tatsächlich aber wurden in diesem Jahr mehr als 16.000 Menschen ab- oder zurückgeschoben.[24] Die Zahl bezog sich nur auf die ausreisepflichtigen Asylbewerber: Laut der Arbeitsgruppe seien bis Ende Februar 2011 von den insgesamt 16.388 abgelehnten Asylbewerbern, denen im Jahr zuvor die Abschiebung angedroht worden war, nur 1495 »mit Fortzug ins Ausland registriert« und eben 930 abgeschoben worden. »Eine nachweisliche Beendigung des Aufenthaltes durch Ausreise oder Abschiebung hat demnach in 2009 lediglich in einer Größenordnung von 15,9 Prozent und in 2010 von 14,8 Prozent stattgefunden«, bedauern die Mitarbeiter der Innenministerien.[25] Der Punkt ist hierbei nicht, dass bei dieser Zählung viele Menschen außen vor bleiben, die als illegalisierte oder Einwanderer mit langjährigem legalen Aufenthalt abgeschoben wurden und keine Asylbewerber waren. Entscheidend ist, dass auch hier ein tatsächliches Scheitern der Abschiebepolitik offenbar wird, welches offensiv zu wenden ist.

Ihren Höhepunkt erreichte die Abschiebepolitik der Bundesrepublik 1994. In diesem Jahr wurden mehr als 53.000 Menschen aus Deutschland abgeschoben. Angedroht wurde die Abschiebung damals aber fast fünfmal so vielen, nämlich 234.000 Menschen. Durchzusetzen war sie in der Mehrzahl der Fälle nicht. Die meisten Abschiebungen erfolgten damals nach Rumänien und nach Polen.[26] Für viele Menschen aus osteuropäischen Ländern stellte die illegalisierte Migration – oft in Verbindung mit einem aussichtslosen Asylantrag – die einzige Möglichkeit dar, nach Deutschland zu gelangen. Wer nach Polen zurück musste, konnte schnell wiederkommen. Abschiebungen haben diese Pendel-Migration nicht verhindert.

Einen Eindruck davon vermittelt folgender Vergleich: Wer als »Illegaler« im Land aufgegriffen wird, dem droht die »Zurückschiebung«. Tatsächlich wurden aber weniger Menschen »zurückgeschoben«, als wegen unerlaubter Einreise an der deutschen Grenze festgenommen wurden. Bedenkt man, dass diesen Festnahmen eine höhere Dunkelziffer von Menschen gegenübersteht, deren unerlaubte Einreise oder Aufenthalt nicht auffällt, erscheint auch hier die Abschiebung als stumpfes Schwert. Insgesamt war die Netto-Zuwanderung von Ausländern nach Deutschland sowieso größer als alle Abschiebungen, Zurückschiebungen und »freiwillige« Rückführungen zusammen. Lediglich in dem kurzen Zeitraum zwischen 1997 und 2000 sorgte die massive Rückführung vor allem von Bürgerkriegsflüchtlingen aus Bosnien und dem Kosovo dafür, dass mehr Ausländer Deutschland verlassen mussten, als ins Land kamen.[27] Aber auch diese Sondersituation kehrte den grundsätzlichen Trend nicht um: Abschiebungen können langfristig die »unerwünschte« Einwanderung weder verhindern noch rückgängig machen.

Auch in Ländern wie Großbritannien oder Kanada ist die Zahl der anerkannten Asylanträge viel kleiner als die der abgelehnten Asylbewerber, die am Ende nicht abgeschoben werden können. Um dem entgegenzuwirken, begann die britische Regierung unter Tony Blair sogar damit, jährliche Zielmarken festzulegen – 8000 Abschiebungen für das Jahr 2000, 12.000 für das Jahr 2001 usw. –, die jedoch nicht zu erreichen waren.[28]

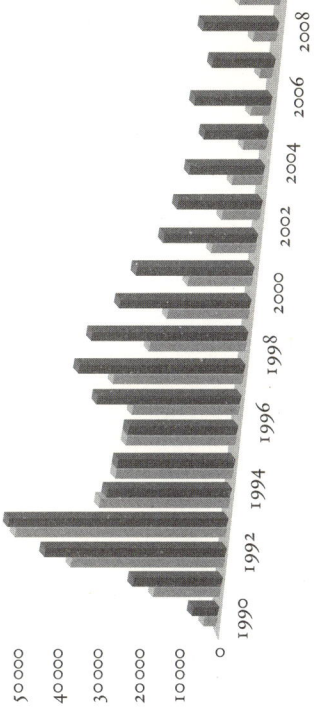

Abbildung 1: Illegal Eingereiste und Zurückschiebungen 1990 bis 2009

Zurückschiebungen
Unerlaubte Einreise an deutscher Grenze festgestellt.

Quelle: Migrationsbericht 2009

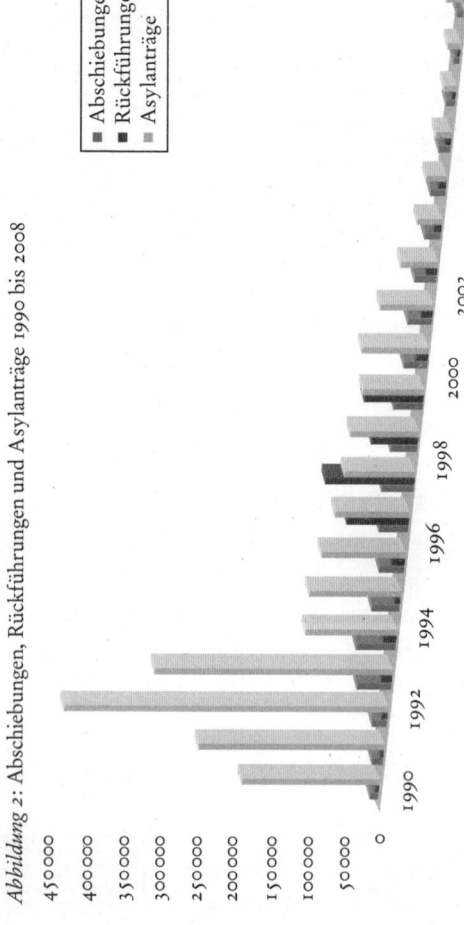

Abbildung 2: Abschiebungen, Rückführungen und Asylanträge 1990 bis 2008

Legende:
- Abschiebungen
- Rückführungen
- Asylanträge

Quellen: Migrationsbericht 2009; BAMF Working Paper 31

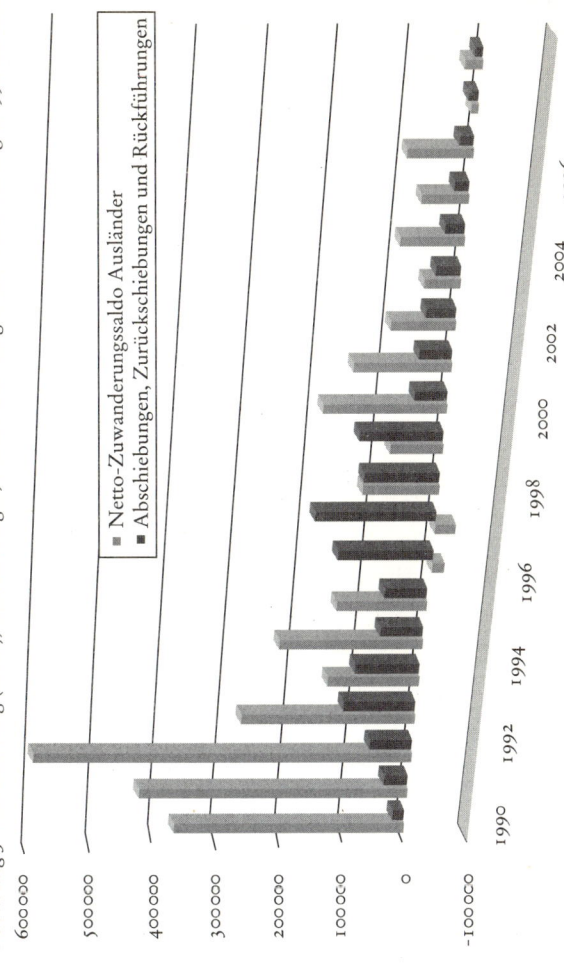

Abbildung 3: Zuwanderung (netto), Abschiebungen, Zurückschiebungen und Rückführungen 1990 bis 2008

Legende:
- Netto-Zuwanderungssaldo Ausländer
- Abschiebungen, Zurückschiebungen und Rückführungen

Quellen: Statistisches Bundesamt; Migrationsbericht 2009; BAMF Working Paper 31

Im Oktober 2003 verlangte auch der damalige französische Innenminister Nicolas Sarkozy von den örtlichen Präfekten, die Zahl der Abschiebungen zu verdoppeln. Hier standen nicht nur abgelehnte Asylbewerber, sondern auch irreguläre Migranten im Fokus. Die Vorgaben wurden von Jahr zu Jahr erhöht – von 15.000 im Jahr 2004 auf 28.000 im Jahr 2007. Verärgert stellte Sarkozy schon 2006 fest, dass die realen Zahlen dahinter zurückblieben. Die Polizei gelangte an die Grenzen ihrer personellen Kapazitäten. Verpflichtet, vor allem mutmaßliche »Illegale« aufzuspüren, blieb den Beamten keine Zeit mehr, »echte Kriminelle« zu verfolgen, so die Beschwerden mancher Polizisten. Darüber hinaus verursachte die Abwicklung der zusätzlichen Abschiebungen für den Staat enorme finanzielle Kosten von insgesamt bis zu drei Milliarden Euro.[29] Diese »Politik der Zahlen«, wie sie in Frankreich genannt wird, führte schließlich sogar dazu, dass die Regierung Sarkozy im Spätsommer 2010 die Abschiebung von über 800 Roma aus Bulgarien und Rumänien organisierte – eine Maßnahme, die das Europäische Parlament als illegal verurteilte, denn die Massenabschiebung von EU-Bürgern (noch dazu nach ethnischen Kriterien) widerspricht den Grundsätzen der Europäischen Union. Vor der jüngsten EU-Erweiterung im Januar 2007 stammte ein Viertel der aus Frankreich Abgeschobenen aus diesen beiden Ländern. Nach dem EU-Beitritt war es damit vorbei. Durch die Stigmatisierung und Abschiebung von Roma wollte Sarkozy dennoch an die selbstgestellten Abschiebequoten herankommen.[30]

Gebracht hat diese rassistische Kampagne gar nichts, denn viele Roma kommen wieder. Als EU-Bürger dürfen sie drei Monate bleiben. Die Ausweisungspolitik bedeutet aber, dass sie in desolaten Zuständen leben müssen, kritisiert die französische Sektion von Ärzte ohne Grenzen, die dafür plädiert, diesen Menschen eine Arbeitserlaubnis zu erteilen.[31]

In den Vereinigten Staaten sieht es ähnlich aus – nur ein Bruchteil der »Illegalen« kann abgeschoben werden. Dort leben geschätzte elf Millionen undokumentierte Einwanderer, darunter etwa eine Million Kinder. Ihre Gesamtzahl stieg seit der Jahrtausendwende von acht auf zwölf Millionen an und ist seit 2008 wieder leicht zurückgegangen.[32] Knapp sechzig Prozent kommen aus dem benachbarten Mexiko. Der »typische illegale« Arbeiter in den Vereinigten Staaten ist jung, männlich und arbeitet in der Landwirtschaft, auf dem Bau oder in einer Restaurantküche.[33]

Parallel zur Militarisierung der südlichen US-Grenze hat in den vergangenen Jahren eine Verlagerung der Abschiebepolitik stattgefunden. Es werden weniger Migranten ohne Papiere bei dem Versuch, die Grenze zu überqueren, aufgegriffen und zurückgeschickt. Dafür werden mehr Ausländer abgeschoben, die schon im Land leben. Im Jahr 2009 haben die US-Grenzpatrouillen etwa 580.000 Menschen an der Grenze zurückgewiesen. Damit war die Zahl seit Ende der neunziger Jahre auf ein Drittel gesunken. Im selben Jahr haben die US-Behörden ca. 390.000 Menschen abgeschoben. Das sind mehr als doppelt so viele wie zehn Jahre zuvor. Ein Drittel davon sind Straftäter. Zieht man diese ab, entsprechen die restlichen Abschiebungen nur ungefähr 2,3 Prozent der »Illegalen« in den USA.[34] Auch wenn die US-Abschiebezahlen als besonders hoch gelten (was die Befürworter einer rigiden Politik begrüßen), ist doch klar, dass sie den Umfang der irregulären Migration nicht ernsthaft beeinflussen können, zumal die Illegalisierten einerseits einen integralen Bestandteil der Wirtschaft darstellen und andererseits dank der Netzwerke ihrer ethnischen Communities Einreisemöglichkeiten und Schutz vor Entdeckung finden können.

Die Realitätsferne der Vorstellung, all diese Menschen abschieben zu können, sowie die gesellschaftliche Integration dieser »illegalen« Einwohner der USA bilden die Grundlage der Legalisierungsinitiative, die US-Präsident Barack Obama schließlich im Sommer 2012 beschloss. Einwanderer, die nicht älter als dreißig Jahre alt und vor ihrem sechzehnten Lebensjahr in die USA eingereist sind, nicht straffällig wurden und seit mindestens fünf Jahren dort leben, sollen einen zunächst auf zwei Jahre befristeten legalen Aufenthaltsstatus beantragen können. »Talentierte Menschen, die praktisch Amerikaner seien, dürften nicht einfach so abgeschoben werden, hatte Obama gesagt. [...] Die Behörden rechnen mit mehr als einer Million Anträge im ersten Jahr.«[35] Damit kam Obama im laufenden Wahlkampf einer langjährigen Forderung der Einwanderer-Communities nach, aus denen er 2008 überproportional viele Wählerstimmen schöpfte.

In Deutschland können Abschiebungen ebenfalls nicht die kontinuierliche illegalisierte Einwanderung verhindern. Es gibt sie – anders als viele glauben – schon seit Bestehen der Bundesrepublik. In der Zeit des »Wirtschaftswunders« und in der »Gastarbeiter-Ära« wurde sie allerdings mehr oder weniger geduldet. Wer einmal hier war und Arbeit hatte, bekam nachträglich Aufenthaltspapiere. Zahlreiche Griechen etwa kamen Ende der fünfziger Jahre als Studierende nach Deutschland, suchten sich dann aber einen Job, in einer Fabrik zum Beispiel oder auf dem Bau. »Auch ohne Papiere war das recht einfach, da gab es genug zu tun«, erzählte mir Jannis Chanumis, der spätere Vorsitzende der griechischen Gemeinde in Leverkusen, der selbst einige Jahre illegal in Deutschland lebte. Ebenfalls unerlaubt kamen griechische Arbeiter aus Belgien nach Deutschland, die dort zuvor in den Bergwerken malocht hatten. Der Anwerbevertrag mit Griechenland im Jahr 1960 eröffnete dann reguläre Migrationsmöglichkeiten im großen Ausmaß.

Die Serie der offiziellen Anwerbeabkommen, die 1955 mit einem Vertrag mit Italien begann, war nicht zuletzt eine Reaktion auf die ohnehin schon stattfindende Migration und sollte sie kontrollierbar machen. Je stärker ab Mitte der siebziger Jahre aber legale Möglichkeiten der Arbeits- und später auch der Asylzuwanderung eingeschränkt wurden, desto mehr Einwanderer kamen auf anderen Wegen nach Deutschland. Eine Studie der Humboldt-Universität über »illegal anwesende und beschäftigte Ausländer« in Berlin unterscheidet dreizehn verschiedene »Wege in die Illegalität«. In den typischen Fällen versäumen es Migrantinnen und Migranten, ihren legalen Aufenthalt zu verlängern; sie reisen scheinlegal mit falschen Papieren ein; sie bleiben bewusst weiter im Land, obwohl ihre befristete Aufenthaltserlaubnis oder ihr

Touristenvisum abgelaufen ist; oder sie nehmen eine nicht erlaubte Arbeit auf bei ansonsten legalem Aufenthalt.[36]

Dem Migrationforscher Serhat Karakayali zufolge, der minutiös der illegalisierten Einwanderung seit Bestehen der BRD nach-gegangen ist, vollzog sich im Lauf der Zeit ein Wandel im Cha-rakter derselben. Nach 1990 habe sich »illegale Migration zur Hauptmigrationsform« gewandelt. Durch das Fehlen legaler Ein-reisemöglichkeiten, die bis zum europaweiten Anwerbestopp noch existiert hatten, wurde Einwanderung per se illegalisiert, und ihre Bekämpfung avancierte zu einem zentralen Thema der Migrationspolitik.[37]

Das anschaulichste Beispiel der Illegalisierung von Migration im bundesdeutschen Kontext liefern die Migrantinnen und Mig-ranten aus Polen. Von 1966 bis 1987 wurden aus ideologischen Gründen Asylbewerber aus dem ehemaligen Ostblock bevorzugt anerkannt. Dann fand eine Kehrtwende statt, und die Innenminis-terkonferenz beschloss, dass auch Abschiebungen in Krisengebie-te durchgeführt werden können. Das betraf vor allem Polen, denn jeder dritte Flüchtling kam von dort.[38] Nach dem Fall der Mauer wiederum machten polnische Migrantinnen und Migranten nicht nur eine große Gruppe unter den Abgeschobenen aus, sondern erst recht unter den Einwanderern oder Wanderarbeitern, die oh-ne legale Papiere in Deutschland lebten.

Die irreguläre Migration findet aber nicht nur über die Grenzen benachbarter Länder hinweg statt, sondern auch über große Ent-fernungen und transkontinental. »Hier ist das Leben zwar nicht einfacher als zu Hause, aber wir können wenigstens Geld verdie-nen und sogar noch etwas sparen für die Heimkehr«, sagt der Peruaner Julio, der ohne gültige Papiere in Berlin lebt und auf Bau-stellen oder in Restaurants jobbt. Ein Bekannter von ihm, der Bo-livianer Mario, hat eine Italienerin geheiratet und deshalb ein Auf-enthaltsrecht erhalten. Marios Bruder war da immer noch illegal in Berlin und beteuerte: »Wir wissen schon, wie wir der Polizei aus dem Weg gehen.«[39]

Wie groß die Zahl der »Illegalen« insgesamt ist, lässt sich nur schätzen, zumal schon die amtlichen Statistiken zur regulären, also offiziell registrierten Einwanderung mit Ungenauigkeiten behaftet sind.[40] Vermutlich wird nur jeder Fünfte von ihnen von der Polizei als »illegal aufhältiger Tatverdächtiger« aufgegriffen.[41] Sie sind ein einkalkulierter Teil der Wirtschaft und des Arbeitsmarktes, ein – wie Michael Bommes, der verstorbene Direktor des Instituts für Migrationsforschung in Osnabrück, es formulierte – »anormalisierter Normalbestandteil« der Gesellschaft.[42] Allerdings einer, dem die Abschiebung droht.

Das Hamburgische WeltWirtschafts-Institut (HWWI) versucht im Rahmen eines EU-weiten Projekts fundierte Zahlen zur irregulären Migration zu ermitteln. In der Europäischen Union ist demnach die Zahl der »Illegalen« seit der Jahrtausendwende stark gesunken – in Deutschland von schätzungsweise 1,5 Millionen im Jahr 2003 auf maximal 500.000 im Jahr 2007.[43] EU-weit habe sich ihre Zahl von drei bis fünf Millionen im Jahr 2002 auf zwei bis vier Millionen in der erweiterten EU des Jahres 2008 verringert.[44]

Für diese Entwicklung gibt es zahlreiche Gründe. Es gab keinen Krieg mehr im ehemaligen Jugoslawien und im Kosovo, so dass von dort auch weniger Flüchtlinge kamen. Innerhalb der EU zogen viele illegal eingereiste Migranten, die Arbeit suchten, eher nach Spanien oder Großbritannien als nach Deutschland.[45] Hinzu kamen die Legalisierungsprogramme in Spanien, Griechenland und Italien und die Aufnahme osteuropäischer Staaten von Polen bis Bulgarien in die EU. Insgesamt haben sich damit für viele der ehemals »Illegalen« legale Aufenthaltsmöglichkeiten eröffnet. Selbst wenn die Arbeitsaufnahme oft noch illegal bleibt, ist der bloße unangemeldete Aufenthalt für die neuen EU-Bürger in Deutschland keine Straftat mehr – in den Niederlanden war er es auch vorher nicht.[46] Darüber hinaus hat Deutschland mit osteuropäischen Staaten Abkommen geschlossen, die temporäre und saisonale Arbeitsmigration ermöglichen.[47] Innerhalb weniger Jahre hat sich dadurch die Zahl der »Illegalen« viel stärker reduziert als durch sämtliche Abschiebungen der vergangenen zwei Jahrzehnte.

Anfang bis Mitte der neunziger Jahre schob Deutschland jedes Jahr zwischen 2000 und 4000 Menschen nach Bulgarien ab.[48] 2006 mussten noch etwa 1700 Bulgaren Deutschland unter Zwang verlassen.[49] Als dann Bulgarien 2007 der Europäischen Union beitrat, sank die Zahl auf sechsunddreißig.[50] Der EU-Beitritt führte zwar dazu, dass mehr Migranten aus Bulgarien nach Deutschland kamen als zuvor, allerdings war das alles andere als ein Massenzustrom. Die Nettozuwanderung aus Bulgarien betrug im Beitrittsjahr knapp 13.000 Personen und pendelte sich dann auf jährlich etwa 9000 ein.[51] Bei Polen und Rumänen sieht die Entwicklung ähnlich aus.[52]

Mit Blick auf die Osterweiterung hätte man sich die Abschiebungen in diese Länder sparen können, zumal schon vor dem EU-Beitritt viel mehr Migranten freiwillig dorthin zurückkehrten, als abgeschoben wurden. Die Annahme, dass ohne das Instrument der Abschiebung eine Masseneinwanderung stattfinden würde, die ein Land wie Deutschland überfordert, lässt sich in der Realität nicht bestätigen.

Wenn Probleme entstehen, dann sind diese aller Erfahrung nach sozialer und vor allem begrenzter Natur. Vielerorts sorgte nach dem EU-Beitritt Bulgariens und Rumäniens vor allem die Zuwanderung von Roma in deutsche Großstädte für Aufregung. Zwar bekommen viele Menschen in ihrem Alltag davon kaum etwas mit, ihre Anwesenheit erzeugte aber in den Vierteln, in die sie gezogen sind, Spannungen. Beispielhaft sei hier die Auseinandersetzung um den Dortmunder Straßenstrich angeführt.

Die Neu-EU-Bürger besitzen zwar noch keine vollständige Freizügigkeit, aber die neue Reisefreiheit führte dazu, dass Menschen aus den Armenvororten der bulgarischen Stadt Plovdiv in die Dortmunder Nordstadt zogen und dort in heruntergekommenen, überbelegten Mietshäusern wohnten. Der Polizeipräsident beklagte zudem, dass es immer mehr bulgarische und rumänische Tatverdächtige bei Diebstählen gebe und dass das Anwachsen dieser Kriminalität im Zusammenhang stehe mit der Zunahme der Straßenprostitution. Immer mehr bulgarische Prostituierte sowie Männer, die sie begleiteten, waren nach Dortmund gereist – angezogen von den Verdienstmöglichkeiten auf dem Straßenstrich im angrenzenden Gewerbegebiet. »Kriminalität, Gewalt und Schießereien« nahmen zu, beklagte Bürgermeister Ulrich Sierau, »so konnte es nicht mehr weitergehen.«[53]

Auf Druck der Anwohner beschloss der Stadtrat im März 2011, den Straßenstrich zu schließen und die Straßenprostitution im gesamten Dortmunder Stadtgebiet zu verbieten. Die Polizei setzte dies mit verstärkten Kontrollen durch. Zusätzlich wurde eine »Task Force« eingerichtet mit fünfundvierzig Mitarbeitern aus mehreren Ämtern, die im Viertel Präsenz zeigten und unter anderem die überbelegten Häuser kontrollierten sowie Bußgelder verhängten, wenn jemand Müll auf der Straße entsorgte. In 139 Fällen nahm die Dortmunder Ausländerbehörde Überprüfungen der Freizügigkeitsberechtigung vor, und in neunundzwanzig Fällen wurde der Aufenthalt durch Ordnungsverfügungen beendet. Tatsächlich durchgeführt wurden dann fünf Abschiebungen, »nachdem die Betroffenen die ihnen gesetzten Ausreisefristen haben verstreichen lassen«.[54] Laut Oberbürgermeister Sierau entspannte sich die Lage in den »Problemhäusern«, und die Kriminalitätsrate begann wieder zu sinken.[55] Auch wenn die sozialen Probleme nicht sofort verschwinden, bedeutet das weitgehende Wegfallen der Option Abschiebung nicht, dass andere Handlungsoptionen nicht zur Verfügung stünden.

Es ist legitim, wenn Roma aus Osteuropa die neue Reisefreiheit nutzen, um ihrer Armut zu entfliehen, und das wird noch besser möglich sein, wenn sie die volle Freizügigkeit genießen. Dies ist die Voraussetzung für eine Verbesserung ihrer Lage. Deutschland als reichstes Land der Europäischen Union muss das akzeptieren. Dort, wo straf- und ordnungsrechtlich relevante Probleme entstehen, können diese mit denselben polizeilichen und ordnungspolitischen Mitteln angegangen werden, die auch gegenüber allen anderen Bürgern angewendet werden können. Die Probleme bleiben lösbar, selbst wenn die Abschiebung bestimmter Zuwanderer im großen Maßstab nicht mehr möglich ist.

Die problematischen Zuwanderungsfälle verdecken aber aufgrund der erhöhten öffentlichen Aufmerksamkeit, die sie erhalten, dass sie nur einen Teil der stattfindenden Migration ausmachen. Aus Rumänien und Bulgarien kommen nämlich seit dem EU-Beitritt auch viele junge Frauen nach Deutschland, um hier als Reinigungskräfte und Haushaltshilfen zu arbeiten. Für zahlreiche deutsche Mittelschichtfamilien gehört das zum Alltag – jenseits skandalträchtiger Schlagzeilen über die Gefahren der neuen Freizügigkeit.

Insgesamt gesehen, kommt es keineswegs zu einer »Überschwemmung« durch Einwanderer, wenn man diese aufgrund einer geänderten Rechtslage nicht mehr abschieben kann. Das belegen auch die früheren Erfahrungen in der EG. Als zum Beispiel Griechenland 1981 und Spanien sowie Portugal 1986 der Europäischen Gemeinschaft beitraten, lag das reale Pro-Kopf-Einkommen in diesen Ländern sechzig bis siebzig Prozent unter dem deutschen Niveau.[56] Auch die Arbeitslosigkeit war hoch. Trotzdem führte die Freizügigkeit nicht dazu, dass die Menschen aus den genannten Ländern massenhaft nach Deutschland kamen. »Entgegen aller Erwartung sind die Netto-Migrationsströme zwischen Deutschland und Spanien sogar negativ«, konstatierte Thomas Straubhaar vom HWWI im Jahr 2001. »Es wandern also mehr Menschen aus Deutschland nach Spanien als umgekehrt, wozu neben den Heimkehrern auch ältere Deutsche zählen dürften, die ihren Ruhestand im wärmeren Spanien verbringen! Für Südeuropa galt, dass die Menschen am liebsten in ihrer Heimat leben, selbst dann, wenn sie diese Vorliebe mit Einbußen beim Lebensstandard oder mit Erwerbslosigkeit bezahlen müssen.«[57] Straubhaar nahm damals an, dass – allen Horrorszenarien einer »Völkerwanderung« zum Trotz – mit dem EU-Beitritt der osteuropäischen Staaten »kein bedrohliches Ost-West-Migrationspotenzial« entstehen werde. Auch wenn am Anfang viele die neuen Möglichkeiten der Bewegungsfreiheit nutzen würden, werde sich langfristig das Geschehen normalisieren: »In der langen Frist dürften somit gerade die Wirkungen der Migration (der Ausgleich der Lebensbedingungen) zunehmend die Ursachen der Migration (die unterschiedlichen Lebensbedingungen) beseitigen. Migration macht sich somit selber überflüssig.«[58]

Tatsächlich wuchs die Wirtschaft in den osteuropäischen Staaten nach ihrem EU-Beitritt 2004 besonders stark. Zwar nahm die Zuwanderung aus den neuen Mitgliedsländern zu, die Zahl der Rückkehrer allerdings auch. Ein Viertel der Menschen, die aus Polen, Tschechien und den anderen Neu-EU-Ländern nach Deutschland zogen, waren zudem Studierende. Aus Ungarn und Slowenien kamen sogar weniger, als zurückgingen. In den ersten beiden Jahren blieben nur dreizehn Prozent der Migranten aus Osteuropa, die nach dem Beitritt hierhergekommen waren, in Deutschland. Viele Menschen aus Polen arbeiten zeitweise in Deutschland oder pendeln, ohne sich hier niederlassen zu wollen.[59] Darüber hinaus sind die osteuropäischen EU-Mitglieder selbst zu Einwanderungsländern geworden.[60] Als für die neuen EU-Bürger im Mai 2011 die volle Arbeitnehmerfreizügigkeit auch in Deutschland in Kraft trat, ging selbst die Bundesregierung aufgrund der bisherigen Erfahrungen davon aus, dass die Zuwanderung in den folgenden Jahren begrenzt sein werde: »Ein ›Ansturm‹ wird nicht erwartet.«[61]

Die ersten Erfahrungen bestätigen dies. Im Jahr des EU-Beitritts (2004) lebten etwa 292.000 Polinnen und Polen in Deutschland. Im Jahr 2010 betrug ihre Zahl circa 419.000. Die ausländische Bevölkerung aus Polen – die derzeit mit Abstand größte Zuwanderergruppe – erhöhte sich dann im Jahr 2011 auf etwa 468.000 Menschen. Die zusätzliche Einwanderung von Menschen aus Polen findet also in einem überschaubaren Rahmen statt.[62]

Wie viele von ihnen auch längerfristig in Deutschland bleiben, ist damit nicht gesagt. Der Anteil der Gewerbetreibenden liegt bei polnischen Migranten weit über dem Durchschnitt, oft handelt es sich um Handwerker. Ihr Zuzug stieg wie in jedem Jahr zum Sommer hin an und verringerte sich zum Winter hin wieder, weil es dann am wenigsten zu tun gibt.

Die realen Probleme bestehen nicht in einer ausufernden Zuwanderung, sondern vielmehr in der Ausbeutung von Wanderarbeitern und dem befürchteten Druck auf das Lohnniveau. Die bewusste Ausweitung des Niedriglohnsektors, die Hinnahme von Dumpinglöhnen und der Widerstand der Bundesregierung gegen Mindestlöhne sind in Deutschland aber hausgemachte politische Probleme. Sie werden nicht durch das Recht auf Bewegungsfreiheit von Pendelmigranten und Einwanderern erzeugt. Vielmehr führt gerade die Drohung mit der Abschiebung dazu, dass irreguläre Wanderarbeiter erpresst und einfacher ausgebeutet werden können.[63] Deswegen müssen, auch um Lohndumping zu bekämpfen, Migranten die vollen Rechte besitzen – ohne Angst vor Abschiebung.

Dass die einfach qualifizierten Arbeiterinnen und Arbeiter in Deutschland nicht in der Lage sind, Mindestlöhne oder nennenswerte Lohnerhöhungen durchzusetzen – nicht einmal in Branchen, die gar nicht ins Ausland verlegt werden können –, ist zuallererst ein Zeichen der eigenen Schwäche. Die Mindestlöhne, die nach jahrelanger Diskussion schließlich seit 2011 in einigen Branchen eingeführt wurden, sind selbstverständlich viel zu niedrig: Der am 1. Juni 2011 in Kraft getretene gesetzliche Mindestlohn für das Wach- und Sicherheitsgewerbe zum Beispiel liegt zwischen 6,53 und 8,60 Euro die Stunde. Diese Löhne verhindern keine Altersarmut und schreiben die Reallohnverluste der vergangenen zwanzig Jahre fest. Allein von 2000 bis 2010 hatten die unteren Einkommensgruppen in Deutschland Lohneinbußen von sechzehn bis zweiundzwanzig Prozent zu verzeichnen, obwohl die Wirtschaft und die Unternehmensgewinne kräftig gewachsen sind, berichtete das Deutsche Institut für Wirtschaftsforschung (DIW Berlin) im Juli 2011.

Die Entrechtung von abschiebbaren Migrantinnen und Migranten, die auf schlecht bezahlte Jobs angewiesen sind, und die Tendenz, Konkurrenz um Arbeitsplätze unter rassistischem Blickwinkel nach dem Motto »wir oder die« zu begreifen, könnten eine Erklärung für die genannte Schwäche liefern.[64] Allerdings sind in

Deutschland die Zusammenhänge zwischen strukturellem Rassismus, Ausbeutung und allgemeiner Lohnentwicklung noch kaum erforscht. Interessanterweise war es aber gerade die nahende volle Freizügigkeit für osteuropäische Arbeitnehmer, die die Diskussion um Mindestlöhne befeuerte. In gewissem Sinne brauchte es das Schreckgespenst des Lohndumpings durch den »osteuropäischen Konkurrenten«, der nun nicht mehr abgeschoben werden konnte, um in Branchen wie dem Bau- und Wachgewerbe, der Pflege, der Zeitarbeit oder bei der Gebäudereinigung überhaupt erst einmal lang diskutierte Mindestlöhne festzulegen, wozu die Arbeiterklasse in Deutschland – zu der auch Einwanderer gehören, die schon länger hier leben – selbst nicht in der Lage war.

Abschiebung trotz Bedarf an Arbeitskräften

Ziemlich absurd wirken Abschiebungen, wenn man bedenkt, dass in immer kürzeren Abständen der Ruf nach jungen Menschen und nach sogenannten Fachkräften ertönt, die in Deutschland benötigt würden. Gleichzeitig werden Akademiker, die zum Beispiel aus Afghanistan nach Deutschland geflüchtet sind, zur »freiwilligen Ausreise« gedrängt und zwangsweise in »Ausreiseeinrichtungen« untergebracht. Im Abschiebelager Bramsche rät man ihnen dann, an einem handwerklichen Qualifizierungskurs teilzunehmen, damit sie nach ihrer De-facto-Abschiebung in Afghanistan eine bessere Perspektive haben.[65]

Auch junge Leute, die schon auf eigene Faust nach Deutschland gekommen sind, sollen wieder hinausgeschafft werden. Ich möchte ein Beispiel aus meiner persönlichen Erfahrung schildern. Als Vormund eines jugendlichen Flüchtlings habe ich dessen Amtsgänge, die Gerichtsverhandlung, die Anhörung beim Einzelentscheider des BAMF und die Beratungen mit dem Anwalt miterlebt.

Adama (Name geändert) kam mit sechzehn Jahren aus Guinea nach Deutschland, landete zunächst in einem deprimierenden Lager am Stadtrand einer deutschen Kleinstadt und durfte dann in ein Jugendheim einer nahe gelegenen Großstadt umziehen. Anfangs konnte er kein Wort Deutsch. Innerhalb von vier Jahren lernte er nicht nur die Sprache, sondern machte sogar sein Fachabitur. Eine beachtliche Leistung! Gelegentlich schüttelte er den Kopf über deutsche Mitbewohner im Heim, die nicht mal den Hauptschulabschluss schafften, weil sie, wie er meinte, »nur rauchen und saufen«.

All diese Jahre lebte Adama mit der ständigen Angst vor Abschiebung, was ihn aber nicht daran hinderte, Freundschaften zu schließen und an seinem Ziel, in Deutschland zu bleiben, festzuhalten. Vor Gericht hatte er versucht, seine persönliche Verfolgung durch den Brief eines Freundes aus Guinea zu beweisen. Der bestätigte, dass einer von Adamas Verwandten im Gefängnis gesessen hatte und durch den Einsatz von Amnesty International freigekommen war. Na, dann kann Adama doch wieder nach Guinea zurück, lautete die Logik des Gerichts.

Als endgültig abgelehnter Asylbewerber wurde er zur Ausreise aufgefordert. Da er keinen Pass besaß, konnte er allerdings nicht abgeschoben werden. Ein Mitarbeiter der Ausländerbehörde drängte ihn, sich mit einem Sammeltaxi der Bundespolizei nach Berlin fahren zu lassen, um sich einen Pass bei der guineischen Botschaft zu besorgen, was er ablehnte. Da er nur eine Duldung besaß, die alle vier bis sechs Monate verlängert werden musste, hatte er trotz seines Fachabiturs große Schwierigkeiten, eine Lehrstelle zu finden. Er konnte sich bei der Arbeitsagentur nicht einmal zur betrieblichen Ausbildung beraten lassen. Er bewarb sich dennoch, auf eigene Faust. Schließlich klappte es bei einer Spedition.

Als ich das nächste Mal mit ihm telefonierte, hatte er die Ausbildung abgebrochen: Am selben Tag, an dem er sein Schulabschlusszeugnis erhalten hatte, erreichte ihn ein Brief der Ausländerbehörde mit der erneuten Aufforderung, Deutschland zu verlassen.

»Ich war total fertig«, sagte er, »auch wenn du alles richtig machst, als Ausländer bleibst du am Rande der Gesellschaft.« Er fasste zunächst den Entschluss, Deutschland zu verlassen, und brach die

Ausbildung ab. Dann hat er es sich noch einmal überlegt und einen neuen Ausbildungsplatz als Hotelfachmann gefunden, er zog aus dem Heim aus und mietete sich eine kleine Wohnung – immer noch mit einer Duldung, denn um einen regulären humanitären Aufenthalt zu erhalten, müsste er einen Pass vorweisen. Davor hatte er aber Angst, weil man ihn damit hätte abschieben können. In dieser Zeit hielt er sich mit der kargen Ausbildungsvergütung über Wasser, denn während andere Lehrlinge einen Anspruch auf Ausbildungsbeihilfe haben, wurde ihm diese aufgrund seiner Duldung verwehrt. »Ich glaube, ich werde depressiv«, beschrieb er seine Gefühlslage. Die Lehre im Hotel hat er nicht beendet. Im Frühjahr 2012 verließ er schließlich Deutschland und schrieb, dass er in ein anderes EU-Land gezogen sei, von dem er gehört hatte, dass es eine liberalere Asylpolitik verfolgt.

Obwohl der Altersdurchschnitt der Bevölkerung in Deutschland ständig steigt, verwendet der Staat eine Menge Energie darauf, junge Leute ins Ausland abzuschieben, selbst wenn sie lernbegierig sind und sogar wenn sie in Deutschland aufgewachsen sind und miteinander deutsch reden. Es ist widersinnig, dass das Volk mit dem höchsten Durchschnittsalter in Europa – es liegt bei 44,2 Jahren – junge Menschen abschiebt. Und bis 2050 soll dem Demografie-Bericht der EU-Kommission und des Europäischen Statistikamtes zufolge die Bevölkerung in Deutschland um zehn Millionen Menschen schrumpfen; manche Schätzungen gehen sogar von vierzehn Millionen aus. Wenn es so weitergeht, wird Deutschland bald den höchsten Anteil an Über-65-Jährigen in der Europäischen Union besitzen.[66] Die langfristige Knappheit an Arbeitskräften aufgrund der Überalterung der Gesellschaft ist übrigens nicht nur in Europa, sondern auch in Ländern wie den USA oder Japan ein Problem.[67]

Trotz dieser Entwicklung hält Deutschland an Abschiebungen fest. Und das, obwohl zeitweise weniger Einwanderer nach Deutschland kommen, als das Land (wieder) verlassen.[68] Weil in den Jahren 2008 und 2009 die Netto-Zuwanderung ins Minus kippte, stellte der Sachverständigenrat deutscher Stiftungen für Migration und Integration (SVR) in seinem Jahresgutachten 2011 besorgt fest: »In einem umlagebasierten Wohlfahrtsstaat mit demografisch alterndem und schrumpfendem Erwerbspersonenpotenzial sind ausgeglichene und sogar tendenziell negative Wanderungssalden ein gravierendes und langfristig wirkendes Zukunftsproblem.«[69] Denn das Verhältnis von Beitragszahlern und Rentenempfängern verschiebt sich immer mehr:[70] Die Experten schätzen, dass die Zahl der Arbeitskräfte in Deutschland – selbst wenn die Rente ab siebzig wirklich eingeführt würde – bis zum Jahr 2030 um etwa fünf Millionen sinken wird. Einwanderung könnte aller bisherigen Erfahrung nach etwa vierzig Prozent des alterungsbedingten Verlusts von Arbeitskräften ausgleichen.[71]

Wissenschaftler, die in diesem Sinne die jeweiligen Bundesregierungen in Richtung einer liberaleren Einwanderungspolitik für ausländische Arbeitskräfte beraten haben und daher vom Zuwanderungsgesetz enttäuscht waren, gehen aber nicht so weit, auch für das Ende von Abschiebungen einzutreten. Ihre Vorschläge erschöpfen sich darin, mehr Einwanderung qualifizierter Arbeitskräfte zu fordern. Darüber hinaus schlug Klaus Zimmermann vom Forschungsinstitut zur Zukunft der Arbeit (IZA) tatsächlich vor, Unternehmen, die Migranten legal anwerben, sollten die Garantie dafür übernehmen, dass diese nach Ablauf ihrer Aufenthaltserlaubnis das Land wieder verlassen oder zumindest an den Kosten einer Abschiebung beteiligt werden.[72] Der renommierte Migrationsforscher Klaus J. Bade plädierte gar dafür, Arbeitseinwanderern die »Chance« zu geben, im deutschen Niedriglohnbereich zu arbeiten – »ohne Familiennachzug und Bleibeperspektive«. Was als Realismus auftritt, der das geringe Ausmaß an produktiver Arbeitseinwanderung beklagt, entpuppt sich als ein weiteres Plädoyer für die Entrechtung von Einwanderern: »Dann wäre es auch legitimer, hart gegen illegale Zuwanderer vorzugehen, weil diese sonst die Löhne jener kaputt machen, die sich an die Regeln halten«, folgerte Bade. »Wer unerlaubt durchzubrechen versucht, wird biometrisch erfasst und für lange Zeit gesperrt.«[73]

Den Experten dürfte durchaus klar sein, dass Migration weitaus komplexer ist, als es Angebot-und-Nachfrage-Modelle suggerieren, und dass die Präferenzen der Migranten selbst eine Rolle spielen. Trotzdem fällt es offenbar schwer, offensiv für die Legalisierung derjenigen einzutreten, die schon da sind. Auch ausländische Studierende können übrigens von Abschiebung betroffen sein, wie Sabine Mock, Abschiebebeobachterin am Flughafen in Frankfurt, berichtet: »Die werden zum Beispiel abgeschoben, wenn sie es nicht schaffen, innerhalb der vorgegebenen Zeit ihr Studium zu beenden.«

Der Staat tut immer noch so, als könne er bestimmen, wer ins Land kommt. Im Rahmen der Fachkräfte-Debatte schlug der damalige Bundeswirtschaftsminister Rainer Brüderle (FDP) im Juni 2011 sogar vor, Firmen sollten ein Begrüßungsgeld zahlen, um ausländische Experten nach Deutschland zu locken. Doch Migration ist kein Wasserhahn, den man nach Belieben auf- und wieder zudrehen kann. Der Fokus liegt ganz auf der Frage, wie der Staat »richtige« Einwanderungspolitik betreiben kann. Dass er das Heft nicht in der Hand behält, scheint nicht vorstellbar oder erträglich.

Wie realitätsfern die Vorstellung ist, Hochqualifizierte anlocken und Niedrigqualifizierte draußen halten zu können, hat sich zum Beispiel um die Jahrtausendwende gezeigt, als die Medien über den bevorstehenden Zustrom von »Computer-Indern« berichteten. Im Jahr 2000 führte Gerhard Schröder die Green Card ein, die es erlauben sollte, IT-Experten nach Deutschland zu holen. Schnell machte sich Ernüchterung breit. Man hatte einen Ansturm erwartet – der Branchenverband schätzte einen Bedarf von 50.000 IT-Experten – und das Kontingent auf 20.000 begrenzt, aber selbst fünf Jahre später war es noch nicht ausgeschöpft: Bis 2005 hatten sich nur 17.932 ausländische Computerfachleute um eine entsprechende Arbeitserlaubnis in Deutschland beworben.[74]

Genau umgekehrt verlief die Entwicklung bei den Haushaltshilfen aus Osteuropa, die Angehörige deutscher Familien pflegen. Sie kamen, ohne offiziell gefragt zu werden. Diese Frauen reisten häufig mit einem Touristenvisum ein und blieben dann im Land. Sie reichten untereinander Telefonnummern von Arbeitgebern weiter, und die Deutschen warben »Nachbarn und Freundinnen ›ihrer‹ Haushaltshilfe für die Arbeit bei bedürftigen Bekannten« an.[75] Oft funktionierte das auch über den Trick, sich als Aupair-Mädchen registrieren zu lassen – für sie wurden im selben Zeitraum nämlich fast doppelt so viele Arbeitserlaubnisse ausgestellt wie für IT-Experten.

Zum Politikum wurde das Ganze, als hessische Polizisten im Sommer 2001 in Hunderte von Häusern und Wohnungen eindrangen, um diese illegal arbeitenden Frauen zu finden. Sie hatten ihre Jobs über »Schwester Martha« bekommen, eine ältere Polin, die früher als Altenpflegerin gearbeitet hatte. Für die Frankfurter Staatsanwaltschaft war sie der »Kopf einer Schleuserbande«. Nach der groß angelegten Razzia wurden 200 illegalisierte polnische Haushaltshilfen abgeschoben. Doch die deutschen Familien wollten ihre Pflegekräfte nicht verlieren. Eine breite Öffentlichkeit erfuhr davon, als der Journalist Frank Lehmann im Fernsehen erklärte, er sei selbst betroffen und wisse nicht, wer sich nun um seinen kranken Vater kümmern solle. Der Börsen-Experte appellierte in den ARD-*Tagesthemen* an die Regierung, die Abschiebungen einzustellen. Der damalige Arbeitsminister Walter Riester (SPD) legalisierte daraufhin per Ausnahmeverordnung den Aufenthalt dieser Frauen.

Damit ereignete sich ein »Tabubruch in Sachen Legalisierung«, so das antirassistische Netzwerk »kanak attak«. Mit der Riester-Verordnung nahm die Politik erstmals offiziell zur Kenntnis, »dass das ›Bodenpersonal‹ im Globalisierungsstandort Deutschland faktisch massenhaft die Schengener Grenzen überschreitet und sich unentbehrliche Arbeiten besorgt«.[76] Die Kampagne verschiedener antirassistischer Gruppen, die 2003 unter dem Motto »Recht auf Legalisierung« stattfand, basierte auf der Einschätzung, dass dies ein historisch guter Moment war, um die Anerkennung des Rechts auf Mobilität durchzusetzen: »Heute ist die Diskussion einer Regelung der Einwanderungsfrage auch Ausdruck der ›Autonomie der Migration‹, die trotz und gegen den Willen des Staatsapparates stattgefunden hat und auf die die gegenwärtige Regierung eine Antwort zu finden sucht. Doch jede neue Regel, jede neue juristische Kodifizierung ruft auch neue autonome Taktiken hervor, diese individuell und kollektiv zu umgehen.«[77] In diesem Sinne gilt: Abschiebung bringt nichts. Auch die Deutsche Bischofskonferenz drängte auf Legalisierungsmöglichkeiten für Einwanderer. Zu einer generellen Legalisierung kam es dann zwar nicht, aber immerhin ermöglichte es der Zeitgeist während des Wirtschaftsbooms und des Internet-Hypes, ein Zuwanderungsgesetz auf den Weg zu bringen,[78] das dann Anfang 2005 in Kraft trat.

Nach der Riester-Verordnung konnten sich Frauen aus Osteuropa an die Vermittlungsstellen der Bundesarbeitsagentur im Ausland wenden, um in Deutschland legal einen Job als Haushaltshilfen zu bekommen. Trotzdem haben viele von ihnen weiterhin illegal in Deutschland gearbeitet, so das Ergebnis einer Untersuchung der Berliner Sozialforscherin Juliane Karakayali. Denn legal arbeitende Haushaltshilfen hätten häufig dieselben Probleme wie illegalisierte: Wenn sich zum Beispiel eine legale Haushaltshilfe bei der Arbeitsagentur über ihre Arbeitsbedingungen beschwert, der deutsche Arbeitgeber ihr daraufhin kündigt und sie keinen neuen Job zur Hand hat, droht ihr die Ausweisung. Wenn sie belästigt werden oder sie sich gegen Überstunden und schlechte Bezahlung wehren wollen, »scheinen die sozialen Netzwerke der irregulär arbeitenden Migrantinnen unter Umständen effektiver zu sein«.[79] Über Kontakte zu anderen Frauen können sie nämlich einen neuen Haushalt finden.

Im April 2011 kritisierten CDU-Politiker, dass die immer noch »weit verbreitete Beschäftigung illegaler Pflegekräfte aus dem Ausland« eine »unhaltbare Situation« sei, ohne auf die naheliegende Legalisierung der Nicht-EU-Bürgerinnen unter diesen Pfle-

gekräften zu drängen. Dabei konstatieren dieselben Politiker, dass »in zehn Jahren 230.000 Pflegekräfte benötigt« würden.[80]
Nachdem die Beschränkungen der Freizügigkeit im Mai 2011 aufgehoben wurden, ist die Option der Abschiebung für Haushaltshilfen aus Polen und den anderen Staaten, die 2004 der EU beigetreten sind, im Grunde ad acta gelegt. Margit Steffens von der Gewerkschaft Verdi glaubt, dass sich damit auch die Arbeitsbedingungen verbessern. Die eigentliche Herausforderung für die Gewerkschaften bestehe darin, durchzusetzen, dass »gleicher Lohn für gleiche Arbeit am gleichen Ort« gezahlt wird.[81]

Nun hat das Bundeskabinett im Juni 2011 beschlossen, den deutschen Arbeitsmarkt für Ingenieure und Ärzte aus Nicht-EU-Ländern zu öffnen. Zum August 2012 trat die sogenannte Blue-Card-Regelung in Kraft, die das erforderliche Mindestgehalt für eine Aufenthaltsgenehmigung für solche Fachkräfte von 66.000 Euro im Jahr auf 44.800 Euro und bei Berufen mit vielen offenen Stellen auf 35.000 Euro absenkte. Aber »Unqualifizierte brauchen wir nicht«,[82] betonte Arbeitsministerin Ursula von der Leyen (CDU). Raimund Becker, der Vorstand der Bundesarbeitsagentur, prognostizierte, dass in Deutschland in Zukunft immer mehr Hochqualifizierte, vor allem Ärzte und Ingenieure, fehlen würden. Das ist aber nur die halbe Wahrheit.[83] In Deutschland werden nämlich nicht nur Akademiker benötigt. Allein im Jahr 2010 wurden zum Beispiel fast 290.000 niedrig qualifizierte Arbeitskräfte aus dem Ausland nach Deutschland vermittelt, was der Sachverständigenrat deutscher Stiftungen für Migration und Integration als öffentlich wenig beachteten »Erfolgsfall der Migrationssteuerung« bezeichnet hat.[84] Den Berechnungen des Bundesinstituts für Berufsbildung zufolge wird es in Zukunft nicht nur in den Gesundheits- und Sozialberufen, sondern auch in der Gastronomie und bei den Reinigungsberufen einen Mangel an Arbeitskräften geben. Übrigens sind das Jobs, die besonders schlecht bezahlt sind und schon heute zu einem großen Teil von Migrantinnen erledigt werden – auch das wird öffentlich wenig beachtet.[85]

Im September 2010 traten hundert Männer und Frauen, die in der Flugzeugreinigung der Firma Klüh am Düsseldorfer Flughafen arbeiten, in einen Streik, über den in den Medien kaum berichtet wurde. Sie wollten die Verschlechterung ihrer Arbeitsbedingungen verhindern. Dabei ist die Arbeit jetzt schon hart, sagt Meryem Ay Birdi, eine der Putzfrauen, die im Zuge der Auseinandersetzungen ihren Job verloren und vor Gericht die Rücknahme ihrer Kündigungen durch den Klüh-Konzern erzwingen konnten. Sie bringt morgens ihre Kinder zur Schule. Dann fährt sie zum Flughafen. Mit ihren Kolleginnen steigt sie ins Flugzeug, wenn die Passagiere raus sind. Sie saugen den Boden, sammeln den Müll auf und reinigen die Sitze. Bis zu zehn Maschinen in einer Schicht. »Wissen Sie«, sagt die kämpferische Frau und zweifache Mutter, »die deutschen Leute, die hierherkommen, für die ist diese Arbeit viel zu schwer. Ich habe so viele Leute gesehen, die kamen und gingen: ›Ja, die Arbeit ist ja viel zu schwer, und hier kann man nicht arbeiten.‹«

Die Behauptung, »wir« hätten schon »genug damit zu tun, unsere Geringqualifizierten weiterzubilden«, wie es von der Leyen formuliert, lenkt sowohl von der rassistischen Segregation als auch von der vorhandenen Nachfrage nach migrantischen Arbeitskräften in diesem Teil des Arbeitsmarkts ab.

Weil die Zahl der Jugendlichen schrumpft, wird es in Zukunft auch weniger potenzielle Lehrlinge geben.[86] Der Zentralverband des Deutschen Handwerks (ZDH) beklagt jetzt schon, dass immer mehr Betriebe Ausbildungsstellen unbesetzt lassen müssen, weil sie keine geeigneten Bewerber finden.[87] Vor diesem Hintergrund ist es hanebüchen, junge Menschen, die schon mal da sind, abschieben zu wollen. Und es ist zynisch, wenn Bundeskanzlerin Angela Merkel öffentlich verkündet, »wir brauchen jeden jungen Menschen«,[88] während immer wieder junge Menschen abgeschoben werden.

Auch diese Jugendlichen haben ein Potenzial, das man nutzen muss. Die Handwerkskammern haben deshalb erkannt, dass sie auf Migranten zugehen müssen, weil zu viele zwischen fünfundzwanzig und fünfunddreißig Jahren keine berufliche Ausbildung besitzen. Holger Schwannecke, Generalsekretär des ZDH, hat keine Probleme damit, zu diesem Zweck Einwandererfamilien in ihrer Herkunftssprache anzusprechen.[89] Menschen, die die nächsten Dachdecker oder Klempner in Deutschland sein könnten, mit letztlich erfolglosen Abschiebedrohungen jahrelang zu belästigen oder ihre Abschiebung gar wirklich durchzusetzen, ist völlig unsinnig.

Welche grotesken und zugleich diskriminierenden Züge das annehmen kann, veranschaulicht das Beispiel der Brüder Isa und Hassan Erdogan aus Dachau. Die Söhne einer türkischen Mutter und eines libanesischen Vaters sind in Deutschland geboren und aufgewachsen. Ihre Asylanträge wurden abgelehnt, abschieben konnte man sie aber ohne Pass nicht. Seit ihrer Geburt leben Isa und Hassan mit einer Duldung in Oberbayern. Der 18-jährige Isa hat eine Lehrstelle als Fliesenleger gefunden, sein drei Jahre älterer Bruder Hassan macht eine Ausbildung zum Landmaschinen-Mechatroniker. Trotzdem müssen sie alle drei Monate zur Ausländerbehörde, um sich bescheinigen zu lassen, dass sie auch in den nächsten drei Monaten nicht abgeschoben werden.[90]

In der Sendung *Stern TV* traf Hassan Ende Juni 2011 auf den bayerischen Innenminister Joachim Herrmann (CSU), der darauf beharrte, Hassan sei selber schuld, dass er noch kein legales Aufenthaltsrecht besitze. Seine Schwestern seien kooperativer gewesen und hätten eine Niederlassungserlaubnis erhalten – Hassan hätte sich früher um einen Pass bemühen müssen. Den Pass hatte Hassan bei den türkischen Behörden beantragt und erst nach drei Jahren bekommen. Die Ausländerbehörde hätte ihm also, wie sein Rechtsanwalt klarstellte, schon vor Jahren eine Aufenthaltserlaubnis erteilen können, weil Hassan ja mitwirkte bei der Passbeschaffung. Er hätte dann nicht mehr im Asylheim leben müssen, sondern ein normales Leben führen können. »Mein größter Wunsch«, sagt Hassan mit bayerischem Akzent, »ist, frei zu sein.«

Worum es eigentlich geht, ist klar. Der Staat will das Gesicht wahren, denn die Familie hat sich wie viele in einer ähnlichen Situation ihr Recht auf Einwanderung genommen. Die Diskussion um verwaltungsrechtliche Aspekte lenkt davon ab, dass viele Migranten eine offiziell nicht erwünschte Bewegungsfreiheit praktizieren und dass es – selbst wenn sie von der Wirtschaft gebraucht werden – bislang nicht gelungen ist, dies institutionell abzubilden.

Abschiebungen als Verteidigung des Sozialstaats

Dass Abschiebungen trotz Bedarf an Arbeitskräften nötig seien, begründen Politiker und Teile der Bevölkerung gern mit dem Schutz der Sozialsysteme. Auch bei der folgenreichen Beschränkung des Asylrechts 1993 standen die von den Bürgermeistern beklagten steigenden Sozialkosten im Mittelpunkt: Die Kommunen seien überlastet, da sie immer mehr Asylbewerber versorgen müssten. Unterschlagen wurde freilich oft die Tatsache, dass die Politik diesen Menschen verbot, zu arbeiten, und sie auf diese Weise zwang, Sozialhilfe zu beziehen. Die damals erfolgte Änderung des Grundgesetzes »erhöhte nicht nur die Menge der abschiebbaren Asylsuchenden, sondern, was am wichtigsten war, sie etablierte die Rückführung als politischen Imperativ«.[91] Ausländerbehörden scheuen nicht davor zurück, arbeitslos gewordene Einwanderer, die nur eine befristete Aufenthaltserlaubnis besitzen, zur »Wahrung der öffentlichen Sicherheit« und im »öffentlichen Interesse« abzuschieben.[92]

Diese Begründung hat sich als Topos im Einwanderungsdiskurs etabliert. Noch 2011 machte der bayerische Ministerpräsident Horst Seehofer (CSU) von sich reden, als er drohte, in der Berliner Koalition »bis zur letzten Patrone« dagegen zu kämpfen, dass »wir eine Zuwanderung in die deutschen Sozialsysteme bekommen«.[93] Schon sein Amtsvorgänger Günther Beckstein (CSU) hatte verkündet: »Wir brauchen weniger Ausländer, die uns ausnützen, und mehr, die uns nützen.«[94] Das Aufenthaltsgesetz sieht dementsprechend auch die Möglichkeit der Abschiebung aufgrund von Sozialhilfebezug oder von Obdachlosigkeit vor.

Das »Sozialstaatsargument« hat in diesem Zusammenhang zwei Stoßrichtungen, eine direkte und eine indirekte. Einwanderer mit sicheren Aufenthaltsrechten (etwa einer Niederlassungserlaubnis) können nicht abgeschoben werden, nur weil sie Sozialhilfe beziehen. Menschen, die lediglich unsichere Aufenthaltsrechte (etwa eine befristete Aufenthaltserlaubnis) besitzen, dagegen schon. Und insbesondere bei Geduldeten will man die Abschiebeforderung damit gesellschaftlich untermauern. In der Praxis versuchen die Behörden mit diesem Argument zum Beispiel Roma-Flüchtlinge loszuwerden. Ein typisches Beispiel liefert die Stadt Essen.

Die Ruhrgebiets-Metropole ließ sich 2006 von Wirtschaftsprüfern ausrechnen, dass die »Rückführung« der serbischen Roma ein »mittelfristiges Sparpotenzial von 1,6 Millionen Euro für die Kommune« ergeben würde.[95] So wenig also! Diese Zahl ist deswegen so aufschlussreich, weil sie veranschaulicht, dass diese Familien nicht die exorbitante Belastung darstellen, als die sie im öffentlichen Diskurs dargestellt werden, wenn man ihre Abschiebung fordert. In Zeiten kommunaler Überschuldung, heißt es nämlich, in denen die Stadt Essen von der Schulmilch bis zum Zoo überall ihre Ausgaben kürzt, müssten auch die Aufwendungen für geduldete Migranten reduziert werden.

Dabei wird allerdings die Tatsache ausgeblendet, dass die Finanznot der Städte weder von Schulkindern noch von Zoobesuchern, noch von Roma-Familien herbeigeführt wurde, sondern weil die Gewerbesteuereinnahmen zum Beispiel durch die Unternehmenssteuerreform unter Kanzler Gerhard Schröder und dann im Zuge der Finanzkrise einbrachen. Und diese Finanznot wird verschärft durch die steigenden Sozialausgaben der Kommunen insgesamt, etwa infolge der wachsenden Altersarmut der alteingesessenen Bevölkerung. So muss die Stadt Essen jährlich 500 Millionen Euro für Soziales ausgeben.[96] Für die Zinsen, die Essen für seine Schulden im Jahr 2007 bezahlen musste, kalkulierte die Kommune 122 Millionen Euro ein.[97] Anders als Bankzinsen wird die Sozialhilfe für die Roma-Flüchtlinge sinnvoll ausgegeben, da sie den unmittelbaren Lebensunterhalt von Familien mit Kindern sichert. Die 1,6 Millionen Euro, die Essen durch die Abschiebung von Roma – verteilt über mehrere Jahre! – einsparen könnte, stellen keine Überlastung des Sozialsystems dar. Sie legitimieren nicht die Abschiebungen mit all ihren menschlichen Kosten. Zumal diesem Betrag noch die Abschiebekosten, die nicht eingetrieben werden können, gegenüberstehen.[98]

Unabhängig davon also, ob die betreffenden Roma-Flüchtlinge nicht arbeiten wollten oder ob die Behörden sie nicht arbeiten ließen und damit selbst dafür sorgten, dass den Sozialkassen Einnahmen entgingen – finanzpolitisch ist klar, dass nur eine bessere Besteuerung und Lastenverteilung die Lage notleidender Kommunen substanziell verbessern könnte und dass dies gesamtgesellschaftlich sinnvoll wäre. Eine Fokussierung auf die angeblich zu hohen Ausgaben für bestimmte Migrantengruppen (wie die der Geduldeten, die besonders gerne als Problem wahrgenommen wird) lenkt davon nur ab.

Der Hinweis auf die »Verteidigung des Sozialstaats« wirkt aber auch indirekt. Wenn Einwanderer, die eine normale, befristete Aufenthaltserlaubnis besitzen, den Job oder das Studium, für die sie ihre Erlaubnis erhalten haben, nicht mehr fortführen, wird diese häufig nicht verlängert. Und dann droht die Abschiebung. Hier geht es gar nicht darum, dass die betreffende Person das Sozialsystem »belastet«, sondern dass sie es *könnte*. Grundsätzlich wird unterstellt, dass der Staat, so der SPD-Bundesinnenminister Otto Schily im Juni 2000, unterscheiden müsse »zwischen Zuwanderung, die die Sozialkasse erheblich belastet, und Zuwanderung, die unseren wirtschaftlichen Interessen entspricht«.[99] Während sich Schily noch auf Asylbewerber bezog, hatte sich der Fokus im Zuge der Debatte um das Buch des ehemaligen Berliner Finanzsenators und Bundesbank-Vorstands Thilo Sarrazin (*Deutschland schafft sich ab*) auf muslimische Einwanderer verschoben – das Kriterium der Nützlichkeit als Voraussetzung der Zugehörigkeit blieb jedoch Dreh- und Angelpunkt dieses Diskurses. Was hat es damit auf sich?

Es ist selbstverständlich nicht die Aufgabe von Einwanderern, Deutschland zu »nützen«. Zunächst einmal hat jeder legitimerweise das Ziel, ein gutes Leben zu führen. Aus Sicht der Migrantinnen und Migranten ist es sogar sinnvoll, den Preis der eigenen Arbeitskraft durch die Inanspruchnahme sozialer Leistungen zu erhöhen und so mit dem einheimischen Bürger gleichzuziehen. Diese Inanspruchnahme der Sozialsysteme ist richtig und legitim. Alles andere wäre die Hinnahme zusätzlicher Ausbeutung. Der Versuch, Letzterer entgegenzuwirken, ist eine Form des Widerstands gegen den strukturellen Rassismus, der Einwanderer auf »nützliche« und billige Arbeitskräfte zu reduzieren versucht.

Schon in der Gastarbeiter-Ära tauchte deshalb aus Sicht des Staates das »Problem« auf, dass die »Gastarbeiter« nicht nur arbeiteten, sondern sich genauso wie ihre deutschen Kollegen krankschreiben ließen, später ihre Familien nachholten, Anspruch auf Kindergeld hatten und ihre Töchter und Söhne zur Schule schickten. Im Zuge der zweiten Ölkrise 1979/80 wurden sie auch immer häufiger arbeitslos und bezogen Arbeitslosengeld. Die ausländischen Arbeiterinnen und Arbeiter, welche Jobs übernahmen, die viele Deutsche nicht machen wollten, blieben nicht so billig und flexibel, wie man gedacht hatte. »Der nicht integrierte, auf sehr niedrigem Lebensstandard vegetierende Gastarbeiter verursacht relativ geringe Kosten von vielleicht 30.000 DM. Bei Voll-Integration muss jedoch eine Inanspruchnahme der Infrastruktur von 150.000 bis 200.000 DM je Arbeitnehmer angesetzt werden«, schrieb das *Handelsblatt* schon 1971 und folgerte, »hier beginnen die politischen Aspekte des Gastarbeiterproblems«.[100]

Vassilis Tsianos und Serhat Karakayali weisen auf den inhärenten Widerspruch der staatlichen Einwanderungspolitik hin: Die Gewährung von Sozialleistungen dient dazu, die Arbeiterklasse in die kapitalistische Nation einzubinden. Nun können zwar einerseits die legalen ausländischen Arbeiter nicht grundsätzlich davon ausgeschlossen werden – das würde das Sozialstaatsprinzip infrage stellen –, aber andererseits soll der einheimische Arbeiter privilegiert sein, damit er »seinem« Staat gegenüber loyal ist. Dazu werden dann einem Teil der Arbeiterklasse im Land – nämlich Ausländern – bestimmte Rechte vorenthalten. Das aktuelle Zuwanderungsrecht spaltet mittlerweile die Einwanderer in eine »Vielfalt von MigrantInnenklassen« mit unterschiedlichen Rechten auf und regelt, dass jeder nur individuell zu den Einheimischen aufsteigen kann, wenn er beweist, dass er »integriert« genug ist.[101]

Eine erfolgreiche Bekämpfung des Rassismus muss daher nicht nur das Vorenthalten von Rechten, sondern auch das Konzept der »Integration« kritisieren. Wenn an Einwanderern in dem Maß »Gewinn« erwirtschaftet werden soll, in dem sie weniger kosten, weil sie nicht nur weniger verdienen, sondern auch den Sozialstaat seltener in Anspruch nehmen, ist gerade deshalb die »Zuwanderung in die Sozialsysteme« ein legitimer Teil des Kampfes um einen größeren Anteil am Wohlstand. Das gilt nicht nur auf nationaler Ebene, sondern auch im Rahmen der Globalisierung: »Die Arbeiterinnen und Arbeiter in den postkolonialen Gesellschaften Asiens, Afrikas und Lateinamerikas sorgen nachdrücklich dafür, dass Migrationsbewegungen entstehen, welche die nationalen Arbeitsmarktschranken einreißen. Sie stellen eine Masse, die mit den Füßen abstimmt. Diese Autonomie der Migration befindet sich in einem permanenten Tauziehen mit dem staatlichen Diskurs um ökonomische Nützlichkeit. Und sie unterläuft ihn gleichzeitig, wo sie sich um ihn nicht schert.«[102]

Das legitime Ziel, den Diskurs der Nützlichkeit zu unterlaufen, kann aber nur erreicht werden, indem man sich zunächst auf ihn einlässt. Das ist ablesbar an folgendem Beispiel: In den siebziger Jahren lag die Beschäftigungsquote für die Einwanderer sehr viel höher als für die Einheimischen, das heißt, unter den Ausländern, die in Deutschland lebten, gab es prozentual wesentlich mehr Erwerbstätige. Mittlerweile haben sich beide Gruppen angenähert, und das Verhältnis hat sich sogar umgekehrt: Während Einheimische im besten Erwerbsalter zwischen fünfunddreißig und vierundvierzig Jahren zu 86 Prozent erwerbstätig sind, ist das »lediglich« bei 72 Prozent der Personen »mit Migrationshintergrund« der Fall.[103]

Die ehemaligen Arbeitseinwanderer sollten eigentlich wieder »zurück«-gehen, stattdessen beziehen sie längst Rente in Deutschland. Ihre Renten fallen aber niedriger aus als der Durchschnitt. Ihre Kinder sollten eigentlich gar nicht nachziehen, stattdessen sind sie hier zur Schule gegangen. Sie wurden aber auch häufiger auf die »billigere« Hauptschule geschickt. Wenn Menschen »mit Migrationshintergrund« zuletzt beim Abbau der Arbeitslosigkeit »überproportional profitiert« haben,[104] dann nicht zuletzt deshalb, weil sie eher entlassen wurden, als es 2005 mit der Konjunktur bergab ging. Dass Einwanderer doppelt so häufig Arbeitslosengeld beziehen wie Alteingesessene, hängt auch damit zusammen, dass sie als Konjunkturpuffer dienen.

Dennoch herrscht auch bei Wirtschaftswissenschaftlern die Meinung vor, dass es für die Staaten Westeuropas »von großer Bedeutung ist, ob die Einwanderer Nettobeitragszahler oder Empfänger staatlicher Leistungen sind«.[105] Diese Denkweise hat der Wirtschaftswissenschaftler David Wildasin folgendermaßen auf den Punkt gebracht: »Wenn relativ arme, niedrigqualifizierte und einkommensschwache Menschen einwandern, zahlen sie geringe Steuern und erhalten hohe Sozialleistungen. Wenn wohlhabende, hochqualifizierte, gesunde Menschen einwandern, zahlen sie hohe Steuern und Abgaben, haben aber nur Anspruch auf geringe Sozialleistungen. Deshalb können die Gastländer davon profitieren, wohlhabende Migranten anzuziehen, und werden verlieren, wenn ärmere Bevölkerungsteile einwandern.«[106] Das Zuwanderungsbegrenzungsgesetz in Deutschland folgt genauso dieser Logik: Je geringer die Qualifikation und die Verdienstaussichten sind, desto weniger Zuwanderungsmöglichkeiten und Aufenthaltsrechte gibt es. Umgekehrt gilt: Je höher qualifiziert und besser verdienend, desto größere Zuwanderungsmöglichkeiten bestehen, bis hin zum Niederlassungsrecht mit Familie. Unternehmer, die mindestens eine Million Euro investieren, und Professoren können sich in Deutschland jederzeit ansiedeln.

Stimmt es aber wirklich, dass Einwanderer die Sozialsysteme derart *über*lasten, dass es gerechtfertigt wäre, die Anti-Einwanderungsrhetorik immer wieder zu aktualisieren? Bei näherer Überprüfung stellt sich das als politischer Schwindel heraus. Auf Nachfrage, was denn genau mit der von Horst Seehofer kritisierten »Zuwanderung in die Sozialsysteme« gemeint sei, antwortete die Bayerische Staatskanzlei lediglich mit dem Hinweis, dass unter den türkischen Migranten in Deutschland das Bildungsniveau am niedrigsten und der Hartz-IV-Bezug am höchsten ausfalle.

Dabei blenden Seehofer und andere zum Beispiel die Einwanderung von älteren Russlanddeutschen, die aufgrund ihres Alters und der Sprachprobleme Sozialleistungen beziehen müssen, aus, weil diese Form der »Zuwanderung in Sozialsysteme« aus nationalistischen Gründen toleriert wird. Nun ist es so, dass auch bei Italienern in Deutschland die Bildungssituation und die Arbeitslosenquote ähnlich sind wie bei den Türken. Das fällt aber meist unter den Tisch, weil es Politikern wie Horst Seehofer darum geht, vor allem gegen die Zuwanderung von »Muslimen« Stellung zu beziehen. Mit dieser Position kann ein Teil des Establishments seine Rhetorik der Abwehr von Zuwanderung aufrechterhalten und damit einen Teil der Wähler an sich binden, während sich in der praktischen Politik längst ein Schwenk hin zum Pragmatismus vollzieht. In der »Integrationsrepublik« gilt die Erkenntnis, dass es sich auch aus »wohlverstandenem Eigeninteresse« eher lohnt, in die Potenziale von Einwanderern und ihren Kindern zu investieren, statt weiterhin darüber zu lamentieren, wer alles nicht dazugehören soll.

Das Institut für Arbeitsmarkt- und Berufsforschung (IAB) weist darauf hin, dass die Deutschen von der Zuwanderung unterm Strich profitiert haben: »Ihre Löhne sind gestiegen, und die Arbeitslosigkeit ging zurück. Hingegen hat die bereits im Land lebende ausländische Bevölkerung deutlich verloren«, so die Forscher, denn »die Neuzuwanderer verfügen annahmegemäß über die gleichen Qualifikationen und die gleiche Berufserfahrung wie die bereits in Deutschland lebenden Ausländer, wodurch sie stärker mit ihnen als mit einheimischen Arbeitskräften konkurrieren.«[107]

Die These, dass Zuwanderung die Sozialsysteme gefährde, ist im Grunde nichts als eine beliebte politische Lüge. Sie lässt sich nicht beweisen. Viel eher ist das Gegenteil der Fall. Mehr als 3,2 Millionen Ausländer zahlten Ende 2008 in die gesetzliche Rentenversicherung ein. Ohne diese Beiträge hätte das deutsche Rentensystem ein massives zusätzliches Problem. Holger Bonin vom Forschungsinstitut zur Zukunft der Arbeit (IZA) hat ausgerechnet, dass die in Deutschland lebenden Ausländer pro Kopf 11.600 Euro mehr Steuern und Beiträge zahlen, als sie ausgezahlt bekommen.[108] Jeder Zuwanderer zwischen fünfundzwanzig und dreißig Jahren entlaste die öffentlichen Haushalte um über 100.000 Euro. Selbst wenn Einwanderer mit zunehmendem Alter mehr von der öffentlichen Hand empfangen, als sie einzahlen, bleibe der Saldo für den Staat positiv:[109] Zwar entrichten jüngere Zuwanderer weniger Steuern als gleichaltrige Deutsche, aber dafür beziehen Deutsche im Alter mehr Nettotranfers als Einwanderer, weil sie höhere Renten bekommen und eine längere Lebenserwartung haben; die Bildungsausgaben für ausländische Kinder sind geringer, und Ausländer gehen auch seltener zum Arzt und werden schneller aus dem Krankenhaus entlassen. Selbst die Tatsache, dass Einwanderer im Schnitt mehr Arbeitslosen- und Kindergeld bekommen als Deutsche, wird von der Tatsache wettgemacht, dass Letztere mehr Leistungen aus der Renten-, Pflege- und Krankenversicherung erhalten.[110]

Den Skeptikern bleibt nichts anderes übrig, als darauf zu verweisen, dass Ausländer ja auch die Infrastruktur eines Landes nutzen – zum Beispiel Straßen, Brücken und die Feuerwehr – und daher *doch* mehr Kosten verursachen. Das ist das Hauptargument des Wirtschaftsprofessors Hans-Werner Sinn, dem Präsidenten des Münchener ifo-Instituts, und es verdeutlicht zugleich die Erklärungsnot, die sich im Zynismus einen Ausweg sucht. Denn sollen Migranten nun aufhören, ihre Kinder auf die Spielplatzschaukel zu setzen, weil das Kosten für den deutschen Staat verursacht?

Ab hier wird diese Theorie reichlich verschoben. Darüber hinaus beklagt Sinn, dass die Belastung der Sozialsysteme durch Migranten indirekt erfolge, weil sie nämlich Jobs übernehmen, die geringqualifizierte Deutsche ablehnen, während sie stattdessen Arbeitslosengeld beziehen. Tatsächlich fordert Sinn daher vor allem, die Sozialleistungen massiv zu kürzen, damit auch Deutsche Arbeiten annehmen müssten, zu denen heute nur Einwanderer bereit seien.[111]

Der ebenso neoliberal ausgerichtete Wirtschaftsprofessor Erich Weede weist darauf hin, dass in ethnisch heterogenen Gesellschaften eine geringere Bereitschaft bestehe, Geld für Sozialleistungen auszugeben. Die Migration sorge dafür, dass die einheimischen Gutverdiener sich zunehmend weigern, die Umverteilung im Sozialstaat mitzutragen, wenn davon auch immer mehr geringqualifizierte Zuwanderer profitieren.[112]

Die Vorstellung, die bei solchen Argumentationen oft im Raum steht, also dass »wir« ohne die als »belastend« markierten Einwanderer »besser dastünden«, scheitert aber schlicht an der Realität. Bereits in den achtziger Jahren rechnete der Düsseldorfer Sozialdezernent Paul Saatkamp vor, dass die Wirtschaft in der Stadt ohne Migranten mit geringer Qualifikation zusammenbrechen würde. Vierzig Prozent der Metallschleifer und dreißig Prozent der Straßen- und Tiefbauer waren schon damals Ausländer, aber auch ein Drittel der Kellner, der Reinigungskräfte und der Beschäftigten in den Universitätskliniken.[113] In der heutigen Dienstleistungsgesellschaft ist die Tatsache, dass der Anteil der arbeitslosen Migranten höher ist als unter den Deutschen, nicht nur eine Folge des Abbaus von Industriearbeitsplätzen. Die gezahlten Sozialleistungen sind auch eine Kompensation dafür, dass sie schlecht entlohnte und unsichere Jobs übernehmen.

Die US-amerikanische Soziologin Saskia Sassen hat beschrieben, wie sich in den Metropolen des Weltmarkts durch die Konzentration von Finanz- und Dienstleistungsfirmen die Nachfrage nach einfachen Tätigkeiten – von der Putzfrau bis zum Pizzaboy – erhöht hat, die vor allem von Frauen und Migranten erledigt werden.

Mehr noch: »Die Zunahme an niedrigbezahlten und Teilzeitjobs erleichtert die Beschäftigung von illegalen Einwanderern.«[114] Eine von ihnen ist Samera Baffo, die 2005 aus Ghana nach Deutschland kam, wo sie Bekannte hatte. Ihren 15-jährigen Sohn ließ sie in Ghana zurück. Sie lebte in unterschiedlichen Städten und arbeitete quasi als Dienstmädchen, bis sie einmal mehr auf die Straße gesetzt wurde. »Die haben mich benutzt, mir dann ein Zugticket gekauft und mich rausgeschmissen.«[115] Nach einer Kontrolle an der Bushaltestelle wurde sie als »Illegale« festgenommen und kam Ende 2008 für acht Monate ins Abschiebegefängnis Ingelheim. Weil die ghanaischen Behörden ihr keine Papiere ausstellten, wurde sie schließlich freigelassen, aber sie soll weiterhin abgeschoben werden.

Welchen Sinn haben Abschiebungen?

In der Öffentlichkeit wird die Notwendigkeit von Abschiebungen seit den Anschlägen des 11. September 2001 oft mit sicherheitspolitischen Argumenten begründet. Unterstützung von Terrorismus ist in Deutschland ein Abschiebegrund. Immer wieder fordern konservative Politiker, es sollte schon auf den Verdacht hin, dass jemand gefährlich werden könnte (und nicht nur aufgrund der *tatsächlichen* Unterstützung oder Mitgliedschaft in einer »Vereinigung«, die den »Terrorismus unterstützt«), möglich sein, ihn abzuschieben. Einen Menschen *auf Verdacht* wegen etwas abzuschieben, das er nicht einmal getan hat, verstößt allerdings gegen die Prinzipien des Rechtsstaats. Deshalb forderte der hessische Innenminister Boris Rhein (CDU) auf der Innenministerkonferenz im Juni 2011, das Aufenthaltsgesetz wenigstens so zu erweitern, dass schon abgeschoben werden kann, wer »Inhalte verbreitet, die sich gegen die freiheitlich-demokratische Grundordnung richten oder die einer Radikalisierung beziehungsweise Anwerbung zum Terrorismus Vorschub leisten«.[116] Aber wer bestimmt, welche Handlung einer Radikalisierung wie viel *Vorschub* leistet?

Die Forderung würde der behördlichen Willkür Tür und Tor öffnen.

Abgesehen davon, dass zu den radikalen Islamisten, die vom Verfassungsschutz beobachtet werden, auch deutsche Konvertiten wie der Salafist Pierre Vogel gehören, die gar nicht abgeschoben werden können, soll auf diese Weise der Eindruck erweckt werden, ohne eine konsequentere Abschiebepolitik sei die Sicherheit im Land gefährdet. Nun ist die Zahl der Ausländer, die in den vergangenen Jahren als »Hassprediger« aus Deutschland abgeschoben wurden, verschwindend gering. Es handelt sich um absolute Einzelfälle. In den Jahren 2005 und 2006 waren es lediglich ein Dutzend. Das Bundesinnenministerium geht bundesweit von insgesamt 128 islamistischen »Gefährdern« aus, die »erhebliche Straftaten begehen können«.[117] Wie viele davon Ausländer sind, die nur durch eine entsprechende Verschärfung des Gesetzes abgeschoben werden könnten, ist nicht bekannt. Das hessische Innenministerium, das die Forderung lautstark vertreten hatte, wollte auf Nachfrage überhaupt keine Angaben dazu machen. Auf jeden Fall wäre das ein winziger Prozentanteil aller Abschiebungen. Obwohl die Zahl dieser Fälle so gering ist, dass sie zur allgemeinen Beurteilung von Abschiebungen nicht taugt, werden sie immer wieder angeführt, um die Gefahr heraufzubeschwören, die angeblich droht, wenn man auf das Instrument der Abschiebung verzichten würde. Die meisten Menschen werden eben nicht aus Sicherheitsgründen abgeschoben, sondern allein aufgrund fehlender Aufenthaltsrechte. Geplante Anschläge werden ohnehin nicht durch das Aufenthaltsgesetz, sondern durch entsprechende polizeiliche Ermittlungen vereitelt.

Tatsächlich geht bislang in Deutschland eine weit größere Bedrohung von rechten Terroristen aus, die Deutsche sind und nicht abgeschoben werden können. Obwohl seit 1990 mindestens 137 Todesopfer rechter Gewalt gezählt wurden, haben die deutschen Behörden diese Gefahr sogar verharmlost und auch bei der Mordserie der Terrorzelle Nationalsozialistischer Untergrund den rassistischen Hintergrund der Morde an neun Einwanderern jahrelang nicht ernst genommen, wie sich nach der Aufdeckung der Hintergründe im Herbst 2011 herausstellte.[118]

Und selbst dann verweigerten sich noch viele in Deutschland einer Diskussion über Rassismus und den Zusammenhang mit rechter Gewalt. Ein Beispiel dafür lieferte der Generalstaatsanwalt des Landes Brandenburg, Erardo Rautenberg. In der Sendung *Günther Jauch* wurde er gefragt, weshalb in ostdeutschen Bundesländern mehr rechtsextreme Gewalttaten verübt werden als im Westen. In seiner Antwort erwähnte Rautenberg mit keinem Wort den Rassismus, stattdessen erklärte er in betroffenem Ton die Entstehung des rechten Terrors mit der Umbruchszeit nach der Wende und dem »Ansturm« von Asylsuchenden. Er sprach verharmlosend von »Reaktionen« der Bevölkerung, wo es sich um Brandanschläge und Morde handelt. Aber weder in der Talkrunde noch in der Öffentlichkeit reagierte jemand darauf. Die Unterstellung, dass rassistische Gewalt eine Reaktion auf die Anwesenheit von Flüchtlingen sei, macht Opfer zu Tätern, und sie ist Teil jenes Diskurses, mit dem auch Abschiebungen legitimiert werden sollen.

Einwanderer belasten weder den Sozialstaat, noch strömen sie unbegrenzt nach Deutschland, wenn man ihnen nicht mehr mit Abschiebung drohen kann. Zugleich lässt sich durch Abschreckung nicht verhindern, dass sich Migranten Rechte nehmen, die ihnen offiziell (noch) verweigert werden. Abschiebungen waren weder in der Lage, die Veränderung der deutschen Gesellschaft aufzuhalten, noch konnten sie die unerwünschte Asylzuwanderung oder die illegale Einwanderung verhindern. Ökonomisch betrachtet, sind sie in Zeiten einer alternden und schrumpfenden Bevölkerung erst recht widersinnig.

In einer globalisierten Welt mutet es zudem grotesk an, einen Teil der mobilen Menschen dafür zu bestrafen, dass sie Grenzen überschreiten, während der große Rest genau das kann und soll.[119] Das Kommen und Gehen findet ohnehin statt – und zwar relativ unabhängig von den Abschiebungen. Unser Land geht dadurch nicht unter. Das Leid, das Abschiebungen verursachen, ist, rational betrachtet, nicht zu rechtfertigen. Wozu sind sie überhaupt gut?

In der Forschung wird Abschiebepolitik oft als strukturelles Paradox des liberalen Staates bezeichnet. Selbst wenn sie ineffektiv ist, sei sie doch wichtig für sein Selbstverständnis. Der demokratische Staat kann viele Abschiebungen nicht durchsetzen – sei es wegen rechtlicher Beschränkungen, der mangelnden Kooperation der Länder, in die abgeschoben werden soll, oder weil sie in Einzelfällen durch den Druck von Menschenrechtsgruppen bzw. der Öffentlichkeit (die manche Abschiebungen begrüßt, andere schulterzuckend zur Kenntnis nimmt, von den meisten allerdings gar nichts erfährt) verhindert werden. Dennoch könne der Staat nicht darauf verzichten, seine Souveränität zu demonstrieren, auch und vor allem gegenüber den Wählern. Er müsse zumindest das »Signal« aussenden, dass er illegalen Aufenthalt nicht duldet. Weil er aber die meisten derer, die illegal ins Land kommen, gar nicht entdeckt, schiebt er bevorzugt Menschen ab, die legal ins Land gekommen sind, selbst wenn er dabei volkswirtschaftlichen Interessen zuwiderhandelt. Indem er abschiebt, erhält der Staat den Mythos aufrecht, dass er die Kontrolle darüber besitzt, wer sich auf seinem Territorium aufhält.[120]

Die Politologin Antje Ellermann von der University of British Columbia hält dagegen, auch wenn es in der heutigen Welt keine perfekte Migrationskontrolle geben könne, sei der liberale Staat durchaus in der Lage, diese Kontrolle effektiv auszuüben.[121] Entscheidend seien der politische Wille und Beamte, die unabhängig sind und Abschiebungen durchsetzen können. Auch wenn nicht alle anfänglichen Ziele erreicht wurden, sei es Deutschland immerhin gelungen, die Gruppe derjenigen, die für eine Abschiebung vor allem infrage kamen – und das waren die Asylbewerber, weniger die »Illegalen« –, beträchtlich zu reduzieren.[122]

Der Einwand Ellermanns überzeugt jedoch nicht. Zum einen weil niemand die Möglichkeit einer vollständigen Kontrolle der Migration einer völligen Abwesenheit dieser Kontrolle gegenüberstellt. Zum anderen weil die rein quantitative Betrachtung keinen Sinn ergibt, wenn eine qualitative Diskussion der konkreten staatlichen Ziele ausbleibt. Die Verhinderung einer *multikulturellen Gesellschaft* sowie der Zuwanderung nicht aus Europa stammender Migranten war solch ein Ziel, und dieses Ziel wurde nicht erreicht, obwohl die Asylanträge vieler Migranten abgelehnt und diese abgeschoben wurden. Außerdem ergibt sich ein verzerrtes Bild, wenn man die »Illegalen« aus der Abschiebebilanz heraushält, damit die Rechnung aufgeht. Darüber hinaus sind die Asylbewerberzahlen in Deutschland vor allem deshalb gesunken, weil die Kriege auf dem Balkan beendet sind. Auch die Verlagerung der Problematik auf die EU-Grenzstaaten hat eine Rolle gespielt. Hier verbietet sich aber eine national verengte Betrachtung der »Effektivität« von Abschiebungen, wenn diese darin besteht, dass den »europäischen Partnern« die Aufgabe überlassen bleibt, Flüchtlinge aufzunehmen. Das widerspricht dem Gedanken der Europäischen Integration. Charakteristisch für Apologeten der Abschiebepolitik wie Ellermann ist aber, dass sie die menschlichen Kosten, die diese verursacht, ausblenden oder nur am Rande erwähnen.

Demgegenüber kritisiert die britische Forscherin Liza Schuster, dass die europäischen Staaten selbst dann an Abschiebungen festhalten, wenn immer weniger Menschen um Asyl bitten. Es sei, als würden sie dabei mit Kanonen auf Spatzen schießen. Anders als in den neunziger Jahren gibt es mittlerweile keinen Krieg in Europa und auch keine vergleichbare »Asylkrise«. Trotzdem haben sich Abschiebungen als Normalität etabliert, und sie bleiben in unserer »liberalen« Zeit ein Massenphänomen. Das Beunruhigende dabei sei, so Schuster, dass es »akzeptabel geworden ist, bestimmte Kategorien von Kindern, Frauen und Männern so zu behandeln, als würden sie weniger Würde verdienen und weniger Respekt gegenüber ihren Menschenrechten«.[123]

Eine Erklärung dafür können die Überlegungen des französischen Philosophen Michel Foucault liefern. Er hat beschrieben, wie sich Herrschaft im Laufe der Moderne transformiert hat, indem sie Willkür und Gewalt vermied, um die Gefahr der Revolte zu reduzieren. An die Stelle der abschreckenden brutalen Einzelbestrafung, mit der der König seine Macht demonstrierte, traten die verschiedenen Disziplinierungstechniken, die zuerst an Strafgefangenen entwickelt wurden und deren Ziel es war, Abweichung zu bekämpfen, Strukturen zu schaffen – bevorzugt unter Mitwirkung der Unterworfenen –, in denen Macht automatisch funktioniert, sowie die Produktivität zu erhöhen. »Die ›Aufklärung‹, welche die Freiheiten entdeckt hat, hat auch die Disziplinen erfunden.«[124]

Für den Souverän war es zunehmend von Interesse, wie er die Zusammensetzung und die Produktivität der Bevölkerung verwalten, nutzbar machen bzw. steigern kann. Die Strategie der Regierung verschob sich vom Verbot zur kontrollierten Ermutigung. »Man kann jetzt nur noch unter der Bedingung gut regieren, dass die Freiheit oder bestimmte Formen der Freiheit wirklich geachtet werden.«[125] Eine Form der Regierung, die letztlich das gesamte Leben umfasst und dessen Regulierung zum Ziel hat.

Das klassische Merkmal der Souveränität – dass der Souverän die Macht besitzt, über den Tod zu entscheiden – widerspricht dem eigentlich. Nur der Rassismus erlaube es, diese Macht nicht aus der Hand zu geben. Seine »vitale Bedeutung« liegt für Foucault darin, dass er »die Bedingung ist für die Ausübung des Rechts auf Tötung. Wenn die Normalisierungsmacht das alte souveräne Recht zu töten ausüben möchte, muss sie sich des Rassismus bedienen. […] Selbstverständlich verstehe ich unter Tötung nicht den direkten Mord, sondern auch alle Formen des indirekten Mordes: jemanden der Gefahr des Todes ausliefern, für bestimmte Leute das Todesrisiko oder ganz einfach den politischen Tod, die Vertreibung, Abschiebung usw. erhöhen.«[126] Abschiebung könnte man in diesem Sinne auch als soziale Tötung bezeichnen, in der die Gewalt des alten Despoten fortlebt.

Es wäre aber zu kurz gedacht, wenn man dabei stehenbliebe, denn der Nutzen von Abschiebungen besteht nicht nur darin, dass sie es möglich machen, die vermeintlich Abweichenden oder »Unnützen« auch aus einer sich liberal gebenden Gesellschaft zu entfernen. Nicholas de Genova hat darauf hingewiesen, dass – mehr noch als die reale Abschiebung – die »Abschiebbarkeit« von bestimmten Ausländern, ja ganzen Bevölkerungsgruppen, die in das Wirtschaftssystem eingebunden sind, das entscheidende Moment darstellt. Die Funktion der Abschiebung bestehe darin, dass die ständige Drohung mit ihr die Menschen gefügig machen soll. Das entspricht auch der neoliberalen Politik, im Zuge welcher kollektive Arbeitsrechte grundsätzlich ausgehebelt werden (sollen). Die »abschiebbaren« Ausländer sind Teil der globalisierten Wirtschaft, während die Welt politisch immer noch in Nationalstaaten eingeteilt ist. Aufgrund ihrer Abschiebbarkeit akzeptieren diese Migranten schlechtere Arbeitsbedingungen, gleichzeitig jedoch überschreiten sie die Grenze der durch das Nationalstaatsprinzip bestimmten politischen Ordnung, indem sie sich das Recht auf Bewegungsfreiheit nehmen.[127]

Der Politikwissenschaftler und Psychologe Tobias Pieper schildert in seiner Analyse der deutschen Flüchtlings- und Abschiebelager, wie diese Orte in die kapitalistische Produktion eingebettet sind. Einer von fünf »abschiebbaren« Asylbewerbern oder geduldeten Flüchtlingen erhielt im Jahr 2002 eine Arbeitserlaubnis. Fast keiner in Ostdeutschland, die meisten in Baden-Württemberg, wo der Bedarf an Arbeitskräften am größten ist. Darüber hinaus ist davon auszugehen, dass viele ohne Papiere arbeiten gehen. Damit gewinnen sie auch ein Stück ihrer Autonomie zurück. Da die Lager über das ganze Land verteilt sind, stellen sie überall ein Angebot an Menschen zur Verfügung, die bereit sind, auch schlecht bezahlte Jobs zu übernehmen.

Nachdem immer mehr private Firmen den Betrieb dieser Lager übernommen haben, wird dort immer weniger kontrolliert, denn das kostet Geld. Außerdem werden diese Unterkünfte, ebenfalls aus Kostengründen, überbelegt. Die Folge ist, dass die Bewohner jede Gelegenheit nutzen, von dort zu verschwinden, und das werde von den Betreibern de facto toleriert. Diese Unterkünfte lassen sich für Pieper »als ein System beschreiben, das auf unkontrolliertes Verschwinden zwecks Arbeit ausgerichtet ist«.[128] Dazu passt auch, dass Ein-Euro-Jobs – lange bevor Hartz-IV-Empfänger gezwungen wurden, diese anzunehmen – in Deutschland zuerst für Asylbewerber eingeführt wurden. Aus ähnlichen Gründen lehnen in den USA viele Unternehmer in der Landwirtschaft Legalisierungsmöglichkeiten ab, denn sie befürchten, dass dann die Migranten sesshaft werden könnten, während sie mobile und abschiebbare Saisonarbeitskräfte viel besser ausbeuten können.[129]

Auch in den Mittelmeerländern werden die Flüchtlinge und illegalisierten Migranten, die dort stranden und durch das Dublin II-System an der Weiterreise gehindert werden, in der Landwirtschaft eingesetzt. Der Preisdruck, dem der Einzelhandel heute unterliegt, erfordert eine Flexibilisierung der Produktion, die in diesem Ausmaß ohne illegalisierte Arbeiter gar nicht möglich wäre.[130]

In Deutschland hält die Bundesregierung auch nach dem Schwenk zu einer aktiven Zuwanderungspolitik am Instrument der Abschiebung fest. Gerade wenn man auf mehr Auswahl und Integration setze, seien Abschiebungen notwendig, »um Zuwanderung steuern und Zuwanderungspolitik glaubwürdig gestalten zu können«, so das offizielle Credo.[131]

In Wahrheit jedoch versuchen die Staaten, Migration so zu verwalten, »wie sie ist«, sagen Serhat Karakayali und Enrica Rigo.[132] Das zeige sowohl die offizielle Förderung der zirkulären Migration – durch die Gewährung von zweckgebundenen Aufenthaltsrechten für Pendelmigranten – als auch die Tatsache, dass sich die Regelungen der Europäischen Union weniger auf Abschiebungen, sondern vielmehr darauf konzentrieren, wie die »illegale« Einwanderung auf europäischer Ebene zugelassen, aber kontrolliert und damit regiert werden kann. »Entgegen der offiziellen Rhetorik ist die Illegalisierung der Wanderungsbewegungen de facto ein Weg, um die zirkuläre Migration zu verwalten.«[133]

Solch eine Politik reagiert gezwungenermaßen auf die Anwesenheit der illegalisierten Ausländer, die sich – wenn nicht von Rechts wegen, so doch durch diese konkrete Praxis – zu Bürgern Europas machen. Je intensiver sich die Politik mit der Regelung dieser Migration befasst, desto deutlicher wird, dass die »unerwünschten« Einwanderer ein integraler Teil Europas und seiner Politik sind. Je länger sie hier leben und nicht abgeschoben werden können, desto stärker versuchen sie, ihre Entrechtung zu überwinden, und umso vehementer stellen sie damit die bestehende Definition von Zugehörigkeit infrage. Die Botschaft »auch wir gehören dazu« muss auf eine Erweiterung des Rechtsrahmens hinauslaufen. Hierin liegt das Potenzial für eine Neudefinition von Bürgerschaft und Rechten in Europa, die auch das Ende von Abschiebungen einläuten kann.

Bello Taofik

»Ich verstehe ihren Wohlstand nicht.«

Bello Taofik kommt aus Nigeria. Er lebte sechs Jahre in Europa, beantragte in Deutschland erfolglos Asyl und wurde schließlich abgeschoben. Sein Ziel ist es, als Geschäftsreisender wiederzukommen.

Die Polizei hat mich dort kontrolliert, wo ich gearbeitet habe. Beim Putzen. Ich hab da am frühen Morgen gearbeitet, und das Zollamt kam. Sie kamen rein und sagten: »Zollamt, Kontrolle, Passport.« Und dann haben sie mich ins Abschiebegefängnis gebracht.
Zu den Leuten da draußen sagt man nicht, dass es ein Gefängnis ist. Man sagt ihnen, es ist ein Abschiebelager, kein Gefängnis. Aber es ist ein Gefängnis. Und hier im Gefängnis machst du jeden Tag dasselbe. Jeden Tag! Du wirst geweckt, du isst, du schaust Fernsehen in der Zelle. Jeden Tag dasselbe. Es bleibt eine andere Welt. Die Wärter, die Sozialarbeiter, das Essen, das ist alles Theater. Abschiebehaft ist nichts, was man einem menschlichen Wesen antun sollte. Die Art, wie sie die Leute behandeln ... sie behandeln dich wie einen Sklaven. Das ist ein schrecklicher Ort, da willst du nicht sein.
Selbst wenn du Asylbewerber bist, solltest du die Erlaubnis bekommen, zu arbeiten. Selbst wenn es nur für zwei Jahre ist. »Hier hast du Papiere, um zwei Jahre zu arbeiten, dann kannst du zurück in dein Land gehen.« Viele Leute da draußen wollen arbeiten. Es gibt Arbeit, aber sie sagen, du darfst nicht arbeiten. Und die sogenannten Armen hier, die haben Papiere, aber die wollen nicht arbeiten. Sie geben ihnen Sozialhilfe. Ich verstehe ihren Wohlstand nicht. Ich versteh' ihn nicht. Die Leute, die keine Papiere haben, die wollen arbeiten, aber die Regierung sagt nein. Selbst wenn du einen Job findest, hast du Angst, und dein Arbeitgeber hat Angst, dass eines Tages das Ord-

nungsamt kommt oder das Zollamt ... das ist ein System, das dir keinen Frieden lässt. Jeden Tag, an dem du zur Arbeit gehst, hast du Angst und schaust dich um, ob gleich etwas passiert. Das ist es nicht wert.

Als sie mich für drei Monate ins Abschiebegefängnis in Ingelheim gesteckt haben, in der Nähe von Mainz, dachte ich, ich wäre der Einzige. Aber viele Leute sind seit neun oder zehn Monaten da. Du kannst nicht raus, du kannst nichts tun. Das bringt dich um. Mir wurde gesagt, wenn ich meine Identität nicht preisgeben würde oder meine Herkunft, könnten sie mich bis zu achtzehn Monate festhalten. »Achtzehn Monate?«, habe ich den Sozialarbeiter gefragt. Ich hab nie ein Verbrechen begangen. Warum muss ich so lange dableiben? Ich bin kein Terrorist. Ich kann mir nicht vorstellen, wie man jemanden so lange einsperren kann. Nur wegen fehlender Papiere. Ich verstehe dieses System nicht.

Anfangs hab ich ja geglaubt, dass ich mich in ihr System einfügen kann. Vielleicht kann ich bleiben, vielleicht kann ich meine Ausbildung ergänzen, dann könnte ich einen guten Job bekommen. Aber wenn du einmal hier bist, ist das eine andere Welt. Du kannst noch nicht mal deine wahre Identität angeben. Du musst um Asyl bitten. Und dieses Asylsystem ist eine Art Programm, das wirklich die Moral abtötet. Es tötet die Entschlossenheit. Es gibt einem kein Ziel. Wenn du einen Asylantrag gestellt hast, dann erscheint es so, als wärst du ... ich weiß nicht, wie ich es sagen soll ... sie sehen dich als Sklaven. Du hast keine Freiheit. Deine Bewegungsfreiheit ist eingeschränkt. Sie sagen dir, du hast kein Recht, zu einem Ort außerhalb deines Landkreises zu gehen. Ich glaube, es ist ein System der Behinderung und Verweigerung der Freiheit von anderen Menschen. Das tötet wirklich den Ehrgeiz von vielen Leuten ab. So denke ich über das Asylsystem. Es ist ein Programm, das von den Vereinten Nationen nicht mehr gestattet werden sollte.

Im November (2010) werde ich vierzig. Ich bin in Lagos aufgewachsen und habe dort die Gemeindegrundschule besucht. Da triffst du die Freunde fürs Leben. In Nigeria ist das Schulsystem so, dass die gesamte Klasse von der Grundschule dann in die weiterführende Schule geht. Und nach der Sekundarschule bin ich mit einigen auf dieselbe Universität gegangen. Deswegen sind wir immer noch Freunde. An der Universität Ilorin hab ich einen Bachelor und einen Master in Wirtschaft gemacht. Nach der Uni hab ich in einer Firma in Lagos als Logistik-Manager gearbeitet.

Ich habe vier Brüder und vier Schwestern. Ich bin das vierte Kind. Ich habe einen älteren Bruder, der ist Buchhalter, und zwei ältere Schwestern, sie sind Kauffrauen. Eine jüngere Schwester ist auch Buchhalterin, die anderen sind noch in der Ausbildung.

Schon immer, seit meiner Kindheit, hab ich geglaubt, dass Europa besser ist als Afrika. Ich glaube zwar, dass es auch in Nigeria gut ist, aber ich dachte, Europa ist besser. Neunzig Prozent der Afrikaner glauben das auch. Sie denken, das Leben hier ist rosig. In den achtziger Jahren habe ich eine Menge Leute gesehen, die aus Europa zurückkamen. Mit Autos und allem drum und dran. Deswegen denken die Leute, wenn die Zeit kommt, gehen sie nach Europa, um ein besseres Leben zu führen.

Ich hatte früher schon mal versucht, nach Europa zu kommen, aber das hat nicht geklappt. Dann hab ich in der deutschen Botschaft ein Visum bekommen und dachte, jetzt ist der Zeitpunkt da. Ich war aufgeregt. Ich wusste nicht, wie es in Europa ist. Ich war glücklich, nach Europa zu gehen, und habe meine Sachen verschenkt. Die Leute in Lagos wussten nicht, dass ich verreisen wollte, ich hab ihnen einfach gesagt, ich schenke dir das. Ich hatte ja das Ziel, hier ein besseres Leben zu haben.

Ich habe wirklich nur über die schönen Seiten nachgedacht, nicht über die negativen. Dass es wahrscheinlich nicht klappen würde. Ich wusste nicht, was ich dann machen würde. Mein einziges Ziel war, dorthin zu kommen. Schließlich ist es doch Europa.

Meine Frau hat gesagt: »Geh nicht!« Weil ich einen guten Job hatte, ich habe gut verdient. Sie sagte: »Geh nicht nach Europa«, und ich war deswegen wütend auf sie. Am Ende sagte sie schließlich: »Okay, dann geh.« Als ich dann hier war, gab es keinen Tag, an dem ich wirklich glücklich war. Sie fragte mich jedes Mal, wenn ich sie angerufen

hab, was das Problem ist. Ich sagte ihr: »Ich mag das System nicht.«
Sie meinte dann immer: »Ich hab's dir gesagt: Geh nicht.«
Ich bin sechs Jahre verheiratet und fast sechs Jahre in Europa. Ich
hab mir eine Menge Sachen verwehrt. Meine Frau war dort, ich war
hier. Ich weiß nicht, wie ich es sagen soll – es ist reine Zeitverschwen-
dung. Wenn du hierherkommst, merkst du, dass das Leben hier in
Deutschland schrecklich ist. Das wünschst du nicht mal deinem
Feind. Manchmal war ich allein im Asylheim, manchmal habe ich
da geweint. Warum habe ich Nigeria verlassen, um hierherzukom-
men? Es kam mir vor, als wär ich tot. Was ist das für ein Leben, dachte ich.
Bevor ich nach Deutschland kam, haben mir Leute erzählt, dass die
Deutschen Rassisten sind, sie würden hier Menschen töten und
Schwarze steinigen. Sie mögen keine Schwarzen. Später, in Cochem
in der Eifel, wo mein Asylheim war, kam es vor, dass ich Leute grüßte,
und sie antworteten nicht. Sie schauen dich nicht an. Sag ihnen »guten Morgen«, sie werden dich nicht anschauen. Sogar die kleinen Kinder laufen vor dir weg, wenn sie sehen, dass du schwarz bist. Das ist
widerlich! Ich dachte mir, wir sind hier nicht willkommen. Also warum
soll ich hier bleiben? Das ist einer der Gründe dafür, dass ich mir sagte: Okay, ich glaube, ich werde dieses Land verlassen.

Das Beste war für mich, nach England oder Irland zu gehen. Ich habe
einen Weg gefunden, nach Irland zu kommen. Ich ging zuerst nach
Spanien und dann von dort aus nach Irland. Am Einreisehafen, in
Cork, wurde ich kontrolliert. Aber die Einwanderungsbehörde hat
meine Fingerabdrücke nicht gesehen und dass ich einen Asylantrag
in Deutschland gestellt hatte. Also gaben sie mir eine Unterkunft.
Dort gibt es Freiheit. Es gibt keine Einschränkung der Bewegungsfreiheit, du kannst überall hingehen.
Nach drei Monaten haben sie aber meine Fingerabdrücke entdeckt
und dass ich in Deutschland einen Asylantrag gestellt hatte. Sie haben mir einen Brief geschrieben, dass ich so schnell wie möglich
nach Deutschland gehen müsse. Daraufhin habe ich die Asylunter-
kunft verlassen und woanders gewohnt. In Dublin herrscht totale

Freiheit. Ich habe dort in einer Gegend gewohnt, in der viele Schwarze leben, Nigerianer. Dort hab ich mich zu Hause gefühlt. In Irland hab ich ein wenig als Wachmann gearbeitet. Nach achtzehn Monaten hat mich die Polizei geschnappt. Sie haben mich für drei Wochen ins Gefängnis gesteckt, dann wurde ich nach Deutschland zurückgebracht.

In Deutschland haben sie mich wieder nach Cochem in mein altes Asylheim geschickt. Ich hab dem Ausländeramt gesagt, dass ich in diesem Haus nicht leben kann. Ich war dort einsam. Sie sagten, sie könnten nichts machen. Ich sagte: »Okay, aber ich kann da nicht bleiben.« Das Leben dort war schwierig für mich. Ich musste weg von dort, in eine große Stadt, nach Düsseldorf. Ich wusste, dass ich da viele Leute treffen kann. Dort leben viele Schwarze. Das ist nicht wie in Cochem, wo du kaum Leute aus Afrika siehst, von Nigerianern ganz zu schweigen. Ich musste einfach dahin.

Als ich dann zur Ausländerbehörde ging, um meine Duldung zu erneuern, sagte der Mann, er könne sie nicht erneuern, weil ich nicht in dem Heim geblieben bin, in das sie mich eingewiesen haben. Ich sagte: »Ich hab Ihnen doch gesagt, dass ich dort nicht so einsam leben kann.« Er meinte, dann müsste ich nach Ulmen, in der Nähe von Cochem, um mit dem Sozialdienst darüber zu sprechen. Ich hab gesagt: »Ich kann da nicht hin«, und ihm die Duldung hingeworfen. Er sagte, ich soll das Papier mitnehmen, ich sagte: »Nein!« Ich sollte zur Botschaft gehen. Hab ich nicht gemacht, ich bin weg und wieder nach Düsseldorf.

Will ich in meinem Leben immer wieder ins Gefängnis, oder ist es besser, ich gehe zurück? Ich hab mir gesagt: Ich gehe zurück. Denn Jahre hier zu verbringen, ohne etwas zu erreichen, ist eine Verschwendung von Leben. Lieber gehst du zurück, und vielleicht hast du Erfolg. Ich bin hier sechs Jahre herumgezogen, meine Frau ist zu Hause. Meine Freunde haben Kinder. Und ich erzähle den Leuten, ich bin in Europa. Was gibt es schon in Europa?

Ich bin nicht traurig, dass ich gehe. Denn was mache ich schon hier? Wenn ich hier eine Arbeit hätte, dann wäre ich traurig. Aber in meiner

Situation kann ich hier nicht arbeiten. Da ist es nicht wert. Also ist es besser zu gehen.

Die Leute in Afrika wissen über die Abschiebungen Bescheid, ihnen ist klar, dass es sie gibt. Aber alles hängt von der eigenen Einstellung ab, wie du damit umgehst. Manche bringen sich um, weil sie abgeschoben werden. Sie fühlen sich schwach und haben das Gefühl, alles ist vorbei. Für manche Leute ist es eine Schande, dass sie abgeschoben wurden. Aber ich sehe es so: Ich schulde niemandem etwas, und ich bin nicht bereit, irgendjemandem zu erklären, ob ich abgeschoben wurde oder nicht. Wenn man sich sieht, sagt man sich: »Guten Morgen.« Ich bin nicht bereit, meine Aufmerksamkeit unsinnigen Fragen zu schenken. Von niemandem. Niemand kann kommen und mich fragen: »Wurdest du abgeschoben?« Solche Fragen beantworte ich nicht.

Ich werde versuchen, mit meinen Freunden Kontakt aufzunehmen, sobald ich zurück bin. Sie sind zuverlässig, und sie arbeiten. Sie können mir beistehen und mir Tipps geben, was ich machen kann. Ich weiß, dass sie mir helfen werden. Und meine Frau arbeitet auch. Es wird schon klappen. Es wird aber keine Party geben, wenn ich zurückkomme. Das Geld für eine Party kann man brauchen, um etwas anzufangen. Meine Frau kann eine Party machen, sie wird der glücklichste Mensch sein, wenn ich wiederkomme.

Nein, ich habe keine Angst. Ich glaube, ich werde in kurzer Zeit in der Lage sein, mich wieder in Nigeria einzurichten. Ich kenne das System dort. Ich glaube, in ein, zwei Jahren sollte ich auf eigenen Füßen stehen. Ich will nicht glauben, dass es das Ende von allem ist, wenn ich nach Hause zurückgehe. Ich habe einen sehr starken Glauben an die Hoffnung. In Nigeria. Ich glaube daran, dass ich es schaffen werde. In Nigeria kannst du über Nacht zum Millionär werden. Aber hier kannst du es noch nicht einmal versuchen. Du kannst hier kein Geld machen. Wo willst du anfangen? Es ist nicht möglich.

Ich habe es meinen engsten Freunden schon erzählt, dass ich jeden Moment zu Hause sein werde. Die haben auch gute Jobs. Ich habe denen gesagt: »Versucht bloß nicht, eure Jobs aufzugeben und nach Deutschland zu kommen. Macht das nicht.« Die schlechteste Erfahrung ist, dass ich hier nie ein gutes Leben hatte. Keine Arbeit. Ich kann nicht sagen, dass ich etwas in Deutschland erreicht habe. Überall in Europa gibt es Diskriminierung und Rassismus. Aber die Menge, die Verteilung ist sehr unterschiedlich. In Deutschland zum Beispiel: Seit ich hier bin, habe ich keinen schwarzen Mann in irgendeiner Position der deutschen Top-Politik gesehen. Das wird niemals passieren. Sie werden dir nie eine Chance geben. Aber in anderen Ländern, in England, gibt es viele Schwarze. In Amerika gibt es Obama. Das wird es in Deutschland nie geben. Wenn deine Mutter oder dein Vater aus Deutschland ist und der andere aus Afrika, und du sagst, du willst Kanzler werden in Deutschland, ist das nicht möglich.

Wenn ich Kinder habe, werde ich ihnen nie erlauben, nach Europa zu gehen. Sie können zur Ausbildung nach Europa gehen oder für Geschäfte. Aber dass meine Kinder hier bleiben? Nein. Ich habe keine guten Erinnerungen. Ich nehme nur die Erfahrung mit, dass es auf der einen Seite besser war, dass ich nach Europa gekommen bin. Denn wenn ich nicht gekommen wäre, würde ich immer noch den Ehrgeiz besitzen, nach Europa zu kommen. Sogar noch mit sechzig. Ich würde immer noch denken, wenn ich in Europa wäre, wäre es besser für mich. Aber jetzt ist es gut für mich, dass ich vorher gekommen bin, auch wenn sechs Jahre nicht wenig sind, aber wenigstens ist es eine Erfahrung. Ich habe was von der Welt gesehen.

Abschiebung und ihre Geschichte

Seit wann werden Menschen eigentlich abgeschoben? Ist die Geschichte der Abschiebung nicht so alt wie die Menschheit? Die Antwort muss »nein« lauten: Weder unsere heutige Praxis noch unseren heutigen Begriff von Abschiebung hat es zu allen Zeiten gegeben. Das beginnt schon mit dem Verständnis davon, was ein »Fremder« ist. Denn auch das ist nicht selbstverständlich. Der Soziologe Rudolf Stichweh weist auf das Kuriosum hin, dass es Gesellschaften gibt, denen es nicht einmal gelingt, »den Fremden überhaupt als Fremden zu erkennen«. Als frappierendes Beispiel führt er die Erfahrung australischer Goldsucher im Hochland Neuguineas an. Diese wurden von den Einwohnern, auf die sie dort trafen, gar nicht für Fremde gehalten, sondern für »frühere Stammesmitglieder – ja sogar konkret als verstorbene Familienmitglieder (Ahnen) identifiziert«.[1] Noch bevor die »logistischen« Möglichkeiten existieren, die es erlauben, Menschen gegen ihren Willen über weite Strecken zu befördern, muss also erst einmal das »Weltbild« einer Gesellschaft Abschiebungen vorstellbar machen.[2]

In Bezug auf Deutschland bemerkt der Historiker Ernst Schubert, dass in mittelalterlichen Quellen der Begriff »Fremder« fast gar nicht auftaucht. Er sei für die Klassifizierung von Menschen nicht wichtig gewesen. Ebensowenig gab es den Begriff »Deutschland«, allenfalls war von »deutschen Landen« in der Mehrzahl die Rede. Die Städte waren sowieso auf ständigen Zuzug angewiesen. Erst im späten Mittelalter begann man, auswärtige Lehrlinge für Handwerksberufe nicht zuzulassen. Um 1500, so Schubert, setzte ein »Mentalitätswandel« ein: Die Gesellschaft wurde sesshafter und begann, die »fremden« von den »eigenen« Armen zu unterscheiden und sie auszugrenzen. Eine Veränderung, die sich an der Einstellung zu den Sinti und Roma ablesen lässt, deren Ankunft in »deutschen Landen« erstmals 1417 urkundlich erwähnt wurde: »Am Schicksal der Zigeuner zeichnet sich Grundsätzliches ab. Diese zunächst nicht nur geduldeten, sondern als fromme Gäste behandelten Fremden, werden mit einem Mal denunziert als arbeitsscheues, als diebisches Volk. […] Je stärker die Gesellschaft die Erfahrung der Mobilität verliert, je deutlicher sich ein neuer Arbeitsbegriff, ein neues Arbeitsethos ausbildet, desto argwöhnischer wird die Welt gegenüber dem Fremden.«[3]

Das, was wir heutzutage unter Abschiebung verstehen, ist vor allem ein modernes Phänomen. Unsere derzeitige Abschiebepraxis ist Teil der Moderne, in der trotz und wegen der Aufklärung »Ausweisung und Vertreibung systematisiert und radikalisiert wurden«.[4] Sie lässt sich von der Vertreibung ganzer Bevölkerungsgruppen und massenhaften Verschleppungen oder Zwangsumsiedlungen abgrenzen, wie sie im Zuge von Kriegen und auch im Zusammenhang mit »ethnischen Säuberungen« in vielen Epochen verübt wurden. Bei Abschiebungen handelt es sich, im Gegensatz zu den genannten Formen von Zwangsmigration, um Ausweisungen von Einzelpersonen oder Gruppen (auch in Friedenszeiten), die im Rahmen der jeweils gültigen Rechtsordnung erfolgen, unter (Androhung von) Gewaltanwendung durchgeführt werden und zunächst auch Einheimische, später aber nur noch »Fremde« betreffen. Wer aber als »Fremder« gilt, ändert sich im Lauf der Geschichte. Unser heutiger Begriff des »Ausländers« etwa entsteht überhaupt erst mit dem Nationalstaat. An der historischen Entwicklung des Phänomens Abschiebung lässt sich gerade dieser Prozess beobachten, und es wird deutlich, seit wann Abschiebungen in unserem Sinn existieren und aus welchen vor-nationalen Formen sie entstanden sind.

Verbannung als Strafe

Wer die konkrete Praxis der Ausweisung von Individuen zu ihren Wurzeln zurückverfolgt, stößt auf das Phänomen, dass sie in früheren Zeiten nicht nur Ausländer oder »Fremde« betraf, sondern vor allem Einheimische, in unserer heutigen Terminologie also »Inländer«. Das stellt den wichtigsten Unterschied zur heute üblichen Abschiebepraxis dar, gleichwohl hat diese darin ihren Ursprung.

In der Antike gab es etwa die Verbannung. Die Parallele zur modernen Abschiebung besteht darin, dass einzelne Menschen ihr Lebensumfeld gegen ihren Willen verlassen mussten. Allerdings wurden dabei Bürger des eigenen Staates oder der eigenen Stadt ausgewiesen. Durch das »Scherbengericht« konnten im Athen des klassischen Altertums Politiker oder Adlige, die im Verlauf von Machtkämpfen unterlegen waren, aus ihrer Heimatstadt vertrieben werden.[5]

Ähnlich verhält es sich mit der Verbannung im antiken Rom, die anfangs eine Alternative zur Todesstrafe darstellte. Der verurteilte römische Bürger konnte wählen: Tod oder Exil. Erst später wandelte sie sich im römischen Imperium zu einer eigenständigen Strafe. Es gab die lebenslängliche Verbannung, aber auch die befristete, bei der der Verbannte sein Bürgerrecht und sein Vermögen behalten konnte. Wie auch in Athen bestrafte man damit gerne Politiker, die man beschuldigte, Regimefeindliches im Schilde zu führen, und dann auf eine Insel ins Exil schickte – zum Beispiel nach Kreta oder Sardinien.[6] In dieser Tradition stehen auch das Exil Napoleons auf Elba oder die Ausweisung Wolf Biermanns aus der DDR. Zwar existiert diese Form der Verbannung in demokratischen Gesellschaften nicht mehr, doch der Begriff *deportatio* hat bis heute überlebt. Im englischsprachigen Raum ist im Zusammenhang mit Abschiebung von *deportation* die Rede. Die Verbannung war im Altertum allerdings nicht zuletzt deshalb als Strafe verbreitet, weil es damals kein Gefängnissystem gab. Das gilt auch für das Mittelalter und die frühe Neuzeit. Die Ausweisung stellte eine Möglichkeit dar, Straftäter zu bestrafen, ohne gleich auf damals übliche, rabiatere Strafmethoden wie die körperliche Verstümmelung zurückgreifen zu müssen.

Auch wenn schon im Frühmittelalter Individuen aus der Gemeinschaft ausgeschlossen werden konnten, entwickelte sich erst ab dem 12. und 13. Jahrhundert der Stadtverweis »zu einer massen-weise angewandten Sanktion«.[7] Und diese Praxis ist ein Zeichen der »Modernisierung«. Weil die soziale Kontrolle, wie sie inner-halb eines Dorfes möglich war, in der Stadt nicht mehr greifen konnte, trat an ihre Stelle die Kontrolle durch die städtische Ob-rigkeit. Die meisten Diebe wurden mit der Ausweisung aus der Stadt bestraft. Zwischen 1698 und 1712 wurden in Köln 108 von 186 Turmgefangenen der Stadt verwiesen.[8] Dabei spielte es keine Rolle, ob es sich bei dem Straftäter um einen Bürger der Stadt han-delte oder nicht. Bei dem genannten Beispiel waren die ausgewie-senen Delinquenten nur zu einem Viertel Auswärtige. Die meis-ten, die aus der Stadt getrieben wurden, lebten schon länger in Köln oder waren dort sogar geboren.[9]

Solche Ausweisungen dienten eher der Herrschaftsausübung und weniger der Markierung eines Unterschieds zwischen Einhei-mischen und Fremden. Das lag nicht etwa daran, dass in den Städ-ten ganz überwiegend Einheimische gelebt hätten. Im Gegenteil: Die Bevölkerung der deutschen Städte bestand in der frühen Neu-zeit zu einem großen Teil aus Zugezogenen. Sowohl unter den Fa-milien, die in den Bürgerbüchern eingetragen waren, als auch unter den Nicht-Bürgern – vom Lehrling bis zum Hauspersonal – war der Anteil der Einwanderer hoch. Die Migrationsrate lag oft über unserem heutigen Niveau. In der Stadt Göttingen kam es nach 1718 sogar zur »gewohnheitsmäßigen Schenkung des Bürger-rechts an jedermann«.[10] Die Ausweisung schloss jemanden aus der Stadtgesellschaft aus – unabhängig davon, ob er oder sie als »einheimisch« betrachtet wurde oder nicht.

Aus dem beschriebenen Stadtverweis entwickelte sich später der Landesverweis. Im Strafrecht gab es seit dem 15. Jahrhundert un-terschiedliche Formen des Landesverweises: zeitlich begrenzt (was in der Praxis aber auch bedeuten konnte, dass der des Landes Verwiesene lediglich sein Haus nicht verlassen durfte) oder auf »ewige Dauer«. Damit wurden Fälscher, Aufrührer, notorische Ehebrecher und Diebe, aber auch Totschläger bestraft.[11]

Um die Strafe bekannt zu machen und die Verurteilten von der

Rückkehr abzuhalten, wurden diese vor ihrer Ausweisung häufig am Pranger oder auf der Schandbühne entehrt und geschlagen. Wer trotzdem wiederkam, dem ließen manche Landesherren ein Brandmal auf den Rücken brennen – in Mainz zum Beispiel ein »M«[12] – oder Daumen, Zeige- und Mittelfinger abhacken. In der Praxis kam das aber selten vor. Umgekehrt konnten Ausgewiesene häufig mit der Obrigkeit über ihre Rückkehr verhandeln. Viele kehrten unerlaubt zurück, ihre Familien deckten sie, und das wurde von der Obrigkeit geduldet, solange sie sich unauffällig verhielten.[13] Die Kölner Turmbücher berichten zum Beispiel von einer Anna Margaretha Deuberg, die um 1700 herum viermal aus der Stadt gewiesen wurde und jedes Mal wiederkam. Zuletzt gab sie an, nun mit einem Soldaten verheiratet zu sein, und das war vielleicht der Grund, weshalb man sie schließlich in der Stadt leben ließ.[14]

Wer sein Haus und seine Heimat verlassen musste, hatte in der Regel nichts mehr zum Leben und war häufig gezwungen zu stehlen, was neue Probleme verursachte. Das war den Stadt- wie den adligen Landesherren bewusst und deshalb drückten sie häufig ein Auge zu, wenn jemand zurückkehrte. Vor allem aber bedeutete die Praxis des Landesverweises, dass sich die Landesherren gegenseitig ihre Straftäter zuschoben und damit die Kriminalität nur noch förderten. Der Göttinger Theologe und Orientalist Johann David Michaelis kritisierte im Jahr 1775, der Landesverweis diene nur dem Austausch »von Bösewichtern gegen Bösewichter, die außerhalb ihres Vaterlandes aus Mangel eines Gewerbes noch schlimmer werden, als sie vorher waren«.[15] Die Ausweisung produzierte neue Kriminalität. Das Wort »Bandit« stammt bezeichnenderweise vom italienischen *bandire* (verbannen) und wurde ursprünglich für jene Menschen verwendet, die von der Obrigkeit aus der Stadt verbannt wurden. Die Verweisungspraxis löste nicht nur keine Probleme, sondern sie schaffte »eine Art Perpetuum Mobile vagantischer Armut«.[16]

Ihre Wurzeln hat die heutige Abschiebung also in einer Herrschaftspraxis, in der Folter und Todesstrafe üblich waren, Ausweisungen allerdings bevorzugt wurden. Sie waren als Strafe »milder«, flexibler und billiger als der Henker. Mit dem Bau von Zuchthäusern änderte sich jedoch die Strafpraxis, und die Obrigkeiten wiesen ihre eigenen Untertanen immer seltener aus: In Deutschland entwickelte sich der Landesverweis im Laufe des 18. Jahrhundert von der Regel zur Ausnahme.

In der beschriebenen historischen Epoche wurden also – anders als heute – vor allem Einheimische ausgewiesen. Das war zum einen der Fall, weil das vordemokratische Selbstverständnis dieser Zeit es der Obrigkeit erlaubte, auch die eigenen Untertanen aus ihrem Machtbereich zu entfernen, und weil zum anderen der Landesverweis als legitime Strafe verstanden wurde. Er erübrigte sich für die Einheimischen in dem Maße, wie sich das System der Gefängnisstrafen durchsetzte, und blieb damit nur noch für Ausländer erhalten, für die fortan beide Strafsysteme galten. Deren Ausweisung bedeutete nun, dass sie doppelt bestraft wurden, während mit der Herausbildung von Nationalstaaten und der Institution der modernen Staatsbürgerschaft die Vorstellung, eigene Bürger aufgrund ihrer Straffälligkeit abschieben zu können, zugleich immer häufiger ad acta gelegt wurde. Am Ende dieser Entwicklung war so eine Abschiebung rechtlich nicht mehr möglich. Aber gerade weil es uns heute undenkbar erscheint, einen Inländer aus dem Land zu werfen, könnte es uns in Zukunft auch überholt erscheinen, dies mit Ausländern zu tun.

Dies gilt insbesondere, wenn man bedenkt, dass viele der heute aus Deutschland abgeschobenen ausländischen Straftäter hier aufgewachsen, also von ihrer Sozialisation her Inländer sind. Die Parallele zu früheren Epochen besteht darin, dass der heutige Staat einen Teil der eigenen Bevölkerung physisch ausschließt und Menschen, die erst auf seinem Territorium zu Straftätern wurden, ähnlich wie die damaligen Landesfürsten, anderen Ländern aufhalst. Und genauso wie damals zeugt dies vom Scheitern der Prävention und dem Verschieben von sozialen Problemen. Dasselbe gilt für die Ausweisung von Armen, die ebenfalls in der frühen Neuzeit auftaucht.

»Bettelschub« oder einfach »Schub« bedeutete damals »die massenhafte Zwangsbeförderung oder Abschiebung von Bettlern und Nichtsesshaften zurück in ihre Heimatorte«.[17] Im Mittelalter war es noch üblich, umherziehende Bettler ein paar Tage im Dorf zu versorgen, bevor sie weiterziehen mussten. Frauen und Männer, die das nicht konnten, weil sie alt oder invalide waren, wurden auf dem Pferdewagen zum nächsten Ort gebracht, wo die Bevölkerung sie wiederum für ein paar Tage unterbrachte und ihnen zu essen gab. Man sah darin einen Ausdruck christlicher Nächstenliebe.

Verboten wurde das Betteln von »Fremden« im Heiligen Römischen Reich Deutscher Nation erst in der Reichspolizeiordnung von 1530. Besonders in Preußen und Österreich wurden später im Rahmen groß angelegter Aktionen ortsfremde Bettler und Vagabunden abgeschoben, Rheinländer und Bayern zum Beispiel mussten deswegen das schlesische Bunzlau verlassen. Das heißt: »Deutsche« wurden damals als »Fremde« vom Machtbereich der einen »deutschen« Obrigkeit in den einer anderen »deutschen« Obrigkeit abgeschoben. Ihr Deutschsein verhinderte damals nicht, dass sie innerhalb der »deutschen Lande« beziehungsweise im 19. Jahrhundert innerhalb des »Deutschen Bundes« als Ausländer behandelt wurden, wenn sie sich außerhalb ihres Heimatterritoriums befanden.

Das praktische Problem bei diesen »Bettelschüben« bestand darin, dass die jeweiligen Nachbarterritorien nicht bereit waren, die abgeschobenen Armen aufzunehmen. Manchmal wurden die Leute daher von einem Ort zum anderen hin- und hergeschoben, oft über beträchtliche Entfernungen hinweg – zum Beispiel von Österreich nach Fürth und wieder zurück. Und die Obrigkeiten wussten auch, »dass die Fahrenden meist fingierte, zumeist weit entfernte Geburtsorte angaben, und nur darauf warteten, während des Schubs auszurücken«.[18]

Diese Abschiebepraxis war ein Ergebnis der Tatsache, dass seit dem Spätmittelalter der Geburtsort für die Unterstützung von Armen zuständig sein sollte. Die Armut war dabei ein allgegenwärtiges Phänomen. In der Stadt Trier lebte am Anfang des 17. Jahrhunderts jede vierte Familie von Almosen. Von der Politik, »fremde« Arme auszuweisen, waren umherziehende »Bettel-Juden« und »Zigeuner« besonders betroffen.[19]

Nachdem zunächst 1842 innerhalb Preußens und später dann im gesamten Gebiet des Deutschen Reichs das Wohnsitzprinzip eingeführt wurde, war die Abschiebung von armen Deutschen im Prinzip nicht mehr möglich. Der Historiker Andreas Gestrich weist darauf hin, dass die Einschränkung der Freizügigkeit von Armen innerhalb Deutschlands trotzdem weiter existierte. Die Gemeinden versuchten nämlich, die Bedürftigen loszuwerden, bevor sie in der Stadt anspruchsberechtigt wurden. Von 1872 bis 1877 wies zum Beispiel die Obrigkeit in Aachen 205 Arme aus, bevor die Zweijahresfrist verstrichen war, nach der die Stadt für ihre Unterstützung verantwortlich gewesen wäre. Die Kölner Obrigkeit schob im Jahr 1875 die 66-jährige, kranke Hausiererin Therese Keppler nach Wermelskirchen ab und stritt mit der Frau vor Gericht darum, dass sie den Taler, den sie für die »Heimreise« bekommen hatte, zurückerstatten müsse. Es ging nicht um den Betrag, sondern ums Prinzip. Während Köln schließlich unterlag, bekam die Stadt Düsseldorf vor Gericht Recht, als sie einen Bettler als »lästige Person« nach Wuppertal-Elberfeld abschob.[20]

So wie die Stadtverweise nahmen auch die Landesverweise ab Mitte des 19. Jahrhunderts drastisch ab. Dennoch führten manche deutsche Städte selbst nach der Reichsgründung 1871 noch Ausweisungen von Deutschen in andere Bundesstaaten durch, und zwar durch die Polizei. Das war eigentlich nicht zulässig, aber es wurde am Ende des 19. Jahrhunderts toleriert.[21]

Was mit der Einsperrung in Gefängnissen als Alternative zur Ausweisung begonnen hatte, fand seinen Abschluss schließlich mit der Konsolidierung des Nationalstaats und der parallel verlaufenen Entwicklung von Staatsbürgerrechten. Abschiebungen sind von nun an untrennbar mit der Unterscheidung zwischen »Inländern« und »Ausländern« verbunden. Entscheidend war nun die Staatsangehörigkeit beziehungsweise die so verstandene »Nationalität«.

Ausweisungsverträge konstituierten im 19. Jahrhundert erste Formen deutscher Staatsangehörigkeit. Der Historiker Dieter Gosewinkel hat nachgezeichnet, wie unterschiedlich und auch zeitversetzt sich die Ausformung und Durchsetzung der territorial definierten Staatsangehörigkeit in den verschiedenen Mitgliedsstaaten des Deutschen Bundes vollzog, und herausgearbeitet, dass eine »Nationalisierung« infolge der Revolution von 1848 und der Reichsgründung 1871 erst in der zweiten Hälfte des 19. Jahrhunderts erfolgte. Von Anfang an jedoch wurden eingesessene Juden in den Staatsbürgerverband aufgenommen bei gleichzeitiger Abwehr neu zuziehender Juden.[22]

Als noch verschiedene deutsche Territorialstaaten existierten, war auch die Frage ein Politikum, zu welchem dieser Staaten ein Deutscher gehörte und wohin er ausgewiesen werden konnte. So wurde im Jahr 1850 der in Frankfurt geborene Heinrich Müller, der ein unehelicher Sohn einer Nassauerin war, in das Herzogtum Nassau abgeschoben, dort aber nicht als nassauischer Untertan anerkannt und wieder nach Frankfurt zurückgeschickt.[23] Wer zur Nation gehören sollte, war in der zweiten Hälfte des 19. Jahrhunderts auch die entscheidende Frage in der Politik gegenüber den Dänen in Nordschleswig, die einerseits wiederholt von Ausweisungen betroffen waren, denen aber andererseits Aufenthaltsrechte zugestanden wurden, wenn sie ihre Loyalität gegenüber Preußen nachwiesen.[24] Erst mit der Herausbildung eines deutschen Nationalstaats und der bürgerlichen Rechte konnten Deutsche nicht mehr gezwungen werden, ihren deutschen Aufenthaltsort zu verlassen.

Abgeschoben werden konnte jetzt nur noch, wer Ausländer war, und die Möglichkeit, Nicht-Staatsbürgern die Aufenthaltserlaubnis zu entziehen, galt als wesentliches Merkmal staatlicher Souveränität. In der Praxis waren von Ausweisungen und Abschiebungen meist Ausländer betroffen, die wegen einer Straftat im Gefängnis gesessen hatten oder wegen Landstreicherei ins Arbeitshaus gekommen waren. Auf unerlaubte Rückkehr standen wiederum Haftstrafen. Von den etwa 600 Ausländern, die 1889 aus dem Deutschen Reich abgeschoben wurden, waren die allermeisten wegen Bettelei oder Landstreicherei verurteilt worden, also vorwiegend arme Leute. In dieser Zeit schoben sich zum Beispiel die Niederlande und das preußische Rheinland immer wieder Menschen zu, die dann mittellos waren, betteln mussten und deshalb erneut über die Grenze geschickt wurden.

Bis 1899 konnte die örtliche Polizei Ausländer ohne Gerichtsbeschluss abschieben – danach war das »nur« noch gegenüber polnischen Saisonarbeitern, Vagabunden und Sinti und Roma zulässig, was die Konstruktion rassistischer Kategorien offenbart.[25] Ebendiese Gruppen waren nach der Gründung des deutschen Nationalstaates besonders von Abschiebungen bedroht. In den achtziger Jahren des 19. Jahrhunderts sollten auch einheimische Sinti und Roma nachweisen, dass sie deutsche Staatsangehörige sind; das Ziel bestand dabei darin, sie sesshaft zu machen. Das heißt, sie sollten ihre Zugehörigkeit auf eine Nation begrenzen, sollten nur *deutsche* »Zigeuner« sein und ihre transnationale Lebensweise einstellen. Wem das nicht gelang, der konnte ausgewiesen werden. Ebenso fand in Ostpreußen eine Massenausweisung von etwa 32.000 Polen österreichischer und russischer Staatsangehörigkeit statt, von denen ein Drittel jüdisch war.[26] Das Ergebnis der nationalistisch aufgeladenen Debatte um die von der Wirtschaft durchaus benötigten polnischen Arbeiter war ein Saisonarbeitermodell, das ihr jährliches Aufenthaltsrecht auf zehn Monate beschränkte und ihre langfristige Niederlassung verhindern sollte.

Im Vergleich dazu war in Großbritannien die Abschiebepraxis gegenüber Ausländern weniger rigide. Selbst nach dem Krieg gegen Napoleon wurden pro Jahr nur fünfzig Abschiebungen durchgeführt. Während in den Staaten des Deutschen Bundes Ausländer ihren Aufenthalt genehmigen lassen mussten, wurde in Großbritannien die Aufenthaltserlaubnis 1826 abgeschafft.[27] Ab 1836 konnten Einwanderer, die mindestens drei Jahre in Großbritannien lebten, nicht mehr ausgewiesen werden, selbst wenn sie straffällig wurden. Auch nachdem man 1905 infolge der verstärkten Einwanderung aus Osteuropa die legale Einreise erschwerte, wurden Migranten nur selten – und dabei meist wegen Armutsdelikten – abgeschoben.[28] Arme hingegen, die Briten waren und um Unterstützungsleistungen baten (darunter viele Iren), wurden, ähnlich wie im deutschen Raum, innerhalb Großbritanniens in ihre Herkunftsgemeinden abgeschoben.[29]

Nur in den Niederlanden wurden nicht einmal die umherziehenden »inländischen« Bedürftigen in ihre Heimatgemeinde zurückgeschickt. Es genügte, wenn der Geburtsort die Armenhilfe für jemanden bezahlte, der sie an einem anderen Wohnsitz in Anspruch nahm. Ausländer konnten nach einigen Jahren ein dauerhaftes Aufenthaltsrecht erhalten. Das Fremdengesetz von 1840 sah aber die Abschiebung für Ausländer vor, die straffällig wurden oder verarmten. Auch in Frankreich wurden einheimische Vagabunden zwar bekämpft, aber nicht unbedingt innerhalb Frankreichs von einer Region in eine andere abgeschoben. Die französische Obrigkeit internierte sie eher oder zog sie zum Kriegsdienst ein. Gegen Ende des 19. Jahrhunderts nahm in Westeuropa die Abschiebung von Ausländern schließlich zu. Sowohl in Frankreich als auch in Preußen waren davon jährlich zwischen 3000 und 4000 Menschen betroffen.[30]

»Das staatliche Recht, die aus irgendeinem Grund ›lästig‹ fallenden oder als ›schädlich‹ empfundenen Fremden aus den eigenen Gebieten zu entfernen, wurde zum zentralen Regulierungsinstrument des Kaiserreichs«, so Dieter Gosewinkel, »je nachdrücklicher das deutsche wie auch das internationale Recht den Grundsatz des Verbots einer Ausweisung eigener Staatsangehöriger (In-länder) durchzusetzen begann, desto mehr fiel der Gegensatz zur Praxis der Ausweisung von Ausländern ins Gewicht.«[31] Die Ausweisung von Ausländern stellte also das Pendant zum Verzicht der Ausweisung der eigenen Bürger dar, der sich historisch vollzogen hatte.

Einzig die Habsburger Monarchie, die eben kein Nationalstaat war, fuhr bis zur Jahrhundertwende damit fort, massenhaft eigene Staatsangehörige innerhalb ihres Herrschaftsgebietes abzuschieben. Restriktive Gesetze in der zweiten Hälfte des 19. Jahrhunderts sorgten dafür, dass ein großer Teil der Bevölkerung Wiens kein Heimatrecht besaß und im Fall von Arbeitslosigkeit und Verarmung gezwungen werden konnte, die Stadt zu verlassen: Seit Anfang des 19. Jahrhunderts fanden zu regelmäßigen Terminen Massenabschiebungen innerhalb des habsburgischen Hoheitsgebiets statt. Von den etwa 12.000 »Schüblingen« der Jahre 1846 bis 1849 wurden die meisten nach Böhmen und Ungarn gebracht. Noch bis 1910 wurden jährlich etwa 5000 Menschen innerhalb Österreich-Ungarns gegen ihren Willen an ihren Geburtsort zurückgeschickt.[32]

Daneben gab es im 19. Jahrhundert noch eine andere Form der faktischen Abschiebung eigener Staatsangehöriger, die in Russland, Großbritannien und Frankreich praktiziert wurde. Die Rede ist von Deportationen nach Sibirien beziehungsweise in die britischen oder französischen Kolonien. Aus England, Wales und Irland wurden zum Beispiel bis in die Mitte des 19. Jahrhunderts mehr als 150.000 Menschen nach Australien verschifft.[33] Die deutschen Obrigkeiten beneideten diese Staaten um die Möglichkeit, eigene Staatsbürger abzuschieben, schließlich gab es damals noch keine deutschen Kolonien. Dennoch versuchte man, unter der Hand auch Deutsche aus Europa fortzuschaffen. Preußen ließ zum Beispiel 1802 mit Hilfe der russischen Behörden achtundfünfzig deutsche Verbrecher nach Sibirien bringen, die aber flüchteten und zurückkehrten. Ähnliche Gruppenabschiebungen fanden auch in Württemberg und Hamburg statt, wo Straftäter nach

Brasilien und Amerika gehen mussten – offiziell handelte es sich um Auswanderer, die aber von den deutschen Behörden dazu gedrängt worden waren, das Land zu verlassen. Die amerikanischen Behörden bekamen davon Wind und beschwerten sich über diese Praxis.[34] Seit Ende des 19. Jahrhunderts propagierten schließlich konservative Kreise die Idee, deutsche Straftäter, Landstreicher, »Zigeuner« und auch Sozialdemokraten in die mittlerweile eroberten deutschen Kolonien abzuschieben. Eine entsprechende »Deportationsresolution« scheiterte jedoch 1908 im Reichstag.[35]

Die ersten abgeschobenen Asylsuchenden waren Mitteleuropäer

Zu den Armen und Straffälligen war nach der Französischen Revolution eine weitere Gruppe hinzugekommen, die besonders von Abschiebung bedroht war: die politischen Flüchtlinge. Die USA und Großbritannien waren im 19. Jahrhundert die einzigen Staaten, die faktisch jeden politischen Flüchtling aufnahmen. Da es in den Vereinigten Staaten für Europäer bis 1921 – mit Ausnahme der Zeit von 1798 bis 1802 und dem gegen Anarchisten gerichteten Gesetz von 1901 – keine Einwanderungsbeschränkungen gab, konnten zum Beispiel Deutsche, die an der gescheiterten Revolution von 1848 teilgenommen hatten, im Strom der übrigen Einwanderer eine Zuflucht finden, die ihnen andere europäische Staaten oft verwehrten. Die deutschen Obrigkeiten drängten deutsche Revolutionäre sogar dazu, indem sie ihnen die Begnadigung in Aussicht stellten, wenn sie nach Amerika auswanderten. Ebenso verfuhren Preußen und Österreich mit aufständischen Polen.

Überhaupt zeichneten sich die deutschsprachigen Staaten durch eine harte Position aus, die Ausdruck ihrer Abwehrhaltung gegenüber der Demokratie war. 1832 verpflichteten sich die Mitgliedsstaaten des Deutschen Bundes zur gegenseitigen Auslieferung politischer Flüchtlinge. Auch Preußen, Österreich und Russland schlossen mit Blick auf aufständische Polen entsprechende Verträge ab.

Der heutige Begriff des politischen Asyls entstand erst Ende des 18. Jahrhunderts im Zuge der Amerikanischen und dann der Französischen Revolution. Im Zentrum stand dabei die Frage, ob es aus demokratischer Sicht legitim sei, einen politischen Straftäter auszuliefern, wenn er seine Taten im legitimen Kampf gegen einen Despoten verübt hatte. Die politische Haltung, die ein Land gegenüber Autokratie, Revolution oder Restauration einnahm, war damit auch entscheidend für seine Haltung in Auslieferungsfragen. Erst nach dem Revolutionsjahr 1830 kam es in Europa zu ersten rechtlichen Verankerungen des politischen Asyls. In Frankreich und Belgien wurden Gesetze verabschiedet, die politische Flüchtlinge vor Auslieferung schützten. Frankreich nahm zum Beispiel Tausende Polen auf. Die Schweiz führte die individuelle Prüfung ein und wurde zu einem nahen Rückzugsgebiet für deutsche Exilanten. Die Flüchtlinge wurden in diesen Ländern allerdings überwacht, ihre Bewegungsfreiheit war eingeschränkt, und sie waren verpflichtet, sich »still« zu verhalten. Wer sich im Aufnahmeland politisch betätigte, riskierte die Ausweisung oder wurde zur Weiterreise gedrängt. Das politische Asyl war kein individuelles Recht, sondern eine Gnade des Staates. Nach 1848 schränkten auch die asylfreundlichen Staaten in Europa ihre Praxis immer mehr ein, weil sie soziale Revolutionen fürchteten, denn von den »48ern« wurde nicht nur die Monarchie infrage gestellt, sondern auch die Kluft zwischen Arm und Reich.[36]

Abschiebepolitik als modernes Phänomen

Die Abschiebung von Armen, aber auch von Straftätern und Asylsuchenden kulminierte in einer Ausgrenzungspraktik, die dann allerdings erst im 20. Jahrhundert in eine regelrechte Abschiebepolitik mündete, wie wir sie heute kennen. Dies offenbart vor allem der Vergleich zwischen Großbritannien und Deutschland.

Der britischen Tradition widersprach es eigentlich, Einwanderer abzuschieben. Höchstens als Reaktion auf Revolutionen in Kontinentaleuropa kam es vereinzelt zu politisch motivierten Abschiebungen. Doch selbst die Briten führten 1905 ein Ausländergesetz ein, das vor allem anhand sozioökonomischer Kriterien definierte, wer als »unerwünscht« zu gelten hatte, und das die Abschiebung solcher Personen vereinfachte. Dies war eine Reaktion auf die Einwanderung jüdischer Flüchtlinge, die in Russland Opfer von Pogromen geworden waren. In der Praxis waren aber eher Matrosen aus den Kolonien in Afrika und Asien oder deutsche Sinti und Roma von Abschiebungen betroffen. Und es blieb bei Ausnahmen. Bis in die Mitte des 20. Jahrhunderts fanden Abschiebungen auf den britischen Inseln im größeren Stil nur während des Ersten und Zweiten Weltkriegs statt, als »feindliche Ausländer« das Land verlassen mussten.[37]

Erst in den siebziger Jahren wurden Abschiebungen zum regulären und alltäglichen Bestandteil auch der britischen Politik. Sie gingen mit Einreisebeschränkungen für Bürger ehemaliger Kolonien einher, was faktisch bedeutete, dass dunkelhäutige Menschen einfacher abgeschoben werden konnten. Unter der Regierung Thatcher wuchs schließlich nicht nur die Kluft zwischen Arm und Reich, sondern es wurden auch immer mehr Abschiebungen durchgeführt. Die Konservativen schränkten die Möglichkeiten ein, gegen Abschiebungen zu klagen, und sorgten dafür, dass sich deren Zahl vervielfachte. Für die Soziologinnen Alice Bloch und Liza Schuster verwandelten sich Abschiebungen damit vom Ausnahmeinstrument zur Regel: »Beim Versuch, Kontrolle über Grenzen zu erlangen, deren Öffnung kurz zuvor noch gefeiert wurde, installieren Regierungen ein Regime, das einst nur in Kriegszeiten möglich gewesen wäre, das heutzutage aber als ›normal‹ angesehen wird, als Teil einer alltäglichen Erfahrung, die Hunderttausende Menschen in Europa machen.«[38]

Für Deutschland ist im Grunde bereits Anfang des 20. Jahrhunderts eine Veränderung zu beobachten, die sich in Großbritannien erst in der Nachkriegszeit vollzogen hat und die mittlerweile für jedes Abschiebeland charakteristisch ist. Neben den nationalistisch-rassistischen Diskursen, in die Abschiebungen eingebettet sind, ist erkennbar, dass ein enger Zusammenhang zwischen Ausbeutung und der Möglichkeit der Abschiebung besteht. In Deutschland lässt sich das anhand des Umgangs mit polnischen Migranten veranschaulichen.

Die polnischen Arbeiter aus Galizien und Russland wurden im Osten des Deutschen Reiches gebraucht, ihre Zahl nahm stetig zu, sie sollten aber im Winter zurück- und im Frühling wiederkehren. Die jährliche Zwangsrückführung sollte »den ausländischen Arbeitern und auch der einheimischen Bevölkerung immer wieder zum Bewusstsein bringen, dass sie nur geduldete Fremdlinge seien und ihre dauerhafte Sessbarmachung ausgeschlossen sei«.[39] Falls sie streikten, konnte man sie als »lästige Ausländer« abschieben.[40] Während des Ersten Weltkrieges wiederum wurden sie zur Arbeit gezwungen und daran gehindert, Deutschland zu verlassen. Nach Kriegsende schleusten die deutschen Behörden Zehntausende polnische Arbeiter gegen den Willen des polnischen Staates illegal nach Deutschland ein. Und 1925, als sie nicht gebraucht wurden, schob das preußische Innenministerium 50.000 SaisonarbeiterInnen ab.[41] Die Abschiebedrohung sollte sowohl die Mobilität der migrantischen Arbeiter als auch deren politische Artikulation kontrollierbar machen. So wurde etwa der niederländische Arbeiter Johann Geusendamm, ein Kommunist, aufgrund seiner Beteiligung an einem Streik in einer Stuhlrohrfabrik in Bremen 1908 der Stadt verwiesen. Seine Ausweisung wurde zum Politikum, weil man sie als Angriff auf die organisierte Arbeiterschaft wahrnahm. Der sozialdemokratische Abgeordnete Hermann Rhein kritisierte in einer Debatte der Bremischen Bürgerschaft zum Fall Geusendamm den Klassencharakter der Ausweisungspraxis: »Dann möchte ich eingehen auf die Behandlung der Ausländer. Natürlich handelt es sich um Ausländer, die Arbeiter sind. Denn wenn Besitzende nach Bremen kommen, dann ist es klar, dass die eine Belästigung durch die Polizei nicht zu erfahren haben.«[42]

Zwar wurde in der Weimarer Republik die Ausweisung von Ausländern genauer geregelt – wobei die entsprechenden Gesetze dem dezidierten Ziel dienten, eine »unerwünschte Zuwanderung von ausländischen Arbeitnehmern« zu verhindern[43] –, praktisch jedoch wirkte die im Kaiserreich eingeführte Kategorie der »Lästigkeit« fort. Ein Landgerichtsrat formulierte im Jahr 1923 treffend: »Eine erschöpfliche Aufzählung der Ausweisungsgründe ist in Preußen noch weniger möglich als anderwärts [...]: der Ausländer kann abgeschoben werden, wenn er sich ›lästig macht‹, ›unliebsam‹, ›unerwünscht‹ ist.«[44]

Wie das in der Praxis aussehen konnte, verdeutlicht das Beispiel von Peter Makembe. Der Kameruner weigerte sich im April 1926, eine unterbezahlte Anstellung auf einer Messe in Düsseldorf anzunehmen. Alfred Mansfeld, Geschäftsführer der Deutschen Gesellschaft für Eingeborenenkunde, befand, »dass man es diesen Negern nicht überlassen kann, welche Arbeit ihrer sozialen Stellung entspricht, sondern dass sie eben ein Angebot, welches ihnen gemacht wird, anzunehmen haben«. Makembe war anderer Meinung, es kam zu Handgreiflichkeiten, und Mansfeld beantragte die Abschiebung. Zwei Jahre später wurde Peter Makembe tatsächlich abgeschoben. Durchgeführt wurde die Abschiebung von der ehemaligen Kolonial-Schifffahrtslinie Woermann. Bei einem Zwischenstopp in Rotterdam konnte Makembe aber flüchten.[45]

Schon die Aufenthalts- und Zuzugsbeschränkungen Preußens von 1919 hatten zudem eine antisemitische Stoßrichtung. Sie sollten die Abschiebung von »Ostjuden« erleichtern, gegen die sich die antisemitische Propaganda vor allem richtete. Zu diesem Zweck wurde das erste deutsche Abschiebegefängnis eingerichtet, das von 1920 bis 1924 in Ingolstadt betrieben wurde. In der Weimarer Republik konnten die Behörden, anders als heute, nach freiem Ermessen ausweisen. Die Möglichkeit, dagegen vor Gericht zu klagen, gab es nicht: Zwar war gesetzlich geregelt, dass ein längerer Aufenthalt in Deutschland einer Abschiebung entgegenstand, dies galt jedoch nicht bei »Lästigkeit«.[46]

Mit der Machtübernahme der Nationalsozialisten waren Abschiebungen dann ein bewusst eingesetztes Element der beginnenden Entrechtung der Juden, die schließlich im Völkermord endete. Schon 1933 wies Reichsinnenminister Wilhelm Frick die Länderregierungen in einem Runderlass an, zur »Einleitung einer bewußt völkischen Politik […] gegen Ausländer ostjüdischer Nationalität, die sich unbefugt im Inland aufhalten, im Rahmen der bestehenden Gesetze und Staatsverträge mit Ausweisungsmaßnahmen vorzugehen«.[47] In der Folge wurden dann die »bestehenden Gesetze« im Sinne einer solchen Politik geändert: Die Ausländerpolizeiverordnung von 1938 legitimierte die »fast jederzeit mögliche Abschiebung«.[48] Im Zuge der Reichspogromnacht kam es in diesem Jahr zu einer völkerrechtlich unzulässigen Massenausweisung von bis zu 17.000 polnischen Jüdinnen und Juden. Diese erhielten »im Deutschen Reich ab dem 27. Oktober 1938 einen Ausweisungsbefehl, wurden verhaftet und mit größter Eile entweder zu Fuß oder in Sammeltransporten über die polnische Grenze abgeschoben«.[49]

Die kollektive Ausbürgerung von jüdischen Deutschen nach biologistischen Kriterien und ihre drohende Ausweisung machten schließlich die Emanzipation der deutschen Juden im 19. Jahrhundert und ihre schrittweise Gleichstellung als Staatsangehörige der Mitgliedsstaaten des Deutschen Bundes und später des Deutschen Reichs, mit der sie den jahrhundertelang geltenden Status des abschiebbaren »Fremden« verlassen hatten, rückgängig. Der Nazi-Terror ging jedoch darüber hinaus. Mit den Deportationen und dem Holocaust hatten Abschiebungen ihre Funktion verloren. Millionen ausländischer, vor allem osteuropäischer Zwangsarbeiter wurden nach Deutschland verschleppt, und die deutschen und europäischen Juden wurden ebenso wie Sinti und Roma systematisch ermordet. Wo Völkermord und Vertreibungen stattfinden, sind Abschiebungen obsolet. Genau das unterscheidet sie von solchen Verbrechen, gleichwohl stehen sie in einer ideologischen Kontinuität.

Der Blick auf die Geschichte der Abschiebung hat eben deshalb auch politische Implikationen. Aus der Tatsache, dass es in der Vergangenheit ethnische Vertreibungen gegeben hat, ziehen wir nicht den Schluss, dass es sie auch in Zukunft geben muss. Im Gegenteil, unser Ziel ist es, dass sich solche Dinge nicht wiederholen. Aus demselben Grund müssen wir auch ein Ende der Abschiebungen anstreben. Gerade weil Abschiebepolitik einen Anfang besitzt, weil sie im Zuge bestimmter historischer Entwicklungen geschaffen wurde, kann sie auch ein Ende finden, also abgeschafft werden. Und gerade weil ältere Formen der Verbannung oder Bestrafung heutzutage fremd, ja geradezu absurd anmuten, wirkt auch ein Ende von Abschiebungen realistisch.

Die entscheidende Erkenntnis ist in diesem Zusammenhang, dass auch nicht privilegierte Deutsche in früheren Epochen von den Obrigkeiten deutscher Territorien abgeschoben wurden. Und dass die Ausweisung und Verbannung von »inländischen« Straffälligen und Oppositionellen gängige und mittlerweile höchst befremdlich wirkende Herrschaftsmittel waren. Auch wenn Juden oder Sinti und Roma als Minderheiten besonders von Abschiebungen betroffen waren, wurden diese lange Zeit nicht nur als Instrument der ethnischen Ausgrenzung betrachtet.

Mit der Durchsetzung des ethnisch definierten Nationalstaates im 19. Jahrhundert werden Abschiebung und generell die Ausweisbarkeit zum Abgrenzungsmerkmal zwischen Inländern und Ausländern. Wer als »Fremder« zu gelten hat, wird damit überhaupt erst nach nationalen Kriterien definiert. Abschiebungen tragen als politische Praxis mit dazu bei, diesen Unterschied zu markieren und das »moderne Regime von Bürgerschaft« zu produzieren, konstatiert der kanadische Politikwissenschaftler William Walters; sie seien dem modernen Begriff des Bürgers »immanent«.[50]

Die Kopplung von Zugehörigkeit und sozialen und politischen Rechten an die Staatsbürgerschaft bedeutet dabei nicht nur, dass die »Inländer« vor Abschiebung geschützt sind. Sie ist vor allem Ausdruck eines Klassenkompromisses, in dem der Staat seinen *eigenen* Armen, Arbeitern, Aufrührern und Straffälligen – was oft miteinander zusammenhing – schließlich das *Recht auf einen Ort* zugestand, um es den ausländischen weiterhin vorzuenthalten. In gewisser Weise stellen Abschiebungen daher heute ein repressives Moment der Weltinnenpolitik dar. Sie wehren jene ab, die am Reichtum der globalen Wohlstandsregionen teilhaben wollen und denen das nicht zugestanden wird. So will man die soziale Verantwortlichkeit des Wohlfahrtsstaates begrenzen. In diesem Sinne hat sich damit das alte Armenrecht von der lokalen über die landesherrliche auf die nationale und heutzutage auf die internationale Ebene verlagert. William Walters schlägt vor, die Abschiebung von Ausländern in der Gegenwart als Instrument einer Art internationaler Bevölkerungspolitik zu betrachten.[51]

Bezogen auf die Globalisierung bedeutet das aber, dass Abschiebungen nicht nur Zuwanderung abwehren, sondern auch Menschen in den Zonen festhalten sollen, in denen billig für den Weltmarkt produziert wird. Während des Aufstiegs des Kapitalismus wurden vagabundierende Arbeiter und Arme nicht zuletzt deshalb einer zunehmenden Kontrolle unterworfen, weil sie an einen Arbeitsplatz gebunden werden sollten, so dass »aus mobilen und gefährlichen Massen Bürger einerseits und Ausländer und MigrantInnen andererseits« entstanden sind – »über die Integration der ›Einheimischen‹« ist auf diese Weise »die despotische Kontrolle der Arbeitskraft nunmehr auf die Ausländer verschoben« worden.[52]

Abschiebungen stehen für diese Form der Kontrolle. Das entscheidende Moment liegt aber nicht in dem Despotismus, der mit ihnen ausgeübt wird, sondern in der Verschiebung, den dieser erfahren hat: Der Kreis der Bürger, die vor Abschiebung geschützt sind, ist auch infolge historischer Kämpfe immer weiter gezogen worden: das Dorf, die Stadt, das Land, der Nationalstaat und mittlerweile die Europäische Union. Abschiebungen finden heute im globalen *Empire* statt und sind nur möglich, weil dessen Bürger (noch) nicht davor geschützt sind. Sie funktionieren in der globalisierten Welt so ähnlich wie die Landesverweise aus deutschen

Kleinstaaten, bevor eine neue politische Ordnung die Freizügigkeit in einem weiter gefassten Territorium garantierte. Der Weg zur Abschaffung der Abschiebung verläuft daher nicht allein über die Abschaffung des Despotismus, sondern über die Erweiterung der Polis.

Deniz und Enis Miftari

»Man kann sagen, dass wir uns wie Deutsche fühlen.«

Deniz Miftari und sein Bruder Enis sind zum Zeitpunkt des Interviews (Juni 2010) zwanzig und neunzehn Jahre alt. Sie sind in Blomberg im Kreis Lippe in der Nähe von Bielefeld aufgewachsen. Die beiden haben noch zwei Schwestern und einen kleinen Bruder. Zwei von ihnen sind taubstumm. Seit 1992 lebte ihre Familie in Deutschland, 2007 wurde sie abgeschoben.

Deniz: Wir wollten wirklich nicht hierhin. Deshalb haben wir uns versteckt. Zweieinhalb Monate sind wir untergetaucht. Wir haben mit dem Rechtsanwalt gesprochen, ob der was machen kann. Aber der konnte uns nicht weiterhelfen.

Dann haben wir uns bei einer Kirche gemeldet. Wir hatten gehört, wenn man in die Kirche geht und Asyl beantragen würde, das ginge noch. Also Flucht vor der Abschiebung. Aber die meinten, es sind zu viele Leute, wir haben leider keinen Platz. Also, was sollten wir machen? Wir hatten keine Wahl, außer dass die Kirche noch mal mit der Ausländerbehörde redet, dass wir uns freiwillig abschieben lassen können. Zwangsfreiwillig. Wir haben dann die Papiere unterschrieben, weil wir nicht mehr auf der Flucht sein wollten. Das ist ja auch keine Lösung.

Vorher mussten wir uns alle zwei Wochen melden, dass wir noch in der Stadt sind. Mein Vater ist da immer hingegangen, aber an dem Tag war er sehr krank, der ist Diabetiker. Er war im Krankenhaus. Da ist meine Mutter hingegangen und hat sich gemeldet, und da hat man ihr den Abschiebebescheid gegeben ...

Enis: ... also, dass wir uns fertig machen sollen, dass die uns abschieben wollen.

Deniz: Dafür hätten wir nur drei Tage Zeit, und innerhalb dieser drei Tage müssten wir bereit sein, dass wir in den Kosovo fliegen können. Dann haben wir meinem Vater Bescheid gesagt. Der war voll durcheinander. Wir wollten nicht in den Kosovo. Ich wusste nicht, was mich hier erwartet. Ich hab gedacht, es ist wie in Deutschland, dass man hier nur eine andere Sprache spricht, aber das ist nicht so.

Enis: Als wir in den Kosovo gekommen sind ... Okay, auf dem Flughafen, das ging noch so. Aber dann? Da hab ich gedacht, wo bin ich gelandet? Der ganze Müll, die Leute hier ...

Deniz: Am Flughafen war's noch sehr sauber, fast wie in Deutschland. Aber wenn man dann ins Auto steigt, so nach zwei, drei Kilometern, schaut man links oder rechts – überall Müll, die Häuser kaputt vom Krieg, alles schmutzig. Wir sind das nicht so gewohnt. Wir sind angekommen, haben uns die Gegend angesehen: Die Straßen kaputt, alles kaputt hier. Ich weiß nicht, wie die Leute hier normal leben können.

Die ersten zwei, drei Wochen war ich nur noch am Weinen. Nicht nur ich, alle Geschwister, meine Eltern auch. Meine Eltern können das ja nicht so sehen, was wir hier durchmachen. Wir gehen arbeiten, wenn wir was finden, für zehn, fünfzehn Euro. Damit kommt man gerade mal einen Tag, vielleicht mal zwei Tage aus. Man hat hier keine Zukunft. Gar nichts.

Das Leben hier ist echt schwer. Für meine zwei Geschwister, die taubstumm sind, gibt es hier keine Zukunft. In Deutschland gibt es für sie eine Zukunft. In Deutschland lernt man, auch wenn man behindert ist, eine Arbeit. Oder ein gutes Mädchen könnte auch eine Familie gründen. Aber hier ist es für die sehr schwer.

Mein kleiner Bruder ist jetzt neun. Damals waren wir mit ihm beim Ohrenarzt. Der hat gesagt, ihr müsst erst mal nach Münster, da ist so eine Klinik. Die meinten, er ist so geboren, und mit der Zeit würde er das lernen, die Gebärdensprache. In Deutschland ist er auch zur Schule gegangen, in Bielefeld, das waren so sechzig Kilometer. Jeden Morgen kam ein Taxi und hat ihn dahin gefahren. In Deutschland hatte er ein gutes Leben, aber jetzt im Kosovo geht er nicht zur Schule. Die ist sehr weit, neunzig, hundert Kilometer. Wie soll er da hinkommen? Wir haben ja kein Geld, das müssten wir aus eigener Tasche bezahlen.

Mein Vater ist ja auch Diabetiker seit sechs, sieben Jahren. Der hat auch kein Insulin. Als er von Deutschland kam, wog er bestimmt achtzig oder hundert Kilo. Jetzt wiegt er nicht mal fünfzig.

Enis: Wir haben auch kein Haus hier, wir leben im Haus von meinem Onkel, und der will hierherkommen im August, dann müssen wir ausziehen. Und das ist das Problem, wo wir dann wohnen sollen und wie wir ein Haus bauen können.

Deniz: Wenn jetzt so viele Personen – Roma, Ashkali, Albaner – hier in den Kosovo kommen: Wo sollen die hingehen? Wo sollen die leben? Ohne Haus, ohne Geld. Wo sollen die arbeiten, wenn die Albaner schon für sich nichts finden und keine Arbeit haben? Wir Ashkali und Roma haben es noch schwerer.

Also, wenn ich ehrlich bin, mal richtig ehrlich: An Selbstmord denkt man hier sehr oft, wenn man aus Deutschland abgeschoben ist. Ehrlich, ich hab kein' Bock mehr. Wenn ich alleine wär, hätte ich schon längst Selbstmord begangen. Aber da ich hier mit meinen Eltern lebe und mit meinen Geschwistern, versuch ich für die noch da zu sein. Weil, wenn ich mich selber töte, was soll mein kleiner Bruder zum Beispiel machen? Wenn wir nicht da wären, was würde er machen?

Enis: Wir sind zwar hier geboren, aber in Deutschland aufgewachsen. Das heißt, dass wir halt Deutsche sind. Also, wir sprechen sehr gut Deutsch ...

Deniz: Man kann sagen, dass wir uns wie Deutsche fühlen. Unsere Muttersprache haben wir nicht so gut gelernt. Wir haben mehr Deutsch gelernt, und wir waren mehr unter den Deutschen als mit unseren Landsmännern.

In Deutschland war auch die Schule sehr gut, da hab ich mich sehr wohl gefühlt. Hier ist die Schule für mich kein Thema. Jetzt noch mal eine andere Sprache lernen? Albanisch ist zwar meine Muttersprache, aber wir sind ja nicht direkt Albaner, wir sind Ashkali. Die Albaner reden eine andere Sprache, mit anderem Dialekt und anderer Grammatik. Da ist es für uns sehr schwer, die albanische Schule zu besuchen. Deshalb hätte ich meinen Schulabschluss gern in Deutschland gemacht, weil ich, wie gesagt, in Deutschland aufgewachsen bin.

Deniz: ... Ob wir mal Probleme hatten in Deutschland? Nicht so direkt ... Naja, als Jugendlicher ist man nicht so schlau ... Wir haben auch ein bisschen Mist gebaut.

Enis: Wenn ich ehrlich sein soll ... Also gut, ehrlich gesagt haben wir auch mal geklaut. Wir hatten nicht so viel Geld, dass wir uns Sachen kaufen konnten, die wir haben wollten. Aber aus Fehlern lernt man.

Deniz: Ich kann mich noch erinnern, dass wir bei so einem Getränkemarkt – da konnte man Wasser und so kaufen –, leere Kästen gesehen haben. Wir haben gedacht, da gibt es ja Pfand ...

Enis: (Lacht.) Oh Gott.

Deniz: ... und wir nehmen die mit und verkaufen die woanders. Ein- oder zweimal haben wir auch im Laden geklaut. Aber keine Schlägereien oder so. Keine schweren Straftaten. Als Kind weiß man nicht alles, man wird ja nicht erfahren geboren. Jeder Mensch macht mal'n Fehler, und, wie gesagt, aus Fehlern lernt man.
Mein größter Wunsch wäre, noch mal unter den Deutschen zu leben. Hier fühl ich mich fremd. Obwohl das mein Land ist, obwohl ich hier geboren bin, aber ich fühl mich trotzdem fremd. In Deutschland würde ich meinen Schulabschluss fertig machen, und dann würde ich arbeiten, vielleicht Straßenbau – Baustelle eben –, Automechaniker. Oder vielleicht Fußballer werden.

Enis: Ich bin auch ein guter Fußballer. Fußball liebe ich über alles. Ich war ja in der Hauptschule, bis zur siebten Klasse, und ich hätte sogar versucht, meinen Realschulabschluss zu machen. Ohne Schulabschluss kann man ja gar nichts verdienen. Wenn ich wieder in Deutschland leben würde, dann würde ich meinen Abschluss machen und halt arbeiten, meine Familie ernähren. – Also, so'n Mist, wie wir ihn gebaut haben, mit dem Klauen und so, das kommt gar nicht infrage. Weil wir aus Fehlern gelernt und den Kosovo erlebt haben: Wie es hier ist, und wie es in Deutschland ist. Es gibt nur Deutschland, wo man richtig leben kann. Kein anderes Land.

Deniz: Ich versteh das nicht: Warum nimmt Deutschland erst mal die Leute auf und behält sie dann lange Zeit, und nach fünfzehn Jahren – es gibt ja auch welche, die zwanzig Jahre da waren – auf einmal: »Kosovo – da leben!« Was für ein Leben ist das? Das verstehe ich nicht.
Eine Bitte habe ich an alle Deutschen: Die Ausländer, die schon lange in Deutschland sind, die die Sprache beherrschen, die auch keine Probleme machen, warum die nicht da lassen? Und eine Bitte habe ich von ganzem Herzen: Dass wir wieder in Deutschland leben dürfen. Das ist mein größter Wunsch.
Ich spiele jetzt meine Musik vor, für die Ausländer, die abgeschoben werden.

Enis: Das ist unser Lied.

Deniz: Es heißt »Flug«, von Bushido.

Aus seinem Handy ertönt der Song des Berliner Rappers Bushido »Flug LH 3516«.

> »Ich soll in den Flieger rein
> – verdammt ihr schickt mich in das Land, wo die Menschen in den Kriegen leiden
> Ich soll in den Flieger rein

– Ich hab Mama doch versprochen sie müsse nie wieder weinen
Ich soll in den Flieger rein
– Ich bin seit zehn verfluchten Jahren hier, ihr schickt mich jetzt
wieder heim
Ich soll in den Flieger rein
– und ihr schickt mich in die Krise rein, ich steig in den Flieger
ein …«

Abschiebung und Recht

Mit welchem Recht schiebt ein demokratischer Staat Menschen ab? Der Blick auf die rechtlichen Grundlagen von Ausweisung und Abschiebung offenbart die Grenzen, die dabei dem Recht des Stärkeren gesetzt sind. Abschiebungen interpretiert Galina Cornelisse, eine Expertin für internationales Recht, als ein Mittel, mit dem der »Nationalstaat versucht, das Ideal des Westfälischen Friedens intakt zu halten«,[1] jenes Vertragswerks, das nach dem Gemetzel des Dreißigjährigen Krieges, der Millionen Tote forderte, in Europa das Territorialstaatsprinzip etablierte. Zuvor übten die Fürsten und Könige eine vornehmlich persönlich begründete Herrschaft aus, in der die politischen Einflusssphären geografisch weder zusammenhängen mussten noch sauber getrennt waren. Nach dem Westfälischen Frieden von 1648 setzte sich das Prinzip durch, dass der Souverän die volle Macht über das Volk innerhalb eines bestimmten abgegrenzten Territoriums ausübt.[2] Damit wurde die kulturelle und nationale Homogenisierung der Untertanen notwendig, um die Ausübung der Herrschaft zu erleichtern. Hier nahm die moderne Trennung der Bevölkerung in In- und Ausländer ihren Ausgang.

Diese Trennung basiert aber auf Gewalt – ein Aspekt, der entscheidend ist, auch wenn er selten zur Sprache kommt. Den Söldnerheeren, mit denen die jeweiligen Herrscher im Dreißigjährigen Krieg ihre religiös-politische Vorherrschaft durchzusetzen und ihre territorialen Zugewinne zu sichern versuchten, war es im Gegenzug erlaubt, die von ihnen eroberten Städte und Dörfer zu plündern. Damit ging eine Verwüstung der Kriegsgebiete einher. Der Krieg, der zur Gründung von Territorialstaaten führte, wurde von Massakern begleitet. Der in der Folge als ideologische Grundlage des modernen Territorialstaates entstehende Nationalismus sowie der Versuch, national »homogene« Bevölkerungen herzustellen, führten wiederum bis ins 20. Jahrhundert hinein zu Vertreibungen und Genoziden.

Die Territorialität des demokratischen Rechtsstaates trägt daher ein blutiges Erbe in sich. Dies mindert die moralische Legitimität des Kontrollanspruchs eines Souveräns, der die Macht besitzt, zu entscheiden, wer In- und wer Ausländer ist und wem er den Aufenthalt auf seinem Territorium gestattet und wem nicht, denn diese Territorialmacht setzt die Verbrechen der Vergangenheit voraus.

Wenn wir nun aber das Recht, wenn wir Gesetzestexte als kodifizierte Form gesellschaftlicher Verhältnisse und Kompromisse betrachten, hat dies auch eine fundamentale Bedeutung für das Verhältnis von Freiheit und der Verweigerung von Freiheit, wie sie in pointierter Form bei einer Abschiebung auftritt. Die Zustimmung der Unterworfenen zum Territorialstaatsprinzip bleibt nämlich davon abhängig, ob der »eigene« Nationalstaat genug »bietet«, um Loyalität zu garantieren. Andernfalls verlassen Menschen dessen Territorium und suchen auf dem eines anderen Staates Sicherheit, Glück, ein besseres Leben und stellen diesen Staat vor das Problem, entscheiden zu müssen, ob und wie er die Anwesenheit der neuen Einwohner zulässt – in dem Wissen, dass auch seine eigenen Untertanen/Bürger andere Territorialstaaten vor dasselbe Problem stellen.[3]

Dem Moment der Unterwerfung steht das Moment der Freiheit gegenüber. Sobald die Nation als Gegenentwurf zur Ständegesellschaft den Rahmen bot, in dem sich die Emanzipation von der Feudalherrschaft vollzog, stand sie vor dem Dilemma, einerseits die in der »Erklärung der Menschen- und Bürgerrechte« von 1789 postulierte Gleichheit und Freiheit aller Menschen garantieren und andererseits die Unterscheidung zwischen In- und Ausländern damit in Einklang bringen zu müssen.

Die erste Verfassung, die nach der Französischen Revolution, jenem Gründungsakt der Moderne, in Kraft trat, führt bezeichnenderweise die Bewegungsfreiheit der Menschen als erstes Recht auf, das die Verfassung garantiert und das als natürlich und zugleich als bürgerlich bezeichnet wird. Als französische Bürger wurden dabei in Artikel 2 auch jene definiert, die von einem Vater ohne französische Staatsangehörigkeit abstammten, aber in Frankreich geboren waren und dort lebten.[4] Außerdem hatte jeder, der sich seit mindestens fünf Jahren in Frankreich aufhielt, die Möglichkeit, französischer Bürger zu werden. In diesem Sinne war die Französische Revolution »zunächst kosmopolitisch«.[5] In der Folgezeit wurde jedoch für Ausländer der Zugang zum französischen Bürgerrecht erschwert.

Entscheidend ist aber nicht, dass die nationalistische Unterscheidung zwischen Bürger und Ausländer dem Freiheitsideal widerspricht, sondern dass eben die Ausübung der menschlichen Bewegungsfreiheit den Nationalstaat zwingt, die Kriterien, nach denen er diese Unterscheidung trifft, ständig neu zu definieren. Dabei gehört die Freiheit zum Selbstverständnis der demokratischen Staaten, deren Existenz auf dem territorialstaatlichen Prinzip fußt. Diese Freiheit steht aber quer zum Territorialprinzip, weil Menschen sich auch dann die Freiheit nehmen, Grenzen zu überschreiten, wenn dies staatlicherseits nicht erwünscht ist. Man kann das selbstverständlich verhindern. Man kann eine Mauer bauen wie die DDR. Man kann mit Migranten auch so despotisch umgehen, wie es die Saudis tun. Das setzt aber Gesellschaften und Staaten voraus, die nicht nur die Rechte und Freiheiten von Migranten, sondern auch der eigenen Bürger verletzen. Der Preis für solche Strukturen ist hoch, er liegt im Verzicht auf Freiheiten für die ganze Bevölkerung.

Aus gutem Grund will das in demokratischen Staaten niemand, und es hat auch niemand nötig. Gleichwohl existieren auch hier weiterhin die diskriminierende Unterscheidung zwischen Bürgern und Ausländern, die fortwährende Klassifikation von Bevölkerungsgruppen als »fremd« und die Verweigerung von gleichen Rechten. Das Konzept des Territorialstaates behindert die Universalität sowohl von Bürger- als auch von Menschenrechten. Ihre Wahrung bleibt letzten Endes die *innere* Angelegenheit eines jeden souveränen Staates.

In Bezug auf die Freizügigkeit findet dies seinen Ausdruck in der »Allgemeinen Erklärung der Menschenrechte« vom 10. Dezember 1948. Artikel 9 schreibt vor, dass niemand *willkürlich* des Landes verwiesen werden dürfe, das Recht zur Ausweisung bleibt aber bestehen. Artikel 13 definiert das Recht auf Freizügigkeit jedes Menschen nur als das Recht auf die freie Wahl seines Wohnsitzes *innerhalb* eines Staates, aber auch als das Recht, sein Land zu verlassen. Diesem Recht auf Auswanderung als Menschenrecht steht kein Recht auf Einwanderung gegenüber. Wenn die Einreise in einen anderen Staat nicht möglich ist, bleibt das Menschenrecht auf Auswanderung jedoch praktisch ohne Nutzen.

Cornelisse zufolge versuchen die modernen Staaten die Einwanderung zu kontrollieren, weil die Migration nicht nur die Souveränität des jeweiligen Nationalstaates bedroht, sondern die Logik des internationalen Territorialstaatssystems als solches infrage stellt.[6] Indem nämlich die Migration die Homogenität der Bevölkerung unterminiert, entzieht sie sowohl den rechtlichen Kategorien »Inländer« und »Ausländer« als auch der Trennung zwischen Bürger- und Menschenrechten die Grundlage.

Das Recht spiegelt die skizzierte Dialektik wider. Es institutionalisiert nicht nur die Diskriminierung des »Ausländers« im Nationalstaat, sondern es trägt auch der Tatsache Rechnung, dass die Freiheit und die Fähigkeit des Menschen, sich zu bewegen, nicht ohne Weiteres einzuhegen sind. Aussprechen kann das Recht dies aber nur begrenzt. Stattdessen erfolgt die Artikulation weitgehend verkleidet in Form der Achtung der Menschenrechte, von der jedoch das Bürgerrecht auf Freizügigkeit abgespalten bleibt. Dabei verwandelt dieses sich von einem kollektiven in ein individuelles Recht: Wenn in jedem Einzelfall vor Gericht geprüft werden muss, ob die Menschenrechte (etwa durch den Vollzug gesetzlich vorgesehener Abschiebungen) verletzt würden, verliert es seine allgemeine Gültigkeit. Der Bezug auf die Achtung der Menschenrechte macht es mit anderen Worten möglich, einigen Menschen kollektive Rechte (etwa auf Freizügigkeit) vorzuenthalten.

Die Grenzen der Grundrechte

Das Deutsche Grundgesetz stellt in Artikel 11 fest: »Alle Deutschen genießen Freizügigkeit im ganzen Bundesgebiet.« Das Gleichheitsgebot aus Artikel 3 betont zwar: »Niemand darf wegen [...] seiner Abstammung [...], seiner Heimat und Herkunft [...] benachteiligt oder bevorzugt werden.« Eine Benachteiligung von Ausländern aber ist, wie es in einem juristischen Kommentar zum Grundgesetz heißt, »bei der Gewährung von Schutzrechten« möglich, und zwar »aus Gründen der Gegenseitigkeit«,[7] weil sich Nationalstaaten zugestehen, Ausländer auf ihrem eigenen Territorium anders zu behandeln als Inländer. Von daher sei die Abschiebung eines Ausländers nur dann »unzulässig, wenn in konkreter und unmittelbarer Weise das Leben oder in erheblichem Umfang die körperliche Unversehrtheit bedroht ist«. Selbst das hänge jedoch »wesentlich davon ab, wie groß die Gefahr von Folter« ist.[8]

Lässt sich das mit dem Gebot vereinbaren, die Menschenwürde zu achten? Schließlich »wird die Menschenwürde«, wie derselbe Grundgesetz-Kommentar erläutert, »beeinträchtigt, wenn die prinzipielle Gleichheit eines Menschen mit anderen Menschen in Zweifel gezogen wird, wenn jemand grundsätzlich wie ein Mensch zweiter Klasse behandelt wird«.[9] Verletzen Abschiebungen nicht als solche die Würde eines Menschen? Zumindest werden sie als entwürdigend empfunden. Die Berufung auf die allgemeinen Grundrechte, die jedem – nicht nur Deutschen – zustehen, verschaffe einem Ausländer allerdings »kein Recht auf Einreise und Aufenthalt; dieses hat er nur, wenn er sich speziell auf das Asylrecht berufen kann«,[10] das heißt, wenn er als Mensch an sich bedroht ist, wenn also sein »bloßes Leben« in Gefahr ist.

Dass Gerichte oder Behörden das Maß dieser Bedrohung zu bestimmen haben, führt dazu, dass immer wieder Menschen nach ihrer Abschiebung aus Deutschland umkommen oder gefoltert werden, weil Gerichte und Behörden die ihnen drohende Gefahr als nicht »groß genug« einschätzen. Laut der Dokumentation der Antirassistischen Initiative Berlin sind von 1993 bis 2011 mindestens zweiunddreißig Menschen nach ihrer Abschiebung aus Deutschland im Herkunftsland zu Tode gekommen, weitere einundsiebzig sind spurlos verschwunden, und 554 wurden in ihrem Herkunftsland von Polizei oder Militär misshandelt und gefoltert oder gerieten aufgrund schwerer Erkrankungen in Lebensgefahr. In den neunziger Jahren zum Beispiel wurden regelmäßig Abschiebungen in die Türkei und nach Algerien vorgenommen, obwohl Menschenrechtsorganisationen kritisierten, dass den Abgeschobenen dort Gefahr für Leib und Leben drohte.

Der Algerier Daoud Moulay galt nach seiner Abschiebung im Juli 1994 als »verschwunden« – schon zwei seiner Brüder waren von den algerischen Sicherheitskräften umgebracht worden, berichtete Pro Asyl. Am 17. März desselben Jahres werden der Kurde Murat Fani, seine Frau und ihre fünf Kinder in die Türkei abgeschoben. Dort werden sie zunächst für vierundzwanzig Stunden festgehalten, anschließend wird Fani von Polizisten mehrere Tage lang verhört und geschlagen, ihm bricht ein Zahn ab, und er erleidet eine Unterkieferfraktur. Im November suchen türkische Polizisten Fani in seiner Wohnung auf, werfen ihm vor, Angehöriger der PKK zu sein, und foltern ihn mit Elektroschocks und Eiswasserstrahlen. Nachdem er im Herbst 1995 wieder nach Deutschland flieht, wird er schließlich als asylberechtigt anerkannt.[11]

Doch nicht nur was den Schutz des Lebens angeht, gelten für Ausländer andere Maßstäbe als für Deutsche. Auch ihre Freizügigkeit ist laut Bundesverfassungsgericht nicht im Zusammenhang mit dem allgemeinen Recht auf Freizügigkeit geschützt, das deutsche Staatsbürger genießen, sondern nur dort, wo ein Mensch durch die Verletzung seiner Freizügigkeit in der »freien Entfaltung seiner Persönlichkeit« behindert wird.[12] Weil laut Verfassung nicht die *Verletzung*, wohl aber die (begründete) *Einschränkung* von Grundrechten zulässig ist, haben Behörden und Gerichte bei Abschiebungen darauf zu achten, dass die Verhältnismäßigkeit gewahrt bleibt.

Dabei betonen Staatsrechtler, dass Grundrechte keine Rechte

sind, die jemandem bloß als Staatsangehörigem gewährt werden. Vielmehr existieren sie *vor* dem Staat; der Mensch als Individuum besitzt sie unabhängig davon, wann und wo irgendwelche Grenzpfosten aufgestellt wurden. Deshalb »verpflichten und begrenzen« die »Freiheits- und Gleichheitsrechte [...] die Ausübung staatlicher Gewalt«.[13] Weil aber die Gesellschaft ohne den Staat nicht existieren könne, dürfe der Staat seinerseits die Grundrechte begrenzen.

Dem Staatsrecht gelingt es nicht, diesen Widerspruch überzeugend aufzulösen. Es setzt Gesellschaft und Staat unzulässigerweise gleich, es naturalisiert das historische Phänomen des Territorialstaates und muss dessen Existenz auf die Voraussetzung stützen, die es einschränkt. Denn gerade nach dem modernen Verständnis der Grundrechte sind alle Menschen frei und gleich geboren und besitzen damit unabhängig vom Staat das Recht, selbst zu entscheiden, wo sie leben möchten. Da zudem moderne Industriegesellschaften, um funktionieren zu können, auf Freizügigkeit angewiesen sind, stellt die Einschränkung derselben einen permanenten Widerspruch dar, der sich bei der Durchführung von Abschiebungen materialisiert.

Dass der demokratische Rechtsstaat implizit das Recht auf Freizügigkeit anerkennt, nachdem es sich Einwanderer genommen haben, äußert sich in den verschiedenen Formen von Aufenthaltstiteln. Wessen befristete Aufenthaltserlaubnis mehrmals verlängert wurde, der erwirbt den Anspruch auf eine unbefristete Erlaubnis und hat schließlich sogar die Möglichkeit, sich einbürgern zu lassen. Umgekehrt produziert die Beendigung von Aufenthaltstiteln immer wieder neue Entrechtungen von »Ausländern«, sortiert und hierarchisiert die Migranten in »Geduldete«, »Illegale«, »Auszuweisende« oder »Abzuschiebende«. Die Gefahr der Abschiebung betrifft dabei diejenigen, mit denen der Staat noch darum ringt, ob sie Teil der Bürgerschaft werden sollen oder nicht.

Es geht hier nicht darum, welche juristischen Bedingungen im

Einzelnen zu einer Abschiebung führen. Das Aufenthaltsgesetz nennt eine Reihe von Gründen, die eine Ausweisung zur Folge haben können oder müssen. Normalerweise betrifft dies Menschen, die keine Aufenthaltserlaubnis oder kein Visum besitzen; die als Gefahr für die öffentliche Sicherheit gelten (zum Beispiel aufgrund von Straftaten oder weil die Annahme besteht, dass sie einer Vereinigung angehören, »die den Terrorismus unterstützt«); Menschen, deren Aufenthaltserlaubnis abgelaufen ist, widerrufen oder einfach nicht verlängert wurde, weil sie etwa ihren Lebensunterhalt nicht sichern können oder weil sie als Asylbewerber abgelehnt wurden. Letztere werden oft geduldet, was bedeutet, dass ihre Abschiebung nur ausgesetzt ist. Sie sind weiterhin ausreisepflichtig, aber ihr unerlaubter Aufenthalt ist keine Straftat – anders als bei »illegalen« Migranten.

Es gibt eine Unmenge an Konstellationen. Im Ausnahmefall kann sogar ein EU-Bürger oder ein anderer Einwanderer mit unbefristetem Aufenthaltsrecht ausgewiesen werden und von Abschiebung betroffen sein. Dem Ganzen liegt die Vorstellung zugrunde, dass sich ein ausländischer Staatsbürger nur dann in der Bundesrepublik aufhalten darf, wenn er nicht deren »Interessen […] beeinträchtigt oder gefährdet«.[14] Der Jurist Helmut Rittstieg wies aber darauf hin, dass dabei die Menschenrechte berücksichtigt werden müssen, weil deren Wahrung »zu den normativ hochrangigsten Interessen der Bundesrepublik Deutschland gehört«.[15]

Das Aufenthaltsgesetz gibt an, wann keine Abschiebung durchgeführt werden darf. Tatsächlich befasst sich das Recht damit, wie »unmenschlich« eine Abschiebung sein darf. Ein wichtiges Beispiel dafür, wie dieser Rechtsdiskurs funktioniert, ist die Definition des »sicheren Drittstaates«. Diese Konstruktion sollte nach der Einschränkung des deutschen Asylrechts 1993 sicherstellen, dass man den deutschen Behörden nicht vorwerfen kann, sie würden wissentlich Verfolgte ihren Henkern ausliefern. Der Satz »Politisch Verfolgte genießen Asylrecht« (GG § 16) wurde daher um einige Bedingungen ergänzt. Die Hauptaussage ist, dass niemand sich auf das Asylrecht berufen kann, der über ein Land eingereist

ist, in dem die internationalen Abkommen über die Rechte von Flüchtlingen beachtet und umgesetzt werden. Zusätzlich erstellt die deutsche Regierung eine Liste von Staaten, bei denen davon auszugehen sei, dass dort »weder politische Verfolgung noch unmenschliche oder erniedrigende Bestrafung oder Behandlung stattfindet«, so dass Abschiebungen dorthin grundsätzlich möglich sind.[16]

Nach der Verfassungsänderung galten unter anderem sämtliche Nachbarländer Deutschlands als »sichere Drittstaaten«, was Deutschland in die bequeme Position brachte, einen beachtlichen Teil der Asylsuchenden gleich wieder dorthin »überstellen« zu können. Die sogenannte Dublin-II-Verordnung aus dem Jahr 2003 regelt zudem explizit, dass derjenige Vertragsstaat, in dem ein Flüchtling zuerst registriert wurde, für dessen Asylverfahren verantwortlich ist.

Die Urteile, die das Bundesverfassungsgericht seit September 2009 gefällt hat, kratzen allerdings an diesem »Asylkompromiss« und dem Dublin-II-System: Karlsruhe gab Asylsuchenden recht, die sich nach Deutschland durchgeschlagen und gegen ihre Abschiebung nach Griechenland geklagt hatten. Sie dürften nicht dorthin »überstellt« werden, da ihnen dann Obdachlosigkeit drohe und sie dort kein rechtsstaatliches Asylverfahren erhielten. Ein Land, in dem Mindeststandards nicht eingehalten würden, sei nicht als »sicherer Drittstaat« zu betrachten.

Auch der Europäische Gerichtshof für Menschenrechte in Straßburg hat schließlich festgestellt, dass die griechische Asylpraxis menschenrechtswidrig ist und dass damit auch die Dublin-II-Überstellungen nach Griechenland gegen europäisches Recht verstoßen. Geklagt hatte ein Afghane, der 2009 in Belgien Asyl beantragt hatte und dann nach Griechenland zurückgeschoben wurde, wo er nach einigen Tagen Haft in einer überfüllten Zelle am Athener Flughafen auf die Straße gesetzt wurde und im Park übernachten musste, noch bevor sein Asylverfahren überhaupt begonnen hatte.[17] Aus ähnlichen Gründen untersagen deutsche Verwaltungsgerichte immer wieder Überstellungen nach Ungarn und Italien.

Zudem gilt seit Dezember 2009 die EU-Grundrechtecharta. Artikel 47 garantiert »jeder Person« Rechtsschutz. Die Drittstaaten-Regelung schloss für die davon betroffenen Asylbewerber den Eilrechtsschutz aus – ihre »Überstellung« sollte unmittelbar durchgeführt werden können; sie konnten auch dann in das Land abgeschoben werden, das laut Dublin-II-Abkommen für ihren Asylantrag zuständig war, wenn ihre Sicherheit dort gefährdet war, und hatten keine Möglichkeit, dagegen vorzugehen. Diese Praxis widerspreche dem Unionsrecht, urteilte der Europäische Gerichtshof am 21. Dezember 2011. Asylsuchende haben das Recht auf ein Gerichtsverfahren, bevor mit ihrer »Überstellung« Fakten geschaffen werden. Das deutsche Asylverfahrensgesetz müsse deshalb geändert werden, so der Rechtsanwalt Reinhard Marx in einem Rechtsgutachten, das ein kirchlicher Träger, Pro Asyl und Anwaltsvereinigungen in Auftrag gegeben hatten. Für Asylbewerber bedeutet das, dass sie mit der Berufung auf die Grundrechtecharta der EU in Zukunft leichter gegen ihre Abschiebung in einen anderen EU-Staat klagen können.[18]

Abschiebungen werden damit aber nicht generell verhindert. Vielmehr könnte diese Rechtsprechung dazu führen, dass die Behandlung von Asylbewerbern zum Beispiel in Griechenland, Ungarn oder Italien besser wird, so dass dann wieder mehr Abschiebungen dorthin möglich sind.

Dieses Ziel verfolgt auch die Bundesregierung und übt entsprechenden Druck aus. Bundesinnenminister Hans-Peter Friedrich (CSU) erwog im Frühjahr 2012 zum einen die Wiedereinführung von Grenzkontrollen innerhalb der Europäischen Union, »wenn Länder wie Griechenland bei der Kontrolle der Außengrenzen versagen«.[19] Um die Grenzen kontrollieren zu können, nimmt man jedoch, wie gesagt, in Kauf, dass Menschen bei dem Versuch, die Grenze inoffiziell zu überschreiten, sterben. Mit dem Bau des geplanten Grenzzauns entlang der Landgrenze zwischen Griechenland und der Türkei werden die illegalisierten Migranten gezwungen, die gefährlichere Route über den Grenzfluss Evros zu nehmen.

Zum anderen erhält Griechenland finanzielle Unterstützung bei der geforderten Verbesserung seines Asylsystems. Im März 2012 führte die griechische Polizei groß angelegte Kontrollen im Zentrum Athens durch, bei denen illegalisierte Migranten festgenommen wurden, und der griechische Innenminister kündigte an, neue Aufnahmelager im ganzen Land zu schaffen, die zwar umzäunt sein, aber eine »menschliche« Unterbringung mit Obdach, Essen, Sport- und Gebetsmöglichkeiten garantieren sollen. Das Ziel sei, nach zwei- bis dreimonatiger Haft so viele Menschen wie möglich in ihre Herkunftsländer abzuschieben.[20]

Der Menschenrechtskommissar des Europarats, Thomas Hammarberg, kritisierte daraufhin diese Pläne: Die meisten Migranten seien keine Straftäter, und er sei gegen eine ausufernde Abschiebehaft. Der Umgang mit der Migration in die EU könne nicht den Staaten an der Außengrenze überlassen werden, hier sei gesamteuropäische Verantwortung gefragt. Die ersten Eindrücke der geplanten dezentralen Flüchtlingslager in der griechischen Provinz, die in den Medien präsentiert wurden, bestätigen diese Befürchtungen. Es handelt sich bei den »Aufnahmezentren« entweder um Containerdörfer oder um Gebäude von ehemaligen Polizeischulen, die mit stacheldrahtbewehrten Zäunen umgeben und von Polizisten kontrolliert werden sollen, wie der nach den Wahlen im Juni 2012 angetretene konservative Innenminister Nikos Dendias versprach, während er Anfang August weitere Polizeirazzien im Zentrum Athens anordnete, um abschiebbare Migranten festnehmen zu lassen.

Innerhalb einer Woche wurden dabei in Athen 7361 Ausländer kontrolliert und auf die Polizeiwache gebracht, davon wurden schließlich 1596 wegen illegalem Aufenthalt festgenommen.[21] Die Menschenrechtsorganisation Amnesty International kritisierte daraufhin, dass diese Kontrollen, mit denen zahlreiche sich legal im Land aufhaltende Migranten einem Generalverdacht ausgesetzt wurden, den Rassismus beförderten. Griechenland habe zwar das Recht, seine Zuwanderung zu kontrollieren, aber nicht, Menschen allein aufgrund ihrer Hautfarbe wie Verbrecher zu behandeln.[22] Nun ist es aber so, dass eben diese Kontrolle der Zuwanderung ohne rassistische Praktiken gar nicht zu haben ist. Dazu gehören auch die rechtswidrigen Abschiebungen, von denen Pro Asyl berichtet hat: Flüchtlinge, die sich in laufenden Asylverfahren befinden, werden ins Evros-Gebiet gebracht und wieder in die Türkei geschickt.[23] Interessanter als die Repression ist dabei ein weitergehender Aspekt. Sollte es zu einer Verbesserung des Asylsystems kommen, könnte dies bedeuten, dass der bisherige Abschreckungseffekt verloren geht, den die griechische und auch die italienische Asylpraxis für die anderen EU-Länder offensichtlich erzielen sollen. Es würde sich ein »professionelles« Asylsystem ausweiten, welches die Integration der Asylsuchenden befördern würde, und dadurch wiederum würden Abschiebungen umso eher ad absurdum geführt.

Sollen tatsächlich Menschenrechtsstandards gewahrt werden, kann erstens die geschilderte Form der Abschiebehaft nicht über Gebühr zeitlich ausgedehnt werden; eine im Vergleich mit den heutigen, völlig desolaten Zuständen deutlich verbesserte Unterbringung und Behandlung würde zudem die Attraktivität einer Flucht über Italien und Griechenland nach Europa für die Flüchtlinge und illegalisierten Migranten nicht vermindern – im Gegenteil. Zweitens müssten dann auch die Asylverfahren selbst nach rechtsstaatlichen Prinzipien erfolgen, was dazu führen würde, dass mehr Anträge anerkannt werden – in Griechenland wurden bislang fast alle abgelehnt. Dadurch könnte aber auch eine bessere Integration in die griechische Gesellschaft befördert werden. Beides würde der Absicht, mehr Abschiebungen durchzuführen, zuwiderlaufen. Und drittens bleibt der politische Konflikt ungelöst, dass Länder wie Griechenland und Italien nicht die Hauptverantwortung für die Aufnahme von Asylsuchenden in der EU tragen wollen und ebenso wie die Migranten selbst ein Interesse daran haben, dass diese in andere EU-Staaten weiterreisen dürfen. Es ist daher die Anwesenheit der Migranten, die den Menschenrechtsdiskurs »aktiviert«, politische Widersprüche zutage treten lässt und deutlich macht, dass die Verweigerung von Freizügigkeit schwer mit der Achtung der Menschenrechte zu vereinbaren ist. Die Autonomie der Migration schreibt sich damit in den Menschenrechtsdiskurs ein, der sie eigentlich zum Schweigen bringen soll.

Die Beschäftigung mit der Frage, wie »unmenschlich« eine Abschiebung sein darf, führt dazu, dass der demokratische Rechtsstaat, um sich nicht selbst aufzuheben, Mindeststandards zu definieren versucht, die einen doppelten Effekt haben. Indem sie festlegen, in welchen Ausnahmefällen keine Abschiebung erfolgen darf, ermöglichen sie es zwar, grundsätzlich an Abschiebungen festzuhalten. Zugleich aber führen sie den Begriff der Menschenrechte immer wieder aufs Neue in den Diskurs ein und tragen damit zu deren Ausweitung bei, statt wie beabsichtigt die Ausnahmen zu begrenzen.

Besonders deutlich wird das bei der Rechtsprechung zur »nichtstaatlichen Verfolgung« und der Diskussion darüber, welche Art von »unmenschlicher« Behandlung eines Abgeschobenen in Kauf genommen werden darf. Seit den neunziger Jahren setzte sich nämlich in der Rechtsprechung die Auffassung durch, dass eine drohende »unmenschliche Behandlung« auch dann gegen eine Abschiebung sprechen kann, wenn sie nicht aus politischer Verfolgung im engeren Sinne resultiert. Einen wichtigen Anteil daran hat der Bezug auf die »Europäische Konvention zum Schutz der Menschenrechte und Grundfreiheiten« von 1953, die alle EU-Länder unterschrieben haben. Dort heißt es in Artikel 3: »Niemand darf der Folter oder unmenschlicher oder erniedrigender Strafe oder Behandlung unterworfen werden.«

Das umstrittene Urteil zur Abschiebung eines aus Somalia nach Österreich geflüchteten Asylbewerbers stellte 1992 in diesem Sinne einen »Durchbruch im völkerrechtlichen Schutz für Opfer nichtstaatlicher Verfolgung« dar.[24] Der Europäische Gerichtshof entschied, dass der Somalier nicht in das Bürgerkriegsgebiet abgeschoben werden durfte, aus dem er geflohen war. Er hatte zwar seine Asylberechtigung verloren, weil er wegen eines versuchten Raubes straffällig geworden war, aber die Misshandlung, die er seitens der verfeindeten Bürgerkriegsparteien in dem regierungslosen Land zu erwarten hatte, seien als unmenschliche Behandlung im Sinne des Artikels 3 zu verstehen.

Mehrfach bestätigte der Europäische Gerichtshof für Menschenrechte seitdem, dass ein Staat, der die Europäische Menschenrechtskonvention unterzeichnet hat, niemanden abschieben darf, dem dadurch unmenschliche Behandlung droht – unabhängig davon, ob die Gefahr von staatlichen oder nichtstaatlichen Tätern ausgeht, und unabhängig davon, ob die nichtstaatlichen Täter von staatlichen Stellen geduldet oder unterstützt werden oder eigenmächtig agieren. So lautete auch das Urteil bei einem kolumbianischen Drogenhändler, der in Frankreich mit der Polizei zusammengearbeitet hatte und befürchten musste, in Kolumbien deswegen von der Drogenmafia ermordet zu werden. Bei einem Aids-kranken Straftäter entschied das Gericht ebenfalls, dass es unmenschlich sei, ihn aus Großbritannien abzuschieben, da er in seinem Herkunftsland ohne die nötige medizinische Versorgung in kürzester Zeit zugrunde gehen würde.

Das Bundesverwaltungsgericht war über diese Urteile alles andere als erfreut. Durch die Ausdehnung des Abschiebeverbots auf nichtstaatliche Verfolgung sahen die Richter »die Souveränität des nationalen Gesetzgebers« bedroht. Der Europäische Gerichtshof habe nicht das Recht, über die »Zusammensetzung der Wohnbevölkerung im eigenen Hoheitsbereich [dieser Staaten] und damit auch über die Aufnahme von Flüchtlingen und die Grenzen der Belastbarkeit frei zu entscheiden«.[25] Anders als das Bundesverwaltungsgericht suggerierte, bedeutete die juristische Anerkennung nichtstaatlicher Verfolgung aber nicht, dass jeder, der aus einem Bürgerkriegsgebiet kommt, aufgenommen werden muss. Vielmehr bleibt auch nach der Ausweitung des Abschiebeverbots durch den Europäischen Gerichtshof der Einzelfall entscheidend, in dem nach wie vor bewiesen werden muss, dass die Gefahr so groß ist, dass sie gegen eine Abschiebung spricht.[26]

Dennoch ermöglichte es derselbe Rechtsdiskurs weiteren Menschen, die keine direkte politische Verfolgung nachweisen konnten, als Flüchtlinge anerkannt zu werden und ein humanitäres Aufenthaltsrecht zu erhalten. Das ist der Fall, seit der Europäische Gerichtshof für Menschenrechte in Luxemburg Anfang 2009 entschieden hat, dass Flüchtlinge nicht zwingend nachweisen müssen, dass sie *persönlich* in ihrem Heimatland von »willkürlicher Gewalt« bedroht sind. Der betreffende Kläger aus dem Irak hatte dort für einen britischen Sicherheitsdienst gearbeitet und befürchtete, bei einer Rückkehr deshalb getötet zu werden. Dass er Drohbriefe erhalten hatte und sein Onkel, der für denselben Dienst tätig gewesen war, bei einem Anschlag umkam, reichte den niederländischen Asylbehörden nicht als Begründung. Der Europäische Gerichtshof widersprach dem aber und entschied, der Iraker müsse nicht zweifelsfrei nachweisen, dass er bei einer Rückkehr in den Irak getötet wird. »Schließlich sei es gerade kennzeichnend für ›willkürliche Gewalt‹, dass sie sich nicht gezielt gegen bestimmte Personen richte«.[27]

Es lohnt sich an dieser Stelle allerdings, die Blickrichtung einmal umzukehren. Gerade aufgrund des demokratischen Selbstverständnisses der Bundesrepublik fällt es schwer einzugestehen, dass »unmenschliche Behandlung« und »willkürliche Gewalt« nicht nur in anderen, häufig weniger demokratischen Staaten stattfinden, sondern auch bei uns anzutreffen sind.[28] Was bislang wenig Beachtung findet, ist die Tatsache, dass auch in Deutschland Asylbewerber davon betroffen sind und dass dies mit ihrer spezifischen Situation zusammenhängt. Im Rahmen der Abschiebe-Politik werden viele dazu verpflichtet, in Gebieten zu wohnen, in denen zum Beispiel wenige Afrikaner leben und die rechtsextreme Szene stark ist. Sie werden damit mit hoher Wahrscheinlichkeit rassistischer Verfolgung und willkürlicher Gewalt ausgesetzt, die zudem oft von Repräsentanten des Staates geduldet wird.

Eines von zahlreichen Beispielen ist der Fall von Aliou S. aus Westafrika. Der junge Mann wurde im Mai 2008 mit einem saudischen Freund vor einer Diskothek im sachsen-anhaltinischen Burg von Rechten als »Scheiß Neger« beschimpft und dann zusammengeschlagen. Die benachrichtigte Polizei traf nach zehn Minuten ein, die Beamten nahmen aber weder die Personalien der anwesenden Täter noch die der Zeugen auf. Nach diesem Vorfall beantragte Aliou S. die Verlegung in ein Flüchtlingsheim einer anderen Stadt, um den Tätern nicht wieder begegnen zu müssen. Sein Antrag wurde abgelehnt, stattdessen drohte ihm die Abschiebung. Die Verlegung kam erst nach öffentlichen Protesten zustande – also infolge einer politischen und nicht rein juristischen Betrachtung des Falles. Die Abschiebung wurde nur für die Dauer des Strafverfahrens gegen einen der Täter ausgesetzt.

Ein humanitäres Bleiberecht, das grundsätzlich für alle Opfer rassistischer Gewalt in Deutschland gelten würde, gibt es nicht.[29] Der Rechtsdiskurs erlaubt es (noch) nicht, die Achtung der Menschenrechte im Fall einer drohenden »unmenschlichen Behandlung« und »willkürlicher Gewalt« auch in dieser Konstellation durchzusetzen. Auch die Wohnsitzauflage steht nicht zur Disposition, obwohl sie dem Geist der Menschenrechtskonvention widerspricht.[30] Es kann nicht sein, dass Asylbewerber mit dem Argument, dass die Kosten auf alle Kommunen im Bundesgebiet verteilt werden müssen, gezwungen werden, in Gegenden zu leben, in denen sie regelmäßig von Neonazis und Rassisten angegriffen werden, während örtliche Polizeibeamte und Politiker immer wieder wegschauen und verharmlosen.

Die Frage der »willkürlichen Gewalt« und der »unmenschlichen Behandlung« gerät bisher einseitig in Bezug auf Länder ins Blickfeld, in die abgeschoben werden soll. Nur in diesem Zusammenhang argumentiert der Europäische Gerichtshof: Wenn die Durchsetzung der Menschenrechte ernst gemeint ist, muss auch die nichtstaatliche Verfolgung berücksichtigt werden. Zwar stellt der Gerichtshof fest, die Abschiebung sei als Verstoß gegen die Menschenrechtskonvention zu betrachten – aber nur, wenn sie »ein wesentliches Element in der Kette von Ereignissen darstellt, welche zur Menschenrechtsverletzung im Land führt, in welches die Person überstellt wird«.[31] Dass Abschiebungen von Menschen an sich »unmenschlich« sind, sagt der Menschenrechtsgerichtshof nicht. Vielmehr fehlt dem juristischen Diskurs (noch) ein Begriff dafür.

Bürger- vs. Menschenrechte

Abschiebungen werden mit dieser Rechtsprechung nicht an und für sich als unmenschlich klassifiziert, solange der Abgeschobene im Zielland nicht unmenschlich behandelt wird. Die Rechtsprechung bestätigt und produziert die oben beschriebene Reduktion auf das bloße Menschsein, welche sich, überspitzt formuliert, konkret darin manifestiert, dass lediglich der Körper intakt bleiben muss, ohne dass sich aus diesem Schutz weitere soziale und politische Rechte – insbesondere Rechte im Sinne von Bürgerrechten – ergeben. Eben ein solches Bürgerrecht fordern aber Asylbewerber ein, wenn sie nicht nur vor einer Abschiebung geschützt werden möchten, sondern ebenso ihren Wohnsitz frei bestimmen wollen oder gegen die Residenzpflicht demonstrieren und diese im Alltag bewusst nicht beachten. Wenn die Gerichte über die Achtung der Menschenrechte wachen, bestreiten sie nicht die staatliche Kompetenz in der Einwanderungspolitik. Die Flüchtlinge und Migranten, die von dieser Politik betroffen sind, tun aber genau das und reklamieren transnationale Bürgerrechte, auch wenn sie vor Gericht *nur* die Achtung ihrer Menschenrechte anmahnen.

Eine solche bürgerrechtliche Dimension bahnt sich durch den Menschenrechtsdiskurs hindurch ihren Weg, und in dem Moment, wo sie seine Grenzen überschreitet, führt sie die Schwierigkeit vor Augen, das Menschenrecht vom Bürgerrecht zu trennen. Dabei entsteht nämlich eine Dynamik, in der sich das Recht nolens volens selbst korrigiert und immer stärker gezwungen ist, das faktische Recht auf Migration anzuerkennen – was die Kritik der Abschiebebefürworter hervorruft. Denen ist die Ausdehnung des Begriffs der Menschenrechte auf das Familienleben oder den Anspruch auf Zugehörigkeit zur deutschen Gesellschaft ein Dorn im Auge. Gerade in dieser Dimension äußert sich die Autonomie der Migration, die unablässig Modifikationen des Rechts hervorruft.

Die kritische Schnittstelle, die das veranschaulicht, ist der Schutz der Familie, den das Grundgesetz garantiert, und die von der Europäischen Konvention als Menschenrecht ausgewiesene Achtung des Privat- und Familienlebens:[32] In Letztere darf eine Behörde nur dann eingreifen, wenn es »in einer demokratischen Gesellschaft notwendig ist für die nationale oder öffentliche Sicherheit, für das wirtschaftliche Wohl des Landes, zur Aufrechterhaltung der Ordnung, zur Verhütung von Straftaten, zum Schutz der Gesundheit oder der Moral oder zum Schutz der Rechte und Freiheiten anderer«. Das kann bedeuten, dass unbescholtene Einwanderer, die ohne formelle Erlaubnis in Deutschland leben, beanspruchen können, hier zu bleiben, je länger sie hier leben und je mehr ihr Privat- und Familienleben mit Deutschland verwoben ist.

Genau so hat das Verwaltungsgericht Stuttgart 2006 entschieden, als es einer Roma-Familie aus Serbien und Montenegro das Recht zuerkannte, eine Aufenthaltserlaubnis aus humanitären Gründen erteilt zu bekommen.[33] Die Eltern arbeiteten beide, die damals 20-jährige Tochter absolvierte eine Ausbildung, der 16-jährige Sohn besuchte die Realschule. Die Familie war vierzehn Jahre zuvor nach Deutschland gekommen, ihr Asylantrag und die Folgeanträge waren abgelehnt worden, und sie lebten jahrelang mit einer Duldung, ohne abgeschoben zu werden. Die Diskriminierung der Roma als Minderheit, die kurz zuvor auch im Kosovokrieg zwischen die Fronten geraten war, sprach vom Standpunkt der Familie aus gegen eine Rückkehr. Dennoch waren sie ausreisepflichtig und blieben quasi »unerlaubt« im Land.

Aus Sicht der Stuttgarter Behörden war ihre Rückkehr »zumutbar«, und weil die Familie einen »Daueraufenthalt« anstrebte, scheide die Erteilung einer Aufenthaltserlaubnis aus humanitären Gründen »von vornherein aus«.[34] Das Verwaltungsgericht bewertete jedoch die Tatsache, dass sie sich »weitgehend in die hiesigen Lebensverhältnisse integriert« hatten,[35] höher und hielt eine »Reintegration« der gesamten Familie im Herkunftsland für unzumutbar, zumal die Kinder in Deutschland aufgewachsen waren. Die Eltern alleine abzuschieben, würde aber dem Gebot des Schutzes des Privat- und Familienlebens widersprechen. Die Behörden dürften ihnen deshalb die Erteilung einer Aufenthaltserlaubnis nicht länger verweigern.

Das Gerichtsurteil bedeutete eine Legalisierung und Anerkennung ihrer bis dahin formal verwehrten Freizügigkeit auf der Grundlage eines sozialen Lebens, das sie allerdings nur aufgrund eines formal nicht erlaubten Daueraufenthalts aufbauen konnten. Mit eben diesem Akt der faktischen Einwanderung verändert die Migration aber auch die politische und soziale Realität, weil damit Menschen, die, aufenthaltsrechtlich gesehen, eigentlich gar nicht in Deutschland sein dürften, hier ein Familienleben führen, das von der Rechtsprechung berücksichtigt werden muss. Der Europäische Gerichtshof für Menschenrechte hatte zuvor ebenfalls mehrfach die Verwurzelung höher bewertet als die Frage, ob jemand einen legalen Aufenthaltstitel besitzt.

Damit geschieht genau das, was Vertreter einer restriktiven Zuwanderungspolitik vermeiden wollen. Das Völkerrecht umfasse eben nicht das Recht auf Freizügigkeit für »Illegale«; es erlaube den Staaten die Kontrolle der Einreise, hält zum Beispiel Falk Fritsch, Referent für Ausländerrecht im baden-württembergischen Innenministerium, dagegen. Die »Bindung des Ausländers an das Bundesgebiet und die Folgen einer Aufenthaltsbeendigung für seine [...] im Bundesgebiet lebenden Familienangehörigen« (Aufenthaltsgesetz § 8) seien nur dann zu berücksichtigen, wenn der Betreffende sich rechtmäßig in Deutschland aufhalte. Das sei jedoch bei geduldeten Personen nicht der Fall;[36] jemand, dessen Aufenthalt nie den geltenden Gesetzen entsprochen habe, könne nicht erwarten, dass ihm ein Aufenthaltsrecht zugesprochen wird. Mit dieser Argumentation wird in vielen Fällen die Abschiebung von Familien begründet, die schon lange in Deutschland leben. Sogar die Trennung von Familien ist nach einem solchen Rechtsverständnis möglich und kommt auch immer wieder vor – während etwa der Vater im Krankenhaus liegt, wird die Mutter mit den beiden ältesten Kindern abgeschoben, und die beiden jüngeren Kinder werden bei Verwandten untergebracht.[37]

Ausländer mit einer Duldung könnten, so Fritsch, nicht erwarten, dass man ihnen ein Aufenthaltsrecht gewährt, und hätten daher auch keinen Anspruch auf den Schutz ihres Privat- und Familienlebens durch die Europäische Menschenrechtskonvention.[38] Wenn Gerichte dies ignorierten, überschritten sie ihre Kompetenzen und machten dem Staat das Recht auf Zuwanderungskontrolle streitig, zu dem er allein demokratisch legitimiert sei – selbst wenn sie mit ihren Urteilen nur den veränderten gesellschaftlichen Realitäten Rechnung trügen.[39] Schließlich gebe es keine objektive Letztbegründung für Menschenrechte. Der Begriff der Menschenwürde könne deshalb in der öffentlichen Ethik nur bedingt wirksam sein, und auf dem Gebiet des Aufenthaltsrechts könne »nur innerhalb einer Wir-Gruppe ein gemeinsames Verständnis über diese Fragen erreicht werden«.[40]

Durch den Versuch, diese »Wir-Gruppe« national und kulturell zu begrenzen, soll jedoch lediglich die Diskriminierung von Ausländern auf Dauer gestellt und die Kritik an der Tatsache, dass ein Teil der Bevölkerung von grundlegenden Rechten ausgeschlossen ist, zum Schweigen gebracht werden. Entscheidend ist dabei allerdings, dass ein solcher Versuch zum Scheitern verurteilt ist, da sich die »Wir-Gruppe« aufgrund der Migration ständig neu zusammensetzt. Auch die Ausländer ohne oder mit prekären Aufenthaltsrechten gehören zur Wir-Gruppe, weil sie zur Gesellschaft gehören und den Diskurs in ihr mitprägen – sei es durch ihre praktische Anwesenheit, sei es durch die Koalitionen, die sie im Kampf um ihre Rechte mit einheimischen Nachbarn, Schulfreunden oder antirassistischen Aktivisten eingehen. Deshalb überschreitet der Prozess, in dem »wir« herausfinden, was Menschenrechte zu sein haben, die Grenze zwischen Staatsbürgern und Nicht-Bürgern. Was das »Selbstbestimmungsrecht« des Volkes ist – und darum geht es letztlich –, hängt tatsächlich davon ab, wer zum »Volk« gehört.

Das Recht versucht die Artikulation der menschlichen Freiheit, die durch Abschiebung ausgesetzt wird, auf die Menschenrechtsebene zu begrenzen, auf den Schutz des bloßen Lebens einerseits, andererseits aber auch auf den Schutz des Privat- und Familienlebens, ohne den Anspruch auf Bewegungsfreiheit in Form eines die nationalen Grenzen überschreitenden Bürgerrechtes zuzugestehen. Die relative Autonomie der Migration zwingt das Recht jedoch, immer wieder Verschiebungen vorzunehmen und diesem Begriff von Bürgerrechten Raum zu geben, ohne auf die Gewalt der Abschiebung aus sich heraus grundsätzlich verzichten zu können.

Die Anhänger einer rigideren Abschiebepolitik befürchten, dass Abschiebungen kaum noch möglich wären, wenn die Rechtsprechung den Schutz der Menschenrechte immer weiter auslegen würde – von der Berücksichtigung nichtstaatlicher Verfolgung bis hin zum Schutz des Privatlebens illegalisierter Migranten. Positiv gewendet, ist genau dies das Potenzial, das im Recht angelegt ist, von ihm allein jedoch nicht realisiert werden kann. Dazu bedarf es der Gesellschaft und der politischen Kämpfe, die unter anderem auf dem Terrain des Rechtes ausgefochten werden. Sie würden allerdings – und das ist entscheidend – ohne die relative Autonomie der Migration gar nicht erst stattfinden, deshalb ist es wichtig, diese ins Zentrum der politischen Auseinandersetzungen zu stellen.

Die Verurteilung Italiens durch den Europäischen Gerichtshof für Menschenrechte im Februar 2012 ist in dieser Hinsicht paradigmatisch. In dem Verfahren ging es um die Zurückschiebung von elf somalischen und dreizehn eritreischen Migranten, die die italienische Küstenwache im Mai 2009 südlich von Lampedusa auf hoher See aufgegriffen hatte. Die Menschen wurden umgehend nach Libyen gebracht und nach einer zehnstündigen Fahrt den dortigen Autoritäten übergeben. Die italienische Regierung betrachtete die Operation als Rettung von Schiffsbrüchigen außerhalb ihrer Jurisdiktion. Der Gerichtshof sah allerdings in diesem durchaus üblichen Manöver eine mehrfache Verletzung der Europäischen Menschenrechtskonvention. Die Abgeschobenen wurden der Gefahr der »unmenschlichen Behandlung« ausgesetzt, sowohl in Libyen als auch in ihren Herkunftsländern, in die Libyen sie wiederum abschieben konnte. Zudem handelte es sich um eine illegale Massenabschiebung, da den Betroffenen das Recht auf Prüfung des Einzelfalls vorenthalten wurde.[41]

Dabei zeigte das Gericht durchaus Verständnis für die Bemühungen der Staaten, illegale Einwanderung abzuwehren, mahnte aber die Einhaltung der Rechtsstandards an und stellte damit die italienische Abschottungspolitik bloß, die auf solchen rechtswidrigen, in Absprache mit dem libyschen Diktator Gaddafi erfolgenden Massenabschiebungen beruhte. Die Klage, die mit der Unterstützung einer Reihe von Menschenrechtsorganisationen – unter anderem des Flüchtlingshilfswerks der Vereinten Nationen – die Verurteilung Italiens erzwang, wäre aber nicht möglich gewesen ohne die illegale Migration der Somalis und Eritreer selbst. Indem sie auf ihrem Recht bestanden, erreichten sie nicht nur eine individuelle Entschädigung, sondern stellten die Migrationspolitik der Europäischen Union im Mittelmeer grundsätzlich infrage. Während vierzehn der Zurückgeschobenen vom UNHCR-Büro in Tripolis den Flüchtlingsstatus zuerkannt bekamen, lebten weitere vier in Benin, auf Malta und in der Schweiz. Einer plante von Tunesien aus seine erneute Einreise nach Italien, ein weiterer war sogar schon illegal nach Italien gelangt, wo ihm der Flüchtlingsstatus zuerkannt wurde.

Sie sind damit nicht bloß Flüchtlinge oder Migranten, und es geht auch nicht darum, ob sie dieses sind oder jenes; sie sind vielmehr Weltbürger *avant la lettre,* da sie sich im konkreten Fall zu Bürgern Europas *machen.* Das Pochen auf die Einhaltung von Menschenrechten bei Abschiebungen mag in der Praxis oft die einzige Möglichkeit darstellen, sich Gehör zu verschaffen, es verhindert allerdings, dass eben diese Dimension sichtbar wird. Das Revolutionäre an der Migration ist daher nicht bloß, dass sie die Zusammensetzung der Bevölkerung verändert und das Selbstverständnis des Nationalstaates herausfordert; das Revolutionäre ist, dass sie eine Veränderung des Rechtsrahmens erzwingt und die formelle Anerkennung kosmopolitischer Bürgerrechte auf die politische Tagesordnung setzt.

Nino Bogdanovic

»Mein Herz ist total am Ende.«

Nino Bogdanovic ist zum Zeitpunkt des Interviews (Juni 2010) fünfzehn Jahre alt. Er wurde in Lippstadt geboren und in den Kosovo abgeschoben.

Denise ist super nett. Ich finde sie einfach toll. Für mich ist sie die Beste. Ich liebe sie über alles. Wir waren vor der Abschiebung seit vier Monaten zusammen. Und sie ruft mich auch jetzt noch jeden Tag an. Später, wenn ich mal zwanzig bin oder so, würd ich sie gern heiraten, damit ich mit ihr zusammenleben kann. Damit ich mit ihr etwas aufbauen kann. Sie war immer für mich da. Auch als mein Bruder kurz vor der Abschiebung gestorben ist.

Ich habe noch drei Brüder und zwei Schwestern. Daniel, der war mein Lieblingsbruder. Ich bin jetzt fünfzehn, und er war siebzehn. Daniel war auf einer Party, und sie hatten keine Kippen mehr. Die wollten sie kaufen gehen. Er war mit einem 18- und einem 19-Jährigen unterwegs, deswegen hatten sie auch ein Auto. Und dann ist es passiert. Die Polizei ist frühmorgens gekommen und hat es uns erzählt. Ich wollte das nicht glauben, ich war geschockt. Meine ganze Welt brach zusammen. Daniel war mein Idol. Mein Herz ist gebrochen. Ich konnte danach gar nicht mehr essen oder schlafen. Er hat morgens immer gesagt: »Ey komm, steh auf, wir müssen zur Schule gehen!« Ich kann es immer noch nicht glauben. Mein Herz sagt mir, dass er immer hier ist, bei mir. Dass er uns immer beschützt.

Als mein Bruder gestorben ist, war Denise jeden Tag für mich da. Die ist jeden Tag mit ihrer Mutter zu uns gekommen. Und dann hab ich mich in sie verliebt. Wie ein Blitz hat es mich getroffen. Wir waren beste Freunde, und dann sind wir zusammengekommen. Und ich konnte wieder lachen. Danach konnte ich wieder froh sein. Ich wün-

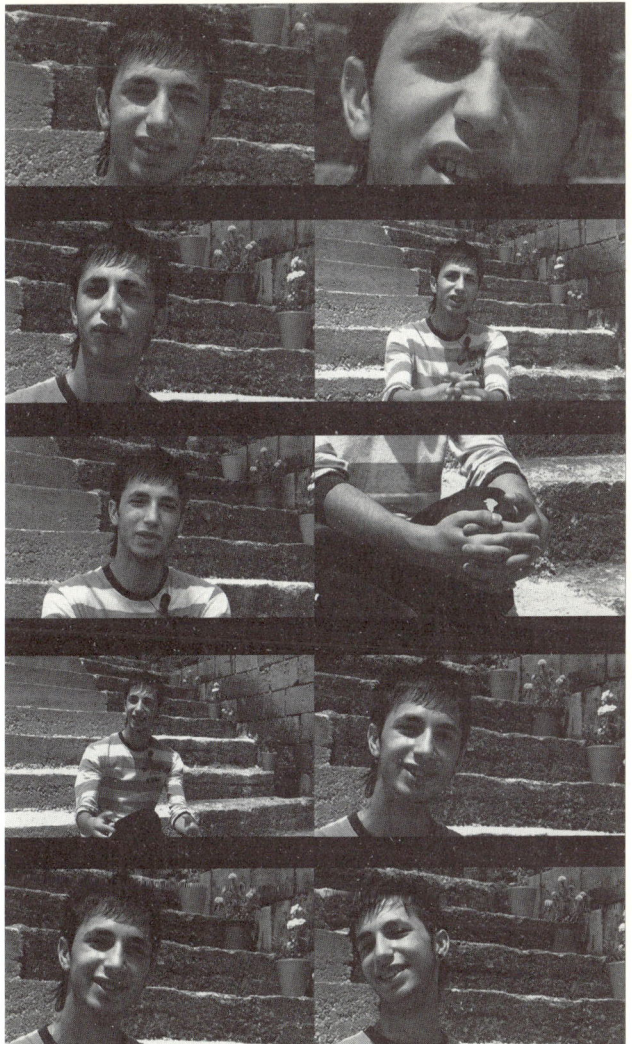

sche mir, dass ich irgendwann wieder mit Denise zusammen sein kann. Nicht immer nur durchs Telefon »Hallo, wie geht's?«. Ich will sie wiedersehen. Ihre Mutter, Tanja F., hat auch viel für uns getan. Drei Monate lang haben sie ihr Bestes gegeben, um uns zu helfen. Als sie dann gehört haben, dass wir weg müssen, waren sie auch sehr traurig darüber. Für mich ist ihre Familie so wie meine eigene Familie. Ich werde immer in deren Schuld stehen.

Dann ist die Abschiebung gekommen, und das war voll schlimm. Das hab ich sowieso nicht so gecheckt. Ich hab gedacht, okay, der Brief ist gekommen: Wollen Sie freiwillig oder dass die Polizei kommt? Dass wir einfach plötzlich weg sind? Ich hab gedacht, das wird sowieso nicht passieren. Dann ist es wirklich passiert, und ich hab gecheckt, dass ich nicht mehr da bin, wo ich geboren bin, wo ich aufgewachsen bin, wo ich die Sprache gelernt hab. Plötzlich bin ich hier. Ehrlich, das ist total schlimm, ich kann es nicht glauben. Das ist für mich wie ein Alptraum hier. Meistens bin ich nur traurig. Normal bist du sauer, aber am meisten bist du kaputt. Du hattest ein Ziel im Leben, du wolltest deine Wünsche erfüllen, aber das schaffst du nicht. Dann bist du nur noch krass enttäuscht. Mein Herz ist total am Ende. In der Schule war ich in der achten Klasse. Am besten war ich in Mathe und Sport. In Sport hatte ich eine Eins. In Mathe eine Zwei oder Drei, so normal eben. Ich konnte mich mit allen verstehen. Ich habe auch immer beim Fußballturnier mitgespielt. Das war für mich immer ein Traum. Fußball spielen in der Schule. Hauptsache Spaß haben. Das war wichtig für mich.

Mein Bruder wollte Dachdecker werden. Ich wollte seinen Traum weiter fortführen. Dass ich einen Führerschein mache und dass ich Dachdecker lerne. Das wollte ich immer. Ich hatte auch ein Praktikum, und dann musste ich hierhin kommen. Ich wollte es ehrlich mal schaffen in Deutschland. Aber jetzt – bin ich hier. Ich kann kein Serbisch, und ich kenne die Leute hier nicht. Ich bin wie im Dschungel hier. Das ist so wie ein Riesenloch. Überall drumrum Berge, und ich kann hier nicht raus. Das bricht mir das Herz. Dass ich gar nichts schaffen kann von dem, was ich mir vorgenommen hatte.

Ich fühle mich als Deutscher. Ich hab alles von Deutschland gelernt. Meine Muttersprache hab ich auch ein bisschen verlernt. In Deutschland bin ich aufgewachsen, da bin ich geboren. Am meisten vermisse ich alles! Komplett! Zum Beispiel dieses Geräusch an der Kasse. Dsching! Das vermisse ich. Sogar die Luft da. Das deutsche Verhalten, einfach alles. Meine Freundin, meine Freunde, sogar meine Lehrer, meine Mitschüler. Das ist für mich so krass.

Ich hab da einen Freund, mit dem bin ich aufgewachsen, der ist Russe, der heißt Toni. Der ist für mich der beste Freund, genau wie ein Bruder für mich. Der hat auch alles versucht, dass ich dableiben kann. Ich, mein Bruder, der jetzt gestorben ist, und der, wir sind zusammen aufgewachsen. Ich war vier, der war zwölf, mein Bruder war sechs. Der war bei mir, ich war bei denen. Ich habe seine Mutter wie meine eigene Mutter behandelt. Beste Freunde halt. Das bleibt auch für immer und ewig so. Und ich hoffe, dass ich ihn persönlich mal wieder umarmen kann, dass ich mit ihm lachen kann. Dass ich mit ihm was unternehme. Dass ich wieder mal da sein kann, dass ich wieder glücklich bin. Ich bete dafür.

Jetzt, wo ich hier bin, denke ich, warum ist uns das so passiert, warum? Warum die mich hierhin geschickt haben, meine ganze Familie? Das weiß ich nicht. Die Ausländerbehörde in Warendorf, warum haben die das mit uns gemacht? Das ist so eine große Bestrafung, das ist so wie im Knast, schlimmer als im Knast. Kann man so sagen. Ich hatte nur eine Strafe wegen dem Fahrradlicht. Das hab ich auch bezahlt. Danach hatte ich nie mehr was. Ich bin mal rausgegangen, hab mit Freunden Spaß gemacht, aber so Straffälligkeiten, Diebstähle und so, hab ich keine gemacht.

Hier im Kosovo, das war ein tierischer Schock. Du musst hier für zehn Euro den ganzen Tag arbeiten. Was ist das? Man kann hier gar nichts verdienen. Im Supermarkt kostet so eine Salami drei Euro. Das Leben hier ist einfach nur schlecht. Das ist eine Katastrophe. Überall, wo du hingehst, da sind Leute, die dich irgendwie schlagen wollen, wenn du so teure Sachen anhast. Egal, wo du hingehst, du musst einfach Angst haben. Hier gibt es Schlangen. Irgendeine Schlange kann dich beißen, und dann hast du eine Vergiftung. Hier gibt es so viele Hunde, die können dich beißen, die können Tollwut haben. Es gibt keine richtige Toilette, nicht mal ein vernünftiges Dach. Und die Leute hier fahren wie Verrückte. Hier sind total viele durch Autounfälle gestorben.

Also, ich danke Deutschland von ganzem Herzen, dass die für mich so viel getan haben. Aber warum ich jetzt hier bin mit meiner ganzen Familie, warum die das gemacht haben, das weiß ich ehrlich nicht. Ich weiß gar nicht, warum wir leiden. Womit haben wir das eigentlich verdient?

Wir haben in unserem Leben so viel verloren. Ehrlich, das ist total der Hammer für mich. Ich denke, das ist ein Alptraum, und der wird gleich wieder vorbei sein. In Deutschland hast du das Gefühl, wow, jetzt kann ich was machen. Aber hier gibt es das nicht. Du kannst nicht sagen: Ich geh zur Schule, ich bring mein Leben voran. Das geht hier nicht. Ich muss alles wieder aufbauen. Und darauf hab ich eben keinen Bock. Will ich auch gar nicht. Deutsch bleibt meine Muttersprache, und Deutschland bleibt auch immer meine Heimat. Auch im Herzen.

Ich hab einmal davon geträumt, dass ich wiedergekommen bin und meine Freunde getroffen habe, meine Freundin und so. Es ist ein komisches, schlechtes Gefühl, dass ich hier bin. Ich wünsche mir, dass einfach alle in Frieden leben können. Wie es aussieht, geht das nicht. Aber ich hoffe, dass mir irgendwie Leute helfen können, damit wir wieder zurückkommen, dass wir unsere Zukunft machen und wieder glücklich sein können. In Deutschland. Das ist mein Traum.

Ich grüße alle dort. Meine Freundin Denise, ihre Familie, Tonis Familie und auch meine ganzen Freunde, meine Mitschüler und so. Ich hoffe mal, dass mich irgendeiner hört und uns helfen kann. Dass ich in meiner Zukunft wieder einen Sinn sehe.

Die Bogdanovics sind nach ihrer Abschiebung am Rand der Stadt Lesak gelandet, wo sie an einem kleinen Weiher mit Unterstützung der Caritas ein Haus bauen. Die Kinder können kein Serbisch. Sie werden zudem von den Einheimischen angefeindet, weil diese glauben, sie seien reich, da sie aus Deutschland kommen.

Abschiebung in Deutschland

Eine Runde Rock 'n' Roll zu tanzen reichte in den fünfziger Jahren aus, um aus der DDR ausgewiesen zu werden. So erging es fünf Griechen, die auf einer Silvesterfeier im Heimkombinat Radebeul für das »Eindringen der westlichen, dekadenten Unkultur« gesorgt hatten: Sie verloren ihren Flüchtlingsstatus und damit den Abschiebeschutz.[1] Ein algerischer Arbeiter wurde Anfang der sechziger Jahre aus der DDR abgeschoben, weil er »wiederholten Damenbesuch« hatte und es deswegen zu einer Prügelei mit den wohl neidischen deutschen Kollegen gekommen war.[2]

1961 schoben die DDR-Behörden einen afrikanischen Studenten ab, dessen Vergehen darin bestand, die rassistische Diskriminierung in der DDR in einem Artikel der Hochschul-Wandzeitung beschrieben zu haben. Der offiziellen Staatsdoktrin zufolge gab es in der DDR keinen Rassismus. Die rassistische Reaktion der Hochschuldirektion bestätigte aber das Gegenteil. Obwohl in der DDR viel weniger Migranten lebten als in der BRD, fanden auch dort Abschiebungen statt, und diese hatten vor allem einen disziplinierenden Charakter: Es sollten Exempel statuiert werden. Gerade darin bestand in den ersten Nachkriegsjahrzehnten die Gemeinsamkeit mit der westdeutschen Abschiebepraxis.

Auch wenn die BRD als demokratischer Rechtsstaat von Anfang an auch Ausländern Rechtsansprüche und Grundrechte garantierte – die spezifische Mischung von Disziplinierung und Rassismus war für die Bundesrepublik ebenso charakteristisch wie für die DDR. Der Spießigkeit waren damals keine Grenzen gesetzt. Ein Kommentar zum Ausländergesetz erklärte noch 1968, eine lesbische Liebesbeziehung sei ein Ausweisungsgrund. Auch die »laufende Belästigung der Behörden mit querulantenhaften Beschwerden« könne ausreichen, um einem Einwanderer zu sagen, dass er Deutschland zu verlassen habe.[3] In der Praxis konnte man also ausländischen Arbeitern, die gegen ihre schlechteren Wohn- und Arbeitsbedingungen protestierten, mit Abschiebung drohen. Die »wilde Ehe« eines Ausländers mit einer deutschen Frau rechtfertige ebenfalls eine Ausweisung, »denn es gehört schon im Hinblick auf die heranwachsende Jugend zu den Belangen der BRD, daß sich niemand über die gegebenen Lebensverhältnisse hinwegsetzt«.[4] Trotz solcher haarsträubenden Ansichten waren Abschiebungen aber bis Mitte der sechziger Jahre eher die Ausnahme.

Dass in den ersten beiden Jahrzehnten nach dem Zweiten Weltkrieg sehr viel weniger Abschiebungen durchgeführt wurden als heutzutage, lag allerdings nicht daran, dass es keine illegale Migration gegeben hätte: Sämtliche Anwerbeverträge waren eine Reaktion auf sie. Sie dienten nicht nur der Anwerbung benötigter Arbeitskräfte, sondern sollten vor allem den Aufenthalt rechtlich regeln und befristen. Auch die meisten Migranten hatten die Absicht, nur vorübergehend in Deutschland zu bleiben, um Geld zu verdienen. Die Rückkehrerquote war hoch.[5] Bezeichnend ist aber, dass die Illegalisierten von den Behörden häufig nachträglich Papiere erhielten. So besorgte zum Beispiel die Stadt Düsseldorf 1964 vielen Marokkanern, die illegal gekommen waren und bei der Müllabfuhr arbeiteten, nachträglich eine Aufenthalts- und Arbeitserlaubnis.[6]

Schätzungen zufolge reiste damals etwa jeder zehnte »Gastarbeiter« illegal ein, Abschiebungen galten aber als zu teuer. In der Praxis betrafen sie nur wenige. Das Land Baden-Württemberg beschloss 1964, alle illegal eingereisten Jordanier auszuweisen, legalisierte aber nach Protesten alle bis 1962 Eingereisten. Wer danach gekommen war, erhielt eine Aufenthaltserlaubnis für ein Jahr und musste 850 DM als Kaution für einen eventuellen Abschiebeflug hinterlegen. Wirklich abgeschoben werden sollten am Ende nur jene, die nach dem November 1964 eingereist waren. Im Sommer 1965 fand die erste Sammelabschiebung von siebzig Jordaniern statt.[7] Erst 1965 beschloss die Innenministerkonferenz, dass eine »einheitliche Zurückweisung beziehungsweise Abschiebung der

Illegalen« stattfinden sollte. Bei einer illegalen Einreise sollte keine nachträgliche Legalisierung mehr möglich sein, die Behörden waren verpflichtet, Ausweisung und Abschiebung durchzuführen.[8]

Auch in einem anderen Kontext fanden nach dem Krieg keine Abschiebungen statt. Zwar wurden die meisten ausländischen Zwangsarbeiter wieder in ihre Herkunftsländer geschickt,[9] die westlichen Besatzungsmächte und die deutsche Verwaltung einigten sich aber 1951 darauf, dass etwa 200.000 Osteuropäer als »heimatlose Ausländer« in Deutschland bleiben konnten. Diese Menschen wollten nicht in ihre Heimat zurück, die von der Roten Armee besetzt worden war, und das wurde toleriert.[10]

Nach dem Krieg war die Ausländerpolizeiverordnung von 1938, nur leicht modifiziert, wieder in Kraft gesetzt worden. Sie erlaubte es, Ausländer zu erfassen und gegebenenfalls abzuschieben. Besonders in Bayern drängten Behörden und Politiker darauf, den »Abschub krimineller und asozialer Ausländer« zu erleichtern. Gemeint waren damit vor allem ehemalige KZ- und Zwangsarbeiter, die in Deutschland geblieben waren. »Aus dem Opfer deutscher Politik wurde so […] der bedrohliche, potentiell kriminelle Ausländer«, betont die Historikerin Karen Schönwälder. Da die Besatzungsmächte ihnen jedoch einen relativ sicheren Status garantiert hatten, konnten sie nicht abgeschoben werden. Zudem boten die Grundrechtsgarantien der Verfassung die Möglichkeit, gegen ein Aufenthaltsverbot zu klagen. Von vielen Zeitgenossen wurde freilich »die Tatsache, dass auch AusländerInnen Entscheidungen der deutschen Verwaltung vor Gericht anfechten konnten, […] eher als Ärgernis denn als Fortschritt aufgefasst«.[11]

Der Verzicht auf Abschiebungen äußerte sich dann vor allem im Asylbereich. 1966 beschlossen die deutschen Innenminister, Flüchtlinge aus den kommunistischen Diktaturen Osteuropas generell nicht abzuschieben. Die allermeisten der jährlich zwischen rund 2000 und 4000 Personen, die von 1953 bis 1966 in Deutschland Asylanträge stellten, stammten aus der Tschechoslowakei, aus Polen, Ungarn und Jugoslawien. Obwohl ihre Asylanträge meist abgelehnt wurden – die Anerkennungsquote sank von 51,8 Prozent im Jahr 1953 auf 13,6 Prozent im Jahr 1965[12] –, wurde fast keiner von ihnen abgeschoben (auch wenn die bundesdeutsche Asylpolitik gelegentlich wegen einzelner nächtlicher Abschiebeaktionen von osteuropäischen Flüchtlingen und widerrechtlicher Zurückweisungen durch bayerische Grenzbehörden in die Schlagzeilen geriet). Das war politisch so gewollt, selbst wenn es sich um faktische Arbeitseinwanderung handelte wie im Falle der Jugoslawen. Diese stellten nämlich seit 1959 die größte Gruppe der Asylantragsteller, und es war klar, dass unabhängig von der politischen Unterdrückung in Jugoslawien der Asylantrag auch eine Möglichkeit bot, um zum Arbeiten nach Deutschland zu kommen – erst 1968 wurde ein Anwerbeabkommen mit Jugoslawien unterzeichnet.[13]

Umgekehrt kooperierte die Bundesrepublik mit kapitalistischen Diktaturen und versuchte, Migranten, die in Deutschland Widerstand gegen das Regime in ihren jeweiligen Herkunftsländern organisierten, abzuschieben. Bei linken, regimekritischen Griechen, denen die Konsulate in Deutschland nach dem Militärputsch von 1967 die Reisepässe entzogen hatten und die deshalb Probleme bei der Verlängerung ihrer Aufenthaltserlaubnis bekamen, reagierte die Bundesregierung noch zurückhaltend. Bundesinnenminister Paul Lücke (CDU) wies die Länder an, Griechen nicht abzuschieben.[14] »Unsere Aufenthaltserlaubnis wurde aber immer nur um zwei Monate verlängert. Alle zwei Monate musste ich deswegen zum Polizeipräsidium«, berichtet der damalige Aktivist Sotirios Kotsomitopoulos aus Düsseldorf.

Härter traf es Migranten aus dem Iran. Die Bestimmungen des Ausländergesetzes, das 1965 die Ausländerpolizeiverordnung der Nazis ablöste, erlaubten es, Ausländern die politische Betätigung zu verbieten, wenn diese den außenpolitischen Interessen der BRD widersprach, und sie deswegen auch auszuweisen. Gerade die unerwünschte politische Betätigung von Ausländern stand bei den Vorbereitungen des Ausländergesetzes im Mittelpunkt.[15] Davon waren insbesondere persische Studierende betroffen, die in

Deutschland mit Demonstrationen oder Flugblättern gegen das brutale Schah-Regime protestierten. Eine Abschiebung konnte bedeuten, dass sie im Herkunftsland gefoltert oder ermordet wurden. »Ein persischer Student wurde 1966, wenige Tage vor seiner geplanten Hochzeit, frühmorgens aus dem Bett geholt, mit 20 kg Gepäck in Handschellen zum Flughafen transportiert und nach Teheran abgeschoben. Seine Verlobte wurde danach polizeilich belehrt: Sie hätte sich nicht ›mit einem Ausländer einlassen‹ sollen. Wenn sie zu ihm wolle, möge sie ebenfalls nach Teheran fliegen.«[16]

Gegen den Deutschland-Besuch des Schahs im Sommer 1967 demonstrierte die Außerparlamentarische Opposition. Ein Protest, der in Berlin gewaltsam niedergeschlagen wurde und bei dem ein Polizist den Studenten Benno Ohnesorg erschoss. Die Polizei hatte den persischen Studierenden im Vorfeld verboten, ihren Wohnsitz zu verlassen, andernfalls drohe ihnen die Abschiebung. Die jungen Leute ließen sich davon nicht abhalten und gingen trotzdem auf die Straße.

Aus Sicht der Außerparlamentarischen Opposition wurde mit den häufiger werdenden Abschiebungen das politische Engagement persischer, aber auch südvietnamesischer, griechischer, spanischer und türkischer Studierender und Arbeitsmigranten bestraft.[17] In der Öffentlichkeit wurden die Konflikte entpolisiert und die Abschiebung als Maßnahme gegen Unruhestifter dargestellt. Im Jahr 1971 soll es dann laut *Spiegel* bis zu 15.000 Abschiebungen gegeben haben. Diese betrafen aber auch »unpolitische« Migranten – vor allem illegal eingereiste Arbeiter.[18]

Eine größere Abschiebewelle, die sich gegen arabische Studenten richtete, setzte nach der Geiselnahme israelischer Sportler durch Palästinenser während der Olympischen Spiele in München ein, bei der im September 1972 alle Geiseln sowie mehrere Geiselnehmer und ein Polizist getötet wurden. Der damalige Bundesinnenminister Hans-Dietrich Genscher (FDP) befürchtete nach dem Olympia-Attentat weitere Anschläge. Offiziell wurden unmittelbar danach 121 Araber – meist Palästinenser – ausgewiesen.[19] Bezeichnend für die Mentalität dieser Zeit ist ein Kommentar des damaligen *Stern*-Chefredakteurs Henri Nannen, der forderte, gleich »alle Staatsangehörigen jener arabischen Staaten, die das Treiben der palästinensischen Terrororganisationen fördern, fristlos aus dem Bundesgebiet auszuweisen. Leider werden davon auch Unschuldige betroffen«,[20] so Nannen lapidar, aber »der Satz, daß es besser ist, zehn Schuldige davonkommen zu lassen, als einem Unschuldigen Unrecht zu tun, gilt nur im Frieden. Im Krieg gilt der umgekehrte Satz.« In den folgenden zwei Monaten fanden Massenverhaftungen in Arbeiter-, Studentenwohnheimen und arabischen Treffpunkten statt. Insgesamt sollen mehr als tausend Arbeiter und Studierende aus arabischen Ländern abgeschoben worden sein.[21] Erstmals forderten BRD-Politiker eine schärfere Abschiebepolitik als Mittel im »Kampf gegen den Terrorismus«.

Ausweisung und Abschiebung als Instrument der BRD-Politik rückten in dem Maße in den Vordergrund, in dem Migranten als politische Subjekte zu agieren begannen und sich herauskristallisierte, dass die in der damaligen Öffentlichkeit sogenannten Gastarbeiter zu wirklichen Einwanderern wurden.[22] Beide Motivationen überlappten sich bei der Ausweisung Baha Targüns, des Wortführers des wilden Fordstreiks, den im Sommer 1973 vor allem türkische Arbeiter in den Kölner Ford-Werken organisiert hatten.

Targüns Ausweisung ist exemplarisch. Der Fordstreik war einer von vielen spontanen Streiks, die im Jahr 1973 von Einwanderern in Deutschland initiiert wurden.[23] In Köln protestierten die Arbeiter nicht nur gegen die Entlassungen von Kollegen, die zu spät aus dem Urlaub zurückgekehrt waren, sondern auch gegen die harten Arbeitsbedingungen der Migranten am Fließband, gerade vor dem Hintergrund ihrer schlechteren betrieblichen Stellung im Vergleich zu den deutschen Arbeitern. Konkret forderten sie die Herabsetzung der Bandgeschwindigkeit und eine Lohnerhöhung für alle. Vom Betriebsrat fühlten sie sich nicht mehr vertreten. »Von den Türken wurde die Parole ›Sendika satilmis‹ geprägt: die Gewerkschaft ist käuflich.«[24]

Ihr Streik stellte das Selbstverständnis der BRD-Gesellschaft infrage, für die es sich bei den ausländischen Arbeitern um »Gäste« auf Zeit handelte, die gefügig zu sein hatten.[25] Die Ausweisung Targüns sowie die Abschiebedrohung gegenüber »aufsässigen« migrantischen Arbeitern bei ähnlichen Streiks folgten dieser Logik. Sie hatten jedoch lediglich symbolische Bedeutung, weil eben nicht zu verhindern war, dass die ausländischen Arbeiter ihre Unterordnung nicht länger klaglos akzeptierten und die »Gastarbeiter« in dem Maße, wie sie zu realen Einwanderern wurden, zunehmend Rechte einforderten.[26]

Zur Normalisierung von Abschiebungen

Solange die Vorstellung herrschte, dass die ausländischen Arbeiterinnen und Arbeiter nur vorübergehend in Deutschland leben würden, waren Abschiebungen in der BRD allenfalls als »disziplinierende« Maßnahmen ein Thema. Gerade aus wirtschaftlicher Perspektive wurden sie sogar als kontraproduktiv abgelehnt. Zwar wurde die Aufenthaltserlaubnis der »Gastarbeiter« anfangs immer auf ein Jahr befristet, und es herrschte die Vorstellung, dass »bei eventueller Arbeitslosigkeit in Deutschland die ausländischen Arbeiter wieder zurückgeschickt werden können«, so die *Frankfurter Allgemeine Zeitung* 1959.[27] Insgesamt jedoch war man sich einig, dass die deutsche Wirtschaft ohne die Millionen Arbeiterinnen und Arbeiter aus dem Süden nicht hätte wachsen können. Wenn es – wie in den Jahren 1966/67 – zu einem Konjunkturabschwung kam, entließen deutsche Unternehmer zuerst diejenigen ausländischen Arbeiterinnen und Arbeiter, die als Letzte angestellt worden waren, was viele zur Rückreise zwang.[28] Nach der schnell überwundenen Rezession blieb aber die Nachfrage nach migrantischen Arbeitskräften hoch. Damals setzten allerdings die ersten Abwehrreaktionen und fremdenfeindlichen Tendenzen ein, und Einwanderung wurde zu einem Thema der öffentlichen Diskussion, die begann, zwischen Integrationsversprechen und

Abschottungsphantasien zu lavieren, ohne dass versucht worden wäre, ein kohärentes Einwanderungskonzept zu formulieren.[29]

Trotz der Befristungen hatte die Zahl der »Gastarbeiter« zugenommen, deren Aufenthaltsdauer außerdem stieg. Abschiebungen waren eine Reaktion auf den Verlust der beabsichtigten Kontrolle. Auch kleinere Regelverstöße boten einen willkommenen Anlass, diesen Kontrollanspruch zu demonstrieren. Der Leiter der Münchener Ausländerbehörde erklärte 1970: »Schon bei Kaufhaus- und Kollegendiebstählen sowie kleineren Sittlichkeitsdelikten weisen wir aus, um abzuschrecken.«[30] Von der Zunahme der Abschiebungen waren aber hauptsächlich illegalisierte Arbeiter betroffen, vor allem Türken und Jugoslawen ohne Aufenthaltserlaubnis.[31] Andererseits erhielten viele illegalisierte Türken in Hessen und Rheinland-Pfalz Duldungen. 1972 kam es in Frankfurt sogar zu einer großen Demonstration für die Verlängerung dieser Duldungen. In ihre Herkunftsländer Zurückgekehrte konnten wiederkommen, wenn sie ein Arbeitsangebot von einer deutschen Firma besaßen.

Das Thema »Abschiebung« wurde gerade deshalb prominent, weil sich nun abzeichnete, dass Einwanderung nachhaltig sein würde. Zwar bestand kein Zweifel daran, dass es weiterhin eine Nachfrage nach ausländischen Arbeitern gab. Aber die Ausweisungen und Abschiebungen erlaubten es, die gestiegene Zahl der Migranten vehementer als »Problem« zu artikulieren. Dabei bot die Abschiebung der »Illegalen« die Möglichkeit, staatliche Souveränität zu demonstrieren, ohne die legalen Migranten, die ja den Großteil der eigentlichen Einwanderung ausmachten, an den Pranger zu stellen. Mit dem Szenario von Massenabschiebungen »solle die Öffentlichkeit schockiert werden«, heißt es im Protokoll einer Besprechung von Ausländerreferenten im Oktober 1970 in Berlin. »In Wirklichkeit würden bei der derzeitigen Praxis Illegale nur in kleineren Gruppen festgestellt und abgeschoben.«[32]

Im Juli 1970 entdeckte das Ausländeramt bei einer Razzia in der Wohnbaracke einer Duisburger Baufirma sechsundsiebzig türkische Arbeiter ohne Arbeitserlaubnis und schob sie wenige Tage später ab.[33] In Viersen erhielten fünfzig Griechen und Türken vom Stadthauptsekretär Heinrich S. – den sie als »bestes Mann von Europa« priesen – Aufenthaltsgenehmigungen, nachdem sie bei seiner Ehefrau Lebensversicherungen abgeschlossen hatten. Die Staatsanwaltschaft ermittelte, und die Betroffenen wurden aufgefordert, Deutschland innerhalb von vierzehn Tagen zu verlassen.[34] Ein Angestellter des Kölner Ausländeramtes gestand 1973, dass er die Einreisepapiere von siebzehn Jugoslawen gefälscht hatte, die illegal nach Deutschland gekommen waren. Sie einigten sich mit den Behörden auf einen Vergleich: Die Ausgewiesenen mussten Deutschland verlassen, konnten sich aber in ihrer Heimat wieder legal um eine Einreise bewerben.[35]

Aber auch damals ließen sich Abschiebungen nicht immer durchsetzen. So wie beim 28-jährigen Mahammadi A., der seit 1969 in Frankfurt lebte und dreimal wegen illegalem Aufenthalt verurteilt wurde. Einmal sollte er 2000 DM Strafe zahlen, ein andermal wurde er zu einem Monat Gefängnis verurteilt, dann kam er in Abschiebehaft, wurde aber wieder freigelassen. 1972 wurde er mit 0,9 Gramm Heroin festgenommen und erneut zu Gefängnishaft verurteilt. Seine Abschiebung scheiterte immer wieder, weil Marokko den Mann ohne Pass nicht zurücknahm. Die Richter rügten, dass er sich nicht selbst um die für die Abschiebung nötigen Papiere bemüht habe. Aber auch den deutschen Behörden gelang es nicht, ihm einen Pass zu besorgen. Neben öffentlichen Protesten gehörte auch diese Form des individuellen Widerstands gegen Abschiebung von Anfang an zur Realität in der Bundesrepublik.[36]

Erst ab Ende der sechziger, Anfang der siebziger Jahre kam es in der BRD also zu größeren Ausweisungswellen. Obwohl sie in die Zeit fallen, in der Millionen Menschen nach Deutschland zogen, um hier zu arbeiten, standen sie nicht direkt mit dieser Entwicklung in Beziehung: Die »Gastarbeit« an sich wurde nicht infrage gestellt, wohl aber die stattfindende langfristige Einwanderung. Die Abschiebungen waren hauptsächlich ideologisch motiviert und sollten disziplinierend wirken. Es ging weniger darum,

Migranten grundsätzlich daran zu hindern, nach Deutschland zu kommen. Einerseits hielt man es für selbstverständlich, dass die »Gastarbeiter«, die ihren Job verloren und keinen neuen fanden, das Land wieder verlassen. Und andererseits hatten viele Unternehmen kein Interesse daran, das eigentlich vorgesehene Rotationsprinzip konsequent anzuwenden, weil das bedeutet hätte, dass sie ihre einmal eingearbeiteten Kräfte wieder verlieren.

Als dann im November 1973, nach Ausbruch der ersten Ölkrise, der Anwerbestopp beschlossen wurde und es für die meisten Arbeitsmigranten aus dem Süden – mit Ausnahme der Italiener – nicht mehr möglich war, offiziell nach Deutschland zu kommen, ging die Zahl der hier lebenden ausländischen Arbeiter innerhalb von zweieinhalb Jahren um 600.000 zurück. Zwar sah die Bundesregierung keine »Zwangsmaßnahmen« vor, um die »Gastarbeiter« loszuwerden. Wenn sie allerdings ihren Job verloren, keinen neuen bekamen und dann Arbeitslosengeld bezogen, konnten sie ihre befristete Aufenthaltserlaubnis nicht verlängern, was bedeutete, dass sie auf diesem Wege »still abgeschoben« wurden, wie es die damalige Presse formulierte.[37]

Diese Politik wurde dann im Fall der 30.000 koreanischen, aber auch indischen und philippinischen Krankenschwestern verschärft, die ins Land gekommen waren, als 1971 der Personalnotstand an deutschen Krankenhäusern am größten war. Bei den Krankenschwestern handelte es sich um Frauen, die legal nach Deutschland migriert waren und nun mit Abschiebung bedroht wurden. In ihrem exemplarischen Fall setzte die BRD dieses Mittel nun endgültig dafür ein, faktische Einwanderung als solche zu bekämpfen. Eine neue Eskalationsstufe wurde erreicht, als die Behörden nicht darauf warteten, ob die Krankenschwestern ihren Arbeitsplatz verlieren würden, sondern aktiv dafür sorgten, dass sie nicht mehr arbeiten durften: Bei Krankenschwestern, die weniger als fünf Jahre in Deutschland lebten, verlängerten die Behörden die dreijährige Arbeitserlaubnis nicht mehr, und damit lief auch die Aufenthaltsgenehmigung aus.

Die koreanischen, indischen und philippinischen Frauen sollten das Land wieder verlassen, weil die Arbeitslosigkeit gestiegen war. Außerdem ließen sich wieder mehr deutsche Frauen zur Krankenschwester ausbilden, nachdem man die Gehälter erhöht hatte. »Die Engel sollen gehen« und »Kein Erbarmen mit Schwester Lotusblüte« lauteten damals die kitschigen Schlagzeilen. »Die jüngsten Opfer der unerbittlichen Rückbeförderungswut drohen einhundert junge Inderinnen zu werden«, schrieb die *Kölnische Rundschau* damals. 1975 arbeiteten in Bayern 1044 Koreanerinnen, Ende 1977 waren es nur noch 430. Erst der öffentliche Widerstand sorgte dafür, dass diese »stillen Abschiebungen« gestoppt wurden.[38]

Die Ausweisungs- und Abschiebepolitik wandelte sich vom Disziplinierungsinstrument zu einem Mittel der genuinen Migrationspolitik, die sich bemühte, nachhaltige Einwanderung zu verhindern. Es wurden Stimmen laut, die explizite Rückführungsmaßnahmen verlangten. Der damalige Präsident der Bundesanstalt für Arbeit, Josef Stingl, forderte Anfang 1976, dass sich »der Abbau der Ausländerbeschäftigung fortsetzen muss«.[39] Der frühere Nazi-Richter und damalige baden-württembergische Ministerpräsident Hans Filbinger (CDU) wies darauf hin, dass fast jeder zweite der damals 2,1 Millionen ausländischen Arbeiter in Deutschland nur eine begrenzte Aufenthaltserlaubnis besaß. Aufgrund der steigenden Arbeitslosigkeit solle man versuchen, sie loszuwerden. Filbinger schlug dazu ein Rückführungsprogramm für »Gastarbeiter« vor. Als Anreiz sollte die Rückzahlung von Beiträgen aus der Arbeitslosen- und Krankenversicherung dienen, als Druckmittel eine Kürzung des Arbeitslosengeldes.[40] Tatsächlich ließen sich viele Migranten, die von sich aus zurück in ihre Herkunftsländer zogen, ihre Rentenbeiträge auszahlen. Eine darüber hinausgehende Rückkehrförderung, die auch die sozialliberale Bundesregierung erörterte, wurde aber noch nicht umgesetzt.

Denn es gab auch Gegenstimmen aus der Politik. Der Arbeits- und Sozialminister Nordrhein-Westfalens, Friedhelm Farthmann (SPD), etwa meinte im April 1978: »Die Solidarität verbietet es, dass wir ausländische Arbeitnehmer, die wir, als sie benötigt wurden, in unser Land gerufen haben, nach Hause schicken und sie dort einer uns unvorstellbaren Not aussetzen.«[41] Außerdem wies er darauf hin, dass die Deutschen wegen der damals bereits absehbaren Überalterung schon bald »verstärkt auf die Mitarbeit von Ausländern angewiesen« sein würden. Dennoch haben die Abschiebephantasien, die im Rahmen dieser Debatten geäußert wurden, den öffentlichen Diskurs nachhaltig geprägt. Sie sind Ausdruck einer Weltsicht, nach der die De-facto-Einwanderer eigentlich nicht ins Land gehören, und kamen vermehrt auf, als sich abzeichnete, dass diese Vorstellung von der Realität überholt wurde.

Zugehörigkeit wurde weiterhin völkisch bestimmt. Ressentiments bestanden zwar durchaus auch gegenüber den deutschstämmigen Aussiedlern, diese wurden jedoch von vornherein als dazugehörig definiert. So forderte Bundespräsident Walter Scheel 1976 die Bundesbürger in seiner Weihnachtsansprache auf, die aus Polen und anderen Ostblock-Staaten kommenden Aussiedler nicht als Ausländer zu betrachten, selbst wenn sie kein Deutsch sprächen. »Zur deutschen Nation gehört, wer das Bewusstsein hat, dieser Nation anzugehören, und den Willen, für eine gemeinsame Zukunft zu wirken.«[42]

Ein grundsätzlicher Stimmungsumschwung in Bezug auf die ausländischen Einwanderer vollzog sich aber erst, als nach der zweiten Ölkrise 1979/80 die Arbeitslosigkeit in Deutschland sprunghaft anstieg. Nun führte die Erkenntnis, dass sich einerseits viele »Gastarbeiter« mit ihren Familien dauerhaft in Deutschland niedergelassen hatten und dass andererseits nach dem Anwerbestopp Zuwanderung über den Asylweg stattfand, zu einem Wandel der öffentlichen Meinung. 1978 befürworteten laut Umfragen nur 39 Prozent der Deutschen eine Rückführungspolitik, 1983 waren es dann satte achtzig Prozent.[43] Ausdruck dieser Stimmung ist zum Beispiel die Initiative des Berliner Innensenators Heinrich Lummer (CDU), der seine Behörden angewiesen hatte, Kinder von Ausländern, die volljährig geworden waren und weder Arbeitsplatz noch Lehrstelle nachweisen konnten, zum Verlassen Deutschlands zu drängen. »Nach einer Demonstration von 15.000 Berlinern (›Lummer nach Ankara‹) wurde die Abschiebe-Anweisung erst einmal aufgehoben«, berichtete *Der Spiegel* im Dezember 1981.[44] Das Kabinett Helmut Schmidt einigte sich darauf, »Gastarbeiter« auch dann nicht abzuschieben, wenn sie arbeitslos geworden waren, erschwerte dafür aber den Familiennachzug. Die im Jahr darauf angetretene Kohl-Regierung versprach dann eine »bessere Abschiebepraxis«. Die CDU wollte die »Zahl der Ausländer halbieren«.[45]

Der Anwerbestopp hatte sich anders ausgewirkt, als die Politiker erhofft hatten. Viele Migranten, die nun nach einer Ausreise nicht hätten wiederkommen können, entschieden sich, in Deutschland zu bleiben, und holten ihre Familie nach. Die Autonomie der Migration äußerte sich zum einen in dieser Entwicklung, zum anderen aber auch in den Kämpfen um Rechte. Das hatte sich schon in den wilden Streiks von Migranten seit Ende der sechziger Jahre angekündigt. »Die Vorstellung«, schreibt Serhat Karakayali, »man könne mit Rotation und sozialräumlicher Separierung (in Gastarbeiter-Wohnheimen) ein fügsames Subproletariat erschaffen, wurde spätestens durch den berühmten Streik bei Ford im Sommer 1973 begraben. Mit dem Anwerbestopp begann ein Prozess der Verlagerung und Verschiebung des Terrains der Kämpfe der Migration. Bis in die jüngste Gegenwart stellen Familienzusammenführung und Asylmigration die Hauptformen der Einwanderung nach Deutschland dar. Die Bekämpfung von Heiratsmigration (etwa durch die Einführung eines Gesetzes gegen ›Scheinehen‹), die Restriktionen der Familienzusammenführung und die zahllosen ›Verschärfungen‹ des Asylverfahrensgesetzes sind die staatlichen Reaktionen darauf.«[46]
Für Nicht-EG-Ausländer wurden zum Beispiel Wartezeiten eingeführt, die eingehalten werden mussten, bevor Ehepartner nachziehen bzw. ein eigenständiges Aufenthaltsrecht erhalten konnten. Die Stadt Stuttgart wollte 1982 eine Spanierin abschieben, weil sie

die Wartezeit nicht beachtet hatte: Die junge Frau war unmittelbar nach der Heirat zu ihrem Mann gezogen, der schon seit 1970 in Deutschland lebte.[47]

Besonders skandalträchtig wurde es, wenn Migrantinnen vor einem gewalttätigen Ehemann flohen. »Die Folge für die Frauen in gescheiterten Beziehungen: Vier Jahre lang stehen sie vor der Wahl, ob sie sich von rabiaten Gatten schlagen oder von Ämtern verjagen lassen wollen«, kommentierte *Der Spiegel* den Fall der 32-jährigen Türkin Aysel, die 1971 mit ihrem Mann nach Deutschland gekommen war. 1977 zwang er sie, mit den Kindern in der Türkei zu bleiben. Als er kein Geld mehr schickte, kam Aysel 1981 zurück nach Deutschland. Sie entdeckte, dass der Mann eine Freundin hatte und mit dieser zusammenlebte. Er misshandelte daraufhin seine Frau. Aysel flüchtete ins Frauenhaus. Das Gericht beschloss 1982 ihre Ausweisung, weil der »Aufenthaltszweck« der »familiären Lebensgemeinschaft« nicht mehr bestehe.[48] Ähnliche Urteile ergingen gegen sechs weitere Frauen aus Westberlin.

Solche Entscheidungen waren symbolischer Natur. Sie konnten den Einwanderungsprozess nicht rückgängig machen. Aber sie zielten auf die transnationale Lebensweise von Migranten, weil familiäre Bindungen häufig neue Einwanderung produzieren. Mit der Transnationalität steht eine besondere gesetzliche Bestimmung in Konflikt: Wer legal in Deutschland lebt, die BRD aber für mehr als sechs Monate verlässt, verliert seine Aufenthaltserlaubnis. Wer dennoch unerlaubt wieder einreist, kann abgeschoben werden. Gerade weil viele ehemalige »Gastarbeiter«-Familien mittlerweile in Deutschland zu Hause waren, ein längerer Aufenthalt in der alten Heimat aber eventuell dazu führte, dass sie von ihrem deutschen Zuhause abgeschnitten wurden, erhielt diese Regelung immer mehr Brisanz. Sie betraf dabei vor allem türkische Einwandererkinder.

Welch groteske Züge das annehmen konnte, illustriert das Beispiel von Zübeyde Gökgül, die als Zehnjährige nach Deutschland zog. Mit sechzehn ging sie in die Türkei, um ihre kranke Großmutter zu pflegen. Als diese starb, kehrte Zübeyde 1987 zu ihren Eltern nach Deutschland zurück. Die Ausländerbehörde und die Gerichte, vor denen die junge Frau klagte, lehnten es ab, ihr eine Aufenthaltserlaubnis zu erteilen. 1990 bekam sie in Deutschland sogar einen Sohn. Mürbe von den Verfahren, reiste sie schließlich aus – ihren Sohn ließ sie vorübergehend bei den Eltern –, und versuchte noch einmal von der Türkei aus, ein Einreisevisum zu erhalten. Als ihr das nicht gelang, kam sie wieder und beantragte erneut vergeblich eine Aufenthaltserlaubnis. Dann schickte das Ordnungsamt Mülheim auch ihrem Sohn eine Aufforderung zu, das Bundesgebiet zu verlassen. Andernfalls werde er abgeschoben. Ihr Sohn war damals anderthalb Jahre alt![49]

Solche Fälle wurden politisch mit der Notwendigkeit von Zuwanderungskontrollen begründet. Sie wurden von den Betroffenen aber gerade deshalb als Schikane wahrgenommen, weil sie Menschen, die in Deutschland zu Hause sind, zu Fremden machten. Zudem konnten sie nichts an der Realität der Zuwanderung ändern, und die Vorstellung, dass diese zur Normalität gehört, hatte sich in der Gesellschaft – trotz vorhandener Ressentiments – längst durchgesetzt. Auch Gerichte bewerteten die Tatsache, dass es immer mehr Einwanderer gab, deren Einreise nach Deutschland schon viele Jahre zurücklag, als Hindernis für deren Abschiebung. So urteilte das Bundesverwaltungsgericht 1983, dass ein ausländischer Lkw-Fahrer, der zweimal volltrunken beim Autofahren erwischt wurde, nicht abgeschoben werden dürfe, weil er schon seit dreiundzwanzig Jahren in der Bundesrepublik lebte.[50] Deutlich wird dieser Umschwung auch an der Politik der Grünen, die ihren Einzug in die hessische Landesregierung nutzten, um die Abschiebung von »Ausländern aus den klassischen Gastarbeiterländern« zu erschweren.[51]

Die Regierung Kohl begann zwar, »Rückkehrhilfe« zu zahlen (und Tausende »Gastarbeiter« nahmen sie in Anspruch), aber diese Maßnahme hatte keine grundsätzlichen Auswirkungen. Der »großangelegte Versuch, die hier lebenden Ausländer zur Rückkehr zu bewegen – ursprünglich war von einer Senkung von 4,6 auf zwei bis drei Millionen innerhalb von sechs Jahren die Rede gewesen –, mißlang«, resümierte der Historiker Ulrich Herbert.[52] Vor Ort hatte diese Politik dennoch massive Auswirkungen. Sie erlaubte es beispielsweise mehreren von einer Branchenkrise betroffenen Stahlbetrieben, über Aufhebungsverträge quasi Massenentlassungen vorzunehmen. Das wurde von den Gewerkschaften stillschweigend toleriert, weil es vor allem Türken betraf. In manchen Werken ging fast jeder zweite türkische Arbeiter.[53]

Zur selben Zeit wurde Abschiebungen in der Politik der Bundesrepublik eine neue Funktion zugewiesen. Sie sollten Teil eines Settings sein, in dem einerseits (was insbesondere bei CDU/CSU-Politikern umstritten war) »Integration« offiziell betrieben und andererseits die Rückkehrbereitschaft gefördert sowie weitere Zuwanderung verhindert werden sollte. Die Verbindung beider Ziele tauchte 1982 erstmals in einer Koalitionsvereinbarung auf.[54]

1989 legte Wolfgang Schäuble (CDU) als Bundesinnenminister dann einen Gesetzentwurf zur Neufassung des Ausländerrechts vor, mit der diese Konzeption einen Schritt weiter getrieben wurde. Nun wurde das Aufenthaltsrecht für Ausländer erweitert und sogar die Einbürgerung erleichtert. Zugleich aber sollte die Abschiebung der unberechtigten Einwanderer beschleunigt werden.[55] Ein Jahrzehnt später, unter der rot-grünen Koalition, kam zur »Integration« die Erleichterung der Zuwanderung von »Fachkräften« als Ziel hinzu. In diesem immer noch gültigen Diskurs fiel Abschiebungen die Aufgabe zu, quasi »Platz« zu schaffen für die »erwünschten« Einwanderer, indem die Ausreise der »unerwünschten« – wenn nötig mit Zwang – durchgesetzt wird.[56]

Die Stigmatisierung der Asylbewerber

Seit Anfang der achtziger Jahre fußt die bundesdeutsche Abschiebepolitik de facto auf dem Eingeständnis, dass Deutschland ein Einwanderungsland ist, auch wenn in der öffentlichen Rede oft das Gegenteil behauptet wurde. Abschiebungen sollen diese Situation beherrschbar machen, und sie markieren zugleich einen Kompromiss, der sich beständig verschiebt. Seit Anfang der achtziger Jahre lässt sich das auf die Formel reduzieren: »Die Ausländer gehen offensichtlich nicht wieder zurück. Wenn wir sie schon integrieren, dann müssen wir wenigstens dafür sorgen, dass der weitere Zuzug begrenzt wird, um die Aufnahmebereitschaft in Deutschland nicht zu überfordern.« Die generelle Rückführung wurde auch als Phantasie langsam ad acta gelegt. Abschiebungen sollten nunmehr zusätzliche Einwanderung verhindern. Konkret gerieten damit die Asylbewerber aus nichteuropäischen Ländern ins Visier.

In den siebziger Jahren waren nur fünf Prozent aller aus Deutschland Abgeschobenen Asylbewerber. In den neunziger Jahren machten sie dann bereits die Hälfte aus. Dafür ist nicht zuletzt ein »organisatorischer« Aspekt verantwortlich: Die Behörden können leichter auf diese Menschen zugreifen als auf die »Illegalen«, und anders als diese »belasten« die Asylbewerber aus Sicht der Behörden die öffentlichen Kassen.[57] Diese Entwicklung fand aber auch auf der Grundlage eines rassistischen Diskurses statt, der schon in den sechziger Jahren begonnen hatte. Die Anwerbeabkommen wurden vor allem mit europäischen Ländern abgeschlossen. Der »Europäerprimat« der Innenministerkonferenz sollte »eine Einwanderung ›dunkelhäutiger‹ Arbeitskräfte« verhindern.[58]

Als dann Anfang der siebziger Jahre Politiker immer häufiger den »Missbrauch des Asylrechts« beklagten, wurden damit vor allem Nicht-Europäer stigmatisiert, die in dieser Zeit vermehrt nach Deutschland zogen. Es folgten diverse Verschärfungen des Asylrechts. Einerseits nahm die BRD im Rahmen »humanitärer Aktionen« als Alternative zum ordentlichen Asyl eine festgelegte Zahl von Kontingent-Flüchtlingen auf, zum Beispiel vietnamesische *boat people*.[59] Andererseits gab die Regierung Schmidt den Behörden die Möglichkeit, Asylbewerber nach »Vorprüfungen« an der Grenze abzulehnen und zurückzuweisen. 1980 wurde dann der Visumzwang für Afghanen, Äthiopier, Singhalesen, Iraner, Türken, Bangladeschis und Inder eingeführt.[60]

1975 hatte die Bundesregierung den Asylbewerbern noch erlaubt zu arbeiten. Sowohl die Unternehmen als auch die Migranten konnten also mit einem Asylantrag den Anwerbestopp umgehen. Faktisch mussten viele, die zum Arbeiten nach Deutschland ziehen wollten, diesen Weg wählen. Als die Zahl der Asylbewerber – nicht zuletzt infolge von Krisen wie etwa dem Krieg in Afghanistan – sprunghaft anstieg, wurde 1980 ein Arbeitsverbot eingeführt. Außerdem wurde die Sozialhilfe in Form von Sachleistungen ausgezahlt, und die Antragsteller durften den für sie zuständigen Landkreis nicht mehr ohne Erlaubnis der Ausländerbehörde verlassen. Diese Maßnahmen der sozialliberalen Regierung sowie die zwangsweise Unterbringung in Lagern sollten abschreckend wirken. Die diversen Verschärfungen hatten aber immer nur den Effekt, dass kurzfristig die Zahlen zurückgingen, um dann erneut anzusteigen. »Es hat sich [...] als unmöglich erwiesen, mithilfe solcher Maßnahmen den status quo ante 1973 wieder erreichen zu können«, bedauerte Mitte der achtziger Jahre der konservative Rechtswissenschaftler Helmut Quaritsch.[61]

Auf etwa 50.000 anerkannte Asylbewerber kamen damals etwa 200.000 abgelehnte, aber geduldete Asylbewerber. Sie konnten aus humanitären Gründen nicht abgeschoben werden, weil sie aus Krisengebieten (wie dem Libanon oder Sri Lanka) oder Diktaturen (etwa dem Iran) stammten, selbst wenn sich nicht belegen ließ, dass ihnen eine »persönliche Verfolgung« drohte. Hinzu kamen viele Menschen, die aus der Türkei geflohen waren, nachdem sich das Militär dort im Dezember 1980 an die Macht geputscht hatte. Ihre Zuwanderung gilt als exemplarisch für den Übergang von der »Anwerbephase« zur »beginnenden globalen Süd-Nord-Wanderung«.[62]

Jetzt wurde in der Öffentlichkeit so getan, als ob Menschen kein Recht hätten, aus wirtschaftlichen Gründen zu migrieren. Wenn sie es dennoch taten, wurden sie als »Wirtschaftsflüchtlinge« oder »Scheinasylanten« beschimpft – dass sie zugleich vor realen politischen Krisen und Kriegen geflohen waren, schützte sie nicht vor dem Vorwurf, sie würden das Asylrecht »missbrauchen«.[63] Auch ihre Fürsprecher argumentierten nur noch mit Menschenrechtskategorien und bestätigten so die schwache Position des »Flüchtlings«, die der Staat diesen Migranten zuwies. Das Ziel der Politik bestand aber nicht darin, wirkliche Verfolgung ernst zu nehmen, sondern es ging vor allem darum, die Zahl der Asylbewerber zu senken.

Zum Symbol der Auswirkungen dieser Politik wurde der Selbstmord des 23-jährigen Kemal Altun. »Für viele Flüchtlingsinitiativen und antirassistischen Gruppen war der Selbstmord Altuns ein markanter Wegstein ihrer Politisierung«, schreibt dazu der Historiker Niels Seibert.[64] Altun hatte sich in der Türkei in der radikalen Linken engagiert und war 1980 in die Bundesrepublik geflohen. In Westberlin, wo seine Schwester lebte, beantragte er Asyl. Seine politische Verfolgung wurde zwar anerkannt, das Bundeskriminalamt leitete aber die Informationen an die türkischen Behörden weiter, die seine Auslieferung verlangten – ihm wurde die Beteiligung an einem Attentat auf ein führendes Mitglied der rechtsextremen türkischen Organisation »Graue Wölfe« unterstellt.

Obwohl Altun als Asylberechtigter anerkannt wurde und Menschenrechtsorganisationen anprangerten, dass ihm in der Türkei Folter drohte, betrieb die CDU/CSU-FDP-Regierung in Zusammenarbeit mit der türkischen Militärdiktatur unnachgiebig seine Auslieferung.[65] Dagegen formierte sich eine große Protestbewegung. Unter anderem ketteten sich Petra Kelly und Wolf Biermann in einem Stahlkäfig an den Zaun des Bundeskanzleramts. Berliner Türken demonstrierten für Altuns Bleiben. Internationale Organisationen traten für ihn ein. Nachdem er dreizehn Monate in Auslieferungshaft gesessen hatte, wurde sein Fall im August 1983 vor dem Berliner Verwaltungsgericht verhandelt. Ein halbes Jahr darauf sollte er zu seinen Gunsten entschieden werden. Doch da war es schon zu spät. Altun hatte sich aus dem Fenster des Gerichtssaals im sechsten Stock gestürzt.

Obwohl der Anteil der Asylbewerber an der Gesamtbevölkerung in Deutschland minimal war, nahmen nicht nur die Abschiebungen zu (in Westberlin zum Beispiel verdoppelte sich 1983 die Zahl der Fälle innerhalb eines Jahres auf 1440), sondern auch die Verzweiflung und die Todesopfer, die mit dieser Abschiebepolitik einhergingen. Es handelte sich dabei zum Großteil um Menschen, die nicht »weiß« waren und die als Asylbewerber weit weniger Rechte besaßen als etwa ausländische Arbeiter, was sie auf das bloße »Menschsein« reduzierte. Beide Faktoren führten zu einer entwürdigenderen Behandlung und einer daraus resultierenden Verzweiflung.

Zudem steckten die Behörden immer mehr Menschen in Abschiebehaft. Im Frauengefängnis Lehrter Straße saßen »sechs bis acht Ausländerinnen zusammengepfercht in einem Raum«, berichtete der Berliner Innenausschuss Mitte der achtziger Jahre nach einer Begehung. »Die Frauen haben keinen Hofgang und keine Gesprächskontakte.«[66] Männer wurden monatelang ohne Beschäftigung in Berliner Polizeigewahrsam gehalten. Die Zustände in den überbelegten Zellen waren »katastrophal«. Im Polizeigewahrsam Augustaplatz unternahmen im Oktober 1982 mehrere Palästinenser einen kollektiven Selbstmordversuch, nachdem sie von den Massakern in den Beiruter Flüchtlingslagern und ihrer bevorstehenden Abschiebung in den Libanon erfahren hatten. Anfang August waren sechsunddreißig überwiegend palästinensische Abschiebehäftlinge in den Hungerstreik getreten. In der Silvesternacht 1983/84 brannte es schließlich in den Zellen, nachdem die Abschiebehäftlinge aus Protest Matratzen angezündet haben sollen. Dabei starben sechs Migranten, darunter zwei Asylbewerber aus Sri Lanka.[67]

Ab Mitte der achtziger Jahre erhöhte sich auch die Zahl der Asylbewerber aus Osteuropa. Die Innenministerkonferenz beschloss 1986, dass auch in Krisengebiete abgeschoben werden dürfe. Damit hoben die Westpolitiker zugleich den bis dahin gültigen, ideologisch motivierten Abschiebestopp für die kommunistisch regierten Länder in Osteuropa auf. 1988 stammte fast die Hälfte der insgesamt 103.000 Asylbewerber aus Polen und Jugoslawien. CDU- und FDP-Innenpolitiker drängten darauf, sie konsequenter abzuschieben. Dies gelang jedoch nicht wie gewünscht. Die Migranten schafften es oft, in Deutschland zu bleiben.[68] Von 62.500 Asylbewerbern, deren Antrag 1987 abgelehnt worden war, konnten nur 2400 tatsächlich abgeschoben werden.[69]

Viele Migranten versuchten, ihre Migration entlang dem Asylrecht zu organisieren. Da die deutsche Politik aber eine Einwanderung aus wirtschaftlichen Gründen für sie offiziell nicht vorsah, war von »Betrug« die Rede. Den Leuten wurde das Recht abgesprochen, sich frei zu bewegen und zu migrieren. In dem Moment, wo sich die Menschen aber dieses Recht nahmen, fehlte in der öffentlichen Mainstream-Diskussion der Begriff dafür. Die Frage, wer das Recht zur Einwanderung besitzt, kann aber nicht einfach ex cathedra von Politikern beantwortet werden, sondern sie wird vor allem durch die Praxis der Migration entschieden. Damit gehen Verschiebungen des Rassismus einher. Diese Zusammenhänge macht der Bericht eines deutschen Einsatzleiters bei der Grenzpolizei deutlich, der im Frühjahr 1989 interviewt wurde, als das kommunistische Regime in Polen sich – noch vor dem Fall der Berliner Mauer – aufzulösen begann: Die Türken seien kein Problem, deren Familiennachzug mache kaum etwas aus, die hätten das Land mit aufgebaut, und man könne sie nicht »hinausekeln«. Das Problem seien diejenigen, die das »Asylrecht mißbrauchen. Ein Pole, der schon zehnmal in der Bundesrepublik war, sagt mir an der Grenze, er will hier arbeiten. Klar, da muss ich ihn zurückweisen. Mit Touristenvisum darf er das nicht. In dem Moment sagt er mir ins Gesicht: ›Dann will ich eben Asyl haben‹, und nichts geht mehr. Das ist es doch, was die Leute aufbringt.«[70]

»Das Boot ist voll«

Im Laufe der achtziger Jahre versuchte die Bundesregierung, das Asylverfahren immer weiter zu verschärfen, etwa durch mehr Außenstellen des Bundesamtes und schnellere Anhörungen. Ausländer, deren Asylantrag als »offensichtlich unbegründet« eingestuft wurde, sollten sofort abgeschoben werden können. Ab Mitte der achtziger Jahre wurden mit Asylsuchenden in Wahlkämpfen Ängste geschürt: »Dabei überboten sich die Asylgegner mit teilweise absurden Szenarien und Zahlenspielen«, so Pro Asyl, »[der ehemalige Berliner Innensenator Heinrich] Lummer sah schon die Rote Armee und den KGB via Asylverfahren in die BRD einmarschieren, die CDU/CSU-Fraktion rechnete mit 50 Millionen Menschen aus Afrika und Asien [...]. Es blieb nicht nur bei Worten: 1986 wurden 60 ›ausländerfeindliche Aktionen‹ gezählt.«[71] Vermehrt griffen CSU- und CDU-Politiker zudem Forderungen rechtsradikaler Parteien auf und stellten das Asylrecht als solches infrage. Bevor es zur Asylrechtsreform kam, wurde aber die Abschiebung der abgelehnten Asylbewerber, die nun schon länger in Deutschland lebten, aufgegeben. Mit der Altfallregelung von Innenminister Wolfgang Schäuble erlangten viele Libanesen, Palästinenser, Kurden aus dem Libanon, Iraner, Afghanen, Äthiopier und Tamilen aus Sri Lanka ein Bleiberecht.[72] Zugleich sollte die Abschiebung derjenigen erleichtert werden, die in Zukunft kommen würden.

1991 befürworteten laut Umfragen siebzig Prozent der Deutschen die Änderung des Asylrechts. Entscheidend war schließlich, dass auch viele SPD-Politiker von der Linie ihrer Partei abwichen und sich den Forderungen anschlossen, weil sie über die Kosten klagten, die den Kommunen für den Unterhalt der Asylbewerber entstanden. Der Bremer SPD-Bürgermeister Klaus Wedemeier versprach zum Beispiel im Wahlkampf 1991, dass er jeden asylsuchenden Polen oder Rumänen ablehnen werde.[73] Die Bremer Kapazitäten seien mit 300 Aufnahmen pro Monat erschöpft, und die Mitarbeiter seiner Behörden würden Flüchtlinge dahingehend »beraten«, ihren Antrag in einem anderen Bundesland zu stellen.[74] Allerdings waren die Kosten für die Kommunen deshalb so hoch, weil die Asylbewerber gezwungen wurden, von Sozialhilfe und in Heimen zu leben. Die Flüchtlingsunterkünfte wurden außerdem so gewählt, dass die Menschen, die dort wohnten, als nicht zur Gesellschaft gehörig stigmatisiert wurden. »Durch das erzwungene

Nichtstun in Sammellagern erschienen deren Bewohner vielen Deutschen wie der Inbegriff der faulen Fremden.«[75]

Insbesondere in Bezug auf Roma-Flüchtlinge verstärkten sich damit die ohnehin schon bestehenden Ressentiments gegenüber dieser Minderheit. Auch in den Staaten des ehemaligen Ostblocks kam es immer häufiger zu Übergriffen, und viele Roma-Familien flohen in die Bundesrepublik. Die Regierung Kohl schloss jedoch Rücknahmeabkommen mit osteuropäischen Staaten ab. »Alleine über den Flughafen Berlin-Schönefeld wurden seit Inkrafttreten der Deutsch-Rumänischen Konvention am 1. November 1992 – nach Angaben des Flughafen-Sozialdienstes – ca. 15.000 Flüchtlinge zwangsweise nach Bukarest deportiert. Davon waren schätzungsweise 60 Prozent Roma.«[76]

Außerdem hatte sich nach der Wiedervereinigung der Nationalismus in Deutschland verstärkt, und damit stieg auch die Zahl der rassistischen Anschläge. Politiker und Medien haben diese Entwicklung durch ihre »Das Boot ist voll«-Parolen noch befördert. Die Polizei schaute oft nur zu. In Rostock-Lichtenhagen verschärfte sich die Lage über ein Jahr hinweg immer mehr. Landes- und Bundesminister ignorierten die Unterstützungsanforderungen der Rostocker Polizei. Als während des Pogroms im Sommer 1992 die örtliche Bevölkerung ein Wohnheim in Brand setzte, in dem Vietnamesen lebten, griff die Polizei nicht ein. Von 1989 bis 1992 gab es in Deutschland mehr als 1900 Anschläge auf Flüchtlingsheime mit 17 Toten und 453 Verletzten.[77] Die Bundesregierung nutzte diese Stimmung, um 1993 mit Stimmen aus der SPD das Grundgesetz zu ändern: Durch die Einschränkung des Asylrechts sollten mehr Abschiebungen ermöglicht werden. In diesem Jahr fanden 76 rassistische Anschläge statt, unter anderem auf ein Wohnhaus in Solingen, in dem fünf türkische Frauen verbrannten.

Begründet wurde die Asylrechtsänderung mit dem rasanten Anstieg der Asylanträge. »Abschiebung – der Bürokratenbegriff wird zum politischen Modewort des Herbstes ›92«, titelte *Der Spiegel* und berichtete, die CDU wolle »300.000 abgewiesene Asylbewerber außer Landes schaffen, darunter 50.000 Zigeuner aus Rumänien. Betroffene fürchten bereits, sie würden demnächst Opfer einer ›Fortsetzung der nationalsozialistischen Politik‹.«[78] Die Asylbewerberzahl hatte 1992 tatsächlich den Spitzenwert von 438.191 erreicht. Das lag aber vor allem an einer Ausnahmesituation, nämlich dem Bürgerkrieg in Jugoslawien. Deutschland hätte die Flüchtlinge nicht nur aus Menschlichkeit, sondern – wie andere Länder – auch auf Grundlage der Genfer Flüchtlingskonvention aufnehmen müssen. Stattdessen waren die Bürgerkriegsflüchtlinge gezwungen, Asylanträge stellen.

Die dadurch künstlich hochgeschraubten Zahlen nutzten deutsche Politiker, um die massive Einschränkung des Asylrechts zu verlangen. Global gesehen, nahmen zu dieser Zeit viele Länder in Asien und Afrika im Verhältnis zu ihrer Bevölkerungszahl weitaus mehr Flüchtlinge auf als westeuropäische Staaten wie Deutschland. Die Zuwanderung von Aus- und Übersiedlern übertraf zudem den Zuzug von Flüchtlingen bei Weitem. »Ohne eine Gruppe gegen die andere ausspielen zu wollen, muss bei der sogenannten ›Asyldebatte‹ auch die hohe Zuwanderungszahl der deutschstämmigen Aussiedler und der Übersiedler aus den neuen Bundesländern der Korrektheit halber genannt werden, da sie wesentlich stärker als die Asylbewerber und Flüchtlinge mit der einheimischen Bevölkerung um Wohnraum und Arbeitsplätze konkurrieren. […] Das wird aber in der öffentlichen Debatte aus durchsichtigen Gründen häufig nicht erwähnt«, konstatierte Reinhold Friedl, Geschäftsführer der UNO-Flüchtlingshilfe Hamburg/Niedersachsen.[79]

Nach der Verfassungsänderung aus dem Jahr 1993 galten alle EU-Mitgliedsstaaten und alle Länder, die an Deutschland grenzen, als »sichere Drittstaaten«. Wer über sie einreiste, war nicht mehr berechtigt, in Deutschland Asyl zu beantragen. Wer über den Landweg kam, sollte direkt wieder abgeschoben werden können – für den Abschluss von Rücknahmeabkommen zahlte die Bundesrepublik 120 Millionen D-Mark an Polen und sechzig Millionen an die

Tschechische Republik.[80] Im selben Jahr lockerte Arbeitsminister Norbert Blüm (CDU) das Arbeitsverbot für Asylbewerber. Sie durften jedoch erst dann arbeiten, wenn die Stelle nicht mit einem Deutschen, einem EU-Bürger oder einem Nicht-EU-Bürger mit Aufenthaltsberechtigung besetzt werden konnte. Für die Asylbewerber stellte das eine graduelle Verbesserung dar. Gleichzeitig war diese Regelung aber auch eine implizite Einladung zur prekarisierten Einwanderung, denn die Betroffenen blieben damit in der Praxis Arbeitsmigranten mit weniger Rechten.

Erstaunlich ist, wie wenig der Abschiebedruck der Politik zunächst die tatsächliche Anwesenheit illegalisierter Migranten beeinflusst zu haben scheint. Zwar sank im Jahr nach der Asylrechtsänderung die Zahl der Aufgriffe von »Illegalen« und damit auch die der Zurückschiebungen erheblich. Allerdings bewegten diese sich dann bis 2002 auf dem Niveau des Jahres vor der Asylrechtsänderung. Die Zahl der Menschen, die man des »illegalen Aufenthalts« verdächtigte, war 2001 fünfmal so hoch wie noch Mitte der achtziger Jahre (darunter waren ebenso viele Polen wie Türken, gefolgt von Jugoslawen, Ukrainern, Russen und Rumänen), obwohl im Laufe der neunziger Jahre der Etat und das Personal des Bundesgrenzschutzes massiv aufgestockt wurden.[81] Während des Kosovokrieges 1998/99 nahmen die unerlaubten Einreisen erwartungsgemäß wieder zu und gingen erst nach dem EU-Beitritt Polens und anderer osteuropäischer Staaten signifikant zurück. Die zunehmende Kontrolldichte war also nicht so entscheidend für die Zu- oder Abnahme illegaler Einreisen wie die Situation in den Herkunftsländern und die Veränderung der politischen Rahmenbedingungen in der EU.

Während die Asylrechtsänderung vor allem auf den Einreiseweg abzielte, setzte in der Folgezeit ein Diskurs ein, der mit der Figur des »gefährlichen Ausländers« zusätzliche Abschiebungen ermöglichen sollte. Infolge der militärischen Auseinandersetzungen zwischen der kurdischen PKK und dem türkischen Militär flohen in den neunziger Jahren verstärkt Kurden nach Deutschland, die seitdem häufig von Abschiebungen betroffen waren. Ihr Engagement in der kurdischen Arbeiterpartei bildete dabei den Grund ihrer politischen Verfolgung. Das Auswärtige Amt definierte den Westteil der Türkei als sicher für Kurden, und aufgrund dieser »inländischen Fluchtalternative« stünden humanitäre Gesichtspunkte einer Abschiebung nicht im Weg. Der Abschiebedruck erhöhte sich dann aber vor allem, nachdem kurdische Aktivisten zwischen 1994 und 1996 in Deutschland militante Aktionen durchgeführt hatten. Die kurdischen Frauen und Männer machten die Bundesrepublik als Waffenlieferant und Unterstützer der Türkei für ihre Verfolgung und die Zerstörung ihrer Dörfer durch das türkische Militär mitverantwortlich.

Nach den Aktionen forderten zahlreiche Politiker und Medien, die PKK nicht mehr zu verharmlosen, und die Bonner Regierungskoalition einigte sich darauf, das Ausländerrecht zu ändern. Jeder Ausländer, der wegen schweren Landfriedensbruchs eine Haftstrafe ohne Bewährung erhielt, sollte ausgewiesen werden. Bei einer Verurteilung zu mindestens drei Jahren sollte eine Abschiebung auch dann möglich sein, wenn dem Ausländer in seiner Heimat politische Verfolgung drohte.[82] Der bislang bestehende Abschiebestopp für Kurden wurde aufgehoben.

Vor Gericht wurde die generelle Möglichkeit zur Abschiebung aber durch die Pflicht zur Prüfung des Einzelfalls eingeschränkt. Ein 16-jähriger Kurde hatte gegen seine Abschiebung geklagt und ging damit bis vor das Bundesverfassungsgericht. Der Jugendliche war mit elf Jahren aus dem Osten der Türkei nach Deutschland gekommen. Er stellte einen Asylantrag, weil alle männlichen Jugendlichen in seinem Dorf als PKK-Unterstützer angesehen und misshandelt worden waren. Das Bundesverfassungsgericht urteilte, dass seine Asylklage nicht ohne Einzelfallprüfung als »offensichtlich unbegründet« abgelehnt werden dürfe, wie es zuvor das Verwaltungsgericht Hamburg getan hatte. Es reiche, so die Karlsruher Richter, nicht aus festzustellen, ein Kurde könne ja nach Istanbul gehen, da sei er sicher. Vielmehr müsse das Gericht prüfen, ob die betreffende Person dadurch in eine »ausweglose Lage« gerät, wenn sie etwa als Straßenjunge in Istanbul landet.[83]

Insgesamt hatte die Asylrechtsänderung nicht den von ihren Befürwortern erhofften Effekt. In Vorfreude darauf, dass mit ihr das Asylrecht faktisch abgeschafft würde, hatte zum Beispiel Edmund Stoiber (CSU), damals bayerischer Innenminister, Ende 1992 frohlockt: »Damit kann jeder, ob er nun asylberechtigt ist oder nicht [!], an der Grenze abgewiesen werden.«[84] Zwar brach die Zahl der Asylanträge zunächst tatsächlich ein, während die Zahl der Abschiebungen leicht anstieg – 1994 wurden 53.043 Menschen aus Deutschland abgeschoben, so viele wie nie zuvor –, bis Ende der neunziger Jahre wurden pro Jahr allerdings nach wie vor rund 100.000 Asylanträge gestellt, ein Vielfaches von dem, was in den achtziger Jahren üblich war; abschieben konnten die Behörden maximal jeden zweiten Antragsteller. Die verschärften Grenzkontrollen führten aber zu unnötigen Schikanen für die Flüchtlinge aus Bosnien. Obwohl jeder die Bilder von den Grausamkeiten des Jugoslawienkrieges in den Fernsehnachrichten sehen konnte, wurde zum Beispiel im Jahr 1993 eine Gruppe von Flüchtlingen – rund 120 Erwachsene und 30 Kinder – an der deutsch-tschechischen Grenze zurückgewiesen, weil sie kein Visum für Deutschland vorweisen konnten.[85] Am Ende musste Deutschland aber trotz des ursprünglich auf 200.000 Personen begrenzten Kontingents 320.000 Bürgerkriegsflüchtlinge aufnehmen.

Zwischen 1997 und 2000 fanden in Deutschland dann so viele sogenannte freiwillige Rückführungen statt wie nie zuvor. Der Höhepunkt war 1998 erreicht, als im Rahmen dieser Programme 116.803 Menschen ausreisten, die meisten davon nach Bosnien. Wer nach 1991 vor dem Krieg im zerfallenden Jugoslawien und den vor allem in Bosnien verübten Gräueltaten nach Deutschland geflohen war, sah sich eigentlich nicht als »politischen« Flüchtling. Die Leute flohen vor dem Bürgerkrieg. Die mehr als 120.000 Menschen zum Beispiel, die nach Schweden gingen, erhielten dort eine Aufenthalts- und Arbeitserlaubnis. Auch die meisten der in die Niederlande Geflohenen bekamen ein Aufenthaltsrecht.[86] In Deutschland hingegen waren sie gezwungen, Asyl zu beantragen.

Solange der Krieg tobte, wurden die Anträge nicht bearbeitet. Entgegen den anfänglichen Regierungsverlautbarungen erhielten viele bosnische Kriegsflüchtlinge nur Duldungen.[87] Und nach dem Daytoner Friedensabkommen vom Dezember 1995 begann der Druck: Die Bürgerkriegsflüchtlinge sollten zurück.

Auch wenn sie das selber wollten, lähmte doch viele die Angst, wieder in Bosnien zu leben, wo sie als Minderheit vertrieben worden waren. Teils waren ihre Häuser zerstört worden, teils wohnten dort inzwischen Binnenflüchtlinge. »Ich habe keine Kraft, an einem anderen Ort neu anzufangen. In Bosnien könnte ich meinen Peinigern begegnen. Wir werden bedrängt, Deutschland zu verlassen. Wohin wollen wir gehen?«,[88] brachte ein Lehrer aus Bosanski Šamac, der in Berlin lebte, das Dilemma auf den Punkt. Viele bosnische Familien wichen dem Druck aus, indem sie auswanderten, meist in die USA, aber auch nach Kanada oder Australien. In Kanada findet man in Schulen, in denen deutsche Muttersprachler unterrichtet werden, Kinder von in Deutschland abgelehnten Asylbewerbern unterschiedlichster Herkunft, die neben deutschstämmigen Kanadiern in derselben Klasse sitzen.[89] Für die rund 40.000 bosnischen Flüchtlinge, die zwischen 1996 und 1999 in andere Länder weiterzogen, wurde dadurch freilich eine spätere Rückkehr in ihre bosnische Heimat, wenn es dort wieder sicherer werden sollte, noch unwahrscheinlicher.

Es gab durchaus Unbehagen angesichts dieses Ausreisedrucks. Der deutsche Sprecher des UN-Flüchtlingskommissariats, Stefan Telöken, kritisierte die Rückführungen nach Bosnien. Sogar Außenminister Klaus Kinkel (FDP) schloss sich an: Man könne die Menschen »nicht über Nacht fortschicken«. Trotz aller Bedenken blieb es jedoch bei dieser Politik, die eine Mischung darstellte aus Abschiebungen (vor allem in Bayern, Baden-Württemberg und Nordrhein-Westfalen), behördlichen Schikanen, mit denen die Menschen zur Ausreise gedrängt werden sollten, und (finanziellen) Anreizen zur »freiwilligen« Rückkehr.[90]

Für die bosnischen Flüchtlinge lief die Duldungsfrist zum 31. März 1996 aus. Die Rückführung sollte laut Innenministerkonferenz im Juli beginnen. Zuerst sollten kinderlose Erwachsene Deutschland verlassen. Ein Jahr später sollten Eltern oder Alleinerziehende mit Kindern gehen. Unbegleitete Minderjährige und Vergewaltigungsopfer sollten als Letzte folgen.

Gegen die Abschiebungen nach Bosnien protestierten in einer öffentlichen Erklärung unter anderen Ignatz Bubis, der Präsident des Zentralrats der Juden in Deutschland, und der ehemalige Außenminister Hans-Dietrich Genscher. Sie sahen eine humanitäre Grenze überschritten. Die Abschiebungen seien oft nicht nachvollziehbar. Flüchtlinge seien nachts aus den Betten geholt worden. Selbst eine im fünften Monat schwangere Frau wurde in Abschiebehaft genommen.[91]

Führende CDU-Politiker verteidigten jedoch das Vorgehen. »Wir helfen während eines Bürgerkrieges«, sagte Wolfgang Schäuble damals, »aber anschließend müssen die Menschen wieder in ihre Heimat.« Auch der 1998 ins Amt gekommene Bundesinnenminister Otto Schily (SPD) betonte in diesem Zusammenhang, dass Deutschland keine Zuwanderung brauche.[92]

Nun waren die Menschen aus Bosnien aber ursprünglich gar nicht als Zuwanderer gekommen, sondern weil sie um ihr Leben fürchteten und fliehen mussten. Sie waren ins Asylverfahren, in Sammelunterkünfte und Sozialhilfebezug gedrängt worden. So wurden sie von Anfang an Teil des Zuwanderungsdiskurses, der sich über die Kampagne zur Einschränkung des Asylrechts artikulierte und für den Historiker Ulrich Herbert nun einen »Höhepunkt der Konfusion« erreicht hatte. »Während Kinder aus Bosnien, die über den Weg der ›Flüchtlingshilfe‹ nach Deutschland einreisten, bevorzugt aufgenommen wurden, mussten sich andere Flüchtlinge aus dem Bürgerkriegsgebiet, die über den Asylantrag nach Deutschland kamen, als ›Selbst-Vertriebene mit der Endstation D-Mark‹ beschimpfen lassen.«[93]

Auch wenn die Abschiebungen und der Druck zur Ausreise sich, rechtlich gesehen, im Rahmen des Asylverfahrens abspielten, ging es tatsächlich nicht nur um die Frage der Schutzbedürftigkeit, sondern um die Verhinderung von weiterer Einwanderung. Viele Flüchtlinge aus Jugoslawien waren nicht nur aufgrund der geografischen Nähe nach Deutschland gekommen, sondern auch, weil in Deutschland eine große jugoslawische Community existierte. Zum anderen gab es durchaus bosnische Flüchtlinge, die in mittelständischen Unternehmen eine Anstellung gefunden hatten, die also – anders als die Innenpolitiker suggerierten – sehr wohl gebraucht wurden und dennoch Deutschland verlassen mussten. Die Debatte über das Asylrecht habe, so Herbert, »das eigentliche Problem nur überdeckt«, die Frage nämlich, »wie Deutschland in Zukunft mit der Einwanderung und den Einwanderern umgehen sollte«.[94]

Im Bereich der Abschiebepolitik wurden in den neunziger Jahren, als so viele Ausländer wie noch nie Deutschland unter mittelbarem oder unmittelbarem Zwang verlassen mussten, Entrechtungen vorgenommen, die bis heute fortbestehen und verdeutlichen, wie der Umgang mit abschiebbaren Einwanderern aus Sicht des Staates aussehen soll: Zum einen nahm die deutsche Regierung die hohe Zahl der Bürgerkriegsflüchtlinge aus dem ehemaligen Jugoslawien zum Anlass, um die Sozialhilfe für Flüchtlinge generell zu reduzieren. Finanzminister Theo Waigel (CSU) forderte gar, die Sozialhilfe für alle Ausländer zu kürzen. Es müsse erlaubt sein zu fragen, »ob Ausländer bei der Leistungshöhe mit deutschen Staatsbürgern gleich behandelt werden müssen«.[95] Auch wenn diese Forderung nicht umgesetzt wurde, kündigte sich in ihr eine Politik an, die für Migranten zusätzliche Hürden beim Sozialleistungsbezug rechtfertigte, und die später in entsprechenden Hartz-IV-Regelungen Realität wurde.

Zum anderen drängte der damalige Bundesinnenminister Manfred Kanther (CDU) darauf, die Abschiebung von nichtdeutschen Straftätern zu erleichtern. Hier setzte sich fort, was mit der Verschärfung der Ausweisungsbestimmungen im Zuge der Debatte um die kurdischen PKK-Aktivisten begonnen hatte.

In dem Moment, wo die meisten bosnischen Flüchtlinge zurückgeschickt wurden und sich dadurch der Kreis der abschiebbaren Migranten verkleinerte, schuf die Politik mit der Forderung nach der erleichterten Abschiebung ausländischer Straftäter eine Möglichkeit, um diesen Kreis erneut zu erweitern. An die Stelle des Flüchtlings, dessen Schutzbedürftigkeit angezweifelt wurde, trat nun in der medialen Öffentlichkeit zunehmend die Figur des straffälligen Einwanderers, gegen den man härter vorgehen müsse. Unterstützt wurde Kanther unter anderem von Hamburgs Erstem Bürgermeister Henning Voscherau (SPD), der in seinem Wahlkampf 1997 ebenfalls schärfere Gesetze forderte: Ausländische Straftäter sollten abgeschoben werden, »statt in Fuhlsbüttel oder am Holstenglacis die Knäste zu verstopfen«.[96]

Nach der Gesetzesänderung mussten Ausländer, die zu einer Haftstrafe von mindestens drei Jahren verurteilt wurden, ausgewiesen werden. Zuvor hatte die Grenze bei fünf Jahren gelegen. Das bedeutete, dass die Zahl der Fälle zunahm, bei denen die Ausländerbehörden nicht mehr nach Ermessen entscheiden konnten. Das Oberverwaltungsgericht Münster bestätigte im Dezember 1997 die Verschärfung, nachdem ein 22-jähriger türkischer Mann dagegen geklagt hatte. Er wohnte seit neunzehn Jahren in Deutschland, wo auch seine Familie lebte. Dennoch sei seine Abschiebung rechtens, urteilte das Gericht.[97]

Kanther erklärte 1998 zum »Sicherheitsjahr« und kündigte an, die »illegale Einwanderung« und den »Kriminalitätsimport« stärker zu bekämpfen.[98] Als eine der letzten Amtshandlungen der Kohl-Regierung wurde deshalb beschlossen, dass die Bundespolizei außerhalb des klassischen Grenzraums die sogenannte Schleierfahndung durchführen darf. Die Bundesgrenzschutzbeamten konnten nun auch in Bahnhöfen, Zügen und Flughäfen, unabhängig von einem konkreten Verdacht oder Anlass, Personenkontrollen vornehmen. Auf diese Weise sollten illegalisierte Migranten aufgespürt werden, um sie abzuschieben. Das Ergebnis sind rassistisch konnotierte Kontrollen, bei denen Fahrgäste mit dunklerer Haut- oder Haarfarbe regelmäßig nach dem Ausweis gefragt werden. Diese Kontrollen nach Hautfarbe sind eindeutig rechtswidrig und diskriminierend, urteilte das Oberverwaltungsgericht Rheinland-Pfalz im Oktober 2012, nachdem ein 26-jähriger schwarzer Deutscher dagegen geklagt hatte. Der junge Mann wurde auf der Fahrt von seinem Studienort Kassel nach Offenbach, wo seine Familie wohnte, regelmäßig ohne Angabe von Gründen von Bundespolizisten kontrolliert, bis er sich dies nicht mehr gefallen ließ und vor Gericht zog.[99] Was hat diese diskriminierende Kontrollpraxis der Bundespolizei nun eigentlich gebracht?

Während des »Sicherheitsjahres« wurden 40.201 unerlaubte Einreisen festgestellt, 5000 mehr als im Vorjahr. Auch die Zurückschiebungen nahmen entsprechend zu – allerdings nur kurzzeitig. Ab 1999 gingen die Zahlen wieder zurück. Seit 2005 stellen die Bundespolizisten viel weniger unerlaubte Einreisen fest – jährlich zwischen 15.000 und 19.000. Und das, obwohl die »verdachtsunabhängigen Personenkontrollen« zwischen 2005 und 2010 auf jährlich etwa drei Millionen Kontrollen verdreifacht wurden![100] Das heißt, die deutsche Polizei treibt einen enormen und immer größer werdenden Aufwand, um Personen mit »verdächtiger« Hautfarbe zu kontrollieren, der in keinem Verhältnis zur Zahl der tatsächlichen Festnahmen steht.

Selbstverständlich gelang es auch bei den Asylbewerbern nie, alle, die man de jure hätte abschieben können, auch wirklich abzuschieben. Zum einen weil in vielen Fällen die Herkunftsländer die Aufnahme abgeschobener Staatsangehöriger bürokratisch erschwerten oder ganz verweigerten und mit vielen Staaten entsprechende Rückübernahmeabkommen noch nicht beziehungsweise erst ab Ende der neunziger Jahre vereinbart wurden. Das 1997 unterzeichnete Abkommen mit Algerien zum Beispiel wird seit 1999 angewendet; mit Georgien trat ein solches Abkommen erst 2008 in Kraft.[101] Zum anderen hatten die SPD-geführten Bundesländer ihre Zustimmung zur Einschränkung des Asylrechts davon abhängig gemacht, dass es weiterhin eine Möglichkeit geben müsse, Bürgerkriegsflüchtlingen unabhängig vom Ausgang eines Asylverfahrens Schutz zu bieten. Ein Beispiel liefert der »Kroatenerlaß« des NRW-Innenministeriums von 1994; damit durften kroatische Bürgerkriegsflüchtlinge, die sich vor dem 23. Mai 1992 bei den deutschen Behörden gemeldet hatten, bleiben.

Darüber hinaus nutzten Bundesländer wiederholt ihre Möglichkeit, einen kollektiven Abschiebestopp für bestimmte Flüchtlingsgruppen über maximal sechs Monate zu erlassen. Der kollektive Abschiebeschutz auf Bundesebene war immer wieder Gegenstand politischer Kontroversen und kam etwa im Falle algerischer Flüchtlinge 1998 nicht zustande, wurde aber im Hinblick auf kosovarische Flüchtlinge 1999 für ein Kontigent von 15.000 Menschen von Bund und Ländern vereinbart.[102]

Abschiebung im Einwanderungsland Deutschland

Die Politiker gaben immer wieder Angehörigen bestimmter Gruppen ein Bleiberecht. Viele abgelehnte Asylbewerber bleiben mit einer Duldung und oft ohne Arbeitserlaubnis in Deutschland. Ihre Abschiebung ist nur »ausgesetzt«. Während einige »Geduldete« schließlich abgeschoben werden, erhalten andere eine Aufenthaltserlaubnis, und es kommen wiederum neue »Geduldete« hinzu.

Immer wieder demonstrierten diese Menschen zusammen mit deutschen Unterstützern, Flüchtlingsräten und antirassistischen Gruppen für ein Bleiberecht. Bevorzugter Schauplatz war und ist die regelmäßig stattfindende Konferenz der Innenminister von Bund und Ländern, die wiederholt sogenannte Altfall- oder Bleiberechtsregelungen getroffen haben. Hauptsächlich sollten davon Familien mit Kindern profitieren, die schon länger in Deutschland leben, einen Pass vorlegen und beweisen können, dass sie in der Lage sind, ihren Lebensunterhalt zu bestreiten.

Mit der Altfallregelung von 1996 sollten anfangs 20.000 Menschen ein Bleiberecht bekommen, am Ende waren es nur knapp 8000.[103] Im Rahmen der 2006 getroffenen Bleiberechtsregelung der Innenministerkonferenz konnten zum 30. September 2007 rund 20.000

der insgesamt etwa 147.000 »Geduldeten«, von denen mehr als die Hälfte schon länger als sechs und rund ein Drittel länger als acht Jahre in Deutschland lebten, eine Aufenthaltserlaubnis erhalten. Ebenso viele warteten damals noch auf eine Entscheidung ihrer Anträge.[104] Nachdem die gesetzliche Altfallregelung der Bundesregierung im August 2007 in Kraft getreten war, erhielten auf diesem Wege noch einmal 38.000 Menschen eine Aufenthaltserlaubnis. Im August 2010 lebten noch etwa 86.000 »geduldete Ausländer« in der Bundesrepublik.[105] Es liegt auf der Hand, dass die Abschiebedrohung die entrechteten Einwanderer zu meist niedrig bezahlten Tätigkeiten disziplinieren soll – denn um solche Jobs handelt es sich normalerweise, wenn weder Deutsche noch EU-Bürger und ihnen gleichgestellte Ausländer als bevorrechtigte Bewerber zur Verfügung stehen. Die Migranten ihrerseits nutzen die Perspektive auf ein Bleiberecht, um zu faktischen Einwanderern in Deutschland zu werden, wenn sie erst einmal da sind, ihrer Ausreiseverpflichtung nicht nachkommen und versuchen, ihrer Abschiebung zu entgehen.

Aus Sicht der Politik handelt es sich um »Defizite« in der »Rückführungspraxis«, die sich aber herumsprechen und für Migranten eine Chance darstellen, doch noch in Deutschland bleiben zu können. Dass ihnen am Ende tatsächlich immer wieder ein Bleiberecht gewährt wurde, ist nach Ansicht der Politikwissenschaftlerin Antje Ellermann nicht zuletzt darauf zurückzuführen, dass dabei selbst konservative Politiker ihr Gesicht wahren können: Altfallregelungen seien nur möglich gewesen, weil sie auf der bürokratischen Ebene der Innenministerkonferenzen ausgehandelt wurden. Anders als Vorschläge zu einer grundsätzlichen Liberalisierung des Zuwanderungsrechts seien sie deshalb kaum zum Gegenstand öffentlicher Debatten geworden, und die beteiligten Minister hätten parteiübergreifende Kompromisse schließen können.[106]

Bei einer solchen Sichtweise gerät allerdings aus dem Blick, dass sich das Klima in Deutschland gewandelt hat und dass dies einen Einfluss auf die Gewährung eines Bleiberechts und den Verzicht auf die Durchsetzung von Abschiebungen hat. Nach dem Antritt der rot-grünen Regierung unter Gerhard Schröder und Joschka Fischer wurde auch auf offizieller Ebene anerkannt, dass Deutschland ein Einwanderungsland ist. Das mag nicht zuletzt der Neuausrichtung der SPD in den neunziger Jahren geschuldet gewesen sein. Sie musste sich »neu erfinden« und sich ein »modernes« Profil geben. Das gelang ihr unter anderem, indem sie die Mobilität von Menschen anerkannte und versprach, das Thema Einwanderung pragmatischer anzugehen. Der Stimmungswandel äußerte sich auch darin, dass der Druck von Flüchtlingsorganisationen, der Grünen und einer EU-Richtlinie fruchtete und nichtstaatliche Verfolgungsgründe ins Asylrecht aufgenommen wurden. Zu diesen Gründen gehört etwa der Schutz vor »geschlechtsspezifischer Verfolgung«, auf den sich zum Beispiel Frauen berufen können, die von Zwangsheirat oder Genitalverstümmelung bedroht sind.

Einen grundsätzlichen Verzicht auf Abschiebungen bedeutete die Neuausrichtung freilich nicht. In den Empfehlungen der Zuwanderungskommission aus dem Jahr 2001, die Bundesinnenminister Otto Schily einberufen hatte, heißt es, nicht ausreisende Ausreisepflichtige schränkten den Spielraum für gesteuerte Zuwanderung aus demografischen und arbeitsmarktpolitischen Gründen ein.[107] In der Kommission erarbeiteten Experten parteiübergreifend ein Konzept für ein Zuwanderungsgesetz. Sie schlugen unter anderem ein Punktesystem für Arbeitseinwanderung nach Qualifikation und die Integration langjährig Geduldeter vor. Wie Matthias Hell in seiner Studie über die damalige Diskussion feststellte, war diese Öffnung aber von der Absicht gekennzeichnet, »angesichts einer zögerlichen Aufweichung des Ausländerrechts im Bereich hochqualifizierter Arbeitskräfte den grundsätzlichen Reflex der Abschottung fortzuschreiben«.[108] Schließlich kam es nach langem Streit zwischen den Parteien nicht zu dem diskutierten Punktesystem. Stattdessen wurden mit dem »Zuwanderungsgesetz« von 2004 einerseits etwa die »geschlechtsspezifische Verfolgung« als Asylgrund eingeführt, andererseits aber im Zuge der »Terrorismusbekämpfung« die Ausweisungs- und Abschiebegesetze für Ausländer verschärft, die die innere Sicherheit gefährden.

Seit die neuen rot-grünen Einbürgerungsregeln im Jahr 2000 in Kraft getreten sind, bekommen zudem fast alle in Deutschland geborenen Kinder die deutsche Staatsangehörigkeit. Davon abgesehen, nehmen sich die zweite und die dritte Generation, also die Nachkommen der Einwanderer, längst aktiv ihren Platz im öffentlichen Leben. Und zwar auch in Bereichen, in denen das früher undenkbar war, etwa in der Fußball-Nationalmannschaft oder im Fernsehjournalismus. Von zahlreichen alteingesessenen Deutschen wird dies als Zeichen einer moderneren Gesellschaft begrüßt, gefördert oder zumindest toleriert – das Spektrum der gesellschaftlichen Anerkennung, mit all seinen Brüchen, ist größer als das der reinen Abwehr. Aber auch die weniger privilegierten Jugendlichen »mit Migrationshintergrund«, wie es neuerdings heißt, sind ein selbstbewusster Teil der Gesellschaft geworden. Dass sie eigentlich nicht hierhergehören, wäre eine abwegige Vorstellung, selbst wenn sie von Abschiebung betroffen sein können. Tatsächlich ist es so, dass junge Leute, die einmal abgeschoben werden sollten, Deutschland heute international repräsentieren. Gerade unter Sportlern und Künstlern gibt es viele solcher Geschichten. Eines der prominentesten Beispiele ist Susi Kentikian, die in ihrer Autobiografie beschreibt, wie sie mit ihrer Familie als Flüchtlingskind aus Armenien nach Hamburg kam und dort kurz vor der Abschiebung stand – heute ist sie Profi-Boxerin, mehrfache Weltmeisterin im Fliegengewicht und dank ihrer Fernsehauftritte einem Millionenpublikum bekannt.[109]

Auch konservative Politiker sehen ein, dass Abschiebepolitik kontraproduktiv sein kann. Wenn man sich darauf verständigt hat, Migranten und Flüchtlinge, um soziale Kosten zu vermeiden, besser zu »integrieren«, und wenn man darüber hinaus um die »besten Köpfe« aus dem Ausland buhlt, erscheinen die Bemühungen der Behörden, viele vor allem junge Ausländer abzuschieben, widersinnig. Ein Beispiel für diese Haltung liefert Armin Laschet (CDU), der ehemalige Integrationsminister Nordrhein-Westfalens. »Wie absurd, töricht und auch menschenunwürdig die gängige Abschiebepraxis in Deutschland ist«, illustriert für ihn der

Fall eines armenischen Schülers, der Jahrgangsbester war, aber kurz vor seinem Abitur abgeschoben wurde. Elf Jahre nachdem er mit seinen Eltern nach Deutschland gekommen war, die hier erfolglos Asyl beantragt hatten. »Und diese Kinder schieben wir ab, als gäbe es in Deutschland weder den demografischen Wandel noch die Wirtschaftskrise. Absurd!«[110]

Hinter Laschets Worten steckt mehr als nur das berechtigte Unverständnis über einen skandalösen Einzelfall. Sie illustrieren auch, wie sehr sich der Diskurs und die Kräfteverhältnisse in der Gesellschaft verschoben haben. Diese Entwicklung findet beispielsweise darin ihren Ausdruck, dass die Altfallregelungen, die zunächst nur auf Ebene der Länder von den Innenministern getroffen werden konnten, unter der Großen Koalition schließlich zur bundesgesetzlichen Regelung avancierten.[111] Selbst wenn die an ein Bleiberecht geknüpften Bedingungen viele Interessierte weiterhin ausschließen, und auch wenn die Kettenduldungen nicht, wie angekündigt, abgeschafft wurden, bedeutet diese Regelung doch faktisch die institutionalisierte Anerkennung der Tatsache, dass Migranten, obwohl sie zunächst kein Asyl erhalten haben, über das Asylrecht ihr Recht auf Einwanderung Wirklichkeit werden lassen.

Je mehr Menschen (mit ihren Kindern), die man eigentlich abschieben wollte, die aber längst hier zu Hause sind, in Deutschland leben, desto unwirklicher muten Abschiebungen an. Im Endeffekt handelt es sich sowohl um eine Vergeudung von Ressourcen als auch um reine Zeitverschwendung und ein Festhalten an überkommenen Traditionen. Hinzu kommt, dass in den vergangenen Jahren zeitweise mehr Ausländer Deutschland verlassen haben als zuwanderten. Das gilt auch für die größte Einwanderergruppe, nämlich für Frauen und Männer aus der Türkei. Außerdem toben in Europa derzeit keine Kriege, weshalb die Zahl der Anträge seit den Zeiten der Asyldiskussion um neunzig Prozent zurückgegangen ist. Diese Entwicklung hatte sicher einen größeren Einfluss auf den Rückgang der Asylanträge als die Abschreckung oder die Verlagerung der Kontrollen an die Außengrenzen der Europäischen Union, mit der Deutschland die Aufnahme von Flüchtlingen den südlichen und östlichen Mitgliedsstaaten aufbürdet.[112] Die Abschiebepolitik sichert vor allem Arbeitsplätze in Behörden, die eigentlich viel weniger zu tun haben könnten, während im öffentlichen Dienst andernorts Personal eingespart wurde.

Abschiebung in der »Integrationsrepublik«

Der Schlüsselbegriff, mit dem Abschiebungen legitimiert werden, ist mittlerweile »Integration«. Bei diesem Terminus denken viele Leute unter anderem an »Integrationskurse«, in denen Einwanderer Deutsch lernen. Gegen Sprach- und Orientierungskurse ist nichts einzuwenden – so einfach ist es aber nicht mit der »Integration«. Denn dort, wo es, behördlich gesehen, um die Vergabe von Rechten – vom Recht auf Aufenthalt bis zum Recht auf Einbürgerung – geht, steht der »Integrations«-Gedanke ebenfalls im Mittelpunkt. Er erlaubt es, weiterhin einem Teil der Gesellschaft gleiche Rechte vorzuenthalten, obwohl Einwanderung inzwischen zum offiziellen Selbstverständnis der Bundesrepublik gehört.

»Integration« hat dabei ein doppeltes Gesicht. »Integriert« werden kann nur, wer bereits ein Teil der Gesellschaft ist. Es wäre unsinnig, einen wirklich »Auswärtigen« – etwa einen Touristen – integrieren zu wollen. Die Aufforderung zur »Integration« kann sich einerseits ironischerweise nur an solche Menschen richten, die schon in die hiesigen sozialen und staatlichen Strukturen eingebunden sind. Andererseits wird der Begriff »Integration« ständig benutzt, um mit ihm den Konflikt um die Frage auszutragen, wer – aufgrund kultureller oder wirtschaftlich-sozialer Anpassung – wirklich als Teil der Gesellschaft begriffen werden soll. Die ideologische Behauptung, nicht »integrierte« Migranten würden nicht dazugehören, ändert nichts an ihrer faktischen Präsenz und an der Tatsache, dass sie ein integraler Bestandteil einer pluralen Gesellschaft *sind.*

Der Begriff der »Integration« markiert aber Menschen (immer wieder aufs Neue) als Fremde, selbst wenn schon ihre Eltern in Deutschland geboren wurden – und zwar als Individuen, die noch beweisen müssen, dass ihnen dieselben Rechte zustehen. In einer Demokratie können Rechte jedoch nur kollektive Rechte sein, andernfalls wären sie Privilegien. Indem das Konzept der »Integration« kollektive Rechte in Belohnungen für individuelle Anpassungsleistungen verwandelt, erlaubt es eine Eingrenzung der Demokratie, gleichzeitig soll es aber den Vorwurf der generellen Diskriminierung oder Abschottung abwehren. Im Grunde handelt es sich um den Versuch, den Forderungen nach gleichen Rechten, welche die Nachkriegseinwanderer in Deutschland spätestens seit den siebziger Jahren erheben, immer wieder den Boden zu entziehen, ohne Gleichberechtigung offen ablehnen zu müssen.[113]

Es ist klar, dass wir es hier mit einem äußerst fluiden Feld zu tun haben. Inwieweit Abschiebungen durchgesetzt werden können, hängt nicht nur davon ab, wie staatliche Stellen entscheiden, sondern auch davon, wie sehr Migranten auch ohne die nötigen Aufenthaltsrechte »integrierter« Teil der Gemeinschaft an ihrem Wohnort, in ihrer unmittelbaren Umgebung geworden sind. Eben deshalb kommt es immer wieder zu Kampagnen, wenn Mitschüler, Nachbarn oder Freunde abgeschoben werden sollen. Nach Meinung von Abschiebebefürwortern können die Behörden solche Abschiebungen umso »effizienter« durchsetzen, je unabhängiger von politischer Einflussnahme die Beamten vor Ort agieren können und je mehr Rückendeckung sie dabei von den Politikern der Länder erhalten.

In Baden-Württemberg ist die Fähigkeit, Abschiebungen durchzusetzen, am größten – ob sich dies nach dem Regierungswechsel im Jahr 2011 nachhaltig ändern wird, bleibt abzuwarten. Das Land hatte jedenfalls die Zuständigkeit von der kommunalen auf die regionale Ebene verlagert, so dass es schwieriger für Abschiebegegner wurde, zu intervenieren, weil die Bezirksregierungen nicht so einfach anzusprechen sind wie der Bürgermeister oder Ratsmitglieder in der eigenen Stadt. Deutlich wurde das zum Beispiel bei der im Jahr 2000 geplanten Abschiebung der kurdischen Familie Güler aus Tübingen: Erst nach mehr als zwei Jahren Kirchenasyl konnte ihre Abschiebung verhindert werden. In Brandenburg hingegen reichten 2001 vier Tage Kirchenasyl, um die Abschiebung der vietnamesischen Familie Nguyen aus Guben abzuwenden.[114]

Das Dispositiv der »Integration« aktiviert bei Abschiebungen aber auch Diskursmotive, die nicht ausschließlich auf das »Heimischsein« rekurrieren. Um Abschiebungen zu rechtfertigen, wird vor allem ökonomisch argumentiert, man bringt dann die »Belastung der Sozialkassen« durch wenig qualifizierte Einwanderer ins Spiel, während gleichzeitig bürokratische Hürden für ausländische Akademiker und Fachkräfte abgebaut werden sollen. Nach dieser Logik funktionieren schon die Altfallregelungen, welche die Erwerbsarbeit zur Bedingung für die Erteilung einer Aufenthaltsgenehmigung machen. Diese Unterscheidung – in den Arbeitsmarkt integriert / die Sozialkassen »belastend« – betrifft aber selbst EU-Bürger, deren generelle Freizügigkeit darin ihre Grenze finden kann.

Der katholischen Mission Italiens zufolge wurden noch Mitte der neunziger Jahre jährlich mehr als zweihundert Italiener aus Deutschland faktisch abgeschoben. Die meisten aus Baden-Württemberg, gefolgt von Bayern. Die Stadt Konstanz wies zum Beispiel im Januar 1998 den 31-jährigen Francesco und seine Frau aus. Der Mann hatte in einer Eisdiele gearbeitet, bevor er im November Arbeitslosengeld beantragte. Weil er als Saisonarbeitskraft gekommen war, hatte er nur eine befristete Aufenthaltserlaubnis erhalten. Seine Arbeitslosigkeit sei also nicht unverschuldet gewesen, so die Behörden, da er von vornherein gewusst habe, dass die Eisdiele, in der er arbeitete, im November den Saisonbetrieb einstellen würde. Da die 284 D-Mark Arbeitslosengeld, die er bekam, zum Leben nicht ausreichten, müsse er Sozialhilfe beantragen, und damit erfülle er einen Ausweisungsgrund, der auch für EU-Bürger gelte.[115]

Im Jahr 2010 hat das Bundessozialgericht entschieden, dass ein Bürger eines Unterzeichnerstaats des Europäischen Fürsorgeabkommens nicht von Sozialleistungen zur Grundsicherung für Arbeitssuchende ausgeschlossen werden darf. Vor dem Hintergrund der Schulden- und Finanzkrise sowie der steigenden Arbeitslosigkeit in Südeuropa sprach die Bundesregierung im Dezember 2011 jedoch einen Vorbehalt gegen das Abkommen aus und ordnete an, dass EU-Bürgern, die zur Arbeitssuche nach Deutschland kommen, bis auf weiteres keine Hartz-IV-Leistungen zustehen. Auch wenn faktisch nur wenige solcher Anträge gestellt wurden, ist das Signal eindeutig: »Dass Menschen, denen auf diese Weise der Lebensunterhalt entzogen wird, ausreisen oder im Niedriglohnsektor ihr Überleben zu sichern versuchen, ist eine Konsequenz dieser von der Politik gewollten behördlichen Maßnahmen.«[116]

Umgekehrt sprechen sich Politiker selbst bei Nicht-EU-Bürgern öffentlich gegen eine Abschiebung aus, wenn diese als besonders gut in den Arbeitsmarkt »integriert« gelten, wie in dem paradigmatischen Fall des 29-jährigen Bauingenieurs Hakan Cengiz aus Würzburg. Er kam wegen seines Studiums aus der Türkei nach Deutschland, brach es jedoch ab und arbeitete als Leiter eines privaten Bildungsinstituts, das Integrationskurse anbietet. Diese Tätigkeit entsprach allerdings nicht dem Aufenthaltszweck »Aufbaustudium«, für das er seine Aufenthaltsgenehmigung erhalten hatte. Also wies ihn die Ausländerbehörde aus und drohte ihm die Abschiebung an. Das Verwaltungsgericht bestätigte die Entscheidung. Selbst CSU-Politiker wie der Bundestagsabgeordnete Paul Lehrieder meinte: »Solche Leute brauchen wir hier!«, und setzten sich für den Mann und seine Familie ein. »Auch Würzburgs Oberbürgermeister Georg Rosenthal (SPD) erkennt den gesellschaftlichen Einsatz des 29-Jährigen an: ›Er hat unbestritten Verdienste um die Integration erworben‹, schrieb der OB – der ansonsten den Kurs seiner Ausländerbehörde stützt – an Bayerns Innenminister Joachim Herrmann.«[117] Zusammen mit seinem Arbeitgeber reichte Cengiz im Januar 2011 eine Petition im Landtag ein, und im Juni verwies der zuständige Ausschuss die Angelegenheit schließlich an die Härtefallkommission.

Als Cengiz fünf Monate später – eine Entscheidung stand immer noch aus – wegen »privaten und gesundheitlichen Gründen« und mit Wissen der Ausländerbehörde in die Türkei reiste, stellte die Kommission die Behandlung seines Falles ein, ohne ihn darüber zu informieren. »›Das war ein Schock für uns. Damit habe ich nicht gerechnet.‹ Niemand habe ihn konkret vor einer Rückkehr in die Türkei gewarnt. Im Gegenteil: Dankbar sei seine Familie für diese Möglichkeit gewesen, ›ich habe darauf vertraut‹. In Istanbul hat Hakan Cengiz zwischenzeitlich einen Halbtagsjob als Ingenieur aufgenommen. Für seine Firma wird er in Kürze zu einer Messe nach Italien fliegen – und will zumindest für einen Besuch in Würzburg vorbeischauen, auch im Rathaus.«[118]

Das Gesetz erlaubt auch die Abschiebung von »nützlichen« Migranten. Und doch wären dieselben Politiker, die diese Gesetze beschließen, mittlerweile bereit, auf deren Durchführung zu verzichten, wenn es der »Integration« dient. Die Hürden für den Erwerb gleicher Rechte werden aber aufrechterhalten: Die Abschiebung all derer, die keinen perfekten Lebenslauf vorweisen können, wird so im gleichen Atemzug gerechtfertigt. Gleichzeitig verlieren Abschiebungen jedoch weiter an Legitimität, wenn dem Maßstab »Integration« in der Praxis Gewicht zugesprochen wird und immer wieder darüber befunden werden muss, wann das Interesse an einer Abschiebung zurückzustehen hat.

Auch hierin zeigt sich das doppelte Gesicht der »Integration«. Abzulesen ist das etwa an der Zunahme der Anträge, die bei den Härtefallkommissionen eingereicht werden, und der Tendenz, dass sogar »Ausländerbehörden, Bürgermeister und Jugendämter Anträge« stellen, wie Volker Maria Hügel, Mitglied der Härtefallkommission in Nordrhein-Westfalen, ein Jahr nach Inkrafttreten des Zuwanderungsgesetzes berichtete. Es seien »nicht nur die ›üblichen Verdächtigen‹«, die die Betroffenen unterstützen, »sondern zunehmend auch Schulklassen, Lehrer, Sportvereine und Arbeitgeber«.[119] Besonders hohe Aussichten auf Erfolg habe ein Antrag, wenn darin »sämtliche Integrationsleistungen« aufgeführt seien. Von 2005 bis 2009 empfahl die Härtefallkommission in Baden-Württemberg bei 1188 von 3450 Personen, dass sie nach der Härte-fallregelung eine Aufenthaltserlaubnis bekommen sollten.[120]

Dass individuelle Belohnungen aber kollektive Rechte nicht erset-zen können, lässt sich am besten am Beispiel der Vietnamesen in Deutschland veranschaulichen. Sie stellten noch vor den kuba-nischen und mosambikanischen Migranten die größte Gruppe der ausländischen Vertragsarbeiter in der DDR. Schon Ende der siebziger Jahre warb die DDR in den sozialistischen »Bruderstaa-ten« Arbeitskräfte an, die vier Jahre im Land bleiben und dann wieder gehen sollten. Die meisten kamen Mitte der achtziger Jah-re, als der Arbeitskräftemangel in der DDR-Wirtschaft immer grö-ßer wurde.

Die Abschiebepolitik der DDR zeichnete sich dadurch aus, dass »das Rotationsprinzip sehr weitgehend durchgesetzt«,[121] der Rückflug nach Ende der Vertragszeit sogar bezahlt wurde und dass Abschiebungen vor allem disziplinierend wirken sollten: Wer sich über die Lebens- und Arbeitsbedingungen beschwerte, musste in der real-sozialistischen Diktatur mit der Abschiebung rechnen. 1988 wurden »drei Angolaner abgeschoben, weil sie nach dem Verbleib ihres Lohns gefragt und mit Streik gedroht hat-ten«.[122] Nach einem Aufstand vietnamesischer Arbeiter in ihrem Wohnheim, die sich beim Betriebsdirektor über ihre Lebensbedin-gungen beschwert hatten, musste am nächsten Tag »der Gruppen-leiter eine Liste aufstellen«, berichtete einer der Arbeiter, »der und der und der müssen zurück, und so passierte es auch«.[123] Zudem sollte verhindert werden, dass Vertragsarbeiter und DDR-Bürger heirateten. Es konnte vorkommen, dass ausländische Partner abge-schoben wurden.[124] Selbst vietnamesische Frauen, die schwanger wurden und ihr Kind nicht abtreiben wollten, sollten »in ihre Hei-mat zurückgeschickt« werden.[125]

Doch auch in der DDR setzte sich eine relative Autonomie der Mi-gration durch. Die Abschiebungen von schwangeren Vietnamesinnen wurden schließlich von den Behörden ausgesetzt, weil ihnen die Arbeitskraft der Frauen letztendlich wichtiger war. Die Vietnamesen wiederum hatten längst eine regelrechte Industrie in der Schattenwirtschaft aufgebaut, indem sie in ihren Wohnheimen Jeanskleidung nähten und verkauften, die bei den Deutschen reißenden Absatz fand.[126]

Nach dem Fall der Mauer sollten Tausende Vietnamesen (so wie viele Angolaner und Mosambikaner), die als Vertragsarbeiter in die DDR gekommen waren, durch ein Rückkehrprogramm zur Ausreise bewegt werden. Sie hatten drei Monate Zeit zu kündigen. Ein einmaliges Eingliederungsgeld von 3000 D-Mark und Rückflugtickets sollten sie »überzeugen«. Schon in der DDR sollten sie kein unbegrenztes Bleiberecht erhalten, und dieses Regime setzte sich in der Bundesrepublik fort. Dennoch blieben viele von ihnen. Die Versuche der Bundesregierung, die Vietnamesen abzuschieben, scheiterten nicht zuletzt daran, dass Vietnam sich weigerte, abgeschobene Landsleute zurückzunehmen. Daraufhin fror die BRD ihre Entwicklungshilfe ein und zwang auf diesem Weg die vietnamesische Regierung, sich zur Rücknahme zu verpflichten.[127] 1995 lebten allerdings immer noch 45.000 ehemalige DDR-Arbeiter aus Vietnam illegal in Deutschland. Die Bundesrepublik bemühte sich weiter um eine Rückführung. Als Erste sollten abgelehnte Asylbewerber das Land verlassen, die nach 1990 gekommen waren. Vertragsarbeiter sollten erst ab 1998 abgeschoben werden.[128]

Viele vietnamesische Familien schlugen sich notgedrungen mit Straßenhandel durch. In Ostdeutschland wurden sie weiterhin als »Fidschis« beschimpft. Erst zehn Jahre nach dem Fall der Mauer bekamen die meisten von ihnen eine Aufenthaltsbefugnis. Heute ist ständig davon die Rede, wie gut sie integriert sind. Während konservative Politiker in den neunziger Jahren noch für ihre Abschiebung plädierten, weisen sie jetzt auf die Bildungserfolge der vietnamesischen Jugendlichen hin. Fast sechzig Prozent besuchen ein Gymnasium.[129] In der öffentlichen Diskussion wird ihr

Bildteil

David

1 David Mardyani starb am 7. März 2010 in deutscher Abschiebehaft. Er habe sich an einem Bettlaken erhängt, berichten die Hamburger Behörden. Im Jahr 2010 ist David einer von drei Menschen in Deutschland, die sich in der Haft angesichts einer bevorstehenden Abschiebung das Leben nehmen.

2 David wuchs in Georgien auf. Dort hatte er Goldschmied gelernt. Seine Familie beschreibt ihn als lebensfrohen Menschen.

3 Hier ist er als Jugendlicher mit seiner Mutter und seiner Schwester zu sehen.

1

2

3

Faruk

1 Ein Bild von einem Bild: Es zeigt Faruks Nichte und ein Bärenkind. Kurz nach dem Krieg ist die Familie von Faruks Schwester in ihr Dorf zurückgekehrt. Im Garten ihres Hauses fanden sie das Bärenjunge. Während der Abwesenheit der Bewohner waren die Bären aus den Bergen herabgestiegen und hatten das verendete Vieh gefressen.

2 Nach seiner Abschiebung in den Kosovo hat Faruk Firizi Fotos aus der Grenzregion zu Albanien geschickt, aus der er stammt. Ihm war es wichtig, die Schönheit der Landschaft zu dokumentieren.

3 Faruks Haus in Pejë. Nach dem Krieg kamen die Plünderer. An Wiederaufbau ist erst mal nicht zu denken. Faruk versucht sich eine Wohnung einzurichten und findet Arbeit als Dachdecker.

4 Faruk trinkt aus dem Brunnen in seinem Hof. Frau und Kinder leben in Deutschland – besuchen kann er sie nicht.

5 Faruk angelt seit seiner Kindheit. Er kennt die besten Plätze rund um Pejë.

2

3

4

5

Taofik

1 Bello Taofik mit seiner Frau in Nigeria. Er wäre abgeschoben worden, nachdem die nigerianische Botschaft seine Passersatzpapiere ausgestellt hatte. Die deutschen Behörden boten ihm an, »freiwillig« auszureisen und ihm den Flug zu bezahlen. Andernfalls wäre er weiterhin in Abschiebehaft geblieben und hätte anschließend die Haft- und Abschiebekosten in Rechnung gestellt bekommen. Er entschied sich, das Angebot anzunehmen.

2 In dieser Firma hat Taofik vor seiner Auswanderung nach Europa als Logistikmanager gearbeitet.

3 In Lagos besucht Taofik einen Freund, der einen Gebrauchtwagenhandel betreibt. Wenn dieser frei hat, treffen sie sich oft in einem Fast-Food-Restaurant.

4/5 Taofik mit Freunden, die er bereits seit der Grundschule kennt und von denen er sich erhofft, dass sie ihm beruflich wieder auf die Beine helfen können.

1

2

3

4

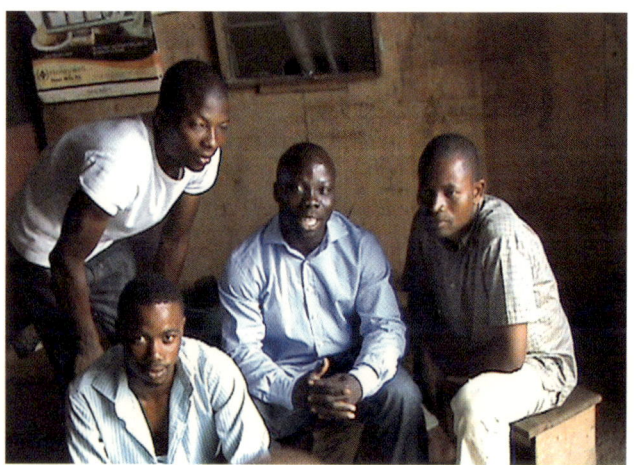

5

Die Familie Miftari

1 Aus Blomberg (Kreis Lippe) nach Fushë Kosova. Unten rechts am Bildrand der kleine Mohammed Miftari.

2 Die Familie Miftari lebt jetzt im Haus eines Onkels. Fast alle Häuser in der Ashkali-Siedlung sehen ähnlich aus. Die wenigsten haben ein dichtes Dach. Vor dem Haus das Fahrzeug, mit dem der Schrott transportiert wird.

3 Eine Müllkippe in Fushë Kosova, auf der Kinder nach Verwertbarem suchen. Die Arbeitslosigkeit im Kosovo liegt bei fünfzig Prozent, unter Roma und Ashkali offiziell bei 98 Prozent.

4 Ausrangierte Bürocontainer der Vereinten Nationen am Rande der Ashkali-Siedlung.

5 Die Brüder Enis (hinter der Kamera) und Deniz Miftari verstehen sich selbst als Deutsche. Die Fotos, die sie nach Deutschland schicken, zeigen die Armut im Kosovo, die sie mit dem Blick des Außenstehenden festhalten und von der sie berichten. Ihre Erzählhaltung verrät, wie sie als »Deutschländer« diesen neuen Alltag noch nicht als den eigenen annehmen möchten. Viele Menschen in dieser Siedlung verdienen ihr Geld als Altmetallsammler. Dieser Mann versucht Kupferdrähte aus einem Elektroteil herauszuziehen, um den »Rohstoff« anschließend zu verkaufen. Enis und Deniz arbeiten zu diesem Zeitpunkt in einem Internetcafé.

6 Deniz mit seinem kleinen Bruder Mohammed. Mohammed ist gehörlos, verständigen kann er sich nur in Gebärdensprache – auf Deutsch. Lesen kann Mohammed gut, und wie fast alle Kinder ist er ein großer Harry-Potter-Fan.

7 Auch Mohammeds große Schwester Zahide ist gehörlos. Sie träumt davon, wieder zur Schule gehen zu können. Die einzige Schule für Gehörlose im Kosovo liegt in Prizren, neunzig Kilometer entfernt von Fushë Kosova, dem Wohnort der Familie Miftari.

1

2

3

4

5

6

7

Die Familie Mujolli

1 Die Siedlung in Fushë Kosova, in der die Mujollis gelandet sind.

2 Nermina Mujolli läuft an einer der zahlreichen wilden Müllkippen am Straßenrand vorbei.

3 Vorsorge für den Winter. Vater Florim Mujolli hackt Holz für den Ofen, der die Unterkunft beheizen muss, in der die Familie nach ihrer Abschiebung lebt.

4 Nermina im Wohnzimmer. Für sich sieht sie keine Zukunft im Kosovo, sie kann weder einen Schulabschluss noch eine Ausbildung machen.

5 Nadire Mujolli träumt von ihren Freundinnen in Ahaus. Sie würde gerne wieder zur Schule gehen. Bislang hat keine Schule im Kosovo sie aufgenommen, weil Identitätspapiere und Zeugnisse aus Deutschland fehlen würden.

6 Im Auto des Onkels fahren die Mujollis – hier die Mutter Feride, Celina (die Kleinste), ihr Bruder Ramon und eine Tante – zu einem Besuch bei Verwandten.

1

2

3

4

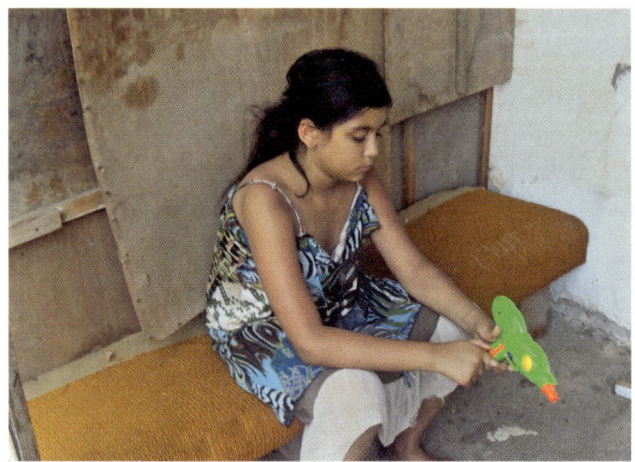

5

6

Omari

1 Idar-Oberstein, Kreis Birkenfeld. Die Kleinstadt ist berühmt für ihre Edelsteinindustrie. Omari hat dort den größten Teil seiner Zeit in Deutschland verbracht. Er sagt »bei uns«, wenn er von dieser Region erzählt.

2 Die Unterkunft liegt, wie so oft, nicht nur fernab der Stadt, sondern auch außerhalb der nächsten kleinen Ortschaft.

3 Wieder in der Asylbewerberunterkunft in Birkenfeld. Nach der Haftentlassung geht es zurück auf Start.

4 Nachdem Omari in Deutschland keine Perspektive mehr sah, ist er nach Belgien gezogen, um seiner Abschiebung zu entgehen. Das Rote Kreuz war eine seiner ersten Anlaufstellen.

5 In einem Park. In Belgien sah er die Möglichkeit, wenigstens arbeiten zu können.

6 Juni 2011. Omari droht weiterhin die Abschiebung nach Georgien. Ob diese erfolgt ist oder ob er erneut in einen anderen Staat weitergereist ist, war zur Drucklegung nicht mehr zu erfahren.

1

2

3

4

5

6

Yusuf und Dzevad

1 Yusuf K. (links) betont, dass Deutschland seine Heimat ist. Hier geboren und aufgewachsen, erzählt Yusuf, sei er nach seiner ersten Abschiebung aus der Türkei zurückgekehrt und habe unter anderem Namen im Rheinland gelebt. Nachdem er sich stellte, drohte zum zweiten Mal die Abschiebung. – Dzevad S. (rechts) berichtet, dass sein schwäbischer Chef ihn als Mitarbeiter unbedingt in Deutschland behalten wollte, doch das habe ihm nichts genutzt. Beide saßen mehrere Monate in der Justizvollzugsanstalt Büren in Abschiebehaft.

2/3 Die Justizvollzugsanstalt Büren ist das größte Abschiebegefängnis in Deutschland. Meterhohe Mauern, Ein- oder Mehrbettzimmer – ein Gefängnis, das die Behörden allerdings »Gewahrsam« nennen. Die Inhaftierung stellt keine Bestrafung für eine kriminelle Tat dar, sie dient lediglich der Durchsetzung einer Ausreise.

2

3

Alex

1 Alexander Peacocks erstes Weihnachtsfest in Deutschland, 2009. Aufgewachsen in den USA, war Alex im September zuvor von dort nach Deutschland abgeschoben worden. Fast ein Jahr lang lebte er in einem Frankfurter Obdachlosenheim. Heiligabend verbrachte er in einer Kirche mit anderen Menschen, die Weihnachten ebenfalls alleine feiern mussten.

2 »Fassenacht« 2010 in Frankfurt. Bis dahin kannte Alex nur Halloween.

3 Das Obdachlosenheim in der Rudolfstraße beherbergt auch andere Deutsche, die nach Deutschland abgeschoben wurden. Einer von ihnen ist Mike, der wie Alex in den USA gelebt hat.

4 Über Facebook lernte Alex eine Familie in Gelsenkirchen kennen. Die neuen Freunde nahmen ihn mit auf einen Ausflug nach Holland. Am liebsten würde Alex am Meer oder in den Bergen leben. In Washington State, wo er zuletzt wohnte, gab es beides.

5 Alex' Bruder Louis und seine Frau nach einer Angeltour. Sie schicken ihm ab und zu Fotos aus der Heimat, in die er nicht zurückdarf.

1

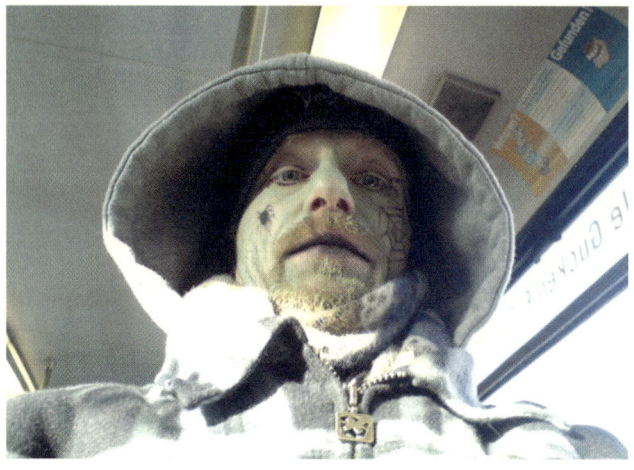

2

3

4

5

Biniam

1 Nach der Reise über's Meer wurde Biniam Elias Abraha auf der griechischen Insel Lesbos ins Gefängnis gesteckt, zwei Wochen dort festgehalten und mit der Auflage, Griechenland innerhalb von dreißig Tagen zu verlassen, auf freien Fuß gesetzt. Andernfalls werde er abgeschoben.

2 Biniam ist in Athen angekommen und steht vor einer Telefonzelle. Als Erstes hat er von dort aus Bekannte angerufen. Fünf Monate lang, sagt Biniam, habe er in Athen auf der Straße gelebt.

3 Über Italien und Schweden ist Biniam nach Norwegen gereist und hat dort Asyl beantragt. Nachdem der Antrag abgelehnt wurde, entging er der Abschiebung, indem er nach Deutschland weiterreiste.

4 Hemar im Sauerland. An der deutschen Grenze wurde Biniam verhaftet, zwei Wochen ins Gefängnis gesteckt und dann wieder entlassen. Von dort kam er in die Erstunterbringungseinrichtung für Asylbewerber in Hemar.

5 Biniam engagiert sich in einer Organisation von Exil-Eritreern. Auf einer Veranstaltung in Frankfurt sorgt er für die Dokumentation. Vor seiner Zeit in der Armee arbeitete Biniam als Fotograf.

6 Biniam interessiert sich sehr für Fußball und besonders für die deutsche Nationalmannschaft. Bei einem Spiel in Köln gegen die Mannschaft von Aserbaidschan ist dieses Foto vor dem deutschen Mannschaftsbus entstanden. Ende 2011 befindet sich Biniam immer noch in Deutschland, weil die deutschen Behörden eingesehen haben, dass Rückschiebungen nach Griechenland nicht zu verantworten sind.

ΕΛΛΗΝΙΚΗ ΔΗΜΟΚΡΑΤΙΑ
ΕΛΛΗΝΙΚΗ ΑΣΤΥΝΟΜΙΑ
ΑΣΤΥΝΟΜΙΚΗ Δ/ΝΣΗ ΛΕΣΒΟΥ
ΥΠΟΔ/ΝΣΗ ΑΣΦΑΛΕΙΑΣ ΜΥΤΙΛΗΝΗΣ
ΓΡΑΦΕΙΟ ΑΛΛΟΔΑΠΩΝ
Γ. ΒΟΣΤΑΝΗ 27 - ΤΚ 81 100
☎ 22510.48453   📠 22510.41729

Μυτιλήνη, 31 Δεκεμβρίου 2007

Αρ. Πρωτ.: 6634/1/1391-κδ

ΥΠΗΡΕΣΙΑΚΟ ΣΗΜΕΙΩΜΑ

Γνωρίζεται ότι σε βάρος του αλλοδαπού με τα κάτωθι στοιχεία

1.	ΦΥΛΟ:	ΑΝΤΡΑΣ
2.	ΠΟΛΙΤΗΣ:	ΕΡΥΘΡΑΙΑ
3.	ΕΠΩΝΥΜΟ:	BINIAM
4.	ΟΝΟΜΑ:	ELIAS
5.	ΠΑΤΡΩΝΥΜΟ:	ΤΑΣΤΟ
6.	ΜΗΤΡΩΝΥΜΟ:	GOITOM
7.	ΗΜΕΡΟΜΗΝ. ΓΕΝΝΗΣΗΣ	1/1 1973
8.	ΑΡ. ΔΙΑΒΑΤΗΡΙΟΥ (αν έχει)	ΣΤΕΡΕΙΤΑΙ

έχει εκδοθεί η υπ' αριθμ.: 6634/1/71/492-ιη από 31/12/2007 διοικητική απόφαση απέλασης του.

Σήμερα 31/12/2007 και ώρα 15:30 αφέθηκε ελεύθερος, κατόπιν της υπ' αριθμ. 6634/1/71/492-ιη από 31/12/2007 απόφασης Διοικητικής απέλασης, χωρίς κράτηση, του Αστυνομικού Διευθυντή Λέσβου, με την οποία του χορηγείται προθεσμία ΤΡΙΑΝΤΑ(30) ημερών προς αναχώρηση σε χώρα της αρεσκείας του, με τον περιοριστικό όρο της μη διαμονής του στους Νομούς Αργίας και Θεσπρωτίας.

Η ως άνω απόφαση απέλασης θα εκτελεστεί αν ο αλλοδαπός δεν αναχωρήσει εντός της ταχθείσης προθεσμίας.

Ο ανωτέρω δήλωσε ότι θα διαμένει προσωρινά στην παρακάτω διεύθυνση: Σολωμού 22 – Αθήνα – Αττικής.

Το παρόν χορηγείται ατελώς στον ανωτέρω ενδιαφερόμενο και πρέπει να παραδοθεί κατά την έξοδο του από τη χώρα, στην Υπηρεσία Ελέγχου Διαβατηρίων.

Ο ΑΝΑΠΛ. ΔΙΕΥΘΥΝΤΟΥ

ΜΙΧΑΗΛ ΛΟΥΛΑΒΕΡΗΣ
ΑΣΤΥΝΟΜΟΣ Β'

1

2

3

4

5

6

Beispiel gern instrumentalisiert, um anderen Einwanderern vorzuhalten, dass sie als Gruppe nicht genauso erfolgreich sind.

Auch wenn Vietnamesen neuerdings gerne als Mustermigranten präsentiert werden, sind sie dadurch als Gruppe aber nicht willkommener, ihre Migration wird nach wie vor oft illegalisiert – bis heute werden aus Deutschland fast genauso viele Vietnamesen abgeschoben wie Türken. Im Herbst 2011 erlangte der Fall der Familie Nguyen aus dem niedersächsischen Hoya mediale Aufmerksamkeit. Nach neunzehn Jahren sollte die Familie, die als »gut integriert« galt, das Land verlassen. Proteste der evangelischen Kirche führten dazu, dass die Ausweisung aufgehoben wurde. Der niedersächsische Innenminister Uwe Schünemann (CDU) versprach, die Familie zurückzuholen.[130] Als die Grünen-Politikerin Filiz Polat ihm eine »inhumane und menschenrechtswidrige Abschiebepraxis« vorwarf, weil er sogar »schwer kranke Flüchtlinge, unbegleitete Minderjährige und schwangere Frauen« abschieben lasse, musste sie sich von der aufgebrachten CDU-Abgeordneten Gudrun Pieper anhören: »Am besten hätte man *Sie* abschieben sollen!« Im Nachhinein entschuldigte Pieper sich für die Entgleisung.[131]

Der Integrationsdiskurs ist zum zentralen Moment der Abschiebepolitik in der Berliner Republik avanciert. Er ermöglicht es dem Staat, auch in einer Einwanderungsgesellschaft grundsätzlich an Abschiebungen festzuhalten und diese »moderner« zu begründen, weil er die Distanzierung von einer bloßen Abschottungsposition erlaubt und zugleich eine Rationalität behauptet, die zur besseren gesellschaftlichen Legitimierung und damit Aufrechterhaltung der Abschiebepolitik beitragen soll.

In der Praxis jedoch erweist der Integrationsdiskurs sich häufig genug als irrational. Ihm kommt eine symbolische Bedeutung zu, deren Wert sich nicht zuletzt an der unverhältnismäßig großen öffentlichen Aufmerksamkeit ablesen lässt, die der Ausweisung und Abschiebung von sogenannten Hasspredigern und Integrationsverweigerern zuteil wird. Dies sind in der Regel die einzigen Formen der Ausweisung, bei denen Politiker von sich aus an die

Öffentlichkeit gehen, um sich damit zu brüsten. Auf diese Weise entsteht jedoch ein verzerrtes Bild, denn nur eine verschwindend kleine Zahl von Abschiebungen steht in irgendeinem Zusammenhang mit »radikalem Islamismus« oder »Integrationsverweigerung«.

Als der kanadische Islamist Ameenah Bilal Philipps im Frühjahr 2011 von dem deutschen Salafisten Pierre Vogel nach Frankfurt am Main eingeladen wurde, wiesen die deutschen Behörden ihn umgehend aus. Der hessische Innenminister Boris Rhein (CDU) fordert zwar schärfere Ausweisungsregeln, aber auch mit den bestehenden ist es möglich, radikale Islamisten loszuwerden. Ende April 2012 wiesen seine Behörden den aus Österreich stammenden salafistischen Prediger Mohamed M. aus, weil er mit »erheblicher Intensität« zu Gewalttaten aufrufe und »damit die öffentliche Sicherheit und Ordnung in Deutschland« gefährde.[132]

Ihre Grenzen erreicht eine solche Ausweisungspraxis erstens, wenn es um Deutsche geht, die zum Islam konvertiert sind und die sich als radikale Islamisten betätigen wie zahlreiche gewaltbereite Salafisten oder zwei Mitglieder der sogenannten Sauerland-Gruppe, die 2007 Anschläge in Deutschland plante. Und zweitens erreicht sie diese Grenzen, wenn den Betroffenen in dem Land, in das sie abgeschoben werden sollen, unmenschliche Behandlung droht, was dem Gebot widerspricht, auch bei Abschiebungen die Menschenrechte zu achten, wozu Deutschland sich offiziell verpflichtet hat. Schon die Abschiebung des Kölner Predigers Metin Kaplan im Jahr 2004 gestaltete sich deshalb schwierig. Ebenso langwierig verlief die Durchsetzung der Abschiebung eines ägyptischen Imams aus Münster, dem vorgeworfen wurde, in seinen Predigten Juden und Christen den Tod zu wünschen. 2006 war ihm das Asyl aberkannt worden, bis 2011 klagte der Mann gegen seine Abschiebung, deren Rechtmäßigkeit jedoch am Ende bestätigt wurde. Solche Abschiebungen mögen aus Gründen der Terrorismusbekämpfung selbst jenen Menschen legitim erscheinen, die ansonsten Abschiebungen ablehnen, aber es handelt sich, wie gesagt, um Einzelfälle. Da sie jedoch immer wieder in den Schlagzeilen auftauchen – als Mittel gegen die ultimative »Nicht-Integration« –, liegt es auf der Hand, dass mit ihnen die Akzeptanz der Institution »Abschiebung« an sich gefestigt und erhöht werden soll.

Denselben symbolischen Wert haben deshalb die neuen Paragrafen, die eine Abschiebung sogenannter Integrationsfeinde ermöglichen. Demnach kann abgeschoben werden, wer zum Beispiel »auf ein Kind oder einen Jugendlichen gezielt und andauernd einwirkt, um Hass auf Angehörige anderer ethnischer Gruppen oder Religionen zu erzeugen oder zu verstärken«, wer »eine andere Person in verwerflicher Weise, insbesondere unter Anwendung oder Androhung von Gewalt, davon abhält, am wirtschaftlichen, kulturellen oder gesellschaftlichen Leben in der Bundesrepublik Deutschland teilzuhaben«, oder wer »eine andere Person zur Eingehung der Ehe nötigt oder dies versucht«.[133] In der Praxis gibt es solche Abschiebungen meines Wissens nicht. Auch den Abschiebebeobachterinnen am Frankfurter Flughafen sind noch keine Fälle untergekommen, in denen die Behörden Menschen allein aufgrund dieser spezifischen Vorwürfe abgeschoben haben.[134] Dass diese ins Gesetz aufgenommen wurden, soll offensichtlich der Legitimierung der Abschiebepolitik mithilfe des Integrationsbegriffs dienen, während die überwiegende Zahl der Menschen, die von Abschiebungen betroffen sind, alles andere sind als »Hassprediger« oder »Integrationsfeinde«.

… *catch me if you can*

Heute werden aus Deutschland Menschen in fast 130 Staaten der Welt abgeschoben – die meisten mit dem Flugzeug. Hauptsächlich geht es dabei um Kosovaren, Türken, Serben und Vietnamesen. Vor allem die Abschiebungen in den Kosovo und nach Serbien betreffen oft Roma und andere Minderheiten, die damit – auch nach Jahrhunderten in Europa und Deutschland – immer noch hin- und hergeschoben werden. Daran wird deutlich, dass der Antiziganismus in unseren Gesellschaften bis heute präsent ist, was von den Behörden selbstredend abgestritten wird. Zudem finden weiterhin jährlich Hunderte Abschiebungen von Irakern, Afghanen und sogar Somalis statt. Jeder vierte Flüchtling wird derzeit übrigens gar nicht in sein Herkunftsland ab- oder zurückgeschoben, sondern in das EU-Land, das laut Dublin-II-Abkommen für ihn zuständig ist.

Nach Ansicht des Kommunikationswissenschaftlers Tobias Schwarz wurde – beginnend mit den Verschärfungen infolge der kurdischen Proteste in den neunziger Jahren und den Anti-Terror-Gesetzen, die nach den Anschlägen auf das World Trade Center am 11. September 2001 verabschiedet wurden – der Ausweisungsdiskurs immer stärker symbolisch aufgeladen. Weil aufgrund von Aufenthaltsrechten, Einbürgerungen und des EU-Rechts der Kreis der ausweisbaren Ausländer kleiner geworden ist, scheint sich in Deutschland »in Reaktion darauf die symbolische Abgrenzung des *auszuweisenden Anderen* zu verfestigen«.[135] Einzelne Ereignisse wie die Konflikte an der Berliner Rütli-Schule oder der Tod der Berliner Deutsch-Kurdin Hatun Sürücü, die von ihrem fundamentalistischen Bruder ermordet wurde, lieferten Anlässe für weitere Gesetzesverschärfungen. Wenn angesichts der Einwanderungssituation und der Realität kultureller Diversität die althergebrachte völkische Identität nicht mehr plausibel ist, »scheint der Weg beschritten zu werden, partiell bestimmte Abweichungen zuzulassen und gleichzeitig andere Abweichungen [umso stärker] auszugrenzen. Dabei zentral und zunehmend bedeutend ist die Forderung, dass einzuhegende Abweichungen kulturell anpassbar sein müssen«,[136] bewertet Schwarz die aktuelle Funktion des Ausweisungsdiskurses. Die anti-islamische Stoßrichtung dieses Diskurses sollte aber nicht darüber hinwegtäuschen, dass bei Weitem nicht nur Muslime von Abschiebungen betroffen sind.

Betrachtet man die Geschichte der Abschiebung in der Bundesrepublik Deutschland, so fällt zweierlei auf. Zum einen war es immer möglich, bei bestimmten Gruppen auf Abschiebungen zu verzichten, wenn das politisch gewollt war. Darüber hinaus besitzen Abschiebungen im Hinblick auf die gesamte Migrationsbevölkerung in Deutschland einen defensiven, den Migrationsprozess höchstens verzögernden Charakter. Sie stellen den Versuch dar, jene Migranten, die noch nicht so lange hier leben, zurückzuschicken, bevor sie ein dauerhaftes Bleiberecht erwerben.

Selbst wenn diese Strategie in Bezug auf Bürgerkriegsflüchtlinge aus Ex-Jugoslawien und viele außereuropäische Einwanderer sehr oft funktionierte, lief sie doch faktisch der Entwicklung hinterher. Migrantinnen und Migranten haben immer wieder Strategien gefunden, nach Deutschland zu kommen, zu bleiben, einen Job zu finden, sich einen Anwalt zu nehmen und gegen ihre Abschiebung zu klagen, mit Einheimischen Widerstand gegen Abschiebungen zu organisieren oder durch eine Heirat mit einer oder einem Deutschen und die Zeugung eines Kindes ihrer Abschiebung zu entgehen. Es gibt immer wieder neue Migrantinnen und Migranten, die zur Gesellschaft in Deutschland hinzukommen, nach einiger Zeit nicht mehr abgeschoben werden können und den Platz der potenziell Abschiebbaren anderen Neuankömmlingen überlassen. Das trifft sowohl auf Einwanderergruppen als Ganze als auch auf die Angehörigen einzelner Communities zu.

Den alten »Gastarbeiter«-Nationalitäten aus Südeuropa sind die neuen EU-Bürger aus den osteuropäischen Ländern gefolgt, die das Stadium der generellen Abschiebbarkeit verlassen haben. Und ob Iraner, Marokkaner, Albaner, Nigerianer, Türken, Kurden, Russen oder Libanesen – in jeder dieser Gruppen stehen den Menschen, die heute abgeschoben werden (können), andere Einwanderer gegenüber, die schon länger in Deutschland leben, verfestigte Aufenthaltsrechte besitzen und von denen in der Vergangenheit nicht wenige von Abschiebung bedroht waren.

Dieses Hinterherlaufen der Abschiebepolitik – so martialisch sie auch auftritt – ist im Grunde ein Zeichen ihrer Schwäche. Und sie entpuppt sich als irrsinniger Selbstläufer. Manchmal müssen deshalb auch diejenigen, die grundsätzlich nichts gegen die Abschiebung von »Ausländern« einzuwenden haben, sich doch gegen eine Abschiebung wenden, wenn »ihr« Ausländer, also ein Mensch, den sie persönlich kennen, davon betroffen ist. Migration verändert uns alle.

Abschiebungen sind daher das klassische Dilemma, vor dem ein Land steht, das sich als Einwanderungsland versteht, und dieses Dilemma ist auch für die Situation in Deutschland charakteristisch. Max Frisch sagte während der Ära der »Gastarbeiter«: »Wir riefen Arbeitskräfte, und es kamen Menschen.« Heute werden qualifizierte Fachkräfte gerufen, und es kommen immer noch Menschen – mit »Qualifikationen« oder ohne. Abschiebungen machen daher die Widersprüchlichkeit deutlich, die für ein Einwanderungsland wie Deutschland prägend ist. Einerseits sollen sie die Zuwanderung kontrollierbar machen (oder jedenfalls suggerieren, dass eine solche Kontrolle möglich ist). Andererseits wirken sie sowohl aufgrund der Forderungen nach größerer Mobilität der Arbeitskräfte als auch angesichts der Ausweitung von Aufenthaltsrechten anachronistisch. Denn beides produziert neue Wünsche und Ansprüche auf das Recht auf Migration und stellt doch zugleich auch eine Reaktion auf die Praxis der Migration dar, die eine praktizierte Freiheit ist und die Effektivität von Abschiebepolitik untergräbt.

Wenn sich Menschen – aus welchen Gründen auch immer – entscheiden, nach Deutschland zu kommen und wenn sie dann bleiben, praktizieren sie Rechte, die sie offiziell noch nicht besitzen, aber bald besitzen könnten. Abschiebungen markieren jene Phase, in der einer bestimmten Gruppe Rechte zunächst vorenthalten werden – doch am Ende wird es der Abschiebepolitik nicht gelingen, die Trennung in Bürger und Nicht-Bürger aufrechtzuerhalten, weil die Realität der Migration nach links ausschert, Gas gibt und sie überholt.

Hamide, Nermina und Ramon Mujolli

»Wie Abschiebung? Wir sind doch zu Hause!«

Hamide (18), Nermina (16) und Ramon (14) Mujoli wurden mit ihren Schwestern Nadire, Celina und den Eltern im März 2010 in den Kosovo abgeschoben. Sie sind im münsterländischen Ahaus geboren und aufgewachsen. Das Interview fand im Juni 2010 statt.

Ramon: Die Lehrerin hat gesagt: »Du kannst das, aber du willst das eigentlich nur nicht.« Dann, eines Tages, mit Freunden, hatten wir irgendwie voll Bock auf Mathematik, ich weiß selbst nicht warum. Aber wir haben angefangen, Mathematik zu lernen, und dann hat die Lehrerin mich angeguckt: »Siehst du, du kannst es doch!« Seitdem find ich Mathe eigentlich ganz gut, hatte dann auch ganz gute Noten, anfangs. Später hatte ich falsche Freunde, bin immer mit denen rausgegangen, abends, und hatte keine Lust auf Hausaufgaben, Schule und so.

Nermina: Ich wollte gern als Krankenschwester arbeiten. Ich hab da ein Praktikum gemacht, war nebenbei auch Aushilfe. Es hat aber leider nicht geklappt, eine Ausbildung zu machen: Ich hatte keine Aufenthaltserlaubnis, nur eine Duldung. Das war das Problem. Mein Chef meinte: »Wenn du eine Duldung hast, kann man dich nicht für drei Jahre hier einstellen, dann nehmen wir eine andere, denn wir sind nicht sicher, ob du hierbleiben kannst oder nicht.« Schule war für mich ganz wichtig, weil ich eine gute Ausbildung haben wollte, gute Noten. Also für mich ist Deutschland meine Welt, mein Leben ist Deutschland. Als ich in der zehnten Klasse war, wurde ich abgeschoben.

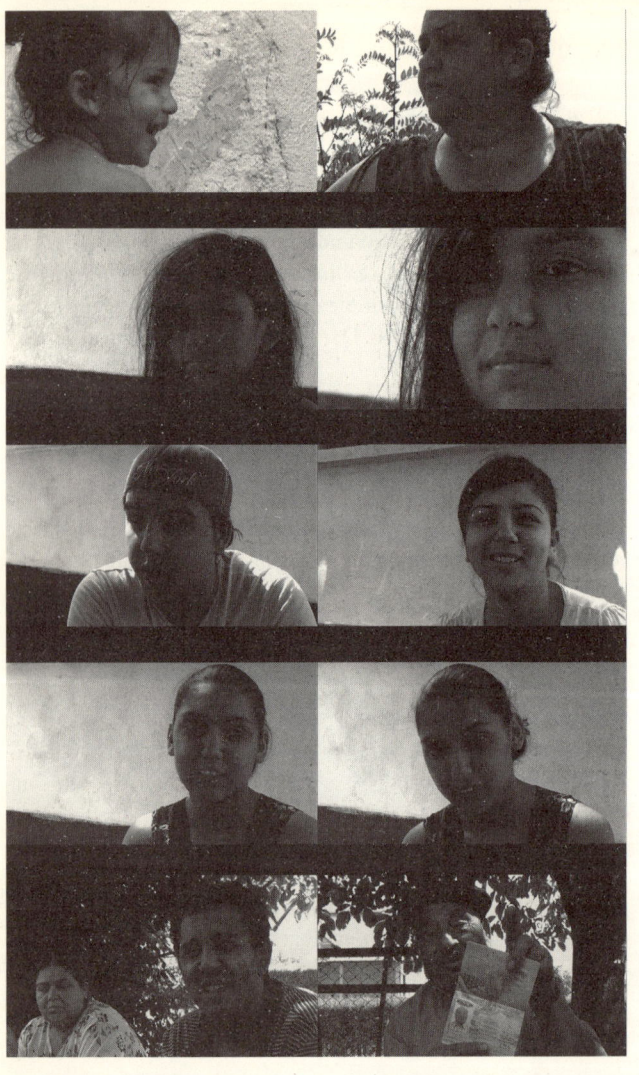

Hamide: Am 17. März wurden wir abgeschoben. Früh am Morgen, um halb sieben kamen die ganzen Polizisten. Ich dachte, es sind so zwei, drei. Auf einmal kommt da 'ne ganze Bande rein, über zehn Leute. Ich so: »Was ist los?«

Nermina: Meine Schwester hat aufgemacht. Dann meinten die so: »Bist du Hamide Mujolli?« Sie meinte: »Ja, die bin ich.« Da sind die auf einmal reingestürmt.

Ramon: Eigentlich waren alle noch am Schlafen, außer meine Mutter und ich. Ich war wach, weil ich ja zur Arbeit wollte. Ich hatte eine Praktikumstelle, Kfz, ich hatte diesen Blaumann an. Die Polizisten sagen zu uns: »Sachen packen. Ihr geht heute nach Hause.« Ich so: »Wir sind doch zu Hause!«

Nermina: Ich bin doch zu Hause, wo soll ich denn hin?

Hamide: Die so: »Nee, ihr geht in' Kosovo.« Ich so: »Kosovo? Wollen Sie mich verarschen?« – »Nee, nee, ganz bestimmt nich.«

Ramon: »Nee, heute geht's wirklich nach Hause in den Kosovo.« Ich so: »Okay … is mal was Neues.« Die so: »Ja.«

Hamide: Ich bin in die Küche gegangen, ich wollte ein Messer nehmen und mich sofort umbringen, vor denen. Aber dann haben die gesagt: »Was willst du damit machen?« – »Entweder bring ich mich um, oder ich bring einen von euch um, dann wisst ihr, was für ein Mensch ich wirklich bin.« Die Polizisten haben gesagt: »Aha, okay«, und dann haben sie Handschellen genommen und mich – mit mehreren Polizisten, als ob ich ein Krimineller wäre –, gefesselt, und ab zum Flughafen. Im Schlafanzug sozusagen haben sie mich dahin gebracht, und auf dem Weg hab ich mich umgezogen.
Die wollten mich alleine im Kombi lassen und meine Eltern im Bus, aber ich hab gesagt: »Ich möchte mit meinen Eltern fahren.« Da meinten die: »Nein, bis du dich beruhigst, gehst du da nicht rein.« – »Das

ist mir egal, ob ich mich beruhige, ich bleib nicht mit euch Idioten allein hier drin, ganz bestimmt nicht.« Die Frau so: »Sei nicht so frech!« – »Ich bin frech. Ich bin frech geboren.«

Nermina: Die haben mich auch mit Gewalt rausgebracht. Anfangs, als die zu uns nach Hause kamen, da war ich richtig wütend. Ich hab die angeschrien, ich hab die geschlagen und so, weil die Polizisten zu uns alles Mögliche gesagt haben. »Ausländer. Ihr sollt endlich weg von hier. Das ist unser Land. Was wolltet ihr hier? Ihr wusstet ganz genau, ihr werdet nie hier bleiben. Zigeuner.« Also, das war nicht so toll. Die haben uns auch immer ausgelacht, wegen unseren Klamotten, und das fand ich ehrlich gesagt beschissen.

Ich habe auch gefragt: »Wieso haben wir keinen Brief bekommen? Wir müssten doch eigentlich einen Brief bekommen, eine Woche vorher, damit wir Bescheid wissen.« Die so: »Nee, wenn wir Bescheid gesagt hätten, dann wärt ihr abgehauen, deswegen haben wir auch keinen Brief geschickt.«

Wir hatten nur eine halbe Stunde Zeit. Wir wussten nicht, was wir mitnehmen sollten. Meine kleine Schwester war auch ganz krank an diesem Tag, sie hat nur geweint. Die war es nicht gewöhnt, so viele Leute zu sehen, und hatte Angst. Wir wussten nicht, ob wir erst zu ihr hinrennen sollten oder die Sachen packen. Wir haben einfach irgendwas eingepackt, keine Ahnung, was.

Ramon: Dann hab ich mit so einer Frau geredet, die meinte: »Wie fühlt sich das jetzt an, dass du abgeschoben wirst?« – »Ja, wie soll man sagen. Scheiße.« – »Ja, da können wir leider auch nichts machen. Wir haben Befehl vom Kreis bekommen, dass wir euch abschieben müssen, weil ihr kein Bleiberecht mehr in Deutschland habt, und dass ihr jetzt in den Kosovo zurück müsst.« Ich so: »Warum?« – »Ja, wissen wir selber nicht. Ich kann's schon verstehen, bei manchen Familien ist es wirklich hart.«

Nermina: Als meine Freunde mich so gesehen haben und mir zugewunken haben, konnte ich nicht zurückwinken, weil ich auf der einen

Seite sauer war, aber auf der anderen Seite traurig. Weil – wer weiß, wann ich die wiedersehe, ob ich die überhaupt nicht mehr sehe.

Ramon: Mir kam das alles vor wie bei der versteckten Kamera. Aber die meinten: »Nee, keine versteckte Kamera. Ihr geht heute nach Hause.« Wir sind in den Bus, so gegen vierzehn Uhr hatten wir ein Flugzeug, da sind wir eingestiegen, und dann sind wir hier angekommen.

Nermina: Als wir angekommen sind, am Flughafen hier, waren die auch nicht so nett. »Sagen Sie mir ihren Namen, heulen Sie nicht so rum, es wird schon alles besser.«
Aber alles mit Wut, nicht freundlich.

Hamide: Zum Glück kam halt unser Onkel, der hat uns abgeholt.

Nermina: Die Fahrt war schrecklich. Weil, die Straßen sind da richtig kaputt. Dann mussten wir aus dem Auto steigen und laufen. Ich hatte an dem Tag Stiefel an mit Absätzen und bin immer hingefallen. Es hat geregnet. Alles war voller Matsch, das war einfach eklig.

Hamide: Wir sind dann zu meiner Tante, da konnten wir erst mal wohnen. Das war nicht so schön, die hatten kaum Platz, es war nur eine Dreizimmerwohnung. Die Zimmer waren ziemlich klein, und sie hatte schon selber Kinder. Man kann da nicht leben. Wir mussten alle erstmal auf dem Boden schlafen, weil es keine Matratzen gab.

Nermina: Wir haben uns dick angezogen, weil es kalt war, und die Fenster waren kaputt, die Türen waren kaputt ...

Hamide: Als mein Opa gehört hat, dass wir abgeschoben worden sind, hat er sich sofort ein Flugticket gekauft und ist hergekommen.

Ramon: Der Besitzer dieses Hauses, in dem wir jetzt wohnen, will das irgendwann verkaufen, und dann wissen wir nicht, wohin wir gehen sollen. Wir sind insgesamt sieben Personen, mit meinem Opa acht, und wenn wir dann nicht wissen, wohin, das ist ein Problem.

Hamide: Albanisch kann ich nicht gut. Zu Hause habe ich nur deutsch geredet, und hier rede ich auch nur deutsch. Ich fühl mich hier wie eine fremde Person. Wenn du durch die Stadt gehst, gucken dich alle nur komisch an.

Ramon: Hier muss man mit einem Akzent reden, also mit einem speziellen albanischen Akzent, und den kann ich nicht so gut. Ich vermisse wirklich alle, die Schule, die Lehrer und Lehrerinnen, auch die ich nicht so mochte. Auch die Leute, die ich gehasst hab, mit denen ich Stress hatte, die vermisse ich jetzt so was von!

Nermina: Wie mein Leben hier weitergeht, weiß ich nicht. Ich sag immer, besser sterben, als hier zu leben. Ich kann hier nicht meinen Wunschberuf erlernen, ich kann hier nicht arbeiten, ich kann nicht zur Schule gehen – was soll ich denn hier machen? Nur zu Hause bleiben? Da werde ich dumm.

Hamide: Das ist nicht mein Land. Manche Deutschen, oder auch die Polizisten, sagen immer: »Euer Land ist Kosovo.« Aber das ist nicht mehr unser Land. Das war vielleicht mal unser Land, aber ist es nicht mehr. Mein Land ist Deutschland.

Familie Mujolli hat in dem Ort Fushë Kosova ein Haus gefunden, das außerhalb einer Siedlung der Ashkali-Minderheit liegt und in dem sie erst mal wohnen konnte. Die jüngste Tochter Celina ist als Frühgeburt zur Welt gekommen und hat ein Herz-Lungen-Problem. Sie muss Medikamente nehmen und regelmäßig ins Krankenhaus. Nachts muss sie mit einem Überwachungsgerät schlafen, das Alarm schlägt, wenn sie aufhört zu atmen. Durch die Abschiebung ist ihre medizinische Versorgung nicht mehr gewährleistet, denn in den Krankenhäusern im Kosovo hängt die Behandlung davon ab, wie viel Geld man hat.

Die Logistik der Abschiebung

Wenn wir als Urlauber einen Flug buchen, würden wir jederzeit unser Geld zurückverlangen und auch erhalten, falls uns der Pilot nicht dahin fliegt, wo wir hinwollen. Abschiebungen sind die einzige »Dienstleistung«, bei der Menschen für eine Reise bezahlen müssen, die sie eigentlich gar nicht antreten möchten, zu der sie sogar mit Gewalt gezwungen werden.

Wenn Migranten illegal einreisen, tun sie das normalerweise mit Hilfe eines Fluchthelfers. In den neunziger Jahren gelang es den westlichen Staaten, diesen Begriff aus der offiziellen Sprache zu verbannen und ihn durch den Begriff des Schleusers oder Schleppers zu ersetzen.[1] Ob Fluchthelfer oder Schleuser – diese Leute nehmen Geld dafür, Menschen die Flucht oder unerlaubte Migration zu ermöglichen, das Ganze ist auch ein Geschäft. Doch für ihre Abschiebung müssen die Betroffenen ebenfalls Geld bezahlen. Mit einem wesentlichen Unterschied: Der Schlepper bringt sie aus einer Notsituation heraus; die Abschiebebeamten bringen sie in eine Notsituation hinein. Und der deutsche Staat verlangt obendrein noch Geld dafür: Gemäß Paragraf 66 Aufenthaltsgesetz hat der von einer Abschiebung Betroffene die dabei entstandenen Kosten zu tragen. Dies gilt selbst dann, wenn die Abschiebung von den Behörden nicht erfolgreich durchgeführt werden konnte.

Von einem vierundzwanzig Jahre alten Mann aus Syrien hat die Ausländerbehörde Wiesbaden genau 5347 Euro und 81 Cent verlangt, die er für seine Abschiebung bezahlen soll. Nachdem er im September 2008 abgeschoben wurde, haben ihn die syrischen Sicherheitskräfte ins Gefängnis gesteckt und gefoltert. Er schaffte es, wieder nach Deutschland zu fliehen. Das Verwaltungsgericht Wiesbaden hat der dortigen Ausländerbehörde im Januar 2011 untersagt, ihn noch einmal abzuschieben. Sie war nämlich drauf und dran. Da er schon mal im Land war, wollten die Mitarbeiter in der

hessischen Landeshauptstadt aber unbedingt noch die Abschiebekosten von ihm eintreiben.[2]

In der Regel fallen für eine Abschiebung aus Deutschland, laut
Auskunft der Zentralen Ausländerbehörde Dortmund, Kosten
von zwei- bis zehntausend Euro an. Manchmal übersteigen sie
zwar kaum die reinen Flugkosten, bestätigt das Regierungspräsidium Karlsruhe, andere Abschiebungen seien hingegen »sehr kos-
tenintensiv« und schlagen mit einem fünfstelligen Betrag zu Bu-
che. Teuer wird es, wenn Kosten für die Beschaffung eines Passes
entstehen oder wenn der Abzuschiebende von einem Arzt oder
Polizeibeamten begleitet wird. Im Jahr 2007 stellte die Hansestadt
Hamburg einem Mann, der nur »unter Beachtung medizinisch erforderlicher Begleitmaßnahmen« abgeschoben werden konnte, dafür 14.367,27 Euro in Rechnung.[3]
Besonders teuer wird es, wenn Abschiebehaft angeordnet wurde.
Die muss nämlich der Abzuschiebende selbst bezahlen! Kaum jemand weiß das in Deutschland, aber so unglaublich es klingt, es ist
wahr. Ein Tag in Abschiebehaft kostet in Berlin 65,26 Euro, in
Bayern 76,81 Euro. Die höchste mir bekannte Summe, die eine
deutsche Behörde von einem Abgeschobenen verlangte, betrug
34.426 Euro. Diesen Betrag forderte die Stadt Mainz von einem
Menschen, der im August 2006 abgeschoben wurde. Mehr als
31.000 Euro entfielen auf die Haftkosten. Direkt einbehalten hat
die Behörde erst einmal 396 Euro, die der Mann in bar besaß.[4]
Das sind stattliche Summen, an die die Entgelte der Schlepper
kaum herankommen dürften. Auch wenn Informationen dazu
weniger transparent sind, gibt es genug Hinweise, was eine Flucht-
hilfe beziehungsweise eine Schleusung von Migranten kostet. Iranische Frauen und Männer, die der politischen Verfolgung entflo-
hen sind, geben an, dass sie meist auf Märkten oder über Bekannte
Experten fanden, welche ihre Flucht organisierten. Ohne sie hätten sie das Land gar nicht verlassen können. Diese Schlepper verlangten zwischen vier- und sechstausend Dollar.[5]
Flüchtlinge aus dem Kosovo geben an, dass sie zweitausend Euro

pro Person an einen Schlepper bezahlen mussten.[6] In der Literatur heißt es, dass Schleusungen aus China am teuersten sind.

Der italienische Journalist Fabrizio Gatti hat anschaulich beschrieben, wie Flüchtlinge aus afrikanischen Ländern auf der Route durch die Wüste von ihren Fluchthelfern bisweilen ausgenommen werden.[7] Dennoch dürfte das »Bild des skrupellosen Menschenhändlers« nicht immer zutreffen, denn Migranten stützen sich bei ihrer Reise nicht allein auf die Hilfe von Schleusern, sondern nutzen häufig auch private Kontakte in das Land, das sie erreichen möchten. Oft kann das für eine Familie aus Afghanistan sogar günstiger sein, als reguläre Flugtickets in einem Reisebüro zu kaufen.[8]

Wer mit Hilfe professioneller Schleuser auf dem See- und Landweg aus Zentral- oder Westafrika nach Deutschland kommen will, muss laut Schätzungen des Bundesamts dafür etwa 9000 Euro bezahlen; soll ein Flugzeug genutzt werden, belaufen sich die Kosten angeblich auf zwischen 15.000 und 20.000 Euro. Darin enthalten sind Tickets, Fahrer, Benzin, Passfälscher und gegebenenfalls Bestechungsgelder für Grenzbeamte. Zum Teil liegen die Schleusungskosten allerdings lediglich im dreistelligen Bereich. Die Überfahrt mit einem Boot von der Westsahara nach Spanien kostet unter Umständen nur 500 Euro.[9] Und als nach der Jasmin-Revolution in Tunesien viele Menschen nach Italien übersetzten, berichtete die *taz* von einem jungen Mann, der in Tunis als Friseur gearbeitet hatte und sein Auto verkaufte, »um die 750 Euro an die Schleuser bezahlen zu können«.[10]

Die offizielle Politik bezeichnet die Schleusung von Migranten pauschal als »Form der organisierten Kriminalität«, weil die Schleuser dabei Geld verdienen, die Migranten sich bei ihnen verschulden und die Schulden nach ihrer Ankunft abarbeiten müssten. Wer jemanden bei der unerlaubten Einreise unterstützt, dem droht das Gesetz in Deutschland mit mehrjährigen Haftstrafen.[11]

Der Staat jedoch verlangt bei einer Abschiebung für eine erzwungene Reise nicht weniger Geld; in der Regel sorgt er ebenfalls dafür, dass die Menschen sich verschulden, und sie müssen diese Schulden abarbeiten, falls es ihnen gelingt, (wieder) nach Deutschland zu kommen. In diesem Sinne sind Abschiebungen behördliche Abzocke. Die strukturellen Ähnlichkeiten mit manchem schlechten Schleuser sind aus Sicht der Betroffenen größer, als uns lieb sein dürfte.

Letztlich sollen die Schulden, die durch die Abschiebekosten entstehen, von einer Wiedereinreise abschrecken. Denn von jemandem, der nach der Abschiebung im Ausland bleibt, kann der deutsche Staat die Kosten nicht eintreiben. Wer aber nach Deutschland zurückkommen will, muss die Schulden bezahlen. Wenn jemand arbeitslos ist, hindert das die Behörden nicht daran, die Begleichung der Abschiebeschulden zu verlangen. Kann das jemand nach seiner Wiederkehr überhaupt nicht bezahlen, setzen die Behörden die Forderung so lange aus, bis die Frau oder der Mann wieder Geld besitzt.

Jemand, dem es gelungen ist, wiederzukommen und Arbeit zu finden, befindet sich in einer ähnlichen Situation wie die Opfer von Menschenhändlern: Er arbeitet, aber der Staat nimmt ihm das Geld weg. Erst nach sechs Jahren ist die Rückforderung verjährt. Allerdings wird dabei nur die Zeit berücksichtigt, in der sich der ehemals Abgeschobene wieder in Deutschland aufhält. Die Ausländerbehörde München ist noch strenger. Sie untersagt einen erneuten Zuzug solange, wie die Abschiebekosten nicht beglichen sind. Nur in Einzelfällen erlaube sie eine Ratenzahlung nach der Einreise in Deutschland. »Hierbei handelt es sich in erster Linie um deutsch verheiratete Ausländer/Innen, bei denen sich der deutsche Ehegatte verpflichtet, in Raten die Abschiebekosten zu bezahlen.«[12]

Im Vorhinein gelingt es selten, das Geld einzutreiben. Bei Asylbewerbern ist meist nichts zu holen. Anders sieht es bei Einwanderern aus, die eine Aufenthaltserlaubnis besaßen, gearbeitet haben und über Wertsachen oder finanzielle Mittel verfügen, die gepfändet werden können. In Rechnung gestellt wird alles: der

Transport zum Flughafen, das Flugticket, die Hafttage, die Personalkosten für den Polizeieinsatz. »Sicherheitsleistung« heißt das im Behördendeutsch.

In Baden-Württemberg holen die Behörden etwa die Hälfte ihrer Ausgaben für Abschiebungen wieder herein. 820 Menschen wurden dort im Jahr 2010 abgeschoben. Die Kosten von anderthalb Millionen Euro streckte das Land erst mal vor. Eingenommen wurden von abgeschobenen Personen im selben Jahr etwa 700.000 Euro, so das Regierungspräsidium in Karlsruhe, das für die Rückforderungen zuständig ist.[13] Nordrhein-Westfalen gab 2010 etwa 3,1 Millionen Euro für Abschiebungen aus, und im Bereich der Flugabschiebekosten – das ist der Löwenanteil – konnte die Bezirksregierung Düsseldorf etwa 829.000 Euro eintreiben.[14]

In Berlin hatten sich 2010 die offenen Abschiebekosten laut Innensenat auf anderthalb Millionen Euro summiert. Anders als in München können Migranten dort ihre Abschiebeschulden nach der Wiedereinreise oft in Raten abstottern. Im Jahr 2010 nahm die Berliner Ausländerbehörde auf diesem Weg etwa 260.000 Euro ein.[15] Der deutsche Staat kassiert von Abgeschobenen also Millionenbeträge. Es gelingt ihm zwar nicht, alle Abschiebekosten auf die Betroffenen abzuwälzen. Die Tatsache, dass seine Abschiebebeamten körperliches und seelisches Leid produzieren, hält die Behörden jedoch nicht davon ab, dafür auch noch Geld zu verlangen.

Abgewickelt wird eine Abschiebung dabei als streng reglementierter bürokratischer Vorgang. Normalerweise wird niemand ohne Vorwarnung von einem Tag auf den anderen aus Deutschland abgeschoben. Wenn ein Einwanderer von der Ausländerbehörde ausgewiesen, seine Aufenthaltserlaubnis oder die Duldung nicht mehr verlängert wird, schickt ihm der Sachbearbeiter einen Brief. Darin wird er aufgefordert, das Bundesgebiet zu verlassen. Vorsorglich droht ihm die Behörde schon mal an, dass er abgeschoben wird, falls er nicht »freiwillig« ausreist.

Lediglich Migranten, die ohne gültige Aufenthaltspapiere aufgegriffen werden, dürfen umgehend inhaftiert und ab- oder zurückgeschoben werden, ohne eine Ausreisefrist zu erhalten. Für Betroffene, die zur Ausreise aufgefordert wurden, beträgt die Frist normalerweise mindestens einen Monat. Die meisten klagen gegen einen solchen Bescheid. Kaum jemand, der bleiben möchte, verlässt Deutschland, ohne vorher noch einmal alles zu versuchen. Wenn auch das letzte Gerichtsverfahren erfolglos verlaufen ist, werden die Menschen, die abgeschoben werden sollen, noch einmal aufgefordert, auszureisen. Manche tauchen dann unter, worauf sie die Ausländerbehörde wegen »illegalen Aufenthaltes« zur Festnahme ausschreibt. Nur wenn jemand zum Beispiel als Gefahr für die öffentliche Sicherheit angesehen wird, können ihn die Behörden abschieben ohne eine Frist zu setzen.

Bei den Menschen, die nach der Ausreisefrist immer noch in Deutschland sind, bereitet die Ausländerbehörde die Abschiebung vor. Die Mitarbeiter erledigen dabei zuerst den Papierkram. Sie prüfen, ob die notwendigen Reisedokumente – also ein Pass oder ein Passersatz – vorliegen und ob das Herkunftsland bereit ist, die konkrete Person aufzunehmen. Ist das nicht der Fall, wird die Abschiebung vorläufig ausgesetzt und der Aufenthalt geduldet. Die Ausländerbehörde muss vorher auch abklären, ob die Menschen, die abgeschoben werden sollen, zu Hause sein werden und ob jemand so krank ist, dass er gar nicht fliegen kann. Manchen wird ein Abschiebetermin genannt, und die Betroffenen lassen sich abholen und zum Flughafen bringen. Manchmal werden sie aber auch überrumpelt und festgenommen, wenn sie zur Ausländerbehörde kommen, etwa um ihre Duldung zu verlängern. In anderen Fällen klopft die Polizei unangekündigt an die Wohnungstür, um die Menschen zum Flughafen zu bringen. Die Ausländerbehörden sagen, dass sie ihre Mitarbeiter in Seminaren auf die »psychischen Belastungen« bei Abschiebemaßnahmen vorbereiten.

Nicht jeder dort tut seinen Job gern. Es gibt Beamte, die von den betroffenen Migranten als feindselig erlebt werden. Es gibt aber auch Mitarbeiter, die einen Fall bewusst liegen lassen, wenn neue

Gesichtspunkte absehbar sind, die gegen eine Abschiebung sprechen. Andere wiederum wollen einfach nur »ihren« Fall zu Ende bringen, weil sie ja »so lange daran gearbeitet« haben. Und wieder andere versuchen, Kritiker mundtot zu machen. Ein Landrat etwa zeigte eine 71-jährige Rentnerin wegen »Beleidigung und Beihilfe zum Verstoß gegen das Ausländerrecht« an, weil sie ihm »Unmenschlichkeit« und »Rechtsfehler« vorgeworfen hatte.[16]

Oft werden Migranten vor der Abschiebung in ein Abschiebegefängnis gebracht. Die meisten sitzen dort, weil die Behörden der Auffassung sind, dass sie sonst untertauchen und sich ihrer Abschiebung entziehen würden. Das betrifft sowohl Menschen, die ohne legale Papiere von der Polizei aufgegriffen werden, als auch solche, die nach einem legalen Aufenthalt abgeschoben werden sollen. Dabei gibt es regionale Unterschiede. In Berlin zum Beispiel blieb zwischen 2005 und 2007 den wenigsten Betroffenen (444 Fälle) eine Abschiebehaft erspart. Die meisten (2555 Fälle) wurden aus der Abschiebehaft heraus abgeschoben. In Thüringen, Sachsen und Sachsen-Anhalt hingegen wurde in den meisten Fällen ohne vorherige Haft abgeschoben.[17] Durchgeführt wird die Abschiebung von Beamten der Landespolizei. Sie erhalten die nötigen Unterlagen und den Vollstreckungsauftrag. Auch den Pass. Das soll verhindern, dass die Betroffenen ihn auf dem Weg wegschmeißen oder vernichten. Dann wäre die Abschiebung nämlich nicht mehr möglich. Die Polizei bringt die Leute an die Grenze oder zum Flughafen. Dort übernimmt sie dann die Bundespolizei.

Die Menschen, die abgeschoben werden sollen, kommen zwei Stunden vor Abflug an. Sie müssen ihre Personalien angeben und bestätigen, dass sie gesund sind. Sie werden gefragt, ob sie Geld und ein Mobiltelefon dabeihaben. Anders als die Ausländerbehörde nimmt ihnen die Bundespolizei kein Geld ab. Wenn jemand aus dem Gefängnis kommt, wird er persönlich durchsucht. Der Polizeibus bringt die Betroffenen dann zum Flugzeug, bevor die anderen Passagiere einsteigen. Die Besatzung weiß vorher Bescheid, dass jemand abgeschoben wird. Wenn die Abschiebung vollzogen ist, wird das von der Grenzbehörde mit einem Stempel im Pass vermerkt: »Abgeschoben«.[18]

Abschiebungen laufen hinter verschlossenen Türen ab. Die Einzigen, die dort neben Polizisten und Mitarbeitern beteiligter Behörden mittlerweile Einblick haben, sind die Männer und Frauen, die als Abschiebebeobachter arbeiten. Diese Stellen wurden eingeführt, nachdem der Sudanese Aamir Ageeb während seiner Abschiebung im Flugzeug erstickte. Mittlerweile gibt es zwei von ihnen am Frankfurter Flughafen und jeweils eine in Hamburg und in Düsseldorf. »Wir sind dazu da, um zu beobachten, ob der Vollzug verhältnismäßig ist und ob das Menschlichkeitsgebot eingehalten wird«, erklärt Sabine Mock, Abschiebebeobachterin am Flughafen in Frankfurt, wo in Deutschland die meisten Abschiebungen vollzogen werden. Bezahlt wird ihre Arbeit vom Diakonischen Werk des Evangelischen Landesverbandes und vom Bistum Limburg. Dass die Kirchen die Träger sind, sei »deswegen wichtig, weil die Kirchen von den staatlichen Stellen, inklusive der Bundespolizei, ernster genommen werden als Flüchtlingsorganisationen«.

Die Abschiebebeobachterinnen sind bei jeder zehnten Abschiebung dabei, ohne vorher anzumelden, welchen Fall sie beobachten möchten. Ihr Interesse gilt vor allem Familien, erklärt Diana Nuñez. »Wir haben im Zuge unserer Arbeit aber festgestellt, dass die Bundespolizei verhältnismäßig handelt«, so die Juristin, »es gab selten Fälle, bei denen wir gesagt haben, das hätte nicht sein dürfen, und das besprechen wir dann auch.« Intervenieren dürfen sie nicht, erklärt ihre Kollegin Sabine Mock. »Wir dürfen immerhin mit dem Gruppenleiter sprechen und ihn auf Probleme hinweisen. In der Regel werden unsere Anregungen aufgenommen. Kürzlich waren zum Beispiel drei Leute angekündigt, und es kam nur der Vater mit dem Kind. Daraufhin wurde die Ausländerbehörde angerufen, um zu fragen, wo die Mutter ist. Das sind unsere Kompetenzen.«

Das Dilemma, in dem sie sich befinden, ist ihnen durchaus bewusst. Sie sollen Transparenz schaffen, deeskalierend wirken und verhindern, dass es wie im Falle Ageebs zu Opfern von Polizeigewalt kommt. Gleichzeitig verschaffen sie den Abschiebungen Legitimität, indem sie dafür sorgen, dass sie »ruhiger« ablaufen. »Wir sind zumindest Zeugen«, sagt Diana Nuñez. »Es ist besser, dort zu sein, um die Menschen begleiten zu können, für die es sehr demütigend ist, sich in dieser Situation zu befinden«, fügt Sabine Mock hinzu. In ihren Jahresberichten bringen sie außerdem immer wieder »menschliche Härten« an die Öffentlichkeit, die bei Abschiebungen vorkommen. Etwa wenn Minderjährige abgeschoben, Familien getrennt und Betroffene manchmal ohne Bargeld in ein anderes Land geschickt werden.

Begleitet und gefesselt

Wenn der Moment der Abreise gekommen ist, betreten die meisten Abzuschiebenden das Flugzeug ohne Polizeibegleitung. Die Bundespolizei entscheidet nach eigener Aussage aufgrund einer »individuellen Gefahrenprognose« darüber, ob Polizisten mit einsteigen. Das ist bei Straftätern der Fall, die wegen Gewaltdelikten verurteilt wurden, nicht aber, wenn es sich um Straftaten handelt, bei denen keine Aggressivität im Spiel war wie bei einfachem Diebstahl. Andererseits werden oft auch Personen, die gar keine Straftaten begangen haben, während des Flugs von Bundespolizisten begleitet. Wenn jemand sich schon einmal gegen seine Abschiebung gewehrt hat und die Beamten erwarten, dass er es wieder tun wird, fliegen sie mit.

Normalerweise ist alles darauf ausgelegt, dass Abschiebungen von den übrigen Passagieren nicht bemerkt werden. Selbst wenn Polizisten mitfliegen, tun sie das in Zivil. Vor allem will die Bundespolizei Probleme vermeiden, die zum Abbruch der Abschiebung führen könnten. Man hat deshalb ein Interesse daran, dass die Betroffenen unbegleitet und ohne Fesseln abgeschoben werden. Auf diese Weise laufen die meisten Abschiebungen ab, sagen die Beobachterinnen. Selbst wenn die Menschen in Handschellen angeliefert werden, nimmt man ihnen diese meistens im Warteraum ab, um zu vermeiden, dass sie wütend werden und sich wehren.

Wer sich dennoch mehrfach widersetzt, bei dem wenden die Bundespolizisten Gewalt an. Fesseln an Händen und Füßen sind üblich. 2001 hat Bundesinnenminister Otto Schily wieder einen veränderten Helm zugelassen, der »auch in Stresssituationen ein freies Atmen garantieren« soll.[19] Darüber hinaus setzen die Bundespolizisten einen »Bodycuff« ein, einen Gürtel, der über einen Zug mit Handschellen verbunden ist. Damit können die Arme so am Körper fixiert werden, dass sie sich nicht mehr bewegen lassen. Auch der »Bodycuff« kann unauffällig getragen werden, zum Beispiel unter der Jacke, damit ihn die anderen Passagiere nicht direkt sehen.

Immer häufiger finden Abschiebungen außerdem in eigens dafür gemieteten Charterflugzeugen statt. Damit soll die Abschiebung von Menschen vereinfacht werden, die zuvor ihren Transport mit einem Linienflug vereitelt haben.[20] Laut Bundesamt für Migration und Flüchtlinge kostet ein Kleincharter, mit dem zwei Abzuschiebende samt Begleitpersonal nach Westafrika geflogen werden, zwischen 40.000 und 60.000 Euro. Eine Sammelabschiebung mit einem gecharterten Airbus, bei der dreißig bis vierzig Menschen abgeschoben werden und etwa hundert Begleitpersonen – Polizisten, Dolmetscher, Sanitäter – mitreisen, bis zu 160.000 Euro.

Wenn eine Abschiebung begleitet stattfindet, kann das auch daran liegen, dass ein Selbstmord des Abzuschiebenden verhindert werden soll. Ein ärztlicher Gutachter aus Baden-Württemberg empfahl zum Beispiel eine begleitete Abschiebung, nachdem eine abgelehnte Asylbewerberin angekündigt hatte, im Falle einer Abschiebung sich und ihre Familie mit Benzin zu übergießen und anzuzünden.[21]

Bei der Einbindung in die Abschiebepolitik stehen Ärzte oft vor der Schwierigkeit, den Behörden genehme Gutachten liefern zu müssen, statt dem Wohl des Patienten Priorität einzuräumen. In Einzelfällen werden auch Menschen abgeschoben, bei denen eine psychische Krankheit oder Suizidgefahr diagnostiziert wurde.[22] Wie der Hamburger Senat erläutert, bestehe die »staatliche Schutzpflicht« in so einem Fall darin, dass »die Abschiebung unter Beachtung medizinisch erforderlicher Begleitmaßnahmen erfolgt und eine medizinische Betreuung im Zielstaat sichergestellt wird«.[23]

»Wie krank muss ein Flüchtling sein, um von der Abschiebung ausgenommen zu werden?«, fragte Angelika Birck vom Behandlungszentrum für Folteropfer Berlin. Sie hat Atteste und Stellungnahmen von Polizeiärzten und niedergelassenen Medizinern verglichen.[24] Ihr Ergebnis: Die Polizeiärzte bemühten sich nicht um Dolmetscher, stellten seltener Beschwerden und Behandlungsbedarf sowie häufiger Reisefähigkeit fest. »Die Beurteilung des Gesundheitszustandes wird isoliert auf die Fragestellung der Flug- und Reisefähigkeit. Sie scheint dann gegeben, wenn die Person lebendig im Zielland ankommt.«

»Es gibt oft Abschiebungen kranker Menschen«, bestätigt Abschiebebeobachterin Diana Nuñez, die in solchen Fällen einschreitet. »Einmal kam ein Mann, der mit seinen Kindern nach Moskau abgeschoben werden sollte. Während der Fahrt hat er den Polizisten gesagt, dass er große Schmerzen im Rücken hat. Das wurde nicht zur Kenntnis genommen. Ich bin dann auf ihn zugegangen. Als er seinen Pullover hochkrempelte, sah man eine richtig große Operationsnarbe, die noch sehr frisch war. Die Abschiebung ist von der Bundespolizei dann abgebrochen worden.«

Um Abschiebungen zu ermöglichen, setzen die Behörden mittlerweile immer mehr Technologien zur Erfassung von Körpermerkmalen ein. In Hamburger Krankenhäusern werden zum Beispiel Flüchtlinge, die angeben, unter achtzehn Jahre alt zu sein, geröntgt. Anhand der Bilder von Weisheitszähnen, des Schlüsselbeins und der linken Hand versucht die Ausländerbehörde das »wahre« Alter herauszufinden. Obwohl diese Methode wissenschaftlich umstritten ist, werden auf diese Weise mehr als die Hälfte der so untersuchten Flüchtlinge für volljährig erklärt, damit sie leichter abgeschoben werden können.[25]

Ähnlich einzuschätzen sind Sammelanhörungen in Botschaften vor allem afrikanischer Länder, mit denen die deutschen Behörden versuchen, eine amtliche Bestätigung dafür zu erhalten, dass ein abgelehnter Asylbewerber aus einem bestimmten Land stammt, um ihn dorthin abschieben zu können. Im Jahr 2008 organisierten die Behörden in diversen deutschen Städten neun Anhörungen vor nigerianischen Botschaftsangehörigen, bei denen jeweils zwischen 66 und 127 Menschen zur Feststellung ihrer Staatsangehörigkeit vorsprechen mussten. Sie wurde in etwa fünfzig Prozent der Fälle von den Botschaftsangehörigen bescheinigt.[26]

Dabei scheuen die Ausländerbehörden weder davor zurück, mit Diktaturen zusammenzuarbeiten, noch davor, dubiose Praktiken anzuwenden.[27] Das Verwaltungsgericht Magdeburg beschloss im November 2010, dass ein mutmaßlich aus Sierra Leone stammender Asylbewerber der Vorladung zu einer solchen Anhörung nicht nachkommen müsse. Zum einen sei völlig unklar, wer die Vertreter des »Sierra Leone Immigration Office« sind, die über seinen Fall entscheiden sollten. Außerdem sei es bedenklich, dass die Anhörung nicht in der Botschaft in Berlin, sondern in München anberaumt wurde. Das Gericht wies darauf hin, dass schon die Praktiken der Ausländerbehörde in Dortmund für einen Skandal gesorgt hatten, als dort Asylbewerber zur Identitätsfeststellung vor einer »Delegation« aus dem diktatorisch regierten Guinea erscheinen sollten. Damals bestand der Verdacht, dass Bestechungsgelder geflossen waren, mit denen deutsche Beamte sicherstellen wollten, dass den Flüchtlingen die Passpapiere nach den Wünschen der deutschen Behörden ausgestellt werden. Die »Delegation« aus Guinea verlangte 2000 Euro »Gebühren« pro Ersatz-Pass.[28]

Von zunehmender Bedeutung ist darüber hinaus der Einsatz biometrischer Technologien. Im Januar 2003 nahmen die Staaten der europäischen Union das EURODAC-System in Betrieb, eine Datenbank, in der die Fingerabdrücke aller in den einzelnen Mitgliedsländern registrierter Asylbewerber gespeichert werden, die älter als vierzehn Jahre sind. Die Staaten wollen damit schneller herausfinden, ob ein Asylbewerber oder ein »Illegaler« bereits in einem anderen Mitgliedstaat einen Asylantrag gestellt hat, um ihn dorthin zurückzuschieben zu können. 2009 waren in dem System mehr als 236.000 Asylanträge erfasst, und in Deutschland wurden laut Bundesamt 5650 Asylbewerber ermittelt, die schon in einem anderen EU-Land waren. EU-weit konnten etwa 20.000 Anträge dieser Art zugeordnet werden. Das waren zwar doppelt so viele wie im Jahr zuvor, insgesamt handelt es sich aber lediglich um jeden zehnten registrierten Asylantrag. Jeder dritte Antragsteller war über Griechenland oder Italien eingereist und wollte nach Norwegen, Großbritannien, Deutschland, in die Schweiz, die Niederlande oder nach Schweden.[29] Migranten, denen es gelingt, nicht registriert zu werden, tauchen in der Datenbank jedoch nicht auf.

Bei Nicht-EU-Bürgern wird derzeit ein Aufwand an biometrischer Erfassung betrieben, der sich durch zwei Merkmale auszeichnet. Erstens wären diese Maßnahmen gegenüber den eigenen Bürgern noch kaum durchzusetzen. Zweitens sind die Kosten immens, die angestrebte Effektivität aber höchst fragwürdig. Die ausufernde Überwachungspolitik steht in Konflikt mit dem Recht auf informationelle Selbstbestimmung und sie behindert die Reisen von Menschen, die flüchten müssen. Sie macht es zum Beispiel unmöglich, dass Flüchtlinge in einen Schengen-Staat, in dem Verwandte von ihnen leben oder dessen Landessprache sie sprechen, weiterreisen können. Zudem bereitet sie den Boden für die Einführung von Überwachungstechniken im Reiseverkehr, die perspektivisch die gesamte Bevölkerung betreffen könnten. Darüber hinaus spricht die Tatsache, dass neunzig Prozent der Asylbewerber in der EURODAC-Datei eben nicht dadurch aufgefallen sind, dass sie im »falschen« Land (nämlich nicht in dem Land, in das sie zunächst eingereist sind) einen Asylantrag gestellt haben, keineswegs für den Abschreckungseffekt von EU-RODAC.

Die geringe Trefferquote bedeutet auch: Selbst diesem System gelingt es nicht, alle Menschen zu erfassen, die legal oder illegal in einen Schengen-Staat einreisen, um in einem anderen Staat einen Asylantrag zu stellen. Entweder ist der Generalverdacht gegenüber Migranten und Flüchtlingen, der diesen Maßnahmen zugrunde liegt, einfach falsch. Oder die meisten organisieren Einreise und Asylantragsstellung so, dass es nicht auffällt, wenn sie über einen anderen EU-Staat eingereist sind. Das aber heißt: Selbst eine so weitreichende biometrische Erfassung (die an sich schon kritikwürdig ist, weil sie Migranten und Flüchtlinge wie Verbrecher behandelt) erzielt nicht die erhofften Ergebnisse. Beides spricht gegen die ausufernde Überwachung.

Der Generalverdacht, der dem Aufbau dieser Kontrollsysteme vorangeht, ist insbesondere beim sogenannten elektronischen Aufenthaltstitel, der zum 1. September 2011 in Deutschland eingeführt wurde, unbegründet. Wenn Nicht-EU-Bürger eine Aufenthaltserlaubnis beantragen, müssen sie zwei Fingerabdrücke und ein biometrisches Passfoto abgeben, die in einem Chip auf der Aufenthaltskarte gespeichert werden. Damit werden im Zuge der »EU-Harmonisierung« erstmals Millionen von Menschen verpflichtend biometrisch erfasst. Mit der Einführung des »eAufenthaltstitels« will das Bundesinnenministerium die »illegale Einreise« und die »nicht fristgerechte Ausreise« bekämpfen. Es soll schwieriger werden, Aufenthaltspapiere zu fälschen. Allerdings stellten die deutschen Behörden im Jahr 2009 gerade mal 341 gefälschte Aufenthaltspapiere sicher,[30] das entspricht 0,008 Prozent aller Nicht-EU-Ausländer, die in Deutschland leben. Selbst wenn man die Kinder herausrechnen würde und von einer Dunkelziffer ausgeht, weil die bisherigen Aufenthaltstitel leichter gefälscht werden konnten, erscheint – rein quantitativ gesehen – die Annahme, man könnte »illegalen Aufenthalt« durch elektronische Aufenthaltskarten vermindern, absurd.

Die Politik versucht dennoch immer konsequenter, die Bewegungen von Migranten elektronisch zu erfassen. Im Juli 2011 hat die Bundesregierung einen Gesetzentwurf vorgelegt, mit dem die

Einrichtung einer Visa-Warndatei ermöglicht werden soll. Die Einreise mit »erschlichenen Schengen-Visa« soll dadurch erschwert werden, dass deutsche Konsulate und Botschaften untereinander sowie mit dem Bundesverwaltungsamt, der Polizei und dem Nachrichtendienst Daten über sogenannte Missbrauchsfälle austauschen können. Bisher konnte jede Auslandsvertretung nur in ihren eigenen Daten-Beständen nachschauen, ob jemand, der ein Visum für Deutschland beantragt hat, schon einmal aufgefallen ist, weil er länger als erlaubt im Land geblieben ist oder schwarz gearbeitet hat. Um Informationen von anderen deutschen Konsulaten oder der Polizei zu erhalten, musste dort angerufen werden. Das soll sich mit dem Einsatz eines elektronischen Datennetzes ändern, so die Bundesregierung, die sich die Einrichtung dieser Datei 6,9 Millionen Euro und den Betrieb jährlich eine Million kosten lassen will.[31]

Der Staat beteuert, dass er der »freiwilligen Rückkehr« grundsätzlich den Vorzug vor einer regulären Abschiebung geben möchte. Die Behördenmitarbeiter weisen die Betroffenen gegebenenfalls darauf hin, dass sie »zur Vermeidung der Abschiebung« finanzielle Unterstützung für ihre »freiwillige Ausreise« erhalten können. Wenn sie sich schriftlich dazu bereiterklären, bekommen sie Flugticket, Busticket, eine Reisebeihilfe und eine Starthilfe. Im Jahr 2003 gab die öffentliche Hand dafür im Durchschnitt 686 Euro pro Person aus – für 11.835 Menschen. Im Jahr 2008 beliefen sich die Ausgaben pro Person auf 1288 Euro – für insgesamt 2799 Menschen. Jeder Zweite von ihnen war unter dreißig Jahre alt.[32] Zur Kontrolle lässt sich die Ausländerbehörde bei solch einer Ausreise die »Grenzübertrittsbescheinigung« zuschicken. Neben der finanziellen Unterstützung hat die »freiwillige Ausreise« einen weiteren Vorteil – anders als bei der Abschiebung gibt es keine Einreisesperre. In der Praxis ist es für die Betroffenen aber nicht einfach, ein entsprechendes Visum zu erhalten.

Wer hingegen formell abgeschoben wird, darf das Gebiet der Bundesrepublik und des gesamten Schengen-Raums bis auf Weiteres nicht betreten. Die Wiedereinreisesperre gilt zunächst unbefristet. Die Abgeschobenen können aber eine Befristung beantragen, und das tun sie normalerweise auch. »Im Regelfall wird ein abgeschobener Ausländer mit einer Einreisesperre von zwei Jahren belegt«, teilt der Berliner Innensenat mit.[33] Bei Straftätern, die nicht nur wegen einer abgelaufenen Aufenthaltserlaubnis abgeschoben werden, sondern weil ein Gericht sie »rechtskräftig ausgewiesen« hat, kann die Sperrfrist bis zu zehn Jahre betragen. Wer vor Ablauf der Sperrfrist wiederkommt, kann laut Gesetz mit einer Geldstrafe oder mit bis zu drei Jahren Haft bestraft werden. 2003 wurden noch mehr als 2000 Menschen deshalb festgenommen, 2006 fielen den Behörden etwa 500 Menschen auf, die nach ihrer Abschiebung unerlaubt wiedergekommen waren.[34]

Jewgenij Stelmach

Ein Kiosk in Koblenz

Jewgenij Stelmach war einundzwanzig, als er nach Deutschland reiste und nach kurzer Zeit wieder abgeschoben wurde. In Russland hatte er eine harte Kindheit. In Deutschland wurde ihm die Sucht zum Verhängnis.

Ich wurde am 22. September 1988 in der Stadt Samara, dem ehemaligen Kujbyshew, geboren. Meine Mutter ist Moskauerin. Sie hat mich gleich nach der Geburt nach Moskau mitgenommen. Später sind wir ins Umland nach Orecho-Sujewo umgezogen. Mein ganzes Leben hab ich in Moskau und Umgebung verbracht. Ich hab meine Heimat verlassen, weil sich dort einfach nichts weiterentwickelt hat von dem, was ich mir wünschte. Deswegen bin ich nach Europa gekommen, wegen des guten Lebens, könnte man sagen.
Seit meiner frühesten Kindheit hat nichts funktioniert. Als ich fünf Jahre alt war, steckte man meine Mutter ins Gefängnis. Mich steckten sie ins Kinderheim. Nach fünf Jahren wurde meine Mutter freigelassen, und sie hat mich zu sich geholt. Wir lebten normal, bis ich fünfzehn war und mit Drogen angefangen habe. Mit meinen Freunden hab ich später Heroin genommen. Eines schönen Tages kam ich nach Hause, und meine Mutter hat mich einfach rausgeworfen. Sie sagte: »Ich kann keinen drogensüchtigen Sohn gebrauchen. Verschwinde!« Ich hab meine Sachen gepackt und bin gegangen. Zuerst hab ich bei Freunden gewohnt, dann hab ich mir eine eigene Wohnung genommen. Ich spürte, das war's jetzt, finito. Entweder werd ich endgültig abhängig, oder ich höre auf. Also fuhr ich nach Weißrussland zu Freunden und hab mich zwei Monate lang gequält. Dann bin ich nach Russland zurück und hab mir Arbeit gesucht. Auf dem Bau. Alles schien normal, aber die Firma machte Pleite, der Geschäftsführer

verschwand, und ich stand alleine da. Ich hatte noch mal Glück, fand wieder was. Wir waren eine Brigade von russischen Leuten, wir sammelten Metallschrott aus einer Fabrik. Ich hab keine Drogen mehr genommen und dann ein Mädchen kennengelernt. Alles normal, alles im grünen Bereich. Ich hatte Rücklagen. Am Wochenende ging ich in einen Club. Aber der Mensch, für den ich gearbeitet habe, hat mich hängenlassen. Ich arbeitete für einen unmöglichen Typen, einen Armenier, der zahlte keinen Lohn. Ich musste stehlen und kam ins Gefängnis. Wegen Diebstahl. Ich war in ein Haus eingebrochen, eine Villa. Es gab da etwas zu essen, aber nichts zu rauchen, was mich interessiert hat. Ich hab aber nichts weiter mitgehen lassen. Am nächsten Morgen kam die Polizei zu mir nach Hause, um mich auszufragen. Ich hab gar nicht erst versucht, es zu leugnen. Ich hab gestanden, und ab ins Gefängnis.

In Russland hatte ich meinen Vater und meinen Bruder, der bei der Polizei arbeitete. Die hab ich um Hilfe gebeten, aber alle haben mich im Stich gelassen. Nachdem ich dann meine Zeit abgesessen hatte, begriff ich, dass du in Russland, wenn du kein Geld hast, ein Niemand bist. Und deswegen bin ich dann nach Europa gekommen. Ich hab von einem Bekannten im Gefängnis gehört, dass er in Europa gewesen ist und dass man hier ein normales Leben führen kann. Er hat mir erklärt, wie man über die Grenze kommt über Weißrussland, Polen und Deutschland. Polen gehört ja jetzt zur Europäischen Union. Denn wenn du in Russland achtzehn Jahre alt wirst und selbstständig leben willst, dann wirst du von niemandem gebraucht. Wenn du dann auch noch aus dem Heim oder aus dem Gefängnis kommst, nimmt dich erst recht keiner mehr. Du hast kein Anfangskapital, von dem du leben könntest. In Europa kann man überleben, man kann »auf Asyl« leben. Und Europa ist nicht Amerika – man braucht nicht durch den Ozean zu schwimmen. Ein Zug, noch ein Zug, dann bist du da. In Europa ist das Leben gesichert.

Selbst wenn du »auf Asyl« lebst, kannst du Geld verdienen, damit du wenigstens ein bisschen nach Russland schicken und dir ein Kapital bilden kannst, um dann nach Russland zu fahren und deinen Geschäften nachzugehen.

Anfangs wollte ich gar nicht nach Deutschland. Ich war anderthalb Monate hier und bin dann nach Frankreich. Da wollte ich »auf Asyl« leben, bis ich Papiere erhalten würde, um zu arbeiten, dann eine Familie gründen, Kinder bekommen, nichts Ungewöhnliches eben. Das hat aber nicht geklappt. Tja, und dann hab ich mich entschieden, nach Russland zurückzukehren. Ich war also auf dem Weg zurück nach Russland und wurde dann von der Polizei in Koblenz geschnappt. Das war am 2. Januar, glaub ich. Deshalb sitze ich jetzt hier im Abschiebegefängnis.

In Koblenz ist mir das Geld ausgegangen, das ich noch aus Russland dabei hatte. Ich war abgebrannt. Jemandem, der nicht weiß, wie das ist, kann man es nicht erklären. Sie hätten mich nicht geschnappt, wenn ich nicht diesen Fehler gemacht hätte. Ich wollte etwas zu trinken haben und bin in dieses Haus eingestiegen. Das war einfach eine ausweglose Situation. Ich musste wirklich dringend etwas trinken. Als ich da eingebrochen bin, hab ich nichts mitgehen lassen, obwohl es eine Menge gegeben hätte. Ich bin auch gar nicht weggelaufen, als die Polizei kam.*

Naja, das war auch kein Abenteuer – das ist das Leben, wie es eben ist.

Ich denke eigentlich nur Gutes über Europa, obwohl ich jetzt hier im Gefängnis sitze. Das hier ein Gefängnis zu nennen, ist ein Witz im Vergleich zu den russischen Gefängnissen. Dort gibt es überhaupt keine Unterstützung. Wenn du Eltern hast, die dir von draußen etwas schicken, dann geht's. Wenn du alleine bist, ist es schwer, dabei noch Mensch zu bleiben. Kein Gefängnis gefällt mir, der Mensch soll frei sein, aber was die Bedingungen betrifft, ist es in jeder Hinsicht besser als ein russisches. Aber kein Gefängnis führt zum Guten, der Mensch wird zum Tier. Wenn ich nicht im Gefängnis sitzen würde, ich würde wahrscheinlich nach Russland zurückkehren. Ich würde

* Ein anderer Abschiebehäftling erzählte später, dass Jewgenij in einen Kiosk in Koblenz eingebrochen sei. Dort habe er sich komplett betrunken und sei dann eingeschlafen. Die Polizisten hätten ihn schnarchend im Kiosk gefunden.

mich selbstständig machen, mit einem Kredit ein Stück Land kaufen und es bewirtschaften.

Meine Freunde in Russland werden mir wohl kaum glauben, dass ich in Deutschland gewesen bin und dort gesessen habe. Sie werden neidisch sein. Aber nachdem ich hier in Deutschland war, kann ich nichts finden, was sich besonders von Russland abheben würde. Das Leben hier ist ein bisschen langweilig. Alles Grau in Grau. Es müsste alles ein bisschen fröhlicher sein. Vielleicht weil ich die Sprache nicht kann. Aber so im Prinzip hat mir Deutschland als Land gefallen. Wenn es die Möglichkeit gäbe, hierzubleiben, würde ich hier leben. Ich würde mir eine Arbeit suchen, dann ein Auto kaufen, eine Familie und Kinder haben, eben wie bei normalen Leuten.

Was mir in Deutschland nicht gefallen hat, sind diese Gesetze. Wenn ich zum Beispiel ein Dieb bin, dann muss ich im Gefängnis sitzen, recht so. Aber wenn man es so nimmt, also: Ein Mensch geht einfach die Straße entlang, hat nichts gestohlen, hat gearbeitet, warum soll er einsitzen? Geratet bloß nicht hierhin. Ein Mensch, der im Gefängnis sitzt, ohne Freiheit, ohne Freunde, ohne Verwandte, ein solcher Mensch wird zum Tier.

Ich bin jetzt schon mehr als sechs Wochen hier. Ich habe heute erfahren, dass ich noch drei Monate absitzen werde. Das ist sehr lange. Als ich nach Deutschland gekommen bin, hatte ich nur die Entlassungspapiere aus Russland dabei. Ich hatte keine Zeit, mir einen Pass ausstellen zu lassen. Ich hatte mich entschieden, dass ich nach Europa fahre. Hinter der deutsch-polnischen Grenze hab ich diese Papiere gleich zerrissen, sie haben hier ja überhaupt keinen Wert. Ich wusste ja nicht, dass ich hier landen würde. Jetzt fragt man mich: »Hast du jemanden in Russland, der dir deinen Pass schicken kann?« Ich sage Ihnen: »Was für ein Pass? Ich hatte doch nur die Entlassungspapiere.« Solange warte ich, dass mir unsere heldenmütige russische Botschaft eine Bestätigung ausstellt, dass ich russischer Staatsbürger bin. Dann werde ich sofort abgeschoben.

Wenn ich nach Russland zurückkehre, werde ich erst alle meine Freunde besuchen. Aber wahrscheinlich werde ich wieder nach

Deutschland zurückkehren. Eine Chance hat jeder. Wenn sie mir in Deutschland kein Asyl geben – Europa ist groß.

In Russland gehört in ökonomischer Hinsicht alles denen, die Schlips und Kragen tragen. Aber für das einfache Volk wird es immer Probleme geben. Das, was im Fernsehen gesagt wird, stimmt nur zu zwanzig, dreißig Prozent. Tja, arbeiten kann man da, aber es ist wieder dasselbe. Es gibt viele Drogenabhängige. Meine Freunde sind praktisch alle drogenabhängig. Alles Lebendige ist zur Hälfte schon gestorben, und die andere Hälfte hält sich noch. Den Umgang kann man irgendwie wechseln, aber worüber soll ich zum Beispiel mit einem Mädchen sprechen, worüber denn?

Mein Traum ist wahrscheinlich einer, wie ihn viele haben. Familie und Kinder und ein eigenes Haus, das wär's! Das ist möglich! Ich bin noch jung. Aber wohl eher in Russland. Denn wie man es auch dreht und wendet, wie schön es auch in Europa ist, früher oder später möchte man wieder nach Russland. Hier kann man fünf oder zehn Jahre leben, aber früher oder später würde ich nach Russland zurückgehen. Ich hab Heimweh. Nicht nach Moskau. Nach Russland allgemein. Wenn ich zurückkehre, bleibe ich nicht in Moskau. Ich fahre in den Landkreis Krasnodar, nach Sotschi am Schwarzen Meer.

Abschiebung und Haft

Ein Gefängnis ist ein Gefängnis. Ein Ort, sollte man meinen, in dem Verbrecher einsitzen. Ein Abschiebegefängnis ist demnach eigentlich kein Gefängnis.[1] Denn in Abschiebehaft werden Menschen nicht gefangen gehalten, weil sie ein Verbrechen begangen haben – das haben die wenigsten –, sondern weil sie sich aufhalten. In Deutschland. Ohne Erlaubnis. Das ist ihr Vergehen, ihre Straftat: Sie sitzen auf einer Parkbank oder vor dem Fernseher in ihrer Wohnung oder machen auf der Arbeit gerade Pause. Aber die Ausländerbehörde hat ihnen keinen Zettel ausgehändigt, der es ihnen erlaubt, in Deutschland auf einer Parkbank zu sitzen oder auf dem Sofa oder in der Kantine. Dass allein der Aufenthalt in einem Land, das schlichte Da-Sein, am Anfang des 21. Jahrhunderts dazu führen kann, ins Gefängnis gesteckt und über Monate hinweg eingesperrt zu werden, erscheint unbegreiflich.

Ich fahre zu so einem Gefängnis, das kein echtes Gefängnis sein will, an einem Freitagmorgen im April.[2] Auf der Landstraße ziehen kleine Gehöfte und grüne Äcker an mir vorbei. Dann folgen Nadelbäume, dicht an dicht. Ich biege von der Landstraße in einen Seitenweg ein, und nach zwei Kilometern bin ich da. Obwohl die Abschiebehaft nach offizieller Lesart lediglich als »Gewahrsam« gilt, sind die Anstalten in Deutschland wie Hochsicherheitsgefängnisse ausgelegt – mit meterhohen Betonmauern und Stacheldraht auf den Zäunen, die die Zellentrakte umgeben. Damit werden unerlaubte Migranten nicht nur als Bedrohung inszeniert; die Bauweise spricht schon in architektonischer Hinsicht der offiziellen Behauptung Hohn, Abschiebehaft sei etwas anderes als Strafhaft.

Das größte Abschiebegefängnis im Land liegt nahe der westfälischen Kleinstadt Büren im Wald. Ich steige aus. Es stinkt nach Gülle von den nahe gelegenen Äckern. Eine Betonmauer, fünfeinhalb Meter hoch, umschließt das Areal. An der Pforte gebe ich Handy und Personalausweis ab. Ich werde abgeholt und durch die Sicherheitstüren gebracht. Wer hier arbeitet, trägt immer einen Bund mit dicken, großen Schlüsseln, um die schweren Metalltüren zu öffnen. Und es sind nicht nur Vollzugsbeamte im grünen Hemd da. Auch Wachleute der privaten Sicherheitsfirma Kötter Security passen auf die Abschiebehäftlinge auf. Menschen, die in dieser Branche arbeiten, schieben aufgrund der schlechten Bezahlung häufig Überstunden, um über die Runden zu kommen. Viele dieser privaten Wachmänner und -frauen sind selber Migranten, die nun andere Migranten, die nur deshalb eingesperrt werden, weil sie Migranten sind, im Auftrag des deutschen Staates überwachen müssen. Dass der Vollzug teilprivatisiert ist, unterscheidet die Abschiebehaft von einer normalen Justizvollzugsanstalt für Straftäter.

»Was wir nicht schon alles über uns lesen mussten«, winkt Anstaltsleiter Volker Strohmeyer ab. Er streicht sich über die Krawatte und beugt sich über den Aktenordner, in dem er alle Presseartikel über die Abschiebehaft Büren sammelt. »Sogar dass wir den Häftlingen Impotenzmittel spritzen würden, stand schon mal in der Zeitung«, sagt er beim Blättern, »das ist natürlich völliger Blödsinn.« Er habe sich schon persönlich bei der Ausländerbehörde dafür eingesetzt, dass Abschiebehäftlinge wieder rauskommen. So wie kürzlich bei einem jungen Mann, der vor den Abiturprüfungen abgeschoben werden sollte. Strohmeyer ist daran gelegen, das Image aufzupolieren. Mit jedem neuen Gefangenen werde intensiv gesprochen, ein Dolmetscher sei auch immer dabei. Erst wenn klar sei, wie man den psychischen Zustand einzuschätzen habe, kämen die Leute in den Haftraum – das heißt, in eine Ein-, Zwei- oder Sechs-Mann-Zelle. Höchstens zweimal pro Jahr gebe es einen Suizidversuch, beteuert Strohmeyer.

»In der JVA sind immer wieder psychisch schwerstkranke Menschen untergebracht, ohne dass sie ausreichend medizinisch versorgt sind«, kritisiert hingegen Frank Gockel, der umtriebige Sprecher des Vereins Hilfe für Menschen in Abschiebehaft Büren e. V. Seit es die Anstalt in Büren gibt, organisieren die örtlichen

Abschiebehaftgegner Besuche in der Anstalt, und sie gehen immer wieder an die Öffentlichkeit, wenn sie von Missständen erfahren. Im Januar 2012 berichteten Gockel und seine Mitstreiter, dass ein palästinensischer Häftling, der »in suizidaler Absicht« die Matratze in seiner Zelle angezündet hatte, nach der Entlassung aus dem Krankenhaus, in dem seine Wunden versorgt wurden, auf richterliche Anordnung ohne psychiatrische oder psychotherapeutische Hilfe gleich wieder ins Abschiebegefängnis gesteckt wurde.[3] Für sein Engagement wurde der Verein im Jahr 2006 mit dem Aachener Friedenspreis ausgezeichnet.

Seit 1994 gibt es die JVA Büren. Damals wurde die ehemalige NATO-Kaserne umgebaut, damit dort mehr als 500 Abzuschiebende inhaftiert werden konnten. Die Anstalt in Büren ist also gegründet worden, als Anfang der neunziger Jahre die Zahl der Asylbewerber und Illegalisierten zunahm und Abschiebungen nicht so einfach durchzusetzen waren. »Bei uns sitzen hartnäckige Abschiebungsverweigerer«, erklärt der Anstaltsleiter, »Leute, die Meldeauflagen nicht eingehalten oder sich schon mal ihrer Abschiebung widersetzt haben.« Lange Zeit stammte die größte Gruppe der Abschiebegefangenen in Büren aus Polen. »Einige saßen schon zum siebten Mal hier«, erinnert sich Strohmeyer, »die wurden abgeschoben und kamen immer wieder nach Deutschland.« Seit dem EU-Beitritt des Landes sind dort keine Polen mehr inhaftiert.

Seit Jahren ist die Zahl der Abschiebehäftlinge in Deutschland rückläufig. Das führt aber nicht dazu, dass die Schließung der Abschiebegefängnisse ins Auge gefasst wird. Die Institution ist zum Selbstläufer geworden – obwohl nicht mehr alle Plätze belegt werden können, wird an ihrem Betrieb festgehalten. Stattdessen wird reorganisiert. 2007 wurde ein Teil der JVA Büren umfunktioniert, so dass es dort nun auch 131 Plätze für Strafgefangene gibt. Obwohl die Abschiebehaft formal keine Strafe ist, sondern lediglich verhindern soll, dass die Migranten untertauchen und sich der Abschiebung entziehen, werden diese in einem Gebäude gefangen gehalten, in dem auch Straftäter einsitzen.

Bei der Gründung habe es geheißen, die Betroffenen würden maximal drei bis vier Wochen bleiben. »Das war aber nicht so«, erklärt Strohmeyer. Auch heute säßen sie im Schnitt etwa zwei Monate in Abschiebehaft, viele sogar erheblich länger, weil es oft dauert, den für die Abschiebung nötigen Pass zu besorgen. »Deshalb haben wir angefangen, den Häftlingen Freizeit- und Arbeitsangebote zu machen«, sagt Strohmeyer.

Zweistöckige Backsteinhäuser mit Gittern an den Fenstern säumen den Hof. Dort kickt eine Handvoll Männer auf einem umzäunten Fußballplatz. Daneben lungern weitere Häftlinge auf dem Volley- und Basketballfeld herum. Die Sonne scheint an diesem Morgen. Eine Stunde lang können sie jeden Tag Außensport betreiben. Dann werde ich durch die Trakte geführt. Es gibt eine Krankenstation mit weißen Wänden und einem Röntgengerät, mit dem jeder Neuankömmling untersucht wird. Und eine Beobachtungszelle mit Kamera, in der nur ein Bett mit Gummibezug, ein Klo, ein Becken und ein Fernseher in einem fest verbauten Holzkasten hinter dicker Plexiglasscheibe stehen. Nichts lässt sich bewegen – das soll bei gefährdeten Häftlingen Selbstmordversuche verhindern.
Der »Freizeitbereich« ist in einem anderen Gebäude untergebracht. Ein kahler Gang mit grüngrauen Bodenfliesen. Rechts und links diverse Räume, in denen Hantelbänke, Kicker, eine Tischtennisplatte und ein Billardtisch stehen. Die Abschiebehäftlinge dürfen sich darin gruppenweise anderthalb Stunden pro Tag aufhalten, die Strafgefangenen nur eine. Die Leihbücherei bietet eine kleine Sitzecke und neben deutschsprachiger Literatur drei Dutzend Bücher in diversen Sprachen – von Albanisch bis Chinesisch. Der einzige Raum, der wohnlich wirkt, ist der Gruppenraum. Mit beigen Kunstledersofas, einem Flachbildfernseher, Zimmerpflanzen und einer Einbauküche zum gemeinsamen Kochen. Von 17 bis 19 Uhr, nach Anmeldung.
Die Haträume sind gewöhnliche Gefängniszellen – Bett, Klo, Spüle, Fernseher und Schrank. Ich werde durch den Gang geführt, es riecht nach frischer Farbe. Das Kartentelefon im Flur können

die Abschiebegefangenen nutzen, wenn sie morgens beim Frühstück anmelden, dass sie telefonieren möchten. Wer schon länger da ist, kommt in die offene Abteilung, dort werden die Zellen von vier Uhr nachmittags bis neun Uhr abends aufgeschlossen. Für die Anstaltsleitung ist Abschiebehaft »Gefängnis light«.

Die beiden Häftlinge Yusuf und Dzevad (vgl. dazu die Interviews in diesem Buch) sehen das anders. »Man hat Ihnen nur die guten Zellen gezeigt«, sagen sie, »die sind jetzt neu renoviert worden und haben neues Bettzeug. Aber wir haben das nicht. Unsere Wände sind beschmiert, es ist nicht so sauber. Die Bettwäsche wird nur alle zwei Wochen gewechselt.« Strafgefangene seien im Grunde besser gestellt. Yusuf saß schon mal im Gefängnis. In der Strafhaft, sagt er, könne man jederzeit die Kleider in die Wäsche geben, in der Abschiebehaftanstalt nur morgens – wenn da jemand noch schläft, habe man Pech gehabt. Strafgefangene könnten Beschwerden über Schikanen einreichen und ein Gespräch mit dem Leiter beantragen. »In der Abschiebehaft ignorieren die das«, sagt Yusuf. »Ich bin hier Hausarbeiter, ich sammle den Müll ein. Oft sehe ich die Anträge, die Leute geschrieben haben, am nächsten Tag im Mülleimer.«

»Die Strafgefangenen sitzen in einer Zelle, und wir sitzen auch in einer Zelle«, stellt Dzevad klar. »Wenn ich meinen Rechtsanwalt anrufen will, muss ich einen Antrag stellen. Ich muss einen Antrag stellen, wenn ich duschen will. Was hat das mit der Abschiebung zu tun? Das ist für mich so, als ob ich ein Strafgefangener bin.« Er habe sich in Deutschland immer ans Gesetz gehalten, keine einzige Strafanzeige gehabt, »und dann diese Beschränkungen, dieser Hass, als ob Sie ein Mörder sind«. Auch die Besuchszeiten sind reglementiert, werden allerdings großzügig gehandhabt. Für Sonntage können die Häftlinge eine Stunde Besuchszeit beantragen, wochentags können in der Besucherhalle maximal zwölf Häftlinge gleichzeitig zwischen 9.00 und 17.30 Uhr, an manchen Tagen nur bis 15.00 Uhr, ohne Zeitlimit Besucher empfangen. Da die Anstalt mit öffentlichen Verkehrsmitteln nicht zu erreichen ist, gibt es wochentags selten für mehr als zwölf Häftlinge Besuch.

Jeder Hafttag wird den Einwanderern, die abgeschoben werden sollen, in Rechnung gestellt. Wer in Büren in Abschiebehaft sitzt, muss laut Justizministerium 70,90 Euro pro Tag bezahlen. Dzevad geht in die Luft, wenn er darüber spricht: »Für siebzig Euro kann ich ein schönes Hotelzimmer buchen, mit Swimmingpool und Frühstücksbuffet. Und hier muss ich siebzig Euro für eine Knastzelle bezahlen – jeden Tag.« Um dagegen zu protestieren, trugen Häftlinge in einem Berliner Abschiebegefängnis einmal die Matratzen aus den Zellen und stellten sie im Flur ab. »Sie argumentierten, dass ihnen somit keine Unterbringungskosten in Rechnung zu stellen wären«, heißt es dazu in einer Pressemeldung der Polizei.[4]

In der Praxis sind Abschiebehäftlinge auch deshalb schlechter gestellt als Strafgefangene, weil sie kaum Geld ansparen können. Einem verurteilten Straftäter, der im Gefängnis arbeitet, wird am Ende seiner Haftzeit der angesparte Betrag ausgezahlt. Die Abschiebehäftlinge hingegen sammeln Schulden bei der Ausländerbehörde an. »Wenn ich drei Monate hier drin sitze, sind das über 6000 Euro«, rechnet Dzevad vor, »und wenn ich dann wieder legal einreisen will, muss ich das bezahlen. Aber für mich ist das zu Unrecht an den Staat gezahltes Geld.«

Immerhin dürfen die Abschiebehäftlinge selber entscheiden, ob sie arbeiten möchten, während Strafgefangene dazu verpflichtet werden, betont die Anstaltsleitung. In der JVA Büren gibt es einen Holzbastelraum und einen Werkraum. Das ist eine große Halle. Maschinen laufen, es ist relativ laut. Einige Abschiebehäftlinge montieren verstellbare Füße für Möbelstücke, die sie in Gitterkästen werfen. Andere stecken Schrauben in Pappschachteln und stapeln diese. Am einen Ende der Werkbank sitzen Araber. Die Männer aus Zentralafrika haben sich am anderen Ende versammelt. Vier Osteuropäer hocken an einem Tisch an der Wand zusammen und verrichten dieselbe Arbeit. Die Sicherheitsleute überwachen das Ganze. Rauchpausen sind nur zu bestimmten Uhrzeiten erlaubt. »Sonst gibt es zu viel Tohuwabohu.«

Firmen aus der Region lassen hier für einen geringen Stundenlohn

Arbeiten erledigen. Die Abzuschiebenden dürfen aber nicht das ganze Geld behalten. Von siebzig Euro in der Woche können sie dreißig Euro als Hausgeld nutzen, um jeden Samstag bei einem Händler einzukaufen, der in die Anstalt kommt. Von den übrigen vierzig Euro dürfen sie maximal 225 Euro ansparen. Was sie darüber hinaus verdienen, pfändet die Ausländerbehörde und verrechnet es mit den Abschiebungskosten. »Es ist langweilig, in der Zelle zu sitzen, deswegen mache ich das. Wenn ich hier arbeite, denke ich nicht zu viel nach«, erklärt der 31-jährige Abdul aus dem Niger. Seine Freundin in Hamburg erwarte in zwei Monaten ihr gemeinsames Kind, und er soll nach Italien abgeschoben werden, weil er nur für dort einen Aufenthaltstitel besitzt.

Das Interview weckt das Interesse der Männer, sofort bildet sich eine Traube. Mustafa, ein stämmiger Kerl, ergreift das Wort. »Ich bin seit einem Monat hier«, sagt er, »wir werden von den deutschen Beamten schlecht behandelt. Es gibt nur ein Mal am Tag warmes Essen, und das ist auch nicht besonders gut. Ich finde, das Ganze ist ungerecht, denn wir sind nicht die Bedrohung, als die wir dargestellt werden. Man sollte eine friedliche Lösung für uns finden und uns nicht in die Diktatur und den Krieg zurückschicken.« Und dann betont der Libyer: »Ich bin unschuldig, ich bin nur im Gefängnis, weil ich keine Papiere habe.«

Die Einsperrung der Migration

Das deutsche Aufenthaltsgesetz nennt mehrere Voraussetzungen, unter denen Menschen in Abschiebehaft genommen werden dürfen. Ganz gleich, ob sie der »Vorbereitung der Ausweisung« oder der »Sicherung der Abschiebung« dienen soll, ganz gleich, ob es jemanden betrifft, der unerlaubt eingereist ist oder schon lange legal in Deutschland gelebt hat, am Ende geht es immer darum, dass die Behörden der Auffassung sind, ohne Haft würde die Abschiebung scheitern. Entweder weil der Betroffene zum Beispiel zu einem früheren Abschiebetermin nicht erschienen ist oder die

Wohnung gewechselt hat, ohne das zu melden, oder weil generell »der begründete Verdacht besteht, dass er sich der Abschiebung entziehen will«.[5] Die Haft kann nur von einem Richter angeordnet werden. Das gilt auch, wenn der Betroffene zunächst ohne richterlichen Beschluss »vorläufig in Gewahrsam« genommen wurde.

Die Entscheidungsfindung laufe oft hanebüchen ab, kritisiert Frank Gockel. Es sei schon vorgekommen, dass ein Richter in dreiundzwanzig Minuten sieben Gefangene abgefertigt habe. Obwohl es im Gesetz vorgesehen ist, hätten die Leute oft gar nicht die Möglichkeit, glaubhaft zu machen, dass sie nicht untertauchen werden. Die Abschiebungshaft ist nämlich generell »unzulässig, wenn der Zweck der Haft durch ein milderes, ebenfalls ausreichendes anderes Mittel erreicht werden kann« und wenn »feststeht, dass aus Gründen, die der Ausländer nicht zu vertreten hat, die Abschiebung nicht innerhalb der nächsten drei Monate durchgeführt werden kann«. Grundsätzlich können Migranten bis zu sechs Monate festgehalten werden. Wenn sie ihre Abschiebung verhindern, sogar bis zu anderthalb Jahren.

In den Jahren 2005 bis 2007 saßen mehr als 26.000 Menschen in deutscher Abschiebehaft. Es waren etwas mehr Männer als Frauen. Fast jeder Dritte von ihnen wurde in normalen Gefängnissen für Straftäter untergebracht.[6] Immer wieder sitzen auch Minderjährige in Abschiebehaft, obwohl das laut UN-Kinderrechtskonvention verboten ist. Aber in Bezug auf das Ausländerrecht erkennt die Bundesrepublik diese Konvention nicht vollständig an. Zwischen 2005 und 2007 wurden mindestens 377 unbegleitete Jugendliche in Abschiebehaft genommen, es dürften aber noch weit mehr sein, da Bayern und vier weitere Bundesländer keine Angaben dazu machen. Die meisten waren nur für einen oder zwei Tage in Abschiebehaft, einige jedoch erheblich länger. In Sachsen saßen drei Jugendliche mehr als drei Monate im Abschiebegefängnis. In Berlin wurde sogar ein 12-Jähriger für einen Tag in Abschiebehaft genommen. Ein 15-Jähriger musste dort fast drei Monate verbringen.

Insgesamt werden die meisten Abschiebehäftlinge, folgt man den vorhandenen Angaben der Justizministerien, nicht länger als drei Monate inhaftiert. Aber mehr als 2000 Menschen saßen in dem genannten Zeitraum bis zu sechs Monate, fast 300 sogar bis zu einem Jahr. In mehr als dreißig Fällen dauerte die Abschiebehaft bis zu anderthalb Jahre.

Um drei Monate im Knast abzusitzen, muss man normalerweise schon erhebliche Straftaten begangen haben. Das Hagener Landgericht verurteilte zum Beispiel im Januar 2011 einen 43-jährigen Mann zu drei Monaten Haft ohne Bewährung, der im Drogenrausch Auto gefahren war, dabei einen Unfall verursacht und Fahrerflucht begangen hatte. Bevor jemand für ein halbes Jahr ins Gefängnis kommt, muss er einiges auf dem Kerbholz haben. Ben Tewaag etwa, der Sohn der Schauspielerin Uschi Glas, wurde nach mehreren Bewährungsstrafen wegen Körperverletzung, Beleidigung, Sachbeschädigung und Drogenmissbrauch erst dann zu sechs Monaten Haft verurteilt, als er erneut wegen Körperverletzung vor Gericht stand, weil er einen Mann vor einer Münchener Disko verprügelt hatte. So lange müssen Abschiebehäftlinge in einer Zelle verbringen, bloß weil sie keine gültigen Aufenthaltspapiere besitzen.

In der Stadt Herne im Ruhrgebiet wurde 1992 das erste Abschiebegefängnis der Bundesrepublik eröffnet. Ein Jahr später folgte die Haftanstalt für ausreisepflichtige Frauen in Neuss. Sie wurde im November 2011 geschlossen, und seitdem werden die weiblichen Abschiebehäftlinge in der JVA Büren untergebracht. Derzeit gibt es in Deutschland sieben Abschiebehaftanstalten sowie sieben Trakte, die an normale Gefängnisse angegliedert sind. Darüber hinaus werden in mehr als vierzig gewöhnlichen Justizvollzugsanstalten auch Abschiebehäftlinge untergebracht, vor allem in Hessen, Sachsen und in Bayern.

Die Abschiebehaft ist in Deutschland von der Ausnahme zur Regel geworden, obwohl die Zahl der Asylanträge ebenso wie die Zahl der Abschiebungen seit ihrer Einführung massiv abgenommen hat. Die Deutsche Bischofskonferenz kritisierte dies schon Mitte der neunziger Jahre. Zur Rechtfertigung der vorbeugenden Inhaftierung greifen die Behörden auf den Begriff der »unwiderlegbaren Vermutung« zurück und unterstellen damit von Anbeginn der Abschiebehaftpraxis, dass der betroffene Ausländer seiner Ausreiseverpflichtung nicht nachkommen werde und deshalb präventiv zu inhaftieren sei. Auch bei Ausländern ohne legale Papiere reicht der Verdacht des Richters, dass sie nicht freiwillig ausreisen werden. Wie bereits die ersten Erfahrungen Mitte der neunziger Jahre zeigten, kann es sein, dass die Betroffenen dann monatelang in Abschiebehaft sitzen, weil viele Staaten die Ausstellung von Reisepässen verzögern oder verweigern, und daran hat sich bis heute nichts geändert.[7]

Seit ihrem Bestehen regt sich deshalb Widerstand gegen die Abschiebegefängnisse. Einer der ersten spektakulären Proteste waren die »Entzäunungsaktionen« am mittlerweile geschlossenen Abschiebegefängnis Worms. Ende 1994 riefen Bürger und prominente Künstler dazu auf, den Zaun, der das Gefängnis umgab, mit Drahtscheren durchzuschneiden. Zur Demonstration kamen mehr als 800 Menschen, die die »ersatzlose Abschaffung aller Abschiebegefängnisse« forderten. Die Polizei schritt ein, um das Zerschneiden des Zauns zu verhindern, und die Staatsanwaltschaft verfolgte alle, die den Aufruf unterzeichnet hatten, wegen »Aufforderung zu einer Straftat«, darunter auch den Kabarettisten Hanns Dieter Hüsch, der sich selbst angezeigt hatte. Die Verfahren wurden schließlich eingestellt. Der Initiator, Gefängnispfarrer Hubertus Janssen, wurde allerdings zu 3000 DM Geldstrafe verurteilt. Das Gericht hatte kein Verständnis dafür, dass Janssen es als seine »Christenpflicht« ansah, gegen die Abschiebehaft zu protestieren, denn nach Ansicht des Richters müssten Asylbewerber eben zum Schutz der »nationalen Identität« abgeschoben werden.[8]

Vor allem die Migranten selbst kämpfen immer wieder gegen ihre Inhaftierung. Dieser Widerstand gelangt meist erst durch antirassistische Gruppen wie die Berliner Initiative gegen Abschiebehaft an die Öffentlichkeit. Im November 1995 traten vierzig Abschiebehäftlinge im Polizeigewahrsam Kruppstraße in einen Hunger-streik, vor allem um gegen die zu lange Haftdauer zu protestieren, durch die ihnen »fundamentale Menschenrechte entzogen« wür-den. »Da für die Mehrheit von uns ernsthafte politische Probleme in unseren Herkunftsländern bestehen«, schrieben sie in einem of-fenen Brief, »sind wir bereit, unser Leben für das Wohl derjenigen, die nach uns kommen, zu opfern.«[9] Unterschrieben von Männern aus Indien, Liberia, Polen und Bangladesch.

Wegen der katastrophalen hygienischen Zustände – zu wenig Toi-letten, dreckige Duschräume ohne Sichtschutz, in denen die Ab-schiebehäftlinge zudem ihre Wäsche waschen und aufhängen mussten – wurde der Gewahrsam Kruppstraße 2001 schließlich ge-schlossen, und die verbliebenen inhaftierten Frauen wurden in den Abschiebegewahrsam in Berlin-Köpenick verlegt.[10] Als dieser 1995 eröffnet wurde, versprachen Berliner Innenpolitiker bessere Haftbedingungen als in der Kruppstraße. Von außen besehen, han-delt es sich bei dem ehemaligen DDR-Frauengefängnis um einen von Mauern und einem stacheldrahtbewehrten Zaun umgebenen Betonkasten. Für die Insassen bleibe es ein »Ort der Depression und der Langeweile«, so die Initiative gegen Abschiebehaft, die immer wieder vor dem Köpenicker Abschiebegewahrsam de-monstriert hat, auch als dort im Oktober 1998 fast zweihundert Häftlinge in einen Hungerstreik traten. Auslöser war die Kalt-schnäuzigkeit der Behörden. Nachdem ein ägyptischer Häftling sich die Pulsadern aufgeschnitten hatte, wurde er in einem Kran-kenhaus kurz verarztet und nach einigen Stunden wieder ins Ab-schiebegefängnis gesperrt.[11] Der Innensenat gestand den Häftlin-gen nach diesem Hungerstreik erstmals Gespräche zu.

Die »menschenunwürdige Behandlung durch Polizeibeamte, Ärz-te und Sozialarbeiter«, über welche die Migranten in einem offe-nen Brief klagten, sowie monatelange Haftzeiten, selbst wenn eine Abschiebung nicht möglich sei, führten in Köpenick weiterhin zu Protesten. Im Januar 2003 traten dort erneut mehr als sechzig Ab-schiebehäftlinge in den Hungerstreik. Ein 16-jähriger Weißrusse versuchte sich zu erhängen, ebenso ein 23-jähriger Litauer. Die (ohnehin nur kosmetischen) Verbesserungen, die Innensenator Ehrhart Körting (SPD) zusagte – die Glasscheiben, durch die Besucher und Häftlinge getrennt waren, sollten entfernt werden, ebenso die Innengitter an den Fenstern, und außerdem versprach er eine erneute Prüfung von Einzelfällen –, wurden aber nicht konsequent umgesetzt, beklagte die Initiative gegen Abschiebehaft. Es blieb bei den Trennscheiben in den Besucherräumen, allerdings wurde eine Tischtennisplatte angeschafft, damit die Häftlinge besser ihre Zeit totschlagen konnten.

2005 kam es in Berlin erneut zu einer Revolte von Abschiebehäftlingen, nachdem Polizisten einen Palästinenser mit dem Kopf gegen die Wand gestoßen haben sollen. Als eine Protestdemonstration vor das Gefängnis zog, brachen die Insassen eine Eisentür auf, zerschlugen Fenster und versuchten ins Freie zu gelangen. Ein Jahr später gab es nach dem Selbstmordversuch eines Mazedoniers wieder einen Hungerstreik. Mehrere Häftlinge zündeten Matratzen an.

Die immer wieder aufflammenden Proteste haben immerhin bewirkt, dass die Regeln in der Berliner Abschiebehaft gelockert wurden. Es gibt Gruppenräume, Fernseher und Küchen, längeren Ausgang und mehr Besuchszeiten. Außerdem können die Abschiebehäftlinge Bücher ausleihen und im Innenhof Sport treiben. Sie haben zudem für den Großteil des Tages die Erlaubnis, einander in den Zellen zu besuchen. Anders als in Büren dürfen sie sogar eigene Handys benutzen, sofern darin keine Kamera eingebaut ist.

Dennoch habe die Einrichtung »Gefängnischarakter«,[12] kritisierte im Frühjahr 2011 die Anti-Folter-Kommission der Justizminister der Länder nach einem Besuch im Köpenicker Abschiebegewahrsam. Sie warf Körting zudem vor, die Kritik an den Haftbedingungen nicht ernst zu nehmen. Der SPD-Politiker wies die Vorwürfe zurück. Unabhängig von der darauf folgenden Auseinandersetzung mit der Berliner Verwaltung, ob nun Duschen mit oder ohne Trennscheibe vorhanden sein sollten, bleibt der Grundkonflikt bestehen: Abschiebehaft ist Gefangenschaft.

Am schlimmsten werden Abschiebehäftlinge in Bayern behandelt: Sie werden in normalen Justizvollzugsanstalten untergebracht, in denen auch Verbrecher einsitzen, und wenn Platzmangel herrscht, müssen sie sogar mit Strafgefangenen die Zelle teilen; das gilt, wie Seelsorger berichten, die die Häftlinge besuchen, insbesondere für Frauen.[13] Besuch könnten die Abschiebehäftlinge in München zum Beispiel nur ein bis zwei Mal im Monat empfangen, für jeweils eine Stunde. Kochmöglichkeiten gebe es überhaupt keine. Nur vier Stunden am Tag dürfen sie sich mit anderen Häftlingen auf dem Gang aufhalten. Dadurch, dass die bayerischen Behörden Abschiebehäftlinge in gewöhnlichen Gefängnissen – noch dazu zusammen mit Strafgefangenen – unterbringen, verstoßen sie eigentlich gegen europäisches Recht. Denn die »Rückführungsrichtlinie« der Europäischen Union regelt eindeutig, dass Abschiebehäftlinge in speziellen Hafteinrichtungen unterzubringen sind; nur wenn ein Mitgliedsstaat diese nicht besitzt, dürfen sie in gewöhnlichen Gefängnissen eingesperrt werden, und zwar getrennt von den regulären Strafgefangenen.[14] Bayern redet sich damit heraus, dass Abschiebehaft in Deutschland Sache der Bundesländer ist, die entsprechend zu entscheiden hätten, »ob die Abschiebehaft in speziellen Hafteinrichtungen oder mit räumlicher Trennung in gewöhnlichen Haftanstalten erfolgt«.[15] Allerdings ist Bayern kein Mitgliedsstaat der EU. Das ist nur die Bundesrepublik. Und da es in anderen Regionen Deutschlands von der Strafhaft getrennte Anstalten für Abschiebehäftlinge gibt, muss dies auch in Bayern möglich sein. Doch die Bundesregierung ignoriert geflissentlich die EU-Richtlinie, wonach Abschiebehaft nicht im Strafvollzug stattzufinden hat.

Entscheidend ist aber, dass viele Einschränkungen, denen Abschiebehäftlinge so oder so unterworfen sind, gar nicht sein müssten. Den Beweis dafür liefern die unterschiedlichen Haftbedingungen in den Anstalten selbst. Auf der jährlich stattfindenden Tagung gegen Abschiebehaft beschlossen die Teilnehmerinnen und Teilnehmer, die in der ganzen Republik Abschiebehäftlinge unterstützen, ihre Erfahrungswerte und Informationen über die Bedingungen in den Vollzugsanstalten zusammenzutragen. Die Ergebnisse wurden im Januar 2012 von Pro Asyl veröffentlicht und offenbaren ein nicht nachvollziehbares Maß an Willkür: Warum sollen etwa Abschiebehäftlinge in Suhl zweiundzwanzig Stunden am Tag eingeschlossen sein, wenn Häftlinge in Eisenhüttenstadt oder Frankfurt nur neun Stunden täglich in der Zelle verbringen müssen? Warum dürfen die Insassen nur in Dresden und Nürnberg ihre Mahlzeiten gemeinschaftlich einnehmen? Warum müssen die Migranten in den Abschiebegefängnissen in Rendsburg, Nürnberg, München und Dresden Gefängniskleidung tragen, während sie andernorts ihre eigene Kleidung anbehalten können? Warum dürfen Abschiebehäftlinge in München nur zwei- bis dreimal die Woche duschen, während dies in Berlin oder Dresden jederzeit möglich ist?[16]

Abschiebehaft und ihre Folgen

Unabhängig davon, wie und wo sie stattfindet, mache jede Form der Abschiebehaft die Menschen krank, berichtet der Jesuiten-Flüchtlingsdienst, der kürzlich eine europaweite Studie dazu durchgeführt hat. »In den ersten vier Wochen kämpfen sie«, beschreibt ein Seelsorger seine Beobachtungen. »Danach kann man die ersten Anzeichen von Stress sowie Depressionen beobachten. Nach zwei Monaten werden die Dinge noch schlimmer.«[17]
Es sind nicht nur das schlechte Essen, die Schlaflosigkeit und die Entwürdigung, unter denen die Inhaftierten leiden. Ein Drittel der weiblichen Asylsuchenden wusste zum Beispiel überhaupt nicht, weshalb sie sich in Abschiebungshaft befanden, weil sie nicht oder nicht ausreichend über die gesetzlichen Grundlagen des deutschen Aufenthaltsrechts und des Asylprozederes informiert waren. Vier von fünf Häftlingen kannten weder den voraussichtlichen Entlassungstermin, noch war ihnen klar, ob sie dann freikommen oder tatsächlich abgeschoben würden. Nur eine kleine Minderheit wusste, an welchem Tag ihre Haft enden würde.

Die deutschen Behörden teilen den Häftlingen maximal eine Woche vor der Abschiebung den Termin mit, manchmal sogar erst am entscheidenden Tag selbst. Die Inhaftierten fühlen sich nutzlos und ausgeliefert. »Die reine Tatsache der Haft hatte offenkundig eine starke negative Auswirkung auf die Selbstwahrnehmung der Häftlinge. ›Ich bin ein guter Mensch, ein Mensch, der eine Zukunft hat‹, sagte einer der Befragten. ›Aber hier drinnen sehe ich mich als einen Niemand.‹«[18] Neunzig Prozent bekämen infolge der Abschiebehaft nicht nur psychische, sondern auch körperliche Probleme, und daran könne auch die vorhandene medizinische Versorgung nichts ändern.

Umso skandalöser ist es, dass viele Abschiebehäftlinge gar nicht dort schmoren dürften. »Mehr als ein Drittel sind zu Unrecht in Haft«, sagt der Hannoveraner Rechtsanwalt Peter Fahlbusch. Er hat die Fälle von 713 Mandanten ausgewertet, die seine Kanzlei seit 2002 vertreten hat. 257 davon seien rechtswidrig in Abschiebehaft genommen worden.[19] Im Durchschnitt habe jeder knapp einen Monat länger im Abschiebegefängnis gesessen, als nach geltendem Recht zulässig sei. Oft würden die Richter nicht berücksichtigen, dass es schon ausreichen kann, wenn der Betroffene eine Meldepflicht akzeptiert oder eine Kaution hinterlegt. Darüber hinaus hält Fahlbusch einige Vorgehensweisen für nicht nachvollziehbar. Als Beispiel nennt er die Bestimmung, dass bei Haftanträgen eine mündliche Übersetzung ausreicht. »Bei jedem Eierdieb wird heutzutage schriftlich übersetzt. Warum nicht bei Abschiebehäftlingen?« Die Anhörung des Betroffenen vor Gericht sei unerlässlich für die Entscheidung, ob die Abschiebehaft angeordnet werden darf. Die Übersetzung spiele hier eine wichtige Rolle.

Auch die Flüchtlingsberater des Diakonischen Werks der Evangelischen Kirche sind der Ansicht, dass Abschiebehaft viel zu leichtfertig angeordnet wird. Die Ausländerbehörden würden oft pauschal feststellen, dass jemand nicht ausreisen wolle, und die Gerichte übernähmen diese Begründung, »ohne selbst ausreichende Ermittlungen zum Sachverhalt aufzunehmen«. Wenn – wie so oft – Abschiebehaft angeordnet wird, obwohl eine Abschiebung aufgrund fehlender Papiere gar nicht möglich ist, dann werde diese in Wirklichkeit von den Behörden als Beugehaft missbraucht, was nicht rechtmäßig sei.[20]

Betroffene haben das Recht, jederzeit die Aufhebung der Haft zu beantragen. Der Amtsrichter entscheidet darüber. Tatsächlich werden jedes Jahr Hunderte Menschen wieder aus der Abschiebehaft entlassen, weil sich herausstellt, dass ihre Abschiebung innerhalb der gesetzlich vorgeschriebenen Frist überhaupt nicht durchführbar ist. In Nordrhein-Westfalen war das zum Beispiel besonders häufig bei Algeriern der Fall, die im Schnitt fast drei Monate in Haft saßen, um dann doch wieder freigelassen zu werden. Im Saarland saßen vier Personen mehr als vierzehn Monate im Abschiebeknast, bevor sie wieder auf freien Fuß gesetzt wurden.[21]

Um die Abschiebung von Asylbewerbern zu erleichtern, führte die Kohl-Regierung 1993 das sogenannte Flughafenverfahren ein. Dabei werden Flüchtlinge, die per Flugzeug nach Deutschland gereist sind, auf dem Flughafengelände festgehalten, wo Bundespolizisten und Mitarbeiter des Bundesamtes innerhalb von zwei Tagen darüber entscheiden, ob ein Asylantrag angenommen oder als »offensichtlich unbegründet« abgelehnt wird. Den Betroffenen bleibt nur eine Frist von drei Tagen, um gegen die Entscheidung Beschwerde beim Verwaltungsgericht einzulegen, das dann ein Eilverfahren durchführt. Lehnt es den Antrag innerhalb von vierzehn Tagen ebenfalls ab, verweigern die deutschen Behörden diesen Menschen die Einreise und schieben sie umgehend zurück.

Die Organisation Pro Asyl untersuchte solche Entscheidungen und kam zu dem Schluss, dass »Mindestanforderungen an eine faire Anhörung und eine vernünftige Aufklärung des Verfolgungsschicksals nicht eingehalten wurden«.[22] Dennoch konnten lediglich dreißig Prozent der Anträge als »offensichtlich unbegründet« abgelehnt werden; im Jahr 2007 waren es 167 von 539. Das heißt, die meisten Menschen, die ein solches Schnellverfahren durchlaufen mussten, durften schließlich doch einreisen. Trotzdem wird geradezu verbissen versucht, die Praxis des Flughafenverfahrens auszuweiten. Auch auf dem Flughafen Berlin Brandenburg, der voraussichtlich 2013 in Betrieb genommen werden wird, soll ein Abschiebegefängnis mit Platz für 300 Insassen entstehen. Dabei kommen derzeit nicht einmal zehn (!) Asylbewerber jährlich per Flugzeug nach Berlin.[23] Ähnlich unverhältnismäßige Mittel werden übrigens auch im Abschiebegefängnis Köpenick aufgewendet, wo 192 Mitarbeiter beschäftigt sind, um 39 Insassen zu bewachen.[24]

Seit der Jahrtausendwende gibt es in Deutschland zusätzlich zur Abschiebehaft auch noch Abschiebelager, die sich zwar von Gefängnissen unterscheiden, in die aber Migranten einquartiert werden, um sie zur Ausreise zu drängen. Offiziell heißen diese Sammelunterkünfte für fünfzig bis 550 Bewohner denn auch »Ausreiseeinrichtungen«. Dort soll eine »rückkehrorientierte Betreuung« stattfinden, und die geduldeten Migranten, die oft wegen fehlender Pässe nicht abgeschoben werden können, werden dazu gedrängt, sich Pässe zu beschaffen und »freiwillig« auszureisen. Solche Einrichtungen gibt es im niedersächsischen Bramsche, in Trier, in Fürth, in Halberstadt, in Neumünster, in Berlin und im mecklenburgischen Nostorf/Horst.[25]

Der Politikwissenschaftler und Psychologe Tobias Pieper quartierte sich im Jahr 2004 zwei Tage lang in das Abschiebelager in Bramsche ein, um die Abläufe dort zu beobachten und zu analysieren. In den ehemaligen Kasernen an einer Landstraße waren damals etwa 480 Menschen untergebracht. Der Alltag sei von Perspektivlosigkeit und Ausgrenzung geprägt, berichtet Pieper. Einige Erwachsene und sogar Kinder lebten länger als zwei Jahre dort. Fünfköpfige Familien mussten in einem Zimmer hausen. Wer dorthin verlegt wird, habe keine Möglichkeit mehr, ein Aufenthaltsrecht in Deutschland zu bekommen, und das soll auch vermittelt werden. Auf dem Gelände haben sowohl das Sozialamt als auch Ausländerbehörde und Rückkehrberater ihre Büros.

Die Bewohner erhielten vierzig Euro Taschengeld und fünfzehn Euro Kleidergeld im Monat. Es gab keine Gemeinschaftsräume und auch keine Küchen. Essen sollten sie in der Kantine. Die

Mahlzeiten waren eintönig. »Die Folge der Kantinenversorgung ist die Verweigerung eines normalen Alltags«, so Pieper. »Überall wird versucht, sich gegen diese Einschränkung widerständig zu verhalten, es wird auf Toiletten oder in den Zimmern gekocht, von der Administration wohl zur Deeskalation der sich immer wieder an der Kantinenversorgung festmachenden Proteste toleriert.«[26]

Das System erinnert an Zuckerbrot und Peitsche. Wer sich bereiterklärt, »freiwillig« auszureisen, wird belohnt. Als Startgeld gibt es im Schnitt 644 Euro pro Person, man darf die Ausbildungswerkstätten und die Deutschkurse besuchen und bekommt für »gemeinnützige zusätzliche Arbeit« 1,50 Euro statt 1,05 Euro die Stunde. Die Berater organisieren die »Rückkehr« und verstehen ihre Arbeit als »Entwicklungshilfe«. Wer nicht mitmacht, dem wird das Geld gekürzt. Immer wieder werden Betroffene wegen illegalen Aufenthalts und Nichtkooperation bei der Passbeschaffung angezeigt, wenn sie nicht mit den Behörden zusammenarbeiten, und zur Polizei gebracht, wo sie in Verhören genötigt werden, ihrer »freiwilligen« Ausreise zuzustimmen. Etwa jeder Dritte taucht unter, um die Situation im Lager nicht länger ertragen zu müssen. Dieses Abtauchen in die Illegalität verbuchen die Behörden als »undokumentierte Ausreise«, das heißt als behördlichen Erfolg.

Deutschland wirbt auch international für dieses Modell. »Im Rahmen der rechtsstaatlichen Möglichkeiten der Bundesrepublik werden hier Strategien entwickelt und ausprobiert, um auf das Dilemma zu reagieren, bestimmte Gruppen von Menschen aufgrund unterzeichneter internationaler Abkommen wie der Genfer Flüchtlingskonvention oder der Europäischen Menschenrechtskonvention oder aufgrund einer (Wieder-)Aufnahmeverweigerung potenzieller Herkunftsländer nicht abschieben zu können, gleichzeitig diesen jedoch aufgrund ihrer Nichtverwertbarkeit auf den lokalen Arbeitsmärkten auch keinen dauerhaften Aufenthalt gewähren zu wollen«, konstatiert Pieper.[27]

Im Jahr 2005 kamen in Bramsche auf 117 »freiwillige« Ausreisen vierzig Abschiebungen, und 150 der Bewohner tauchten unter. Der für den Staat wichtigere Effekt ist aber, dass weniger neue Asylbewerber auf die Kommunen verteilt werden müssen und stattdessen in diese Einrichtungen kommen. Das Ziel dieser »neuen Flüchtlingspolitik«, bei der Niedersachsen Vorreiter ist, bestehe laut Pieper darin, die Flüchtlinge vom Asylantrag bis zur Abschiebung im selben Lager zu behalten.[28]

Sowohl die geschlossenen Abschiebegefängnisse als auch die halboffenen Abschiebelager und die Aufnahmeeinrichtungen für Asylbewerber, in denen die Menschen von der Gesellschaft separiert werden, gibt es mittlerweile auch in vielen anderen Ländern. In Zeiten, in denen beruflich mobil zu sein als Tugend gepriesen wird, in denen deutsche Auswanderer zu Helden von Reality-Serien im Fernsehen avancieren, breitet sich zugleich ein Netz von Abschiebeeinrichtungen aus. In Europa werden neue Gefängnisse und Lager gebaut, in die Menschen nur deswegen gesperrt werden, weil sie mobil sind und an einem anderen Ort ein neues Leben wagen wollen oder sogar müssen. In Ungarn etwa wurden im Jahr 2010 elf neue Abschiebegefängnisse eröffnet, zusätzlich zu den vier bereits bestehenden Anstalten. Dort herrschen zum Teil desolate Zustände – in einem der Gefängnisse stehen drei Toiletten für einundfünfzig Häftlinge bereit. Proteste in Form von Revolten, aber auch Selbstverletzungen der Insassen sind an der Tagesordnung.[29]

In Bulgarien wurden im Zusammenhang mit dem Beitritt zum Schengen-Raum bewachte, aber tagsüber offene »Aufnahmeeinrichtungen« für Flüchtlinge errichtet und Abschiebegefängnisse gebaut. Im geschlossenen Lager Busmantsi zum Beispiel können 400 ausreisepflichtige Ausländer untergebracht werden, im August 2011 saßen dort 119 Menschen ein. Im März 2011 wurde in Lyubimets ein zweites Abschiebegefängnis eröffnet. Auch die Vertreter der deutschen Botschaft erschienen zur Eröffnung, schließlich finanzierte die Europäische Union den Neubau mit 4,5 Millionen Euro.[30]

Nach der Erfindung des »sicheren Drittstaats« entwickelte sich auch das System der Abschiebehaft und der Asylbewerberlager zum deutschen »Exportschlager«. Die Verlagerung der Grenzkontrollen an die Ränder der Europäischen Union geht einher mit der Ausbreitung von »Migrationsgefängnissen«. Auf den Karten des Netzwerks Migreurop, das alle bekannten Lager dokumentiert hat, sieht es so aus, als ob Europa von einer Krankheit befallen ist, die sich längst nach Nordafrika ausgebreitet hat.[31] Blaue und rote Punkte markieren die Orte, an denen offene und geschlossene Abschiebe- und Auffanglager errichtet wurden. Von Litauen bis Libyen, von den Kanarischen Inseln bis nach Aserbaidschan. In den beiden Jahrzehnten nach dem Fall des »Eisernen Vorhangs«, nach dem Siegeszug der »Freiheit« also, hat sich ein System der Abschiebegefängnisse etabliert, in die Menschen nur deshalb eingesperrt werden, weil sie das Versprechen der Freiheit ernst nehmen.

Derweil sitzen in deutschen Abschiebegefängnissen seit der EU-Erweiterung und aufgrund der sinkenden Asylbewerberzahlen weniger Häftlinge ein als noch vor zehn Jahren. Volker Strohmeyer, der Leiter der Anstalt in Büren, bezeichnet Abschiebegefängnisse deswegen sogar als »Auslaufmodell«. Ob dem so ist, wird sich herausstellen, denn seit Dezember 2008 beraten EU-Parlament, Rat und Kommission über eine neue europäische Richtlinie, nach der Asylbewerber gleich nach ihrer Ankunft eingesperrt werden sollen; die Abschiebehaft würde sich nahtlos an die »Aufnahmehaft« anschließen. »Flüchtlinge als Verbrecher« zu behandeln, widerspreche der Genfer Flüchtlingskonvention, kritisiert der Journalist und Asylrechtsexperte Heribert Prantl: »Jüngst haben die EU-Länder, angeführt von Deutschland, das Asylproblem in die EU-Randstaaten im Süden exportiert, indem sie diese für das Gros aller Asylverfahren für zuständig erklärten. Diese Randstaaten wehrten sich dadurch, dass sie Flüchtlinge nicht schützten, sondern einsperrten. Jetzt importieren die EU-Staaten die von diesen Staaten entwickelten rabiaten Einsperr-Methoden. Europa nennt sich selbst ›Raum des Rechts, der Sicherheit und der Freiheit‹. Für Flüchtlinge gilt das Gegenteil.«[32]

Manche Migranten liefern schon jetzt die passende Antwort. So wie ein 33-jähriger Mann, der im März 2011 abgeschoben werden sollte: »Ein Georgier ist filmreif aus dem Abschiebegewahrsam in Grünau geflohen«, schrieb die *Berliner Zeitung*. »Der Mann sägte in der Nacht zu Sonntag die Fenstergitter durch und seilte sich aus dem fünften Stock ab, wie die Polizei mitteilte. Anschließend überwand er die Gefängnismauer und sprang auf das Dach eines abgestellten Lkw-Anhängers.«[33]

Omari Kasoiani

»Selbst wenn ich abgeschoben werde, hat es sich gelohnt, dass ich in Deutschland gewesen bin.«

Omari Kasoiani ist in Tiflis geboren. Später hat er in Russland gelebt, dann kam er mit seiner Frau nach Deutschland. Sie haben sich mittlerweile getrennt. Omari ist Jeside. Jesiden glauben an die Sonne.

Nicht jeder, der lügt, um nach Deutschland zu kommen, denkt daran, etwas zu klauen oder etwas Schlechtes zu machen. Wenn ich erzählt hätte: Ich hatte in Georgien kein Leben, ich hatte Hunger, ich hatte keine Arbeit – das alles hilft nicht. Man muss unbedingt politisch verfolgt sein, um anerkannt zu werden.
Ich habe gelogen, weil ich wusste: Wenn ich sage, dass ich aus dem Irak komme, werde ich mehr Chancen haben, als wenn ich zugebe, dass ich aus Georgien bin. Man kann sich auch aufgrund einer Lüge das Glück beschaffen. Wenn man weiß, dass man in das Land abgeschoben wird, wo man nichts anfangen kann, dann, denke ich, ist es besser, wenn man lügt.

Ich bin mit dem Bus nach Deutschland gekommen. Ich hab überall nur hingeschaut. Es war alles schön und wunderbar. Mein erster Halt, wo ich angekommen bin, war Köln. Direkt vor dem Kölner Dom. Und jedes Mal, wenn ich eine Gelegenheit hatte, nach Köln zu fahren, bin ich in den Kölner Dom gegangen. Für mich war es immer ein Wunsch, in Köln zu leben. Das ist ehrlich eine wunderbare Stadt. Der Dom ist faszinierend, wenn man reingeht und alles anguckt. Ich war dort vor vier Jahren, als ein neues Glasfenster eingebaut wurde. Ich hab gearbeitet und im Radio gehört, dass da so was gemacht wurde, und bin hingegangen. An dem Tag waren sehr viele Leute dort.

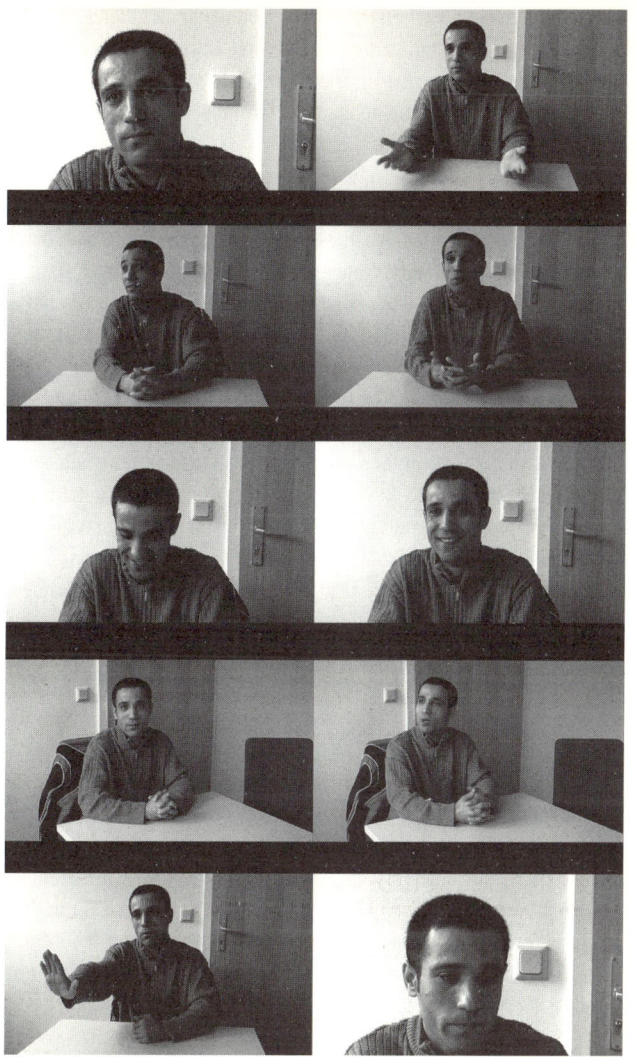

Man kriegte nicht so schnell ein Visum, schon gar nicht mit einem georgischen Pass. Ich bin verheiratet gewesen und mit meiner Exfrau nach Deutschland eingereist. Vielleicht hatte ich auch ein bisschen Glück, weil ich angegeben habe, dass das unsere Flitterwochen sind, und das Visum deswegen bekommen.

Ich bin in Tiflis geboren. Da, wo ich gewohnt habe, gibt es nur zwei Blockhäuser. Ich bin Jeside. Wir glauben an die Sonne. In Tiflis bin ich zur Schule gegangen. Bis in die neunte Klasse. Ich hab die Schule abgebrochen und bin arbeiten gegangen. Als Schuhmacher. Damals hatten wir Schwierigkeiten, es gab keine Arbeit. Meine Mutter hat in einer Nähfabrik gearbeitet, mein Vater war Allround-Handwerker. Er hat auch keine Arbeit mehr bekommen. Von den Nachbarn etwas leihen, das war alles schwer. Und 1992/93 sind wir nach Russland umgezogen.

Ich hab etwa 200 Kilometer südlich von Moskau gelebt. In Tula, einer größeren Stadt. Mein Onkel hat schon eine Weile in Tula gelebt, und der hat uns angerufen und gesagt: »Ihr könnt zu mir ziehen.« Dort ist das Leben wesentlich besser als in Georgien gewesen. Ich habe dort ungefähr acht Jahre gelebt. Man lebte davon, Sachen anzukaufen, zum Beispiel in Moskau, und dann in einem anderen Ort zu verkaufen.

Mit meiner Mutter sind wir immer zum Markt gegangen, die Sachen verkaufen, Kleider, alles Mögliche. Man musste von jemandem leihen, der genügend Geld hat, und dann hier kaufen und dort verkaufen. Das ging auch nicht so leicht. Man kann damit nicht reich werden. Man existierte nur. Wenn man mit einem georgischen Pass in Russland erwischt wurde, war man bei der Polizei nicht so gut angesehen. Sobald man schwarze Haare hat, wurde man direkt angehalten. Ja, und dann ... man musste irgendwie aus dem Problem rauskommen.

Ich hab dort viele, viele Freunde gehabt. Da waren auch Leute aus Georgien, aus Sohomi. Ich hatte georgische Freunde und russische Freunde. Probleme hatte ich nie mit Freunden. Aber die Existenz dort war schwer. Wir hatten nicht so viel Geld. Das Leben ist nicht so einfach. Man hört, dass in Deutschland das Leben schön ist, dass man überall arbeiten kann. Also, man hörte nur von den schönen Seiten.

Ja, ich musste mich als Asylbewerber melden. Und damals habe ich angegeben, dass ich Iraker bin und nicht aus Georgien. Weil ich schon wusste, dass man als Georgier nicht anerkannt wird. Ich wollte hier keine Diebstähle begehen. Ich wollte nur ein besseres Leben führen und ein bisschen mir, wie soll ich es sagen, zeigen, dass ich kein schlechter Mensch bin und dass ich etwas in meinem Leben erreichen kann.

In Köln hab ich zwei Nächte geschlafen, und dann haben die mir einen Gutschein gegeben, mit dem ich nach Trier fahren sollte. In Trier hab ich eineinhalb Monate verbracht, und von dort haben die mich noch einmal zum Kreis Birkenfeld gebracht. Dort habe ich fast zehn Jahre gelebt.

Die ersten fünfzehn Tage waren die Hölle. Morgens ich bin aufgestanden, und ich lachte. Weil es der Morgen war. Abends habe ich dann geweint, weil nix los war. Ich hatte nichts. Ich hatte nur ein Bett und vier Wände, das war's. Ich hatte gar nichts.

Dann kam ein Mann vom Sozialamt und fragte: »Möchtest du arbeiten?« Ich hab gesagt: »Ja sicher will ich.« Ich war auch froh, dass ich arbeiten darf. Ich kann fünfundzwanzig Stunden am Tag arbeiten. Mir ist es egal. Ich hab immer gerne gearbeitet. Zuerst bekam ich zwei Mark die Stunde, man bekam nicht so viel Geld. Am Anfang hab ich immer so Gutscheine bekommen, mit denen ich einkaufen durfte. Und ich hab immer versucht, die Gutscheine zu verkaufen, damit ich genügend Geld habe, aber es klappte nie. Keiner wollte die kaufen. Ich habe dort zehn Monate als Möbelträger gearbeitet. Danach war mein Deutsch schon besser als am Anfang.

Bei uns in dem kleinen Ort – Weierbach – bin ich zu McDonald's gegangen und hab gefragt, ob ich dort arbeiten darf. Der Manager hat zu mir gesagt: »Wir sind hier fünfzig Mitarbeiter. Und Sie müssen von diesen fünfzig Mitarbeitern der beste sein.« Ich hab gesagt: »Tut mir leid, ich kann nicht von fünfzig Mitarbeitern der beste sein. Aber ich gebe mein Bestes. Ich werd versuchen, ein guter Mitarbeiter zu sein.« Dort habe ich anderthalb Jahre gearbeitet. Das war die beste Zeit.

Damals hatte ich eine Duldung, die immer für drei Monate verlängert wurde. Jedes Mal, wenn der Ausweis abgelaufen war, musste ich ihn wieder verlängern, und ich musste wieder zu Hause warten, bis die Duldung verlängert wird, eine Woche, zwei Wochen. Ich habe immer gebeten, dass sie für eine längere Zeit verlängert wird.

Meine Frau und ich, wir haben uns getrennt. Naja, wir haben uns nicht verstanden. Es gab jeden Tag Stress. Sie ist zum Sozialamt gegangen, und ich bin auch zum Sozialamt gegangen, und wir haben gesagt, dass wir uns lieber trennen. Meine Exfrau ist immer noch in der Dasbachstraße. An einem Platz, wo man ausreisen muss, weil, uns haben sie nicht geglaubt, dass wir aus dem Irak sind.

Nach einem Jahr hat mich das Ausländeramt wieder nach Trier geschickt, um mit mir einen Sprachtest zu machen, ob ich wirklich aus dem Irak stamme oder nicht. Und die Sprachanalyse ergab, dass ich nicht aus dem Irak bin. Ich könnte aus der Türkei oder aus Syrien stammen, aber auf keinen Fall aus dem Irak. Die haben mir gesagt: »Sagen Sie uns, woher sie kommen, weil, Sie werden eh abgeschoben, also besser jetzt als später.«

Ja, wo sollte ich hin? Nach Georgien? Meine Eltern leben dort nicht. Dann wäre ich der Einzige in Georgien. Ich verliere mich dort, es geht nicht mehr. Beim Beamten im Ausländeramt, der mir die Arbeitsstelle gegeben hatte, musste ich unterschreiben, dass ich nicht mehr arbeiten durfte. Meine Arbeitserlaubnis wurde abgeschafft. Ich durfte noch nicht mal Arbeitslosengeld bekommen. Ich dachte, ich werde abgeschoben. Ich hab alles stehen lassen, und ich habe dann bei Freunden vier Jahre illegal in Deutschland gelebt.

Man hat dabei ständige Angst, überhaupt rauszugehen. Sobald man einen Polizeiwagen sieht, muss man umdrehen und weitergehen. Aber ich hab noch nicht einmal eine Nadel aus dem Supermarkt geklaut. Mir haben Leute geholfen. Die haben mir Zigaretten gekauft, Kleider, Schuhe, Hosen, was man so braucht. Ich hab gewartet, ob ich vielleicht wieder nach Hause oder irgendwohin kann, also, mit meinem richtigen Namen. Weil, immer lügen, lügen, da kriegt man Angst, dass man von irgendwo verraten wird.

Meine Freunde haben versucht, mir zu helfen. Ich wollte zuerst nach

Spanien, aber dadurch, dass man immer kontrolliert wird, hatten die Leute auch Angst, mich überhaupt dahin zu bringen. Ich hatte auch keine Arbeit. Nur manchmal im Sommer, wenn es bei jemandem etwas zu streichen gab. Kleinere Arbeiten, sonst nichts.

Ich hab noch mal mein Glück versucht. Und dieses Mal ging es richtig, richtig schlecht.

Ich hab meinen echten Namen angegeben und nicht weiter gelogen. Die haben mich wieder nach Birkenfeld geschickt. Und die haben mich wieder nach Trier geschickt, zur Dasbachstraße. Dort hab ich drei Monate gelebt. Ich hab versucht, anerkannt zu werden als irakischer Staatsbürger, aber die hatten schon bewiesen, dass ich nicht aus dem Irak komme. Ich hab versucht zu arbeiten, aber es ging nicht, ich kriegte keine Arbeitserlaubnis. Ich durfte nur in dem Kreis leben, wo ich wohne. Also nur in dreißig Kilometer Umkreis. Ich hab immer versucht, schwarz zu arbeiten.

Und dann, am 24. April, kamen um halb acht mit vier Polizeibussen mehr als zehn Beamte. Die haben so einen Krach gemacht, die Türe wurde fast eingeschlagen. Ich habe aufgemacht. Direkt hieß es: »Zur Seite, anziehen.« Und der Beamte vom Ausländeramt sagte: »Nehmen Sie ihre Sachen, was Sie brauchen.« Ich hab ein T-Shirt, zwei Paar Socken, Schuhe, Jeans, was ich nehmen konnte, mitgenommen. Dann: direkt Handschellen. Ich hab gesagt: »Es ist halb acht. Wo sollte ich denn hinlaufen? Bitte, tun Sie die Handschellen weg.« – »Nein.« Ehrlich gesagt, unterwegs hab ich schon nachgedacht, ob ich vielleicht fliehen kann. Weil, ich wusste schon, die werden mir meine Sachen packen, Papiere besorgen und – Abflug. Der einzige Weg für mich war nur »fliehen«. Wo soll ich hin? In dem Land, in dem ich geboren bin, bin ich nur geboren, aber dort ist alles fremd. Ich hatte nur den Gedanken, fliehen, fliehen, fliehen, egal wie! Es ging aber nicht, weil, mit zwei Beamten an der Seite kann man nicht fliehen. Dann hab ich aufgegeben und gesagt: egal. Was passiert, passiert.

Jetzt, von hier, kann man nicht fliehen. Selbst die Gedanken bringen nichts. Keine Chance. Es ist eine Abschiebungshaft. Aber wenn man hier ankommt, denkt man, das ist ein Hochsicherheitsgefängnis. Um sieben Uhr kommen die Wächter, die machen auf, kontrollieren, ob wir noch in der Zelle sind. Halb acht kommt das Frühstück. Meistens stehe ich nicht auf, weil, es gibt hier nichts zu tun. Keine Arbeit. Naja, nicht jeden Tag. Und dann, wenn man telefonieren will: Knopf drücken, muss man warten. »Bitte, darf ich telefonieren?« Und dann in der Zelle von einer Ecke zur anderen gehen. Zähne putzen, nach fünf Minuten bin ich fertig. Langweilig.

In diesen anderthalb Monaten, in denen ich hier bin, hab ich ganz schnell Bücher gelesen. In Russisch, Deutsch. Meistens in russischer Sprache über das Leben im Knast, Detektive. Romane mag ich nicht. Es gibt hier nichts zu tun. Das Essen – auch eine gute Frage. (Lacht.) Es reicht nicht. Man hat Appetit, aber es reicht nicht. Ehrlich, man kann hier nicht so lange bleiben. Angst kriegt man hier nicht. Man kriegt hier nur einen Gedanken: »Raus!« Egal wie. Manche versuchen, sich die Pulsadern aufzuschneiden, aber das hilft nicht. Hier hilft gar nix. Es gibt nur zwei Wege: Entweder man wird abgeschoben, oder man wird von hier entlassen.

Neunzehn Jahre war ich nicht in Georgien. Wenn ich nach Georgien gehe, da muss ich erstmal gucken, ob ich überhaupt in meinem Land bin. Ein bisschen Angst hab ich auch. Wo soll ich hin? Wenn ich nach Georgien gehe, weiß ich noch nicht mal, wo meine einzige Tante lebt. Ich werde zuerst versuchen, zu gucken, ob sie noch an ihrer alten Adresse wohnt. Das ist ein ganz fremdes Land für mich jetzt. Ich habe dort nichts, nicht mal ein Haus. Noch nicht mal ein Zimmer. Tiflis ist eine sehr schöne Stadt. Georgien ist wirklich ein schönes Land. Aber das, was fehlt, ist Arbeit. Man hat dort keine Arbeit. Und ich hab nicht mal Wehrdienst gemacht. Wenn ich dort ankomme, hab ich also noch ein Problem.

Ich gebe Ihnen heute ein Interview, und morgen werde ich abgeschoben. Ich hab das schon letzte Woche gesagt bekommen, dass ich abgeschoben werde. Ich hab in Deutschland gar nichts erreicht. Ich bin dreiunddreißig Jahre alt, und meine Taschen sind immer noch leer. Ich hatte immer den Wunsch, hier in Deutschland etwas zu erreichen. Wenigstens ein vernünftiges Leben. Ich hab große Pläne gehabt, dass ich irgendwann mal, vielleicht wenn ich fünfzehn oder zwanzig Jahre hier bin, ein Haus baue, Kinder kriege. Das Übliche, was jeder Mensch gerne möchte. Jetzt sind alle Pläne weg.

Ich hab Deutschland von einer guten Seite kennengelernt. Diese Leichtigkeit, dass man sich mit Leuten unterhalten kann. Man kriegt hier nicht direkt gesagt: »Stopp, komm mir nicht zu nahe.« Es hat mir auch gefallen, überhaupt hier zu leben. Man kriegt das, was man möchte, und es ist leicht, es zu kriegen, wenn man eine Arbeit hat. Selbst jetzt, wenn ich abgeschoben werde, hat es sich gelohnt, dass ich in Deutschland gewesen bin. Ich hab eine ganz andere Kultur kennengelernt, ich hab eine ganz andere Mentalität kennengelernt. Ich hab hier trotz dieser Schwierigkeiten mit der Arbeit ein gutes Leben geführt. Und ich hoffe, ich kann wieder zurückkommen. Ich werde versuchen, wieder nach Deutschland zu kommen. Wer einmal gekommen ist, der kommt wieder.

Das Interview fand im Mai 2010 statt. Omari Kasoiani wurde schließlich doch nicht abgeschoben und setzte sich nach Belgien ab.

Abschiebung und Widerstand

Abschiebung oder Liebe – wie würden Sie entscheiden? Soll eine junge Frau ihren Liebsten verleugnen, wenn sie damit verhindern kann, dass er abgeschoben wird? Sollen die beiden so tun, als ob sie sich nicht kennen, obwohl sie sich nach Monaten zum ersten Mal wiedersehen und gerne umarmen würden? In dieser tragischen Situation steckt die Hauptfigur in dem polnischen Kurzfilm *Hanoi – Warszawa* der Regisseurin Katarzyna Klimkiewicz. Mai Anh spielt die junge Vietnamesin Thu Ha Mai, die mit anderen vietnamesischen Migranten versucht, durch den Wald unerlaubt nach Polen einzureisen und am Ende im Abschiebegefängnis landet. Dort trifft sie auf ihren Verlobten. Die Grenzpolizisten wissen, wie er heißt, weil sich Thu Ha Mai verplappert hat. Sie wissen nur nicht, dass es dieser junge Mann ist, weil er einen falschen Namen benutzt, der ihn vor der Abschiebung schützt. Die lang ersehnte Umarmung würde ihn auffliegen lassen. Eine ältere Frau kommt auf sie zu und flüstert: »Wir vergessen hier unsere echten Namen.«

Noch vor allen Petitionen und öffentlichen Kampagnen gegen Abschiebungen stellt der strategische Umgang mit der eigenen Identität für viele Menschen, die abgeschoben werden sollen, die wichtigste Form des Widerstands dar. Demonstrationen zu organisieren ist aufwändiger, als einen anderen Namen anzugeben oder keinen Pass vorzuweisen. Auch wenn das lediglich passiver Widerstand ist, der mit massiver Entrechtung einhergeht. Mit der taktischen Verleugnung ihrer »wahren« Identität gelingt es mehr Menschen, ihre Abschiebung zu verhindern, als es allein durch öffentliche Aktionen möglich wäre.

Die Frage der Identität ist nicht unpolitisch, denn sie steht im Zentrum sowohl der Abschiebepolitik als auch der Migration. Beide produzieren einen Kampf um »Identität« und Identifizierung.

Wer abgeschoben werden soll, muss auf eine Identität festgelegt werden, die seine Abschiebung erlaubt. Doch wer migriert, erfindet sich neu. Den alten Pass »wegzuwerfen« besitzt daher fast metaphysische Bedeutung.

»Eine der beständigen Anstrengungen, den Rassismus zu untergraben, besteht darin, Identitätspositionen aufzulösen«, stellt die Ethnologin Manuela Bojadžijev fest.[1] Auch der politische Umgang mit Identität gehört daher zur Grundlage des Widerstands gegen Abschiebung. Wer von Abschiebung bedroht ist, muss mit der ihm zugewiesenen Identität notgedrungen kreativ umgehen. Wie sollen die betroffenen Menschen sonst darauf reagieren, dass der Staat ihnen nur die Möglichkeit lässt, einen Asylantrag zu stellen, um ihnen dann vorzuwerfen, eigentlich nur aus wirtschaftlichen Gründen hier zu sein? Im wahren Leben verschränken sich meist politische, wirtschaftliche und andere Gründe, die Leute dazu bringen, ihr Heimatland zu verlassen. Die Menschen, die ihre Abschiebung abwenden wollen, müssen aber das Spiel mitspielen und dürfen nur von ihrer politischen Verfolgung reden, um schließlich auch ihre legitimen wirtschaftlichen Interessen verwirklichen zu können. Am Ende wird ohnehin eine Behörde oder ein Politiker kommen, der darauf schaut, ob sie wirtschaftlich verwertbar sind, um ihnen vielleicht doch noch ein Bleiberecht zu gewähren.

Es geht also nicht nur darum, die Abschiebung in einen Verfolgerstaat abzuwenden oder zumindest zu erschweren, wenn Menschen ihren Pass »wegwerfen«. Entscheidend ist, dass Migranten oder Flüchtlinge, die in einer schwachen Position sind, durch die Verschleierung ihrer Identität grundsätzlich einen Vorsprung gegenüber dem Staat aufbauen können. Welche Finesse dieser Umgang mit der Identität besitzen kann, demonstrierte die Handball-»Nationalmannschaft« aus Sri Lanka, die 2004 mit einem legalen Visum nach Bayern kam und, statt wieder auszureisen, in Deutschland untertauchte. »Zuvor hatten sie an einem Handballturnier teilgenommen – und alle Spiele verloren. Wie sich später herausstellte, existierte in Sri Lanka gar keine Handballnationalmannschaft. Dieses abenteuerliche ›Fluchtkonzept‹ gibt Hinweise darauf, dass die Festung Europa so dicht nicht ist und es Migrationsbewegungen immer wieder gelingt, Grenzen zu unterlaufen.«[2]

Ökonomie der Wahrheit

Wenn die Abschaffung der Institution »Abschiebung« nur über die Etablierung mobiler Bürgerrechte, über die Ausweitung des Rechts auf Reise-, Bewegungs- und Niederlassungsfreiheit zu haben ist, stellt sich die Frage, inwieweit der Widerstand gegen Abschiebungen diesem kosmopolitischen Anspruch Rechnung trägt. Eine so verstandene »Politik der Migration jenseits der Nationalstaaten«[3] kann nur bedeuten, die Identitäten, die der Nationalstaat produziert, ebenso infrage zu stellen wie die Hierarchie der nationalen Identitäten in der globalisierten Weltgesellschaft. Was bringt es einem nicht privilegierten Durchschnittsbürger aus einem afrikanischen Land, eben diese Identität zu besitzen? Es bedeutet, dass er viel schlechtere Chancen hat, ein Visum, geschweige denn ein Aufenthaltsrecht in Deutschland zu erhalten als zum Beispiel ein US-Amerikaner. Aus demselben Grund, aus dem ein US-Bürger oder ein Deutscher seinen Pass vorzeigt, muss ein afrikanischer Bürger seinen Pass verstecken oder ihn »verlieren«, um im Hinblick auf das Recht auf Bewegungsfreiheit gleichziehen zu können. Die Zurückweisung der Identität, auf die der Abzuschiebende reduziert werden soll, ist die logische Folge der beschriebenen Ungleichheit. Abschiebungen zwingen zu einer Ökonomie der Lüge und der Wahrheit.

Der Schutz der Informationen über die eigene Identität ist nicht zuletzt eine Reaktion auf die Politik Deutschlands und in der Folge der Europäischen Union, »sichere Drittstaaten« zu definieren, in die zurückgeschoben werden kann. Dieser Trick der Abschiebepolitik lässt sich aus Sicht der Flüchtlinge nur dadurch unterlaufen, dass sie die Daten und Belege über ihre Reiseroute geheim halten oder vernichten. Khalid Koser vom Genfer Zentrum für Sicherheitspolitik hat dazu iranische Asylbewerber in den Niederlanden interviewt. Die meisten der Befragten waren über den Landweg nach Westeuropa geflohen. Die Reise verlief über die Türkei, Rumänien und Ungarn. Ein Drittel reiste ganz ohne Pass, die meisten aber mit gefälschten Papieren. Ein türkischer Pass bot den Vorteil, dass man, wenn man entdeckt und zurückgeschoben wurde, wenigstens nicht wieder im Iran landete, wo die Schergen des Regimes warteten. Aber die meisten der Befragten reisten mit spanischen, portugiesischen oder sogar polnischen Papieren. Am Ziel angekommen, gaben viele den Fluchthelfern die Pässe zurück. Ganz gleich, wie die Reise verlief, am Ende stellten alle einen Asylantrag, ohne einen Pass vorzulegen.

Diese Strategie hat zwei Vorteile: Erstens können die Behörden gegenüber dem Iran nicht beweisen, dass eine iranische Asylbewerberin wirklich aus diesem Land stammt und dorthin abgeschoben werden kann. Zweitens lässt sich aus nicht vorhandenen Passstempeln auch nicht rekonstruieren, über welchen »sicheren Drittstaat« die entsprechende Iranerin gereist ist, in den sie dann »überstellt« werden könnte.[4]

In Deutschland sollte durch die erwähnten Kürzungen der Sozialleistungen für Asylbewerber Druck auf rund 600.000 Flüchtlinge ausgeübt werden, die sich Ende der neunziger Jahre in Deutschland befanden und nicht abgeschoben werden konnten, weil sie bei der Passbeschaffung nicht mitwirkten, ihre Ausweise vernichtet hatten oder ihre Abschiebung durch Widerstandshandlungen vereitelten.[5] »In Asylverfahren legen etwa 80 Prozent der Antragsteller keine Pässe vor«, stellte die Zuwanderungskommission 2001 fest.[6] Aus Sicht des Staates handelt es sich dabei um »Asylmissbrauch«. Das sei der häufigste Grund, weshalb Abschiebungen scheitern.[7]

Gerade junge, politisch aktive Migranten aber vertreten durch die Nichtmitwirkung bei der Passbeschaffung offen ihr Recht auf Widerstand gegen die Abschiebung. So wie Noyana, die in der Organisation *Jugendliche ohne Grenzen* aktiv ist und mit vielen anderen Aktivistinnen im Sommer 2012 am Düsseldorfer Flughafen gegen Abschiebungen demonstrierte. Sie ist zweiundzwanzig Jahre alt, stammt aus dem russischen Kaukasusgebiet und war zehn Jahre zuvor mit ihrer Familie vor dem Tschetschenienkrieg nach Deutschland geflohen. Ihr Asylantrag wurde abgelehnt, sie sind jedoch nicht zurückgekehrt.

Seit Jahren lebt Noyana mit einer Duldung und von Gutscheinen, die sie jeden Monat auf dem Sozialamt abholt. Darüber hinaus helfen ihr Freunde und Unterstützer. Die Ausländerbehörde habe ihr sogar den Baranteil ihrer Asylbewerberleistung auf 1,63 Euro im Monat gekürzt, weil sie ihrer Mitwirkungspflicht nicht nachkomme: »Weil die Ausländerbehörde behauptet, dass ich ihr nicht dabei helfe, mich selber abzuschieben. Das bedeutet, ich muss einen Pass vorlegen, ich muss bei der Botschaft vorsprechen. Solche Sachen halt. Warum soll ich der Behörde helfen, mich abzuschieben? Weshalb bin ich denn hierhergekommen? Um zurückzugehen? Nein, ich bin hergekommen, weil ich Schutz brauche.«

Wer an seiner Passbeschaffung nicht mitwirkt, soll in Deutschland kein Bleiberecht im Ausnahmefall erhalten können. Migranten, deren Abschiebung seit mehr als anderthalb Jahren ausgesetzt ist, können nämlich laut Aufenthaltsgesetz eine Aufenthaltserlaubnis beantragen, falls ihre »Ausreise aus rechtlichen oder tatsächlichen Gründen unmöglich ist und mit dem Wegfall der Ausreisehindernisse in absehbarer Zeit nicht zu rechnen ist«,[8] das heißt, wenn sie »unverschuldet« an der Ausreise gehindert sind.

Von dieser Regelung ist jedoch ausgeschlossen, wer seine Identität verschleiert oder keine »zumutbaren« Anstrengungen unternimmt, sich einen Pass zu beschaffen. Die »Missachtung« der Rechtsordnung dürfe nicht belohnt werden, befand 2006 das Bundesverfassungsgericht. Das gilt auch für Kinder, die in Deutschland aufwachsen, deren Eltern sich aber nicht um Passpapiere gekümmert haben.[9] In der Realität gelingt es den Betroffenen aber oft, so lange in Deutschland zu leben, bis sie einen festen Job besitzen oder einen Ausbildungsplatz, um sich dann um einen Pass zu bemühen, wenn sie auch aus Sicht der Behörden als »integriert« genug gelten können, um eine Aufenthaltserlaubnis zu erhalten. Zudem ist es in vielen Konsulaten schwierig, einen Pass ausgestellt zu bekommen. Wer in der Lage ist zu beweisen, dass er sich vergeblich darum bemüht hat, kann so den Vorwurf der »Verletzung von Mitwirkungspflichten« entkräften.

Auch wenn diese Strategien aus der Not geboren sind, ist das Nicht-Vorzeigen des eigenen Passes doch eine Handlung, die kosmopolitischen Charakter besitzt. Denn dieser »Nicht-Pass« ist der Weltbürgerausweis schlechthin. Solange es noch keinen realen Rechtstitel, keinen *global passport* gibt, wie ihn antirassistische Bewegungen fordern, lässt sich dieser nur »vorzeigen«, indem der nationale Pass, der die eigene Abschiebung ermöglichen würde, *nicht* vorgezeigt wird.

Ist privater Widerstand politisch?

Was hat die Frage, ob jemand »schwul oder nicht schwul« ist, mit Widerstand zu tun? Im Juni 2011 wurde vor dem Düsseldorfer Amtsgericht folgender Fall verhandelt: Die Staatsanwaltschaft glaubte einem 37-jährigen Syrer und seinem 36-jährigen deutschen Freund nicht, dass zwischen ihnen tatsächlich eine Lebenspartnerschaft bestand, obwohl sie eine solche hatten eintragen lassen. Die Beamten der Ausländerbehörde schnüffelten daraufhin in der Wohnung herum, fanden »Tampons im Bad, normale Pornos in beiden Wohnzimmern und einen Liebesbrief an eine Frau«.[10] Dem Syrer sollte seine dauerhafte Aufenthaltsgenehmigung entzogen werden, die er drei Tage nach der Eintragung der Lebenspartnerschaft erhalten hatte. Zuvor hatte er in Bremen Informatik und dann in Bochum Medizin studiert und immer nur eine befristete Aufenthaltserlaubnis erhalten, die auch noch abgelaufen war, als er in eine Verkehrskontrolle geriet.[11] Die Mühe des Versteckspiels machten sich der 24-jährige Bolivianer Javier L. und sein eingetragener Lebenspartner, der 56-jährige

Kölner Jakob, gar nicht erst. Sie erklärten im August 2008 vor dem Amtsgericht, dass sie zwar nicht schwul, aber dennoch ein Paar seien und deshalb keine Scheinehe führen würden. Und sie vertraten offen ihre Absicht, die Abschiebung Javiers, dessen Aufenthaltsgenehmigung ein Jahr zuvor ausgelaufen war, mit der Eintragung der Lebenspartnerschaft zu verhindern. Tatsächlich sprach sie das Amtsgericht sogar vom Vorwurf der Scheinehe frei. »Fast täglich lässt sich der Rechtsstaat durch Scheinehen auf der Nase herumtanzen«,[12] ärgerte sich der CDU-Bundestagsabgeordnete Wolfgang Bosbach. Die Ausweisung des Bolivianers blieb allerdings bestehen, denn der Staatsanwalt legte Revision ein. Vier Jahre später hatte das Landgericht immer noch nicht über den Fall entschieden, und Javier L. lebte mit einer Duldung weiterhin in Deutschland.[13]

Selbst wenn das Kalkül nicht in jedem Fall aufgeht, sind sogenannte Scheinehen in den Augen der Befürworter »Schutzehen«, die Abschiebungen verhindern können, solange die »Schutzehe« nicht auffliegt. Sie stellen eine der Strategien innerhalb der Ökonomie der Wahrheit dar, die die Abschiebepolitik und den Widerstand dagegen kennzeichnen.

Schon in den Siebzigern gab es Scheinehen. Seit Anfang der achtziger Jahre etablierten sie sich dann als Möglichkeit, nach Deutschland zu migrieren – inklusive professioneller Vermittlung. Es handelt sich im Grunde um einen Aspekt der Heiratsmigration, die nach dem Anwerbestopp 1973 als Alternative zur Arbeitsmigration an Bedeutung gewann. Im Bereich der Asylpolitik konnten damit nicht nur Ausländer, sondern auch Deutsche ihre Opposition gegen Abschiebungen zum Ausdruck bringen, ohne gleich an die Öffentlichkeit gehen zu müssen. Klaus-Peter Wolfs Roman *Die Abschiebung* aus dem Jahr 1984 erzählt solch eine Geschichte: Als die 18-jährige Elke ihren Eltern eröffnet, dass sie den Kurden Mahmut geheiratet hat, um seine Abschiebung in die Türkei zu verhindern, sind ihre Eltern alles andere als erfreut. »Vielleicht hat der nur eine Masche gesucht, wie er im Wirtschaftswunderland bleiben kann«, entgegnet ihr Vater Harald. Daraufhin wird seine Tochter wütend: »Und ich dachte, dass ihr stolz auf mich seid! Weil ich einem das Leben gerettet habe! Und stattdessen redet ihr hier so eine Anpasserscheiße. Ihr seid auch nicht besser als die anderen. Spießer! Miese kleine Spießer!«[14] Im weiteren Verlauf der Geschichte muss ihr Vater erkennen, dass die Scheinehe die einzige Chance Mahmuts darstellt, weil die deutschen Asylbehörden kein Interesse an der Anerkennung kurdischer Flüchtlinge hatten, um den NATO-Partner Türkei nicht zu brüskieren.

1998 wurden »Scheinehen« in Deutschland als »allgemeines Ehehindernis« ins Gesetz aufgenommen.[15] Aktivisten des antirassistischen Netzwerks »kanak attak« haben im Jahr 2002 einen »kleinen Heiratsratgeber« mit dem Titel *Welche Farbe hat deine Zahnbürste?* herausgegeben, der schnell vergriffen war. Er enthielt Tipps, wie sich Partner einer »Schutzehe« bei einer Kontrolle des Ausländeramts richtig verhalten – zum Beispiel die Farbe der Zahnbürste des Partners nicht vergessen. Ob das bloße Heiraten (oft auch gegen Geld), das zudem aufgrund der Abhängigkeiten in der Beziehung eine psychische Belastung für beide Seiten darstellt, als »Widerstand« einzustufen und damit gleich zu bewerten ist wie das mutige Engagement von Aktivisten, die öffentlich gegen ihre Abschiebung demonstrieren, wurde in der Folge durchaus kontrovers diskutiert. Die Frage, was »politisch« ist, lässt sich aber nicht rein theoretisch beantworten. Sie lenkt eher den Blick darauf, welche Aspekte des Lebens »politisiert« werden. Sowohl die staatlichen Restriktionen als auch die migrantischen Strategien politisieren in diesem Sinne die Ehe und liefern die Antwort von selbst. Was Widerstand ist, kann letzten Endes nur aus der Praxis heraus beantwortet werden.

Und in dieser Praxis ist die Heirat auch bei Menschen, die tatsächlich ein Liebespaar sind, *ein* Element des Kampfes gegen Abschiebung, das als »private« Angelegenheit oft einhergeht mit öffentlichem Engagement. Adjovi Boconvi zum Beispiel, eine Aktivistin des Netzwerks Afrique-Europe-Interact, nahm am Weltsozialforum 2011 im Senegal teil. Die Togoerin kam im Jahr 2000 nach Deutschland und lebt heute in Duisburg. Als abgelehnte Asylbewerberin war Adjovi kurz davor zu gehen, aber sie entschied sich dann doch, in Deutschland zu bleiben, heiratete ihre Partnerin und erhielt daraufhin ein Aufenthaltsrecht. Die städtischen Beamten hätten ihnen nachgeschnüffelt und ihre Nachbarn befragt, aber keine Beweise für eine Scheinehe gefunden.

Nach zwei Jahren ging die Beziehung in die Brüche – eigentlich zu früh für ein eigenständiges Aufenthaltsrecht. Durch die Eintragung der Partnerschaft hatte Boconvi jedoch eine Arbeitserlaubnis bekommen; sie fand eine Anstellung, und damit konnte sie wiederum ihr Aufenthaltsrecht behalten. »Für Frauen, die aus Afrika nach Europa kommen, bedeutet dieser Schritt eine Emanzipation«, erklärt sie ihren Standpunkt. »Gerade deshalb entstehen nach einer Abschiebung immense Probleme mit der Familie, wenn eine Frau dann zurückkehren muss.« Deshalb kämpfe sie gegen Abschiebungen.

Von Genossen zum Migranten

Sichtbarer als die beschriebenen Strategien ist freilich der öffentliche Widerstand gegen Abschiebungen, der sich in der Bundesrepublik formierte, nachdem ab Mitte der sechziger Jahre Abschiebungen ein immer wichtigerer Teil der deutschen Migrationspolitik und die Einwanderungsmöglichkeiten nach dem Anwerbestopp 1973 massiv eingeschränkt wurden. Die frühen Formen dieses Widerstands zeichneten sich aber dadurch aus, dass die Betroffenen gar nicht so sehr in ihrer Eigenschaft als Migranten im Fokus standen, sondern als politisch Aktive und Teil der Außerparlamentarischen Opposition. Das politische Engagement von Iranern in Deutschland gegen das Schah-Regime sorgte dafür, dass der Staat versuchte, sie abzuschieben und ihre deutschen Genossen Solidarität übten. Ihre Proteste waren Teil der 68er-Bewegung und trugen eine Militanz in sich, die nicht nur durch die Wut über Abschiebungen in die iranische Diktatur zu erklären ist, sondern auch über den damaligen Zeitgeist und das Gefühl, Teil einer emanzipativen, revolutionären und internationalistischen Bewegung zu sein, die sich gegen eine überkommene, autoritäre Ordnung auflehnte. Diese Haltung ist charakteristisch für die Neue Linke sowie die sozialen Bewegungen der folgenden Jahrzehnte, und sie bildete das ideologische Fundament, auf dem der Widerstand gegen Abschiebungen zu einem Betätigungsfeld dieser Bewegungen wurde.

Die Confederation of Iranian Students (CIS) organisierte nun mit dem Verband Deutscher Studentenschaften (VDS) Veranstaltungen gegen die Abschiebungen in den Folterstaat, in Hamburg drangen vierzig Protestierende ins Generalkonsulat ein. Im Januar 1969 schmissen 500 Demonstranten in Berlin die Fensterscheiben des iranischen Konsulats ein. Die Streifenwagen der Polizei wurden mit Pflastersteinen beworfen. Deutsche Kommilitonen hielten Morgenwachen vor Wohnheimen, um anrückenden Polizisten zuvorzukommen. Am Frankfurter Flughafen stürmten 100 Studenten auf das Rollfeld. »Der schlafenden Flughafenpolizei krachten die Scheiben um die Ohren«, schrieb ein Teilnehmer, »und die schnell zu Hilfe eilenden Hiwis der Lufthansa und Pan-Am bekamen das einzige, was ihnen zustand, eine ordentliche Tracht Prügel.«[16]

Durch die Proteste konnten die Abschiebungen der Journalisten Bahman Nirumand und Ahmad Taheri abgewendet werden. Zahlreiche Abschiebungen in den Iran wurden verhindert, und das lag nach Einschätzung des Historikers Niels Seibert daran, dass die Betroffenen »in mehrheitlich deutsche politische Zusammenhänge und zugleich in eine starke iranische Community eingebunden« waren.[17]

Erst in den siebziger Jahren, als die Möglichkeit der offiziellen Arbeitseinwanderung via Anwerbung von der Bundesregierung beendet wurde, gelangte die Frage des Rechts auf Migration *an sich* in den Fokus des Widerstands gegen Abschiebungen, indem ausländische Arbeiterinnen und Arbeiter in ihren Protesten den Zusammenhang von Abschiebung und Ausbeutung an die Öffentlichkeit trugen. Die Slogans »Wir sind keine Sklaven!« und »Wir sind keine Ware!« sprechen für sich. Mit der ersten Parole demonstrierten rund 5000 türkische Arbeiter im Sommer 1972 in Frankfurt gegen ihre drohende Abschiebung. Die meisten der bis dahin Geduldeten wurden indirekt legalisiert: Sie durften nach einer Ausreise legal wiederkommen, wenn sie die Zusage einer deutschen Firma auf einen Job hatten.[18]

Mit dem zweiten Slogan organisierten 1977 die koreanischen Krankenschwestern ihren Protest, nachdem sich die Nachrichten von Kolleginnen, die unfreiwillig nach Korea zurückgehen mussten, gehäuft hatten. Die Frauen sammelten auf dem Kirchentag in Westberlin über 11.000 Unterschriften für ein Aufenthaltsrecht und gegen ihre faktische Abschiebung. Die Deutsche Krankenhausgesellschaft richtete einen »dringenden Appell« an die Politik, sie in Deutschland zu behalten. In einer WDR-Sendung diskutierten die Koreanerinnen mit Landespolitikern. »Wir wollten uns nicht hin- und herschieben lassen«, erinnert sich Hyun-Sook Kim. »Man sagte uns praktisch ins Gesicht: Euer Vertrag ist jetzt abgelaufen, fertig und weg«, ergänzt Kook-Nam Cho-Ruwwe, »das hat mir wirklich die Augen geöffnet. In ihren Augen waren wir Arbeitstiere, die man beliebig einsetzen kann und dann auch wieder wegschicken konnte. Dass Menschen dort, wo sie arbeiten, auch Freundschaften schließen und ein Eigenleben führen, spielte überhaupt keine Rolle.«[19] Die Mobilisierung endete schließlich mit einem Erfolg. Etwa 9000 Frauen sowie ihre koreanischen Ehemänner konnten in Deutschland bleiben.

Dieser kollektive Widerstand von Einwanderern, die nicht als Verschiebemasse behandelt werden wollten, durchkreuzte eine Strategie der bundesdeutschen Politik, die dazu übergegangen war, »illegale« Einwanderung nicht mehr zu tolerieren und die dauerhafte Niederlassung von Gastarbeitern – vor allem aus Ländern außerhalb Europas – zu verhindern. Die Migrantinnen und Migranten machten dabei geltend, dass sie nicht nur Arbeitskräfte, sondern auch Menschen sind, und forderten Rechte ein. Faktisch stellten sie damit das Ausländergesetz infrage, das ihre Abschiebbarkeit rechtlich begründete und die unterschiedliche Behandlung von Bürgern und Nicht-Bürgern regelte. Auch wenn sie betonten, dass sie als Menschen wahrgenommen werden wollten, ging ihre Forderung, in Deutschland bleiben zu können, über die Frage formaler Menschenrechte hinaus und implizierte perspektivisch das Ziel einer Gleichberechtigung mit inländischen Bürgern.

In der deutschen Öffentlichkeit formierte sich jedoch ein humanitärer Diskurs, der »Illegalen« allenfalls zugestand, Opfer von »Menschenhandel« zu sein, beziehungsweise die Krankenschwestern in Zeitungsartikeln als »gelbe Engel« verniedlichte und damit zwar an das Mitgefühl der Deutschen appellierte, aber die politische Frage der Gleichstellung ausklammerte. Dieser Diskurs erlaubte es den Politikern, sich entgegenkommend zu zeigen und auf Abschiebungen zu verzichten, ohne ein grundsätzliches Recht auf Einwanderung zuzugestehen.

Wenn Einzelfälle zählen

Die Anwerbeverträge sollten die kollektive Einreise von Arbeitskräften aus bestimmten Nationen nach Deutschland regeln. Mit dem Anwerbestopp und der Verlagerung der Migration auf das Asylticket setzte in den achtziger Jahren eine Individualisierung ein, denn das Recht auf Asyl kann nur aufgrund von persönlicher Verfolgung erlangt werden. Dies führte dazu, dass auch der Widerstand gegen Abschiebungen individualisiert und vor allem menschenrechtlich begründet wurde. Die Kirchen beispielsweise forderten immer wieder ein Verbot von Abschiebungen in Krisengebiete.[20] Womit sich die Frage anschließt: Wer definiert ein »Krisengebiet«, und ist damit gegen die übrigen Abschiebungen nichts einzuwenden?

Dass sich nie wieder gegen eine einzelne Abschiebung eine derart breite Protestbewegung in der Bundesrepublik formierte, wie vor und nach dem Suizid Kemal Altuns, zeigt das Potenzial und zugleich die Grenzen dieser Form des Widerstands auf. Je stärker das Argument ins Zentrum gestellt werden musste, wie viel Leid eine Abschiebung für die jeweils Betroffenen verursachen würde, um die Behörden zu überzeugen, aus moralischen Gründen doch noch von ihr abzulassen, desto mehr geriet dabei die Frage eines kollektiven Rechts auf Migration aus dem Blick. Die Fokussierung auf den Einzelfall und auf die Fluchtgründe verstellte die Möglichkeit, jenseits abstrakter Parolen realpolitisch ein kollektives Recht auf Migration einzufordern. Dabei zeigt sich gerade in der Solidarisierung mit den Flüchtlingen, dass sich Menschen dieses Recht genommen hatten, was zur Realität der De-facto-Einwanderungsgesellschaft führte: Erst in ihr konnte überhaupt die soziale Grundlage für eine solche Solidarisierung und ein solches Engagement gegen die Abschiebung von einzelnen Betroffenen entstehen.

Der »Einzelfall« existiert sui generis eben niemals für sich allein, sondern immer nur im Bezug auf andere »Einzelfälle«, und diese werden politisch gerade dann bedeutsam, wenn sich zeigt, wie viele von ihnen letztlich gleich gelagert sind. Bezeichnend für diesen Zusammenhang ist eine Äußerung von Detlef Kleinert, dem ehemaligen rechtspolitischen Experten der FDP-Bundestagsfraktion, der 1986 in einem Interview erklärte: »Es geht darum, dass die gleichen Länder, die von der Bundesregierung gesetzgeberisches und, wie ich meine, überflüssiges Handeln verlangen, bei der Ausweisungspraxis ungewöhnlich inkonsequent und zögerlich sind aus Gründen, die ich verstehe. Es gibt nämlich ein enormes Aufsehen, wenn man nach Ablehnung eines Asylantrages jemanden ausweist. Es bilden sich zum Beispiel Bürgerinitiativen, wenn der Betroffene schon längere Zeit hier gelebt hat. Es ist in jedem Fall für den, der behördlich zu entscheiden hat, eine schwierige, unerfreuliche Situation. Deshalb vermeidet man dies.« So sei die große Zahl der nicht durchgeführten Abschiebungen zu erklären, »die einem angeblich fehlerhaften Asylrecht angelastet werden«.[21]

Mitte der achtziger Jahre erreichte der organisierte Widerstand gegen Abschiebungen in vielerlei Hinsicht einen Höhepunkt. Hier sind zum einen die Anschläge der Untergrundgruppe »Revolutionäre Zellen« auf Behörden zu nennen, die für die bundesdeutsche Flüchtlingspolitik stehen. Die »Revolutionären Zellen« verübten zudem zwei brutale Attentate auf Amtsträger, die ihrerseits als »Hardliner« in Abschiebefragen bekannt waren – dem Leiter der Berliner Ausländerbehörde, Harald Hollenberg, wurde 1986 in die Beine geschossen, dem Asyl-Richter Günter Korbmacher 1987. Diese Gewalteskalation war auch in der linksradikalen Szene selbst umstritten. Als sich die »Revolutionären Zellen« schließlich auflösten, begründeten sie dies unter anderem mit dem Scheitern ihres Versuchs, über bewaffnete Aktionen den Widerstand gegen Abschiebepolitik auf eine breitere soziale Basis zu stellen.[22]

Die Anschlagserie war aber Ausdruck der Tatsache, dass die Abschiebepolitik in der radikalen Linken zu einem Feld der kontinuierlichen politischen Arbeit geworden war. Diese intensivierte sich insbesondere, als Anfang der neunziger Jahre die Zahl rassistischer Anschläge und Überfälle in Deutschland zunahm und es in Hoyerswerda, Mannheim und Rostock-Lichtenhagen zu regelrechten rassistischen Pogromen gegen Flüchtlinge kam. Die Autonomen mobilisierten wie andere zivilgesellschaftliche Organisationen – etwa Pro Asyl – zu einer letztlich erfolglosen Blockade des Bundestags in Bonn, mit der die Grundgesetzänderung zur Einschränkung des Asylrechts verhindert werden sollte.

In der Bewegung verbanden sich die Forderungen nach der Abschaffung »aller Sondergesetze gegen AusländerInnen« und einem »Bleiberecht für alle« mit den Slogans »Für freies Fluten« und »Grenzen auf für alle«.[23] Damit antizipierten die linksradikalen autonomen Gruppen zwar ein allgemeines Recht auf Migration, distanzierten sich jedoch vom formalen Rechtscharakter desselben: Das Aufenthaltsrecht für alle Migranten sollte nicht über Forderungen an den Staat realisiert werden, sondern über den Widerstand gegen dessen ausführende Institutionen. In diesem Widerstand trat damit ein gebrochener Kosmopolitismus zu Tage, der den »Kosmos«, der in diesem Sinne für die Rechte aller steht, von der »Polis«, also der Frage, wie und in welchem Rahmen diese

Rechte garantiert werden können, abspaltete. Auch ein konkretes Bleiberecht für alle lässt sich allerdings im Hier und Jetzt nur durch konkrete Forderungen an den Staat realisieren, und es ließe sich auch nach einer sozialen Revolution nur dann umsetzen, wenn es kodifiziert und institutionell garantiert würde.

In der zweiten Hälfte der achtziger Jahre transformierte sich mit der Gründung von Pro Asyl im Herbst 1986 auch der legalistische Widerstand gegen Abschiebungen in eine bundesweit agierende Organisation. Zugleich wurde damit die Beschränkung des Widerstandsdiskurses auf die Frage des politischen Asyls institutionalisiert. Denn die bisher lokal agierenden Arbeitskreise, Flüchtlingsinitiativen und Unterstützergruppen taten sich zusammen, um als »bundesweite Interessenvertretung für Flüchtlinge« den Verschärfungen des Asylrechts und der »zunehmenden Fremdenfeindlichkeit in Teilen der Bevölkerung« entgegenzutreten und an die Bundestagsabgeordneten zu appellieren, »politisch Verfolgten auch weiterhin Zuflucht zu sichern und die Probleme von Flüchtlingen nicht zu Wahlkampfzwecken zu mißbrauchen«,[24] wie es in der Gründungserklärung hieß. Zwar war (und ist) der Kampf für eine Stärkung des Flüchtlingsschutzes und gegen den Abbau der Rechte von Asylsuchenden ebenso notwendig wie wichtig, aber indem die Gegner der staatlichen Abschiebepolitik sich ganz auf den rechtlichen Status der Asylbewerber konzentrierten, folgten sie nolens volens der Logik dieser Politik, die bis heute die Migrierenden (insbesondere aus Ländern außerhalb Europas) auf jenen Status reduziert, um so einen weiter gehenden Anspruch auf ein Recht auf Migration auszuklammern. Somit wurde die Einengung des politischen Diskurses auf den humanitären Aspekt auch von Seiten der Abschiebegegner reproduziert.

Dabei soll nicht in Abrede gestellt werden, dass der Widerstand, der sich auf diese Setzung einlässt, durchaus erfolgreich sein kann. Das belegen zum Beispiel die über 500 Kirchenasyle, die von 1983 bis 2002 in Deutschland durchgeführt wurden. Mehr als 5000 Menschen fanden in den Gemeinden Unterschlupf. Laut einer Auswertung der Bundesarbeitsgemeinschaft Kirchenasyl konnten über siebzig Prozent der betroffenen Flüchtlinge so »erfolgreich geschützt« werden. Das heißt, die Abschiebung wurde verhindert, es wurde mindestens die Gewährung einer Duldung wenn nicht sogar einer Aufenthaltserlaubnis erreicht. Letzteres geschah häufig, nachdem die Behörden in Folge eines Kirchenasyls die Durchführung eines Asylfolgeantrags ermöglichten.[25]

Eines der ersten bundesdeutschen Kirchenasyle organisierte die Berliner Heilig-Kreuz-Gemeinde im Jahr 1983 für drei palästinensische Familien, die in den Libanon abgeschoben werden sollten. In derselben Gemeinde hatte zuvor ein Hungerstreik gegen die Auslieferung Kemal Altuns stattgefunden. Das Beispiel machte Schule, zahlreiche Gemeinden folgten ihm. So konnten Hunderte Abschiebungen, wenn auch nicht alle, in Berlin verhindert werden. Der politische Druck, den die Kirchenasyle aufbauten, stellte einen wichtigen Faktor dar, der zu Abschiebestopps und Altfallregelungen führte. Das Kirchenasyl als Möglichkeit, Widerstand gegen Abschiebungen zu leisten, hat sich schließlich etabliert. Trotz anfänglicher Bedenken gegenüber dieser Form des zivilen Ungehorsams haben auch die Kirchenführungen letztlich anerkannt, dass es sich um einen legitimen Einsatz für Grund- und Menschenrechte handelt, der den Rechtsstaat nicht infrage stellt.

Die Grundlage des Kirchenasyls sehen Christen in der Pflicht, einem bedrängten Menschen Beistand zu leisten. In der Praxis bedeutet das, dass sie von Abschiebung Bedrohten Unterschlupf gewähren, wenn sie der Meinung sind, die Behörden hätten nicht erkannt, dass Leib, Leben und Freiheit dieser Menschen in einem anderen Land gefährdet wären. Das Kirchenasyl soll also die Möglichkeit schaffen, den Fall noch einmal neu zu verhandeln und eine unrechtmäßige Abschiebung zu verhindern. Der Aspekt der Bewegungsfreiheit für alle Menschen steht dabei nicht im Vordergrund.

Aus Sicht der Kirchenführungen sind die Appelle zum Erhalt des Asylrechts »mit dem Einverständnis verbunden gewesen, dass dann auch Abschiebungen der Nichtberechtigten hingenommen werden müssen«; damit sei ein Vorgehen, durch das Abschiebungen per se »als unakzeptabel und unmoralisch bekämpft werden«, nicht vereinbar.[26] Implizit jedoch stellten die Kirchenasyle die moralische Legitimität der Ausländer- und Asylpolitik an sich sehr wohl infrage. Gerade nach dem sogenannten Asylkompromiss warfen Politiker den Gemeinden vor, dass sie mit der Gewährung von Kirchenasylen die beschlossene Grundgesetzänderung des Jahres 1993 unterlaufen wollten. Die zwanzig Kirchenasyle, die 1994 bundesweit stattfanden, sollten tatsächlich die öffentliche Diskussion in Gang halten. Der Kirchenasylbewegung war es aus ihrer Sicht damit gelungen zu zeigen, »dass man selbst in jenen schwierigen Zeiten nicht ganz ohnmächtig war«.[27]

Von 1996 bis 2002 fanden dann bundesweit 271 Kirchenasyle statt. Die Absicht, den einzelnen Menschen zu helfen, entfaltete damit eine weit über den Einzelfall hinausreichende politische Dynamik, die aber kaum offensiv vertreten werden konnte. Hinzu kommt, dass die Menschen, die Kirchenasyle organisieren, oft an die Grenzen ihrer Kräfte stoßen. »Das Asyl in der Gemeinde«, sagt Pastor Martin Hagemaier, könne »das Asyl- und Flüchtlingsproblem in unserem Staat nicht lösen. Menschen können nicht jahrelang abgeschottet leben.«[28] Der Schutz in einer Kirchengemeinde könne nur vorübergehend sein.

Die Medien berichten auch heutzutage immer wieder von Einzelfällen, bei denen der Widerstand gegen die Abschiebung gelingt, ohne dass eine regelrechte Bewegung dahintersteht, aber auch ohne dass ein grundsätzlicher Schutz vor Abschiebungen, etwa der Roma aus Ex-Jugoslawien, erreicht worden wäre. Ein aktuelles Beispiel ist der Fall von Semra Idic, eine junge Roma aus Düsseldorf. Nachdem ihr Vater 2005 nach Serbien abgeschoben wurde, bemühte sie sich mit ihren Geschwistern darum, in Düsseldorf bleiben zu dürfen, wo sie aufgewachsen sind und bis heute mit ihrer Mutter leben. Die Organisation »fiftyfifty«, die eine vom Franziskanerorden geförderte Straßenzeitung herausgibt, unterstützte sie ebenso wie der Tote-Hosen-Sänger Campino. Semra konnte ihre Abschiebung verhindern und hat ein Buch darüber geschrieben.[29] Meist erfährt die Öffentlichkeit freilich nichts von den vielen Menschen, die im übertragenen Sinne »mit Händen und Füßen«, wie es ein iranischer Freund von mir ausdrückte, gegen die Bemühungen der Behörden kämpfen, die ihre Abschiebung durchsetzen wollen.

Der Staat muss mit Widerstand gegen die Umsetzung und praktische Durchführung einzelner Abschiebungen rechnen. Bis heute. Im Rahmen eines Forschungsprojekts der Universität Wien wurde kartografiert, wo es seit 2005 in Österreich zu solchen Mobilisierungen gekommen ist. Dabei fällt auf, dass die ganze Bandbreite der Gesellschaft vertreten ist. Mal sind es Nachbarn oder Sportvereine und lokale Initiativen wie »Freunde schützen«, die sich dagegenwenden, dass Familien in den Kosovo oder nach Armenien abgeschoben werden. Ein andermal setzt sich ein Arbeitgeber gegen die Abschiebung seines Kochs nach Guinea ein. Oft engagieren sich auch prominente Künstler sowie Bürgermeister und Lokalpolitiker der Grünen und Sozialdemokraten, ja selbst der konservativen ÖVP. In sechzehn der einundfünfzig Fälle, die das Forschungsprojekt bis zum Sommer 2011 dokumentiert hat, konnte die Abschiebung verhindert werden, in zweien wurde sie vorläufig ausgesetzt und in weiteren zwei Fällen erhielten die Abgeschobenen die Möglichkeit, nach Österreich zurückzukehren. In zehn Fällen erfolgte die Abschiebung trotz der medienwirksamen Proteste. Bei den Übrigen ist der Ausgang unklar.[30]

Die Problematik ist aber eindeutig. Obwohl ein Teil dieser Abschiebungen verhindert werden konnte, ist es jedes Mal von Neuem notwendig, »Zivilcourage« zu zeigen und Ressourcen zu mobilisieren. Die *Wiener Zeitung* spricht in einem Bericht über das Projekt davon, dass »zahlreiche Bewegungen gegen Abschiebung in Österreich« existieren. Solche Formen von »Widerstand gegen Abschiebungen« seien durch das »Gefühl von Verantwortlichkeit für Abschiebekandidaten« motiviert.[31] Durch die Fokussierung auf den Einzelfall, der als »ungerecht« empfunden wird, kann dieser Widerstand aber nicht als Bewegung für eine grundsätzliche Abschaffung oder zumindest massive Einschränkung der Abschiebepolitik verstanden werden, sondern nur als Summe der

Versuche, einzelne Abschiebungen zu verhindern. Ohne eine politische und auch gesetzliche Neuausrichtung durchsetzen zu können, bleibt er lediglich eine Reaktion auf die kritisierten Verschärfungen des Fremdenrechts. Vor allem aber beläßt er die Migrantinnen und Migranten in einer Opferrolle; dass sie de facto das Recht auf Bewegungsfreiheit für sich reklamieren, wird tendenziell nicht zum Ausgangspunkt der politischen Forderungen, stattdessen übernehmen Inländer die Rolle der Beschützer. Dieser Paternalismus bestätigt jene rassistischen Hierarchien, die dafür sorgen, dass Menschen allein aufgrund ihrer nationalen oder ethnischen Identität weniger Rechte zugestanden werden.

Dasselbe Dilemma zeigt sich auch beim Einsatz der Menschenrechtsorganisation Pro Asyl in Deutschland. Entstanden als Zusammenschluss lokaler Proteste gegen Abschiebungen, tritt Pro Asyl seit Jahren unter dem Motto »Der Einzelfall zählt« für »schutzsuchende Menschen« ein. Kollektive Rechte für Migrantinnen geraten dabei in den Hintergrund, obwohl nur der Kampf um diese Abschiebungen effektiv verhindern könnte. Der Wert, den das Engagement von Pro Asyl für die Menschen besitzt, denen im konkreten Einzelfall geholfen werden kann, soll damit nicht geschmälert werden. Doch so wichtig und hilfreich es ist, dass Pro Asyl Asylsuchende bei Gerichtsprozessen mit Geld und Öffentlichkeitsarbeit unterstützt – es bleibt ein defensiver Kampf.

Die politischen Grenzen dieser Art von Widerstand gegen Abschiebungen offenbaren sich zum Beispiel in der Beschwerde einer irakischen Christin vor dem Bundesverfassungsgericht. Pro Asyl unterstützte sie bei der Klage gegen ihre Zurückschiebung nach Griechenland. Von dort drohte ihr die Kettenabschiebung über die Türkei in den Irak, wo ihr Leben gefährdet war. Mit dem Gang nach Karlsruhe verfolgte Pro Asyl das Ziel, die Verfassungswidrigkeit des neuen Asylrechts feststellen zu lassen. Das Bundesverfassungsgericht urteilte allerdings im Mai 1996, dass die »Vorschriften über sichere Drittstaaten mit dem Grundgesetz vereinbar« seien. »Der Ausschluß vom Asylgrundrecht«, so die Richter, »ist nicht davon abhängig, ob der Ausländer in den

Drittstaat zurückgeführt werden kann oder soll. [...] Die Drittstaatenregelung [...] greift immer dann ein, wenn feststeht, daß
der Ausländer nur über (irgend-)einen durch die Verfassung oder
durch Gesetz bestimmten sicheren Drittstaat nach Deutschland
gekommen sein kann.«[32] Anders ausgedrückt: Der politische
Konsens lässt sich mit dem humanitären Diskurs nicht grundsätzlich ändern. Und dieser Diskurs allein reicht auch nicht aus, um
einen alternativen Rechtsrahmen, der die beklagten Abschiebungen obsolet machen würde, auf die politische Tagesordnung zu setzen.

Die Wirksamkeit der Arbeit solcher Organisationen liegt auf einer
anderen Ebene. Pro Asyl beobachtet kritisch die Arbeit von Asylbehörden, wird auch von Mainstream-Medien in Sachen Flücht-
lingsschutz befragt und leistet Öffentlichkeitsarbeit für Themen,
die nicht auf der Agenda der meisten Politiker stehen. Bis heute
bedient sich dieses Engagement aber einer Sprache, die vor allem
moralisch argumentiert. Im Frühjahr 2010 initiierte Pro Asyl eine
Aktion gegen die Abschiebungen von Roma in den Kosovo. Pro
Asyl zufolge haben 4000 Menschen Politikern Protest-E-Mails
geschrieben und sich selbst dabei fotografiert, wie sie das dazuge-
hörige Plakat der Aktion mit dem Titel »Keine Abschiebungen ins
Elend« vor die Brust halten. Der Slogan lässt aber den Schluss zu,
dass Abschiebungen, die nicht »ins Elend« führen, in Ordnung
sind. Die Bundesregierung bemüht sich schließlich laufend darum, nachzuweisen, dass das Elend zum Beispiel im Kosovo gar
nicht so groß sei und daher weiterhin Menschen dorthin abgeschoben werden können.

Aufschlussreich sind deshalb die Konflikte, von denen Madjigué-
ne Cissé, Sprecherin der französischen *sans papier*-Bewegung, berichtet. Im März 1996 besetzten dreihundert Männer und Frauen
aus Mali, dem Senegal und Guinea in Paris eine Kirche. Sie lebten
illegalisiert in Frankreich. Mit ihrer Aktion forderten sie die Legalisierung aller »Papierlosen«. Die französischen Unterstützer leg-
ten ihnen anfangs nahe, realistisch zu bleiben und höchstens die

Legalisierung von Familien zu verlangen. »Wir sind jedoch auf der Basis, dass wir alle als Menschen gleich sind, nicht von unserer Forderung nach ›Papieren für alle‹, egal ob für Familien oder Alleinstehende, abgewichen«, berichtet Cissé. »Für uns gab es kein Zurück mehr, wir hatten angefangen, und wir wollten weitermachen. Dazu gehörte auch der eingeschlagene Weg aus der Verborgenheit an die Öffentlichkeit.«[33]

Dass die Betroffenen für sich selbst gesprochen haben und dass sie eine Beschränkung der Legalisierungsforderung auf menschliche Härtefälle nicht akzeptierten, war laut Cissé entscheidend dafür, dass die Bewegung zwei Jahre durchhalten konnte und am Ende Erfolg hatte: Bis auf achtzehn Personen wurden alle Teilnehmer der Kirchenbesetzung legalisiert. Vielleicht noch wichtiger war allerdings, dass sich der gesellschaftliche Diskurs verschoben hatte, was eine weit darüber hinausgehende Veränderung ermöglichte. 1998 kam es dann nämlich zu einer Regelung für die »Papierlosen« in Frankreich, bei der immerhin mehr als 80.000 der 150.000 illegalisierten Einwanderer im Land eine Aufenthaltserlaubnis erhielten. Und auch danach blockierte die Bewegung weiterhin in Zusammenarbeit mit Gewerkschaften Abschiebungen an Flughäfen, Bahnhöfen und Seehäfen.[34]

Die *sans papier*-Bewegung inspirierte auch antirassistische Gruppen in Deutschland. Der in der Folge organisierte Widerstand gegen Abschiebungen entwickelte eine größere Dynamik als Einzelfallkampagnen, erreichte jedoch nicht dasselbe Ausmaß wie in Frankreich. Vor allem gelang es nicht, die Beschränkung auf Asylsuchende zu überwinden und eine generelle Ausweitung auf Illegalisierte zu erreichen. Immerhin konnte die Abschiebung einer größeren Gruppe Betroffener verhindert werden. Zugleich wurde aber ein Muster deutlich, das für diese Form des Widerstands gegen Abschiebungen charakteristisch bleibt: Die Erfolge beschränken sich hauptsächlich auf diejenigen, die unmittelbar selbst aktiv sind.

Das war beispielsweise beim sogenannten Wanderkirchenasyl der Fall, welches das 1997 gegründete autonome Netzwerk »kein mensch ist illegal« initiiert hatte. Angestoßen wurde die Aktion von einundzwanzig Kurden, die auf das Kölner Plenum kamen und sinngemäß sagten: »Ihr wollt etwas für Illegale tun – wir sind hier! Was können wir zusammen gegen unsere Abschiebung unternehmen?« Im Verlauf der nächsten zwei Jahre zogen kurdische Aktivisten und Familien von Kirche zu Kirche – erst in Köln, dann landesweit. Insgesamt fünfzig Gemeinden von Aachen bis Gelsenkirchen nahmen sie auf, immer mehr von Abschiebung Bedrohte stießen hinzu, am Ende waren es 489 Menschen – eine »monatelange Odyssee«, bei der »die Flüchtlinge schließlich immer mehr die Initiative verloren und zum Objekt fürsorglicher Belagerung durch Pfarrer, Presbyter und Sozialarbeiter wurden«.[35] Während dieser Zeit fanden zahlreiche Demonstrationen mit Unterstützern und zeitweise Hungerstreiks statt. Es kam zu Abschiebungen einzelner Aktivisten, es konnten aber auch einige wieder aus der Abschiebehaft herausgeholt werden. Aus dem anvisierten Ziel eines generellen Stopp von Abschiebungen kurdischer Flüchtlinge in die Türkei wurde jedoch nichts. Das Innenministerium in Nordrhein-Westfalen sicherte schließlich in der Bewegung heftig umstrittene Einzelfallprüfungen zu, durch welche die meisten Beteiligten ein Aufenthaltsrecht erhielten.[36]

Im Verlauf des Wanderkirchenasyls kam es zu einem Konflikt zwischen dem Landeskirchenrat Jörn-Erik Gutheil und »kein mensch ist illegal«. Gutheil warf den antirassistischen Aktivisten vor, das Schicksal der Flüchtlinge für unerreichbare politische Forderungen zu missbrauchen, statt Einzelfallprüfungen anzustreben. Hier traf der kirchliche Ansatz humanitärer Einzelfalllösungen auf den Versuch von »kein mensch ist illegal«, die Illegalisierung von Migranten generell mittels der Skandalisierung der Behandlung kurdischer Flüchtlinge anzuprangern. Der Knackpunkt an diesem Konflikt war, dass es nicht gelang aufzuzeigen, dass die Forderung nach einem kollektiven Abschiebestopp für Kurden gar nicht so utopisch war, wie sie anmutete, sondern ihre realistische Basis in der Anwesenheit vieler kurdischer Flüchtlinge in Deutschland hatte, die offiziell gar nicht da sein durften, aber dennoch da waren. Die Autonomie der Migration, die in Form vieler illegalisierter kurdischer Flüchtlinge in ihrer ganzen Materialität auftauchte, überforderte viele Unterstützer.

Die Teilnehmerzahl des Wanderkichenasyls konnte aber nur deswegen so rasant wachsen, weil es in Deutschland eine große kurdische Community gibt, die es Kurden aus der Türkei erlaubt, hier Anschluss zu finden. Das galt auch für Menschen, die nach einer Abschiebedrohung untergetaucht waren oder nie einen Asylantrag gestellt hatten und daher illegal in Deutschland lebten. Das faktische Schon-da-Sein war die unausgesprochene Grundlage der Forderung nach einem Bleiberecht und dem Abschiebestopp, konnte aber nicht offensiv artikuliert werden, solange die Bewegung sich bei der Forderung nach einem Bleiberecht auf die Fluchtursachen und die Menschenrechtsverletzungen in der Türkei konzentrierte – selbst wenn der Slogan »kein mensch ist illegal« etwas anderes andeutete.[37]

Migrantische Mobilisierungen gegen Abschiebung

Dieser Widerspruch kennzeichnet auch den Widerstand der Roma gegen ihre Abschiebungen aus Deutschland. Sie sind, wie Günter Grass es am 11. Oktober 2000 in einer Rede vor dem Europarat formulierte, »Europas beweglichste Bürger« und gerade weil sie sich als ein Volk verstehen, das über nationalstaatliche Grenzen hinweg existiert, mehr als alle anderen genuine Europäer. Diese besondere Form des Kosmopolitismus wird mittlerweile auf der symbolischen Ebene zu einem Ausgangspunkt für ihren Kampf um ein Bleiberecht

Die Kampagne »alle bleiben« um Kenan Emini, einen Aktivisten des Roma Center Göttingen, verschickte am 1. April 2012 eine Massenmail, in der die Einführung einer europäischen Roma-Staatsbürgerschaft verkündet wurde: »Der Passinhaber wird [...] von dem jeweiligen eingetragenen Aufenthaltsland einem Staatsbürger gleichgestellt, einschließlich einer uneingeschränkten Ar-

beitserlaubnis, Wahlrecht sowie Zugang zu Ausbildung, Kranken-
Sozial- und Rentenversicherung.«[38] Als politischer »Aprilscherz«
lenkte diese Aktion den Blick darauf, dass der Protest gegen die
Abschiebungen von Roma keineswegs bei dem Elend anzusetzen
hat, das den Betroffenen »zu Hause« droht. Dadurch werden die
Betroffenen nämlich in eine Opfer-Rolle gedrängt. Sie zu überwinden wäre die Konsequenz aus dem seit Jahrzehnten andauern-
den Widerstand dieser Migrantengruppe.

Roma-Familien, die Ende der achtziger Jahre, vor allem aber im
Zuge des Jugoslawien- und später des Kosovokriegs nach Deutschland geflohen waren, wehrten sich nämlich immer wieder gegen
ihre Abschiebung. Im Sommer 1991 kampierten 400 Roma mit ihren Wohnwagen aus Protest vor dem Düsseldorfer Landtag. Mehr
als 1000 Menschen zogen in einem »Bettelmarsch« durchs ganze
Land, der in Köln mit einer Besetzung des Kölner Doms seinen
Ausgang genommen hatte und vom Verein Rom e. V. unterstützt
wurde. Über 400 Roma besetzten im Sommer 1993 mit der Hilfe
örtlicher Initiativen und zunächst auch kirchlicher Unterstützung
das Gelände der KZ-Gedenkstätte in Dachau, um für ihr Bleiberecht zu kämpfen.

Unter Verweis auf die Verfolgung von Sinti und Roma während
des Nationalsozialismus verlangten sie ihre Anerkennung als
Minderheit. Sie wollten eine Kontigentlösung wie im Fall osteuropäischer Juden, was ihnen die Bundesregierung aber versagte. Der
Protestmarsch führte durch ganz Süddeutschland; als sie sich auf
den Weg zum Europäischen Parlament nach Straßburg machten,
wurden sie jedoch von der Grenzpolizei aufgehalten. Am Ende erreichten 260 Beteiligte eine Einzelfallprüfung und einen vorläu-
figen Abschiebeschutz. »Damals war der Protest für viele eine
Chance, so lange in Deutschland zu bleiben, bis sich die Lage in
ihrem Heimatland zumindest etwas verbessert hat«, erinnert sich
der Diakon Peter Klentzan.[39] Auch in Nordrhein-Westfalen konnten nicht alle Abschiebungen verhindert werden, da die Landesregierung 1991 mit der Ehemaligen Jugoslawischen Republik Mazedonien die »Rückführung« vereinbart hatte. Dennoch waren

von den 1400 Menschen, die ursprünglich zurück sollten, bis November 1993, als die Staatskanzlei die Aktion für »beendet« erklärte, erst 552 dorthin gebracht worden.[40]

Das Szenario wiederholte sich ein Jahrzehnt später. Die Abschiebung eines Mannes aus Essen löste unter den dort lebenden Roma Panik aus, »und somit wurde spontan ein Zeltlager im Essener Stadtteil Schonnebeck errichtet«, erläutert Dzoni Sichelschmidt, der Sprecher der Protestkarawane, die sich daraufhin formierte. »500 Familien aus NRW versammelten sich dort, um auf ihre katastrophale und ausweglose Situation hinzuweisen.«[41] Die Roma zogen zwei Monate lang durchs Land, kampierten auf Plätzen in Düsseldorf, Hannover und weiteren Städten, besetzten unter anderem das Parteibüro der Grünen in Berlin. Zur Innenministerkonferenz, die 2002 in Bremen stattfand, demonstrierten sie gemeinsam mit vielen linken Gruppen gegen ihre Abschiebung. Gestandene Männer mittleren Alters mit Schnauzbart und Ledermantel zogen vorneweg, junge Autonome in Kapuzenpullis hinterher.

An dieser Demonstration beteiligten sich auch libanesische Kurdinnen und Kurden, die ebenfalls seit zwei Jahren gegen ihre Abschiebung kämpften. Den staatenlosen Flüchtlingen wurde – auch in vielen Medienberichten – unterstellt, »Asylbetrüger« zu sein, weil sie angeblich gar nicht aus dem Libanon, sondern aus der Türkei stammten. Die kurdisch-libanesischen Familien sollten in die Türkei abgeschoben werden, da keine Abschiebungen in den Libanon erfolgen konnten. Besonders die in Deutschland aufgewachsenen libanesischen Jugendlichen übernahmen eine wichtige Rolle. Sie demonstrierten gegen ihre Abschiebung und konfrontierten lokale Politiker mit ihrem Wunsch, in Deutschland zu bleiben.

Die linke Bewegung in Bremen solidarisierte sich mit dem Kampf – Aktivistinnen und Aktivisten blockierten zum Beispiel eine Abschiebung, indem sie die Polizei daran hinderten, zum Haus einer betroffenen Familie durchzukommen. »Es hat sich gezeigt, dass dort, wo sich Protest und Widerstand formierten, die Abschiebungen […] blockiert und verhindert werden konnten. In Niedersachsen gab es sichtbaren Protest hauptsächlich in Northeim, und hier konnte bisher jede Abschiebung verhindert werden – während sie in anderen Regionen eher ›reibungslos‹ über die Bühne gingen«,[42] resümiert ein beteiligter Aktivist. In Bremen sei es gelungen, fünfhundert angekündigte Abschiebungen zu stoppen, nachdem das Bremer Innenressort in Folge eines Gerichtsurteils zu einer erneuten Einzelfallprüfung gezwungen wurde.

Die Innenminister von Bund und Ländern verweigerten damals zwar ein generelles Bleiberecht, aber der Widerstand gegen Abschiebungen hielt den politischen Druck aufrecht, der später zu Bleiberechtsregelungen für »integrierte« Geduldete führte, für die sich insbesondere die Kirchen einsetzten. Auf der Innenministerkonferenz 2004 in Lübeck drängten die SPD-geführten Länder vehement auf eine solche Lösung, da es viel zu lange dauern würde, alle 38.000 Minderheitsangehörigen aus dem Kosovo abzuschieben. Weil zuerst diejenigen abgeschoben werden sollten, die Sozialhilfe bezogen, würden diejenigen, die arbeiten, als Letzte drankommen. »Eine Rückführung dieser integrierten Minderheitsangehörigen« hielten die SPD-Innenminister »nicht mehr für realistisch«.[43] Dieser Verzicht fand seine Grenze allerdings im Festhalten an der Abschiebung »nicht integrierter« Geduldeter.

Durch die Bleiberechtsregelungen der folgenden Jahre erhielten bis zum Jahr 2009 rund 59.000 der 110.000 betroffenen Menschen, die schon länger als acht (bei Familien mit Schulkindern sechs) Jahre in Deutschland lebten, eine Aufenthaltserlaubnis. Nicht nur Roma, sondern auch Kurden und andere Migranten. Bei etwa 28.000 davon geschah das unter der Bedingung, dass sie einen Job nachweisen konnten, der sie von Sozialleistungen unabhängig machte. Viele waren nach jahrelangen Arbeitsverboten erst jetzt in der Lage, sich einen legalen Arbeitsplatz zu suchen.[44]

Menschen, die nicht von diesen Regelungen profitieren, werden jedoch weiterhin abgeschoben. Der öffentliche Widerstand dagegen gleicht einer Feuerwehr, die jedes Mal zu einem neuen Brandort eilen muss. Ihr gelingt es oft, das Feuer zu löschen, nicht aber, die Brandursache zu beseitigen. Die »Karawane für die Rechte der Flüchtlinge und MigrantInnen« ist ein Beispiel für eine Organisation, die einerseits immer wieder zu Protestaktionen auf die Straße geht und andererseits den Widerstand in der Auseinandersetzung mit den Behörden organisiert. Ihr Selbstverständnis lautet, »die eigenen Leute mit Zähnen und Klauen zu verteidigen«.[45] Wer abgeschoben werden soll, kann eine Karawane-Gruppe als Anlaufstelle nutzen, politisch aktiv werden und von den Erfahrungen der anderen profitieren.

»Seit der Gründung 1998 haben wir eigentlich in fast allen Fällen Abschiebungen verhindern können, von denen Karawane-Mitglieder bedroht waren«, resümiert Bernd Kasparek, einer der Sprecher der Karawane München. Und die 42-jährige Togoerin Idowou Maman ergänzt: »Unsere Kinder sind hier geboren, wir haben hier gearbeitet, unsere Männer haben hier gearbeitet. Also haben wir entschieden, für unser Recht zu bleiben zu kämpfen.«[46] Wichtig sei es dabei, rechtzeitig zu mobilisieren, nicht erst, wenn jemand schon in Abschiebehaft sitzt. Die Karawane-Aktivistinnen haben Asylbewerber, die in den Kongo, nach Äthiopien oder in den Irak abgeschoben werden sollten, aber auch einen Studenten aus Georgien zu den Behörden begleitet. Sie haben Protestfaxe geschickt, die Zuständigen angerufen, die Presse informiert und was auch immer möglich war getan, um die erhoffte Wirkung zu erzielen. Manchmal sind sie direkt zum Flugschalter gegangen und haben Passagiere animiert, gegen eine geplante Abschiebung zu protestieren und diese dadurch zu vereiteln. Wichtig sind der Karawane auch Störaktionen bei Abschiebeanhörungen, die die Ausländerbehörden mit Botschaftsvertretern aus Togo, Nigeria oder Sri Lanka anberaumen, um sich die Identität abgelehnter Asylbewerber bestätigen zu lassen. Wenn die Karawane-Mitglieder, die häufig selbst aus dem entsprechenden Land stammen, vor Ort zum Boykott aufriefen, verweigerten die Asylbewerber häufig die Vorführung.[47]

Widerstand gegen Abschiebungen ist möglich und erfolgreicher, als man denkt. Oft nützt er allerdings nur denjenigen, die in der Lage sind, sich selbst zu engagieren oder Kontakt zu Unterstützern (etwa den Flüchtlingsräten) aufzunehmen, die sich dann auf kommunaler oder Länderebene für sie einsetzen. Menschen, die – aus welchen Gründen auch immer – die nötigen Kontakte, den Mut, das Wissen oder die politische Erfahrung nicht besitzen und unsichtbar bleiben, profitieren davon nicht unbedingt. Zudem wiederholten Bewegungen von Flüchtlingen oft den Fehler deutscher Abschiebegegner, sich vor allem als Asylbewerber zu organisieren und mit dem Hinweis auf die Unterdrückung im Herkunftsland zu argumentieren. Damit bestätigen sie aber die Aufteilung der Einwanderer, die das staatliche Recht vornimmt. Die Fokussierung auf das Asylrecht erschwert zudem die Zusammenarbeit mit anderen Migranten, die nie einen Asylantrag gestellt haben, aber ebenfalls von Abschiebungen betroffen sind.

Mit einer Legalisierungskampagne unter dem Motto »Wir sind unter euch!« versuchte deshalb die (vom antirassistischen Netzwerks »kanak attak«, von der Flüchtlingsinitiative Brandenburg, der Berliner Organisation Respect und anderen politischen Gruppen gegründete) »Gesellschaft für Legalisierung« den Diskurs zu verschieben. Ausgangspunkt ihrer öffentlichen Aktionen sollte das Gefühl der Stärke sein – dass sich Einwanderer so oder so Rechte nehmen, noch bevor sie ihnen zugestanden werden. Vor allem sollte mit der Forderung nach einem »Recht auf Legalisierung« ein positives Ziel formuliert werden, das eine Anerkennung dieses »Rechte-Nehmens« darstellte, statt den Menschenrechtsaspekt in den Vordergrund zu stellen, bei dem es nur darum gehen kann, das Schlimmste zu verhindern.

Im November 2003 startete die Kampagne mit mehreren Veranstaltungen in Hamburg, Berlin und in weiteren Städten. Beispielhaft für die Chuzpe, mit der sie durchgeführt wurde, war eine »Preisverleihung für den längsten Aufenthalt ohne Papiere in Deutschland«. Am wirkungsvollsten dürfte eine Station während des Aktionstags in Berlin gewesen sein: Eine Delegation, die in gefakten Verdi-Monturen vor dem Gewerkschaftskongress für die Legalisierung von Arbeiterinnen ohne Aufenthaltspapiere warb, bestand auf einem Rederecht. Eine Aktivistin trat daraufhin vor 2000 Gewerkschaftern ans Rednerpult und verlangte, dass sich Verdi auch für die Interessen »Illegaler« einsetzen solle, das seien schließlich ebenfalls Dienstleistungsarbeiter. Dem Verdi-Vorsitzenden Frank Bsirske wurde vor laufender Kamera das Zugeständnis abgerungen, dass die Gewerkschaft niemanden wegen fehlender Aufenthaltsrechte diskriminieren werde. Einzelne ver.di-Büros boten in der Folge Beratung für Wanderarbeiter an. Zu einer breiteren Übernahme der Legalisierungsforderung kam es aber weder innerhalb der Bewegungen noch in der offiziellen Politik.

Immerhin hat die politische Arbeit der »Gesellschaft für Legalisierung« dazu beigetragen, dass ein Bewusstsein für den Zusammenhang zwischen Ausbeutung und Abschiebepolitik entstanden ist, und dafür gesorgt, dass die Gewerkschaften begonnen haben, die Interessen von illegalisierten Arbeiterinnen und Arbeitern zu vertreten. Seit 2008 betreibt Verdi in Hamburg das Gewerkschaftsbüro MigrAr, das als »Anlaufstelle für MigrantInnen ohne gesicherten Aufenthalt« dient.[48] »Du hast Rechte – auch ohne Papiere« ist der zentrale Slogan von MigrAr. Die Mitarbeiter unterstützen vor allem Menschen, die sich dagegen wehren wollen, dass ihre Arbeitgeber ihnen den Lohn vorenthalten. Bekannt wurde der Fall der Kolumbianerin Ana S., die in Hamburg von einer wohlhabenden deutschen Familie offiziell als Aupair-Mädchen angestellt wurde, real aber als Haushaltshilfe und Kindermädchen arbeitete – auch nachdem ihr einjähriges Visum abgelaufen war. Sie trat in die Gewerkschaft ein und konnte vor Gericht erreichen, dass die Familie, die sie um einen Teil der ihr zustehenden Bezahlung prellen wollte, mehrere tausend Euro nachzahlen musste.[49]

Im Sommer 2012 eröffnete Verdi dann im Gewerkschaftshaus in Köln ein weiteres MigrAr-Büro. Auch Bauarbeitern aus Polen und dem ehemaligen Jugoslawien gelang es, den ihnen zustehenden Lohn zu erstreiten. »Viele wollen auch wieder zurückgehen«, erklärt ein Aktivist, »aber selbst, wenn sie es müssen, sollen sie zumindest Geld mitnehmen können.«

Dass Forderungen nach einer kollektiven Legalisierung, bei denen die Migranten nicht als Flüchtlinge, sondern als Arbeiter im Mittelpunkt stehen, ein effektives Mittel im Kampf gegen Abschiebungen sein können, bewies zuletzt ein Hungerstreik von dreihundert illegalisierten Einwanderern in Griechenland. Unterstützt von linken griechischen Gruppen, wehrten sich die hauptsächlich aus Nordafrika stammenden Männer Anfang 2011 gegen ihre drohende Abschiebung und forderten Aufenthaltspapiere. Die Wirtschaftskrise im Land traf viele Einwanderer besonders hart, weil sie ihre Jobs und damit die Möglichkeit verloren, eine Aufenthaltserlaubnis zu beantragen oder zu verlängern. Nach vierundvierzig Tagen Hungerstreik lenkte der Innenminister ein und gab sechsmonatige Duldungen aus, mit denen die Streikenden nicht nur im Land arbeiten, sondern auch in ihre Heimat reisen und dann wieder nach Griechenland zurückkommen konnten. Das Ministerium versprach, legale Aufenthaltstitel in Zukunft unkomplizierter zu gewähren. Obwohl das weit weniger war, als sie gefordert hatten, werteten die Migranten dies als Erfolg: »Mit den Papieren in der Hand und erhobenen Hauptes können wir in unsere Wohnungen sowie an unsere Arbeitsplätze zurückkehren.« Im Grunde erinnerten sie mit ihrem Kampf den damaligen griechischen Ministerpräsidenten Giorgos Papandreou an ein uneingelöstes Versprechen, das er nach seinem Amtsantritt gegeben hatte: Er wolle durch eine Legalisierung zusätzliche Einnahmequellen für die klammen Staats- und Sozialkassen erschließen.

Dieses Beispiel macht einmal mehr die möglichen Ambivalenzen von Legalisierungsinitiativen deutlich. Die Hungerstreikenden setzten viel aufs Spiel – ihre Gesundheit, ihr Leben. Obwohl sie die Agenda gleicher Rechte als Arbeiter hochhielten, war es am Ende wieder der Aspekt der Humanität, der eine Lösung erzwang: Es sollte keine Toten geben. Zugleich aber straften sie jene Lügen, die annahmen, dass man gerade in Krisenzeiten, in denen schon der griechische Durchschnittsbürger Einkommensverluste hinnehmen muss, nicht einmal einen Teilerfolg werde erzielen können.

Widerstand als letztes Mittel

Ähnlich gelagerte Schwierigkeiten treten auch bei der Bewertung des physischen Widerstands gegen Abschiebungen zutage. Solchen Widerstand gab es schon lange vor dem Tod des Sudanesen Aamir Ageeb im Jahr 1999, aber er musste erst ums Leben kommen, bevor die Polizisten verpflichtet wurden, Abschiebungen abzubrechen, wenn die Betroffenen sich massiv dagegen wehrten.

Von 2006 bis 2010 wurden in Deutschland insgesamt 364 Abschiebungen abgebrochen, weil sich die Fluggesellschaft oder der Pilot weigerten, Menschen gegen ihren Willen zu befördern. Diese Abbrüche machen allerdings nur etwas weniger als ein Prozent aller Abschiebungen aus. Manchmal können Abschiebungen schon im Vorfeld durch gezielten öffentlichen Druck auf Fluggesellschaften vereitelt werden, etwa indem Aktivisten telefonisch Widerstand ankündigen oder Protestnoten faxen und dabei auf die Flugsicherheit oder mögliche Imageschäden verweisen. Auch Passagiere können übrigens entsprechende Maßnahmen verhindern, indem sie sich weigern, sich im Flugzeug hinzusetzen.

Selbstverständlich ist eine solche Form des Widerstands nicht leicht. Sie erfordert Mut. Oft schauen Passagiere einfach weg. Im Januar 2011 wurde eine Abschiebung nach Bamako abgebrochen, weil Reisende und Aktivisten des Weltsozialforums, die in einer Air-France-Maschine zufällig Zeugen einer Abschiebung wurden, lautstark protestierten. Sie sahen, wie Beamte einen um Freiheit schreienden, gefesselten Mann mit Gewalt im Flugzeugsitz nach unten drückten. Sie standen auf, protestierten gegen die Abschiebung, filmten mit dem Handy die Beamten und stellten die Clips später ins Internet. Das Personal habe ihnen mit Anzeigen gedroht, der Pilot habe sie ignoriert, berichteten sie. Weil sie dennoch auf dem Abbruch der Abschiebung bestanden, kehrte die Maschine schließlich zum Gate zurück. Die meisten anderen Passagiere waren derweil sitzen geblieben und hatten sich völlig indifferent verhalten.

Der französische Staat versucht, diese Formen des Widerstands zu kriminalisieren. Im konkreten Fall nahmen Polizisten die Personalien der Passagiere auf und drohten mit einer Anzeige wegen Mithilfe zum illegalen Aufenthalt. Siebzehn Passagiere wurden abgeführt, darunter eine Familie mit Kindern sowie acht Aktivisten aus Deutschland. Man habe ihnen Handschellen angelegt und sie die Treppen hinuntergeschleift, berichten sie. Stundenlang mussten sie auf der Polizeiwache sitzen, um schließlich doch freigelassen zu werden. Der Vorwurf lautete: »Eingriff in den Flugverkehr«.

Ein juristisches Nachspiel hatte ihr Protest dann allerdings nicht. Eine der Beteiligten, Claudia Krieg, wertete die Polizeiaktion als »massiven Einschüchterungsversuch«. Die Festnahmen seien brutal verlaufen. Eine Fotografin habe dabei eine Bandscheibenverletzung erlitten, deswegen operiert werden müssen und man habe sie für vier Monate krankgeschrieben.[50]

Wenn sich Menschen körperlich wehren, um nicht abgeschoben zu werden, müssen sie ebenfalls mit harschen Reaktionen seitens des Staates rechnen. Sie können dann wegen Widerstands gegen Vollzugsbeamte angezeigt werden. In den Jahren 2006 bis einschließlich 2010 wurden dennoch sage und schreibe 994 Abschiebungen aus Deutschland aufgrund von Widerstandshandlungen der Betroffenen abgebrochen.[51] Das waren zwar nur etwas mehr als zwei Prozent aller Abschiebungen in diesem Zeitraum; die Zahl zeigt aber, dass viele Menschen oft noch im letzten Moment, also wenn sie zum Flugzeug gebracht werden oder schon darin sitzen, bereit sind, sich aufzulehnen.

Das muss nicht unbedingt mit Gewalt geschehen. Manche finden auch ungewöhnliche Methoden, ihre Abschiebung zu vereiteln. Thüringer Flüchtlingsunterstützer berichten, dass einmal jemand seine Abschiebung verhinderte, indem er einen Ring verschluckte, weshalb er den Sicherheitscheck nicht passieren konnte. Ein anderer Abzuschiebender machte sich in die Hose, so dass die Maßnahme abgebrochen werden musste. Wenn eine Abschiebung scheitert, heißt das freilich nicht automatisch, dass die Betroffenen bleiben können. Vielmehr wird ein neuer Termin angesetzt. In der Zwischenzeit gelingt es dann allerdings oft, doch noch ein Bleiberecht zu erhalten. Wer sich jedoch einmal physisch zur Wehr gesetzt hat, wird das Flugzeug beim nächsten Mal nicht ohne Polizeibegleitung betreten.

Die Gewalt, die bei Abschiebungen eingesetzt wird, war der Dreh- und Angelpunkt der Kampagne, mit der das Netzwerk »kein mensch ist illegal« im Jahr 2000 das Image der Lufthansa attackierte. Unter dem Slogan »deportation class« nahm man erstmals keine staatliche Stelle, sondern eine private Firma ins Visier, die sich an Abschiebungen beteiligte. Das Vorbild waren ähnliche Aktionen in Belgien und den Niederlanden. Im Rahmen der Kampagne wurde ein beklemmender Kurzfilm über den Tod Aamir Ageebs, der in einer Lufthansa-Maschine ums Leben gekommen ist, als Vorfilm in zahlreichen deutschen Kinos gezeigt.

Der Drive der Kampagne rührte jedoch gerade daher, dass sie nicht auf eine vordergründige Skandalisierung setzte. Vielmehr benutzten die Aktivisten Taktiken der Kommunikationsguerilla: Sie initiierten einen Plakatwettbewerb, bei dem Motive aus der Lufthansa-Werbung benutzt wurden, um ironisch auf den »Service« der »deportation class« hinzuweisen; sie kreuzten während der Internationalen Tourismus-Börse (ITB) in Berlin in Stewardessen-Outfits am Stand der Lufthansa auf und verteilten Broschüren zum »Abschiebe-Service«; sie kauften Aktien der Lufthansa AG und gingen zu den Aktionärsversammlungen, um dort lautstark zu protestieren. Die Ordner trugen die Aktivisten dann aus dem Saal und lieferten weitere Fernsehbilder, die das Image des Konzerns beschädigten. Immer wieder musste die Lufthansa reagieren, etwa als sie die Initiatoren einer »Online-Demo« anzeigte, bei der die Firmen-Webseite durch Massenzugriffe lahmgelegt werden sollte. Der Kampagne verschaffte das noch mehr Publicity.

»Wir haben nach neuen Aktionsformen gesucht, nach neuen Möglichkeiten für den Kampf gegen Abschiebungen«, berichtet Martin Rapp von »kein mensch ist illegal«. »Die ›deportation class‹-Kampagne hat vor allem deshalb gut funktioniert, weil wir bundesweit vernetzt waren. Die Lufthansa wusste nie, in welcher Stadt als nächstes eine ›kein mensch ist illegal‹-Gruppe am Flugschalter auftaucht. Wir waren unberechenbar.« Überraschend schnell distanzierte sich der Pilotenverband Vereinigung Cockpit öffentlich von Abschiebungen; diese seien nicht mit ihrem Berufsethos vereinbar – »fliegen ist freiwillig«, stellten die Piloten klar. Die Gewerkschaft Öffentliche Dienste, Transport und Verkehr (ÖTV) forderte das Flugpersonal ebenfalls auf, bei gewaltsamen Abschiebungen nicht mitzuwirken.[52] Das Thema wurde schließlich auch im Vorstand der Lufthansa AG besprochen. »Es fand damals ein Umdenken statt«, berichtet Unternehmenssprecher Thomas Jachnow. Die Lufthansa lehne mittlerweile »Abschiebungen gegen den Widerstand der Betroffenen grundsätzlich ab«.[53]

Der Vorstand habe einen Ausstieg erörtert, aber vom Bundesinnenministerium das klare Signal erhalten, dass dagegen wohl erfolgreich geklagt werden würde. Daraufhin wurde eine neue Unternehmenspolitik formuliert, die Eingang in die Dienstanweisungen der Piloten fand. Diese müssen keine Abzuschiebenden befördern, die erkennbar Widerstand leisten oder mit Klebebändern und Helm fixiert wurden.

Lufthansa-Piloten gehören mittlerweile zu denjenigen, die am häufigsten ihre Mitwirkung bei einer Abschiebung verweigern. Darüber hinaus beruft sich der Konzern jedoch auf seine gesetzliche Verpflichtung, jeden Passagier zu befördern, solange er kein Sicherheitsrisiko darstellt. Da die meisten Abschiebungen aus Deutschland unbegleitet stattfinden, sei es nicht möglich, zu wissen, ob ein Passagier von einer Abschiebung betroffen ist. Tatsächlich gibt es aber keine gesetzliche Verpflichtung, einen Passagier zu befördern, der gar nicht fliegen will, und dies wäre durchaus ersichtlich, denn viele Abgeschobene, die keinen offenkundigen Widerstand leisten, werden dennoch von Bundespolizisten zum Flugzeug gebracht oder sogar während des Flugs begleitet.

Wenn die beschriebene Kampagne also dazu geführt hat, das Image von Abschiebungen zu verschlechtern, und wenn seitdem häufiger auf Gewalt verzichtet wird, so hat sie doch auch dazu beigetragen, dass Abschiebungen mehr im Verborgenen ablaufen. Mittlerweile finden häufiger Sammelabschiebungen mit eigens dafür gecharterten Maschinen statt. Zudem übergeben die deutschen Polizisten zehn Prozent der Abzuschiebenden direkt an Sicherheitskräfte ausländischer Fluggesellschaften – meistens der russischen Airlines Aeroflot und Transaero oder der slowenischen Adria Airways.[54] Seit 2004 führen die EU-Staaten darüber hinaus Sammelabschiebungen durch, bei denen Menschen aus verschiedenen Ländern mit einem gecharterten Flugzeug abgeschoben werden.[55] Auch dagegen formiert sich Protest. Im April 2011 demonstrierten Abschiebegegner am Brüsseler Flughafen gegen die Abschiebung von einundsechzig Nigerianern und drei Kongolesen. Die Betroffenen kamen aus Belgien, Großbritannien, Deutschland, Frankreich, der Schweiz, Polen, Schweden und Norwegen. Meist hinterlassen solche Kundgebungen im Flughafengebäude aber kaum mehr als das Gefühl, wenigstens etwas getan zu haben, ohne viel zu bewirken: Während die Aktivisten durchs Megafon sprechen, stehen die Urlauber in der Schlange vor dem Check-in.

Wirkungsvoller ist der Widerstand, der im Vorfeld und kaum öffentlich stattfindet, wenn zivilgesellschaftliche Organisationen Druck auf die Politik ausüben. Dadurch wurden Sammelabschiebungen zwar (noch) nicht abgeschafft, es gelingt aber zumindest, sie zu begrenzen. Insider berichten, dass bei Sammelabschiebungen von Roma und Ashkali in den Kosovo oder nach Serbien häufig nur ein Drittel der Menschen, für die die Sammelabschiebung geplant war, am Düsseldorfer Flughafen tatsächlich in den Flieger gesetzt werden. Wenn die Betroffenen rechtzeitig erfahren, dass sie »auf der Liste« stehen, gelingt es häufig, die Abschiebung mit anwaltlicher Hilfe zu verhindern.

Außerdem hat die Lobbyarbeit von Kirchen, Sozialverbänden, Flüchtlingsinitiativen sowie Landtagsabgeordneten von Bündnis

90/Die Grünen und Die Linke dazu geführt, dass »Familien mit minderjährigen Kindern und Alleinerziehende mit minderjährigen Kindern, allein reisende Frauen, alte Menschen über fünfundsechzig Jahre, Kranke und Pflegedürftige, die den Minderheitengruppen der Roma, Ashkali und Ägypter angehören«, als Kandidaten für geplante Sammelabschiebungen entfielen. Im Dezember 2011 wurden, wie schon im Winter zuvor, die Abschiebungen für diese Gruppe per Erlass bis zum 1. April 2012 ausgesetzt.[56]

Grenzenloser Widerstand

Welche Effekte die Kämpfe für ein uneingeschränktes (und eben nicht auf humanitäre Härtefälle reduziertes) Recht auf Bewegungsfreiheit haben können, lässt sich an den sogenannten No-Border-Camps aufzeigen. Unter diesem Label treffen sich antirassistische Gruppen aus ganz Europa, um der Auslagerung der Abschiebepolitik in die Randzonen der Europäischen Union zu begegnen. Jährlich finden Protest-Camps statt – in Tarifa an der Straße von Gibraltar, in Calais am Ärmelkanal, Bulgarien und zuletzt in Köln. Hier sei das Camp auf Lesbos im Sommer 2009 herausgegriffen, weil es eine paradigmatische Wirkung entfalten konnte.

Auf der griechischen Insel unweit der türkischen Küste waren schon im Jahr zuvor 13.000 Einwanderer angekommen. 2009 landeten noch mehr Menschen auf Lesbos, denn wegen der Grenzpatrouillen der EU-Agentur FRONTEX im gesamten Mittelmeer hatten die anderen Reiserouten an Attraktivität eingebüßt. Die kurzen Überfahrten auf die vielen griechischen Inseln sind hingegen nicht so leicht zu kontrollieren. Allerdings werden die Migranten durch die Drittstaatenregelung gezwungen, in Griechenland zu bleiben, wenn sie dort einmal registriert sind.

Als das NoBorder-Camp auf Lesbos stattfand, ging die Zahl solcher Überstellungen nach Griechenland bereits zurück: Bei 800 Übernahme-Ersuchen der deutschen Behörden wurden im Jahr

2008 nur 222 Überstellungen durchgeführt. Im darauffolgenden Jahr hatten sich die deutschen Ersuche auf 2288 fast verdreifacht, aber es wurden nur noch 200 Personen nach Griechenland abgeschoben.[57] Unmittelbar nach dem NoBorder-Camp auf Lesbos gelang es erstmals, diese Abschiebepolitik – wenn auch nur vorübergehend – gänzlich zu Fall zu bringen. Die Aktivisten hatten auf der Promenade der Insel einen Informationsstand aufgebaut. Daneben stand ein Zelt, in dem ankommende Flüchtlinge bleiben konnten. Einige von ihnen beteiligten sich an den Aktionen. Man spannte ein Banner mit der Forderung »Freedom of Movement« auf, organisierte für Neuankömmlinge Schiffstickets zur Weiterfahrt und demonstrierte. Das Gebäude der Hafenpolizei wurde mit Farbbeuteln beworfen, FRONTEX-Boote mit einer Schlauchboot-Demo aus dem Hafen gedrängt. Im Zentrum der Aktionen stand aber das Auffanglager Pagani in einem Vorort der Inselhauptstadt Mytilini, wo in einer ehemaligen Lagerhalle Hunderte Migranten unter miserablen Bedingungen festgehalten wurden.

Ein paar Tage vor der offiziellen Eröffnung des Camps waren einige Migranten in den Hungerstreik getreten, und Aktivisten hatten ihnen eine Kamera durch das Gitter gereicht. Die Aufnahmen der Menschen im Gefängnis zeigten die unhaltbaren Zustände, in denen Asylbewerber in Griechenland leben müssen. Die Bilder landeten erst auf Youtube und gelangten von dort in die Nachrichtensendungen Deutschlands und anderer Länder. Pro Asyl, aber auch Mitarbeiter des UNHCR, die nach Lesbos gekommen waren, berichteten über die Ereignisse, was die Botschaft noch einmal verstärkte. Das Bundesverfassungsgericht untersagte in den folgenden Monaten mehrmals Abschiebungen nach Griechenland, solange dort bei Asylverfahren humanitäre Standards nicht eingehalten würden.[58] Auch als das NoBorder-Camp bereits wieder geschlossen war, revoltierten die Migranten in Pagani und forderten weiterhin die Einschaltung des UNHCR. Im Oktober 2010 stoppte das Bundesverfassungsgericht dann die Abschiebung eines Irakers nach Griechenland, und der Europäische Gerichtshof für Menschenrechte urteilte im Januar 2011, dass Abschiebungen nach Griechenland derzeit gegen europäisches Recht verstoßen.

Die Urteile verlangten von der Politik eine Entscheidung. Einer grundsätzlichen Änderung der Abschiebepraxis wich der damalige Bundesinnenminister Thomas de Maizière (CDU) aus, indem er im Januar 2011 alle Dublin-II-Überstellungen nach Griechenland für ein Jahr aussetzte. Er folgte damit anderen EU-Ländern. Jeder Mitgliedsstaat kann das »Selbsteintrittsrecht« ausüben und das Asylverfahren, abweichend von den eigentlichen Regeln, im eigenen Land durchführen. Faktisch waren schon 2010 nur noch 55 von 2458 potenziellen Kandidaten von Deutschland nach Griechenland überstellt worden. Mit dem auf ein Jahr begrenzten generellen Stopp von Abschiebungen nach der Dublin-II-Vereinbarung sollte Griechenland nun entlastet werden, bis es in der Lage ist, »substantielle Verbesserungen« in seinem Asylsystem nachzuweisen.[59] Weil das auch nach Ablauf der Frist noch nicht geschehen war, wurde diese um ein Jahr verlängert.

Wird der Abschiebestopp irgendwann wieder aufgehoben, oder wird sich diese Dynamik als Einstieg in den Ausstieg aus dem europäischen System der Abschiebungen in die Grenzstaaten der Europäischen Union erweisen? Sicher ist, dass sowohl die Praxis der Migranten, illegal weiterzureisen, als auch die Europäisierung der antirassistischen Bewegung, die wiederum mit der grenzüberschreitenden Ausweitung der Abschiebepolitik einherging, einen transnationalen Widerstand gegen Abschiebungen produziert haben.

Weltbürger gegen Abschiebungen

Der Kampf gegen Abschiebung ist immer ein Kampf um Rechte. Das Recht zu bleiben, das Recht, seinen Arbeitsplatz zu wählen, langfristig das Recht, sich einbürgern zu lassen und zu wählen. Schließlich: das Recht, sein Leben dort zu leben, wo man es leben möchte, unabhängig davon, woher man kommt, ob man vor Verfolgung fliehen musste oder der Liebe wegen migriert. Gerade der internationalisierte Widerstand tritt am dezidiertesten als Kampf um so verstandene kosmopolitische Bürgerrechte auf. Nicht weil die Frage der Flucht und der Menschenrechte in diesem Rahmen keine Rolle spielen würde. Sondern weil die Dichotomie zwischen den »guten« und den »schlechten« Ausländern dort nicht zum Tragen kommen kann.

Beim Widerstand gegen Abschiebungen von Menschen, die schon länger in einem Land leben, wird dieses kosmopolitische Recht praktisch insoweit realisiert, als die Abschiebung verhindert und ein Bleiberecht ermöglicht wird. Allerdings überschreitet diese Praxis nicht den nationalen Rechtsrahmen. Für den Staat spielt es zudem ebenso wie für die Bevölkerung vor Ort eine Rolle, dass die Menschen, deren Abschiebung als illegitim empfunden wird und verhindert werden soll, »integriert« sind und nicht dem Klischee des kriminellen Ausländers oder des »Sozialschmarotzers« entsprechen, dem man unterstellt, nur deshalb ins Land gekommen zu sein, weil er sich hier ein gutes Leben verspricht, ohne dafür arbeiten zu müssen.

Bei Menschen aber, die illegalisiert die EU-Grenzen überschreiten, kann jene Unterscheidung zwischen »guten« und »schlechten« Ausländern noch gar nicht getroffen werden. Eben deshalb setzen diese Kämpfe den Anspruch auf globale Rechte *für alle* auf eine viel praktischere Weise auf die Agenda, als das beim Widerstand gegen Abschiebungen von Migranten der Fall ist, die sich bereits eingelebt haben.

Der entscheidende Schritt erfolgt, wenn Migranten nicht mehr Empfänger von Mitgefühl sein wollen und sich selbst zum politischen Subjekt machen. Wenn sie den humanitären Diskurs bemühen, um ihn letztlich zu überschreiten. Das war beim Widerstand von zehn iranischen Männern der Fall, die in Würzburg in einem Flüchtlingslager in einer ehemaligen Kaserne leben mussten und sich nach dem Selbstmord ihres Heimgenossen Mohammad Rahsepar am 29. Januar 2012 entschlossen, an die Öffentlichkeit zu gehen und ihre Anerkennung als Asylbewerber zu fordern. Am 19. März bauten sie ein Protestzelt in der Würzburger Innenstadt auf und traten in den Hungerstreik. Zwei von ihnen nähten sich Anfang Juni sogar zeitweise die Lippen zu. Sie verlangten nicht nur eine positive Asylentscheidung in ihren individuellen Fällen, sondern grundsätzlich die Abschaffung der isolierten Gemeinschaftsunterkünfte für Asylbewerber. Der bayerische Flüchtlingsrat distanzierte sich daraufhin von den »radikalen« Protestformen und wies darauf hin, dass die Änderung der Asylbedingungen Zeit brauche und dass sich Politiker durch solche Aktionen »erpresst« fühlen könnten.[60]

Die iranischen Aktivisten hatten die feine Linie überschritten zwischen dem Werben um Mitgefühl für ihr Schicksal (das ihnen zugestanden wurde) und dem selbstbewussten Infragestellen der Asylpolitik, die sie betrifft und über die sie mitentscheiden wollen (wozu ihnen jedoch als Nicht-Bürgern das Recht abgesprochen wird). Auch wenn der Ausgangspunkt ihres Protests das Elend in den Lagern und die Verfolgung war, die ihnen nach einer Abschiebung in den Iran drohen würde, reklamierten sie schließlich ein Recht auf Selbstbestimmung und einen grundlegenden Anspruch auf Demokratie. Einen Anspruch, für den sie im Iran gekämpft hatten und den sie einige tausend Kilometer von dort entfernt nicht aufzugeben bereit waren.

Erst durch die »radikale« Protestform erhielten sie eine Stimme, die gehört wurde. Erst als sie sich nicht mehr versteckten und als Bürger agierten, kamen einige von ihnen auch relativ schnell zu ihrem Asylrecht. Sechs von ihnen erreichten eine Anerkennung, einer ein Abschiebeverbot. »Unsere Verbindung mit dem Bundesamt ist mittlerweile so nah, dass Herr K. vom Bundesamt mit uns persönlich Kontakt aufnimmt«, erklärte Abdolbaset Soleimani, »wir müssen uns nicht mehr mit jedem Sachbearbeiter des Amtes auseinandersetzen.«[61]

Einer der Flüchtlinge, Arash Dousthossein, erklärte in einer Rede, dass er nicht länger bereit sei, sich zu verstecken. Er gab offen zu, dass er in der Türkei fünf Jahre zuvor vom UNHCR als Flüchtling abgelehnt worden war und dass er nun trotzdem das Recht haben wolle, in Deutschland zu leben. Er sei Kommunist, und dies sei der Grund für seine Opposition zum iranischen Mullah-Regime, aber auch für seine Ablehnung durch den UNHCR gewesen.

Im Rahmen des Protests in Würzburg stellte er sich damit als politisches Subjekt wieder her. Er war in einem Heim im nordrhein-westfälischen Grefrath untergebracht und missachtete die Anweisung der Behörden, sich alle drei Tage dort zu melden. Stattdessen ging er nach Würzburg, nachdem er im Heim zuvor noch einen Zettel mit dem Hinweis an seine Zimmertür geklebt hatte, wo er nun zu finden sei, wenn ihn jemand sprechen wolle. »In der Ablehnung meines Asylantrags stand geschrieben: Wäre mir mein Asyl wichtig, wäre ich in der Unterkunft geblieben und hätte die Entscheidung abgewartet. Nein! Denn ich lehne die Residenzpflicht ab! Ich bin kein Tier, das im 21. Jahrhundert in einem freien Europa, das die Renaissance hinter sich gelassen hat, eine unsichtbare Kette um den Hals erträgt und sich vorschreiben lässt, wie und wohin es sich bewegen darf.«[62] Durch seine Positionierung bringt er die deutsche Öffentlichkeit in Entscheidungsschwierigkeiten. Als Gegner der iranischen Diktatur wäre er dem offiziellen Diskurs zufolge ein »guter« Ausländer. Ist er nun als Kommunist und durch sein radikales Eintreten für seine Freiheit ein »schlechter«? Die iranischen Aktivisten haben durch ihren dreimonatigen Protest ein Recht auf Migration und Flucht jenseits dieser Einordnung gefordert.

Ihr Beispiel machte anderen Flüchtlingen Mut, die Anfang Juli ähnliche Proteste in weiteren Städten wie Bamberg und Berlin initiierten. Arash Dousthossein organisierte in Düsseldorf mit einem weiteren iranischen und einem guineischen Asylbewerber und lokalen antirassistischen Gruppen ein Protestcamp in der Nähe des Landtags. Der 32-Jährige trug Jeans, rote Sportschuhe und einen Ohrring. Als Student hat er gegen seine Gängelung durch das islamische Regime im Iran Widerstand geleistet. Er ist trotz Dublin II durch halb Europa gereist. Wie alle Teilnehmer dieser Proteste hat er durch seine Praxis deutlich gemacht, dass er Grenzen nicht anerkennt und dies wurde von einigen Flüchtlingen im weiteren Verlauf auch öffentlich artikuliert. Und nun soll ein Mensch wie Arrash, der schon dem Mullah-Regime widerstanden hat, der tausende Kilometer zurücklegen und Kontrollen überwinden konnte, die Gängelung durch Beamte in Grefrath akzeptieren? »Ich will meine Freiheit«, stellte er klar, »Ich will nicht isoliert im Heim leben. Wo ist denn die Freiheit in Europa?«

Aus den geschilderten Aktionen entwickelte sich schließlich ein Protestmarsch von etwa 70 Flüchtlingen durch die Republik. Sie zogen in Würzburg los, machten Stationen in zahlreichen Städten, besuchten Asylbewerberunterkünfte auf dem Weg und kamen am 6. Oktober in Berlin an, wo sie vor dem Brandenburger Tor demonstrierten, auf dem Oranienplatz campierten und schließlich Bundespolitiker trafen. Und sie forderten nicht mehr nur die Abschaffung der Lager, sondern auch einen generellen Abschiebestopp. Inwieweit es gelingt, die Dynamik dieser Mobilisierung zu nutzen, um der Falle zu entgehen, sich auf einen humanitären Diskurs einzulassen, der den beteiligten Aktivisten lediglich die Anerkennung der individuellen Fluchtgründe anbietet, um statt dessen grundsätzliche kollektive Rechte durchzusetzen, bleibt abzuwarten.

Ein Begriff praktischer Weltbürgerrechte kann im Kontext eines nur humanitär argumentierenden Widerstands gegen Abschiebungen nicht entwickelt werden. Hanno Gottschalk hat darauf hingewiesen, dass es umgekehrt auch nicht reicht, solche Rechte einfach nur abstrakt zu fordern. »Der Kampf um die Papiere kann sich, ohne bedeutungslos zu werden, nicht wirklich von den Bedingungen emanzipieren, unter denen sich der Eintritt der EinwanderInnen in die Gesellschaft des Einwanderungslandes vollzieht, und das sind nach Lage der Dinge die Arbeit und das damit verknüpfte Ausbeutungsinteresse.«[63] In Italien erzielten die Einwandererorganisationen und die antirassistische Bewegung im Jahr 1998 ihren größten Erfolg, als sie immer wieder auf den Beitrag der Migranten zur italienischen Gesellschaft verwiesen und die sozialdemokratischen Gewerkschaften sich diese Argumentation zu eigen machten. Zwar sabotierten Letztere die Forderung nach Aufenthaltspapieren für alle, sie setzten aber »in der Regierung die Legalisierung von weiteren 50.000 ›clandestini‹« durch, nachdem es seit 1990 schon drei Legalisierungen von Migranten ohne Aufenthaltsrechte gegeben hatte.[64]

Menschen, die abgeschoben werden sollen, sind diejenigen, denen der Anspruch, politisch zu sprechen und ihre Rechte einzufordern, am vehementesten abgesprochen wird, die am wenigsten Platz haben in der Demokratie. Sie sind es, die sich durch den Widerstand gegen ihre Abschiebung diesen Platz und ihre Stimme praktisch nehmen und damit eine Demokratie erschaffen, die über die Grenzen des Nationalstaats hinausgeht. »Der Aktivismus von Einwanderern und Flüchtlingen ohne Status«, analysiert Peter Nyers, »erschafft Bürgerschaft aufs Neue.« Migranten, die sich organisieren, um sich gegen ihre Abschiebung zu wehren, gehören zur wachsenden Zahl der »Deplatzierten, die demokratische Politik wiederbeleben. Aber die Herausforderung beides gleichzeitig zu tun – ein Flüchtling zu sein und zugleich politisch zu sein – ist beträchtlich.«[65]

Nyers veranschaulicht die Grenzen dieses Kosmopolitismus der Abgewiesenen anhand des Beispiels algerischer Familien, die 2002 in Kanada gegen ihre Abschiebung gekämpft haben. Indem der kanadische Staat ihnen anbot, sie könnten Aufenthaltserlaubnisse beantragen, erkannte er sie zwar als politisch sprechende Subjekte an. Zugleich bestimmte er jedoch aufs Neue, unter welchen Bedingungen sie sprechen konnten, nämlich als Wirtschaftsmigranten und nicht mehr als Flüchtlinge. Dabei war es den Algeriern aber gerade darauf angekommen, wegen der drohenden Verfolgung nicht in ihr Herkunftsland abgeschoben zu werden.[66]

Die Beispiele zeigen, wie schwierig es ist, sich beim Widerstand gegen Abschiebungen auf die vorgegebenen Identitätspositionen zu beziehen, damit die jeweils konkrete Abschiebung verhindert werden kann, und gleichzeitig die Perspektive praktischer Weltbürgerrechte zur Sprache zu bringen, um das Abschiebungssystem als solches zu beenden. Um diesem Ziel näherzukommen, ist ein souveräner Umgang mit Identitäten unabdingbar, der sich auf die Praxis bezieht und vor allem jene Aspekte der Aneignung von Rechten ins Zentrum stellt, die der staatliche Diskurs im Dunkeln halten will. Das bedeutet, als Arbeitskraft zu sprechen, ohne sich darauf reduzieren zu lassen; als jemand, der studieren möchte, obwohl er um Asyl gebeten hat; als Kosmopolitin wahrgenommen zu werden, ohne Heidi Klum zu heißen. Es bedeutet, beständig andere Blickwinkel in die Öffentlichkeit zu tragen, die das »Imaginäre« – die Art, wie wir uns unsere Gesellschaft und unsere Welt vorstellen – verändern, Modelle der Wahrnehmung und Interpretation der Welt zu propagieren, die deren Veränderung erlauben. Und die Welt zugleich aus immer wieder anderen Positionen wahrzunehmen, um so zu erkennen, wie und wodurch man sie verändern kann. Es bedeutet, von der Realität der Migration zu sprechen.

Man kommt nicht umhin, sich beim Kampf gegen Abschiebungen ideologisch »die Hände schmutzig« zu machen, sich aus der Deckung zu wagen. Gegenwärtig beziehen Kirchen oder Sozialverbände Position gegen Abschiebungen, ohne die staatlich vorgegebenen Kategorien hinter sich zu lassen. Migranten schaffen es oft nicht, sich über die Herkunftsfixierung hinwegzusetzen, und organisieren sich oft nur im Rahmen ihrer eigenen nationalen Gruppe. Es sind meist Jugendliche der »zweiten Generation«, denen es gelingt, eine solche Isolation zu überwinden. Die Organisation *Jugendliche ohne Grenzen,*[67] die mit Slogans wie »I love Bleiberecht« gegen Abschiebungen kämpft, verleiht diesem Lebensgefühl Ausdruck, ohne dass es bisher in ein bewusstes kosmo-politisches Programm übersetzt worden wäre. Die staatskritischen Bewegungen wiederum haben zwar einen Schwenk zur Forderung nach globalen Rechten vollzogen, belassen es aber meist bei einem allgemeinen Appell, ohne artikulieren zu wollen, in welcher Form sich ein uneingeschränktes Recht auf Bewegungsfreiheit formal und institutionell verankern ließe. Doch nur wenn ihr dies gelingt, kann eine Politik erfolgreich sein, die das Ziel verfolgt, ein Ende der Abschiebungen herbeizuführen.

»Eine Gesellschaft ohne Institutionen ist undenkbar«, hat der politische Philosoph Cornelius Castoriadis einmal gesagt, und »ebensowenig denkbar ist eine Gesellschaft, die vollständig in ihren Institutionen aufginge. [...] Es gibt immer einen Abstand zwischen der instituierenden Gesellschaft und dem, was in einem jeweiligen Moment instituiert ist. Dieser Abstand ist keine negative Größe und kein Mangel; vielmehr äußert sich darin die schöpferische Macht der Geschichte. [...] Dieser Abstand ist dafür verantwortlich, dass eine Gesellschaft immer *mehr* enthält, als sie gegenwärtig realisiert.«[68]

Dieses *Mehr* ist auch jenen bewusst, die nicht gegen Abschiebungen demonstrieren, denen der Nationalstaat und die Zuwanderungskontrolle heilig sind und die schon der Erweiterung der Europäischen Union skeptisch gegenüberstehen. Es ist das Bewusstsein, dass Abgeschobene wiederkommen. Diese Wiederkehrenden sind ein Symbol des Widerstands gegen jegliche Abschiebepolitik. Denn selbst wenn es sich nicht um dieselbe Person handelt – irgendein Mensch kommt ganz bestimmt in genau dem Moment nach Deutschland, in dem ein anderer Migrant, der ihm ähnlich ist, abgeschoben wird. Das Ziel jeglichen Widerstands gegen Abschiebungen muss deshalb die politische Anerkennung dieser Mobilität als globales Recht sein – und nicht als Gnade.

Yusuf K.

»Ich komme wieder.«

Yusuf K. ist in Siegburg geboren und aufgewachsen. Zum Zeitpunkt des Interviews (April 2011) ist er neununddreißig Jahre alt. Als junger Mann wurde er zu einer mehrjährigen Haftstrafe verurteilt und dann in die Türkei abgeschoben.

Ich bin vor fünfzehn Jahren wiedergekommen und illegal in Deutschland geblieben. Das geht. Ich hab mir einen italienischen Ausweis besorgt. Mit dem falschen Ausweis hab ich sogar eine Spielhalle geleitet. Natürlich nicht mit meinem richtigen Namen. Man muss sich nur ruhig verhalten. Wenn man arbeitet, das heißt auch mal Schwarzarbeit, und keine Scheiße baut, dann klappt das. Ich hab verschiedene Jobs gemacht. Ich hab bei BASF gearbeitet, dann bei einer Brandschutzfirma, Isolierungen und so. Dann hab ich die Spielhalle eröffnet und nach vier Jahren hab ich sie wieder verkauft. Danach war ich wieder selbstständig. Ich war Trockenbauer. Ich hatte ja Fliesenleger gelernt, das hab ich auch gemacht.
Ich bin hier zur Schule gegangen, und nach meiner Ausbildung hab ich ein paar Jahre gearbeitet. Zuerst war ich Fliesenleger, dann war ich bei einer Firma im Schienen- und Tunnelbau. Am Ende habe ich noch in einer Fabrik für Hunde- und Katzenfutter gearbeitet. Klar, ich hab in meiner Jugendzeit Mist gebaut. Man macht eben Fehler. Zuerst war es Diebstahl, dann räuberische Erpressung, Raub und Körperverletzung.
Also, bei der räuberischen Erpressung, da hab ich den Typen nicht mal angepackt. Er hatte Schulden bei mir. Das waren halt Jugendzeiten. Ich hatte ihm Geld geliehen, und er wollte nicht zurückzahlen, obwohl er grade Geld dabei hatte. Da hab ich gesagt: »Ey, was soll das?« Ich hab einfach in seine Tasche reingepackt und mir mein Geld ge-

nommen. Deswegen hat er mich angezeigt, ich hätte ihm mit Gewalt oder so Geld abgenommen, obwohl ich ihn gar nicht angefasst hatte.

Bei der Körperverletzung war das dann so: Ich war Ringer. Ich war in der Bundesliga und in der Landesliga. Und einmal durfte ich bei einem Wettkampf nicht ringen, weil mein Gewicht nicht stimmte. Ich war sauer, als ich auf der Bank saß. Und mein Gegner, der hat mich beleidigt. Dann hab ich ihn gewarnt, er soll das lassen, und daraus ist eine Schlägerei entstanden. Mitten im Wettkampfbereich. Ist ja klar, wenn Sie dann vor demselben Richter stehen, dann heißt es: »Schon wieder Herr K.!«

Dann gab es noch ein paar Diebstähle und Einbrüche, aber meistens war ich immer nur dabei. Ich hab nicht wirklich mitgemacht, aber ich wusste das früher nicht: Wenn einer dabeisteht, und der andere macht Mist, dann büßt der mit. Was sollte ich denn machen? »Mach nix, mach nix!«, und er macht trotzdem. Soll ich den zusammenschlagen? Krieg ich auch eine Anzeige.

Okay, ich habe Straftaten begangen, und am Ende hat der Richter sich entschieden, dass ich eine Jugendstrafe und eine Erwachsenenstrafe kriege, weil ich damals zwanzig Jahre alt war. Insgesamt waren das fast fünf Jahre. Zweieinhalb Jahre für dies und zweieinhalb für das. Auf jeden Fall – ich kam in den Knast.

Ich war in verschiedenen Knästen, nicht nur in einem. Ich kam erstmal nach Köln-Ossendorf, dann nach Rheinbach, Siegburg, Bonn. Am Ende kam ich nach Remscheid, da bin ich geblieben. Und dann hab ich gesagt, ich möchte in einen offenen Vollzug, weil ich meine Familie hier habe, also meine Brüder, meinen Vater. Da hat die Anstaltsleitung gesagt: »Okay, du hast dich gut geführt, du hast gearbeitet, du hast keinen Mist gebaut«, weil mit Drogen hab ich nichts zu tun. Aber die Anstaltsleitung hat auch gesagt: »Wir müssen dich überprüfen, weil du ein Ausländer bist, ob du eine Abschiebung bekommst oder ob du mit der Ausländerbehörde ein Problem hast.« Ich hab denen gesagt, dass ich eine unbefristete Aufenthaltserlaubnis habe und bis jetzt noch kein Schreiben bekommen hatte. Nach zwei Wochen hat die Anstaltsleiterin eine neue Konferenz beantragt.

Da kam ich wieder mit sechs Beamten zusammen, die zuständig sind. Die haben entschieden: »Du kommst in den offenen Vollzug nach Bielefeld-Senne. Wir haben die Ausländerbehörde informiert, und die haben gesagt, es gibt keine Abschiebung.« Weil, die wissen ja, wer ich bin. Die wissen, dass ich hier in Deutschland geboren bin. Die wissen auf jeden Fall, dass ich noch nie in der Türkei war.

Im offenen Vollzug bin ich in die Schule gegangen, um meine deutsche Sprache und Mathematik zu verbessern. Da hab ich gelernt, und draußen hab ich auch eine Arbeit gefunden. Ich hatte ja Ausgänge, Hafturlaub. Ich kam wieder zurück ohne Alkohol, ohne Drogen. Die Arbeit hätte ich auch nach meiner Entlassung behalten können. Das war einen Monat vor meiner Entlassung. Mein Bewährungshelfer meinte noch: »Wir sehen uns.« Am nächsten Tag ging ich wieder zur Arbeit, ich kam in die Anstalt zurück, und auf einmal kommen fünf Polizisten in die Anstalt. Zack, Handschellen, auf den Boden. Was ist los? »Du wirst abgeschoben.« Hä? Warum werd' ich abgeschoben? Ich kann nicht abgeschoben werden, weil ich eine unbefristete Aufenthaltserlaubnis habe.

Ich dachte, das ist ein Scherz oder so. Oder dass irgendjemand Scheiße über mich geredet hat. Auf jeden Fall haben die mich gepackt und wieder in den Knast gesteckt. Ich wollte meine Familie und meinen Anwalt anrufen. Das haben die abgelehnt, ich durfte niemanden anrufen. Am nächsten Tag haben die mich nach Düsseldorf zum Flughafen gefahren. Ich dachte dann: Das wird wirklich wahr. Die schicken mich jetzt wirklich weg.

Ich kam in einen weißen Container am Flughafen. Dann mussten die mich durchsuchen. Ich hab mich ausgezogen. In die Körperöffnungen haben die bei mir nicht reingeguckt. Aber einem Kollegen ist das schon mal passiert. Er musste sich bücken, und die haben mit dem Finger nachgeschaut, ob der irgendwas drin hat oder nicht. Und dann haben die von mir noch Geld verlangt. 400 Mark für den Flug. Ich hab gesagt: »Ich gebe euch nichts.« Ich hatte Geld. Aber ich hab gesagt, ich bezahle gar nichts, weil ich mit dem Flug nicht einverstanden bin. Dann haben mich vier Polizisten ins Flugzeug gebracht. Als Erster komme ich rein, und es waren noch keine Passagiere da. Die setzen mich ganz in die Ecke, wo ich niemanden stören soll. Das war ein Dreier-Sitzplatz, ich saß in der Mitte. Der eine Polizist rechts, der zweite links und der dritte auf der anderen Seite vom Gang. Die waren alle in Zivil.

Die haben gewartet, bis die Passagiere eingestiegen sind, und dann ist der vierte Polizist ausgestiegen. Bis wir am türkischen Flughafen angekommen sind, hatte ich Handschellen an. Da mussten die meine Handschellen wieder abnehmen, weil da die türkischen Gesetze gelten.

In der Türkei wusste ich nicht, was ich machen soll. In Deutschland weiß ich, wenn man nichts hat, kann man zum Sozialamt gehen, auf jeden Fall nachfragen, wo man Unterkunft bekommen kann, oder Freunde fragen. Aber in der Türkei? Ich kannte mich da gar nicht aus. »So was gibt's hier nicht«, sagte der türkische Polizist am Flughafen. Okay, ich hatte Geld dabei, das ich in der Anstalt gespart hatte, ich hatte ja gearbeitet. Dann bin ich erst mal in ein Hotel gegangen. Nach ein paar Tagen ist mein Bruder nachgereist, der kannte sich dort besser aus. Wir sind zum deutschen Konsulat. Aber das Konsulat wusste nicht mal, dass ich hier bin. Ich meinte zu meinem Bruder: »Was soll ich denn jetzt machen?« Er sagte dann: »Wir bleiben erst mal hier, und du kannst deinen Militärdienst machen.« – »Ich will nicht zum Militär. Ich will weg. Ich hab die Schnauze voll.«

Ich war vorher noch nie in der Türkei. Ich hatte nur Schlechtes gehört und hab gesagt, ich werde niemals in die Türkei gehen. Als meine Mutter dort gestorben ist, war ich in Deutschland. Die Beerdigung war in der Türkei, und ich konnte nicht hingehen. Ich konnte einfach nicht. Ich war überall in Urlaub, ich war in Spanien, in Italien, in Griechenland. Ich war in Paris im Urlaub. Da weiß ich, was ich dort tun kann. Aber die Türkei war mir fremd. Wenn jemand in der Justizvollzugsanstalt die Tür aufmacht, dann weiß ich, wo ich hingehen kann. Aber in der Türkei geht am Flughafen die Tür auf, und dann stehe ich da. Was gibt's links, was gibt's rechts, was gibt's da vorne? Weiß ich gar nicht. Ich bin da nicht geboren, und kenne mich da gar nicht aus. Ich bin dann aber zwei Jahre dort geblieben und hab den Militärdienst gemacht. In der Zeit, wo ich beim Militär war, waren da auch andere Leute, die aus Deutschland abgeschoben worden sind. Mit denen hab ich ein bisschen Kontakt aufgebaut. Aber irgendwie hab ich mich in der Türkei nicht wohlgefühlt. Mein Vater sagte zu mir: »Mach erst mal deinen Militärdienst, und ich kauf dir dann dies und das.« Ich hab zu meinem Vater gesagt, du kannst mir halb Istanbul kaufen oder die halbe Türkei, ich will nicht. Ich werde verrückt hier, so ist das. Also mein Vater wollte auch, dass ich dort heirate, vielleicht würde ich mich dann ändern. Aber das ging nicht. Mein Vater versteht mich schon, aber er hat eben als Vater versucht, mich an das Leben dort zu gewöhnen.

Ich hab meine Freunde und meine Familie in Deutschland vermisst. Meine Freunde, die kenne ich noch vom Kindergarten und von der Schule, die sind alle da. Und ich bin da geboren. Es zieht mich nur dorthin. Ich hab ja jetzt in der Ausländerbehörde gesagt, egal, was ihr macht, ihr könnt mich zurückschicken, ich komme wieder. Gebt mir lieber zehn oder zwanzig Jahre Knast hier, weil ich hier weiß, wo ich bin, aber was soll ich denn da? Alles, Luft, Hitze, Leute, war fremd für mich. Sie müssen sich vorstellen, wenn man Sie jetzt in ein Land packt, wo Sie vorher nicht waren – und jetzt guck mal, wie du deinen Weg findest. Ich konnte keinen Weg finden.

Der »Klick« kam immer wieder. Eigentlich wollte ich schon während der Militärzeit abhauen. Direkt nach Deutschland. Egal wie. Welcher Weg? Scheißegal. Egal, ob ich auf dem Weg sterbe oder in Deutschland, auf jeden Fall nicht hier. Ich hab das Militär beendet und dann eine Woche bei meinem Vater in seinem Haus in der Türkei gewohnt und ihm gesagt, ich will weg. Ich kann nicht mehr. Ich platz vor Wut. Und dann hat mein Vater gesagt: »Okay, dann fährst du mit dem Schiff in die Ukraine, und von da aus kannst du weiter.« Mein Vater hat alles arrangiert. Ich kam nach Odessa, da hab ich mich besser gefühlt, obwohl ich noch nie in der Ukraine war. Ich weiß auch nicht warum. Vielleicht weil das die Verbindung zu Deutschland war. Dann bin ich von der Ukraine nach Polen gefahren. Als ich in Polen war, hab ich mich noch ein bisschen besser gefühlt, weil ich gemerkt hab, dass ich langsam in meine Heimat komme.

Man sagt ja, ich bin von der Staatsbürgerschaft her Türke, mein Heimatland ist die Türkei. Aber mein Heimatland ist eigentlich Deutschland. Wenn, sagen wir mal, ein Türke zu mir kommt und sagt, erzähl mir was über die Kultur in der Türkei. Was soll ich denn da erzählen? Aber wenn ein Deutscher zu mir sagt, erzähl mir was über die Kultur von Deutschland, dann würd' ich dem alles aufblättern.

Ich bin also von der Türkei mit dem Schiff in die Ukraine gefahren, das hat fast dreißig Stunden gedauert. So kam ich nach Odessa. Ich hab mir eine Landkarte genommen und gesehen: von Odessa nach Kiew, von Kiew dann an die Grenze zu Polen – mit dem Zug. An der Grenze von der Ukraine nach Polen wurde ich erst mal verhaftet, weil ich kein Visum hatte. Die haben mich zehn Tage dabehalten, aber dann haben die mich wieder freigelassen und mich gefragt: »Okay, was machst du jetzt – ohne dass wir das wissen?« Ich habe denen gesagt, ich will wieder nach Deutschland. »Okay, mach, was du willst.«

Ich hab mich wieder auf denselben Weg gemacht. Aber dieses Mal bin ich durch den Wald gelaufen, weil der eine hat mir gesagt, »geh nicht auf der Straße, weil, auf der Straße ist mehr Militär als im Wald. Geh lieber durch den Wald. Merk dir nur die Straße, es ist immer der gleiche Weg.« Ich hab mir alles gemerkt, ich kam bis zu einem polnischen Ort, und von da aus bin ich nach Warschau gefahren. In Polen war ich an eine Tankstelle gekommen und hab denen gesagt, ich möchte irgendwie nach Warschau. Da war einer, der konnte ein bisschen Deutsch, der hat mich mitgenommen. Für fünf Dollar. Von Warschau bin ich bis zur deutschen Grenze gekommen. Ich hatte mein letztes Geld dabei. Mein Vater war ja Rentner in Deutschland, der hat ja da gearbeitet über vierzig Jahre, meine Mutter auch. Auf jeden Fall hatte mir mein Vater Geld gegeben.

In Polen hatte ich den Zug in Richtung Berlin genommen. An der Grenze zu Deutschland vor Frankfurt / Oder kam die polnische Polizei. Ich hab denen gesagt, »meine Papiere sind weg«, weil mir jemand einen Tipp gegeben hatte: »Wenn du Papiere dabei hast, schicken sie dich direkt wieder zurück.« Auf jeden Fall hab ich denen gesagt, meine Papiere sind weg, und ich hab den Namen von meinem Bruder angegeben. Die wollten das erstmal kontrollieren. Ich war dann in so einem kleinen Wachhaus in Polen und hab denen gesagt, ich möchte gerne zur Toilette, Hände waschen und so. Dann wurde ich zur Toilette gebracht, und von der Toilette bin ich durch das Fenster abgehauen. Ich hab meinen Bruder angerufen und ihm gesagt, ich bin hier, und der ist dann mit dem Auto gekommen und hat mich abgeholt. Das ist fast fünfzehn Jahre her.

Hier in Deutschland bin ich gar nicht aufgeflogen. Das Problem war, dass mich mein Bruder jedes Mal genervt hat: »Was ist jetzt mit dir? Du bist schon seit fünfzehn Jahren in Deutschland, du kannst nicht immer diesen Namen benutzen, du musst irgendwann deinen eigenen Namen haben. Damit du dich mal nach deinen Rechten erkundigst, was da eigentlich passiert ist vor fünfzehn Jahren.« Er hatte sich nämlich erkundigt. Er hat Unterlagen, wo schwarz auf weiß zu sehen ist, dass die Behörden eine falsche Unterschrift von mir angegeben haben, dass ich damit einverstanden wäre, abgeschoben zu werden.
Ich hab mir schließlich einen Anwalt besorgt, und der hat sich die Akten besorgt. Er hat sich auch gewundert, warum ich abgeschoben worden bin, da meine Familie in Deutschland gearbeitet hat, und ich hab ja auch hier gearbeitet und meine Lehre beendet. Versteht er auch nicht, was da los ist. Auf jeden Fall hat er gesagt, wir können Klage einreichen. »Erst werde ich eine Befristung beantragen, mal sehen, was daraus wird.« Die haben gesagt, okay, die wären einverstanden, wenn ich ungefähr 2000 Euro bezahle. Also, die haben gedacht, ich wäre in der Türkei. Dann sollte ich von der Türkei aus ein Strafregister mitbringen. Ob ich mich in der Türkei gut geführt habe oder eine Straftat begangen habe. Da ich aber seit fünfzehn Jahren in Deutschland bin, kann ich gar nichts mitbringen.
Ich wusste ja nichts davon. Ich wusste ja nicht mal, dass die mich abschieben oder dass sie die Möglichkeit dazu haben. Erst nach der Zeit, wo ich hier bin, haben wir ja rausgekriegt, dass die eine falsche Unterschrift von mir genommen haben. Das ist nicht meine Unterschrift, ich kenne meine Unterschrift. Die Ausländerbehörde Remscheid, wo ich dann war, hat mir die Unterlagen erst danach gegeben. Deshalb hat der Anwalt gesagt: »Wir machen das anders. Die wissen

ja nicht, dass du hier bist. Wir beantragen, dass wir das auf Raten bezahlen.« Ich habe gesagt: »Nein, wir bezahlen das sofort.« Ich hab das sofort bezahlt, 1900 Euro waren das, was die verlangt haben. Das ist Schwachsinn. Ein Flug kostet doch keine 1900 Euro. Wie kann man von jemandem 1900 Euro dafür nehmen? Ich habe das trotzdem bezahlt. Und jedes Mal hat mein Bruder mir ein bisschen Druck gemacht, meine Freundin auch. Die haben immer wieder gesagt, ich soll versuchen, meinen eigenen Namen wieder zu bekommen.

Ich hab dann gesagt, okay, ich geh einfach zur Polizei. Ich hab mich freiwillig gestellt. Ich hab gesagt, ich bin Yusuf K., ich bin seit fünfzehn Jahren illegal hier und so weiter. Der Polizist meinte: »Warten Sie hier.« Am nächsten Tag kam die Ausländerbehörde, und die haben gefragt: »Wie bist du gekommen, wie ist das alles abgelaufen?« Ich hab denen alles erzählt. Dann meinten die: »Okay, wir geben dir drei Monate Haft.« Am 11. Januar war ich bei der Polizei, und am 12. Januar war ich schon in der Abschiebehaft. Seitdem sitze ich hier in Büren. Die haben mir zwar den 1. März als Termin für die Abschiebung genannt, aber ich hab diesen Termin mit einem Asylantrag gestoppt. Naja, die haben das abgelehnt. Und jetzt sitze ich immer noch hier. Meine drei Monate Haft waren am 12. März 2010 vorbei, aber die haben das schon im Vorhinein um zwei Monate verlängert. Ich muss abwarten, was läuft.

Ich finde das total Mist. Das ist eigentlich eine doppelte Strafe. Du sitzt deine Strafe ab, und wenn die Strafe beendet ist, kriegst du noch eine Strafe, und die heißt Abschiebung. Nach fünf Jahren kannst du vielleicht neu beantragen, dass du wieder einreisen darfst. Aber nach den fünf Jahren kriegst du noch mal eine Strafe. Die Abschiebekosten. Wie soll ein Türke, der in der Türkei lebt, 2000 Euro finden? Das heißt mindestens noch zwei, drei Jahre, bis du das gespart hat. Und hier im Abschiebegefängnis macht man uns damit auch Angst. Pro Tag, den wir hier absitzen, kostet das ungefähr sechzig Euro. Das heißt, wenn jemand drei, vier Monate hier ist, sind das etwa 6000 Euro. Damit machen sie uns Angst. Du denkst, 6000 Euro in der Türkei, woher soll ich das denn nehmen?

Ich meine, es gibt verschiedene Kriminelle, kleine und große. Es gibt Mafia-Kriminelle. Und es gibt Leute mit Diebstahl, kleiner Raub, Einbrüche und so. Das kann man verstehen. Aber die Leute mit Vergewaltigung und Mord, die kann man nicht verstehen. Das kann ich akzeptieren. Aber die kleinen Leute, warum werden die da mit reingezogen? Deutschland hat gute Gesetze, das kann ich akzeptieren. Aber: Man soll es nicht übertreiben mit dem Ausländer. Bei Deutschen sagt man: »Wir geben dir vier Jahre.« Nach drei Jahren geht der raus, ein Jahr auf Bewährung, und dann kann der machen, was der will. Wenn der wieder Straftaten macht, kommt der wieder rein. Ich würde es so sagen: Abschiebung sollte es schon geben. Wenn die Kriminalität groß ist, sollte man schon abschieben. Aber für die Leute, die hier in Deutschland aufgewachsen sind oder geboren sind, finde ich das Scheiße. Weil die sich dort gar nicht auskennen. Die haben sich erst hier entwickelt und sind mehr auf die Gesetze und die Kultur hier eingegangen als auf die andere Kultur. Die finden dort keinen Weg. Und jeder Mensch, egal ob ein Ausländer oder ein Deutscher, hat eine zweite Chance verdient. Man sollte jedem auch eine Chance geben. Man verliert dabei nichts. Mal sehen, was daraus wird. Dann wird das auch weniger hier mit den Illegalen. Die Leute, die illegal hierherkommen, warum kommen die? Um sich eine Zukunft aufzubauen, um zu arbeiten. Nicht um kriminell zu werden. Aber wenn man die Ausländer, die illegal hierherkommen, direkt in den Knast steckt, dann braucht man sich auch nicht wundern, wenn die Straftaten begehen. Man sollte versuchen, den Leuten ein Ziel zu geben. Meine Zukunft liegt nicht in der Türkei. Mit meiner Freundin bin ich jetzt seit sechs Jahren zusammen. Okay, ich könnte heiraten. Aber ich will das nicht. Wir haben vorher darüber geredet, und ich hab ihr gesagt, ich werde mich freiwillig stellen. Wir werden uns nur zu den Besuchszeiten sehen. Das hat sie eingesehen. Am Ende heißt das, dass ich in die Türkei gebracht werde. Aber ich komme wieder.

Das Interview wurde im Frühjahr 2010 im Abschiebegefängnis Büren geführt. Yusuf K. will versuchen, diesmal legal wieder nach Deutschland zu kommen.

Abschiebung als Strafe

Soll der Staat einen mehrfachen Mörder aus Deutschland abschieben? Die meisten Menschen, selbst jene, die Abschiebungen kritisch gegenüberstehen, würden zögern, diese Frage gleich zu verneinen. Die Abschiebung krimineller Ausländer berührt nämlich nicht nur Aspekte der Einwanderungspolitik, sie wirft eine elementare moralische Frage auf: Welches Entgegenkommen, welches Mitgefühl sind wir bereit, einem Menschen entgegenzubringen, der anderen Menschen massiv geschadet hat. Dieses moralische Dilemma führt dazu, dass die Abschiebung von Straftätern in der öffentlichen Meinung einen Legitimitätsbonus erhält. Sie lässt sich besser verkaufen als die Abschiebung unbescholtener Migranten, mit deren Schicksal sich das Publikum im Zweifel eher identifizieren kann. In beiden Fällen aber handelt es sich um eine argumentative »Falle«, denn im Zuge der Moralisierung des Abschiebungsdiskurses wird die politische Dimension von Abschiebungen in den Hintergrund gedrängt.

Bei der Abschiebung von Migranten, die *keine* Kriminellen sind, aber kein Aufenthaltsrecht besitzen, macht die Konzentration auf die Betroffenheit und die menschliche Härte es, wie erläutert, schwerer, die Aneignung des Rechts auf Migration und den Kampf um gleiche Rechte über den Einzelfall hinaus zu artikulieren. Der Diskurs wiederum, der sich um die Abschiebung von Straftätern entspinnt, setzt am entgegengesetzten Punkt derselben Denkfigur an. Denn von Abschiebungen aufgrund von Straftaten sind auch solche Einwanderer betroffen, die schon lange, manche sogar seit ihrer Geburt in Deutschland leben und Aufenthaltsrechte besitzen, die eine Abschiebung eigentlich unmöglich machen – es sei denn, sie werden straffällig.

Mit ihrer Abschiebung wird – auch wenn in der öffentlichen Debatte ein solcher Eindruck erweckt wird – kein moralisches Urteil über ihre Tat, sondern ein politisches Urteil über ihre Zugehörigkeit gefällt: Die Abschiebung dient dazu, die Grenze zwischen Bürgern und Nicht-Bürgern aufrechtzuerhalten. Eine Grenze, die längst begonnen hat, sich aufzulösen und einer Gleichberechtigung zu weichen.

Gleichberechtigung bedeutet nicht, dass ich deswegen automatisch ein guter Mensch sein muss. Es bedeutet, dass ich auch ein schlechter Mensch sein kann und dass ich das Recht habe, genauso behandelt (und auch bestraft) zu werden wie ein anderer schlechter Mensch, dass aber meine Zugehörigkeit nicht infrage gestellt wird, wenn ich mit dem Gesetz in Konflikt gerate. Mit der Abschiebung von ausländischen Straftätern wird jedoch markiert, dass Ausländern dieses Recht, im Leben auch Fehler zu machen, nicht in gleichem Maße zugestanden wird. Gerade dadurch werden sie zu »Fremden« gemacht, selbst wenn sie schon längst in diesem Land zu Hause sind. Die moralische Bewertung der einer Abschiebeentscheidung zugrunde liegenden Straftat verdunkelt daher den politischen Charakter dieses Aktes.

Es ist nämlich durchaus möglich, dass der deutsche Staat einen mehrfachen Mörder ausländischer Herkunft bewusst im Land behält. Die Auslieferung des niederländischen NS-Verbrechers Klaas Carel Faber an die Niederlande zum Beispiel hat die Bundesrepublik bis zu seinem Tod im Mai 2012 verhindert. Für die moralische Bewertung ist der juristische Unterschied zwischen einer Auslieferung und einer Abschiebung an dieser Stelle unerheblich. Der Niederländer war SS-Mitglied und wurde nach Kriegsende für die Ermordung von zweiundzwanzig Juden und Widerstandskämpfern zu lebenslanger Haft verurteilt. 1952 gelang ihm die Flucht nach Deutschland, und seitdem konnte er dort unbehelligt in Freiheit leben. Das war nur deshalb möglich, weil Faber aufgrund eines Erlasses von Adolf Hitler als SS-Freiwilliger die deutsche Staatsangehörigkeit erworben hatte, was ihn vor der Auslieferung schützte.[1] Sechzig Jahre lang haben deutsche Politiker darauf verzichtet, die Gültigkeit dieses Nazi-Erlasses, der ausländische Verbrecher schützt, aufzuheben. Ihnen fehlte der politische Wille, diese Form der Zugehörigkeit aufzukündigen.

Im Gegensatz dazu waren die Regeln zur Einbürgerung und zum Erwerb einer doppelten Staatsbürgerschaft in Deutschland immer wieder Gegenstand hitziger politischer Debatten. So können weiterhin viele ganz gewöhnliche, eingebürgerte Einwanderer ihre deutsche Staatsangehörigkeit verlieren, bloß weil sie eine zweite Staatsangehörigkeit erwerben. Und durch den Rückfall in den Ausländerstatus ist damit auch ihre Abschiebung möglich. Während ein niederländischer SS-Verbrecher wie Faber, der viele Menschenleben auf dem Gewissen hatte, in Deutschland bleiben durfte, schieben deutsche Behörden gewöhnliche Migranten schon wegen sehr viel geringerer Delikte ab.

Zugehörigkeit und Kriminalität

Die Abschiebung ausländischer Straftäter folgt nicht moralischen Maßstäben, sie erlaubt vielmehr die Zuspitzung des Streits um Zugehörigkeit und um den Anspruch auf Gleichberechtigung. Gerhard Schröder profilierte sich zum Beispiel im Jahr 1997 als künftiger Kanzlerkandidat der SPD, indem er mit folgendem markigen Spruch für Schlagzeilen sorgte: »Wer unser Gastrecht missbraucht, für den gibt es nur eins: Raus, und zwar schnell!« Damit konnte der niedersächsische Ministerpräsident in der gesamten Republik Sympathiepunkte sammeln. Als im Dezember 2007 zwei junge Männer, der 20-jährige Serkan und sein 17-jähriger Freund Spyridon, in München einen Rentner in der U-Bahn-Station brutal zusammenschlugen, fand auch der hessische CDU-Ministerpräsident Roland Koch sein Wahlkampfthema: In Deutschland gebe es »zu viele junge kriminelle Ausländer«. Sie sollten künftig schon bei Gefängnisstrafen von einem Jahr ohne Bewährung ausgewiesen werden, forderte Koch.[2]

Der Hintergrund der jeweiligen Straftaten ist dabei nebensächlich: In Schröders Fall handelte es sich um militante kurdische Aktivisten, um eine politische Auseinandersetzung also, die durch die Reduktion auf die bei den Demonstrationen begangenen Straftaten entpolitisiert wurde. In Kochs Fall handelte es sich um betrunkene jugendliche Schläger, die zum Politikum im Wahlkampf wurden. Es lagen also zwei völlig unterschiedliche Konstellationen vor, die dennoch zur identischen Forderung nach einer Verschärfung der Ausweisungsregeln benutzt wurden. Die moralische Entrüstung über die Gewalttätigkeit ist dabei nur der Aufhänger, um in der Folge eine Grenze zwischen »uns« und »denen« zu ziehen.

Darüber hinaus eignet sich die Forderung nach der Abschiebung ausländischer Straftäter dazu, Abschiebungen generell als legitim erscheinen zu lassen. Indem diese Fälle ins Rampenlicht gezogen werden, entsteht der Eindruck, Abschiebungen beträfen vor allem Kriminelle. Tatsächlich sind aber die meisten Menschen, die aus Deutschland abgeschoben werden, *keine* Kriminellen. Die Mehrzahl hat hier außer illegaler Einreise oder unerlaubtem Aufenthalt nichts verbrochen. Nur eine Minderheit der Abgeschobenen sind verurteilte Straftäter – in Bayern fast jeder dritte, in Nordrhein-Westfalen lediglich jeder fünfte. Die meisten von ihnen werden unmittelbar aus dem Gefängnis heraus abgeschoben.[3]

Juristisch ist das im Aufenthaltsgesetz genau geregelt. Wird ein Nicht-Deutscher zu mindestens drei Jahren Gefängnis verurteilt, muss die zuständige Ausländerbehörde ihn abschieben. Dabei werden auch mehrere kürzere Haftstrafen innerhalb von fünf Jahren zusammengerechnet. Dasselbe gilt, wenn Sicherheitsverwahrung angeordnet wurde. Bei Drogendelikten, bei schwerem Landfriedensbruch oder bei Landfriedensbruch im Zusammenhang mit einer verbotenen Demonstration reichen zwei Jahre Haft. Allerdings sind seit 2004 EU-Bürger und Türken, die ein Aufenthaltsrecht als Arbeitnehmer besitzen, von der zwingenden Ausweisung ausgenommen. Für sie besteht kein Automatismus, sondern die Ausländerbehörde muss den Einzelfall prüfen: Besteht wirklich Wiederholungsgefahr? Wie groß ist die Verwurzelung, hat der- oder diejenige zum Beispiel Kinder in Deutschland?[4] Nur in besonders schweren Fällen können auch EU-Bürger abgeschoben werden, obwohl sie in Deutschland zu Hause sind, so wie ein Italiener, der 2006 wegen sexuellen Missbrauchs, Nötigung und Vergewaltigung seines achtjährigen Opfers zu siebeneinhalb Jahren Haft verurteilt wurde und bei dem die Behörden nach der Entlassung einen Rückfall befürchteten.[5]

Bei einem Strafmaß von mindestens zwei Jahren ohne Bewährung werden Nicht-EU-Ausländer laut Gesetz »in der Regel« ausgewiesen, bei weniger als zwei Jahren *kann* die Ausländerbehörde ausweisen; in beiden Fällen muss sie aber den Einzelfall prüfen. Dies gilt auch für Drogenhändler sowie bei Terrorismusverdacht und bei verfassungsfeindlicher Betätigung.

Die Abschiebung aufgrund einer Strafhaft stellt eigentlich ein Paradoxon dar. Denn das deutsche Grundgesetz schreibt schließlich vor, dass niemand wegen derselben Tat mehrfach bestraft werden darf. Für ausländische Staatsangehörige wird dieser Grundsatz aber ausgehebelt, da die Abschiebung nicht als Strafe nach dem Strafgesetz gilt, sondern als Verwaltungsakt. Sie wird dementsprechend auch nicht mit der Straftat an sich begründet, sondern mit dem Ziel, weiterer Straftaten oder einer Gefährdung der öffentlichen Sicherheit vorzubeugen. Damit kann die Verfassungsmäßigkeit gewahrt werden, doch das ändert nichts daran, dass sie anders behandelt werden als deutsche Straftäter.

Für die Betroffenen selbst bleibt die formaljuristische Unterscheidung des »Verwaltungsaktes« Abschiebung von der Strafhaft reine Theorie. Praktisch gesehen werden sie für ihre Tat doppelt bestraft, weil sie keine Deutschen sind. Selbst wenn sie nie im Ausland gelebt haben und sich in Deutschland zu Hause fühlen, müssen sie das Land verlassen.

Die Tatsache, dass Einwanderern und deren Kindern das Grundrecht vorenthalten wird, für ihre Tat nur einmal bestraft zu werden und dann wie ihre deutschen Nachbarn eine zweite Chance zu erhalten, ist eine Finesse des modernen Rassismus. Denn sie werden nicht nur härter bestraft, weil sie Ausländer sind, sondern durch die zweifache Strafe nochmals zu Ausländern gemacht. Und zwar in doppelter Weise – zur Ablehnung in Deutschland gesellt sich nämlich die mögliche Ablehnung im Herkunftsland, in das sie abgeschoben werden. Sie »sind hier und dort nicht erwünscht«, so die ehemalige Gefängnisdirektorin Katharina Bennefeld-Kersten, »sie bleiben immer ›Fremde‹, egal, wo sie sich aufhalten«.[6]

Dabei können selbst relativ geringfügige Straftaten zur Ausweisung führen. Um abgeschoben zu werden, muss man nicht gleich jemanden umgebracht haben. Es reicht aus, ein zweites Mal beim Klauen im Kaufhaus erwischt zu werden. Das ist die Geschichte von Anita (Name geändert) aus dem Münsterland. »Ich war eben jung, dumm und naiv«, erzählt die 20-Jährige, während wir in der Besucherhalle der Justizvollzugsanstalt Ossendorf in Köln an einem kleinen Holztisch sitzen. Wenn sie lächelt, glänzen ihre rot geschminkten Lippen. Modeschmuck klimpert an ihrem Handgelenk. Ihre Augen funkeln vor Lebenslust. Selbst hier im Knast – einen Tag vor ihrer Abschiebung.

Am Anfang möchte Anita nicht mit der Sprache rausrücken. »Im Nachhinein schäme ich mich«, beteuert sie. In mehreren Geschäften habe sie den Sicherheitsclip von Jeans und T-Shirts abgemacht. Dann habe sie die Sachen in ihre Tasche gesteckt. Als sie das erste Mal erwischt wurde, war sie achtzehn. Der Richter verurteilte sie zu acht Monaten auf Bewährung. »Die hab ich nicht genutzt«, schiebt sie hinterher, verdreht die Augen, kichert und nestelt an ihren langen schwarzen Haaren. Anita hat noch einmal »Klamotten geklaut«. Sie wurde wieder erwischt. Dieses Mal lautete ihre Strafe achtzehn Monate Haft – ohne Bewährung. Auch dass sie mittlerweile eine Ausbildung zur Friseurin und Kosmetikerin begonnen hatte, beeindruckte das Gericht nicht. »Ich hatte falsche Freunde. Ich hab überhaupt nicht begriffen, welche Konsequenzen das für mich hat. Hier im Gefängnis hab ich dazugelernt. Ich bin kein Kind mehr, ich bin jetzt eine erwachsene Frau, und ich weiß, was gut für mich ist und was nicht.« In der Justizvollzugsanstalt besuchte sie einen Schneiderkurs.

Doch Anita hat nicht wie andere Verurteilte nach ihrer Haftstrafe eine zweite Chance erhalten. Stattdessen wurde sie aus Deutschland ausgestoßen. Ihre Abschiebung war nicht zwingend. Nach einem halben Jahr im Knast bot man ihr allerdings an, sich vorzeitig aus der Strafhaft abschieben zu lassen. Sie ließ sich darauf ein und beantragte die vorzeitige Abschiebung, um nicht länger in der Zelle zu sitzen.

Wenn eine Ausweisungsverfügung existiert, kann die Justiz die weitere Vollstreckung der Strafhaft aussetzen. Bei einer erneuten, späteren Einreise in die Bundesrepublik wird dann aber die Vollstreckung des noch offenen Rests der Haftstrafe fällig. Das Gericht muss der vorzeitigen Abschiebung aus der Strafhaft zustimmen. Manchmal erklären die Betroffenen im Vorfeld, dass sie auf Rechtsmittel verzichten, wodurch die Ausweisungsverfügung sofort vollziehbar wird.[7] Dadurch kann es selbst bei Ermessensausweisungen zum Vollzug der Abschiebung kommen. Das ist ein übliches Vorgehen. Gerade für eine junge Frau wie Anita ist in dieser Situation der Druck groß, der eigenen Abschiebung zuzustimmen, weil sie es im Gefängnis nicht länger aushält.

Anita war einundzwanzig Jahre alt, als sie kurz vor Weihnachten 2008 in den Kosovo abgeschoben wurde. Dort sei es »schrecklich«. Sie halte sich mit einem Job als Friseurin über Wasser, schrieb sie mir. Sie fühlte sich von den deutschen Behörden hinters Licht geführt, und eigentlich bräuchte sie eine Therapie, um alles zu verarbeiten.

Sie lebte neunzehn Jahre lang mit ihren Eltern in Deutschland, hat hier laufen, lesen, lieben gelernt. In Westfalen liegt auch ihr Vater begraben, der im Jahr ihrer Verurteilung gestorben ist. Wenn sie Kummer hat, würde sie gerne sein Grab besuchen. Den hat sie oft. Während ihrer Zeit im Gefängnis hat ihr Verlobter sie verlassen. Das Grab ihres Vaters kann sie für mindestens drei Jahre nicht mehr sehen. So lange gilt ihr Wiedereinreiseverbot. Irgendwann will sie aber nach Deutschland zurück.

Anita ist kein Einzelfall. Das bestätigen die Erfahrungen von Joachim Vorneweg, der einige Jahre als Abschiebebeobachter am Düsseldorfer Flughafen gearbeitet hat. Die meisten Migranten, die straffällig wurden und deswegen in den Flieger gesetzt werden, seien »hier zu Hause«, berichtet er. Manchmal könnten sich die Betroffenen nicht einmal mit den Stewardessen der Fluglinie ihrer »Heimat« unterhalten, in die sie »zurück« müssen. So wie ein junger Mann Anfang zwanzig, der nach Marokko abgeschoben wurde. »Ich habe mich mit ihm unterhalten«, erinnert sich Vorneweg, »der war mehr Kölner als ich.«

Juristisch ist diese Abschiebepraxis fragwürdig. Der Europäische Gerichtshof betont, dass die Verwurzelung im Land gegen eine Abschiebung spricht.[8] Das muss bei der Ermessens- und auch bei einer Regelausweisung berücksichtigt werden. Manchmal wird eine Ist-Ausweisung zur Regelausweisung herabgestuft, worin sich der Einfluss der europäischen auf die deutsche Rechtssprechung niederschlägt. In der Praxis bleibe es aber dabei, dass »die Ist-Ausweisung, also die Pflicht, ab einer bestimmten Anzahl von Straftaten auszuweisen, kaum Spielraum lässt, die Integration hier aufgewachsener oder geborener ausländischer Jugendlicher zu berücksichtigen«, erklärt der Kölner Rechtsanwalt Michael Verhoeven. Das stehe »in krassem Widerspruch zu der Rechtsprechung des Europäischen Gerichtshofs, der eben ausdrücklich sagt: Wenn sich jemand integriert hat, faktisch ein Inländer ist, dann führt dieser Umstand dazu, dass grundsätzlich nicht ausgewiesen werden darf.« Deutsche Richter interpretieren Integration aber häufig anders: Wer eine Straftat begehe, zeige eben dadurch, dass er nicht integriert sei – selbst wenn er in Deutschland geboren ist. Das führe, so Verhoeven, zu der widersinnigen Situation, »dass die Aufenthaltsdauer als Zeichen der Verwurzelung in Deutschland bei Flüchtlingen mehr berücksichtigt wird als bei hier geborenen oder aufgewachsenen Einwandererkindern«.

Es wäre interessant zu erfahren, wie viele der abgeschobenen Straftäter – so wie Anita oder auch Yusuf K. – in Deutschland geboren oder aufgewachsen sind und bei wie vielen es sich um Leute handelt, die sich nur vorübergehend in Deutschland aufhalten und deren Abschiebung insofern auch keine Entwurzelung darstellt.

Zur Einschätzung der Abschiebepraxis wären ebenso Informationen darüber notwendig, wie viele der abgeschobenen Straftäter »kleine Fische« sind oder »Jugendsünden« begangen haben, wie sie oft selbst beteuern, und wie hoch der Prozentsatz derjenigen ist, die wegen schwerer Gewaltverbrechen verurteilt wurden und überhaupt dem Typus des »gefährlichen Ausländers« entsprechen, vor dem die Öffentlichkeit mittels Abschiebung besonders geschützt werden soll. Die exemplarisch angefragten Justiz- sowie Innenministerien in Düsseldorf und München konnten auf Nachfrage keinerlei detaillierte Angaben dazu machen. Solche Daten würden nicht statistisch erfasst.[9]

Die Abschiebungen von De-facto-Inländern, die ihre Strafe abgesessen haben, sorgt in der Öffentlichkeit kaum für Empörung. Doch für jemanden, der zwar kein deutscher Staatsangehöriger, allerdings in Deutschland zu Hause ist, muss die Abschiebung wie die mittelalterliche Verbannung wirken. Eigentlich ein Topthema, das die Medien aber meist ignorieren. Stattdessen skandalisieren gerade Boulevardzeitungen oft, dass ein Straftäter mit ausländischem Pass noch *nicht* abgeschoben wurde – wie etwa bei dem »Fall Mehmet« in München oder dem »Kinder-Gangster Haitem« in Köln.[10]

Wenn bei der auflagenstärksten deutschen Tageszeitung die Schlagzeile »Abschiebe-Skandal« Aufmerksamkeit erheischt, dann geht es nicht um solche alltäglichen Fälle wie den von Anita. Der *Bild*-Artikel vom 6. Mai 2011 beginnt mit den Worten: »Es ist eine Schande«, und er könnte in diesem Sinne auch fragen, weshalb ein Ausländer für seine Tat doppelt bestraft wird, wenn er seine Heimat Deutschland verlassen muss, nachdem er seine Haftstrafe verbüßt hat. Das aber wird nicht thematisiert. Stattdessen berichtet der besagte Artikel über »223 libanesische Totschläger, Räuber und Vergewaltiger«, die »bei uns bleiben« dürfen, »weil ihre Regierung sie nicht zurücknimmt«. Diese Berichterstattung lenkt den Fokus auf Schwerverbrecher einer ganz bestimmten Gruppe, der sogenannten libanesischen Drogenmafia, und vermittelt damit den Eindruck, als seien solche Fälle repräsentativ für die Abschiebepraxis gegenüber Straftätern in Deutschland. Es handelt sich auch deswegen um reine Stimmungsmache, weil der Adressat der *Bild*-Schelte – wenn überhaupt – die libanesische Regierung sein müsste. Vor allem wird jedoch der Eindruck erweckt, mit ausländischen Straftätern werde zu lasch umgegangen, statt sie abzuschieben. Das ist aber keineswegs der Fall: Aus Deutschland werden viele Menschen wegen viel geringerer Delikte abgeschoben, unabhängig davon, wie lange sie hier schon leben.

Die Frage, was ein »schweres Verbrechen« ist, das eine Abschiebung nach Meinung der Befürworter einer härteren Praxis rechtfertigt, stellt sich auch in den USA. Dort ist ebenfalls nur jeder dritte Abgeschobene wegen einer kriminellen Handlung verurteilt worden. Unter den 180 Deutschen, die 2009 aus den USA abgeschoben wurden, waren achtundvierzig Straftäter.[11]
1996 verschärften die USA ihre Gesetze, so dass Ausländer, die wegen »schwerer Verbrechen« verurteilt wurden, abgeschoben werden müssen. Bis dahin konnte ein Richter den Einzelfall prüfen, abwägen und von einer Abschiebung absehen. Zur Kategorie der qualifizierenden Straftaten gehören nicht etwa nur Mord oder Vergewaltigung, sondern auch Diebstähle ab einer Strafe von einem Jahr sowie jede Form von illegalem Handel. »Was wir als Bagatelldelikte ansehen«, erklärt der Rechtsprofessor Bill Ong Hing aus San Francisco, »zum Beispiel Marihuana im Wert von zehn Dollar zu verkaufen oder seine Schwester im Babyalter illegal über die Grenze zu ›schmuggeln‹, gilt dabei ebenfalls als schweres Verbrechen.«[12] Die Gesetzesverschärfung kam zustande, nachdem in den Südstaaten der USA eine Debatte über die zunehmende illegale Einwanderung angestoßen worden war. Es waren aber insbesondere unternehmernahe Abgeordnete der Republikaner, die schließlich erfolgreich darauf drängten, dass es nicht zu verschärften Kontrollen von illegalen Arbeitsverhältnissen kam. Um davon abzulenken, forderten sie stattdessen eine konsequentere Abschiebung von Straftätern.[13] Nach der Gesetzesänderung nahm die Gesamtzahl der Abschiebungen aus den USA tatsächlich

sprunghaft zu: von ca. 69.000 im Jahr 1996 auf etwa 114.000 im Jahr 1997, und dieser Trend setzte sich fort. Der Anteil der abgeschobenen Straftäter, die Gewaltdelikte begangen haben, liegt allerdings bei lediglich 14,5 Prozent.[14]

Den Befürwortern der harten Linie war durchaus bewusst, dass die Abschiebungen nicht immer angemessen sind. Aber sie wollten sichergehen, dass ausländische Schwerkriminelle nicht mehr durchs Netz schlüpfen und sich einer Abschiebung entziehen können. Dabei wurde in Kauf genommen, dass durch die massive Verschärfung des Gesetzes auch »kleine Fische« unter die Räder kamen, die seit der Kindheit mit ihren Familien legal in den USA leben und deren Abschiebung eine besondere Härte bedeutet.[15] Nach den Anschlägen vom 11. September 2001 wurden die Bestimmungen nochmals verschärft. Die Folgen dieser Politik lassen sich an den Deutsch-Amerikanern beobachten, die aus den USA abgeschoben werden und in Deutschland landen, ohne ein Wort Deutsch zu können.

Die Sozialarbeiterin Frauke Omoruyi-von Stein betreut diese Menschen im Übergangswohnheim in der Nähe des Frankfurter Hauptbahnhofs. Die Abgeschobenen werden am Frankfurter Flughafen von der Bundespolizei interviewt und können anschließend in Deutschland theoretisch neu anfangen. Schließlich gibt es kein internationales Strafregister, das würde auch dem Datenschutz widersprechen, und Informationen über Straftaten werden einem anderen Staat nur in Ausnahmefällen übermittelt. Nach ihrer Abschiebung aus den USA besitzen die Deutsch-Amerikaner, was wenig bekannt ist, wieder »eine weiße Weste«. Auch wenn sie dort Schulden hatten, sind sie in Deutschland schuldenfrei. Sie haben keinen Schufa-Eintrag und auch keinen Eintrag im polizeilichen Führungszeugnis, egal, was sie in den USA getan haben.

»Einer kam rein und sagte trocken: Ich habe den Vergewaltiger meiner Ehefrau umgebracht«, erzählt Frauke Omoruyi. »Mir stößt das bei Sexualdelikten sauer auf. Wir hatten zwei solche Männer hier im Wohnheim. Bei dem einen habe ich das Gefühl, die Therapie hat wirklich gefruchtet. Aber bei dem anderen würde ich mich nicht wundern, wenn er irgendwann wieder rückfällig wird.« Die Männer im Wohnheim hätten sofort gemerkt, dass es sich um einen Sexualtäter handelte, und keine drei Tage nach seiner Ankunft habe er »eins auf die Mütze« bekommen. Um eine weitere Eskalation zu vermeiden, organisierte Frauke Omoruyi mit Hilfe des Sozialamtes rasch eine andere Unterkunft.

Rund neunzig Prozent der abgeschobenen Deutsch-Amerikaner seien wegen Drogendelikten und Beschaffungskriminalität – »vom Turnschuh- bis zum Autoklau« – verurteilt worden. Oft hätten sie, nachdem sie ihre volle Strafe abgesessen hatten, längst ihre zweite Chance genutzt und wieder ein gesetzestreues Leben geführt. Trotzdem wurden sie abgeschoben, weil sie keine US-Staatsbürgerschaft besitzen. Die Gesetzesverschärfungen wirken nämlich auch rückwirkend.

Die meisten Betroffenen sind Männer. Einer von ihnen ist Peter (Name geändert), der in Kalifornien gelebt hat. »Er hatte panische Angst davor, mit dem Leben in Deutschland überhaupt nicht klarzukommen. Gleich beim ersten Gespräch hat er bitterlich geweint«, erinnert sich Frauke Omoruyi. »Plötzlich ist ihm klar geworden, dass er hier ganz alleine ist und alles verloren hat. Dann sagte er zu mir: ›Ich bin jetzt fünfundvierzig Jahre alt. Wie soll ich das noch mal schaffen?‹«

Peter kam mit drei Jahren in die USA, wuchs dort auf, ging zur Schule. Zuerst hat er als Klempner gearbeitet. Seine kriminelle Karriere begann im Rockermilieu. Er dealte, war selbst drogenabhängig und saß am Ende mehrere Jahre im Gefängnis. Als er 1998 aus dem Knast kam, zog er nach Arizona. Er habe als technischer Zeichner gearbeitet und sich nie wieder etwas zuschulden kommen lassen, so die Sozialarbeiterin. Gerade Arizona handhabt die Migrationsgesetze jedoch seit einigen Jahren besonders rigide.

Elf Jahre nachdem Peter seine Strafe abgesessen hatte, klopfte morgens um sechs die Einwanderungspolizei an seine Tür. Die Beamten erklärten ihm, dass er gehen müsse. Ein halbes Jahr saß der Mann in Abschiebehaft und kämpfte juristisch gegen seine Abschiebung an, bevor er aufgab. Manche der aus den USA Abgeschobenen sollten vor ihrem Abflug schriftlich erklären, dass sie nicht mehr zurückkehren werden. »Einige haben das unterschrieben, andere nicht«, so Omoruyi. Die Wiedereinreisesperre gelte grundsätzlich für zehn Jahre, danach könne jeder ein Touristenvisum beantragen und müsse seine Integration in Deutschland nachweisen, um glaubhaft zu machen, dass er kein Interesse an einem Verbleib in den USA habe. Die abgeschobenen Deutsch-Amerikaner würden sich nach ihrer Ankunft in Deutschland mit »typisch deutschen Dingen – Bierkrug, Fahne – identifizieren«, so Omoruyi, »oder sie tragen diese Baseballkappe, auf der ›Deutschland‹ steht, aber im Herzen bleiben sie Amerikaner«. Am Anfang seien sie zum Teil euphorisch, würden sich freuen, ihre Wurzeln zu entdecken, versuchen Deutsch zu lernen, aber früher oder später setze die Perspektivlosigkeit ein. Aus den vergangenen Jahren habe sie niemanden in Erinnerung behalten, »der eine Arbeit gefunden hat oder sich integriert fühlt«.

»Wenn wir ausländische Bürger, die hier aufgewachsen sind, abschieben, schmeißen wir im Grunde ihre Leben weg,«[16] bringt Bill Ong Hing die sozialen Folgen auf den Punkt. Das gilt auch für die deutsche Abschiebepraxis. Kaum in den Blick geraten dabei die Kollateralschäden, denn die Abschiebung von Kriminellen trifft nicht zuletzt deren Familien. Manchmal sind diese sogar die Hauptleidtragenden.

Jahrelang lieferte sich zum Beispiel der 35-jährige Argon (Name geändert) aus Essen ein Katz-und-Maus-Spiel mit den deutschen Behörden, die ihn abschieben wollten. Das erste Mal bringt mich der Gefängnispfarrer zu der Familie. Als ich sie das nächste Mal besuche, um mir die amtlichen Dokumente – Gerichtsurteile, Abschiebeandrohung – anzuschauen, sind sie schon wieder in eine andere Wohnung umgezogen.

Argon ist ein schlanker, quirliger Mann. Er erzählt von seinem Vater, der als Gastarbeiter aus dem Kosovo nach Duisburg kam, in einer Zeche malochte und in Düsseldorf begraben liegt. Argon selbst ging hier zur Schule.

Mit fünfzehn wurde er das erste Mal von der Polizei erwischt, wegen Fahrens ohne Führerschein. Später kamen zwei Eigentumsdelikte dazu: Mit einer aus einer Handtasche gestohlenen EC-Karte hoben er und sein Cousin Geld ab. »Wir waren besoffen, jung und übermütig«, versucht er sich heute herauszureden. Als sein Komplize damit einkaufen ging, flogen sie auf. Anderthalb Jahre saß Argon dafür im Gefängnis.

»Schon im Knast haben die mir angeboten, früher rauszukommen, wenn ich mich ausweisen lasse«, erzählt er. Argon lehnte ab: »Mein Land ist Deutschland. Ich bin hier geboren und fühle mich wie ein Deutscher. Ich werde aber nicht so behandelt.« Damit begann für seine Frau, die aus der Ehemaligen Jugoslawischen Republik Mazedonien stammt, und ihre Kinder eine Odyssee. Ursprünglich war sie als Flüchtling nach Deutschland gekommen, wurde aber nicht anerkannt. Weil nun der Ehemann hinter Gittern saß, verlor sie ihr Aufenthaltsrecht. Die Behörden setzten die Mutter mitsamt den vier in Deutschland geborenen Kindern in den Abschiebeflieger. Als mittellose, alleinstehende Frau sei sie in Tetovo nicht respektiert worden. Sie engagierten einen Fluchthelfer. Eine Woche lang irrten sie im Auto durch den Balkan, um zurück nach Deutschland zu kommen – »wir wollten einfach nur nach Hause!« Drei Jahre lebten sie illegal in Essen. Die beiden Söhne und eine Tochter gingen dennoch zur Schule. Im November 2008 stand die Polizei morgens um fünf in der Wohnung. »Die haben uns festgehalten wie Kriminelle«, erinnert sich der 12-jährige Edi. Im letzten Moment konnte die Abschiebung am Flughafen verhindert werden. Ein Asylantrag für das jüngste Kind war der vorläufige Rettungsanker.

Der Lebenswandel des Vaters verhinderte jedoch eine sichere Perspektive. Und der Stadt Essen war die Abschiebung nach wie vor wichtig: Die Aufenthaltserlaubnis von Argon wurde nicht verlängert, seiner illegal wieder eingereisten Familie wurde nicht einmal eine Duldung ausgestellt. »Wer mit steigender Intensität die Gesetze des Landes missachtet, zeigt, dass er hier nicht integriert ist«, erklärt Pressesprecher Detlef Feige den Standpunkt der

Stadt, »irgendwann ist Schluss.« Die Behörden sahen bei ihm eine »schlechte Sozialprognose«. Argon wurde nach seiner Haftentlassung nicht mehr wegen Straftaten verurteilt, bestätigte der Pressesprecher, aber er habe sich auch nicht um eine Arbeitserlaubnis bemüht, etwa indem er nachweist, dass er ein Angebot für einen regulären Job hat. Wovon er lebte, wollte er mir nicht so recht sagen. Das sei »legal, aber nicht so ganz«. Sein Rechtsanwalt erzählte mir, sein Mandant sei als Zuhälter unterwegs und habe ihm einmal, als er kein Geld hatte, sogar vorgeschlagen, das Anwaltshonorar »in Naturalien« zu begleichen; die Prostituierte habe er gleich in die Kanzlei mitgebracht. Mittlerweile ist die Familie untergetaucht, zumindest habe ich die Spur verloren.

Die beschriebene Abschiebepraxis sorgte dafür, dass vor allem Argons Frau und seine Kinder in Mitleidenschaft gezogen wurden. Sie wurden an seiner Stelle abgeschoben, und das Sozialamt zahlte ihnen nach der Wiedereinreise keinen Cent. Dass Frau und Kinder nicht einmal eine Duldung erhielten, widerspreche sogar dem Schutz der Familie, wie er im Grundgesetz festgelegt ist, kritisiert ihr Rechtsanwalt. Die Stadt Essen agiere wohl »am Rande des Rechts«, um die Familie mürbe zu machen und damit zur Ausreise zu zwingen. Dass das gar nicht so einfach ist, zeigt das geschilderte Beispiel. Denn jemand wie Argon, der wahrlich kein Sympathieträger ist, versucht doch legitimerweise mit allen Mitteln in Deutschland zu bleiben, wo er aufgewachsen ist, und bringt damit auch die Behörden an den Rand ihrer Kontrollkapazitäten. So sehr man so einem Mann vorwerfen kann, dass er sich nicht an die Gesetze hält und sich somit seine Chancen verbaut, muss man doch auch den Behörden vorwerfen, dass sie durch die Illegalisierung solcher Menschen die Sache noch schlimmer machen und sie erst recht in die Kriminalität treiben.

Abschiebung als Prävention

Was genau rechtfertigt also die Abschiebung von Straftätern mit ausländischem Pass selbst dann, wenn sie ihr ganzes Leben in Deutschland verbracht haben? »Es sollte bei einigermaßen voraussehbaren Regeln im Bundesgebiet befindlichen Ausländern deutlich sein, dass bestimmte Verhaltensweisen generell nicht toleriert werden und daher regelmäßig oder zwingend zur Ausweisung führen«, begründet der Rechtsprofessor Kay Hailbronner die Notwendigkeit, Straftäter mit ausländischer Staatsangehörigkeit abzuschieben. »Auch wenn es richtig ist, dass diese Personen einen großen Teil ihrer die Kriminalitätsentwicklung beeinflussenden Umweltprägung in Deutschland erfahren haben, wird man es doch als legitim ansehen können, mit aufenthaltsbeendenden Maßnahmen diejenigen Ausländer vom Bundesgebiet fernzuhalten, die sich voraussichtlich als eine dauerhafte Gefährdung für die inländische Bevölkerung erweisen.«[17]

Die Praxis, ausländische Straftäter abzuschieben, um zu verhindern, dass sie in Deutschland erneut Straftaten begehen, kommt einem Offenbarungseid des deutschen Justizsystems gleich. Der Staat scheint zu bezweifeln, dass die Verbüßung einer Freiheitsstrafe dazu beiträgt, zukünftige Straftaten zu verhindern, worin doch ihre gesetzliche Zielsetzung besteht. Dabei scheint das bei ausländischen Straftätern im Allgemeinen besser zu funktionieren als bei inländischen, sie werden nämlich nach einer Freiheitsstrafe ohne Bewährung seltener rückfällig als Deutsche.[18]

In Rheinland-Pfalz hat das Justizministerium die Rückfälligkeit von 400 männlichen Jugendlichen, die zwischen 1996 bis 2000 aus der Haft entlassen wurden, detaillierter untersuchen lassen. Dabei stellte sich heraus, dass türkische Jugendliche seltener rückfällig wurden als deutsche – und zwar auch dann, wenn man die Abgeschobenen herausrechnet, die ja in Deutschland nicht mehr straffällig werden können. Die Rückfallquote der Jugendlichen aus dem ehemaligen Jugoslawien lag in der Mitte. Bei ihnen war die Abschiebung besonders kontraproduktiv, denn damit war

»noch keineswegs das Problem erneuter Straffälligkeit in Deutschland gelöst«, so der Kriminologe Stefan Giebel.[19] Aufgrund des Krieges im Kosovo kamen sie zum einen häufig unerlaubt zurück, zum anderen verhinderte die Abschiebung, dass die Gefängniszeit für präventive Maßnahmen wie eine Drogentherapie oder das Nachholen des Schulabschlusses genutzt werden konnte. Die Option der Abschiebung verleitet grundsätzlich dazu, dass die Probleme lieber abgeschoben statt gelöst und dass nachhaltige Konzepte auf die lange Bank geschoben werden. Um vorzubeugen, ist es notwendig, die Lebensbedingungen jener Migranten zu verbessern, die häufiger straffällig werden.

Dazu gehört vor allem auch, auf Abschiebungen zu verzichten. Die Abschiebepolitik trägt nämlich entscheidend dazu bei, dass viele Jugendliche kriminell werden: Sie leben jahrelang unter Vorbehalt in Deutschland und bekommen das Gefühl vermittelt, eigentlich nicht hierher zu gehören. Aufgrund der drohenden Abschiebung finden sie häufig keine Lehrstelle, und gleichzeitig wollen sie mit anderen Jugendlichen in Bezug auf Statussymbole mithalten. Das sorgt für Frustration, und die Kriminalität erscheint als Ausweg. Weil sie darüber hinaus in der Regel in ärmeren Stadtvierteln leben, in denen es häufig zu Prügeleien unter Jugendlichen kommt, steigt die Wahrscheinlichkeit, in Straftaten verwickelt zu werden. Das Ergebnis ist, dass die Lebenssituation, welche durch die jahrelang drohende Abschiebung hervorgerufen wird, den sozialen Hintergrund bildet, vor dem diese Jugendlichen gewalttätig oder kriminell werden, womit die Voraussetzung dafür geschaffen ist, dass sie schließlich als »ausländische Straftäter« abgeschoben werden können.

Über die Straffälligkeit von Einwanderern sagt das nichts aus. Insgesamt gesehen sind nämlich Ausländer, die eine geregelte Arbeit haben, zu »95 Prozent gesetzestreu«.[20] Viele Deutsche überschätzen den Anteil der Nicht-Deutschen an der Gesamtkriminalität. Tatsächlich sind Ausländer zwar mit einem höheren Anteil in der Straftäterstatistik vertreten, als es ihrem Bevölkerungsanteil entspricht. Das ergibt sich aber vor allem aus der schlichten Tatsache, dass sie im Schnitt jünger sind und zusätzlich häufiger in Städten leben als Deutsche. Sie sind also in der Bevölkerungsgruppe überrepräsentiert, die auch unter den Deutschen die meisten Straftaten begeht.[21] Außerdem werden Jugendliche mit »ausländischem« und das heißt in der Regel südländischem Aussehen oder mit dunklerer Hautfarbe häufiger verdächtigt bzw. angezeigt, und sie sitzen häufiger unschuldig in Untersuchungshaft.[22] Zentrale Ursachen der Kriminalität sind aber die größere Armut und soziale Ausgrenzung in Verbindung mit schlechteren Bildungs- und Berufsperspektiven.

»Es ist nicht die Ausländereigenschaft, die für bestimmte Formen der Kriminalität das Risiko der Tatbegehung erhöht, sondern die misslungene soziale Integration«, konstatiert der Hannoveraner Kriminologe Christian Pfeiffer. »Wer keine Arbeit hat und wenig Perspektive dafür sieht, in der Gesellschaft Fuß fassen zu können, der ist eher in Gefahr, in Stress- und Konfliktsituationen falsch zu reagieren und bei der Verwirklichung seiner Ziele auf illegale Mittel zurückzugreifen, wenn legale nicht zur Verfügung stehen.«[23] Für Pfeiffer kommt die Machokultur als begünstigender Faktor hinzu. Der Zusammenhang von Armut, Ausgrenzung, Männlichkeitsvorstellungen, die Gewalt rechtfertigen, und Kriminalität gilt auch für junge Spätaussiedler. Diese können aber nicht abgeschoben werden, da sie als Deutschstämmige die deutsche Staatsangehörigkeit besitzen. Das macht die Abschiebung von »ausländischen« Straftätern umso absurder und für die Betroffenen ungerechter, wenn man bedenkt, dass sie mit ihren Familien womöglich viel länger in Deutschland leben als ihre Zellengenossen mit deutschem Pass.

Welchen Abschreckungseffekt besitzt bei dieser Sachlage die drohende Abschiebung für junge Menschen, die ohne deutschen Pass in Deutschland leben?[24] Das Team der Forschungsstelle für Interkulturelle Studien in Köln hat gezielt sogenannte Intensivtäter im Knast besucht, um mit ihnen über ihr Leben zu reden. Wie verlief ihr Weg in die Jugendkriminalität, die sie in den Knast brachte und dazu führte, dass ihnen die Abschiebung bevorstand? Das Leben im Provisorium, in trostlosen Flüchtlingsunterkünften und die Drogenabhängigkeit tauchen als zentrale Einflüsse immer wieder auf. Ebenso Geldmangel bei fehlender Arbeitserlaubnis und dem Wunsch, genau wie die gleichaltrigen Freunde Klamotten zu kaufen und am Wochenende auszugehen. Bei anderen ist es die Gewalt in der Familie oder die eigene Gewalt, mit der sie sich in einer Gesellschaft, die sie ablehnt, Anerkennung verschaffen wollen, was aber zu noch stärkerer Ablehnung führt. Auch Erfahrungen mit sexuellem Missbrauch spielten eine häufig unterschätzte Rolle, so die Sozialforscher.[25]

Der unsichere Flüchtlingsstatus und damit die drohende Abschiebung schrecken nicht ab, sondern sie führen sogar eher noch zu erhöhten Kriminalitätsraten, wenn sie sich mit Armut verbinden – und zwar nicht nur in Deutschland.[26] Hierzulande wird häufig unterstellt, bestimmte Einwandererjugendliche seien vor allem aufgrund ihrer muslimischen Kultur aggressiv und begingen deshalb Straftaten. Gerade im Vergleich mit anderen Ländern zeigt sich, wie wirklichkeitsfremd dieser Kulturalismus ist. Der Buddhismus, dem über neunzig Prozent der Kambodschaner angehören, gilt bekanntlich als friedfertige Religion. Flüchtlinge aus Kambodscha gehören aber zu den ärmsten Einwohnern der USA, außerdem sind viele von ihnen nach den Erfahrungen von Krieg und Verfolgung traumatisiert, und diese Traumata belasten auch die Jugendlichen der zweiten Generation. Hinzu kommt die US-typische Gangkultur, an die sich Kinder von Einwanderern und Flüchtlingen anpassen, um zu »überleben«. In Kalifornien führt alles zusammengenommen dazu, dass kambodschanische Jugendliche die höchste Kriminalitätsrate aufweisen – trotz der kulturellen Prägung durch den »pazifistischen« Buddhismus.[27]

Gerade wenn im Einzelfall mehrere Faktoren zusammenkommen, welche die kriminelle Entwicklung begünstigen, scheint die Möglichkeit einer Abschiebung am wenigsten von Straftaten abzuschrecken. Ein Beispiel liefert das Schicksal des 19-jährigen Abdul. Ihm war durchaus bewusst, dass er aus Deutschland abgeschoben werden kann. Ständig habe ihm seine Mutter gesagt, er sei auf einen falschen Weg geraten. »Du nimmst nur Drogen, du machst nur Scheiße und so und die schieben dich ab. Jede Minute ›die schieben dich ab, du wirst abgeschoben, du wirst abgeschoben‹.«[28] Alle anderen Probleme, die zu seiner Kriminalität, zur Haftstrafe und schließlich zur Abschiebung führten, waren aber viel größer und wirkmächtiger. Er lebte im Flüchtlingsheim, konnte die Schule nur mit Unterbrechungen besuchen, der Vater trennte sich von der Mutter, der deutsche Stiefvater missbrauchte seinen jüngeren Bruder – die Familie war komplett auseinandergebrochen, als er mit fünfzehn Jahren begann, Drogen zu nehmen und Diebstähle zu begehen.

»Im Allgemeinen beachten nur wenige Jugendliche die Rechtsfolgen ihrer Handlungen«, resümiert die Forscherin Susanne Spindler ihre Erfahrungen, »das Thema Abschiebung verdrängen sie.«[29]

Selbst Experten, die in Grenzkontrollen und Ausweisungen geeignete Mittel der Kriminalitätsprävention sehen,[30] halten die Forderung nach Abschiebung von in Deutschland sozialisierten Straftätern für einen Irrweg. Hier sei die von Boulevardmedien als »Richterin Gnadenlos« bezeichnete und 2010 nach einem Suizid verstorbene Berliner Jugendrichterin Kirsten Heisig als prominentes Beispiel angeführt. Sie wies darauf hin, dass ein Großteil der Berliner Intensivtäter arabische Migranten aus Neukölln sind[31] und forderte vor allem schnellere Jugendstrafen als angemessene Gegenstrategie.

In Bezug auf bestimmte libanesisch-palästinensisch-stämmige Familien, die nach ihren Erkenntnissen kriminell agierten, riet Heisig zu bundesweitem Vorgehen inklusive Aussteigerprogrammen für Familienmitglieder und »geschlossener Unterbringungsmöglichkeiten« für Minderjährige, um sie dem Einfluss der »Clans« zu entziehen. Ihre Vorschläge ernteten Zustimmung und Kritik. Ohne sie bewerten zu wollen, machen sie aber deutlich, dass es auch Kirsten Heisig darum ging, Lösungen vor Ort zu finden, statt der Phantasie zu verfallen, man könnte die Probleme abschieben: »Die Idee einer Rückkehr der Familien in ihre ›Heimat‹ stellt aus meiner Sicht momentan ein ›totes Gleis‹ dar, da deren Kinder zum Teil schon in der zweiten bis dritten Generation in Deutschland leben und dementsprechend ihre Heimat auch hier haben.«[32]

Unabhängig davon, ob Abschiebungen ein geeignetes Mittel zur Bekämpfung von Kriminalität sind, stellt sich die Frage, mit welchem Recht Deutschland andere Länder mit seinen Kriminellen belastet. Denn ganz gleich welche Staatsangehörigkeit sie besitzen: Sie sind in Deutschland aufgewachsen und erst hier zu Straftätern geworden. Selbst der Machismo entstammt nicht ausschließlich der Herkunftskultur, sondern entwickelt sich in seiner konkreten Ausprägung unter den deutschen Lebensverhältnissen.[33] Entsprechendes gilt übrigens für die aus den USA abgeschobenen Deutschen.

Die Abschiebung von Straftätern aus Einwandererfamilien stellt eine besondere Frontlinie auf dem Schlachtfeld des Zuwanderungsdiskurses dar. Dieser Art von Abschiebung wird die größte öffentliche Aufmerksamkeit zuteil, und durch sie wird die sichtbarste Grenze zwischen Bürgern und Nicht-Bürgern gezogen, denn sie droht selbst dann, wenn die betroffenen Ausländer ihr ganzes Leben in Deutschland verbracht haben. Aus diesem Grund erregte der Fall »Mehmet« so großes Aufsehen: Der jugendliche Mehrfachstraftäter mit türkischem Pass wurde 1998 als Minderjähriger abgeschoben, obwohl er in Deutschland geboren war und seine Eltern seit dreißig Jahren hier lebten. Muhlis – so heißt er in Wirklichkeit – war damals erst vierzehn Jahre alt und zu einer Haftstrafe von einem Jahr verurteilt worden, nachdem er in mehreren Fällen andere Jugendliche zusammengeschlagen, erpresst und beraubt hatte. Trotz öffentlicher Proteste musste er in die Türkei.

Nach einigen Jahren durfte Muhlis in seine Heimatstadt München zurückkehren – das Bundesverwaltungsgericht hatte seine Ausweisung für rechtswidrig erklärt. Er wurde erneut gewalttätig, schlug seine eigenen Eltern, weswegen er zu einer Bewährungs-

strafe, Sozialstunden und einem Antiaggressionstraining verurteilt wurde. Muhlis floh vor diesen Maßnahmen in die Türkei –
die Stadt München wies ihn der Form halber erneut aus. Seine
unmittelbaren Opfer dürften verständlicherweise erleichtert gewesen sein. Der darüber hinausgehende Abschreckungseffekt
war jedoch gering. Seine Abschiebung habe auf andere Jugendliche »disziplinierend gewirkt« und in diesem Jahr für einen Rückgang der Jugendgewalt gesorgt, doch schon ein Jahr später war der
»Mehmet-Effekt« verpufft, so die Münchner Polizei.[34]

Wer wie der CSU-Politiker Hans-Peter Uhl nun fordert, solche
Abschiebungen häufiger durchzuführen, um den Abschreckungs-
effekt zu erhöhen, dürfte nicht nur an rechtliche und logistische
Grenzen stoßen; diese Forderung ignoriert die Veränderung der
Gesellschaft und verschweigt die eigentliche, politische Funktion
von Abschiebungen.

Die Bedeutung des Wegschaffens von Straftätern mit ausländischem Pass geht über rein sachliche Begründungen, objektive
Tatsachen und Argumente der Verhältnismäßigkeit hinaus. Diese
Politik gewinnt ihre Attraktivität nicht durch ihren (ohnehin
zweifelhaften) kriminalpräventiven Effekt, sondern weil sie das
bedient, was der Soziologe Wolf-Dietrich Bukow den »Alltags-
mythos Ausländerkriminalität« nennt, der die ganze Gesellschaft
»imprägniert« und ihr in Zeiten der Veränderung eine scheinbare
Ordnung verleihe.[35] Für Bukow reduziert dieser Mythos »die«
Ausländer – also eine in sich höchst heterogene Bevölkerungsgruppe – auf ein einziges Phänomen, das der Kriminalität. Damit
wirkt er an der Teilung der Gesellschaft in »Inländer« und »Ausländer« mit. Er bietet ein »Leitbild«, das jeder »aus dem Ärmel
schütteln« kann. Jeder hat zu »kriminellen Ausländern« eine Meinung. Diese Ordnung erfasse auch die »allochthonen Jugendlichen«. Der Mythos wirke als Selffulfilling Prophecy, wenn sich
Einwanderer-Jugendliche »den Schuh anziehen« und sich mit dem
Klischee identifizieren. Wenn dann Einzelne abgeschoben werden, betont Bukows Kollege Ugur Tekin, werde damit nicht unbedingt »das Konformverhalten der anderen gefördert«, stattdessen

würden die Jugendlichen »auf einen Gaststatus reduziert und dadurch noch weiter ausgeschlossen«.[36]

Diese Analyse ist aber dahingehend zu ergänzen, dass die Jugendlichen mit Einwanderungsgeschichte eben nicht ausschließlich in der Opferrolle verharren. Im Gegenteil: Die Affirmation des Klischees vom »kriminellen Ausländer« birgt Widerstandspotenzial. Wie rappt die Berliner Hip-Hop-Gruppe K. I. Z. so treffend? »Du Opfer, was willst du machen? / Überall sind Kanacken.« Mithilfe dieser Überaffirmation ist es gelungen, genau jenes Niveau an Zugehörigkeit zu reklamieren – ob mit deutschem Pass oder ohne –, das den Migranten verwehrt werden soll, wenn Ausländer aufgrund von Straftaten abgeschoben werden. Eine Zugehörigkeit nämlich, die nicht davon abhängt, ob sich ein »Ausländer« gut oder schlecht verhält.

Der Effekt ist ablesbar an der Karriere, die die selbstbewusste Performance des »schlechten Ausländers« seit Mitte der neunziger Jahre in der Popkultur Deutschlands gemacht hat. Angefangen mit den ersten Werken des Schriftstellers Feridun Zaimoglu, den Büchern *Kanak Sprak* und *Abschaum*, über die Popularität der Türsteherfigur »Hakan« des deutsch-türkischen Comedian Kaya Yanar in *Was guckst du?* bis hin zum Kokettieren mit dem »Gangsta«-Style, der nicht nur bei migrantischen Jugendlichen populär ist, sondern zum allgemeinen Code der Jugendkultur geworden ist. Mit genau diesem Image konnte der Berliner Bushido schließlich zum erfolgreichsten migrantischen Rapper im deutschen Mainstream werden.[37]

Damit haben sich die migrantischen Jugendlichen ein Recht genommen, das eigentlich nur für den autochthonen Bürger vorgesehen war, was mit der Abschiebung ausländischer Straftäter deutlich markiert wird. Sie haben sich das Recht genommen, »böse« zu sein und trotzdem dazuzugehören. Diese Aneignung äußert sich gerade darin, dass das Image des »bösen« Ausländers, des coolen »Kanaken«, des migrantischen Gangsta-Rappers öffentlich repräsentierbar geworden ist. Ob es einem gefällt oder nicht, ist nur noch eine Geschmacks- und häufig eine Klassenfrage, aber kaum noch eine Frage der Zugehörigkeit zu Deutschland. Die Bushidos der Republik kann man dafür kritisieren, dass sie schlecht rappen, Gewalt verharmlosen oder sexistische Texte reimen, wie man es bei einem alteingesessenen Deutschen auch machen würde, aber man kann ihnen nicht vorwerfen, dass sie das »als Ausländer« nicht dürften.

Der Diskurs um die Abschiebung von Straftätern bemüht sich zwar, die Bevölkerung immer wieder aufs Neue in Inländer- und Ausländer-Gruppen zu spalten, aber gerade infolge der mittlerweile erfolgten institutionalisierten Anerkennung der Einwanderung gestaltet sich das immer schwieriger, weshalb diesen Abschiebungen eine wachsende symbolische Bedeutung zukommt. Während die Existenz und Akzeptanz von immer mehr neuen Deutschen – von gleichberechtigten Staatsbürgern mit ausländischen Wurzeln – zur Normalität geworden ist, erlaubt es die Abschiebung »ausländischer Straftäter« weiterhin, eine Grenze zu ziehen, obwohl die althergebrachten Grenzen zusehends verschwimmen. Sie soll Menschen als Ausländer markieren, die Figur des Anderen reproduzieren und damit gesellschaftliche Hierarchien legitimieren, während diese durch die Migration und den Erwerb von Bürgerrechten durch Einwanderer buchstäblich in Bewegung geraten. Die Abschiebungen aktivieren den klassischen Mythos der kriminellen Ausländer, um trotz der gesellschaftlichen Veränderungen »den alteingesessenen Erwachsenen die Vorteile zuzuweisen und den eingewanderten Jugendlichen die Probleme«.[38]
Ein Neorassismus 2.0 also, in dem sich gleichwohl auch ein gewandeltes Kräfteverhältnis manifestiert. Weil immer weniger Kinder von legal in Deutschland lebenden Ausländern bei Straffälligkeit abgeschoben werden können, denn mittlerweile sind sie von Geburt an Deutsche, erhöht sich die symbolische Bedeutung jener Abschiebungen, mit denen Einwanderern ohne deutschen Pass noch gedroht werden kann. Diese weiterhin bestehende Möglichkeit markiert eine Niederlage im Kampf gegen den Rassismus, die

mittlerweile aber an einen Sieg über ihn gekoppelt ist, nämlich die Etablierung der Einwanderer und ihrer Nachkommen als BürgerInnen.

Die Frage, ob auch der »kriminell gewordene Ausländer« zu »uns« gehört oder nicht, ist daher im Fluss. Das zeigen nicht zuletzt der Fall Serkan und das Ergebnis der hessischen Landtagswahlen im Januar 2008. Der Münchener U-Bahn-Schläger soll eigentlich nach seiner Haftstrafe von zwölf Jahren Knast in die Türkei abgeschoben werden. Er selbst hat mit seiner Freundin in Deutschland eine Tochter und will vor Gericht gegen seine Ausweisung klagen. Sollte es der Münchener Ausländerbehörde nicht gelingen nachzuweisen, dass er nach seiner Entlassung – dann dürfte er immerhin schon zweiunddreißig Jahre alt sein – weiterhin eine »erhebliche Gefahr für die Sicherheit und Ordnung« darstellt, könnte er zu Hause bleiben.[39]

Das Kalkül von Ministerpräsident Roland Koch, seine gefährdete Wiederwahl zu sichern, indem er den Fall der Münchner U-Bahn-Schläger instrumentalisierte und die Ausweisung von ausländischen Straftätern zum Wahlkampfthema machte, ging nicht auf. Hatte ihm die Kampagne gegen die doppelte Staatsbürgerschaft ein Jahrzehnt zuvor Stimmenzuwächse beschert, konnte die erneute populistische Inszenierung eines »Ausländerthemas« nicht verhindern, dass der CDU zwölf Prozent ihrer Wählerschaft abhandenkamen. Mit Ressentiments gegenüber »kriminellen Ausländern« ließen sich nicht mehr so viele Stimmen gewinnen, wie erhofft. Die wiederholten Fälle von brutaler Jugendgewalt in Berliner U-Bahnhöfen im Frühjahr 2011 mündeten ebenfalls nicht in allgegenwärtige öffentliche Abschiebephantasien, wie sie früher noch üblich waren.[40] Das hat nicht nur damit zu tun, dass bei den jüngsten Aufsehen erregenden Fällen die Täter auch Deutsche waren, wie die beiden Jugendlichen, die den Manager Dominik Brunner an einer Münchener S-Bahn-Haltestelle zu Tode prügelten, sondern mit den Veränderungen innerhalb eines pragmatischen Verständnisses von Zugehörigkeit, wonach eben auch die »bad boys« irgendwie zu uns gehören.

Dieses Verständnis findet auch auf der anderen Seite der Gitter-stäbe seinen Ausdruck. Wenn straffällig gewordene, hier aufge-wachsene Migranten nach ihrer Abschiebung offen oder heimlich zurück nach Deutschland, zurück »nach Hause« kommen, prak-tizieren sie eine mobile Bürgerschaft, die über die Grenzen der of-fiziell (nicht) verliehenen Staatsbürgerschaft hinausweist. Sie re-klamieren das Recht auf einen Ort allein durch ihre Tat. Oder um es mit den Worten des in Köln inhaftierten Miguel zu sagen, der über einen Freund erzählt: »Der ist schon das sechste Mal ab-geschoben worden, der kommt immer wieder.«[41]

Alexander Peacock

»Es waren doch nur Drogen.«

Alexander Peacock ist ein »Americanized German«, wie er sagt. Er ist in den USA aufgewachsen, spricht kein Deutsch, besitzt aber nur die deutsche Staatsbürgerschaft. Wegen seiner Vergehen haben die US-Behörden den damals 38-Jährigen Anfang 2010 nach Deutschland abgeschoben.

Ich verbringe viel Zeit am Computer, weil ich so in Kontakt mit meiner Familie bleiben kann. Auf diese Art kommunizieren wir. Ich kann nicht einfach so losgehen und etwas mit meiner Familie unternehmen, wie ich es in den Staaten tun würde. Jetzt spielen wir auf Facebook Poker, Farmville oder was auch immer. Wir reden miteinander und chatten und lachen übers Internet. Das ist unsere »Familienzeit«. Ich rede mit meinen Brüdern und meiner Schwester und meiner Mutter über die alten und die neuen Zeiten und was gerade so passiert. Das war das Erste, was ich getan habe, als ich hier war. Ich musste mir einen Computer kaufen, das war mein erster Gedanke. Egal, was es kostet.

Meine Mutter kämpft mit dem Krebs. Sie hatte vor einigen Wochen eine Operation – die fünfte. Sie haben ihr mittlerweile die Hälfte ihres Magens entfernt. Das ist das Härteste. Dass ich jetzt nicht dort sein kann. Sie hat einen ernsten Eingriff gehabt, der sie das Leben kosten könnte. Für mich ist es wirklich hart, nicht mit dem Rest meiner Familie da sein zu können. Es ist total stressig für mich, hier zu sein und meine Mutter nicht zu sehen.

Ich bin mit siebzehn Jahren zu Hause ausgezogen. Ich hatte ein raues Leben, kann man sagen. Ich hatte Ärger mit dem Gesetz. Ich war im Gefängnis. Ich bin als junger Mann in die Drogenszene geraten. Bis zu meinem 31. Lebensjahr hatte ich mit Drogen zu tun, das ist eine lan-

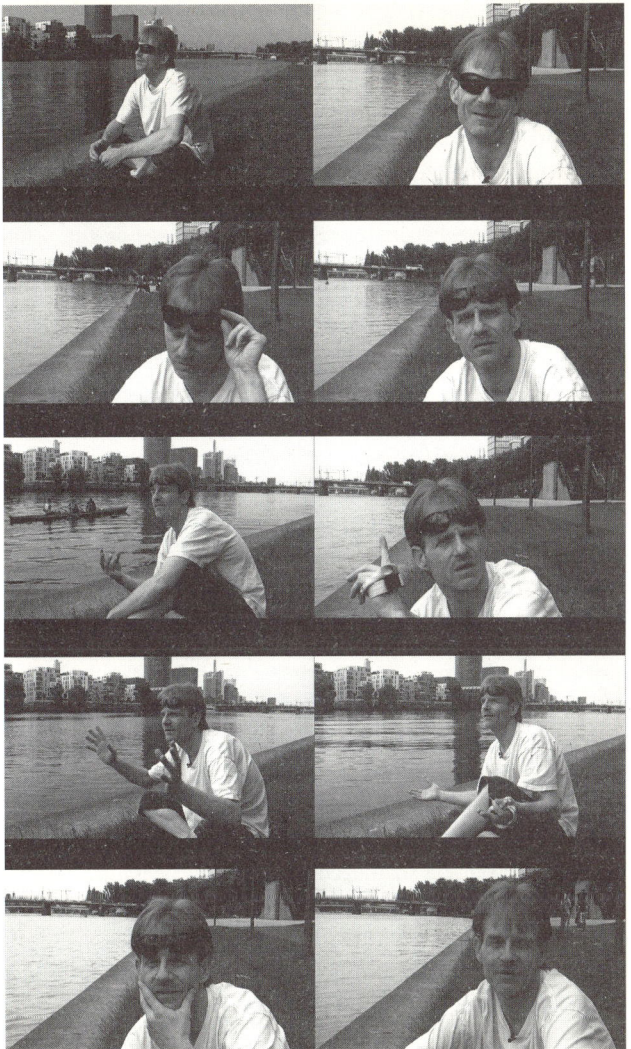

ge Zeit. Nach meiner Haftzeit hab ich mein Leben neu angefangen. Und jetzt finde ich mich in einer Situation wieder, in der ich wieder ganz von vorne anfangen muss. Wegen etwas, das ich vor zehn Jahren verbockt habe. Ich hab vor einem Jahr geheiratet. Drei, vier Monate später wurde ich abgeschoben. Ich vermisse sie. Ich weiß nicht, was sie gerade macht. Ich habe für meine Frau gesorgt, ich hatte Arbeit, ich hab das Geld verdient. Und jetzt hab ich seit drei Wochen nichts mehr von ihr gehört. Sie hat alles verloren, weil sie sich nichts mehr leisten kann.

Ich fände es gut, wenn sie hierherkommen würde, aber ich weiß nicht, wie ich sie herholen soll. Das letzte Mal, als wir telefoniert haben, sagte sie, sie kommt rüber. Ich sagte ihr, dass sie erstmal einen Reisepass braucht und was sie noch tun muss. Danach hab ich den Kontakt zu ihr verloren. Aber wenn sie zu mir kommt, muss ich bereit für sie sein. Ich konnte sie nicht herkommen lassen, damit sie mit mir im Obdachlosenheim wohnt. Ich hielt es dort ja selbst kaum aus. Das ist für mich jetzt eine schwierige Zeit. Einerseits die Sorge um meine Mutter und andererseits die Sorge um meine Frau. Ich hab kein Kind mit ihr, aber trotzdem, wir sind schon seit fünf Jahren zusammen. Sie hat Kinder aus früheren Beziehungen. Ich hoffe nur, dass sie okay ist. Es ist hart, jetzt hier zu sitzen und darüber zu reden.

Ich bin das älteste von vier Geschwistern. Ich hab zwei Brüder und eine Schwester. Sie ist die Zweitälteste, wir liegen alle zwei Jahre auseinander. Meine Schwester ist auch in Deutschland geboren, wie ich. Aber sie ist keine Deutsche, denn sie wurde auf einer US-Militärbasis geboren. Und deshalb ist sie Amerikanerin. Deshalb kann ich nach Deutschland abgeschoben werden, sie aber nicht. Das ergibt keinen Sinn. Wir haben dieselbe Mutter. Wir sind eine Familie. Das ergibt einfach keinen Sinn.

Ich bin jetzt seit acht Monaten in Deutschland. In den USA hab ich siebenunddreißig Jahre gelebt. Ich war nie woanders. Ich bin auf amerikanische Schulen gegangen auf den Militärbasen und immer nur in den USA gewesen. Das ist die einzige Art zu leben, die ich kenne. Die amerikanische Art.

Ich bin in Amerika aufgewachsen. Mein Stiefvater war in der Armee, deshalb sind wir in meiner Kindheit viel herumgezogen. Von Florida nach Washington State und einige Staaten dazwischen. Von daher war's schwierig, immer wieder neue Freundschaften schließen zu müssen und dein Leben jedes Mal neu zu beginnen. Es ist fast schon ein Witz, denn ich hab das Gefühl, das hört nie auf, denn jetzt muss ich genau dasselbe wieder tun. Ich bin in einer neuen Umgebung, und es ist schwierig für mich, mich mit den Leuten zu verständigen. Ich spreche ihre Sprache nicht. Ich versuche, die Sprache zu lernen und wie ihr hier in Deutschland so denkt.

Wir sind drüben eine normale, durchschnittliche amerikanische Familie, wir hatten keine Probleme. Wir hatten unsere Kämpfe, so wie jede normale Familie, die versucht, durchs Leben zu kommen. Mein Bruder arbeitet für die Flugzeugfirma Boeing in den Staaten. Ihm geht's gut. Ich hab einen weiteren Bruder, der ist alleinerziehender Vater. Er kümmert sich um seine Tochter. Meine Schwester kümmert sich um ihre fünf Kinder. Wir sind einfach eine normale Familie, versuchen zusammenzuhalten und uns gegenseitig zu unterstützen.

Ich finde, es ist unmenschlich, so etwas zu tun. Okay, ich hab was falsch gemacht. Ich war im Gefängnis. Aber als ich da war, hab ich etwas getan, um mich zu bessern. Ich hab College-Kurse im Gefängnis besucht. Ich hab ein Resozialisierungsprogramm mitgemacht. Ich war getrennt von den anderen Häftlingen. Wir waren zehn Stunden am Tag in der Klasse. Wir haben viel über unsere Sucht gelernt und wie wir mit Konfliktsituationen umgehen. Neue Techniken, um nicht in die alten Muster zu verfallen, Drogen oder was auch immer.

Und ich hab einen Abschluss gemacht, ich hab ein Zeugnis bekommen für Dinge, die ich geschafft habe, als ich eingesperrt war.

Und dann komme ich raus aus dem Knast. Ich hatte eine Bewährungszeit von fünf Jahren, in der ich nicht ein einziges Mal die Regeln übertreten durfte. Ich hab mich dran gehalten, ich hab mich gemeldet, wann immer ich musste. Jeden Monat. Sie brauchten sich keine Sorgen zu machen, dass ich wieder mit den Drogen anfange. Ich hab es kein einziges Mal in diesen fünf Jahren vermasselt. Ich hab einen Job gefunden, ich hab geheiratet.

Ich hab alles gemacht, was ich sollte, und plötzlich, aus heiterem Himmel, stehen da Leute vor mir, die sagen: »Hey, du musst zurück in das Land, in dem du geboren bist.« Ich frage: »Warum?« Sie sagen: »Du bist dort geboren, du hast hier in Amerika Straftaten begangen.« Ich meinte nur: »Ja, ich habe Straftaten begangen, ich hab's zugegeben, ich hab meine Zeit dafür abgesessen. Ich hab mir dann selber geholfen, ich hab mich geändert. Und ihr Typen erzählt mir jetzt, das ist nicht genug?« Ich werde zwei Mal bestraft. Warum haben sie mich nicht gleich am Anfang abgeschoben? Warum behalten sie mich zehn Jahre hier. »Schaut, was ich danach alles richtig gemacht hab. Zählt das gar nicht?« Alles, was ich danach gut gemacht hab, bedeutete ihnen nichts.

Als ich abgeschoben wurde, hatte ich nicht einmal Geld in der Tasche, denn sie haben mich um drei Uhr nachts aus dem Bett gezogen. »Hey, du musst hier raus«, sagten sie, und am Ende von allem saß ich in einem Flugzeug nach Deutschland. Meine Familie wusste von nichts, ich musste sie anrufen: »Hey, ich bin grade in New York auf dem Weg nach Deutschland.«
Ich habe ihnen gesagt, wie ich mich in dieser Situation fühlte, aber sie meinten nur, es gäbe nichts, was sie mir sagen könnten. Ich müsste zum Immigrationsrichter, und der würde seine Entscheidung fällen. Ich saß dann eine Woche im Gefängnis, bevor sie mich in eine Abschiebeunterkunft gebracht haben. Drei Monate saß ich da und wartete auf einen Gerichtstermin. Ich hab keine 10.000 Dollar für einen Migrationsanwalt. Die hatte ich nicht mal eben in der Tasche. Ich hatte also keine juristische Unterstützung. Ich konnte nur dasitzen und um meinen Fall kämpfen, mit der Aussicht, dort zwei Jahre zu sitzen, bis ich irgendwann ein Urteil bekomme.
Wer hat Lust, zwei Jahre dazusitzen, um für einen Fall zu kämpfen, den man sowieso verlieren wird? Weil es eben den Begriff der »schweren Verbrechen« gibt. Das kann alles sein. Von betrunken Auto fahren bis zum Mord. Ich meine, ich hab Drogen verkauft. Das ist es, was ich getan habe. Ja, es ist etwas Schlechtes. Aber ich finde nicht, dass es diese schwere Bestrafung rechtfertigt, dass ich jetzt abgeschoben

wurde. Die haben mich rausgeschafft. Jetzt haben sie nichts mehr mit mir zu tun. Für die ist es nichts. Die wollen gar nichts von mir hören, die kümmert es nicht. So sehe ich das. Die denken nur an sich. Total selbstsüchtig. Das ist meine Meinung. Ich garantiere dir, jeder, der in meiner Situation ist, sagt dasselbe. Es ist nicht richtig.

Als ich aus dem Flugzeug gestiegen bin, hatte ich nichts außer den Klamotten, die ich anhatte. Ich wurde von der Bundespolizei abgeholt. Die haben mich dann auf der Wache drei Stunden lang ausgefragt. Und dann meinten sie: »Du kannst gehen.« Wohin? Wohin sollte ich denn gehen? Ich kenne hier nichts. Als ich bei der Bundespolizei war, hab ich gehört, dass mein Name am Flughafen ausgerufen wurde. Ich sagte das den Polizisten. »Hey, die rufen meinen Namen aus. Ich soll zum Kundenservice.« Sie haben dann angerufen, und es war meine Mutter. Meine Mutter hatte am Flughafen in Frankfurt angerufen, um zu fragen, ob ich gelandet bin. Meine Mutter hat dem Bundespolizisten dann alles erklärt.

Das war ein fürchterlich einsames Gefühl. Ich hatte wirklich Angst, weil ich nicht wusste, was ich tun sollte. Ich bin dann zur Sozialstation am Flughafen gegangen. Sie haben mir ein paar Kleider gegeben, einen Koffer und ein paar Sachen zum Waschen, Duschgel und so. Dann haben sie ein Taxi gerufen und mich zur Rudolfstraße gebracht, in dieses Obdachlosenheim für Männer. Ich war zuerst da und hatte Angst. Ich bin drei Tage nicht aus meinem Zimmer gekommen. Ich kannte niemanden. Zum ersten Mal bin ich aus dem Zimmer gegangen, weil ich auf dem Flur jemand Englisch reden hörte. Ich sprang aus dem Bett und lief raus. »Hey, du sprichst Englisch«, und er sagte »Ja«. Und ich fragte ihn, woher er kommt. Das hat mir geholfen, rauszukommen.

Als ich abgeschoben wurde, wusste ich nichts über Deutschland. Nur das, was ich in der Schule gelernt habe. Ein bisschen über Geschichte, den Krieg und so. Ich kannte dieses Land eigentlich gar nicht. Ich wusste nur, dass ich hier geboren bin, in Ludwigshafen. Meine Mutter kommt aus Deutschland, aber wir haben nie darüber gesprochen. Sie hat nie Deutsch mit uns geredet. Ich dachte nie darüber nach, hierher zurückzukommen.

Wenn du das erste Mal hier ankommst, und du weißt nicht, was los ist, ist es ein Schock. Wenn die Leute hier so freundlich zu dir sind, denkst du erst – okay, was wollen die von mir? Und sie wollen eigentlich gar nichts. Aber das ist die Art, wie wir drüben aufwachsen. Wenn jemand etwas für dich tut, will er meistens was von dir. Deswegen sind wir das nicht gewohnt. Wir stellen alles infrage. Wenn jemand nett ist, fragen wir uns, warum tust du das für mich?

In Deutschland kommt es mir so vor, als ob die Leute hier viel freundlicher sind, sie sind viel offener. Es ist gelassener. In Amerika, vielleicht auch nur in den Gegenden, in denen ich war, ist die Art zu leben aggressiver. Hier sind sie höflicher. Sie machen sich hier nicht zu viele Sorgen. In Amerika musst du aufpassen. Die Kriminalität, das Straßenleben in Amerika, es ist gewalttätig. Du musst nichts damit zu tun haben, und es kann trotzdem gefährlich sein, zur Tür heraus zu kommen. Du kannst erschossen werden. Hier sehe ich sowas nicht. Es ist ein sichereres Gefühl. Ich garantiere dir, jeder, der in meiner Situation ist, wird dir sagen, von daher ist es der bessere Ort, an dem man sein kann.

Am Anfang hatte ich hier ja ein geringes Selbstvertrauen. Ich war sehr verschlossen und wusste nicht, was ich von den Leuten erwarten kann. Und als ich gemerkt hab, wie die Dinge hier laufen, hab ich mir gedacht, das ist eigentlich besser für mich. Warum soll ich nach Amerika zurück? Viele von uns denken mittlerweile so. Wir wollen nicht dahin zurück. Hier komme ich her. Hier bleibe ich.

Das Allerschlimmste daran, hier zu sein, ist aber, wenn ich über all die Dinge nachdenke, die ich nicht mehr habe. Vor allem meine Familie. Jetzt schau ich mir mein Leben hier an und versuche, es zu genießen. Es sind mir auch einige positive Dinge passiert, seitdem ich hier bin. Ich hab eine Wohnung gefunden und ein paar Freunde. Und ich hab ein paar Freunde in Gelsenkirchen, wo ich hin will. Diese Familie hat mich aufgenommen und mich akzeptiert. Sie haben mir die Hand ausgestreckt. Ich kann ihnen nicht schaden. Sowas passiert in Amerika nicht allzu oft. Ich bin über Facebook mit ihnen in Kontakt getreten. Das ist die Wahrheit. Ich habe mit einer Frau dort gechattet, und sie interessierte sich für mich, wo ich herkomme und so. Und dann haben wir uns getroffen und ihre Familie auch, ihre Kinder und ihr Mann.

Wenn ich dürfte, würde ich in die USA gehen, um meine Familie wiederzusehen. Aber ich plane nicht mehr, dort zu leben. Denn die haben mir dort alles genommen. Klar, ich bin Amerikaner, ich bin dort aufgewachsen. Aber ich bin ein »Americanized German«. So nenne ich mich. Ich bin in den USA aufgewachsen, aber mein Blut ist deutsch. Meine Mutter ist deutsch, meine Großväter.

Aber ich kann mich nicht richtig als Deutschen bezeichnen, weil ich die Sprache nicht spreche und das Land nicht kenne.

Ich hab mittlerweile etwas herausgefunden über meinen biologischen Vater, den ich nie gesehen habe. Und darüber habe ich entdeckt, dass ich in Deutschland Halbbrüder besitze. Mein nächster Schritt ist, nach Gelsenkirchen umzuziehen und zur Schule zu gehen, um Deutsch zu lernen. Und dann will ich meinen Vater und meine Verwandten finden.

Biniam Elias Abraha

»Ich kam mit einem Schlauchboot.«

Biniam Elias Abraha ist Eritreer. Er ist über die Türkei und Griechenland nach Deutschland gekommen, von wo er wieder abgeschoben werden sollte. Biniam ist einer von vielen illegalisierten Migranten, die für die heutige Situation an der europäischen Außengrenze stehen, einer der Menschen, die eigentlich von den Booten der Grenzschutzagentur FRONTEX abgefangen werden sollten. Stattdessen hat er es geschafft, ein- und weiterzureisen, und ist auf seiner Reise bis nach Norwegen gelangt. Dieses kurze Interview gibt er auf einer Rheinwiese mit dem Kölner Dom im Hintergrund.

Ich komme aus Eritrea. Von dort ging ich in den Sudan und dann in die Türkei. Dann sind wir mit einem kleinen Schlauchboot nach Griechenland gefahren. Fünfundzwanzig Personen saßen da drin. Wir fuhren auf eine Insel – Mytilini.*
Wir sind mit fünf Personen in einem Lkw in den Sudan gefahren, nach Khartoum. In die Türkei sind wir »per Geschäft« gekommen: Ich habe Geld gezahlt und kam nach Istanbul. In Istanbul haben wir den Bus nach Izmir genommen. Da hat uns auch jemand geholfen. Das ist eine große türkische Stadt. Meine Familie hat mich finanziell unterstützt. Ich hatte keine Arbeit mehr, aber ich habe meine Familie gefragt. Es ist viel Geld. In Izmir bin ich einen Monat geblieben. Man muss dort mit bestimmten Leuten reden. Es gibt Eritreer, die einen weiterbringen können. Und dann bin ich mit dem Schlauchboot nach Griechenland gefahren.
Wir saßen zehn Stunden in dem Boot. Das war schon beschädigt. Wir

* Die Hauptstadt der Insel Lesbos.

haben uns – alle fünfundzwanzig Leute – in die Mitte des Bootes gesetzt. Wir haben dann die Polizei gerufen. Die ist auch gekommen, und dann waren wir eine Woche in der Türkei im Gefängnis. Danach sind wir wieder nach Izmir gefahren, um noch einmal zu versuchen, übers Meer zu fliehen. Denn in der Türkei gibt es keine Jobs.

Wir waren hauptsächlich Eritreer. Und vier Männer waren aus Nigeria, glaube ich. Nach zehn Stunden sind wir in Mytilini angekommen. Da saß ich dann zwei Wochen im Gefängnis. Sie haben dort meine Fingerabdrücke genommen. Aber ich habe in Griechenland kein Asyl beantragt. Ich wollte nur nach Europa. Dann habe ich ein Papier bekommen, was mir den Aufenthalt nur für einen Monat gestattete. Ein weißes Papier, das sagte, dass ich nach einem Monat Griechenland verlassen muss. Wir haben dann eine Fähre genommen. Nach zwölf Stunden waren wir in Athen. Da haben wir auf der Straße geschlafen. Es gibt in Athen keinen Schutz. Es gibt dort keine Unterkünfte. Wenn dich die Polizei dort schnappt, kommst du wieder zurück ins Gefängnis. Das ist das Hauptrisiko. Du kannst nicht arbeiten. Du schläfst den ganzen Tag und wachst abends auf. Du musst aufpassen, dass dich die Polizei nicht schnappt. Griechenland ist nicht gut für uns. Zu essen haben wir etwas von Hilfsorganisationen erhalten. Du gehst zum Beispiel zur Kirche, die geben dir was zu essen.

Abschiebung – ein Autopilot?

Funktioniert das Abschiebungssystem wie ein kaputter Auto-
pilot? Ist es ein Selbstläufer, den wir nicht mehr abschalten können, obwohl die Folgen immer widersinniger werden? Die meisten Menschen in afrikanischen Ländern haben echte Probleme:
Hunger, Krieg, Armut. Sie versuchen, sie zu lösen. Die Summe
des Geldes, das afrikanische Migranten von Europa nach Afrika
überweisen, übersteigt bekanntlich die Entwicklungshilfe. Die
Länder der Europäischen Union haben jedoch nichts Besseres
zu tun, als viele dieser Menschen wieder abzuschieben. Sie drohen
regelmäßig den afrikanischen Staaten, die Entwicklungshilfe zu
kürzen, wenn sie Abgeschobene nicht zurücknehmen. Die Staaten
an der Nordwestküste Afrikas sind längst in ein Regime eingebunden, in dem sie – von Marokko über Mauretanien bis Senegal –
dafür sorgen, im Auftrag Europas Migranten aufzuhalten und wieder zurückzuschieben. Darüber hinaus hat die EU auch Projekte
gestartet, mit denen sie den Staaten des Nachbarkontinents beibringen will, wie man effektiver Grenzen schützt. Als hätten die
Menschen in Afrika keine anderen Probleme. Dass am Anfang
des 21. Jahrhunderts immer noch massenhaft Abschiebungen stattfinden, ist nicht nur eine Schande – es ist ein Wahnsinn.

Was soll das? Kann der Staat auf Abschiebungen nicht verzichten?
Der fundamentale Einwand lautet: Der Staat würde mit so einem
Schritt ein Symbol seiner Souveränität, gar die Souveränität selbst
aufgeben. Deshalb könne er nicht aufhören abzuschieben. In der
Sprache der Politiker klingt das sehr rational: »Es kann auf den
Einsatz des Mittels einer maßvollen zwangsweisen Rückführung
nicht verzichtet werden«, schreibt etwa Hans-Joachim Stange,
der Leiter des Referats für Grundsatzfragen der Migrations-, Aus-
länder- und Asylpolitik im Bundesministerium des Inneren. »Ihre Durchsetzung ist ein wichtiges Signal gegenüber unerlaubt in

Deutschland lebenden Migranten beziehungsweise Menschen, die beabsichtigen, illegal nach Deutschland einzureisen, dass unerlaubter Aufenthalt seitens des Staates nicht geduldet wird.«[1]

Den Befürwortern von Abschiebungen ist durchaus bewusst: Es wird weiterhin »unerlaubte« Migration geben. Sie wird insbesondere von dieser Politik illegalisiert und zum Teil auch geduldet. Wichtig ist ihnen das »Signal«, dass es allein der Staat sei, der entscheidet, wer reinkommt – obwohl er die vollständige Kontrolle darüber in der Praxis gar nicht besitzt. Es ist daher viel aufschlussreicher, die Dinge andersherum zu betrachten: Abschiebungen können zwar die Einwanderung einer »unerwünschten« Person im Einzelfall verhindern oder rückgängig machen, sie können aber weder die »unerwünschte« Einwanderung grundsätzlich verhindern noch ihre Entwicklung nach Belieben steuern. Der Evergreen »Integrationsdebatte«, von dem immer wieder aufs Neue hysterische Versionen angestimmt werden – und bei dem der Fokus gern auf die »gescheiterte Integration« verengt wird –, legt davon Zeugnis ab.

Im Jahr 2010 wurden 1372 türkische Staatsbürger ab- und zurückgeschoben. Zusätzlich wurden 441 an deutschen Flughäfen abgewiesen. Im selben Jahr haben allerdings zwanzigmal so viele türkische Staatsbürger Deutschland von sich aus verlassen. Angesichts der Tatsache, dass ungefähr zwei Millionen Einwanderer aus der Türkei mit ihren Nachkommen in Deutschland leben, wirkt es wie die sinnlose Fortführung einer schlechten Gewohnheit, jedes Jahr ein- bis zweitausend Türken mit Zwang aus Deutschland fortzuschaffen.

Ebenso bei den Vietnamesen – jährlich werden Hunderte Menschen aus Deutschland nach Vietnam abgeschoben. Nun gibt es aber vor allem in Berlin eine große vietnamesische Community. Dort werden Vietnamesen auch weiterhin Anschluss finden und zur Not ohne Aufenthaltsrecht leben – Abschiebungen hin oder her.

Bei den Abschiebungen der Roma, Ashkali und »Ägypter« in den Kosovo und nach Serbien erinnert die deutsche Abschiebepolitik vollends an das zwanghafte Aufrechterhalten einer Fassade. Die rund 10.000 Angehörigen dieser Minderheiten, die seit 2010 auf Biegen und Brechen »rückgeführt« werden sollen, machen einen verschwindend geringen Teil der deutschen Bevölkerung aus, um genau zu sein 0,012 Prozent. Für die einzelnen Familien aber bedeutet jede Abschiebung eine neuerliche Entwurzelung. Dabei werden Roma, die schon seit zehn oder zwanzig Jahren in Deutschland leben, gezwungen, dieses Land zu verlassen, während sie sehen, dass im selben Moment Roma aus Bulgarien oder Rumänien als Neu-EU-Bürger nach Deutschland kommen dürfen.

Serbien, aus dem eine große Gruppe von Abgeschobenen stammt, ist seit März 2012 offizieller EU-Beitrittskandidat. Wenn das Land in die EU aufgenommen wird, werden all die Menschen, die deutsche Behörden jetzt dorthin abschieben, relativ frei entscheiden können, ob sie wiederkommen. Perspektivisch gilt dasselbe für den Kosovo, der nun bei der visafreien Einreise den anderen ehemaligen jugoslawischen Teilrepubliken gleichgestellt werden möchte und dabei zynischerweise in den Verhandlungen auf seine Bereitschaft verweist, abgeschobene Roma und Ashkali aus Deutschland aufzunehmen.

Im Übrigen läuft der Staat den Entwicklungen hinterher und versucht allenfalls, die ohnehin stattfindende Migration zu regulieren, ohne sie wirklich steuern zu können. Bestes Beispiel dafür sind die Saisonarbeitnehmer, die befristet aus den osteuropäischen und den Balkan-Staaten, die noch keine oder keine vollwertigen EU-Mitglieder sind, nach Deutschland kommen dürfen. Dabei handelt es sich häufig um dieselben Menschen, die früher zur Verrichtung weniger qualifizierter Tätigkeiten in Deutschland den Weg der »unerlaubten« Migration gehen mussten. Die Zahl jener, die das nun legal tun können, hat sich in den vergangenen fünfzehn Jahren mehr als verdoppelt. Sie liegt weit über der Zahl der Arbeitserlaubnisse, die für Fachkräfte und Hochschulabsolventen ausgestellt werden.[2]

Abschiebungen werden an Migrationsbewegungen und Einwanderungsprozessen nichts ändern.

Das Ende der Abschiebungen würde aber auch nicht unbedingt bedeuten, dass eine ausufernde, »unkontrollierte Zuwanderung« stattfindet, wie Regierungen gerne beteuern.[3] Entgegen der offiziellen Begründung liegt die wirkliche Bedeutung von Abschiebungen nicht in der Kontrolle der Einwanderung, sondern im Vorenthalten von Rechten. Abschiebungen sind das schmutzige Geheimnis der Integrationsrepublik: Gerade weil sie ihre Integrationsbereitschaft zur Schau stellen möchte, benötigt diese Republik Abschiebungen als eines der letzten verbleibenden Instrumente, mit dem Migranten noch eindeutig als Fremde, als »Andere« markiert werden können.[4] Denn sonst würde die Trennlinie zwischen In- und Ausländern bzw. zwischen EU- und Nicht-EU-Bürgern vollständig verwischt, und es wäre nicht mehr möglich, mit der Abschiebedrohung Druck aufzubauen, um »Integrationsleistungen« einfordern zu können. Das erklärt, weshalb die Aktie »Abschiebung« trotz Integrationsversprechen nicht den erwarteten Kurseinbruch erleidet, der ihrem Wertverlust entspricht.

Abschiebungen simulieren zudem Handlungsfähigkeit im doppelten Sinn. Zum einen kann der Staat so tun, als besitze er weiterhin die Kontrolle über die Zusammensetzung der Bevölkerung. Zum anderen können Politiker mit diesem Instrument eine »harte« Haltung bei Migrationsfragen zeigen und die Tatsache überdecken, dass sie in Wirtschafts- und Finanzfragen immer weniger gestalten können oder wollen. Das Festhalten an Abschiebungen ist daher kein Zeichen der Stärke, sondern in zweifacher Hinsicht ein Zeichen der Schwäche.

Deshalb wäre der Verzicht auf sie keine Preisgabe von Souveränität. Es wäre das genaue Gegenteil. Gerade weil der Staat die Souveränität besitzt, kann er auch entscheiden, das Instrument der Abschiebung abzuschaffen. Eine Souveränität, die nicht in der Lage wäre, diese Entscheidung zu treffen, wäre keine Souveränität. Durch den (oft vergeblichen) Versuch des Staates, die Migration zu kontrollieren, werden eher die Grenzen seiner Handlungsfähigkeit sichtbar. Ein Verzicht darauf würde politische Stärke demonstrieren.

Schon die Geschichte der Abschiebung ist davon gekennzeichnet. Erstens sind die Territorien, innerhalb derer man auf Abschiebungen grundsätzlich verzichtet, immer größer geworden: Heute ist es nicht mehr möglich, einen Deutschen von einer deutschen Stadt in eine andere deutsche Stadt abzuschieben, was vor einigen Jahrhunderten noch üblich war. Ebenso darf der Staat nicht mehr seine eigenen Bürger ins Ausland verbannen, so wie es die Obrigkeit gegenüber ihren eigenen Untertanen einst praktizierte. Der Verzicht auf die Abschiebung von Inländern gelang dank der Durchsetzung demokratischer Bürgerrechte. Vordergründig betrachtet ist die Abschiebung von Inländern, die noch bis ins 19. Jahrhundert erlaubt war, der modernen Praxis gewichen, »lediglich« Ausländer abzuschieben. Diese bleiben zwar von Abschiebungen betroffen, doch der politische Rahmen, in dem Menschen als Ausländer definiert werden, die abgeschoben werden können, hat sich verändert. Während damals die ortsfremden Armen und Aufständischen mit dem Pferdewagen oder der Kutsche über die nächste Grafschaftsgrenze gekarrt wurden, werden sie heute mit dem Flugzeug um den halben Globus geflogen.

Der territoriale Referenzrahmen der Souveränität bei Abschiebungen hat sich permanent erweitert. In Folge der Etablierung großflächiger Nationalstaaten wurden Menschen, die im Zeitalter der Kleinstaaten an einem bestimmten Ort noch als Ausländer galten, nun auf demselben Territorium zu Inländern einer größeren politischen Einheit. Konnte vor dreihundert Jahren ein Münchner aus Mainz abgeschoben werden, war das mit der Durchsetzung des deutschen Nationalstaates obsolet. Dafür konnte vor einhundert Jahren ein Italiener aus dem Deutschen Reich abgeschoben werden, wenn er als »lästiger Ausländer« definiert wurde, was sich wiederum mit der Konstitution der Europäischen Union und der Erweiterung der Freizügigkeit – abgesehen von extremen Ausnahmefällen – erledigt hat.

Im Zeitalter der Globalisierung sind Abschiebungen mittlerweile ein internationales Phänomen. Wenn wir die These der Immanenz im »Empire« ernst nehmen, die Toni Negri und Michael Hardt formuliert haben, dann sind Abschiebungen längst kein bloßes Instrument der nationalen Zuwanderungspolitik mehr, sondern Teil einer Weltinnenpolitik geworden, mit der die Mobilität derer bekämpft wird, die sich mit einem Schicksal innerhalb der regionalen und globalen Billig-Produktions- oder Kriegszonen nicht zufriedengeben. Tatsächlich sind Ausländer, die abgeschoben werden, heute die neuen Inländer einer faktischen Weltrepublik, die sich als solche nur noch nicht konstituiert hat.

Auch wenn es formal gesehen freilich weder diese globale Republik noch den Status des dazugehörigen Bürgers gibt: Die Ausländer, die heute in einem Abschiebeflugzeug über Tausende Kilometer hinweg transportiert werden, könnten als die zukünftigen Inländer einer im Entstehen begriffenen globalen Republik verstanden werden. Wenn die Bundesrepublik oder ein anderer Staat heute Menschen in die Ukraine, nach China und Indien, nach Kamerun und Brasilien abschiebt, dann konstituiert sich damit – wenn auch vorerst in abwehrender Absicht – ein globaler politischer Raum. Die Mobilität der Migranten, durch welche die Staaten sich gezwungen sehen, eine Politik und eine Infrastruktur zu ihrer Abschiebung zu entwickeln, die die Grenzen der Kontinente überschreitet, trägt dazu bei, dass sich die Institutionen auf diesem Gebiet einerseits globalisieren, andererseits aber auch an ihre Grenzen stoßen. Denn mit der fortschreitenden Globalisierung dürfte es immer schwieriger werden, den Wunsch nach einem Recht auf globale Freizügigkeit abzuwehren.

Zweitens ist auch aus innenpolitischer Perspektive der Kreis der Migranten, denen das Recht zugestanden wird, in Deutschland zu leben, stetig erweitert worden. Schon innerhalb der Bundesrepublik wurden immer wieder aufs Neue bei bestimmten Gruppen von Zugewanderten Abschiebungen nicht durchgesetzt, oder man ließ zu, dass sich ihre Aufenthaltsrechte verfestigten. Vor allem aber haben die Mitgliedsstaaten der Europäischen Union in einem riesigen Ausmaß auf die Möglichkeit von Abschiebungen verzichtet. Noch in den neunziger Jahren schoben deutsche Behörden jedes Jahr Tausende Polen ab. Heute ist das undenkbar.

Der europäische Einigungsprozess bedeutet konkret, dass die Bürger aus den süd- und osteuropäischen Staaten, die nun zur EU gehören, nicht mehr abgeschoben werden können.[5] Dasselbe trifft auch auf diejenigen türkischen Einwanderer zu, die aufgrund des Assoziationsabkommens als Arbeitnehmer den EU-Bürgern im Aufenthaltsrecht gleichgestellt sind.

Entscheidend ist in diesem Zusammenhang, dass dieser massenhafte und grundsätzliche Verzicht auf Abschiebungen eine praktische Erfahrung darstellt und keine wirklichkeitsferne Idee. Abschiebungen als Mittel der Politik abzuschaffen ist kein unerreichbarer Wunschtraum, sondern im Rahmen der EU längst Realität. Wir wissen, dass es möglich ist, in Bezug auf große Gruppen von Menschen – in diesem Fall die Bürgerinnen und Bürger der erweiterten Europäischen Union – das Instrument der Abschiebung ad acta zu legen. Es ist wichtig, sich das klarzumachen: Der weitgehende Verzicht auf Abschiebungen funktioniert in einem Verbund von siebenundzwanzig Staaten mit einer Gesamtbevölkerung von mehr als fünfhundert Millionen Menschen!

Diese massive praktische Erfahrung in unserem Leben ist entscheidend für die Forderung nach der Abschaffung von Abschiebungen. Wir leben in Deutschland und in den meisten Teilen Europas nicht trotz, sondern gerade auch wegen der Migration in einer der reichsten und friedlichsten Regionen der Welt. Ob auf dem Spielplatz oder in der Schlange auf dem Arbeitsamt – es ist für uns ganz normal, dass dort Kinder spielen oder Leute stehen, denen man ansieht, dass sie ursprünglich woanders herkommen. Es würde uns vielmehr merkwürdig vorkommen, wenn sie plötzlich nicht dort spielen bzw. stehen würden. Rassismus und Abschiebungen markieren in diesem Sinne Menschen innerhalb unserer globalisierten und nicht bloß nationalen Gesellschaft als fremd, in einer Gesellschaft, in der es eigentlich unmöglich geworden ist, wirkliche Fremdheit festzustellen, weil uns auch das »Fremde« mehr als vertraut ist.

Der Soziologe Rudolf Stichweh weist darauf hin, dass wir in einer faktischen Weltgesellschaft leben, in der man von einer »Universalisierung des Fremden« sprechen könne. »Damit ist gemeint, dass in modernen, beispielsweise städtisch geprägten Lebenszusammenhängen die Mehrzahl der Interaktionen, in die man eintritt, eine Interaktion mit Personen ist, die man *Fremde* nennen könnte, was dann heißt, dass die Fremdheit des Anderen alltäglich und selbstverständlich wird und den Charakter der Irritation und der Störung verliert.«[6] Wenn das Zusammenleben trotz der Unterschiede zwischen den Menschen funktioniert, dann nur deshalb, erklärt Stichweh, weil wir Techniken entwickelt haben, um die Anderen zur Kenntnis zu nehmen und gleichzeitig zu ignorieren, weil es uns überfordern würde, uns mit jedem, der anders ist, auseinanderzusetzen.[7]

Das allein wäre nun aber zu wenig. Diese Fähigkeit muss durch eine positive Bestimmung ergänzt werden. Die Menschen sind eben auch deshalb in der Lage, mit neuen Situationen sowie der Veränderung ihrer Lebenswelt umzugehen, weil sie kreativ handeln können. Sowohl »Einheimische« als auch »Migranten« besitzen und entwickeln die Fähigkeit, mit Menschen, die neu in ihrem Umfeld sind, neue Formen des Zusammenlebens zu erschaffen. Diese Handlungen produzieren sozialen Sinn, der zumindest die Möglichkeit in sich trägt, auch neue Vorstellungen von der Welt, in der wir leben, hervorzubringen, ein neues Imaginäres, das die Vorstellungen von Gesellschaft nach dem Modell des »nationalen Containers« hinter sich lässt. Genau dieses Potenzial macht ausgewiesenen Rassisten zu schaffen. Und es steht auch im Widerspruch zur Logik der Abschiebung, die unterstellt, man müsse bestimmte Menschen fortschaffen, um die Gesellschaft nicht zu überfordern.

Das zentrale Argument der Einwanderungsgegner ist nämlich genau dieses: dass sie selbst, beziehungsweise »die Leute«, überfordert wären. Die unausgesprochene Voraussetzung dieser These ist aber der Paternalismus und die Entmündigung. »Den Leuten« wird damit ihre Kreativität und Selbständigkeit abgesprochen. In

Wirklichkeit aber brauchen sie niemanden, der sie vor dem »Fremden« beschützt, weil sie fähig sind, in der Regel mit Situationen zurechtzukommen, weil sie Unterschiede aushalten und Probleme, die daraus entstehen, anpacken und auch ohne Abschiebungen lösen können.

Die Institutionen sollten Menschen in diesem Prozess nicht behindern, sondern unterstützen. Das bereits erwähnte Projekt einer »Interkultur« basiert ja ebenso wie die immer zahlreicher werdenden Bemühungen der Kommunen, der Landesregierungen und der Bundesregierung, eine bewusste »Integrationspolitik« zu betreiben, auf der Erkenntnis, dass Migration den Normalzustand der Gesellschaft darstellt, der von den Institutionen permanent reflektiert und gestaltet werden muss. Das kann gelingen, weil Menschen in ihrem Alltag in der Lage sind, mit den Lösungen, die nicht auf den Ausschluss der »Fremden« zielen, auch neue Vorstellungen von Gemeinschaft zu erschaffen.[8]

Auf wen zielt dann eigentlich die symbolische Behauptung, der Staat müsse mit Abschiebungen seine Souveränität demonstrieren? Wilhelm Heitmeyer, der Direktor des Bielefelder Instituts für interdisziplinäre Konflikt- und Gewaltforschung, hat mit seinem Team über ein Jahrzehnt hinweg die Haltung der deutschen Bevölkerung gegenüber Minderheiten untersucht. Seinen Studien zufolge stimmt hierzulande etwa ein Viertel der Menschen den Aussagen »Wenn Arbeitsplätze knapp werden, sollte man die in Deutschland lebenden Ausländer wieder in ihre Heimat zurückschicken« und »Muslimen sollte die Zuwanderung nach Deutschland untersagt werden« unumwunden zu.[9] Gewöhnlich werden diese Befunde als alarmierendes Zeichen der Verbreitung rechtsradikalen Gedankenguts diskutiert.

Sie zeigen eindeutig, dass weiterhin Widerstand nötig ist gegen Diskriminierungen und Benachteiligungen, aber auch damit entsprechende Ansichten nicht in gewalttätige Anschläge münden. Das gilt, wie die jüngsten Erfahrungen deutlich machen, unabhängig von der Entwicklung der Einwanderungspolitik. Ein Beleg dafür sind die Morde des rechtsradikalen Rassisten Anders Behring

Breivik, der im Juli 2011 aus Hass auf die multikulturelle Gesellschaft siebundsiebzig Menschen ermordet hat – und das, obwohl es sich bei Norwegen um ein überdurchschnittlich wohlhabendes und liberales Land handelt, in dem der Einwandereranteil an der Bevölkerung mit ca. zwölf Prozent nicht einmal besonders hoch ist, in dem das Erstarken eines rechtspopulistischen Diskurses jedoch unterschätzt wurde.

Die zitierten Umfragewerte lassen es auch nicht überraschend erscheinen, dass sich immer wieder Rassismus und Ressentiments der gesellschaftlichen »Mitte« artikulieren, etwa wenn pauschal von »geminderter Lebensqualität« gesprochen wird, sobald Flüchtlinge in Wohngebieten untergebracht werden. So reagierten Leipziger Bürger, die sich im Juni 2012 vehement gegen den Plan des Sozialbürgermeisters Thomas Fabian (SPD) wandten, Flüchtlinge nicht mehr zentral in einer alten, baufälligen Kaserne am Stadtrand unterzubringen, sondern sie auf mehrere Unterkünfte in der Stadt zu verteilen.[10]

Trotzdem bleibt festzuhalten, dass nur jeder Vierte, also eine Minderheit, in Deutschland konkret fordert, Ausländer, die wegen der Situation auf dem Arbeitsmarkt oder aufgrund ihrer Religion als Problem definiert werden, müssten ferngehalten oder abgeschoben werden.

Der Staat führt Abschiebungen also im Interesse einer Minderheit durch. Die Signale der Handlungsfähigkeit, die er dabei aussendet, richten sich vor allem an diese Wählergruppe und nicht an die Mehrheit der Gesellschaft. Und den Beispielen dafür, dass Migranten ausgegrenzt werden, stehen andere gegenüber, die zeigen, dass ganz gewöhnliche Bürger sogar bereit sind, Menschen vor den eigenen Behörden zu verstecken, damit sie nicht abgeschoben werden.

So geschehen im August 2011, als die armenische Familie Baveyan aus dem kleinen mecklenburgischen Badeort Kühlungsborn, in dem sie einen Dönerstand betrieb, nach dreizehn Jahren in Deutschland abgeschoben werden sollte. Obwohl der Vater in der Vergangenheit straffällig geworden sein soll, demonstrierten zweihundert Kühlungsborner vor seinem Dönerstand für dessen Bleiberecht und versteckten die Familie, als der Abschiebetermin feststand.[11]

Der Staat schafft unablässig Menschen fort – einige von ihnen sind in diesem Buch zu Wort gekommen –, die vielleicht auch den ein oder anderen Fehler gemacht haben, die aber meistens längst in Deutschland zu Hause sind. Um Abschiebungen dennoch als legitim erscheinen zu lassen, werden die Betroffenen als nicht »integriert« beziehungsweise als ökonomische »Belastung« für die Gesellschaft dargestellt. Ich möchte hiermit aber vehement der Behauptung widersprechen, dass Abgeschobene wirklich die »Überflüssigen« und »Nicht-Verwertbaren« sind, als die sie oft präsentiert werden. Das unterstellt die Abschiebepolitik, und manche Abschiebekritiker wiederholen diese Unterstellung unbedacht. Wenn es einen Zusammenhang gibt, dann höchstens den, dass Abschiebungen und deren jahrelange Androhung Menschen erst zu »Nicht-Verwertbaren« machen; auf diese Weise wird ihnen eine Perspektivlosigkeit vermittelt, die dazu führt, dass es ihnen schwerer fällt, ihre Fähigkeiten zu entwickeln und einzusetzen.

Schon die persönlichen Geschichten der Migranten, die in diesem Buch vorgestellt wurden, zeichnen ein anderes Bild – dass nämlich Menschen selbst dann abgeschoben werden, wenn sie kapitalistisch »verwertbar« wären. Abschiebungen werden durchgesetzt, obwohl sie im Widerspruch zum Bedarf nach Arbeitskräften stehen, im Widerspruch zur Alterung der Gesellschaft und im Widerspruch zur allgegenwärtigen Aufforderung, mobil zu sein.

Ginge man nur nach dem Schaden für die Gesellschaft, müssten auch die Verantwortlichen der Finanzkrise abgeschoben werden.[12] Die Deutsche Bank war mit ihren Immobiliendarlehensgeschäften in den USA mitverantwortlich für das Platzen der Kreditblase und den Ausbruch der weltweiten Finanzkrise seit 2008. Die Rettung von Banken kostete die Steuerzahler Milliarden.[13] Der ehemalige Chef der Deutschen Bank ist Schweizer, der derzeitige ist Brite. Weder Josef Ackermann noch Anshu Jain oder irgendein anderer Bankmanager müssen allerdings befürchten, abgeschoben zu werden, weil sie die öffentlichen Kassen durch ihr Handeln in einem gigantischen Ausmaß belastet haben.

Es wäre aber zu einfach, beim Befund stehenzubleiben, dass Abschiebungen eine im globalen Maßstab betriebene Diskriminierung der Armen sowie der Arbeiterinnen und Arbeiter mit dem falschen Pass darstellen. Darüber hinaus stellt sich die Frage: Welche Funktion hat Abschiebung in einer Gesellschaft, die in den vergangenen Jahren ihren Überfluss verstärkt von unten nach oben verteilt hat, die in einer permanenten Finanzkrise steckt und den inneren Widerspruch des Kapitalismus nicht überwinden kann?[14] In einer Gesellschaft, die die Realität der Einwanderung mittlerweile akzeptiert hat, worauf der Staat offiziell mit Integrationspolitik reagiert? Einer Gesellschaft, die zugleich durch die Riots in den Pariser Banlieus oder in London und Birmingham daran erinnert wird, dass die bloß formale Akzeptanz von »Vielfalt« nichts bringt, wenn die Verarmung zunimmt und deshalb von wirklicher Gleichheit und Fairness keine Rede sein kann? Einer Gesellschaft, in der (wie das Buch *Deutschland schafft sich ab* demonstriert hat) die Vermischung rassistischer Thesen mit einer generellen Hetze gegen die »Unterschicht« zu einem PR-Erfolg in deutschen Massenmedien und einem Verkaufserfolg vor allem bei der gut situierten Leserschaft werden konnte?[15]

Die verbissene Fortführung und Internationalisierung der Abschiebepolitik, die immer wieder aufbrechenden Ressentiments gegen Migranten und die Schuldenrettungs- bzw. Sparpakete zur Vermeidung des finalen Finanzcrashs sind gleichermaßen als verzweifeltes, letztes Aufbäumen der Privilegierten zu sehen. Sowohl die Integrationspolitik als auch die »Sarrazin-Debatte« sind Reaktionen auf die Tatsache, dass sich Migranten das Recht auf Einwanderung nehmen und gleiche Rechte einfordern, die man ihnen nicht ohne Weiteres zugestehen will, und dass sich in der gesamten Bevölkerung soziale Ansprüche etabliert haben, die sich nicht so einfach zurückschrauben lassen, selbst wenn die zur Finanzierung der öffentlichen Leistungen und Dienste eigentlich nötige Umverteilung nicht mehr stattfindet.

Nicos Poulantzas hat den Staat als »Verdichtung eines Kräfteverhältnisses« beschrieben, als »strategisches Feld«, auf dem »die Volkskämpfe ihre Spuren hinterlassen haben«. Der Staat stehe »innerhalb der Kämpfe [...], die ihn ununterbrochen überfluten«. Allerdings gestatte ihm seine Organisation, »durch die sukzessive Verlagerung und Verschiebung die Macht der Bourgeoisie von einem zum anderen Apparat zu verlagern«.[16]

Aus diesem Blickwinkel betrachtet, erlaubt die Überschuldung es den kapitalistischen Staaten seit den siebziger Jahren, der breiten Bevölkerung Massenkonsum und wohlfahrtstaatliche Versorgung zuzugestehen, ohne die kapitalistischen Eigentumsverhältnisse verändern und ohne die Verteilung des wirtschaftlichen Überschusses, der aufgrund der gesteigerten Produktivität weiter zunimmt, gleichmäßiger verteilen zu müssen. Gleichzeitig hält die Staatsverschuldung aber die Hintertür offen, zur Aufrechterhaltung des Systems einen Teil des Wohlstands wieder einzukassieren – vorausgesetzt, die Sparpakete zum Schuldenabbau lassen sich durchsetzen. Entsprechend verhält es sich im Bereich der Migration: Abschiebungen stehen für die Möglichkeit, einerseits aufenthaltsrechtlich Zugeständnisse zu machen, andererseits den Kreis derjenigen, die davon profitieren sollen, immer wieder symbolisch und praktisch zu begrenzen. Abschiebestopps und Bleiberechtsregelungen sind daher die migrationspolitischen Schuldenerlasse.

Der materielle Wohlstand für alle kann produziert werden, aber es sollen nicht alle davon profitieren. Auch die Mobilität ist mehr denn je verfügbar, soll aber nicht von allen in Anspruch genommen werden. Beides ist wechselseitig aufeinander bezogen, und in beiden Fällen sorgt der Kapitalismus für eine künstliche Verknappung. Ebenso wie beim Konsum ist aber auch der Kreis derjenigen, die ein Recht auf Mobilität erhalten, immerzu erweitert worden. Die Tendenz zur Ausweitung des Rechts auf Mobilität ist nicht zuletzt eine Folge der Praxis der Einwanderer, die sich dieses Recht nehmen. Eine solche Praxis schafft Rechte, bevor diese institutionalisiert und in Gesetzen kodifiziert werden.

Beim offenen ebenso wie beim versteckten Widerstand gegen Abschiebungen wird dieses »Rechte-Nehmen« offensichtlich. Dieser Widerstand setzt sich aber oft selbst eine Grenze, wenn er über den Einzelfall, die eigene betroffene Gruppe oder die Argumentation mit der drohenden Verfolgung nicht hinausgeht. Er setzt sich auch eine Grenze, wenn er die Forderungen nach Freiheit und »offenen Grenzen« im luftleeren Raum hängen lässt. Der Widerstand gegen Abschiebungen muss die Selbstbeschränkung auf die rein humanitäre Argumentation hinter sich lassen und selbstbewusst auch ökonomisch argumentieren, damit die Realität der Migration artikuliert werden kann und es möglich wird, andere Sprecherpositionen einzunehmen als die des »Opfers«.

Bezeichnend ist, wie nach dem Ausbruch der Revolution in Tunesien die Unterscheidung zwischen Opfern und selbstständigen Akteuren um jeden Preis aufrechterhalten werden sollte. Als Zehntausende junge Männer und Frauen die neue Freiheit nutzten, um übers Mittelmeer in die EU zu gelangen, beharrte der deutsche Innenminister Hans-Peter Friedrich (CSU) darauf, dass man zwischen »Wirtschaftsflüchtlingen« und »wirklich Schutzbedürftigen« unterscheiden müsse. Deutschland sei sofort bereit, Letzteren zu helfen (und etwa hundert auf Malta Gestrandete aufzunehmen), die Weiterreise der Ersteren könne aber nicht akzeptiert werden.[17]

Obwohl klar ist, dass junge, gebildete Menschen gebraucht werden, fällt es offenbar schwer zu akzeptieren, dass diese sich selbst entscheiden, herzukommen. Der Begriff »Wirtschaftsflüchtling« ist ja nicht als wertfreie Bezeichnung für einen Menschen gemeint, der rational zu handeln versucht, sondern kurioserweise als Beschimpfung. Nun zwingen die Gesetze viele Migranten, die eigentlich nur zum Arbeiten einwandern möchten, einen Asylantrag zu stellen, weil es keinen besseren Weg für sie gibt.[18] Das wurde und wird ihnen dann vorgeworfen. Und wenn sie nicht lügen, wirft man ihnen das erst recht vor. Die jungen Tunesierinnen und Tunesier machen sich gar nicht mehr die Mühe, das dumme Spiel mitzuspielen. Sie sind ehrlich. Und gerade das nimmt man ihnen besonders übel. Dabei sollten wir diese Haltung ernst nehmen. Auch beim Widerstand gegen Abschiebungen.

Es müssen vor allem Wege gefunden werden, den Kosmopolitismus von unten, der in der relativen Autonomie der Migration sowie im Widerstand gegen Abschiebungen seinen Ausdruck findet, in den Mittelpunkt zu rücken. Denn die Politik der Abschiebungen kann nur durch eine transnationale Ausweitung der Demokratie – durch eine Ausweitung des Rechts auf Bewegungsfreiheit – überwunden werden.

Ausgangspunkt wäre zwar die Erfahrung, dass Abschiebungen in der Praxis durch Widerstand verhindert werden können und dass sich mit ihnen – wegen der beschriebenen Autonomie der Migration – die Zusammensetzung der Bevölkerung ohnehin nicht kontrollieren lässt. Es ist aber unwahrscheinlich, dass Abschiebegesetze, selbst wenn sie kontraproduktive Effekte haben, von heute auf morgen abgeschafft werden, wenn sie einmal existieren. Das sei schon allein deshalb so, weil sich mit diesem Thema kaum Wählerstimmen gewinnen lassen, lautet ein häufig vorgebrachter Einwand. Erfahrungsgemäß sind faktische Änderungen eher auf einer nichtlegislativen Ebene – zum Beispiel durch Gerichtsurteile oder ministerielle Erlasse –, also auf indirektem Weg, möglich.[19]

Das jüngste Beispiel liefert der Erlass des nordrhein-westfälischen Innenministers Ralf Jäger (SPD) vom 2. Juli 2012. Darin werden die Ausländerbehörden aufgefordert, bei der Erteilung einer Aufenthaltserlaubnis aus humanitären Gründen ihre Entscheidungsspielräume »zugunsten der Betroffenen zu nutzen«. Das ausschlaggebende Kriterium bleibt der Nachweis der »Verwurzelung«, der Bindung an Deutschland, wobei aber keine unrealistisch hohen Erwartungen an die Integration zu stellen seien. Grundsätzlich soll der Geduldete, der eine Aufenthaltserlaubnis erhalten möchte, selbst für seinen Lebensunterhalt aufkommen können und nicht dauerhaft von Sozialleistungen abhängig sein. Wer aber zwischendurch Sozialhilfe bezog, weil es ihm aufgrund seines Aufenthaltsstatus schwerer fiel, eine Arbeit zu finden, dem dürfe deswegen die Aufenthaltserlaubnis nicht versagt werden.[20] Lediglich die Straffälligkeit bleibt als Ausschlusskriterium, bei dem kaum Kulanz geübt werden soll, übrig. Im innenpolitischen Kontext spiegelt sich im Verzicht auf Abschiebungen eine Vorgehensweise, die auch im EU-Rahmen gilt, wo die Abschiebung von EU-Bürgern praktisch nur noch bei schweren Straftaten möglich ist.

Ein wichtiger Schritt auf dem Weg zu einer Abschaffung von Abschiebungen bestünde darin, diese Regelung zu verallgemeinern, so dass nur noch ausländische Straftäter mit einem hohen Strafmaß, die nicht in Deutschland verwurzelt sind, abgeschoben werden können. Damit wären rund achtzig Prozent der heutzutage in Deutschland stattfindenden Abschiebungen vom Tisch.

Was auf innenpolitischer Ebene gilt, wenn mittels einer Vereinfachung des Erwerbs eines Aufenthaltstitels auf die Durchsetzung von Abschiebungen verzichtet wird, gilt auch im internationalen Rahmen. Die grundsätzliche Abschaffung von Abschiebungen kann ebenfalls eher über den indirekten Weg erfolgen, in Form einer Ausweitung der Reise- und Niederlassungsfreiheit sowie der Institutionalisierung dieser Rechte. Die praktische Vorlage liefert hierbei die Europäische Union.

Auch für den Migrationsforscher Norbert Cyrus bietet sich die Freizügigkeit, die für die EU-Bürgerinnen und -Bürger gilt, als »alternatives Modell zum Anspruch auf Steuerung der Migration« an. Sie ist ein Beispiel dafür, dass einer Masse von Leuten innerhalb weniger Jahre individuelle Mobilitätsrechte gewährt werden konnten, ohne dass deshalb die Gesellschaft in eine Krise gestürzt wäre. »Die vor der Einführung der Freizügigkeit regelmäßig geäußerten notorischen Befürchtungen vor einer Massenzuwanderung in die wirtschaftlich stärkeren Länder, die negative Effekte auf die Arbeitsmärkte und Sozialsysteme der Zielländer haben sollte, erwiesen sich regelmäßig als unbegründet«, so Cyrus. »Die Zuwanderungsmuster, die von der Bevölkerung der Zielländer zu Recht als problematisch angesehen werden, sind vor allem Ergebnis unangemessener rechtlicher Regulierung der Arbeitsmarktbeziehungen und nicht der Freizügigkeit.«[21]

Nun ist es unwahrscheinlich, dass sich die Europäische Union in

Richtung Asien und Afrika ausweitet, da sie schon in der bestehenden Form massive interne Probleme hat. Das ist auch gar nicht der Punkt. Worum es gehen muss, ist die Ausweitung von Mobilitätsrechten über Europa hinaus.

Interessanterweise liefert hierzu die konservative Idee einer »privilegierten Partnerschaft« mit der Türkei als Alternative zur regulären EU-Mitgliedschaft eine passende Blaupause. Die Vollmitgliedschaft inklusive der Vertretung in allen EU-Gremien, im Rat ebenso wie im Parlament, ist in Europa politisch nicht vermittelbar. Aber auch die Türkei zeigt mittlerweile kein allzu großes Interesse mehr daran, in die EU aufgenommen zu werden. Stattdessen verhandelt die türkische Regierung über Visa-Erleichterungen für ihre Bürger. Freilich würde sie dann im Gegenzug versprechen, sich an der Sicherung der europäischen Außengrenze zu beteiligen. Die Ukraine oder Georgien könnten dann aber schon als Nächste an die Tür klopfen.

Entscheidend ist, dass sich durch diesen Prozess ein politisches Feld öffnet, in dem sich das Recht auf Freizügigkeit auch für jene reklamieren lässt, die soeben noch ausgeschlossen waren. Die »privilegierte Partnerschaft« als supranationale, rechtliche Integration gedacht, die anders als von Konservativen gemeint auch Aufenthalts- und Mobilitätsrechte beinhalten muss, liefert ein Modell dafür, wie die unverzichtbare Institutionalisierung dieser Freizügigkeit aussehen kann, wenn die Form einer EU-Mitgliedschaft nicht infrage kommt.

Der Befürchtung, damit würde einfach nur die EU-Außengrenze in noch weiter entfernte Regionen verlagert und rigider kontrolliert, steht die Möglichkeit gegenüber, dass es zu einer »imperialen Überdehnung« kommt. Denn mit jeder Erweiterung der faktischen Außengrenzen entstehen neue Orte, an denen sich politischer Druck aufbauen kann, erneut über Freizügigkeit zu verhandeln. Die beschriebene Erweiterung von Mobilitätsrechten durch entsprechende Vereinbarungen lässt sich allerdings weniger leicht für polarisierende Grundsatzdebatten instrumentalisieren als etwa die Frage von EU-Vollmitgliedschaften.

Eine Politisierung dieser Prozesse könnte es erlauben, Kapital zu schlagen aus der »absolut grundlegenden Ohnmacht von Quasi-Apartheidsregimen«, wie Yann Moulier Boutang die Flüchtlingslager auf Lampedusa und den anderen EU-»Vorposten« im Mittelmeer genannt hat. Einer Ohnmacht, die sich darin äußere, dass der Staat immer mehr Repressionen, juristische Sonderregelungen und Sanktionen benötige, »damit die Einschüchterung derer funktioniert, die ihren Kampf um Freiheit und Gleichheit hartnäckiger verfolgen als den um ökonomischen Reichtum«.[22]

Die Revolution in Tunesien hat die Grenzen dieser »Apartheidregimes« aufgezeigt. Diese haben am Mittelmeer Effekte produziert, die nicht geplant waren. Der Sturz Ben Alis kann durchaus auch als ein Ergebnis der immer rigideren EU-Abschottungspolitik verstanden werden, die auf diese Weise das Gegenteil von dem erreicht hat, was sie erreichen wollte. Tunesien liegt geografisch sehr nah an Europa, und die fortschreitende Schließung des Migrationswegs über das Mittelmeer war in diesem Land unmittelbar zu spüren. Gleichzeitig war die Jugend in Tunesien schon seit Längerem unzufrieden, und die Mehrheit sah – anders als noch vor zehn Jahren – in der Migration die einzige Zukunftsperspektive.[23]

So gesehen, war es vielleicht kein Zufall, dass der arabische Aufstand zuerst in Tunis ausbrach. Wenn die Migration und die Flucht als Option, einem autokratischen Regime zu entweichen, kaum noch offenstehen, kann das dazu führen, dass sich der Druck der Unzufriedenen ab einem gewissen Punkt gegen das eigene Regime richtet. Das ist in Tunesien geschehen. Aber dabei kann es nicht bleiben. Denn mit dem Sturz Ben Alis hat sich die junge Bevölkerung nicht nur politische Freiheiten erkämpft (wie sich diese stabilisieren lassen, muss sich noch herausstellen), sie hat mit Ben Ali auch jenes Regime gestürzt, das im Auftrag der EU-Staaten ihre Reisefreiheit beschränkte.

Auch wenn wenige Monate später das Rückübernahmeabkommen mit Italien erneuert wurde; auch wenn es im tunesischen Choucha ein Pogrom gegen aus Libyen flüchtende Migranten gab; auch wenn Teile der bürgerlichen Opposition wie der Gynäkologe und Internetaktivist Amine Sami Ben Sassi der Meinung sind, diejenigen, die nach Europa gehen, seien »unpolitisch, nicht engagiert genug«[24] – es ist offensichtlich, dass der Kampf gegen die Diktatur Ben Alis und der Kampf gegen die europäischen Grenzkontrollen untrennbar miteinander verbunden sind.

»Die Verträge, die es mit Diktatoren gab, interessieren uns nicht mehr, das waren auch Verträge, die uns davon abhielten, frei zu leben«,[25] betont zum Beispiel Abdeljelil Bedoui vom tunesischen Forum für wirtschaftliche und soziale Rechte. Wenn sich die demokratischen Umbrüche fortsetzen, werden die Beschränkungen der Reisefreiheit weiter an Legitimität verlieren. Das betrifft den Rassismus in den nordafrikanischen Staaten gegenüber den subsaharischen Migranten ebenso wie die Abwehrhaltung Europas. Ohne die Überwindung von beidem kann von Demokratie keine Rede sein. Wer A sagt, muss auch B sagen. Wer Demokratie befürwortet, kann Freizügigkeit nicht ablehnen. Auch hier eröffnen sich Möglichkeiten, gegen Abschiebungen zu intervenieren.

Die Organisation *Jugendliche ohne Grenzen* verleiht zum Beispiel seit 2006 den Negativpreis »Abschiebeminister des Jahres«. Die Jugendlichen, die – auch weil sie selbst davon betroffen sind – gegen Abschiebungen kämpfen, reisen regelmäßig zu den Innenministerkonferenzen, um für ein Bleiberecht und Legalisierung zu demonstrieren. Um dem Ziel der Abschaffung von Abschiebungen näher zu kommen, wäre es aber genauso angebracht, zu Außenministertreffen zu reisen, um politischen Druck aufzubauen. Es wäre ebenso sinnvoll, einen jährlichen Positivpreis für den »Freizügigkeitsminister des Jahres« zu verleihen.

Selbst die zynische Verbindung von Abschiebepolitik mit der Gewährung von Entwicklungshilfe, wie sie die Bundesregierung betreibt, schafft ein politisches Feld, in dem sich Widerstand artikulieren und die Frage nach einer Neuordnung des Verhältnisses zwischen Europa und Afrika stellen lässt. Cornelius M'bolo Yufanyi, ein Göttinger Aktivist von The Voice Refugee Forum, hat Abschiebungen sehr treffend als »koloniale Vollstreckung« bezeichnet. Auf die Auflösung der europäischen Kolonialreiche folgten bekanntlich afrikanische Diktaturen ebenso wie instabile Demokratien, in denen die afrikanischen Eliten weiterhin den wirtschaftlichen Ausbeutungsinteressen der europäischen Staaten zuarbeiten. Das Versprechen einer Beendigung der kolonialen Verhältnisse, als das die nationale Unabhängigkeit einmal erschienen sein mochte, hat sich nicht erfüllt. Der Kolonialismus lässt sich nur in Demokratisierungskämpfen um konkrete Rechte für die in Afrika lebenden Menschen überwinden, und zu diesen Rechten gehört auch das Recht, nach Europa zu migrieren.

Wie kann erreicht werden, dass die Menschen aus afrikanischen Ländern, insbesondere südlich der Sahara, in Zukunft genauso einfach wie Europäer reisen und arbeiten können und dass durch eine solche neue Freizügigkeit zwischen den beiden Kontinenten Abschiebungen und lebensgefährliche Seereisen über das Mittelmeer obsolet werden? Das wird nur mit einer transnationalen Bewegung zu erkämpfen sein, die sich nicht auf bloße Solidarität oder Humanität beschränkt, sondern das Recht auf Bewegungsfreiheit mit dem Recht auf Entwicklung verbindet. Ein erster Schritt ist das Netzwerk Afrique-Europe-Interact, ein Zusammenschluss antirassistischer Aktivisten aus Europa (vornehmlich aus Deutschland und Frankreich) und abgeschobener Frauen und Männer aus verschiedenen afrikanischen Staaten, die sich in Malis Hauptstadt Bamako organisiert haben. Anfang 2011 zogen fünfhundert von ihnen mit einer »Karawane für Bewegungsfreiheit und gerechte Entwicklung« von Bamako in die senegalesische Hauptstadt Dakar, wo das Weltsozialforum stattfand.

Interact hat diesen Marsch in einem sehenswerten Film (*... denn wir leben von der gleichen Luft*) dokumentiert.[26] Darin berichten afrikanische Aktivisten auch von den Menschen, die in der Wüste sterben – auf Reisen nach Europa, aber auch im Zuge von Abschiebungen aus Marokko, Algerien und Libyen, die im Auftrag der EU dieses Geschäft erledigen. Das Leid steht aber nicht im Vordergrund der Botschaft. Im Vordergrund steht das Begehren nach einem besseren Leben, zu dem auch die Öffnung der Grenzen gehört, denn die Aktivisten verstehen die Migration als ein Recht.

»Wenn die Baumwolle aus Mali nach Europa geschafft werden muss«, sagt Victor Nzuzi, ein Aktivist aus dem Kongo, »dann ist Bewegungsfreiheit erstaunlicherweise auf einmal kein Problem mehr. Wenn das Coltan aus dem Kongo oder das Uran aus dem Niger nach Europa soll, ist es plötzlich möglich, dass es frei zirkuliert. Nur die Menschen können sich nicht frei bewegen.«

Die Abgeschobenen, die ihre Stimme erheben und sich organisieren, stellen nicht die Frage der Menschenrechte in den Mittelpunkt, sondern die Frage der »gerechten Entwicklung«, zu der das »Recht zu bleiben«, wenn sich die Lebensbedingungen verbessern, ebenso gehöre wie das »Recht zu gehen«, um eben dies zu erreichen.

Um das Ende der Abschiebungen einzuläuten, muss die pauschale Forderung nach offenen Grenzen Wege finden, wie das Recht zu migrieren zum Beispiel für Menschen aus afrikanischen Ländern konkret umgesetzt und erweitert werden kann. Das Gegenargument lautet selbstverständlich, dass es zu Massenwanderungen kommen würde, weil die Armut in Afrika so groß und der Lebensstandard dort viel niedriger ist als in Europa. Bis heute allerdings gibt niemand an, wie hoch genau das Migrationspotenzial aus Afrika wäre. Eine aktuelle Studie des Bundesamtes geht zwar davon aus, dass Menschen aus Afrika weiterhin migrieren werden – vornehmlich in andere afrikanische Staaten, und wenn sie nach Europa gehen, dann eher nach Spanien oder Frankreich als nach Deutschland –, aber konkrete Zahlen seien nur schwer abzuschätzen.[27]

1992 schrieb Rupert Neudeck, der Gründer der Hilfsorganisation Cap Anamur, nun stehe der »Marsch aus Afrika« bevor.[28] Seit zwanzig Jahren wird die tatsächlich stattfindende und aufgrund der EU-Grenzpolitik oft dramatisch verlaufende Migration aus Afrika als unbestimmte Bedrohung inszeniert, ohne dass jemand sich die Mühe machen würde, den tatsächlichen Umfang konkret und nachvollziehbar zu bestimmen.

Die Realität in Afrika spricht jedoch dafür, dass eine europäisch-afrikanische Freizügigkeit keine uferlose Migration bedeuten würde. In Afrika gelten Auswanderer als erfolgreich, wenn sie ihrer Familie regelmäßig Geld schicken, in ihrem Heimatort ein Haus bauen und die Ferien dort verbringen. Sie fahren oft hin und her, die meisten haben vor, in ihr Herkunftsland zurückzukehren.[29] Migranten hingegen, die nach Europa ausgewandert sind und abgeschoben werden, gelten als »Versager« und können sich oft zu Hause kaum mehr blicken lassen, denn mit ihrer erzwungenen Rückkehr ist »für die Familie oder das Dorf eine Chance auf (Weiter-)Entwicklung weggebrochen«.[30] Die Tatsache, dass ein Auswanderer mehrere Personen in seinem Heimatort mitversorgt, die wiederum genau deswegen in seine Migration investiert haben, zeigt, dass das Migrationspotenzial hier eine wichtige Begrenzung erfährt. So schön ist das Wetter in Deutschland auch nicht, dass alle Welt hierherkommen möchte. Selbst Konservative, die das Hauptproblem in der Gefahr einer »kulturellen Überfremdung« sehen, geben zu, dass »globale Wanderungsbewegungen und freie Arbeitsmärkte noch mehr als freier Kapitalverkehr geeignet sind, zu einer Angleichung der armen Länder an die reichen Länder beizutragen«.[31]

Seit der Jahrtausendwende verfolgt jedoch die Europäische Union mit ihrer neuen Migrationspolitik das Ziel, legale Einwanderungsmöglichkeiten zu eröffnen und gleichzeitig die Abschiebepolitik zu verschärfen. Der Migrationsforscher Franck Düvell sieht hierin einen Trend zur Globalisierung des Migrationsregimes: Nach der Deregulierung des Finanz- und Warenverkehrs stehe jene des globalen Arbeitsmarktes an; die Staaten akzeptierten gezwungenermaßen die Migration, versuchten aber, die Kontrolle wiederzugewinnen und dazu die der Autonomie »innewohnende Forderung nach Einkommen und Teilhabe am metropolitanen Wohlstand« den Bedürfnissen der Kapitalverwertung unterzuordnen. Düvell prognostizierte 2002, dass politisch regulierte Wanderungsbewegungen bald der Vergangenheit angehören dürften, denn »nur noch Markt und Nachfrage sollen die Wanderungsbewegungen steuern«.[32] Davon sind wir ein Jahrzehnt später immer noch weit entfernt.

Die »Mobilitätspartnerschaften«, welche die Europäische Union seit 2007 geschlossen hat, sollen eine begrenzte und befristete Arbeitsmigration aus einzelnen Nicht-EU-Ländern ermöglichen. Derzeit existieren Partnerschaften mit Georgien, Kap Verde und der Republik Moldau; mit dem Senegal wird verhandelt. Sie bedeuten freilich nicht das Ende der Abschiebungen, im Gegenteil: Sie sind Teil des 2008 beschlossenen EU-Einwanderungspaktes, in dessen Rahmen die »illegale Einwanderung« stärker bekämpft und effektivere Abschiebungsmaßnahmen durchgeführt werden sollen. Dennoch sind diese Vereinbarungen Ausdruck eines Kompromisses. Sie erlauben »einigen Mittelmeeranrainern und afrikanischen Ländern nicht nur, die Effektivitätskarte in den Migrationsgesprächen auszuspielen, sondern sie haben diese Staaten auch in eine strategische Position gebracht, aus der sie Kapital schlagen können«, analysiert Jean-Pierre Cassarino von der Return Migration and Development Platform in Florenz die Situation. »Einige nord- und westafrikanische Staaten können nun als Schlüsselakteure in Migrationsgesprächen agieren, ihre eigenen Sichtweisen, ihre Erwartungen und Bedingungen an die Strategie der Europäischen Union und ihrer Mitgliedsstaaten zur Sprache bringen.«[33]

Auch wenn die offizielle Politik vor allem versucht, auf diese Weise die Migration besser zu regulieren, weil man einsieht, dass sie ohnehin stattfindet, öffnen sich zugleich Korridore, um *mehr* zu fordern. Schon der Wegfall der Grenzen innerhalb des Schengen-Raums in Europa hat nicht nur den freien Warenverkehr ermöglicht, sondern uns nebenbei auch vor Augen geführt, dass Grenzen und ihre Kontrollen gar nicht so natürlich und unveränderbar sind, wie meist angenommen wird.[34]

Ich kann mich noch an wahnwitzige Szenen erinnern, die ich als kleiner Junge in den Sommerferien auf dem Weg nach Griechenland beobachten durfte. Wir fuhren mit dem Zug durch Jugoslawien. An der Grenze kontrollierten die griechischen Zöllner dann, was eingeführt wurde. Ein Mann hatte aus Deutschland eine ganze Kiste Bananen mitgebracht. Die Zöllner wollten sie ihm

abnehmen. Wütend schüttete er sämtliche Bananen auf den Bahn-
steig und zertrampelte sie – wenn schon seine Verwandten die Bananen nicht essen sollten, dann sollten auch die Zöllner sie nicht
bekommen.

Das ist gerade mal dreißig Jahre her, und es kommt einem heute
vor wie eine Geschichte von einem anderen Planeten. Wenn wir
uns vor Augen führen, wie häufig und massiv die europäischen
Grenzen ihren Charakter in den vergangenen Jahrzehnten, in unserer Lebenszeit also, verändert haben, ist es aus Sicht der Flüchtlinge und Migranten, die nach Europa kommen, absolut angemessen, diese Grenzen nicht allzu ernst zu nehmen.

An der Logik der Grenzkontrolle und der Abschiebung festzuhalten, hat hingegen negative Folgen für die Gesamtgesellschaft, wie
der Fall Griechenlands am eindrücklichsten illustriert. Den Angaben der griechischen Polizei zufolge wurden im Jahr 2010 mehr als
17.000 Ausländer (die meisten davon Albaner, die in Griechenland
die größte Einwanderer-Community stellen) von dort abgeschoben. Viele kommen nach einer Abschiebung wieder. Im ersten
Halbjahr 2012 schob die griechische Polizei über 7500 illegalisierte
Migranten ab, vor allem mehr Pakistanis und Afghanen als in der
Vergangenheit.[35]

Häufig ist es den griechischen Behörden jedoch nicht möglich,
Abschiebungen durchzuführen, weil zum Beispiel Passpapiere fehlen, die Menschen aus Krisengebieten stammen oder von den Hei-
matbehörden nicht zurückgenommen werden. Im Jahr 2011 lagen
zudem 45.000 unbearbeitete Asylanträge in griechischen Behörden. Schätzungen zufolge leben etwa eine halbe Million illegalisierte Menschen in Griechenland. Obwohl Griechenland im
Verhältnis zur geringen Größe des Landes eine extensivere Abschiebepolitik betreibt als etwa Deutschland, gelingt es nicht,
mit diesem Mittel das »Problem« der illegalisierten Migration zu
lösen. Denn zur Abschiebepolitik gehört immer auch die Unmög-
lichkeit, alle Migranten abzuschieben, die potenziell dafür infrage
kämen.

Der damalige Innenminister Jiannis Ragousis (PASOK) brachte

daraufhin im Jahr 2011 ein Gesetz durch, das die »freiwillige Rückführung« ebenso erleichtern sollte wie die Vergabe von Duldungen mit Arbeitserlaubnis und die Einbürgerung von in Griechenland geborenen Einwandererkindern. Die im Juni 2012 gewählte konservative Regierung von Antonis Samaras (ND) kündigte als Erstes wieder einen restriktiveren Kurs an.

Zum einen hat sich in der dortigen öffentlichen Meinung immer noch nicht die Erkenntnis durchgesetzt, dass Griechenland ein Einwanderungsland ist und dass damit auch eine Gleichstellung der Einwanderer einhergehen muss. Zum anderen ist das Land in der Ausgestaltung seiner Migrationspolitik nicht autonom, weil es aufgrund der geografischen Lage die Außengrenze der EU gen Südosten »sichern« soll. Viele Migranten sitzen gegen ihren Willen in Griechenland fest und können nicht weiterreisen, obwohl zum Beispiel Verwandte von ihnen in anderen europäischen Staaten leben.

Beides, der hausgemachte Rassismus, aber auch die Aufgabe, die Migration in die EU abzuwehren, führen zu einer massiven Entrechtung insbesondere der illegalisierten Einwanderer und Flüchtlinge. Sie werden als billige Arbeitskräfte (etwa in der Landwirtschaft) beschäftigt, hausen auf der Straße, in überfüllten Häusern oder wie in der Hafenstadt Patras in Barackenlagern. Derartige Lebensbedingungen und die Armut führten zu einem Anstieg der Straßenkriminalität, womit die Folgen der Illegalisierung die griechischen Bürger selbst treffen. Anstatt die Entrechtung der Migranten im eigenen Interesse infrage zu stellen, führte dieses Klima in der Wirtschaftskrise unter anderem dazu, dass die Neonazi-Partei Chryssi Avgi, die gleich die Abschiebung *aller* Ausländer fordert, Aufwind bekam. Rassistische Pogrome und Überfälle durch ihre Schlägertrupps sind seitdem gang und gäbe.[36]

Das Festhalten an der Vorstellung, die »unerlaubten Einwanderer« gehörten nicht ins Land und man müsse sie abschieben, statt ihnen Rechte zu gewähren, gefährdet nicht nur die Demokratie. Der Rassismus gefährdet grundsätzlich soziale Errungenschaften. Zum einen, weil die Beschäftigung »Illegaler« das Problem der Steuerflucht und der Vermeidung von Sozialabgaben in Griechenland ausgeweitet hat. Zum anderen, weil die Entwertung der Rechte ausländischer Arbeiter, die unter dem Regime einer drohenden Abschiebung bereit sind, schlechtere Arbeitsbedingungen und Löhne zu akzeptieren, die Vorstufe zur Aushöhlung auch der Arbeitnehmerrechte der griechischen Bevölkerung darstellte. Darauf hat Athanasios Marvakis von der Aristoteles-Universität zu Thessaloniki schon früh hingewiesen.[37] Die Entwicklung der Euro- und Staatsschuldenkrise und der darauf folgende massive Abbau sozialer Rechte in Griechenland sollten ihm recht geben. Die Logik der Abschiebung gefährdet aber auch die Freizügigkeit der EU-Bürger.

Dänemark führte in einem Akt des Populismus im Frühjahr 2011 wieder Zollkontrollen an seiner Grenze ein, was von der EU-Kommissarin für Innenpolitik, Cecilia Malmström, gerügt wurde; die Kontrollen wurden nach dem Regierungswechsel im Herbst wieder aufgehoben. Seitdem läuft die Diskussion über eine mögliche Änderung des Schengen-Vertrags, »im Fall eines Massenansturms auf die EU-Außengrenzen« sollen Kontrollen im Innern der EU vorübergehend wieder erlaubt sein.[38] Die EU-Kommission schlug vor, die Kontrolle der Binnengrenzen in Ausnahmefällen für fünf Tage zu ermöglichen. Der damalige französische Innenminister Claude Guéant und sein deutscher Kollege Hans-Peter Friedrich warteten schließlich im Frühjahr 2012 mit dem Vorschlag »einer auf 30 Tage befristeten Wiedereinführung der Binnen-Grenzkontrollen« auf, wenn Italien und Griechenland weiterhin den »Zustrom illegaler Flüchtlinge« nicht in den Griff bekommen sollten.[39] Hier wird nicht nur die Ankunft von Flüchtlingen zu einem europäischen Notstand hochstilisiert, obwohl zum Beispiel weniger als zwei Prozent der libyschen Kriegsflüchtlinge nach Europa kamen.[40] Diese Diskussion zeigt vielmehr, dass selbst die schon fast militärisch durchgeführten Kontrollen im Mittelmeer an ihre Grenzen stoßen und dass die bestehenden Institutionen weder in der Lage sind, die Realität der Migration abzubilden, noch die Migranten selbst im gewünschten Ausmaß aufzuhalten. Darüber hinaus droht diese Politik nun auch noch das längst etablierte Recht auf Freizügigkeit innerhalb Europas anzukratzen.

Die Befürworter der Abschiebepolitik haben im Grunde kein überzeugendes Konzept für die Zukunft vorzuweisen, das über ein taktisches Lavieren hinausgeht. Wie lange wollen wir denn noch Menschen im Mittelmeer jagen oder Familien aus Deutschland abschieben, die schon längst hier heimisch geworden sind? Irgendwann muss damit Schluss sein. Wir sollten nicht länger warten und ein Zukunftskonzept formulieren, das die Mobilität der Menschen anerkennt und ihr Recht darauf garantiert.

Es ist deshalb an der Zeit, die weit verbreitete, lediglich ideelle Definition von Kosmopolitismus zu überwinden. Es reicht heute nicht aus, bei einem Kosmopolitismus zu verharren, der sich darin erschöpft, besonders viele Sprachen zu sprechen oder weltoffen und *open minded* zu sein. Auch Forderungen nach einer weiteren Flexibilisierung des Zugangs zur Staatsbürgerschaft, wie sie etwa die Politologin Seyla Benhabib erhebt, sind zu sehr auf den Rahmen des Nationalstaates fixiert. Kosmopolitismus geht darüber hinaus. Er besteht und zeigt sich darin, dass Rechte praktiziert, gefordert und geschaffen werden, die über nationale Grenzen hinweg – in tatsächlich globalem Maßstab – gelten. Rechte, die für Menschen überall auf der Welt von praktischer Bedeutung sind. Dazu gehört das Recht, »seinen Ort« wählen zu können und nicht abgeschoben zu werden. Die weltweite Institutionalisierung eines solchen kosmopolitischen Rechts ist eine Zielmarke für die Weiterentwicklung der Demokratie im 21. Jahrhundert.

In Umkehrung des bekannten Greenpeace-Mottos muss die Losung heute lauten: *Think local, act global*. Die beschriebene Blockade zwischen dem Postulat globaler Rechte einerseits und dem Rückgriff auf die humanitäre Argumentation andererseits lässt sich nur überwinden, indem wir dem Recht auf Bewegungsfreiheit, das aufgrund der relativen Autonomie der Migration in unserer Gesellschaft schon enthalten ist, eine institutionelle Form geben.

Nur so ist die Abschaffung von Abschiebungen zu haben. Statt Institutionen und Vereinbarungen, die Migration verhindern, brauchen wir solche, die Migration ermöglichen und das faktische Recht darauf in ein allgemeines Bürgerrecht transformieren.

Letzten Endes geht es bei Abschiebungen nicht nur um die politische Aushandlung der Migration, sondern um die Aushandlung der globalen Demokratie. Die Funktion von Abschiebungen besteht nicht darin, Einwanderung zu verhindern – das können sie nicht. Ihre Funktion besteht darin, die Ausweitung der Demokratie zu verhindern. Eine Demokratie, die in der Aneignung des Rechts auf Bewegungsfreiheit, des Rechts auf Einwanderung und des Rechts auf Rechte (um den berühmten Begriff Hannah Arendts aufzugreifen) praktiziert wird. Damit steht die Institutionalisierung von Formen der Weltbürgerschaft auf der Tagesordnung. Es ist nicht ausgemacht, ob Migration die Antwort darauf liefern wird, wie das konkret zu erreichen ist, aber sie wirft diese Frage auf. Eine Frage, deren Beantwortung Abschiebungen nur aufschieben können – verhindern können sie sie nicht.

Anmerkungen

Vorwort

1 Die UNICEF-Mitarbeiter im Kosovo berichten, es sei typisch für abgeschobene Kinder, dass sie sich, ähnlich wie Scheidungskinder, selbst die Schuld an ihrer Abschiebung geben.

2 Vgl. Étienne Balibar, »Gibt es einen ›Neo-Rassismus‹?«, in: *Rasse, Klasse, Nation. Ambivalente Identitäten*, herausgegeben von Étienne Balibar und Immanuel Wallerstein, Hamburg/Berlin: Argument, 1992, S. 23-38.

3 Manuela Bojadžijev, *Die windige Internationale. Rassismus und Kämpfe der Migration,* Münster: Westfälisches Dampfboot, 2008, S. 46.

4 Vgl. Yann Moulier Boutang, »Europa, Autonomie der Migration, Biopolitik«, in: *Empire und die biopolitische Wende. Die internationale Diskussion im Anschluss an Hardt und Negri,* herausgegeben von Marianne Pieper, Thomas Atzert, Serhat Karakayali und Vassilis Tsianos, Frankfurt am Main: Campus, 2007, S. 169-178, hier S. 170.

5 Vgl. Sandro Mezzadra, »Kapitalismus, Migrationen, soziale Kämpfe«, in: Pieper/Atzert/Karakayali/Tsianos 2007, S. 179-193, hier S. 182, 190.

Abschiebung als Blackbox

1 Siehe: »Antwort der Bundesregierung auf die Kleine Anfrage der Abgeordneten Ulla Jelpke, Jan Korte, Sevim Dağdelen, weiterer Abgeordneter und der Fraktion DIE LINKE. Abschiebungen im Jahr 2010« vom 12. April 2011 (Bundestagsdrucksache 17/5460).

2 Diese erfolgen auch in die Schweiz und nach Norwegen, die zwar keine EU-Mitgliedsstaaten sind, aber am sogenannten Dublin-II-Verfahren teilnehmen. »Überstellung« ist dabei ein verwaltungstechnischer Begriff, der interessanterweise dem Straf- und Auslieferungsrecht entstammt. Die Betroffenen sind meist Flüchtlinge, die damit semantisch in die Nähe von Straftätern gerückt werden. Statistisch gesehen sind die genannten Überstellungen laut Bundesministerium des Innern in den Ab- und Zurückschiebungen enthalten.

3 Jan Schneider/Axel Kreienbrink, *Rückkehrunterstützung in Deutschland. Programme und Strategien zur Förderung von unterstützter Rückkehr und zur Reintegration in Drittstaaten*, Studie I/2009 im Rahmen

des Europäischen Migrationsnetzwerks (EMN), herausgegeben vom Bundesamt für Migration und Flüchtlinge, Nürnberg 2010, S. 11, online verfügbar unter ⟨http://www.migration-online.de/data/rueckkehrun terstuetzung.pdf⟩ (zuletzt aufgerufen: Juli 2012).

4 Ebd., S. 36 ff.

5 Vom 19. August 2007 bis zum 30. April 2008 waren in Deutschland 1319 unanfechtbare Ausweisungsverfügungen im Ausländerzentralregister gespeichert. Davon waren 926 ausgewiesene Ausländer am Ende dieses Zeitraums tatsächlich nicht mehr in Deutschland. 609 waren »freiwillig« ausgereist, 317 wurden abgeschoben. Siehe: »Antwort der Bundesregierung auf die Kleine Anfrage der Abgeordneten Ulla Jelpke, Sevim Dağdelen, Petra Pau und der Fraktion DIE LINKE. – Ausweisungen von Ausländerinnen und Ausländern seit der Änderung des Aufenthaltsgesetzes 2007« vom 15. Mai 2008 (Bundestagsdrucksache 16/9203), S. 4.

6 Stephan Dünnwald, »Politiken der ›freiwilligen Rückführung‹«, in: *Grenzregime. Diskurse, Praktiken, Institutionen in Europa*, herausgegeben von Sabine Hess und Bernd Kasparek, Berlin/Hamburg: Assoziation A, 2010, S. 179-200, hier S. 194.

7 Ebd., S. 193.

8 Vgl. Sabine Hess/Serhat Karakayali, »New Governance oder die imperiale Kunst des Regierens«, in: *Turbulente Ränder. Neue Perspektiven auf Migration an den Grenzen Europas*, herausgegeben von der Transit Migration Forschungsgruppe, Bielefeld: transcript, 2007, S. 39-55, hier S. 53.

9 Diese Zahl gibt die IOM in ihrer »Anti-Trafficking«-Broschüre an, online verfügbar unter ⟨http://www.ch.iom.int/fileadmin/media/pdf/ta etigkeitsfelder/counter_trafficking/CT_Brochure-DE.pdf⟩ (zuletzt aufgerufen: Juli 2012).

10 Barbara Limanowska, *Trafficking in Human Beings in Southeastern Europe. Current Situation and Responses to Trafficking in Human Beings in Albania, Bosnia and Herzegovina, Bulgaria, Croatia, the Federal Republic of Yugoslavia, the Former Yugoslav Republic of Macedonia, Moldova and Romania*, herausgegeben vom Kinderhilfswerk der Vereinten Nationen (UNICEF), Belgrad/Sarajevo/Warschau, 2002, S. 142 ff.

11 Vgl. hierzu exemplarisch Fiona David, *New Threats or Old Stereotypes*, Canberra: Australian Institute of Criminology, 1999.

12 Vgl. Hans-Jörg Albrecht, »Illegalität, Kriminalität und Sicherheit«, in: *Illegalität. Grenzen und Möglichkeiten der Migrationspolitik*, herausgegeben von Jörg Alt und Michael Bommes, Wiesbaden: Verlag für Sozialwissenschaften, 2006, S. 60-80, hier insbesondere S. 61, 73.

13 Deliana Popova, *Expertise zu den Rahmenbedingungen für die soziale Betreuung von Opfern von Menschenhandel und deren praktischer Umsetzung in Deutschland*, 2009, S. 37, online verfügbar unter ⟨http://www.equal-asyl.de/fileadmin/dokumente/080128_Expertise_Opfer_von_Menschenhandel.pdf⟩ (zuletzt aufgerufen: Juli 2012).

14 Rutvica Andrijasevic, »Das zur Schau gestellte Elend. Gender, Migration und Repräsentation in Kampagnen gegen Menschenhandel«, in: *Transit Migration* 2007, S. 121-140, hier S. 129. – Andrijasevic betont insbesondere das Zusammenwirken der Flexibilisierung und Prekarisierung der globalisierten Arbeitsmärkte und der EU-Grenzpolitik, die den strukturellen Rahmen bilden, der den sogenannten Frauenhandel produziert, und sie verweist gleichzeitig darauf, dass Frauen darin nicht nur als Opfer männlicher Kriminalität agieren, sondern in diesem Rahmen – unter anderem eben durch Sexarbeit – versuchen, ihre wirtschaftliche Lage zu verbessern. Wenn die Frauen einmal in einem EU-Land ansässig sind, kann Sexarbeit ihnen zumindest die Möglichkeit eröffnen, einen legalen Status zu erlangen – unter anderem mit Hilfe ehemaliger Freier. Siehe hierzu: Rutvica Andrijasevic, *Migration, Agency and Citizenship in Sex Trafficking*, Houndmills, Basingstoke, Hampshire: Palgrave Macmillan, 2010; Serhat Karakayali, *Gespenster der Migration. Zur Genealogie illegaler Einwanderung in der Bundesrepublik Deutschland*, Bielefeld: transcript, 2008, S. 244 ff., sowie Norbert Cyrus, *Menschenhandel und Arbeitsausbeutung in Deutschland*, herausgegeben von der Internationalen Arbeits-Organisation, Genf 2005, S. 82.

15 Barbara Limanowska, *Trafficking in Human Beings in South Eastern Europe. 2004 – Focus on Prevention in: Albania, Bosnia and Herzegovina, Bulgaria, Croatia, the former Yugoslav Republic of Macedonia, Moldova, Romania, Serbia and Montenegro, The UN Administered Province of Kosovo*, herausgegeben vom Entwicklungsprogramm der Vereinten Nationen (UNDP), Sarajevo/Warschau 2005, insbesondere S. XIII, S. 21 und S. 89.

16 Schriftliche Auskunft des deutschen IOM-Büros in Berlin.

17 So die schriftliche Auskunft des deutschen IOM-Büros auf meine Anfrage sowie: Philipp Schwertmann für die Koordination der Entwicklungspartnerschaft MORE, »Zusammenfassende Bemerkungen«, Transnationale MORE-Fachtagung 19.-20. April 2007, Redemanuskript.

18 Stella Rotaru, »Fighting the Global Sex Trade«, Reportage über die IOM-Mitarbeiterin Stella Rotaru in der Reihe »Witness«, gesendet auf *Al Jazeera* am 17. März 2010; Yvonne Debeaumarché, »Moldawien – Ausverkauf einer Nation«, Dokumentarfilm, gesendet auf Arte am

16. Januar 2011; das Video ist online verfügbar unter ⟨http://www.yo utube.com/watch?v=o6oUm8qZj2k⟩ (zuletzt aufgerufen: Juli 2012).

19 Auch unter wissenschaftlichen Gesichtspunkten ist es unerlässlich, sich nicht nur auf schriftliche Quellen zu stützen. Zum einen, weil diese bei bestimmten Themen gar nicht vorliegen, zum anderen, weil auch die Schriftlichkeit eine bestimmte Form der Wissensproduktion darstellt, die die Tendenz haben kann, andere Wissensformen auszuschließen. Dabei gilt es zu verhindern, dass verschriftlichtes Herrschaftswissen eine Scheinobjektivität beanspruchen kann gegenüber dem nicht verschriftlichten Wissen der Beherrschten, wobei selbstverständlich beide kritisch überprüft werden müssen. Ohne die systematische Erforschung der *oral history* wäre zum Beispiel keine seriöse Kolonialismus-Forschung möglich, wie Albert-Pascal Temgoua von der Universität in Yaoundé auf der Konferenz »(Post-)colonialism between Cameroon and Germany. Science, Knowledge and Justice« am 20. September 2011 an der Goethe-Universität in Frankfurt am Main ausführte. Die Wissenschaftlichkeit wird dabei durch die exakte Benennung der Zeitzeugen, ihres Wohnortes, Berufs etc. und die Kontrolle und Bestätigung durch andere Zeitzeugenaussagen und schriftliche Quellen sichergestellt.

20 »Versammlungsfreiheit gilt auch im Frankfurter Flughafen«, Pressemitteilung 18/2011 des Bundesverfassungsgerichtes vom 22. Feburar 2011.

Die Abschiebung, das Leben und der Tod

1 Eine Reportage über den Tod von David Mardyani wurde im georgischen Fernsehsender Rustavi TV in der Sendung »Post Scriptum« am 12. März 2011 ausgestrahlt. Ich danke dem Autor Lasha Kveseladze an dieser Stelle für seine Hilfe bei meinen Recherchen und für den Interview-Kontakt zu Yuri Mardyani.

2 So das Schreiben der Staatsanwaltschaft Hamburg an Yuri Mardyani vom 9. September 2010.

3 Sein Vater behauptet abweichend, David habe sich selbst der Polizei gestellt – wie auf den vorherigen Stationen seiner Reise.

4 Detaillierte Informationen hierzu in: »Antwort des Senats der Freien und Hansestadt Hamburg auf die Kleine Anfrage der Abgeordneten Jana Schiedek und Carola Veit (SPD). Suizid eines 17-Jährigen im Zentralkrankenhaus der Untersuchungshaftanstalt« vom 23. März 2010 (Drucksache 19/5637); »Antwort des Senats der Freien und Hansestadt Hamburg auf die Kleine Anfrage des Abgeordneten Mehmet Yildiz

(DIE LINKE). Tod eines Minderjährigen in Abschiebehaft« vom 16. März 2010 (Drucksache 19/5645); »Antwort des Senats der Freien und Hansestadt Hamburg auf die Kleine Anfrage des Abgeordneten Mehmet Yildiz (DIE LINKE). Zum Vorfall und Stand der Untersuchung des Suizids des 17-jährigen David M.« vom 1. April 2010 (Drucksache 19/5780).

5 David Mardyanis Vater glaubt nicht an Selbstmord. »Ich bin mir sicher, dass er erwürgt wurde und seine Organe gestohlen wurden«, sagt Yuri Mardyani. Der Verdacht des Organhandels war Gegenstand eines Berichts im georgischen Fernsehen. Seine Familie machte es stutzig, dass der Haftraum zwar videoüberwacht, der Suizid aber auf dem Kontrollmonitor nicht entdeckt wurde und dass es laut Staatsanwaltschaft auch keine Videoaufnahme davon gibt. Davids Leiche wurde in Hamburg obduziert und Erhängen als Todesursache bestätigt – ohne Fremdeinwirkung. In ihrem Protokoll erwähnen die deutschen Ärzte kleinere, ältere Narben am Unterschenkel. In Georgien wurde der Leichnam dann nochmals obduziert, und es wurden Fotos gemacht. Darauf ist eine große frische Narbe zu sehen, die über den ganzen Unterschenkel verläuft. Die georgischen Experten öffneten sie und entdeckten ein Plastikrohr an der Stelle, wo das Schienbein sein sollte. Die Hamburger Staatsanwaltschaft kann die Vorwürfe nicht nachvollziehen. Was am Verdacht des Organhandels dran ist, und ob seine Familie – was bei Abschiebehäftlingen, die sich umgebracht haben, oft der Fall ist – den Suizid nur schwer ertragen kann und deshalb nach einer anderen Todesursache sucht, konnte im Rahmen der Arbeit zu diesem Buch nicht recherchiert werden.

6 Das BAMF entschied, dass David Mardyani nach Polen zurückgeschoben werden sollte und dort sein Asylverfahren fortsetzen könne, und teilte ihm diese Entscheidung in einem Brief am 1. März mit.

7 Der entsprechende § 14 des Asylverfahrensgesetzes, der verhindert, dass ein Abschiebehäftling, wenn er einen Asylantrag aus der Haft heraus stellt, aus der Haft entlassen werden kann, müsste laut EU-Richtlinie eigentlich geändert werden, so Habbe, was die Bundesregierung aber bestritten. In der Praxis greife die Bundespolizei Illegale häufig auf, so seine Erfahrung, bevor sie in Erstaufnahmeeinrichtungen ankommen; sie werden festgenommen, und auf der Polizeidienststelle wird ihr Asylantrag protokolliert, so dass sie wegen illegaler Einreise direkt in Abschiebehaft gelangen und der folgende Asylantrag nicht mehr ihre Freilassung bewirken kann.

8 Siehe: Bundesministerium des Innern, »Allgemeine Verwaltungsvorschrift zum Aufenthaltsgesetz vom 26. Oktober 2009«, § 57.1.7, § 57.3.2, § 62.2.1.1.1.

9 Dass oft die politische Vorgabe der Migrationsabwehr im Vordergrund steht, lässt sich auch an der Praxis ablesen, dass Asylanträge aus der Haft, die von Migranten, die im grenznahen Raum aufgegriffen wurden und zurückgeschoben werden sollen, aufgrund eines Erlasses des Bundesinnenministeriums und gestützt auf § 18 Abs. 3 des Asylverfahrensgesetzes gar nicht erst bearbeitet werden.

10 Amtsgericht Kronach, »Der Antrag des Ausländeramtes des Landratsamtes Kronach vom 07.07.2011, hier eingegangen am 08.07.2011, auf Anordnung der Abschiebehaft wird abgelehnt«, Beschluss vom 13. Juli 2011.

11 Vgl. Verfahrenshinweise der Ausländerbehörde Berlin mit Hinweis auf die Europäische Rückführungsrichtlinie, S. 289, online verfügbar unter ⟨http://www.berlin.de/formularserver/formular.php?157323⟩ (zuletzt aufgerufen: Juli 2012).

12 Siehe: »Antwort des Senats der Freien und Hansestadt Hamburg auf die Kleine Anfrage des Abgeordneten Mehmet Yildiz (DIE LINKE). Ankündigung des Innensenators zum Verzicht von Zurückschiebungshaft minderjähriger unbegleiteter Flüchtlinge« vom 19. März 2010 (Drucksache 19/5662).

13 Jens Schneider, »Debatte um Abschiebehaft. Tragischer Tod eines jungen Georgiers«, in: *Süddeutsche Zeitung* (10. März 2010).

14 »Schuldhaft unrichtige oder unvollständige Angaben« sind ein Ausweisungsgrund und stehen auch einem humanitären Aufenthalt entgegen. Siehe: Bundesministerium des Innern, »Allgemeine Verwaltungsvorschrift zum Aufenthaltsgesetz vom 26. Oktober 2009«, § 25.5.4 sowie § 55.2.2.8.

15 Kai von Appen, »Eine Tote macht Politiker nachdenklich«, in: *die tageszeitung* (21. April 2010).

16 Siehe: »Suizid einer Abschiebungshaftgefangenen«, Pressemitteilung jb16 der Justizbehörde Hamburg vom 16. April 2010.

17 Siehe: Thorsten Fuchs, »Slawik C. und die Sehnsucht Deutscher zu sein«, in: *Hannoversche Allgemeine* (2. September 2009).

18 Siehe: »Selbstmord wegen Behördenfehler«, in: *Menschen und Schlagzeilen,* NDR-Fernsehen (29. November 2011), online verfügbar unter ⟨http://www.ndr.de/fernsehen/sendungen/menschen_und_schlagzeilen/videos/menschenundschlagzeilen1249.html⟩ (zuletzt aufgerufen: Juli 2012).

19 *Bundesdeutsche Flüchtlingspolitik und ihre tödlichen Folgen. Dokumentation 1993 bis 2010,* 18. aktualisierte Auflage, herausgegeben von der Dokumentationsstelle der Antirassistischen Initiative Berlin, Berlin 2011, online verfügbar unter ⟨http://www.ari-berlin.org/doku/titel.htm⟩ (zuletzt aufgerufen: Juli 2012).

20 *Accelerated Removals. A study of the human cost of EU deportation po-licies, 2009-2010*, European Race Audit, Briefing Paper No. 4, heraus-gegeben vom Institute of Race Relations, London 2010, S. 19.

21 Dies ergibt sich aus den Zahlen der Dokumentationsstelle der Antiras-sistischen Initiative Berlin, siehe: *Bundesdeutsche Flüchtlingspolitik und ihre tödlichen Folgen* 2011.

22 Siehe: »Antwort des Senats der Freien und Hansestadt Hamburg auf die Kleine Anfrage der Abgeordneten Christiane Schneider, Mehmet Yildiz, weiterer Abgeordneter der Fraktion DIE LINKE. Dieses Land hat nicht das Recht, Menschen in den sicheren Tod abzuschieben« vom 16. April 2010 (Drucksache 19/5727).

23 Elisabeth Fries, »Suizidalität in der Arbeit mit Flüchtlingen – ein prak-tischer Bericht von refugio Stuttgart«, in: *Suizidprophylaxe* 34 (2007), Heft 1, S. 18-22, hier S. 22.

24 Siehe: »Antwort des Senats der Freien und Hansestadt Hamburg auf die Kleine Anfrage des Abgeordneten Mehmet Yildiz (DIE LINKE). Zum Vorfall und Stand der Untersuchung des Suizids des 17-jährigen David M.« vom 1. April 2010 (Drucksache 19/5780), S. 6.

25 Katharina Bennefeld-Kersten, »Ausgeschieden durch Suizid – Selbst-tötungen im Gefängnis«, in: *Suizidprophylaxe* 36 (2009), Heft 4, S. 186-189.

26 Siehe hierzu auch: Katharina Bennefeld-Kersten, *Ausgeschieden durch Suizid – Selbsttötungen im Gefängnis*, Lengerich: Dustri, 2009.

27 Katharina Bennefeld-Kersten, »Migranten-Suizide im Justizvollzug der Bundesrepublik«, in: *Suizidprophylaxe* 34 (2007), Heft 1, S. 8-10, hier S. 8.

28 *Bundesdeutsche Flüchtlingspolitik und ihre tödlichen Folgen* 2011.

29 Fries 2007, S. 20.

30 Heike Herzog/Eva Wäldle, *Sie suchten das Leben. Suizide als Folge deutscher Abschiebepolitik*, Münster: Unrast, 2004, S. 19 ff.

31 Ebd., S. 53 ff.

32 Ebd., S. 137.

33 Ebd., S. 92 f., 111.

34 Siehe: Tobias Köpplinger, »Das tragische Ende einer Flucht«, online verfügbar unter ⟨http://www.infranken.de/nachrichten/lokales/kitzi ngen/Das-tragische-Ende-einer-Flucht;art218,246390⟩ (zuletzt aufge-rufen: Juli 2012).

35 Herzog/Wäldle 2004, ebd., S. 56.

36 Ebd., S. 192.

37 Maryam Bonakdar, »Wadim – Selbstmord nach Abschiebung«, on-line verfügbar unter ⟨http://www.ndr.de/kultur/kino_und_film/wad im103.html⟩ (zuletzt aufgerufen: Juli 2012). Carsten Rau und Hauke

Wendler haben seinen Fall in dem Dokumentarfilm »Wadim« geschildert. Siehe: ⟨http://www.wadim-der-film.de⟩ (zuletzt aufgerufen: Juli 2012).

38 Harmit Athwal, *Asylum Deaths. IRR Briefing Paper Nr. 4*, herausgegeben vom Institute of Race Relations, London 2007, S. 4.

39 *Driven to Desperate Measures*, herausgegeben vom Institute of Race Relations, London 2007, S. 2.

40 Athwal 2007, S. 3.

41 Zu den geschilderten Todesfällen während Abschiebungen siehe: Liz Fekete, *The Deportation Machine. Europe, Asylum and Human Rights*, herausgegeben vom Institute of Race Relations, London 2005, S. 74 ff.

42 Rainer Wandler, »Geknebelt, abgeschoben, erstickt«, in: *die tageszeitung* (13. Juni 2007).

43 Pro Asyl, »Wieder ein Toter bei Flugabschiebung«, Presseerklärung vom 19. März 2010.

44 Fekete 2005, S. 21.

45 Siehe etwa: Bill Ong Hing, *Deporting Our Souls. Values, Morality, and Immigration Policy*, Cambridge: University Press, 2006.

46 Giorgio Agamben, *Homo Sacer. Die souveräne Macht und das nackte Leben*, Frankfurt am Main: Suhrkamp, 2002, S. 129f.

47 Giorgio Agamben, *Mittel ohne Zweck. Noten zur Politik*, Berlin/Freiburg: diaphanes, 2001, S. 28, 16.

48 Agamben 2002, S. 142.

49 Ebd.

50 Ebd., S. 140.

51 Agamben 2001, S. 29.

52 Tobias Pieper, *Die Gegenwart der Lager. Zur Mikrophysik der Herrschaft in der deutschen Flüchtlingspolitik*, Münster: Westfälisches Dampfboot, 2008, S. 192.

53 Bundesverfassungsgericht, »Regelungen zu den Grundleistungen in Form der Geldleistungen nach dem Asylbewerberleistungsgesetz verfassungswidrig«, Pressemitteilung Nr. 56/2012 vom 18. Juli 2012.

54 Vgl. Agamben 2001, S. 28.

55 Siehe: Tom Holert/Mark Terkessidis, *Fliehkraft. Gesellschaft in Bewegung – Von Migranten und Touristen*, Köln: Kiepenheuer & Witsch, 2006.

56 Güclü Yaman hat mit dem 25-minütigen Kurzfilm »Reise ohne Rückkehr, Endstation Frankfurter Flughafen« den Deutschen Menschenrechtsfilmpreis 2010 gewonnen. Mehr Infos zum Film unter: ⟨http://www.journeyofnoreturn.com/de⟩ (zuletzt aufgerufen: Juli 2012).

57 Agamben 2002, S. 132f.

58 Ebd., S. 142.

59 *Bundesdeutsche Flüchtlingspolitik und ihre tödlichen Folgen* 2011.

60 *Bundesdeutsche Flüchtlingspolitik und ihre tödlichen Folgen 1993 bis 2009*, 17. aktualisierte Auflage, herausgegeben von der Dokumentationsstelle der Antirassistischen Initiative Berlin, Berlin 2010, S. 343, 449.

61 dpa, »Asylbewerber verbrennt sich im Zentrum Amsterdams«, in: *Financial Times Deutschland* (7. April 2011).

62 Siehe: Antje Krueger, »Feuerspuren – Dimensionen eines Selbstverbrennungsversuchs im Asylkontext«, in: Robert E. Feldmann, Günter H. Seidler (Hg.): *Das Trauma der Migration. Zwischen Vergangenheit und Möglichkeit*, Gießen: Psychosozial (in Druck – Stand Juli 2012). »Herr Haritonov konnte keines der beiden möglichen Ziele wirklich erreichen. Einerseits hat er den Selbstverbrennungsversuch überlebt – andererseits wurde ihm durch das juristische Bemühen eines Präzedenzfalles auch kein gesicherter Aufenthaltsstatus zugesprochen. Trotzdem kann Herr Haritonov seit Jahren im Aufnahmeland bleiben: Seine immensen körperlichen Verletzungen und sein psychischer Zustand gelten bis auf weiteres als Abschiebehindernis.«

63 Nicholas de Genova, »The Deportation Regime: Sovereignity, Space and the Freedom of Movement«, in: *The Deportation Regime*, herausgegeben von Nicholas de Genova, Nathalie Peutz, Durham/London: Duke University Press, 2010, S. 33-65, hier S. 39.

64 Ebd., S. 58.

65 Rutvica Andrijasevic, »From Exception to Excess«, in: de Genova/Peutz 2010, S. 147-165, hier S. 156.

66 Vgl. Christoph Marischka/Tobias Pflüger, »Das militarisierte Grenzregime der EU«, in: *Widerspruch. Beiträge sozialistischer Politik* 51 (2006), S. 143-154.

67 Michael Willenbücher, *Das Scharnier der Macht. Der Illegalisierte als homo sacer des Postfordismus*, Berlin: B-Books, 2007, S. 78.

68 Ebd., S. 99.

69 Ebd., S. 134.

70 Ebd., S. 101.

71 Vgl. ebd., S. 24 f.

72 Siehe: *Bundesdeutsche Flüchtlingspolitik und ihre tödlichen Folgen* 2011.

73 *Driven to Desperate Measures* 2007, S. 8.

74 Laut Bundesregierung sei lediglich für die von FRONTEX durchgeführten gemeinsamen Sammelabschiebeflüge mehrerer EU-Staaten ein »Monitoring« geplant, das bisher auch dort nicht existiert. Siehe: »Antwort der Bundesregierung auf die Kleine Anfrage der Abgeordneten Josef Philip Winkler, Viola von Cramon-Taubadel, Tom Koenigs, weiterer Abgeordneter und der Fraktion BÜNDNIS 90/DIE GRÜNEN – Deut-

sche Beteiligung an FRONTEX-Abschiebungen« vom 10. Oktober 2011 (Bundestagsdrucksache 17/7288).

75 Vgl. Hess/Kasparek 2010, S. 49, 117 ff.

76 Siehe: Chrissi Wilkens, »Friedhof der Illegalen«, in: *Borderline Europe. Europas neuer »Eiserner Vorhang«,* herausgegeben von Menschenrechte ohne Grenzen e. V., Potsdam 2011, S. 28-33.

77 Klaus Brinkbäumer, *Der Traum vom Leben. Eine afrikanische Odyssee,* Frankfurt am Main: Fischer, 2006, S. 20.

78 Siehe: Albrecht Kieser, »Ausländer- und Asylpolitik« in: *Schwarzbuch Deutschland. Das Handbuch der vermissten Informationen,* herausgegeben von Gabriele Gillen und Walter van Rossum, Reinbek: Rowohlt, 2009, S. 58-75.

79 Hing 2006, S. 3.

80 Vgl. exemplarisch: Hess/Kaspaerk 2010, S. 49 f., sowie Holert/Terkessidis 2006, S. 37 f.

81 afp/rtr, »Merkel lehnt Aufnahme tunesischer Flüchtlinge ab«, in: *Der Westen* (14. Februar 2011).

82 Annette Langer/Jonathan Stock, »Küstenwache soll Schiffbrüchige im Stich gelassen haben«, in: *Spiegel Online* (9. Mai 2011), online verfügbar unter ⟨http://www.spiegel.de/politik/ausland/fluechtlingsboot-im-m ittelmeer-kuestenwachen-sollen-schiffbruechige-im-stich-gelassen-h aben-a-761467.html⟩ (zuletzt aufgerufen: Juli 2012).

83 wit/dpa/ap, »Helfer finden 150 Leichen vor Tunesien«, in: *Spiegel Online* (3. Juni 2011), online verfügbar unter ⟨http://www.spiegel.de/pano rama/fluechtlingsdrama-im-mittelmeer-helfer-finden-150-leichen-vo r-tunesien-a-766431.html⟩ (zuletzt aufgerufen: Juli 2012).

84 *Borderline Europe* 2011, S. 26.

85 Von den 73 Abgeschobenen wurden 42 in Polizeibegleitung abgeschoben. Das bedeutet aber nicht automatisch, dass es sich um Straftäter handelte. Die Polizeibegleitung findet laut Bundesinnenministerium auch bei Menschen statt, die keine Straftäter sind, sich aber schon einmal gegen ihre Abschiebung gewehrt haben.

86 Siehe hierzu die Erklärung des »Karawane«-Netzwerks, online verfügbar unter ⟨http://thecaravan.org/node/1841⟩ (zuletzt aufgerufen: Juli 2012). Weitere Informationen: »Antwort der Bundesregierung auf die Kleine Anfrage der Abgeordneten Ulla Jelpke, Sevim Dağdelen, weiterer Abgeordneter und der Fraktion DIE LINKE. Deutsch-syrisches Rückübernahmeabkommen« vom 5. November 2008 (Bundestagsdrucksache 16/10786); »Antrag der Abgeordneten Ulla Jelpke, Jan Korte, weiterer Abgeordneter der Fraktion DIE LINKE. Abschiebungen nach Syrien stoppen – Abschiebeabkommen aufkündigen« vom 15. Dezember 2009 (Bundestagsdrucksache 16/11959); »Antwort der Bun-

desregierung auf die Kleine Anfrage der Abgeordneten Ulla Jelpke, Jan Korte, weiterer Abgeordneter der Fraktion DIE LINKE. Inhaftierung von abgeschobenen Syrern in Damaskus« vom 22. Oktober 2010 (Bundestagsdrucksache 17/3365); »Antrag der Abgeordneten Josef Philip Winkler, Volker Beck (Köln), weiterer Abgeordneter der Fraktion BÜNDNIS 90/DIE GRÜNEN. Unverzügliche Aussetzung des Deutsch-Syrischen Rückübernahmeabkommens« vom 11. Mai 2011 (Bundestagsdrucksache 17/5775); *8. Bericht der Bundesregierung über ihre Menschenrechtspolitik in den auswärtigen Beziehungen und in anderen Politikbereichen*, herausgegeben vom Auswärtigen Amt, Berlin 2008, S. 322 f.; dpa, »Assad verkündet Amnestie«, in: *ntv.de* (31. Mai 2011), online verfügbar unter ⟨http://www.n-tv.de/politik/Assad-verkuen det-Amnestie-article3473396.html⟩ (zuletzt aufgerufen: Juli 2012); Niklas Wirminghaus, »Pakt mit dem Unrechtsstaat«, *die tageszeitung* (29. April 2011), online verfügbar unter ⟨http://www.taz.de/!69906/⟩ (zuletzt aufgerufen: Juli 2012).

87 Siehe: »Antwort der Bundesregierung auf die Kleine Anfrage der Abgeordneten Ulla Jelpke, Sevim Dağdelen, weiterer Abgeordneter und der Fraktion DIE LINKE. Abschiebungen in das Kosovo« vom 12. Oktober 2009 (Bundestagsdrucksache. 16/14129).

88 Siehe: »Antwort der Bundesregierung auf die Kleine Anfrage der Abgeordneten Ulla Jelpke, Sevim Dağdelen, weiterer Abgeordneter und der Fraktion DIE LINKE. Abschiebungen in den Kosovo« vom 12. Januar 2010 (Bundestagsdrucksache 17/423).

89 »43 Menschen am Flughafen Priština ausgesetzt«, Pressemitteilung des Roma Center Göttingen vom 14. April 2011.

90 Die deutschen Behörden scheuen dabei nicht davor zurück, einen immensen Aufwand zu betreiben. Als am 18. August 2011 vom Düsseldorfer Flughafen aus 30 Menschen in den Kosovo abgeschoben wurden, begleiteten 28 Polizeibeamte die Sammelabschiebung, die sich der Staat insgesamt 62.000 Euro kosten ließ. Siehe: Bundestagsdrucksache 17/7288, S. 4 ff.

91 »Antwort der Bundesregierung auf die Kleine Anfrage der Abgeordneten Ulla Jelpke, Petra Pau, weiterer Abgeordneter und der Fraktion DIE LINKE. Situation von irakischen Flüchtlingen in Deutschland und die Praxis des Asyl(widerrufs)verfahrens« vom 6. Dezember 2007 (Bundestagsdrucksache 16/7426), S. 8.

92 Daniel Naujoks, »Irak: britisches Rückkehrprogramm, Hughes, Widerruf der Flüchtlingseigenschaft«, online verfügbar unter ⟨http://www.migrationsrecht.net/index2.php?option=com_content&do_pdf=1&id=277⟩ (zuletzt aufgerufen: Juli 2012).

93 »Antwort der Bundesregierung auf die Kleine Anfrage der Abgeord-

neten Viola von Cramon-Taubadel, Josef Philip Winkler, weiterer Abgeordneter der Fraktion BÜNDNIS 90/DIE GRÜNEN. Einheitlichen EU-Flüchtlingsschutz garantieren« vom 19. Januar 2011 (Bundestagsdrucksache 17/3797).

94 Siehe: Rupprecht Podszun, »Reizobjekt Kopftuch«, in: *der Freitag* (17. November 2000); Beschluss des Bundesverfassungsgerichts (2 BvR 713/00) vom 4. April 2001; Erklärung des Internationalen Menschenrechtsvereins, »Deutsche Behörden zwingen iranischen Frauen den Schleier auf«, online verfügbar unter ⟨http://www.humanrights.de/doc_de/archiv/caravan/urgent/130200_kopftuch_nosrat.html⟩ (zuletzt aufgerufen: Juli 2012).

95 Siehe: Bundestagsdrucksache 17/644, S. 3, 6, 9, 12. – Siehe auch: »Antwort der Bundesregierung auf die Kleine Anfrage der Abgeordneten Ulla Jelpke, Jan Korte, weiterer Abgeordneter und der Fraktion DIE LINKE. Aufnahme von Flüchtlingen aus dem Iran und Umgang mit homosexuellen Flüchtlingen« vom 18. Mai 2010 (Bundestagsdrucksache 17/1722).

96 Ebd., S. 9.

97 Matthias Thieme, »Mit der Standesbeamtin kam die Polizei«, in: *Frankfurter Rundschau* (23. Juli 2005).

98 Johanna Tschautschner, »Fluchtziel Europa jenseits vom Traum (Europe beyond the dream)«, Dokumentarfilm, 48 Minuten, Österreich 2007. Der Film lief am 19. April 2011 auf 3sat. Er sei in acht afrikanischen Ländern im Rahmen von »Aufklärungskampagnen« gezeigt worden. – Bei kaum einem anderen Thema finden sich Reportagen in Massenmedien, die derart einseitig sind und sich darauf beschränken, die Regierungsmeinung zu verstärken. Ein bezeichnendes Erlebnis hatte ein Kollege, der für das öffentlich-rechtliche Lokalfernsehen arbeitet. Er hatte seiner Redaktion angeboten, einen Bericht über Omari Kasoiani zu produzieren, der in diesem Buch seine Geschichte erzählt. Die Redaktion lehnte ab. Sie wollte einen »Illegalen« nicht zu Wort kommen lassen. Um ein anderes Beispiel aus dem US-Kontext zu nennen: Auf CNN lief am 22. Februar 2011 die Reportage »Inside Interpol«, in der über »human trafficking«, also »Menschenschmuggel« berichtet wurde. Dabei wurde kein einziger Migrant gezeigt, der erklären konnte, welche Folgen diese Jagd für die Migranten hat. Es kamen ausschließlich Interpol-Mitarbeiter zu Wort, die erklärten: »Wir schützen die Grenze und bewahren die Leute vor Leid.« In dem Bericht gab es nicht einmal eine kritische Nachfrage zu den Toten an der Grenze.

99 Holert/Terkessidis 2006, S. 19 ff.

100 Anton Christen, »Europäische Mühen mit Migranten«, in: *Neue Zürcher Zeitung* (16. September 2006).

101 Mike Davis, »Die Große Mauer des Kapitals«, in: *Die Zeit* (12. Oktober 2006).

102 Der UNHCR berichtet, dass im Jahr 2011 etwa 1500 Menschen auf der Flucht im Mittelmeer ertrunken, aber insgesamt 58.000 Menschen in diesem Zeitraum über das Mittelmeer nach Europa gekommen sind. Siehe: UNHCR, »More than 1,500 drown or go missing trying to cross the Mediterranean in 2011«, Geneva (31. Januar 2012).

103 Siehe: *Borderline Europe* 2011.

104 Vgl. Willenbücher 2007, S. 66 ff.

105 Efthimia Panagiotidis/Vassilis Tsianos, »Denaturalizing ›Camps‹«, in: Transit Migration 2007, S. 71.

106 Ebd., S. 81.

107 Maria Rigoutsou/Jannis Skouras, »Griechenland schottet sich ab«, auf *SR2 Kultur* (3. Mai 2011).

108 Michael Hardt/Antonio Negri, *Empire*, Cambridge/London: Harvard University Press, 2000, S. 253.

109 Ebd.

110 Alena Thieme, *Zwischen Traum und Trauma, Innen-Ansichten aus der Abschiebehaft in Ingelheim*, Karlsruhe: Loeper, 2010, S. 11.

111 Ebd., S. 12.

Abschiebung – ein Paradoxon

1 Laut Bericht von Sabine Mock, Abschiebebeobachterin am Flughafen Frankfurt am Main, persönliches Interview am 22. Februar 2011.

2 Vgl. »Antwort der Bundesregierung auf die Kleine Anfrage der Abgeordneten Ulla Jelpke, Jan Korte, weiterer Abgeordneter und der Fraktion DIE LINKE. Abschiebungen im Jahr 2010« vom 12. April 2011 (Bundestagsdrucksache 17/5460).

3 Deutschlands Exporte haben sich seit 1995 zum Beispiel mehr als verdoppelt. Nicht nur in der Luft, auch auf der Straße wächst der grenzüberschreitende Verkehr, was rein logistisch auch eine Potenzierung von Migrationsmöglichkeiten bedeutet. Siehe hierzu: Statistisches Bundesamt, *Im Blickpunkt: Verkehr in Deutschland 2006*, Wiesbaden 2006, S. 12, 44 f.

4 Fraport, *Frankfurt Airport Luftverkehrsstatistik 2009*, S. 6, 10.

5 Elmar Altvater/Birgit Mahnkopf, *Grenzen der Globalisierung*, Münster: Westfälisches Dampfboot, 1997, S. 330.

6 Schriftliche Auskunft des Bundesinnenministeriums am 20. Mai 2011.

7 Hedwig Rudolph, »Die Dynamik der Einwanderung im Nichteinwanderungsland Deutschland«, in: *Migration in Europa*, herausgegeben

von Heinz Fassmann und Rainer Münz, Frankfurt am Main: Campus, 1996, S. 161.

8 Vgl. Matthias Hell, *Einwanderungsland Deutschland. Die Zuwanderungsdiskussion 1998-2002*, Wiesbaden: Verlag für Sozialwissenschaften, 2005, S. 80, 95 f.

9 Ulrich Herbert, *Geschichte der Ausländerpolitik in Deutschland. Saisonarbeiter, Zwangsarbeiter, Gastarbeiter, Flüchtlinge*, München: C. H. Beck, 2001, S. 228.

10 Ebd., S. 250.

11 Siehe: Matthias Gockel, »Reinrassiger Journalismus«, in: *konkret* (04/2002).

12 Herbert 2001, S. 316.

13 *International Migration Report 2006: A Global Assessment, Part One: International Migration, Levels, Trends and Policies*, herausgegeben von den Vereinten Nationen (United Nations Department of Economic and Social Affairs/Population Division), New York 2006, S. 1, 3.

14 *Migrationsbericht des Bundesamtes für Migration und Flüchtlinge im Auftrag der Bundesregierung. Migrationsbericht 2009*, herausgegeben vom Bundesministerium des Innern, Nürnberg 2011, S. 12 f.

15 Mark Terkessidis, *Interkultur*, Berlin: Suhrkamp, 2010, S. 17.

16 *Deutsche Zustände. Folge 1*, herausgegeben von Wilhelm Heitmeyer, Frankfurt am Main: Suhrkamp, 2002, S. 25, sowie zum internationalen Vergleich: *Deutsche Zustände. Folge 9*, herausgegeben von Wilhelm Heitmeyer, Frankfurt am Main: Suhrkamp, 2010, S. 48.

17 Vgl. Frank Asbrock/Gunnar Lemmer/Ulrich Wagner/Julia Becker/ Jeffrey Koller, »Das Gefühl macht den Unterschied. Emotionen gegenüber ›Ausländern‹ in Ost- und Westdeutschland«, in: *Deutsche Zustände, Folge 7*, herausgegeben von Wilhelm Heitmeyer, Frankfurt am Main: Suhrkamp, 2009, S. 154 ff.

18 Seyla Benhabib, *Die Rechte der Anderen*, Frankfurt am Main: Suhrkamp, 2008, S. 203.

19 Siehe auch: Michael Bommes, »Illegale Migration in der modernen Gesellschaft«, in: Alt/Bommes 2006, S. 109 f.

20 Siehe auch: § 104a, Aufenthaltsgesetz.

21 »Antwort der Bundesregierung auf die Kleine Anfrage der Abgeordneten Ulla Jelpke, Wolfgang Neskovic, weiterer Abgeordneter und der Fraktion DIE LINKE. Verlängerung der Altfallregelung durch die Konferenz der Innenminister und -senatoren« vom 8. Januar 2010 (Bundestagsdrucksache 17/410).

22 »Beschlussempfehlung und Bericht des Innenausschusses« vom 16. März 2011 (Bundestagsdrucksache 17/5093), S. 6 f.

23 n. n., »Aufforderung zum Untertauchen«, in: *Der Spiegel* (21/2011).

24 Siehe: »Antwort der Bundesregierung. Abschiebungen im Jahr 2010« vom 12. April 2011 (Bundestagsdrucksache 17/5460).

25 Clearingstelle Trier, »Vollzugsdefizite. Ein Bericht über die Probleme bei der praktischen Umsetzung von ausländerbehördlichen Ausreiseaufforderungen«, April 2011, S. 3, online verfügbar unter ⟨http://www.proasyl.de/fileadmin/proasyl/fm_redakteure/Newsletter_Anhaenge/171/2011-04_Bericht_AG_Rueck.pdf⟩ (zuletzt aufgerufen: Juli 2012).

26 Rainer Holtschneider, »Die Beendigung des Aufenthaltes in Deutschland und das Ausländergesetz 1990. Erfahrungen mit dem Ausländergesetz 1990 in der Praxis«, in: *Ausweisung im demokratischen Rechtsstaat*, herausgegeben von Klaus Barwig, Gisbert Brinkmann, Bertold Huber, Klaus Lörcher und Christoph Schumacher, Baden-Baden: Nomos, 1996, S. 60.

27 Siehe Tabellen 1-3.

28 Siehe: Matthew H. Gibney/Randall Hansen, *Deportation and the Liberal State: The Forcible Return of Asylum Seekers and Unlawful Migrants in Canada, Germany and the United Kingdom*, herausgegeben vom Flüchtlingshilfswerk UNHCR, Genf 2003, S. 4 ff., online verfügbar unter ⟨http://www.unhcr.org/3e59de764.html⟩ (zuletzt aufgerufen: Juli 2012), sowie *Migrationsbericht 2009*, S. 314.

29 Siehe hierzu: Damien de Blic, »Sans-papiers: l'autre ›chiffre‹ de la politique d' expulsion« (März 2007), online verfügbar unter ⟨http://www.mouvements.info/Sans-papiers-l-autre-chiffre-de-la.html⟩ (zuletzt aufgerufen: Juli 2012).

30 Vgl. »OSCAR, un danger immédiat et massif pour les Roms, Note complémentaire du GISTI, d'IRIS et de la LDH«, Pressemitteilung der *Groupe d' Information et de soutien des immigrés* (GISTI) vom 21. September 2010, online verfügbar unter ⟨http://www.gisti.org/spip.php?article2049⟩ (zuletzt aufgerufen: Juli 2012).

31 Evi Seibert, »Frankreichs Roma-Affäre geht weiter«, *ARD-Hörfunk-Sammelbeitrag* (26. Juli 2011).

32 Jeffrey S. Passel/D'Vera Cohn, *U. S. Unauthorized Immigration Flows are down sharply since Mid-Decade*, herausgegeben vom Pew Hispanic Center, Washington 2010, S. 2.

33 Hing 2006, S. 14.

34 *2009 Yearbook of Immigration Statistics*, herausgegeben von der Regierung der Vereinigten Staaten von Amerika, Washington, D. C.: U. S. Department of Homeland Security, Office of Immigration Statistics, 2010, S. 95.

35 son/AP/Reuters, »Neue US-Immigrationsregeln. 465 Dollar für ein bisschen Zukunft«, in: *Spiegel Online* (4. August 2012), online verfüg-

bar unter ⟨http://www.spiegel.de/politik/ausland/illegale-einwande rer-in-den-usa-koennen-bleiberecht-bekommen-a-848264.html⟩ (zuletzt aufgerufen: Juli 2012).

36 Stefan Alscher/Rainer Münz/Veysel Özcan, *Illegal anwesende und illegal beschäftigte Ausländerinnen und Ausländer in Berlin*, Berlin: Institut für Sozialwissenschaften, 2001, S. 10.

37 Karakayali 2008, S. 181.

38 Herzog/Wäldle 2004, S. 32, 112.

39 n. n., »Illegale aus Südamerika ertragen lieber Benachteiligung in Berlin«, in: *Der Tagesspiegel* (11. April 1998).

40 Siehe hierzu: »Zuwanderung nach Deutschland – wie zuverlässig ist die Statistik«, in: *ifo Schnelldienst* (14/2006), S. 3-12.

41 Dieses Bild ergibt sich, wenn man die Zahlen der Bundespolizei mit den Zahlen des Hamburgischen WeltWirtschafts-Instituts und des *Migrationsberichts* 2009 (S. 208) der Bundesregierung vergleicht.

42 Vgl. Bommes 2006, S. 101.

43 Vesela Kovaceva, *Irregular Migration in Germany Since the Turn of the Millennium – Development, Economic Background and Discourses*, Hamburgisches WeltWirtschafts-Institut, Working Paper No. 5/2010, S. 18.

44 Vesela Kovaceva/Dita Vogel, *The Size of the Irregular Foreign Resident Population in the European Union in 2002, 2005 and 2008: Aggregated Estimates*, Hamburgisches WeltWirtschafts-Institut, Working Paper No. 4/2009, S. 10.

45 Vgl. *Migrationsbericht 2009*, S. 209.

46 Norbert Cyrus/Dita Vogel, *Irreguläre Migration in Europa – Zweifel an der Wirksamkeit der Bekämpfungsstrategien*, Hamburgisches Welt-Wirtschafts-Institut, Kurzdossier Nr. 9, März 2008.

47 Siehe: *Migrationsland 2011. Jahresgutachten des Sachverständigenrats deutscher Stiftungen für Integration und Migration*, S. 23, online verfügbar unter ⟨http://www.svr-migration.de/content/?page_id=2658⟩ (zuletzt aufgerufen: Juli 2012).

48 Siehe: Gibney/Hansen 2003, S. 5.

49 »Antwort der Bundesregierung auf die Kleine Anfrage der Abgeordneten Ulla Jelpke, Sevim Dağdelen, weiterer Abgeordneter und der Fraktion DIE LINKE. Abschiebungen im Jahr 2006« vom 20. März 2007 (Bundestagsdrucksache 16/4724).

50 »Antwort der Bundesregierung auf die Kleine Anfrage der Abgeordneten Ulla Jelpke, Sevim Dağdelen, weiterer Abgeordneter und der Fraktion DIE LINKE. Abschiebungen im Jahr 2007« vom 5. September 2008 (Bundestagsdrucksache 16/10201).

51 *Migrationsbericht 2009*, S. 279 ff.

52 Siehe auch: Axel Kreienbrink, »Freiwillige und zwangsweise Rückkehr

von Drittstaatsangehörigen aus Deutschland«, in: Axel Kreienbrink, Edda Curle, Ekkehart Schmidt-Fink, Manuela Westphal und Birgit Behrensen unter Mitarbeit von Magdalena Wille, Mirjam Laaser, *Rückkehr aus Deutschland. Forschungsstudie 2006 im Rahmen des Europäischen Migrationsnetzwerks*, herausgegeben vom Bundesamt für Migration und Flüchtlinge, Nürnberg 2006, S. 25-206, hier S. 53: »Besonders bei den Zurückweisungen machen sich die Auswirkungen der EU-Erweiterung 2004 bemerkbar, da der Rückgang vor allem an den Grenzen zu Polen und zur Tschechischen Republik bei über 90 % bzw. 80 % liegt.«

53 Bernd Dörries, »Schluss mit dem Strich«, in: *Süddeutsche Zeitung* (6. April 2011).

54 Schriftliche Auskunft von Ingo Moldenhauer, Leiter des Ordnungsamtes der Stadt Dortmund.

55 Siehe: Christina Römer, »Rückblick 2011 – Ganz Dortmund wird Sperrbezirk«, in: *Der Westen online* (1. Januar 2012); n. n., »Task Force wird in der Nordstadt weiter gebraucht«, in: *Der Westen online* (22. Dezember 2011).

56 Thomas Straubhaar, *Ost-West-Migrations-Potential: wie groß ist es?*, Hamburg: Hamburgisches WeltWirtschafts-Institut, 2001, S. 12.

57 Ebd., S. 14.

58 Ebd., S. 31.

59 Franck Düvell, »Entwicklung der Migration nach der EU-Erweiterung«, in: *Migrationsreport 2006, Fakten – Analysen – Perspektiven*, herausgegeben von Michael Bommes und Werner Schiffauer, Frankfurt am Main: Campus, 2006, S. 63-111, hier S. 70, S. 76.

60 Ebd., S. 91 ff.

61 »Antwort der Bundesregierung auf die Kleine Anfrage der Abgeordneten Alexander Ulrich, Matthias W. Birkwald, anderer Abgeordneter und der Fraktion DIE LINKE. Arbeitnehmerfreizügigkeit ab dem 1. Mai 2011 – Konsequenzen und Handlungsnotwendigkeiten« vom 18. März 2011 (Bundestagsdrucksache 17/5132), S. 2.

62 Dasselbe gilt für Einwanderer aus krisengeschüttelten EU-Ländern. Die Zahl der Ungarn in Deutschland erhöhte sich im Jahr 2011 von 68.892 auf 82.760. Aus Spanien und Griechenland gab es infolge der Wirtschaftskrise ebenfalls eine mäßige Zunahme der Zuwanderung; vgl. Statistisches Bundesamt, *Bevölkerung und Erwerbstätigkeit. Ausländische Bevölkerung. Ergebnisse des Ausländerzentralregisters*, Wiesbaden 2012.

63 Siehe: Cyrus 2005, S. 54 ff.

64 In diesem Sinne argumentieren auch Gewerkschafter, die die Politik der IG Bau kritisieren, eine Politik, die anstatt Solidarität zu praktizie-

ren zum verlängerten Arm der Polizei mutiere und dabei auch noch erfolglos bleibe. »Seit mehr als zwölf Jahren (!)«, heißt es in Bezug auf die Kampagne der IG Bau für mehr Baustellenrazzien im Jahr 2004, »scheint dies bei weitem der wichtigste – wenn nicht sogar der einzige – Einfall zu sein, der uns BaugewerkschafterInnen kommt, wenn wir von Dumpinglöhnen und ›Illegalen‹ am Bau reden. Dass dies ein Armutszeugnis ist, zeigt die Realität: zwölf Jahre steigende Razzienzahlen, zwölf Jahre expansives Wachstum im Dumpinglohnsektor – wir haben auf ganzer Linie versagt.« *Diskussionspapier »Unsere Regeln taugen nichts!«*, Rundschreiben IG Bau intern, Hamburg 10. Juli 2004.

65 Siehe: Pieper 2008, S. 226.

66 n. n., »Die Deutschen sind das älteste Volk Europas«, in: *Welt Online* (1. April 2011), online verfügbar unter ⟨http://www.welt.de/politik/deutschland/article13039499/Die-Deutschen-sind-das-aelteste-Volk-Europas.html⟩ (zuletzt aufgerufen: Juli 2012).

67 Vgl. Hing 2006, S. 93 ff.

68 An der Widersprüchlichkeit ändern auch die seit dem Tiefstand von 2007 wieder gestiegenen Asylbewerberzahlen nichts. Im Jahr 2009 beantragten 27.649 Menschen Asyl in Deutschland. Im Jahr 2010 waren es 41.332.

69 *Migrationsland 2011*, S. 19.

70 Vgl. Steffen Kröhnert/Reiner Klingholz/Florian Sievers/Thilo Großer/Kerstin Friemel, *Die demographische Lage der Nation*, herausgegeben vom Berlin-Institut für Bevölkerung und Entwicklung, Berlin 2011, S. 23.

71 Klaus F. Zimmermann/Holger Bonin/René Fahr/Holger Hinte, *Immigration Policy and the Labor Market*, Berlin/Heidelberg: Springer, 2007, S. 93 ff.

72 Ebd., S. 166 – Bei der Abschiebung von illegalen Arbeitern müssen nach Aufenthaltsgesetz § 66 (4) die Arbeitgeber ohnehin schon für die Abschiebekosten haften.

73 Peter Steinmüller, »Es gehen die Risikobereiten«, Interview mit Klaus J. Bade in: *ProFirma* (November 2006).

74 Zimmermann/Bonin/Fahr/Hinte 2007, S. 29. – »Zum damaligen Zeitpunkt waren 75.000 IT-Stellen im abgeschotteten deutschen Arbeitsmarkt unbesetzt«, so der Branchenverband BITKOM; siehe: BITKOM, »10 Jahre Greencard für IT-Experten«, Berlin (5. März 2010).

75 Juliane Karakayali, »Mit und ohne Papiere. Migrantinnen aus Osteuropa als Haushaltshilfen in Haushalten mit Pflegebedürftigen«, in: *The Making of Migration*, herausgegeben von Bartholomäus Figatowski, Haile Kokebe Gabriel und Malte Meyer, Münster: Westfälisches Dampfboot, 2007, S. 49.

76 Manuela Bojadžijev/Serhat Karakayali/Vassilis Tsianos, »Papers and Roses, Die Autonomie der Migration und der Kampf um Rechte«, in: *radikal global. Bausteine für eine internationalistische Linke*, herausgegeben von der Bundeskoordination Internationalismus, Berlin/Hamburg: Assoziation A, 2003, S. 196-208, hier S. 197 – Mehr Informationen zur Kampagne sind online verfügbar unter 〈http://www.rechtauflegalisierung.de〉 (zuletzt aufgerufen: Juli 2012).

77 Ebd., S. 196.

78 Siehe: Hell 2005, S. 167 ff.

79 Karakayali 2007, S. 54.

80 Henrike Roßbach, »Neue Definition der Pflegebedürftigkeit angestrebt«, in: *Frankfurter Allgemeine Zeitung* (19. April 2011).

81 Daniel Steinmeier, »Ich spreche vom neuen Dienstmädchenwesen«, Interview mit Margret Steffens von Verdi, in: *Jungle World* (28. April 2011).

82 Henrike Roßbach/Kerstin Schwenn, »Das Fachkräftekonzept kann nur ein Anfang sein«, Interview mit Ursula von der Leyen, in: *Frankfurter Allgemeine Zeitung* (22. Juni 2011).

83 Hannes Koch, »Deutschland fehlen Hochqualifizierte«, Interview mit Raimund Becker in: *die tageszeitung* (22. Mai 2011).

84 *Migrationsland 2011*, S. 22.

85 Siehe: *16 Fragen zum Fachkräftemangel in Deutschland*, S. 4, online verfügbar unter 〈http://www.bibb.de/dokumente/pdf/16_fragen_und_antworten_final_hr_gz.pdf〉 (zuletzt aufgerufen: Juli 2012), sowie: »Antwort der Bundesregierung auf die Kleine Anfrage der Abgeordneten Sabine Zimmermann, Jutta Krellmann, weiterer Abgeordneter und der Fraktion DIE LINKE. Fakten und Position der Bundesregierung zum sogenannten Fachkräftemangel« vom 15. Februar 2011 (Bundestagsdrucksache 17/04784).

86 Siehe: Kröhnert/Klingholz/Sievers/Großer/Friemel 2011, S. 22.

87 Vgl. Alexander Barthel, *Fachkräftesicherung im Handwerk, Ergebnisse einer Umfrage bei Handwerksunternehmen im 1. Quartal 2011*, herausgegeben vom Zentralverband des Deutschen Handwerks, Berlin 2011, online verfügbar unter 〈http://www.zdh.de/fileadmin/user_upload/themen/wirtschaft/sonderumfragen/I-2011-Fachkraefte/5-2-0-Bericht-Sonderumfrage-Fachkräftebedarf.pdf〉 (zuletzt aufgerufen: Juli 2012).

88 Video-Podcast der Bundeskanzlerin am 18. Juni 2011, online verfügbar unter 〈http://www.bundeskanzlerin.de/nn_707282/Content/DE/Podcast/2011/2011-06-18-Video-Podcast/2011-06-18-video-podcast.html〉 (zuletzt aufgerufen: Juli 2012).

89 Holger Schwannecke, »Fachkräfte für das deutsche Handwerk – Strategien des ZDH«, Rede, gehalten auf der Vollversammlung der Hand-

werkskammer Niederbayern-Oberpfalz am 16. Juli 2010, online verfügbar unter ⟨http://www.zdh.de/fileadmin/user_upload/themen/
Handwerkspolitik/Reden_2010/16 %20GS%20Niederbayern-Ober
pfalz%20Fachkräftesicherung.pdf⟩ (zuletzt aufgerufen: Juli 2012).

90 Katharina Leistner, »Azubi mit Migrationshintergrund. Nur geduldet«, in: *Süddeutsche Zeitung* (11. Mai 2011).

91 Antje Ellermann, *States Against Migrants. Deportation in Germany
and the United States*, Cambridge: Cambridge University Press, 2009,
S. 67.

92 Vgl. Martin Hagenmaier, *Abschiebung? Und (k)ein Ende*, Neustadt:
Text-Bild-Ton Verlag, 1995, S. 64 ff.

93 Jörg Lau, »Seehofer: Bis zur letzten Patrone gegen Zuwanderung«, in:
Zeit Online (10. März 2011), online verfügbar unter ⟨http://blog.zeit.
de/joerglau/2011/03/10/seehofer-bis-zur-letzten-patrone-gegen-zu
wanderung_4714⟩ (zuletzt aufgerufen: Juli 2012).

94 n. n., »CSU pocht auf Klasse statt Masse«, in: *Focus* (24/2000).

95 Kreienbrink/Currle/Schmidt-Fink/Westphal/Behrensen 2006, S. 93.

96 Roland Kirbach, »Kurz vor Schluss«, in: *Die Zeit* (24. November
2011).

97 Stadt Essen, *Eröffnungsbilanz zum 1.Januar 2007, Lagebericht*, S. 7,
online verfügbar unter ⟨http://media.essen.de/media/wwwessende/
aemter/21/Eroeffnungsbilanz_Anhang.pdf⟩ (zuletzt aufgerufen: Juli
2012).

98 Grundsätzlich ist das aber auch eine Frage der Priorität. Wenn Milli-
ardensummen für neue Autobahnen wie die A20 in Ostdeutschland
ausgegeben werden, die nicht nur unnötig sind, sondern zudem dar-
bende Westkommunen im Rahmen des Solidaritätspaktes zur Schul-
denaufnahme zwingen, dann ist es legitim, eine sehr viel geringere
Summe für den Lebensunterhalt von Roma-Familien auszugeben.
Auch, wie von Unterstützern zu Recht betont wird, weil die Bundesrepublik aufgrund des Naziunrechts an dieser Minderheit eine historische Verantwortung trägt. Siehe: Roland Kirbach, »Der Soli muss
weg!«, in: *Die Zeit* (8. März 2012).

99 Matthias Krupa/Werner Kohlhoff, »Schily will Zahl der Asylbewerber in Deutschland reduzieren«, in: *Berliner Zeitung* (25. Juni 2000).

100 Zitiert nach: Serhat Karakayali/Vassilis Tsianos, »Migrationsregimes
in der Bundesrepublik Deutschland«, in: *Konjunkturen des Rassismus*,
herausgegeben von Alex Demirović und Manuela Bojadžijev, Münster: Westfälisches Dampfboot, 2002, S. 255.

101 Vgl. ebd., S. 254, 261 ff.

102 kanak attak, »konkret konkrass 2002«, Sonderbeilage in: *die tageszeitung* (19. Mai 2002).

103 Kröhnert/Klingholz/Sievers/Großer/Friemel 2011, S. 19.

104 Ebd.

105 David Wildasin, »Wirtschaftliche Integration und der Sozialstaat. Rede beim Munich Economic Summit am 18. Juni 2004«, in: *ifo Schnelldienst* (17/2004), S. 18-23.

106 Ebd.

107 Herbert Brücker/Elke K. Jahn, »Arbeitsmarktwirkungen der Migration. Einheimische Arbeitskräfte gewinnen durch Zuwanderung«, *IAB-Kurzbericht* (26/2010), S. 8, 5, online verfügbar unter ⟨http://doku.iab.de/kurzber/2010/kb2610.pdf⟩ (zuletzt aufgerufen: Juli 2012).

108 Holger Bonin, »Der Finanzierungsbeitrag der Ausländer zu den deutschen Staatsfinanzen: Eine Bilanz für 2004«, *IZA Discussion Paper* No. 2444, November 2006, S. 2, online verfügbar unter ⟨http://ftp.iza.org/dp2444.pdf⟩ (zuletzt aufgerufen: Juli 2012).

109 Holger Bonin, »Eine fiskalische Gesamtbilanz der Zuwanderung nach Deutschland«, in: *Migration und Sozialstaat. Vierteljahreshefte zur Wirtschaftsforschung* 72 (2002), Heft 2, S. 222 f.

110 Bonin 2006, S. 7, 9 f.

111 Siehe: Hans-Werner Sinn, *Ist Deutschland noch zu retten?*, Berlin: Econ, 2008, S. 483 ff. – Die konkreten Zahlen, die Sinn präsentiert, beziehen sich nur auf das Jahr 1997, bleiben intransparent, und den größten Belastungsposten machen dabei nicht weiter spezifizierte »Steuern und steuerfinanzierte Leistungen« aus.

112 Erich Weede, »Zuwanderung: Pro und Contra. Selektiv oder bedingungslos?«, in: *List Forum für Wirtschafts- und Finanzpolitik* 33/4 (2007), S. 291-309, hier S. 306 – Die Thesen Thilo Sarrazins in seinem Buch *Deutschland schafft sich ab*, in dem er sowohl gegen den Sozialstaat, der nicht genug Druck auf die deutsche Unterschicht ausübe, als auch gegen die muslimischen Einwanderer polemisiert, sind daher nichts Neues. Sie stellen vielmehr eine Neuauflage dieses Diskurses dar, der das Unbehagen des Establishments an der relativen Autonomie der Migration illustriert und nicht nur wegen seiner Rassismen, sondern vor allem auch wegen seines realitätsfernen und schematischen Verständnisses von Migration kritisiert werden kann.

113 Daniel Cohn-Bendit/Thomas Schmid, *Heimat Babylon, Das Wagnis der multikulturellen Demokratie*, Hamburg: Hoffmann und Campe, 1992, S. 51, 92, 110.

114 Saskia Sassen, *Metropolen des Weltmarkts*, Frankfurt am Main: Campus, 1997, S. 151.

115 Thieme 2010, S. 32.

116 Martin Lutz, »Minister warnt vor islamistischen Hasspredigern«, In-

terview mit dem hessischen Innenminister Boris Rhein, in: *Die Welt* (21. Juni 2011).

117 n. n., »›NRW steht im Fadenkreuz des Terrorismus‹«, in: *Rheinische Post Online* (5. September 2011), online verfügbar unter ⟨http://www.rp-online.de/politik/nrw/nrw-steht-im-fadenkreuz-des-terrorismus-1.2288974⟩ (zuletzt aufgerufen: Juli 2012).

118 »Antwort der Bundesregierung auf die Große Anfrage der Abgeordneten Petra Pau, Jan Korte, Sevim Dağdelen, weiterer Abgeordneter und der Fraktion DIE LINKE. – Mindestens 137 Todesopfer rechter Gewalt in der Bundesrepublik Deutschland seit 1990« vom 27. September 2011 (Bundestagsdrucksache 17/7161).

119 »Arbeiten Sie an Orten, an denen Sie noch nie gearbeitet haben«, lautet ein Werbeslogan der IT-Firma T-Systems. Auf dem Plakatmotiv ist die Oberfläche des Mondes zu sehen!

120 Vgl. Gibney/Hansen 2003; Bommes 2006, S. 96, 106 ff.; Hans-Joachim Stange, »Maßnahmen zur Eindämmung irregulärer Migration«, in: Alt/Bommes 2006, S. 139-147, hier S. 146.

121 Ellermann 2009, S. 151.

122 Ebd., S. 97 ff.

123 Liza Schuster, »A Sledgehammer to Crack a Nut: Deportation, Detention and Dispersal in Europe«, in: *Social Policy & Administration* 39 (2005), Heft 6, S. 606-621, hier S. 618.

124 Michel Foucault, *Überwachen und Strafen*, Frankfurt am Main: Suhrkamp, 1976, S. 285.

125 Michel Foucault, *Geschichte der Gouvernementalität I: Sicherheit, Bevölkerung, Territorium*, Frankfurt am Main: Suhrkamp, 2004, S. 506.

126 Michel Foucault, *Kritik des Regierens*, Berlin: Suhrkamp, 2010, S. 81.

127 de Genova 2010, S. 47, 59.

128 Pieper 2008, S. 330; siehe auch: ebd., S. 199, 343, 358.

129 Hing 2006, S. 40.

130 Ein Beispiel von vielen sind die sogenannten »Erdbeersklaven« in Griechenland. Siehe hierzu: Eberhard Rondholz, »Aufstand der Illegalen. In Griechenland beginnen die migrantischen Arbeitssklaven sich zu wehren«, in: *konkret* (6/2008), S. 21.

131 Unabhängige Kommission »Zuwanderung«, *Zuwanderung gestalten – Integration fördern. Bericht der Unabhängigen Kommission »Zuwanderung«*, Berlin 2001, S. 150.

132 Serhat Karakayali/Enrica Rigo, »Mapping the European Space of Ciculation«, in: de Genova/Peutz 2010, S. 137.

133 Ebd.

Abschiebung und ihre Geschichte

1 Rudolf Stichweh, *Der Fremde*, Berlin: Suhrkamp, 2010, S. 164.

2 Zwischen beidem besteht selbstverständlich ein Zusammenhang, ohne dass sich aber daraus schließen ließe, die Möglichkeiten des Verkehrs und der öffentlichen Finanzen reicher Staaten würden jenseits politischer Entscheidungen und Vorstellungen aus sich heraus eine bestimmte Abschiebepolitik produzieren. Dennoch ist Martin Hagenmaiers Hinweis darauf, wie Abschiebungen aus Europa in Afrika wahrgenommen werden, bezeichnend: »Wenn ein deutscher Grenzschutzbeamter in einem afrikanischen Land einen Flüchtling übergibt, kann es vorkommen, dass die Kollegen des Ankunftsstaates ihm die Lage so erläutern: Wir wissen gar nicht, warum ihr den Mann oder die Frau hierherbringt. Wir haben in unserem Land so viele Flüchtlinge, dass wir gar nicht begreifen können, warum ein Land Europas einzelne Menschen für viel Geld hin- und herfliegt.« (Hagenmaier 1995, S. 11.) Auch wenn afrikanische Staaten Menschen in ihnen benachbarte Staaten abschieben, ist deshalb ihre Praxis nicht mit der europäischen oder der US-amerikanischen Praxis vergleichbar.

3 Ernst Schubert, »Fremde und Erfahrungen des Fremden im mittelalterlichen und frühneuzeitlichen Deutschland«, in: *Angeworben, eingewandert, abgeschoben. Ein anderer Blick auf die Einwanderungsgesellschaft Bundesrepublik Deutschland*, herausgegeben von Katja Dominik, Marc Jünemann und Jan Motte, Münster: Westfälisches Dampfboot, 1999, S. 56-82, hier S. 72.

4 *Ausweisung, Abschiebung und Vertreibung in Europa, 16.–20. Jahrhundert*, herausgegeben von Sylvia Hahn, Andrea Komlosy und Ilse Reiter, Wien: Studienverlag, 2006, S. 7.

5 Siehe: Christian Meier, *Kultur um der Freiheit willen, Griechische Anfänge – Anfang Europas?*, München: Siedler, 2009, S. 304 ff. – Die antike griechische Welt kannte zudem sowohl das Konzept der Offenheit gegenüber Fremden, wie es Perikles in seiner berühmten »Gefallenenrede« in der *Chronik des Peloponnesischen Krieges* von Thukydides als Charakteristikum der attischen Demokratie preist, als auch das Gegenmodell der Abschiebung von Fremden im Verbund mit dem Ausreiseverbot für die eigenen Bürger im militärisch und autoritär regierten Sparta.

6 Siehe: Helga Sonnabend, »Deportation im antiken Rom«, in: *Ausweisung und Deportation. Formen der Zwangsmigration in der Geschichte*, herausgegeben von Andreas Gestrich, Gerhard Hirschfeld und Holger Sonnabend, Stuttgart: Franz Steiner, 1995, S. 14 ff.

7 Gerd Schwerthoff, »Vertreibung als Strafe. Der Stadt- und Landesver-

weis im Ancien Régime«, in: Hahn/Komlosy/Reiter 2006, S. 48-72, hier S. 54f.

8 Ebd., S. 52.

9 Ebd., S. 62.

10 Siehe: Stichweh 2010, S. 119ff.

11 Siehe: Helga Schnabel-Schüle, »Die Strafe des Landesverweises«, in: Gestrich/Hirschfeld/Sonnabend 1995, S. 73-82, hier S. 74f.

12 Schwerthoff 2006, S. 60.

13 Ebd., S. 63f. und 76f.

14 Schwerthoff 2006, S. 49.

15 Schnabel-Schüle 1995, S. 80.

16 Schwerthoff 2006, S. 66, 70.

17 Robert Jütte, »Bettelschübe in der frühen Neuzeit«, in: Gestrich/Hirschfeld/Sonnabend 1995, S. 61-71, hier S. 62.

18 Ebd., S. 65.

19 Sebastian Schmidt, »Die Abschaffung der Armut – das frühneuzeitliche Inklusionsprogramm und seine Exklusionen am Beispiel der Geistlichen Kurfürstentümer Trier, Köln und Mainz«, in: *Zwischen Ausschluss und Solidarität: Modi der Inklusion/Exklusion von Fremden und Armen in Europa seit der Spätantike*, herausgegeben von Lutz Raphael und Herbert Uerlings, Frankfurt am Main: Peter Lang, 2008, S. 241-274, hier S. 243, 253, 268.

20 Beate Althammer/Andreas Gestrich, »Normen und Praktiken der Ausweisung von fremden Armen in der zweiten Hälfte des 19. Jahrhunderts. Skizze eines deutsch-britischen Vergleichs«, in: Raphael/Uerlings 2008, S. 379-406, hier S. 399ff.

21 Ebd., S. 390.

22 Siehe: Dieter Gosewinkel, *Einbürgern und Ausschließen, Die Nationalisierung der Staatsangehörigkeit vom Deutschen Bund bis zur Bundesrepublik Deutschland*, Göttingen: Vandenhoeck & Ruprecht, 2003.

23 Siehe: Andreas Fahrmeir, *Citizens and Aliens: Foreigners and the Law in Britain and the German States 1789-1870*, Berghahn Books: Oxford 2000, S. 193.

24 Siehe: Tobias Schwarz, *Bedrohung, Gastrecht, Integrationspflicht*, Bielefeld: transcript, 2010, S. 57, 62.

25 Vgl. ebd., S. 388ff.

26 Beate Althammer, »Armut und Fremdheit im europäischen Nationalstaat«, in: Raphael/Uerlings 2008, S. 277-292, hier S. 285f.

27 Siehe: Fahrmeir 2000, S. 154.

28 Althammer/Gestrich 2008, S. 384ff.

29 Ebd., S. 403.

30 Andrea Komlosy, »Der Staat schiebt ab«, in: Hahn/Komlosy/Reiter 2006, S. 87-114, hier S. 109 ff.

31 Gosewinkel 2003, S. 220.

32 Ebd., S. 106 f.

33 Siehe: Althammer/Gestrich 2006, S. 383 f.

34 Siehe: Johannes H. Voigt, »Deportation in der deutschen Rechtswissenschaft«, in: Gestrich/Hirschfeld/Sonnabend 1995, S. 84-101, hier S. 84 ff.

35 Ebd., S. 98.

36 Siehe zu diesem Thema: Herbert Reiter, *Politisches Asyl im 19. Jahrhundert*, Berlin: Duncker & Humblot, 1992.

37 Alice Bloch/Liza Schuster, »At the Extremes of Expulsion: Deportation, Detention and Dispersal«, in: *Ethnic and Racial Studies* 28 (2005), S. 493 f. – Vor dem ersten Weltkrieg lebten etwa 60.000 Deutsche in Großbritannien. Auch in Deutschland wurden mit Kriegsbeginn etwa 48.000 »feindliche Ausländer« interniert. Siehe: Klaus Bade, *Europa in Bewegung*, München: C. H. Beck, 2000, S. 246 ff.

38 Bloch/Schuster 2005, S. 492.

39 Zitiert nach: Herbert 2001, S. 22.

40 Ebd., S. 31.

41 Karakayali 2008, S. 92.

42 Zitiert nach: *»Aus Gründen der inneren Sicherheit des Staates…«. Ausweisung, Verfolgung und Ermordung des Bremer Arbeiters Johann Geusendamm (1886-1945),* Begleitband zu der szenischen Lesung mit der bremer shakespeare company, herausgegeben von Sigrid Dauks und Eva Schöck-Quinteros, Bremen 2009, S. 41. – Geusendamm kehrte nach einem knappen Jahr in Delmenhorst wieder nach Bremen zurück. Im Jahr 1922 wurde er zum zweiten Mal und im Jahr 1931 zum dritten Mal ausgewiesen, woraufhin er mit seiner Familie nach Enschede zog. Aufgrund seiner Fluchthelfertätigkeit wurde er während des Zweiten Weltkriegs von den Nazis verfolgt und starb 1945 in deutscher Haft.

43 Herbert 2001, S. 120 f., siehe auch: Barwig/Brinkmann/Lörcher/Schumacher 1996, S. 32 f.

44 Schwarz 2010, S. 68.

45 Den Fall schildert der Film *Recolonize Cologne*, kanak tv: Köln 2005, Minute 24:30.

46 Siehe hierzu: Schwarz 2010, S. 69 ff.

47 Reiner Pommerin, »Die Ausweisung von ›Ostjuden‹ aus Bayern 1923. Ein Beitrag zum Krisenjahr der Weimarer Republik«, in: *Vierteljahreszeitschrift für Zeitgeschichte* 34 (1986), Heft 3, S. 338.

48 Schwarz 2010, S. 74.

49 Siehe: Das Bundesarchiv, *Gedenkbuch, Opfer der Verfolgung der Juden*

unter der nationalsozialistischen Gewaltherrschaft in Deutschland 1933-1945, Abschiebung nach Polen, online verfügbar unter ⟨http://www.bundesarchiv.de/gedenkbuch/zwangsausweisung.html⟩ (zuletzt aufgerufen: Juli 2012).

50 William Walters, »Deportation, Expulsion and the International Police of Aliens«, in: *Citizenship Studies* 6 (2002), Heft 3, S. 265-292, hier S. 288.

51 Ebd., S. 282 ff.

52 Karakayali 2008, S. 86, 88.

Abschiebung und Recht

1 Galina Cornelisse, »Immigration Detention and Universal Rights«, in: de Genova/Peutz 2010, S. 114.

2 Ebd., S. 106 ff.

3 Bezeichnenderweise ist es dabei völlig unerheblich, welche Einstellung jemand gegenüber dem Nationalstaat besitzt. Auch nationalistisch gesinnte Migranten verlassen ihr Land und siedeln sich in einem anderen Staat an, obwohl dies eigentlich ihrer ideologischen Überzeugung zweifach widerspricht: Erstens lassen sie »ihr« Land »im Stich« und zweitens stellen sie als Ausländer in einem anderen Land genau jene nationale Homogenität infrage, die ihnen in Bezug auf ihr Herkunftsland so wichtig ist.

4 Siehe: »Französische Verfassung vom 3. September 1791«, online verfügbar unter ⟨http://www.verfassungen.eu/f/fverf91-i.htm⟩ (zuletzt aufgerufen: Juli 2012).

5 Siehe: Gianni D'Amato, *Vom Ausländer zum Bürger. Der Streit um die politische Integration von Einwanderern in Deutschland, Frankreich und der Schweiz*, Münster: LIT Verlag, 2005, S. 55.

6 Cornelisse 2010, S. 117.

7 Hans D. Jarass/Bodo Pieroth, *Grundgesetz für die Bundesrepublik Deutschland. Kommentar*, 8. Auflage, München: C. H. Beck, 2006, S. 119.

8 Ebd., S. 82.

9 Ebd., S. 42.

10 Bodo Pieroth/Bernhard Schlink, *Grundrechte. Staatsrecht 2*, 23. Auflage, Heidelberg: C. F. Müller, 2007, S. 28.

11 Siehe: Antirassistische Initiative Berlin, Berlin 2011 (aufgeführt nach Datum).

12 Jarass/Pieroth 2006 S. 29.

13 Ebd., S. 13.

14 Siehe: Aufenthaltsgesetz, § 5 (»Allgemeine Erteilungsvoraussetzungen«).

15 Helmut Rittstieg, »Die Beendigung des Aufenthalts in Deutschland und das Ausländergesetz 1990«, in: Barwig/Brinkmann/Huber/Lörcher/Schumacher 1996, S. 46.

16 Grundgesetz der Bundesrepublik Deutschland, Artikel 16a (3).

17 Siehe: Christian Rath, »Griechenland ist unmenschlich«, in: *die tageszeitung* (22./23. Januar 2011).

18 Siehe: Reinhard Marx, »Juristische Bewertung des Urteils des Europäischen Gerichtshofs vom 21. Dezember 2011 in den Rechtssachen C-411/10 und C-493/10 – N.S. und M.E. – zum Grundrechtskonformen Vollzug von Überstellungen nach der Verordnung (EG) Nr. 343/2003 (Dublin – VO II)«, im Auftrag von: Amnesty International, Arbeiterwohlfahrt Bundesverband e. V., Der Paritätische Wohlfahrtsverband, Deutscher Anwaltverein Deutscher Caritasverband e. V., Deutsches Rotes Kreuz, Diakonisches Werk der EKD, Neue Richtervereinigung, Pro Asyl, Kurzfassung, Frankfurt am Main, 6. Februar 2012, S. 10. – Siehe auch: Marei Pelzer, »Abschiebungen von Asylsuchenden nach Griechenland«, in: *Grundrechte-Report 2010. Zur Lage der Bürger- und Menschenrechte in Deutschland*, Frankfurt am Main: Fischer, 2010, S. 148-152.

19 vks/dpa/dapd, »Schengen-Raum – Friedrich fordert schärfere Grenzkontrollen«, in: *Spiegel Online* (3. April 2012), online verfügbar unter ⟨http://www.spiegel.de/politik/deutschland/innenminister-friedrich-will-mehr-innereuropaeische-grenzkontrollen-a-825487.html⟩ (zuletzt aufgerufen: Juli 2012).

20 Δημήτρης Αλεξόπουλος, »Επιχείρηση ›σκούπα‹ για παράνομους μετανάστες«, in: *EPT Online* (29. März 2012).

21 Pressemitteilung der griechischen Polizei vom 13. August 2012.

22 n. n., »Ο ›Ξένιος Ζευς‹ τροφοδοτεί το ρατσισμό προειδοποιεί η Διεθνής Αμνηστία«, in: *Τα Νεα online* (9. August 2012), online verfügbar unter ⟨http://www.tanea.gr/latestnews/article/?aid=4744253⟩ (zuletzt aufgerufen: Juli 2012).

23 Siehe: Pro Asyl, *Flüchtlinge in Griechenland: Gestrandet, entrechtet und ohne Schutz*, April 2010, S. 17 ff., online verfügbar unter ⟨http://www.proasyl.de/fileadmin/fm-dam/q_PUBLIKATIONEN/GR_Brosc huereFlucchtlinge2010.pdf⟩ (zuletzt aufgerufen: Juli 2012).

24 Walter Kälin, »Tragweite und Begründung des Abschiebungshindernisses von Art. 3 EMRK bei nichtstaatlicher Gefährdung«, in: *Einwanderungskontrolle und Menschenrechte. Beiträge anlässlich des Symposiums am 29./30. Juni 1998 in Potsdam*, herausgegeben von Kay Hailbronner und Eckart Klein, Heidelberg: C. F. Müller, 1999, S. 51-72, hier S. 51.

25 Ebd., S. 52.

26 Ebd., S. 57.

27 Sabine am Orde, »Flüchtlinge können auf Asyl hoffen«, in: *die tageszeitung* (18. Februar 2009).

28 Ein Beispiel dafür liefert die massive Kritik, die der ehemalige Regierungssprecher Uwe-Karsten Heye einstecken musste, als er im Vorfeld der Fußball-Weltmeisterschaft 2006 dunkelhäutige WM-Gäste vor Besuchen in bestimmten Gegenden Brandenburgs gewarnt und diese aufgrund häufiger rassistischer Übergriffe zu »No-Go-Areas« erklärt hatte. Auch der Fall des in Polizeigewahrsam verbrannten Guineers Oury Jalloh ist bezeichnend. Während Freunde, Angehörige und Flüchtlingsaktivisten nicht an die Version der Polizei von einem Selbstmord glauben und eine rassistische Tat unterstellen, gelang es nicht, den Tod Jallohs aufzuklären, da ein »rechtsstaatliches Verfahren [...] nicht möglich gewesen« sei, so der Richter im Dezember 2008, weil die Polizeibeamten vor Gericht schwiegen, Falschaussagen machten und sich gegenseitig deckten. Siehe: Bernhard Honnigfort, »Vorkommnis mit Ausländer«, in: *Frankfurter Rundschau* (7. März 2012).

29 Siehe: Heike Kleffner, »Kein humanitäres Bleiberecht für Opfer rassistischer Gewalt«, in: *Grundrechte-Report 2010*, S. 23-26.

30 Siehe hierzu: Constantin Hruschka, »Freizügigkeitsrecht – zur Rechtmäßigkeit der Residenzpflicht und der Anordnung von Wohnsitzauflagen«, in: ebd., S. 60-64.

31 Kälin 1999, S. 64.

32 Siehe: Grundgesetz, Art. 6, und Europäische Menschenrechts-Konvention, Art. 8.

33 Siehe: Verwaltungsgericht Stuttgart, Urteil vom 11. April 2006 (Aktenzeichen: 12 K 2007/05).

34 Ebd., S. 3.

35 Ebd., S. 10.

36 Siehe: Falk Fritsch, *Der Schutz sozialer Bindungen von Ausländern. Eine Untersuchung zu Artikel 8 EMRK*, Mannheim: Nomos, 2009, S. 108, 112.

37 Siehe: Pro Asyl, *Familientrennung durch Abschiebung. Eine Falldokumentation über den Umgang deutscher Behörden mit ausländischen Familien*, Frankfurt am Main 1994.

38 Fritsch 2009, S. 157 ff.

39 Ebd., S. 39.

40 Ebd., S. 134.

41 Siehe: European Court of Human Rights, »Returning Migrants to Libya Without Examining Their Case Exposed Them to a Risk of Ill-treatment and Amounted to a Collective Expulsion«, Presseerklärung ECHR 075 (23. Februar 2012).

Abschiebung in Deutschland

1 Patrice G. Poutrus, »Die ›politischen Emigranten‹ als ›Fremde‹ im Alltag der DDR-Gesellschaft«, in: *Ankunft – Alltag – Abreise. Migration und interkulturelle Begegnung in der DDR-Gesellschaft,* Köln: Böhlau, 2005, S. 221-266, hier S. 228.

2 Ebd., S. 250.

3 Rudolf Schiedermair, *Handbuch des Ausländerrechts der Bundesrepublik Deutschland,* Frankfurt am Main/Berlin: A. Metzner, 1968, S. 163. Siehe auch: Hell 2005, S. 90.

4 Rudolf Schiedermair 1968, S. 105. – Siehe auch: Haris Katsoulis, *Bürger zweiter Klasse. Ausländer in der Bundesrepublik,* Frankfurt am Main: Campus, 1978, S. 57.

5 Herbert 2001, S. 220.

6 Karakayali 2008, S. 114.

7 Ebd., S. 118 f.

8 Ebd., S. 113, 124.

9 Zum Kriegsende lebten etwa fünf Millionen Menschen als Displaced Persons in Deutschland. »Die Mehrzahl der DPs schloss sich freiwillig den zahllosen, für sie zusammengestellten alliierten Transporten an. Entsprechend einer Vereinbarung zwischen den Westalliierten und der UdSSR wurden dabei DPs sowjetischer Staatsbürgerschaft auch zwangsweise repatriiert« (*Enzyklopädie Migration in Europa. Vom 17. Jahrhundert bis zur Gegenwart,* herausgegeben von Klaus J. Bade, Pieter C. Emmer, Leo Lucassen und Jochen Oltmer, Paderborn: Ferdinand Schöningh, 2007, S. 157).

10 Helmut Quaritsch, *Recht auf Asyl. Studien zu einem mißdeuteten Grundrecht,* Berlin: Duncker & Humblot, 1985, S. 37.

11 Karen Schönwälder, »›Ist nur Liberalisierung Fortschritt?‹. Zur Entstehung des ersten Ausländergesetzes der Bundesrepublik«, in: *50 Jahre Bundesrepublik – 50 Jahre Einwanderung. Nachkriegsgeschichte als Migrationsgeschichte,* herausgegeben von Jan Motte, Rainer Ohliger, Anne von Oswald, Frankfurt am Main: Campus, 1999, S. 127-143, hier S. 131; siehe auch: Karen Schönwälder, *Einwanderung und ethnische Pluralität. Politische Entscheidungen und öffentliche Debatten in Großbritannien und der Bundesrepublik von den 1950er bis zu den 1970er Jahren,* Berlin: Klartext, 2001, S. 219 ff.

12 Siehe: Alfons Söllner, »Westdeutsche Asylpolitik«, in: *Das weltweite Flüchtlingsproblem. Sozialwissenschaftliche Versuche der Annäherung,* herausgegeben von Abraham Ashkenasi, Bremen: edition CON, 1988, S. 195-224, hier S. 201 f.

13 Quaritsch 1985, S. 38.

14 n. n., »Griechen ohne Pass werden nicht ausgewiesen«, in: *Kölnische Rundschau* (12. August 1967).

15 Siehe: Schönwälder 2001, S. 225 f.

16 Niels Seibert, *Vergessene Proteste. Internationalismus und Antirassismus 1964 – 1983*, Münster: Unrast, 2008, S. 142.

17 Ebd., S. 150.

18 n. n., »Der Araber – dem ist nicht zu trauen«, in: *Der Spiegel* (39/1972).

19 n. n., »121 Araber sind bisher ausgewiesen worden«, in: *Kölnische Rundschau* (31. Oktober 1972).

20 Zitiert nach: Seibert 2008, S. 156.

21 Ebd., S. 158.

22 Bezeichnend hierfür ist die Ausweisung eines 40-jährigen Inders im Jahr 1969, die der Bayerische Verwaltungsgerichtshof damit begründete, dass er sich »bereits mehr als fünf Jahre unbeanstandet und rechtmäßig‹ in der Bundesrepublik aufgehalten und ›untadelig geführt‹ habe, doch stelle, so das Urteil, ›die ständige Niederlassung in der Regel eine Beeinträchtigung der Belange der BRD‹ dar« (ebd.).

23 Siehe: Redaktionskollektiv »Express«, *Spontane Streiks 1973 – Krise der Gewerkschaftspolitik*, Offenbach: Verlag 2000, 1974, S. 30 ff.

24 Serhat Karakayali, »Sechs bis acht Kommunisten, getarnt in Monteursmänteln«, in: *Stadt Revue* (Oktober 2001).

25 Zum Ablauf des Fordstreiks siehe: »Ein kurzer Augenblick von Widerstand, Selbstbewusstsein und unverhoffter Anarchie«, in: *Geschichte und Gedächtnis in der Einwanderungsgesellschaft. Migration zwischen historischer Rekonstruktion und Erinnerungspolitik*, herausgegeben von Jan Motte und Rainer Ohliger, Essen: Klartext, 2004, S. 237-249. Ein zeitgenössischer Reporter berichtete: »Zehntausend Türken wurden damals nicht entlassen. Es blieb bei einem Dutzend, vielleicht einige Hundert. Niemand weiß es so genau. Und die Lektion, die die Türken lernen sollten damals, hat nach der Zerschlagung des Streiks die *Bild*-Zeitung in ihrer eindeutigen Art so formuliert: ›Gastarbeiter kommt von Gast. Ein Gast, der sich schlecht beträgt, gehört vor die Tür gesetzt.‹« (Zitiert nach: ebd., S. 249.)

26 Gegen die Ausweisung Targüns wurde Widerspruch eingelegt. Siehe: »Die Rote Hilfe (RH) e. V. der KPD berichtet: BAHA TARGÜN SOLL ABGESCHOBEN WERDEN: ERKÄMPFEN WIR DIE AUFENTHALTSGENEHMIGUNG!« (25. September 1973), online verfügbar unter ⟨http ://www.mao-projekt.de/BRD/NRW/REP/Koeln_Auslaendergesetze.s html⟩ (zuletzt aufgerufen: Juli 2012). Targün war kurze Zeit inhaftiert, gründete nach seiner Freilassung eine türkischsprachige Zeitung und ging erst 1979 in die Türkei, wo er als Journalist arbeitete. – Auch in anderen Fällen (Streiks bei Rheinstahl-Brackwede, Vereinigte Drahtin-

dustrie-Düsseldorf) wurden migrantische Streikführer mit der Drohung, andernfalls abgeschoben zu werden, dazu gedrängt, Kündigungen in »beiderseitigem Einvernehmen« zu akzeptieren, oder sie mussten nach einer fristlosen Kündigung in die Illegalität abtauchen, um der Abschiebung in ihre diktatorisch regierten Herkunftsländer (Griechenland, Spanien, Türkei) zu entgehen. Siehe: Redaktionskollektiv »Express« 1974, S. 47f.

27 Zitiert nach: Herbert 2001, S. 209.

28 Siehe: Schönwälder 2001, S. 209f.

29 Ebd., S. 363 ff. sowie Herbert 2001, S. 222.

30 Herbert 2001, S. 59.

31 Katsoulis 1978, S. 65.

32 Siehe: Manuela Bojadžijev/Serhat Karakayali, »Blind Passage. Illegalisierte Migration und Migrationskontrollen in der Geschichte der Bundesrepublik«, in: *Alle Reden vom Wetter. Wir nicht. Beiträge zur Förderung der kritischen Vernunft*, herausgegeben vom Asta der FH Münster, Münster: Westfälisches Dampfboot, 2005, S. 100-116.

33 DOMid-Archiv, M. L. S.FoS.B 001-050.

34 n. n., »›Bestes Mann‹ erwies schlechte Dienste«, in: *Kölnische Rundschau* (1968).

35 n. n. »Jugoslawen müssen ausreisen«, in: *Kölnische Rundschau* (16. Juni 1973).

36 n. n., »Abschieben in die Heimat«, in: *Frankfurter Allgemeine Zeitung* (22. Juli 1976).

37 n. n., »Zwangsmaßnahme«, in: *Frankfurter Rundschau* (26. November 1975); n. n., »Die Zahl der Gastarbeiter sinkt«, in: *B. Z.* (10. März 1976).

38 n. n., »Kein Erbarmen mit Schwester Lotusblüte«, in: *Kölnische Rundschau* (Dezember 1977); n. n. »›Wir sind Menschen und keine Waren‹. Kein Dank für die rettenden Engel aus Asien. Viele ausländische Krankenschwestern werden heute abgeschoben«, in: *Stuttgarter Zeitung* (3. Juli 1978); n. n., »Die Engel sollen gehen«, in: *Kölner Stadt-Anzeiger* (26. Juli 1977).

39 n. n., »Gastarbeiter sollen Platz machen«, in: *Die Zeit* (21. Februar 1976).

40 n. n., »Gastarbeiter, Abschieben«, in: *Die Zeit* (20. Februar 1976); n. n., »Einfach abschieben?«, in: *Kölner Stadt-Anzeiger* (2. März 1976).

41 n. n., »NRW-Minister Farthmann: Die Gastarbeiter nicht abschieben«, in: *Rheinische Post* (11. April 1978).

42 n. n., »›Scheel fordert zu größerem Verständnis für Umsiedler auf‹«, in: *Die Welt* (24./25. Dezember 1976).

43 Herbert 2001, S. 241.

44 n. n., »Ausländer: ›Schmerzhafte Grenze gezogen‹«, in: *Der Spiegel* (50/1981).

45 n. n., »Bonn plant bessere Abschiebepraxis«, in: *Kölnische Rundschau* (14. Dezember 1982); n. n., »Union: Zahl der Ausländer halbieren«, in: *Kölner Stadt-Anzeiger* (17. März 1983).

46 Karakayali 2008, S. 154.

47 n. n., »Ausweisung verhindern«, in: *Frankfurter Rundschau* (28. Juli 1983).

48 n. n., »Schlagen oder verjagen«, in: *Der Spiegel* (20/1983).

49 n. n., »Das Baby und die Bürokraten«, in: *Kölner Stadt-Anzeiger* (5. November 1991).

50 n. n., »Nachsicht mit betrunkenem Ausländer«, in: *Frankfurter Allgemeine Zeitung* (23. November 1983). – Im Gegensatz dazu hatte das Verwaltungsgericht Karlsruhe noch 1975 geurteilt, dass ein Jugoslawe, der betrunken ein parkendes Fahrzeug beschädigt und dann Fahrerflucht begangen hatte, wegen des »generalpräventiven Gesichtspunkts der Abschreckung durch Ausweisung« zusätzlich zu seiner Geldstrafe und dem Führerscheinentzug abgeschoben werden soll. Siehe: n. n., »Autounfall genügt für Ausweisung«, in: *General-Anzeiger* (13. Juni 1975).

51 n. n., »Hessen will Ausweisung von Ausländern weiter erschweren«, in: *Kölnische Rundschau* (31. August 1984).

52 Herbert 2001, S. 256.

53 Siehe: Jan Motte, »Gedrängte Freiwilligkeit, Arbeitsmigration, Betriebspolitik und Rückkehrförderung 1983/84«, in: Motte/Ohliger/ von Oswald 1999, S. 165-183.

54 Herbert 2001, S. 250.

55 n. n, »Ausländer bald leichter Deutsche – Abschiebung rascher möglich«, in: *Kölner Stadt-Anzeiger* (30. September 1989).

56 Vgl. Unabhängige Kommission »Zuwanderung« 2001, S. 150.

57 Ellermann 2009, S. 97 ff.

58 Karakayali 2008, S. 123.

59 Siehe: Quaritsch 1985, S. 45.

60 Pieper 2008, S. 45 ff.

61 Quaritsch 1985, S. 44.

62 Herbert 2001, S. 243.

63 Innenminister Hans-Dietrich Genscher sprach schon 1973 von einer »Verhinderung des Asylmißbrauchs«, als noch sehr wenige Flüchtlinge nach Deutschland kamen, sich aber die Herkunft der Antragsteller von Osteuropa in außereuropäische Länder verschob. Siehe: Pro Asyl 2011, S. 35.

64 Seibert 2008, S. 181.

65 Ebd., S. 183 f. – Siehe auch: Pro Asyl 2011, S. 39.

66 *Abgelehnt, ausgewiesen, ausgeliefert.* Dokumentation zum Hearing über die soziale und rechtliche Lage der Asylbewerber in Westberlin

(20.-22.-1.-1984), herausgegeben von Tessa Hofmann, Göttingen: Die Gesellschaft, 1984, S. 30.

67 Ebd., S. 28f.

68 Siehe etwa: n. n., »›Dann wird die deutsche Verlobte präsentiert‹. Wie abgelehnte Asylbewerber der Abschiebung aus der Bundesrepublik entgehen«, in: *Der Spiegel* (Nr. 32/1985).

69 n. n., »›Vor allem Polen und Jugoslawen‹«, in: *Kölnische Rundschau* (17. Februar 1989).

70 n. n., »›Dann will ich eben Asyl haben‹«, in: *Kölnische Rundschau* (15. Februar 1989).

71 Pro Asyl 2011, S. 41.

72 n. n., »Keine Abschiebung bestimmter Ausländer«, in: *Kölnische Rundschau* (18. Juli 1991).

73 Vgl. Ellermann 2009, S. 62.

74 »Da drücken sich einige«, Interview mit dem Bremer Bürgermeister Klaus Wedemeier (SPD) über Asyl- und Flüchtlingspolitik, in: *Der Spiegel* (32/1991).

75 Herbert 2001, S. 271.

76 Britta Gell, »Celem Celem. Heimatlose Roma kämpfen um ein Bleiberecht in der Bundesrepublik«, in: ZAG – *antirassistische Zeitschrift* (08/1993), S. 19.

77 Pieper 2008, S. 61.

78 So die damalige Titelstory des *Spiegel* (46/1992).

79 Reinhold Friedl, »Weltflüchtlingsproblematik und Asyldebatte in Deutschland«, in: Weltweite Partnerschaft Hamburg e. V. (Hrsg.), *Ursachen von Migrations- und Fluchtbewegungen. Krisen und Hunger in der Dritten Welt,* Hamburg: Weltweite Partnerschaft e. V., 1994, S. 19-32, hier: S. 25.

80 Pieper 2008, S. 64.

81 Vgl. Norbert Cyrus/Franck Düvell/Dita Vogel, »Illegale Zuwanderung in Großbritannien und Deutschland. Ein Vergleich«, in: *Migration and the Regulation of Social Integration,* IMIS-*Beiträge,* Heft 24, herausgegeben vom Vorstand des Instituts für Migrationsforschung und Interkulturelle Studien (IMIS) der Universität Osnabrück, Osnabrück 2004, S. 45-74, hier S. 38, 63f.

82 n. n., »Einigung über schnelle Ausweisung«, in: *Kölner Stadt-Anzeiger* (30. April 1996).

83 n. n., »Flüchtling nicht in eine Notlage bringen«, in: *Kölner Stadt-Anzeiger* (23. April 1997).

84 n. n., »Edmund Stoiber, bayerischer Innenminister zur Asylvereinbarung zwischen CDU/CSU, FDP und SPD«, in: *Frankfurter Rundschau* (8. Dezember 1992).

85 n. n., »Flüchtlinge aus Bosnien scheitern an Hürde der Bürokraten«, in: *Kölner Stadt-Anzeiger* (1993).

86 Siehe: Torsten Jäger/Jasna Rezo, *Zur sozialen Struktur der bosnischen Kriegsflüchtlinge*, 1999, Kapitel 2, online verfügbar unter ⟨http://www.proasyl.de/lit/bosnien/text1.htm⟩ (zuletzt aufgerufen: Juli 2012).

87 Bosiljka Schedlich/Hildegard Dierks, »Zwischen Bosnien und Berlin. Zur Lage von Bürgerkriegsflüchtlingen aus dem ehemaligen Jugoslawien«, in: Dominik/Jünemann/Motte 1999, S. 171-184, hier S. 171 f.

88 Ebd., S. 174.

89 Siehe: Jäger/Rezo 1999, Kapitel 7.2.

90 Bis Oktober 1999 waren etwa 4000 Bürgerkriegsflüchtlinge aus Deutschland abgeschoben worden und 170.000 im Rahmen der Rückkehrförderung gegangen. Siehe: Jäger/Rezo 1999.

91 n. n., »Rückführung verschoben«, in: *Kölner Stadt-Anzeiger* (12. Januar 1996); n. n., »Politiker fordern Änderung der Abschiebepraxis«, in: *Kölner Stadt-Anzeiger* (29. März 1997).

92 n. n., »Innenminister-Konferenz in Bonn«, in: *Kölnische Rundschau* (20. November 1998).

93 Herbert 2001, S. 314.

94 Ebd., S. 322.

95 n. n., »Ausländern Sozialhilfe kürzen«, in: *Kölnische Rundschau* (12. April 1997); n. n., »Sozialhilfe für Flüchtlinge wird eingeschränkt«, in: *Kölnische Rundschau* (9. Februar 1996).

96 n. n., »›Gesetze verschärfen‹. Hamburgs SPD-Spitzenkandidat Voscherau will ausländische Straftäter abschieben«, in: *Kölner Stadt-Anzeiger* (6. Mai 1997).

97 n. n., »Straffällige Ausländer. Gericht bestätigt Verschärfung«, in: *Kölnische Rundschau* (11. Dezember 1997).

98 n. n., »Kanther will 1998 als ›Sicherheitsjahr‹«, in: *Kölner Stadt-Anzeiger* (3. Januar 1998).

99 Das Verwaltungsgericht Koblenz hatte das sogenannte *ethnic profiling*, also Kontrollen nach Hautfarbe, noch für rechtens erklärt. Der Kläger ging daraufhin erfolgreich in Berufung; siehe: Oberverwaltungsgericht Rheinland-Pfalz, »Ausweiskontrolle eines dunkelhäutigen Deutschen durch die Bundespolizei: Verfahren nach Entschuldigung beendet, Beschluss vom 29. Oktober 2012, Aktenzeichen 7 A 10532/12. OVG, Pressemitteilung Nr. 20./2012.

100 n. n., »Schengener Abkommen. Personenkontrollen ohne Ankündigung«, in: *Kölner Stadt-Anzeiger* (17. Oktober 1998). – Zu den Feststellungen der unerlaubten Einreise siehe: *Migrationsbericht 2009*,

S. 205. Zu der Zunahme der Personenkontrollen durch Bundespolizisten siehe: »Antwort der Bundesregierung auf die Kleine Anfrage der Abgeordneten Memet Kilic, Volker Beck (Köln), weiterer Abgeordneter und der Fraktion BÜNDNIS 90/DIE GRÜNEN. Verdachtsunabhängige Kontrollen der Bundespolizei« vom 9. August 2011 (Bundestagsdrucksache 17/6778).

101 Siehe Überblick: Bundesministerium des Innern, *Abkommen zur Erleichterung der Rückkehr ausreisepflichtiger Ausländer*, Stand: April 2012.

102 Siehe hierzu: Kirsten Nießen, *Kollektiver und landesverfassungsrechtlicher Abschiebungsschutz von Ausländern. Unter besonderer Berücksichtigung der Stellung der Bundesländer*, München: Martin Meidenbauer Verlagsbuchhandlung, 2004, S. 19 ff., 121 f.

103 Pro Asyl aktuell, »Für eine großzügige Altfallregelung«, 1999, online verfügbar unter ⟨http://www.proasyl.de/fileadmin/proasyl/fm_redakteure/Archiv/Flyer/1999/altfall.pdf⟩ (zuletzt aufgerufen: Juli 2012).

104 Siehe: *7. Bericht der Beauftragten der Bundesregierung für Migration, Flüchtlinge und Integration über die Lage der Ausländerinnen und Ausländer in Deutschland*, Berlin 2007, S. 234, online verfügbar unter ⟨http://www.bundesregierung.de/Content/DE/Publikation/IB/7-auslaenderbericht.html⟩ (zuletzt aufgerufen: Juli 2012).

105 Siehe:»Antwort der Bundesregierung auf die Kleine Anfrage der Abgeordneten Ulla Jelpke, Jan Korte, weiterer Abgeordneter und der Fraktion DIE LINKE. Bilanz der Bleiberechts- bzw. Altfallregelung zum 30. Juni 2010« vom 5. Oktober 2010 (Bundestagsdrucksache 17/3160), S. 8.

106 Ellermann 2009, S. 169.

107 Siehe: Unabhängige Kommission »Zuwanderung« 2001, S. 150.

108 Hell 2005, S. 137; siehe auch: ebd., S. 103 ff.

109 Susi Kentikian, *Mir wird nichts geschenkt! Mein Leben, meine Träume*, Freiburg: Herder, 2011, S. 25 ff.

110 Armin Laschet, *Die Aufsteigerrepublik. Zuwanderung als Chance*, Köln: Kiepenheuer & Witsch, 2009, S. 248.

111 Siehe: Aufenthaltsgesetz § 104a, aber auch §§ 18a, 25 (4), (5) und 25a.

112 Im Jahr 2011 lag die Zahl der Asylbewerber infolge der Umbrüche in Nordafrika zwar so hoch wie seit acht Jahren nicht mehr, aber immer noch bei gerade mal etwa 46.000 Anträgen. Demgegenüber wurden an der griechisch-türkischen Grenze im selben Jahr etwa 54.300 illegal Einreisende aufgegriffen. Diese Zahl mag für ein kleines Land wie Griechenland, das gezwungen ist, eine überproportionale Anzahl von Flüchtlingen aufzunehmen, eine »Überforderung« darstellen –

auf die gesamte EU verteilt, und damit auch anteilig auf Deutschland, wäre das aber mitnichten der Fall.

113 Vgl. Bojadžijev 2008, S. 228 ff.

114 Siehe hierzu: Ellermann 2009, S. 127, 130 ff.

115 Quaderno Udep 76/77, *»Abgeschoben!« Dokumente über die Abschiebung von EU- Bürgern aus Deutschland*, Heft der Delegazione Nazionale MCI in Germania e Scandinavia/Ufficio UDEP, 1998, Nr. 4/5, S. 9, 59.

116 Peter Nowak, »Deutsche Willkommenskultur«, in: *Jungle World* (3. Mai 2012).

117 Andreas Jungbauer, »Im Fall Cengiz ist nun der Landtag am Zug«, in: *Main-Post* (31. Januar 2011).

118 Andreas Jungbauer, »Cengiz: Härtefallkommission sagt Nein«, in: *Main-Post* (23. März 2012).

119 Volker Maria Hügel, »Zehn Jahre Härtefallkommission NRW – Eine Erfolgsbilanz?«, in: *Loccumer Protokolle* (11/2006), S. 79-103, hier S. 87.

120 »1.000 Entscheidungen in vier Jahren«, Pressemitteilung des Innenministeriums Baden-Württemberg vom 11. Februar 2010.

121 Almut Zwengel, »Kontrolle, Marginalität und Mißtrauen? Zur DDR-Spezifik des Umgangs mit Arbeitsmigranten«, in: *Die »Gastarbeiter« der DDR. Politischer Kontext und Lebenswelt*, herausgegeben von Almut Zwengel, Berlin: LIT Verlag, 2011, S. 3-20, hier S. 19.

122 Paulino José Miguele, »Vom Mythos der Solidarität. Mosambikanische und angolanische Vertragsarbeiter in der DDR«, in: *Projekt Migration, Ausstellungskatalog*, Köln: Dumont, 2005, S. 817.

123 Karin Weiss, »Die Einbindung ehemaliger vietnamesischer Vertragsarbeiter in Strukturen der Selbstorganisation«, in: Zwengel 2011, S. 263-280, hier S. 269.

124 Miguele 2005, S. 818.

125 Michael Feige, »Vietnamesische Vertragsarbeiter. Staatliche Ziele – lebensweltliche Realität«, in: Zwengel 2011, S. 35-52, hier S. 50.

126 Weiss 2011, S. 267.

127 Siehe: Astrid Krebs, *Daheimgeblieben in der Fremde. Vietnamesische VertragsarbeitnehmerInnen zwischen sozialistischer Anwerbung und marktwirtschaftlicher Abschiebung*, Diplomarbeit, Berlin 1999, S. 30f.

128 n. n., »Für 85.000 Ausländer läuft Arbeitsfrist ab«, in: *Kölner Stadt-Anzeiger* (21. September 1990); n. n., »›Vietnamesen Aufenthalt ermöglichen‹. FDP-Politikerin setzt sich für DDR-Gastarbeiter ein«, in: *Kölner Stadt-Anzeiger* (18. Februar 1995).

129 Siehe: Patricio Farrell, »Unauffällig an die Spitze«, in: *die tageszeitung* (22. Januar 2010).

130 n. n., »Vietnamesische Familie erhält Bleiberecht in Deutschland –
    Kirche fordert mehr Entscheidungskompetenz für Härtefallkommis-
    sion«, dpa-Meldung vom 27. November 2011.

131 n. n., »Eklat im Landtag. ›Am besten hätte man Sie abschieben sol-
    len‹«, in: *Welt Online* (7. Dezember 2011), online verfügbar unter
    ⟨http://www.welt.de/politik/deutschland/article13755606/Am-best
    en-haette-man-Sie-abschieben-sollen.html⟩ (zuletzt aufgerufen: Juli
    2012).

132 dpa, »Radikaler Salafistenprediger. Hessen schiebt Mohamed M. ab«,
    stern.de (26. April 2012), online verfügbar unter ⟨http://www.stern.
    de/panorama/radikaler-salafistenprediger-hessen-schiebt-moha
    med-m-ab-1819200.html⟩ (zuletzt aufgerufen: Juli 2012).

133 Aufenthaltsgesetz § 55 (9), (10), (11).

134 Die Statistik der Bundesregierung zu den Ausweisungsverfügungen
    nach der Aufnahme der neuen Tatbestände für die Ermessensauswei-
    sung belegt, dass die überwältigende Mehrheit der Ausgewiesenen
    keinen Aufenthaltsstatus oder nur eine Duldung besaß und daher an-
    zunehmen ist, dass das fehlende Aufenthaltsrecht und nicht das »anti-
    integrative« Verhalten die entscheidende Grundlage für die Auswei-
    sung bildet. Siehe: Bundestagsdrucksache 16/9203, S. 3.

135 Schwarz 2010, S. 239.

136 Ebd., S. 254.

Die Logistik der Abschiebung

1 Albrecht Kieser, »Schlepper, Schleuser … Von Fluchthelfern und We-
   gelagerern«, in: *Schwarzer Faden* (2/98), Nr. 64, S. 8-11.

2 Pro Asyl, »Syrer nach Abschiebung gefoltert«, Presseerklärung vom
   26. Mai 2011.

3 Ebd., S. 5.

4 *Innenansichten – Bilder aus der Abschiebungshaft in Ingelheim/Rhein-
   land-Pfalz*, Broschüre herausgegeben vom Caritasverband für die Di-
   özese Mainz und dem Diakonischen Werk in Hessen und Nassau e. V.,
   Mainz/Frankfurt am Main 2007, S. 10.

5 Khalid Koser, »Out of the Frying Pan and into the Fire: A Case Study
   on Illegality amongst Asylum Seekers«, in: *The New Migration in Europe. Social Constructions and Social Realities*, herausgegeben von Khalid Koser und Lutz Helma, Basingstoke: MacMillan, 1998, S. 185-198,
   hier S. 191, 196.

6 Heike Kleffner, »›Jeden Tag verlieren wir jemanden‹. Eine Reportage«,
   in: *Aus Politik und Zeitgeschichte* (22-23/2011), online verfügbar unter

⟨http://www.bpb.de/publikationen/Jo06UR,0,Jeden_Tag_verlieren_
wir_jemanden_Eine_Reportage.html⟩ (zuletzt aufgerufen: Juli 2012).

7 Fabrizio Gatti, *Bilal. Als Illegaler auf dem Weg nach Europa*, München:
Kunstmann, 2007.

8 Karakayali 2008, S. 238.

9 Susanne Schmidt, *Vor den Toren Europas? Das Potenzial der Migration
aus Afrika, Forschungsbericht 7*, herausgegeben vom Bundesamt für Migration und Flüchtlinge, Nürnberg 2010, S. 163, online verfügbar unter
⟨http://www.bmi.bund.de/cae/servlet/contentblob/872076/publicati
onFile/54527/migration_afrika.pdf⟩ (zuletzt aufgerufen: Juli 2012).

10 Michael Braun, »Um keinen Preis zurück. Flüchtlinge aus Tunesien«,
in: *die tageszeitung* (1. August 2011).

11 Vgl. Unabhängige Kommission »Zuwanderung« 2001, S. 151.

12 Schriftliche Auskunft der Ausländerbehörde München.

13 Schriftliche Auskunft von Manfred Garhöfer, Sprecher des Regie-
rungspräsidiums Karlsruhe.

14 Schriftliche Auskunft von Stefanie Paul, Sprecherin der Bezirksregierung Düsseldorf. (Das sind zwar Gelder, die Abgeschobene aus den
Vorjahren bezahlen mussten, aber das Verhältnis ist dennoch repräsentativ.)

15 Schriftliche Auskunft von Tatjana Pohl, Pressestelle Senatsverwaltung
für Inneres und Sport.

16 Hagenmaier 1995, S. 16f.

17 Siehe: »Antwort der Bundesregierung auf die Kleine Anfrage der Abgeordneten Josef Philipp Winkler, Volker Beck (Köln), anderer Abgeordneter und der Fraktion BÜNDNIS 90/DIE GRÜNEN. Situation in deutschen Abschiebehaftanstalten« vom 17. Dezember 2008 (Bundestagsdrucksache 16/11384), S. 7f.

18 Siehe: Bundesministerium des Innern, *Allgemeine Verwaltungsvorschrift zum Aufenthaltsgesetz vom 26. Oktober 2009*, 58.1.7.

19 n. n., »Abschiebungen. Mit Helm und Fessel«, in: *Der Spiegel* (44/2001).

20 Siehe: »Antwort der Bundesregierung auf die Kleine Anfrage der Abgeordneten Ulla Jelpke, Sevim Dağdelen und der Fraktion DIE LINKE«
vom 26. Mai 2008 (Bundestagsdrucksache 16/9269), S. 2.

21 Fries 2007, S. 23.

22 Siehe: »Antwort des Senats der Bürgerschaft der Freien und Hanse-
stadt Hamburg auf die Große Anfrage der Abgeordneten Christiane
Schneider, Mehmet Yildiz, anderer Abgeordneter (Fraktion DIE LIN-
KE)« vom 16. April 2010 (Drucksache 19/5727).

23 »Antwort des Senats der Freien und Hansestadt Hamburg« vom 16.
April 2010 (Drucksache 19/5727), S. 2.

24 Angelika Birck, »Wie krank muß ein Flüchtling sein, um von der Ab-

schiebung ausgenommen zu werden?«, in: *Informationsbrief Ausländerrecht* (April 2000), S. 209-216.

25 Vgl. Daniel Wiese, »Verschiebung per Röntgenstrahlen«, in: *die tageszeitung* (12. März 2010).

26 Siehe: »Antwort der Bundesregierung auf die Kleine Anfrage der Abgeordneten Ulla Jelpke, Wolfgang Neskovic, weiterer Abgeordneter und
der Fraktion DIE LINKE« vom 8. Oktober 2010 (Bundestagsdrucksache 16/10515).

27 Einen Überblick der Botschaftsanhörungen zur Abschiebevorberei-
tung gibt die »Karawane für die Rechte der Flüchtlinge und MigrantInnen«, siehe: »›Identitätsfeststellungen‹ und der Handel mit ›Heimreise-
papieren‹« (11. Januar 2010), online verfügbar unter ⟨http://www.theca
ravan.org/node/2616⟩ (zuletzt aufgerufen: Juli 2012). – Siehe auch: Na-
talie Wiesmann, »Schieber als Abschieber«, in: *die tageszeitung* (16. Mai
2006): »Die ZAB und das Auswärtige Amt hatten die staatliche Delegation im März 2006 nach Dortmund eingeladen. Den Gesandten wurden 321 afrikanische Flüchtlinge aus NRW und Süddeutschland zwei
Wochen lang vorgeführt – nach ›Gesichtsform und Akzent‹ soll die Delegation entschieden haben, wer aus Guinea sei, berichtete die Welt am
Sonntag (WamS). Nach ihren Recherchen sollen mehrere Untersuchte
Keita als Kopf einer Schleuserbande erkannt haben. Teilweise waren sie
selbst von ihm illegal ins Land gebracht worden. [...] Für die Massen-
verhöre hat die Ausländerbehörde in Dortmund 110.000 Euro gezahlt,
ein großer Teil davon soll an die Delegation gegangen sein.«

28 Siehe: Beschluss des Verwaltungsgerichts Magdeburg, Az: 5 B 206/10
MD vom 12. November 2010 – Auch Martin Hagenmaier berichtete
als Seelsorger von Abschiebehäftlingen davon, dass deutsche Behörden
Passpapiere mit Schmiergeldern beschaffen würden (siehe: Hagenmaier
1995, S. 59).

29 Europäische Kommission, *Tätigkeitsbericht 2009 der EURODAC-Zen-
traleinheit zur Vorlage beim Europäischen Parlament und beim Rat*,
Brüssel, 2. August 2010, S. 7f.

30 Schriftliche Auskunft der Pressestelle des BMI am 22. September 2010.
(Insgesamt wurden rund 2200 gefälschte Dokumente sichergestellt, bei
denen es sich größtenteils um Reisepässe und Visa handelte.)

31 Siehe: »Gesetzentwurf der Bundesregierung – Entwurf eines Gesetzes
zur Errichtung einer Visa-Warndatei und zur Änderung des Aufenthaltsgesetzes« vom 20. Juli 2011 (Bundestagsdrucksache 17/6643). –
Die Visa-Warndatei wird bezeichnenderweise in der Öffentlichkeit
vor allem mit ihrer Funktion bei der Bekämpfung des Terrorismus begründet, tatsächlich aber geht es auch um die Bekämpfung unerlaubten
Aufenthalts. »In ihr werden Warndaten zu Personen gespeichert, die im

Zusammenhang mit einer der für das Visumverfahren relevanten Katalogstraftaten nach dem Aufenthaltsgesetz und dem Schwarzarbeitsbekämpfungsgesetz oder im Zusammenhang mit Schleusung, Menschen- und Kinderhandel oder schwersten Betäubungsmitteldelikten auffällig geworden sind« (»Beschlussempfehlung und Bericht des Innenausschusses (4. Ausschuss) zu dem Gesetzentwurf der Bundesregierung – Drucksache 17/6643« vom 30. November·2011 (Bundestagsdrucksache 17/7994), S. 2).

32 Kreienbrink/Schneider 2010, S. 39, 69.

33 Schriftliche Auskünfte der Pressestelle des Berliner Senats für Inneres und Sport.

34 Kreienbrink/Currle/Schmidt-Fink/Westphal/Behrensen 2006, S. 163 f.

Abschiebung und Haft

1 Laut offiziellem Sprachgebrauch gibt es dort keine »Gefangenen«, sondern nur »Verwahrte«, deren Abschiebung durch den »Gewahrsam« sichergestellt werden soll.

2 Die Recherche vor Ort fand im April 2011 statt, die Angaben zu den Haftbedingungen beziehen sich auf diesen Zeitpunkt. Bis auf die Regelung der Besuchszeiten für Abschiebehäftlinge habe ich nicht überprüft, ob sich zu einem späteren Zeitpunkt etwas geändert hat.

3 Siehe: »Haftverlängerung nach Suizidversuch«, Presseinformation der Hilfe für Menschen in Abschiebehaft Büren e. V. (24. Januar 2012).

4 Pressemeldung der Berliner Polizei vom 13. Februar 2006.

5 Siehe: Aufenthaltsgesetz § 62, Abschiebungshaft.

6 »Antwort der Bundesregierung auf die Große Anfrage der Abgeordneten Josef Philip Winkler, Volker Beck (Köln), Kai Gehring, weiterer Abgeordneter und der Fraktion BÜNDNIS 90/DIE GRÜNEN. Situation in deutschen Abschiebehaftanstalten« vom 17. Dezember 2008 (Bundestagsdrucksache 16/11384).

7 n. n., »Abschiebehaft ist längst von der Ausnahme zur Regel geworden«, in: *Kölner Stadt-Anzeiger* (11. März 1995); n. n., »Die Haft ist zum Alltag geworden«, in: *Kölner Stadt-Anzeiger* (2. Oktober 1995).

8 n. n., »Pfarrer wegen Aufrufs zur Straftat verurteilt. Gegen Abschiebehaft«, in: *General-Anzeiger* (1. Juli 1995); n. n., »Gegen Hüsch wird ermittelt«, in: *Kölner Stadt-Anzeiger* (10. Februar 1995).

9 Aus dem Archiv der Berliner Initiative gegen Abschiebehaft.

10 Siehe: Otto Diederichs, »Abschiebehaft: Kruppstraße wird geschlossen«, in: *Der Tagesspiegel* (13. November 2000).

11 Gerhard Leo, »Hungerstreik im Abschiebeknast«, in: *Neues Deutsch-*

land (9. Oktober 1998); ND-Leo, »Hungerstreik im Abschiebeknast vorerst beendet«, in: *Neues Deutschland* (15. Oktober 1998).

12 Andreas Kopietz, »›Menschenrechte offenbar nicht wichtig in Berlin‹«, in: *Berliner Zeitung* (4. Oktober 2011).

13 Siehe: Jesuiten-Flüchtlingsdienst, *Quälendes Warten. Wie Abschiebungshaft Menschen krank macht. Zusammenfassung und Länderbericht Deutschland im Rahmen der europäischen Studie »Becoming Vulnerable in Detention«*, Berlin 2010.

14 Antwort der Europäischen Kommission auf die entsprechende Anfrage des Jesuitischen Flüchtlingsdienstes am 11. Mai 2011.

15 Schriftliche Auskunft des Bayerischen Staatsministeriums des Innern.

16 Siehe: Pro Asyl, *Abschiebungshaft in Deutschland: Dokumentation und Kommentierung der Haftbedingungen in Hinblick auf die Bestimmungen der EU-Rückführungsrichtlinie*, Frankfurt am Main, Januar 2012.

17 Jesuiten-Flüchtlingsdienst 2010, S. 20 – Der Jesuiten-Flüchtlingsdienst Europa koordinierte nach eigener Aussage in Partnerschaft mit anderen Nichtregierungsorganisationen in 23 Mitgliedsstaaten über einen Zeitraum von 18 Monaten hinweg die Durchführung von insgesamt 685 Einzelinterviews mit Abschiebungshäftlingen. In Deutschland haben die Seelsorger 60 Abschiebehäftlinge in Berlin und München mehrfach besucht und interviewt.

18 Ebd., S. 17.

19 Stand: April 2011 – Siehe auch: Michael Sack, *Das Elend der Abschiebehaft*, 2011, online verfügbar unter: ⟨http://www.rechtprogressiv.de/das-elend-der-abschiebehaft/#more-428⟩ (zuletzt aufgerufen: Juli 2012).

20 Siehe: *Abschiebungshaft in Deutschland, Positionen und Mindestanforderungen der Diakonie*, herausgegeben vom Diakonischen Werk der Evangelischen Kirche in Deutschland e. V., 2011, online verfügbar unter ⟨http://www.diakonie.de/Texte-03-2011-Abschiebungshaft.pdf⟩ (zuletzt aufgerufen: Juli 2012).

21 Siehe: »Antwort der Bundesregierung« vom 17. Dezember 2008 (Bundestagsdrucksache 16/11384), S. 8.

22 Stefan Toepfer, »Für ›Gerechtigkeit in jedem Einzelfall‹«, in: *Frankfurter Allgemeine Zeitung* (12. Mai 2009).

23 Matthias Thieme, »Mehr Brutalität wagen«, in: *Berliner Zeitung* (5. November 2011).

24 Siehe: Kopietz 2011.

25 Pieper 2008, S. 70.

26 Ebd., S. 217.

27 Ebd., S. 336.

28 Ebd., S. 246, 255.

29 Hungarian Helsinki Committee, *Stuck in Jail. Immigration Detention in Hungary in 2010*, 2011, S. 4, 8, 11, online verfügbar unter ⟨http://www.statewatch.org/news/2011/apr/hungary-immigration-detention-helsinki-cttee.pdf⟩ (zuletzt aufgerufen: Juli 2012).

30 Siehe: »Antwort der Bundesregierung auf die Kleine Anfrage der Abgeordneten Annette Groth, Jan van Aken, Sevim Dağdelen, weiterer Abgeordneter und der Fraktion DIE LINKE. – Soziale und menschenrechtliche Situation von Flüchtlingen in Bulgarien« vom 9. September 2011 (Bundestagsdrucksache 17/6964), S. 4.

31 ⟨http://www.migreurop.org/rubrique266.html⟩ (zuletzt aufgerufen: Juli 2012).

32 Heribert Prantl, »Flüchtlinge als Verbrecher«, in: *Süddeutsche Zeitung* (18. Juni 2012).

33 dpa/BZ, »Mann sägt Gitter durch, flieht aus Haft«, in: *Berliner Zeitung* (27. März 2011).

Abschiebung und Widerstand

 1 Bojadžijev 2008, S. 46.

 2 Bojadžijev/Karakayali 2005, S. 100.

 3 Ebd.

 4 Siehe: Koser 1998, S. 193f.

 5 Hezog/Wäldle 2004, S. 105.

 6 Unabhängige Kommission »Zuwanderung« 2001, S. 147.

 7 »Ausländer verschleiern ihre Identität und Staatsangehörigkeit, sie vernichten Passpapiere und Dokumente über den Reiseweg beziehungsweise enthalten diese den Behörden vor oder benutzen gefälschte Dokumente« (ebd., S. 146).

 8 Aufenthaltsgesetz § 25, (5).

 9 Siehe: Bundesministerium des Innern, *Bericht zur Evaluierung des Zuwanderungsgesetzes*, Berlin 2006, S. 81f.

10 Barbara Kirchner, »Anklage: Heteros führten schwule Scheinehe«, in: *Express* (19. Juni 2011).

11 Die beiden wurden zu je 900 Euro Geldstrafe wegen Verstoß gegen das Aufenthaltsgesetz verurteilt, wogegen sie aber erfolgreich Revision vor dem Oberlandesgericht einlegten. Das Verfahren wurde daraufhin vor dem Amtsgericht eingestellt, »da ein etwaiges Verschulden der Angeklagten als gering anzusehen wäre und da ein öffentliches Interesse an der Strafverfolgung nicht bestehe«, so die schriftliche Auskunft des Richters Dr. Michael Pohar, stellvertretender Pressedezernent des Amtsgerichts Düsseldorf. Ob der betreffende Syrer schließlich

doch ein Aufenthaltsrecht erhielt oder weiterhin Deutschland verlassen sollte, wollte die Düsseldorfer Ausländerbehörde aus Datenschutzgründen nicht mitteilen.

12 Hendrik Pusch/Peter Käsmacher, »Nichtschwule Homo-Ehe. Stadt will Javier weiter abschieben«, in: *Express* (27. August 2008).

13 So die mündliche Auskunft der Ausländerbehörde Köln.

14 Klaus-Peter Wolf, *Die Abschiebung*, Zürich/Köln: Benziger Verlag, 1984, S. 20f.

15 Karakayali 2008, S. 164.

16 Seibert 2008, S. 146.

17 Ebd., S. 150.

18 Bojadžijev 2008, S. 130ff.

19 Kook-Nam Cho-Ruwwe/Hyun-Sook Kim/Sa-Soen Shin-Kim/Hyun-Sook Song, »›Wir sind keine Ware, wir gehen zurück, wann wir wollen!‹«, in: *Zuhause. Erzählungen von deutschen Koreanerinnen*, herausgegeben von Heike Berner und Sun-Ju Choi, Berlin/Hamburg: Assoziation A, 2006, S. 18, 19.

20 Siehe beispielsweise: n. n., »Kirchen setzen sich für Ausländer ein«, in: *Kölner Stadt-Anzeiger* (17. Mai 1989).

21 Detlef Kleinert, rechtspolitischer Experte der FDP-Bundestagsfraktion in einem Interview am 22. März 1986, Quelle: Domid-Archiv: M.P.R16-18 Calero, Oscar, P-1005.

22 Für einen szeneinternenen, kritischen, kursorischen Überblick siehe: ⟨http://www.freilassung.de/div/texte/rz/hu230300.htm⟩ (zuletzt aufgerufen: Juli 2012). Siehe auch: Holger Stark, »›Revolutionäre Zellen‹: Ein ganz sensibler Zeuge«, in: *Der Tagesspiegel* (22. Juni 2000).

23 Einen Eindruck gibt die Zusammenstellung antirassistischer Plakate aus der autonomen Bewegung: *hoch die kampf dem. 20 Jahre Plakate autonomer Bewegungen*, herausgegeben von HSK 13, Hamburg/Berlin/Göttingen: Libertäre Assoziation/Buchläden Schwarze Risse – Rote Straße, 1999, S. 202ff.

24 Pro Asyl, 2011, S. 42f.

25 Siehe: Beate Sträter, »Über Erfolg und Misserfolg von Kirchenasyl«, in: *Kirchenasyl – ein Handbuch*, herausgegeben von Wolf-Dieter Just und Beate Sträter, Karlsruhe: von Loeper, 2003, S. 164-177, hier S. 164ff.

26 Der Rat der EKD, »Beistand ist nötig, nicht Widerstand. 10 Thesen zum ›Kirchenasyl‹«, in: Just/Sträter 2003 [1994], S. 186-188, hier S. 188.

27 Wolf-Dieter Just, »10 Jahre Kirchenasylbewegung«, in: Just/Sträter 2003, S. 141-163, hier S. 150.

28 Hagenmaier 1995, S. 107.

29 Semra Idic, *Wenn nicht sogar sehr. Meine Geschichte unserer verhinderten Abschiebung*, Hamburg: Asphalt, 2008.

30 Siehe: ⟨http://inex.univie.ac.at/mapping-protest/⟩ (zuletzt aufgerufen: Juli 2012).

31 Emanuela Hanes, »Widerstand gegen Abschiebungen«, in: *Wiener Zeitung* (14. Mai 2011).

32 *Entscheidungen des Bundesverfassungsgerichts*, Band 94, Tübingen: Mohr Siebeck, 1996, S. 87, 94.

33 Madjiguène Cissé, »›Wir können auch kratzen‹ oder: ›Les Papiers ne tombent pas du ciel!‹ Die Bewegung der Sans Papiers in Frankreich«, in: Dominik/Jünemann/Motte 1999, S. 341-356, hier S. 345.

34 Ebd., S. 350f.

35 Martin Rapp, »kein mensch ist illegal. networking, campaigning, camping«, in: *radikal global. Bausteine für eine internationalistische Linke*, herausgegeben von der Bundeskoordination Internationalismus, Berlin/Hamburg: Assoziation A, 2003, 180-195, hier S. 185.

36 Im Jahr 2002 waren von 489 am Wanderkirchenasyl beteiligten Kurdinnen und Kurden 41 illegal, fünf abgeschoben, zwei freiwillig zurückgekehrt, 24 aus dem Wanderkirchenasyl ausgestiegen und 343 hatten ein dauerhaftes Bleiberecht erhalten, während 74 nur vorläufig legalisiert wurden. Siehe: Dieter Endemann, »Entstehung und Verlauf des ›Wanderkirchenasyls‹«, in: Just/Sträter 2003, S. 234-243, hier S. 243.

37 Einen Überblick über den Verlauf des Wanderkirchenasyls liefert Gerhard Klas, »Kein Mensch ist illegal«, in: *Schwarzer Faden, Vierteljahresschrift für Lust und Freiheit* (2/98), Nr. 64, S. 4-7.

38 Siehe: Katrin Schuster, »Zum internationalen Roma-Tag«, 2012, online verfügbar unter: ⟨http://romastimmen.de/zum-internationalen-roma-tag/⟩ (zuletzt aufgerufen: Juli 2012).

39 Siehe: Agnes Andrae, »Wir bleiben alle hier«, in: *Hinterland Magazin* (13/2010), S. 52-55.

40 Roland Schopf, *Sinti, Roma und wir anderen: Beiträge zu problembesetzten Beziehungen*, Münster: LIT Verlag, 1994, S. 114.

41 Ralph Segert, »Tiefverwurzelte Angst vor den Roma«, in: *Telepolis* (14. Juli 2002), online verfügbar unter ⟨http://www.heise.de/tp/artikel/12/12908/1.html⟩ (zuletzt aufgerufen: Juli 2012).

42 AK Asyl Göttingen, »Wir bleiben hier! Bleiberechtskampf libanesischer Bürgerkriegsflüchtlinge«, in: *WiderstandsBewegungen. Antirassismus zwischen Alltag und Aktion*, herausgegeben von interface, Berlin/Hamburg: Assoziation A, 2005, S. 191-199, hier S. 198.

43 Siehe: *Beschlüsse der 175. Sitzung der Ständigen Konferenz der Innenminister und -senatoren der Länder*, S. 5.

44 Siehe: Diakonisches Werk/Deutscher Caritasverband, »Kettenduldungen beenden – humanitäres Bleiberecht sichern. Erfahrungsbericht

zur Praxis der Bleiberechtsregelungen vom November 2006 und August 2007«, 2009, online verfügbar unter ⟨http://www.aktion-bleiberecht.de/media/Bleiberechtsbroschuere.pdf⟩ (zuletzt aufgerufen: Juli 2012).

45 Siehe: *Karawane München. Die ersten zehn Jahre*, 2008, S. 21, online verfügbar unter ⟨http://carava.net/broschure-karawane-munchen-die-ersten-zehn-jahre/⟩ (zuletzt aufgerufen: Juli 2012).

46 Ebd., S. 26.

47 Ebd., S. 7.

48 Online verfügbar unter ⟨http://besondere-dienste.hamburg.verdi.de/themen/migrar⟩ (zuletzt aufgerufen: Juli 2012).

49 Zum Fall Ana S. und der Arbeit von MigrAr siehe: Emilija Mitrovic, »Papierlos, aber nicht rechtlos. Die gewerkschaftliche Anlaufstelle für Menschen ohne Papiere in Hamburg«, 2010, online verfügbar unter ⟨http://www.bdwi.de/forum/archiv/uebersicht/4228837.html⟩ (zuletzt aufgerufen: Juli 2012).

50 »Protest über den Wolken«, Pressemitteilung Nr. 2 von afrique-europe-interact, 20. Januar 2011, Paris, sowie persönliche Auskünfte und Protokoll von beteiligten Abschiebegegnern.

51 Eigene Berechnungen aufgrund der Antworten der Bundesregierung in Folge der parlamentarischen Anfragen zu den jährlichen Abschiebungen.

52 Siehe: Rapp 2003, S. 190 – Siehe auch: Kreienbrink/Currle/Schmidt-Fink/Westphal/Behrensen 2006, S. 75.

53 Schriftliche und telefonische Auskünfte von Thomas Jachnow, Pressesprecher der Lufthansa AG.

54 Siehe: »Antwort der Bundesregierung« vom 12. April 2011 (Bundestagsdrucksache 17/5460).

55 Siehe: Schuster 2005, S. 612.

56 Siehe: »Entschließungsantrag der Fraktion der SPD und der Fraktion BÜNDNIS 90/DIE GRÜNEN zum Eilantrag der Fraktion DIE LINKE Keine Abschiebung ins Elend – Wintererlass für Roma II Drucksache 15/3460. NRW schützt Menschen vor Verfolgung und Not« vom 8. Dezember 2011 (Landtag Nordrhein-Westfalen Drucksache 15/3499).

57 »Antwort der Bundesregierung auf die Kleine Anfrage der Abgeordneten Ulla Jelpke, Jan Korte, weiterer Abgeordneter und der Fraktion DIE LINKE. Fortsetzung der Asyl-Rücküberstellungen nach Griechenland trotz Entscheidungen des Bundesverfassungsgerichts« vom 15. Dezember 2009 (Bundestagsdrucksache 17/0203), S. 6, sowie »Antwort der Bundesregierung auf die Kleine Anfrage der Abgeordneten Ulla Jelpke, Jan Korte, weiterer Abgeordneter und der Fraktion DIE LINKE. Fortgesetzte Rücküberstellungen nach Griechenland im Rah-

men der Dublin-II-Verordnung« vom 9. April 2010 (Bundestagsdrucksache 17/1340), S. 10.

58 Vgl. ebd., S. 1 ff.

59 »Deutschland übt Selbsteintrittsrecht aus«, Pressemitteilung des Bundesministeriums des Innern vom 19. Januar 2011.

60 Siehe: Olaf Przybilla, »Asylbewerber nähen sich die Lippen zu«, in: *Süddeutsche Zeitung* (4. Juni 2012).

61 Siehe: »Mit dem Willen kann der Mensch viel bewegen«, in: *The Voice of Refugees and Migrants. Zeitung der KARAWANE für die Rechte der Flüchtlinge und Migranten* (3/2012), S. 2.

62 »Der Landkreis ist für uns ein Gefängnis mit unsichtbaren Mauern«, in: ebd., S. 1.

63 Hanno Gottschalk, »Papiere und Plätze. Alltag und Kämpfe illegalisierter MigrantInnen in Italien«, in: *diskus* 1/01 (2001).

64 Ebd.

65 Peter Nyers, »Abject Cosmopolitanism«, in: de Genova/Peutz 2010, S. 440.

66 Ebd., S. 436.

67 ⟨www.jugendliche-ohne-grenzen.de⟩ (zuletzt aufgerufen: Juli 2012).

68 Cornelius Castoriadis, *Gesellschaft als imaginäre Institution*, Frankfurt am Main: Suhrkamp, 1984, S. 194f.

Abschiebung als Strafe

1 Siehe: dpa, »NS-Verbrecher Claas Carel Faber ist tot«, in: *faz.net* (27. Mai 2012), online verfügbar unter ⟨http://www.faz.net/aktuell/politik/inland/auslieferungsstreit-ns-verbrecher-klaas-carel-faber-ist-tot-11765475.html⟩ (zuletzt aufgerufen: Juli 2012).

2 Matthias Bartsch/Rafaela von Bredow et al., »Exempel des Bösen«, in: *Der Spiegel* (2/2008).

3 Telefonische Auskunft des Innenministeriums Nordrhein-Westfalen und schriftliche Auskunft des Bayerischen Staatsministeriums des Innern im April 2011.

4 Siehe Urteile des Bundesverwaltungsgerichts: BVerwG 1 C 30.02 vom 3. August 2004, BVerwG 1 C 29.02 vom 15. März 2005 – Das auf EU-Bürger bezogene Grundsatzurteil kam zustande, nachdem ein 33-jähriger Portugiese, der seit seinem fünften Lebensjahr in Deutschland lebte, wegen Drogenhandels verurteilt wurde und gegen seine Abschiebung geklagt hatte.

5 Siehe: dpa, »Straftäter dürfen abgeschoben werden«, in: Kölner Stadt-Anzeiger (22. Mai 2012).

6 Bennefeld-Kersten 2007, S. 8.

7 Schriftliche Auskünfte der Leitung des Amts für öffentliche Ordnung, Ausländerangelegenheiten der Stadt Köln.

8 Seit den neunziger Jahren hat der Europäische Gerichtshof deshalb immer wieder solche Ausweisungen als unverhältnismäßig eingestuft und den Klägern recht gegeben. Siehe exemplarisch: Urteil vom 18. Februar 1991 »Moustaquim gegen Belgien«, Urteil vom 16. März 1992 »Bedljoudi gegen Frankreich«, Urteil vom 11. Juli 2002 »Amrollahi gegen Dänemark«.

9 Telefonische Auskunft des Innenministeriums Nordrhein-Westfalen und schriftliche Auskunft des Bayerischen Staatsministeriums des Innern im April 2011.

10 Vgl. Susanne Spindler, »Name, Alter, Herkunft und andere Skandale. Die Rolle der Medien im Kriminalisierungsprozeß«, in: *Ausgegrenzt, eingesperrt und abgeschoben. Migration und Jugendkriminalität*, herausgegeben von Wolf-Dietrich Bukow, Klaus Jünschke, Susanne Spindler und Ugur Tekin, Opladen: Verlag für Sozialwissenschaften, 2003, S. 86 f.

11 Von 393.289 Menschen, die im Jahr 2009 aus den USA abgeschoben wurden, waren 128.345 »criminals«, also 32 Prozent. Der Rest war nicht kriminell. Siehe: Homeland Security 2010, S. 103 f.

12 Hing 2006, S. 57.

13 Siehe: Ellermann 2009, S. 80 ff.

14 Bezogen auf den Zeitraum zwischen 1997 und 2002. Ebd., S. 118.

15 Hing 2006, S. 104 f., 71 f.

16 Ebd., S. 118.

17 Hailbronner/Klein 1999, S. 176.

18 Jörg-Martin Jehle/Hans-Jörg Albrecht/Sabine Hohmann-Fricke/Carina Tetal, *Legalbewährung nach strafrechtlichen Sanktionen. Eine bundesweite Rückfalluntersuchung 2004 – 2007*, herausgegeben vom Bundesministerium der Justiz, Berlin 2010, S. 51.

19 Stefan Giebel, *Rückfälligkeit jugendlicher Straftäter- Entlassungsvorbereitung und Vergleich deutscher und ausländischer Jugendlicher*, Vortrag gehalten im Justizministerium des Saarlandes (Saarbrücken: 10. Februar 2009), weitere Literatur unter ⟨http://www.kfn.de/Forschungsbereiche_und_Projekte/Abgeschlossene_Projekte/Entwicklungsfolgen_der_Jugendstrafe.htm⟩ (zuletzt aufgerufen: Oktober 2012).

20 Christian Pfeiffer/Matthias Kleimann/Sven Petersen/Tilmann Schott, *Migration und Kriminalität. Ein Gutachten für den Zuwanderungsrat der Bundesregierung*, Baden-Baden: Nomos, 2005, S. 39.

21 Ebd., S. 14, 18.

22 Klaus Jünschke, »Zur Kriminalisierung von Jugendlichen mit Migra-

tionshintergrund in Köln«, in: Bukow/Jünschke/Spindler/Tekin 2003, S. 50-70, hier S. 54, 62, 69.

23 Pfeiffer/Kleinmann/Petersen/Schott 2005, S. 36.

24 Es kann hier nur um ganz gewöhnliche junge Menschen gehen, die in Deutschland zu Hause sind. Auf andere Gruppen, zum Beispiel die Mitglieder grenzüberschreitend agierender organisierter Kriminalität, dürfte eine Abschiebedrohung ohnehin kaum abschreckend wirken.

25 Siehe: Bukow/Jünschke/Spindler/Tekin 2003, S. 134, 145, 159f., 174, 180, 196, 354.

26 Zwar weisen Christian Pfeiffer et al. darauf hin, dass der Asylkompromiss, also die weitgehende Einschränkung des Asylrechts in Deutschland, zu einem Rückgang der Kriminalität geführt habe, doch aus ihren Daten geht nicht nur hervor, dass die Zahl der straffälligen Asylbewerber nach 1993 abgenommen hat, sondern auch, dass zugleich die Zahl der straffälligen Geduldeten zugenommen hat. Es ist daher fraglich, ob die Asylrechtsänderung dadurch, dass sie die Zuwanderung von Asylbewerbern erschwert hat, auch die Kriminalität reduziert hat oder ob nicht vielmehr eine Verschiebung in der Kategorie des Aufenthaltsstatus stattgefunden hat. Siehe: Pfeiffer/Kleinmann/Petersen/Schott 2005, S. 32.

27 Siehe: Hing 2006, S. 5, 88, 92 ff.

28 Bukow/Jünschke/Spindler/Tekin 2003, S. 106.

29 Ebd., S. 339.

30 Vgl. Pfeiffer/Kleinmann/Petersen/Schott 2005, S. 29, 94 ff., sowie Kirsten Heisig, *Das Ende der Geduld*, Freiburg: Herder, 2010, S. 94.

31 Heisig 2010, S. 80f.

32 Ebd., S. 95.

33 Siehe: Susanne Spindler, *Corpus delicti. Männlichkeit, Rassismus und Kriminalisierung im Alltag jugendlicher Migranten*, Münster: Unrast, 2007.

34 Siehe: Sebastian Fischer, »Der flüchtige Mehmet-Effekt«, in: *Spiegel Online* (4. Januar 2008), online verfügbar unter ⟨http://www.spiegel. de/politik/deutschland/jugendkriminalitaet-der-fluechtige-mehmet-e ffekt-a-526462.html⟩ (zuletzt aufgerufen: Juli 2012).

35 Bukow/Jünschke/Spindler/Tekin 2003, S. 19f.

36 Ebd., S. 49.

37 Zu den politischeren Anfängen, der Vielfalt und Vorreiterrolle der migrantischen Rap-Produktion für den deutschen Hip Hop siehe: Murat Güngör/Hannes Loh, *Fear of a Kanak Planet*, Höfen: Hannibal, 2002.

38 Bukow/Jünschke/Spindler/Tekin 2003, S. 20.

39 Eberhard Unfried, »Schläger Serkan A. kämpft gegen Abschiebung«, in: *Münchner Merkur* (13. April 2011).

40 Eine Studie der Universität Würzburg im Frühjahr 2011 kam zu dem Ergebnis, dass die Zahl der Berichte über Jugendgewalt im Vergleich zum Vorjahr zurückgegangen war. Siehe: »Mehr Sport – weniger Gewalt«, Pressemitteilung der Universität Würzburg vom 12. Mai 2011.

41 Klaus Jünschke/Jörg Hauenstein/Christiane Ensslin, *Pop-Shop. Gespräche mit Jugendlichen in Haft*, Köln: Konkret Literatur Verlag, 2008, S. 171.

Abschiebung – ein Autopilot?

1 Stange 2006, S. 146.

2 Vgl. *Migrationsbericht 2009*, S. 90 ff.

3 Der Verzicht auf Abschiebungen hat keine uferlose Einwanderung zur Folge. Die meisten Menschen verlassen ihre Heimat nicht, nur weil sie es könnten. Eine indirekte »Kontrolle« von Migration findet zudem weiterhin statt, da Migrationsentscheidungen von vielen Faktoren beeinflusst werden: nicht nur von den wirtschaftlichen und politischen Verhältnissen im Herkunftsland und den finanziellen Möglichkeiten des Einzelnen zu migrieren, sondern auch von den realen Chancen auf dem Arbeitsmarkt des Ziellandes, angefangen von den Sprachbarrieren bis hin zu den tatsächlichen, konjunkturabhängigen Verdienstmöglichkeiten. Darüber hinaus spielen familiäre und andere soziale Bindungen eine wichtige Rolle. Umgekehrt kann eine restriktiv durchgeführte Abschiebepolitik Flüchtlinge, die aus einer Krisen- und Kriegsregion stammen, nicht von einer Einreise abschrecken. Im Zuge des Bürgerkriegs in Syrien erhöhte sich die Zahl der syrischen Asylsuchenden in Deutschland von 1490 im Jahr 2010 auf über 2600 im Jahr 2012. Zugleich ist dies eine sehr geringe Zahl im Vergleich zu den neunziger Jahren, als die Kriege im zerfallenden Jugoslawien aufgrund der geografischen Nähe dafür sorgten, dass viel mehr Menschen nach Deutschland flohen.

4 Siehe hierzu ausführlich: Schwarz 2010, S. 34-46.

5 Die Ausnahmen, die verbleiben, wenn EU-Bürger aus Gründen der öffentlichen Sicherheit ausgewiesen werden dürfen, sind minimal und können in diesem Kontext vernachlässigt werden.

6 Stichweh 2010, S. 165.

7 Ebd., S. 170 ff.

8 Die Bemühungen zur *Interkulturellen Öffnung* der öffentlichen Verwaltung in zahlreichen deutschen Städten sind ein sinnfälliges Beispiel dafür. Sie entspringen einem veränderten Verständnis von »unserer« Gesellschaft und repräsentieren zugleich diese veränderte Gesellschaft.

9 Vgl. Heitmeyer 2010.

10 Siehe: Maximilian Haase, »Nur nicht verausländern«, in: *Jungle World* (5. Juli 2012).

11 Christian Gehrke, »Abschiebung? Nicht mit uns!«, in: *Spiegel Online* (8. August 2011), online verfügbar unter ⟨http://www.spiegel.de/poli tik/deutschland/versteckte-asylbewerber-abschiebung-nicht-mit-uns-a-779004.html⟩ (zuletzt aufgerufen: Juli 2012).

12 Laut Heitmeyer fühlen sich nämlich die meisten Menschen in Deutschland von den wirtschaftlichen Entwicklungen bedroht und nicht von den Migranten. Siehe: Heitmeyer 2010, S. 18-20.

13 In Deutschland musste der Staat zur Bankenrettung mehr als 200 Milliarden Euro Neuschulden aufnehmen. Innerhalb der EU wurden zwischen Oktober 2008 und Oktober 2011 insgesamt 4,5 Billionen Euro staatlicher Beihilfen zur Rettung der Banken eingesetzt, was 37 Prozent der EU-Wirtschaftsleistung entspricht. Siehe: Europäische Kommission – Vertretung Deutschland, *EU-Nachrichten Nr. 10*, (14. Juni 2012), online verfügbar unter ⟨http://ec.europa.eu/deutschland/pdf/ eu_nachrichten/eu_nachrichten_10_2012web.pdf⟩ (zuletzt aufgerufen: Juli 2012).

14 Im Jahr 2010 betrugen die weltweiten Staatsschulden, mit denen öffentliche Aufgaben finanziert werden, circa 52 Billionen US-Dollar. Dem steht jedoch ein Vielfaches an privatem Vermögen gegenüber, das in den Händen einer globalen Elite konzentriert bleibt. Dieses private Vermögen summierte sich 2011 auf 231 Billionen US-Dollar. Etwa 82 Prozent dieses Vermögens (also circa 190 Billionen US-Dollar) befinden sich im Besitz von lediglich 8,7 Prozent der Weltbevölkerung. In diesen Zahlen drückt sich einerseits die ungeheure Produktivität der Weltwirtschaft aus und zugleich die Tatsache, dass diese der Mehrheit der Weltbevölkerung immer noch nicht in angemessener Weise zugutekommt. Zur globalen Reichtumsverteilung siehe: Credit Suisse AG Research Institute, *Global Wealth Report 2011*, Zürich 2011, S. 14.

15 Dies war das Ergebnis der Studie der Gesellschaft für Konsumforschung, die herausfand, dass der Anteil der Gutverdienenden und der Männer über 60 Jahre unter den Sarrazin-Lesern größer ist als in der Gesamtbevölkerung. – Zur Bewertung des Rassismus in Thilo Sarrazins Thesen siehe: Gideon Botsch, »Gutachten im Auftrag des SPD-Kreisverbandes Spandau und der SPD-Abteilung Alt-Pankow zur Frage: ›Sind die Äußerungen von Dr. Thilo Sarrazin im Interview mit der Zeitschrift *Lettre International* (deutsche Ausgabe, Heft 86) als rassistisch zu bewerten?‹«, 2009, online verfügbar unter ⟨http://www.nach denkseiten.de/upload/pdf/100129_hinweise_2_sarrazin.pdf ⟩ (zuletzt

aufgerufen: Juli 2012), sowie: Hendrik Cremer, »Was ist eigentlich Rassismus?«, in: *Tangram* (6/2011), S. 101-104.

16 Nicos Poulantzas, *Staatstheorie*, Hamburg: VSA, 2002, S. 173, 170.

17 So Hans-Peter Friedrich (»Man muss zwischen Asyl und Wirtschaftsflüchtling unterscheiden«) im *tagesthemen*-Interview in der ARD am 11. April 2011.

18 Daran ändern auch die Blue-Card-Initiativen und die Herabsetzung der für die Erteilung einer Aufenthaltserlaubnis als Fachkraft nötigen Mindestjahresverdienst-Grenze nichts.

19 Siehe: Ellermann 2009, S. 169 ff.

20 Ministerium für Inneres und Kommunales des Landes Nordrhein-Westfalen, »Aufenthalt aus humanitären Gründen. Anwendungshinweise zu den Anforderungen an ein Aufenthaltsrecht aus § 25 Abs. 5 Aufenthaltsgesetz (AfenthG) i. V. m. Art. 8 der Europäischen Menschenrechtskonvention (EMRK)« (2. Juli 2012).

21 Norbert Cyrus, »Die Eigendynamik der Migrationsprozesse lässt sich nicht steuern – Warum Migrationsmanagement nicht funktionieren kann«, in: *Dossier Transnationalismus und Migration*, herausgegeben von der Heinrich Böll-Stiftung, Berlin 2011, S. 93-99, hier S. 97.

22 Moulier Boutang 2007, S. 176.

23 Siehe: Schmid 2010, S. 185.

24 »›Bildung hat gesellschaftlich immer mehr an Wert verloren – und war am Ende nichts mehr wert‹. Interview mit Amine Sami Ben Sassi«, in: *Demos* 122 (27. Juli 2011), Newsletter des Berlin-Instituts für Bevölkerung und Entwicklung, online verfügbar unter ⟨http://www.berlin-institut.org/newsletter/Ausgabe_27.07.2011.html.html#Artikel 0⟩ (zuletzt aufgerufen: Juli 2012).

25 Daniel Steinmaier, »›Wir gewähren selbst 200.000 Menschen Asyl‹. Abdeljelil Bedoui im Gespräch über die Flüchtlingspolitik und den Rassismus in den EU-Staaten«, in: *Jungle World* (21. April 2011).

26 Der Film kann online unter ⟨www.afrique-europe-interact.net⟩ (zuletzt aufgerufen: Juli 2012) bestellt werden.

27 Vgl. Schmid 2010, S. 118, 148, 182 ff.

28 Rupert Neudeck, »Die ›falschen‹ und die ›richtigen‹ Flüchtlinge‹, in: Michael Albus/Peter Härtling/Rupert Neudeck, *Treibsand. Menschen auf der Flucht*, Düsseldorf: Patmos, 1992, S. 81-110, hier S. 91.

29 Siehe: Laurence Marfaing/Wolfgang Hein, »Das EU-Einwanderungsabkommen – kein Ende der illegalen Migration aus Afrika«, in: *Giga-Focus* (8/2008), S. 5.

30 Ebd., S. 6.

31 Weede 2007, S. 296.

32 Franck Düvell, *Die Globalisierung des Migrationsregimes. Zur*

neuen Einwanderungspolitik in Europa, Berlin: Assoziation A, 2002, S. 161.

33 Jean-Pierre Cassarino (*Migration Policy Institute*), »EU Mobility Partnerships: Expression of a New Compromise«, 2009, S. 2, online verfügbar unter ⟨http://www.migrationinformation.org/Feature/display.cfm?ID=741⟩ (zuletzt aufgerufen: Juli 2012).

34 Vgl. William Walters, »Mapping Schengenland: Denaturalizing the Border«, in: *Environment & Planning D: Society & Space* (20/2002), S. 561-580.

35 Siehe: ⟨http://www.astynomia.gr/index.php?option=ozo_content&p erform=view&id=12080&Itemid=429&lang=⟩ (zuletzt aufgerufen: Juli 2012) – Der Statistik der griechischen Polizei zufolge wurden von 2005 bis 2011 insgesamt 778.328 Migranten wegen illegalen Aufenthalts in Griechenland festgenommen. 125.559 wurden im selben Zeitraum abgeschoben und 266.717 an den nördlichen Grenzen des Landes zurückgewiesen.

36 Siehe: Human Rights Watch, *Hate on the Streets. Xenophobic Violence in Greece*, 2012, online verfügbar unter ⟨http://www.hrw.org/sites/default/files/reports/greece0712ForUpload.pdf⟩ (zuletzt aufgerufen: Juli 2012).

37 Siehe: Αθανάσιος Μαρβάκης, »Κοινωνική ένταξη ή κοινωνικό απαρτχάιντ;«, in: Μίλτος Παύλου, Δημήτριος Χριστόπουλος (Επιμ.), *Η Ελλάδα της Μετανάστευσης: Κοινωνική συμμετοχή και ιδιότητα του πολίτη*, Athen: Kritiki, 2004, S. 88-120.

38 Nikolaus Busse, »EU-Kommission rügt dänische Grenzkontrollen«, in: *Frankfurter Allgemeine Zeitung* (18. Juli 2011).

39 Siehe: Cerstin Gammelin, »Illegale Zuwanderung. Berlin und Paris wollen Grenzkontrollen zurück«, in: *Süddeutsche Zeitung* (24. April 2012).

40 Siehe hierzu in Bezug auf die Flüchtlingspolitik in Italien: Catrin Dingler, »Stresstest fürs Abschieben«, in: *Jungle World* (28. Juni 2012).

»Soziologie«
in der edition suhrkamp
Eine Auswahl

Pablo Alabarces. Für Messi sterben? Der Fußball und die Erfindung der argentinischen Nation. es 2608. 287 Seiten

Louis Althusser. Für Marx. Vollständige und durchgesehene Ausgabe. Herausgegeben von Frieder Otto Wolf. es 2600. 409 Seiten

Arjun Appadurai. Die Geographie des Zorns. Übersetzt von Bettina Engels. es 2541. 158 Seiten

Jakob Arnoldi. Alles Geld verdampft. Finanzkrise in der Weltrisikogesellschaft. Übersetzt von Niklas Hofmann. es 2590. 92 Seiten

Zygmunt Bauman
- Flüchtige Moderne. Übersetzt von Reinhard Kreissl. es 2447. 260 Seiten
- Gemeinschaften. Auf der Suche nach Sicherheit in einer bedrohlichen Welt. Übersetzt von Frank Jakubzik. es 2565. 180 Seiten
- Leben in der flüchtigen Moderne. Übersetzt von Frank Jakubzik. es 2503. 287 Seiten
- Vom Nutzen der Soziologie. Übersetzt von Christian Rochow. es 1984. 329 Seiten
- Wir Lebenskünstler. Übersetzt von Frank Jakubzik. es 2594. 206 Seiten

Peter-Paul Bänziger/Stefanie Duttweiler/Philipp Sarasin/ Annika Wellmann (Hg.). Fragen Sie Dr. Sex/Ratgeberkommunikation und die mediale Konstruktion des Sexuellen. es 2595. 376 Seiten

Ulrich Beck
- Die Erfindung des Politischen. Zu einer Theorie reflexiver Modernisierung. es 1780. 303 Seiten
- Gegengifte. Die organisierte Unverantwortlichkeit. es 1468. 324 Seiten
- Nachrichten aus der Weltinnenpolitik. es 2619. 149 Seiten
- Die Neuvermessung der Ungleichheit unter den Menschen: Soziologische Aufklärung im 21. Jahrhundert. Eröffnungsvortrag zum Soziologentag »Unsichere Zeiten« am 6. Oktober 2008 in Jena. 57 Seiten
- Risikogesellschaft. Auf dem Weg in eine andere Moderne. es 1365 und es 3326. 396 Seiten
- Das Schweigen der Wörter. Über Terror und Krieg. Rede vor der Staatsduma Moskau, November 2001. Sonderdruck es. 57 Seiten

Ulrich Beck/Angelika Poferl (Hg.). Große Armut, großer Reichtum. Zur Transnationalisierung sozialer Ungleichheit. es 2614. 694 Seiten

Ulrich Beck/Anthony Giddens/Scott Lash. Reflexive Modernisierung. Eine Kontroverse. es 1705. 364 Seiten

Pierre Bourdieu
- Ein soziologischer Selbstversuch. Übersetzt von Stephan Egger. Mit einem Nachwort von Franz Schultheis. es 2311. 160 Seiten
- Praktische Vernunft. Zur Theorie des Handelns. Übersetzt von Hella Beister. es 1985. 226 Seiten
- Rede und Antwort. Übersetzt von Bernd Schwibs. es 1547. 237 Seiten
- Soziologische Fragen. Übersetzt von Hella Beister und Bernd Schwibs. es 1872. 256 Seiten

- Über das Fernsehen. Übersetzt von Achim Russer.
  es 2054. 140 Seiten

Elena Esposito. Die Fiktion der wahrscheinlichen Realität.
Übersetzt von Nicole Reinhardt. es 2485. 127 Seiten

Wolfgang Fach. Die Regierung der Freiheit. es 2334. 234 Seiten

Anthony Giddens. Entfesselte Welt. Wie Globalisierung unser Leben verändert. Übersetzt von Frank Jakubzik.
es 2200. 116 Seiten

Hartmut Häußermann/Dieter Läpple/Walter Siebel.
Stadtpolitik. es 2512. 403 Seiten

Wilhelm Heitmeyer (Hg.)
- Deutsche Zustände. Folge 1. es 2290. 304 Seiten
- Deutsche Zustände. Folge 2. es 2332. 320 Seiten
- Deutsche Zustände. Folge 3. es 2388. 300 Seiten
- Deutsche Zustände. Folge 4. es 2454. 320 Seiten
- Deutsche Zustände. Folge 5. es 2484. 300 Seiten
- Deutsche Zustände. Folge 6. es 2525. 308 Seiten
- Deutsche Zustände. Folge 7. es 2552. 328 Seiten
- Deutsche Zustände. Folge 8. es 2602. 319 Seiten
- Deutsche Zustände. Folge 9. es 2616. 348 Seiten
- Deutsche Zustände. Folge 10. es 2647. 336 Seiten

Wilhelm Heitmeyer/Hans-Georg Soeffner (Hg.). Gewalt.
Neue Entwicklungen und alte Analyseprobleme.
es 2246. 560 Seiten

Wolfgang Hoffmann-Riem
- Kriminalpolitik ist Gesellschaftspolitik. es 2154. 232 Seiten
- Modernisierung von Recht und Justiz. Eine Herausforderung des Gewährleistungsstaates. es 2188. 364 Seiten

Stephan Moebius/Markus Schroer (Hg.). Diven, Hacker, Spekulanten. Sozialfiguren der Gegenwart. es 2573. 462 Seiten

Richard Münch.
- Die akademische Elite. Zur sozialen Konstruktion wissenschaftlicher Exzellenz. es 2510. 474 Seiten
- Akademischer Kapitalismus. Über die politische Ökonomie der Hochschulreform. es 2633. 457 Seiten
- Globale Eliten, lokale Autoritäten. Bildung und Wissenschaft unter dem Regime von PISA, McKinsey &. Co. es 2560. 266 Seiten

Ludger Pries. Die Transnationalisierung der sozialen Welt. Sozialräume jenseits von Nationalgesellschaften. es 2521. 398 Seiten

Shalini Randeria/Andreas Eckert (Hg.). Vom Imperialismus zum Empire. Nicht-westliche Perspektiven auf Globalisierung. Herausgegeben von Andreas Eckert und Shalini Randeria. es 2548. 337 Seiten

Werner Schiffauer. Nach dem Islamismus. Die Islamische Gemeinschaft Milli Görüş. Eine Ethnographie. es 2570. 391 Seiten

Roger Silverstone. Anatomie der Massenmedien. Ein Manifest. Aus dem Englischen von Frank Jakubzik. es 2505. 299 Seiten

Mark Terkessidis. Interkultur. es 2589. 220 Seiten

Bernhard Zangl/Michael Zürn. Frieden und Krieg. Sicherheit in der nationalen und postnationalen Konstellation. es 2337. 338 Seiten

edition suhrkamp
Eine Auswahl

vierzehn Tauchgängen. es 2598. 60 Seiten

Jürgen Habermas. Zur Verfassung Europas. Ein Essay.
es-Sonderdruck. 129 Seiten

Wolfgang Fritz Haug. Kritik der Warenästhetik. Gefolgt von
Warenästhetik im High-Tech-Kapitalismus. es 2553.
350 Seiten

Wilhelm Heitmeyer (Hg.). Deutsche Zustände. Folge 10.
es 2647. 335 Seiten

Claudia Honegger/Sighard Neckel/Chantal Magnin (Hg.).
Strukturierte Verantwortungslosigkeit. Berichte aus der
Bankenwelt. es 2607. 395 Seiten

Thomas Kapielski
- Mischwald. es 2597. 347 Seiten
- Sezessionistische Heizkörperverkleidungen. es 2680.
214 Seiten

Oliver Lepsius/Reinhart Meyer-Kalkus (Hg.). Inszenierung
als Beruf. Der Fall Guttenberg. es-Sonderdruck. 215 Seiten

Martina Löw/Renate Ruhne. Prostitution. Herstellungs-
weisen einer anderen Welt. es 2632. 215 Seiten

Barbara Marković. Ausgehen. es 2581. 95 Seiten

Robert Menasse. Permanente Revolution der Begriffe.
Vorträge zur Kritik der Abklärung. es 2592. 123 Seiten

Eduardo Mendieta/Jonathan VanAntwerpen (Hg.). Religion und Öffentlichkeit. es 2641. 196 Seiten

Stephan Moebius/Markus Schroer (Hg.). Diven, Hacker,